U0878686

海天

每一瓶的付出
都是对一餐一饭的在乎

佛山市海天调味食品股份有限公司是中国调味品行业的著名企业、专业的调味品生产和营销企业，历史悠久，是中华人民共和国商务部公布的首批“中华老字号”企业之一，股票代码603288。目前生产的产品涵盖酱油、蚝油、酱、醋、料酒、调味汁、鸡精、鸡粉、腐乳等几大系列百余品种300多规格，年产值过百亿元。

以“传扬美味事业，酿造美满生活”为己任，海天一直致力于用现代科研技术对传统酿造工艺进行传承和创新，建有面积超60万平方米的大规模玻璃晒池和发酵大罐，专门用于高品质酱油的阳光酿晒。拥有多条世界先进的全自动包装生产线，以及行业先进的国家认可实验室，严格执行质量标准，努力打造具有世界先进水平的调味品生产基地。如今，安全、美味、高品质的海天产品不但畅销于国内市场，还销往全球多个国家与地区。

2019年前3季度，海天实现营业收入148.24亿元，比上年同期增长 16.62%，延续高质量发展的态势。在2019年4月发布的中国品牌力指数C-BPI榜单中，海天酱油连续9年行业第一，被列入2019C-BPI黄金品牌榜。2019年6月，海天入选“中国轻工业食品行业五十强企业”。同月，凯度消费者指数2019年亚洲品牌足迹报告发布，海天味业以5.2亿消费者触及数、73.3%的渗透率，荣登中国快速消费品品牌第4位。

未来，海天将继续以“让更多人用上高品质的海天产品，打造受人尊敬的国际化食品集团”的品牌愿景为目标，坚持以品质为本，通过持续创新技术，不断优化产品工艺，为消费者提供安全、美味、高品质调味品。

更多活动更多惊喜，
请扫描登录海天官方微信。

战马
WAR HORSE
能量型维生素饮料
你的能量
超乎你想象
战马
WAR HORSE
战马能量型维生素饮料
WAR HORSE ENERGY VITAMIN BEVERAGE
净含量:400mL
战马
战马能量型维生素饮料
WAR HORSE ENERGY VITAMIN BEVERAGE
净含量:310mL
战马
WAR HORSE
战马能量型维生素饮料
WAR HORSE ENERGY VITAMIN BEVERAGE
（含气）
官方微博
官方微信
官方网站: www.warhorsechina.com.cn
（产品图片仅供参考，以实物为准）

君乐宝
JUNLEBAO
打破国外垄断
全球首款自有牧场全产业链
至臻A2型奶牛奶粉上市
君乐宝至臻
幼儿配方奶粉
(12-36月龄,3段)
净含量/规格:800克
注册号:国食注字YP20190016
3

太太乐®
家庭厨房好帮手
太太乐鸡精真的含有鸡肉
文蛤精
高汤精
蘑菇精
蔬之鲜 调味料
天天旺 鸡鲜粉 调味料
天天旺
鲜香宝
鲜味宝
鲜鸡汁
浓缩鲜鸡汁调味料
芝麻香油
鸡精 调味料 Granulated Chicken Bouillon
原味鲜 鸡鲜调味料
原味鲜
酱油

上海太太乐食品有限公司

■ 上海太太乐食品有限公司创立于1988年，是中国调味品行业三强企业之一，中国鸡精、鸡粉行业标准制定单位，全球最大的食品公司——瑞士雀巢大家庭的一员。

秉承**“太太乐，让生活更美好”**的企业使命，太太乐一直致力于鲜味科学的研究和推广，带动鲜味产业的技术创新，不断为消费者带来更健康、更美味的新一代调味品。太太乐产品覆盖固态复合风味调味料、液态增鲜调味料等9个大类，300多个品项，持续引领行业新标准。

■ 凭借国际化的管理体制、全球化的质量监管体系、强大的研发实力和卓越的员工团队，销售网络覆盖全国各地，深受一亿家庭、四亿多消费者的好评，并出口至美国、加拿大、日本、中东等国家和地区。

上海市曹安路13号桥南星华公路969号
邮编：201812　http://www.totole.com.cn
消费者服务中心：上海市嘉定区812-007邮政信箱

电话：（021）59139518
传真：（021）59132674
热线电话：800-8202518

無上妙品
酒鬼酒
馥郁香
建议零售价：568 元/瓶
酒鬼酒股份有限公司
JIUGUI LIQUOR COMPANY LIMITED

泸州老窖股份有限公司

中国白酒金三角酒业园区

泸州老窖股份有限公司营销指挥中心

泸州老窖股份有限公司董事长出席中国名酒 30 周年暨中国白酒高质量发展峰会

泸州老窖股份有限公司董事长出席中国名酒 30 周年暨中国白酒高质量发展峰会

泸州老窖股份有限公司是一家有着 440 余年深厚历史文化和技术积淀的国有大型骨干酿酒企业。2018 年度，公司总资产 226.06 亿元，实现营业收入 130.55 亿元，净利润 34.85 亿元，营业收入和净利润分别同比增长 25.60%，36.27%。

泸州老窖作为“浓香鼻祖，酒中泰斗”，历史源远流长，是中国浓香型白酒中唯一蝉联五届中国名酒称号的殿堂级品牌。始建于明代万历年间的 1573 国宝窖池群，1996 年经国务院批准成为行业首家“全国重点文物保护单位”；2013 年，泸州老窖 1619 口百年以上酿酒窖池、16 个酿酒古作坊及三大藏酒洞，再次入选“全国重点文物保护单位”。“泸州老窖酒传统酿制技艺”于 2006 年 5 月入选首批“国家级非物质文化遗产名录”，成为行业最早拥有“双国宝”文化遗产的企业。此外，泸州老窖古作坊群于 2006 年、2012 年还相继入选《中国世界文化遗产预备名单》。

公司实施“双品牌塑造，多品牌运作”的品牌战略，构建起五大战略单品的金字塔形品牌结构：国窖 1573、百年泸州老窖窖龄酒、泸州老窖特曲、泸州老窖头曲和二曲，并积极拓展养生酒产品和预调酒产品，开展以消费者需求为主导的定制酒业务。

公司建立起“泸州老窖博士后工作站”、“院士专家工作站”等白酒人才高地，拥有国家级非物质文化遗产代表性传承人 3 名、中国酿酒大师 3 名、中国白酒大师 2 名、中国白酒工艺大师 3 名、中国评酒大师 2 名、教授级高级工程师 7 名、享受国务院特殊津贴专家 10 名、全国技术能手 2 名、四川省学术和技术带头人 4 名、培养博士后 26 名，同时培养包括国家级白酒评委、酿酒高级技师、技师在内的技能型人才数百名。

公司荣获 2018 年度中国食品科学技术学会科技奖项 2 项

公司荣获 2019 年度中国酒业协会科技进步奖

泸州老窖国宝窖池群

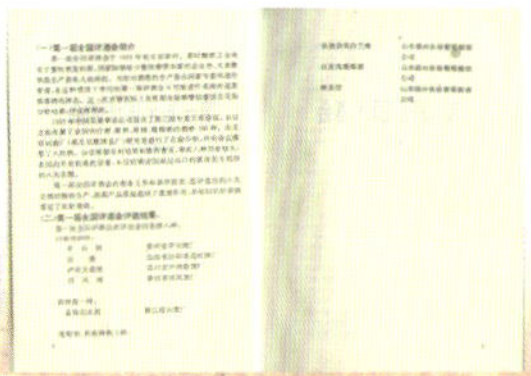

1952 年首届中国名酒评选（《中国历届评酒会资料汇编》1991 版 中国食品工业协会内部资料）

1963 年国家轻工业部颁发的第二届“中国名酒”金质奖章

1979 年荣获第三届国家名酒称号奖状

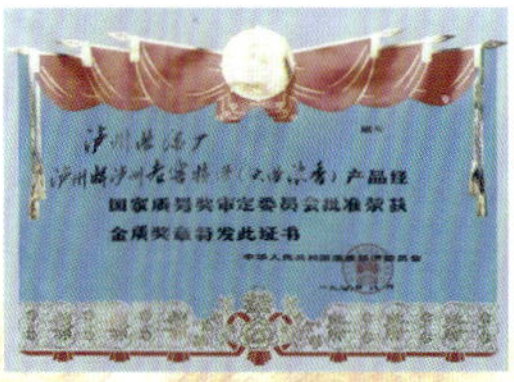

1984 年荣获第四届“中国名酒”金奖

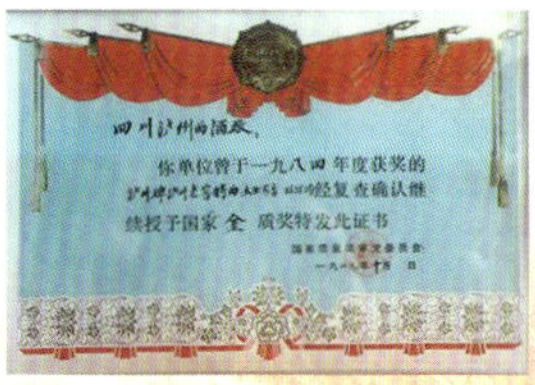

1989 年荣获第五届“中国名酒”金奖

泸州老窖藏酒洞库

洽洽®小黄袋
每日坚果
掌握关键保鲜技术
坚果刚剥壳般的美味
荣获国家科学技术进步奖
国家科学技术进步奖
证书
证书号:2017-J-211-2-01-D03
洽洽®小黄袋
每日坚果
原味 Daily Nuts
坚果刚剥壳般的美味
掌握关键保鲜技术
荣获国家科学技术进步
奶粉般保鲜包装
鲜
含氧量<1%
30日装
内含30袋
净含量780克
巴旦木 美国/澳洲
腰果 柬埔寨 越南
榛子 土耳其
核桃 中国新疆
蔓越莓 加拿大
黑加仑葡萄干 乌兹别克斯坦
每一袋含4种坚果+3种果
洽洽®小黄袋
每日坚果
原味 Daily Nuts
鲜
掌握关键保鲜技术
无添加
1日装
净含量26克
每一袋含4种坚果+3种果干
图片仅供参考

美好®
纯肉丸
鲜如现做
香菜猪肉丸
美好
香菜猪肉丸
速冻锁鲜
全国服务热线400-8353600
新希望集团·成都希望食品有限公司

燕京啤酒公司介绍

Introduction to Yanjing Beer Company

燕京啤酒 1980 年建厂，1993 年组建集团，1997 年被国务院列入 512 家重点扶持企业之一，2002 年、2006 年被中宣部等部委定为在全国宣传的十大典型企业之一，2009 年被认定为高新技术企业。

燕京啤酒，清爽怡人，产品 6 大类 60 多个品种，销往全国各地，形成北京、广西、福建、内蒙等优势竞争区，北京市场占有率达85%以上，全国市场占有率12%以上。产品出口欧美等 40 多个国家和地区，赢得全球啤酒爱好者的广泛赞誉。

燕京啤酒通过国家 ISO9001 质量体系认证、通过 ISO14001 环境认证、通过 HACCP 食品安全认证、通过绿色食品认证。燕京啤酒先后成为北京 2008 年奥运会赞助商、中国探月工程官方合作伙伴、中国乒乓球队官方合作伙伴、中国足协杯冠名赞助商、中国足协中国之队赞助商、2019 年篮球世界杯赞助商、北京 2022 年冬奥会赞助商。

1997 年燕京啤酒在香港红筹股和深圳 A 股上市，2003 年收购福建惠泉，为燕京开辟香港、深圳、上海三条融资渠道。逐步通过新建、控股等方式在全国 18 个省份设立 51 家分公司。

燕京啤酒将继续保持快速、健康发展，坚持“六个创新、四个做强”，确保在中国啤酒业占据领导地位。坚持打造国际化的民族品牌的愿景，在世界啤酒行业具有明显的竞争优势，让中国的燕京成为世界的燕京。

燕京啤酒
YANJING BEER
BEIJING 2022
北京2022年冬奥会官方赞助商
Official Sponsor of the Olympic Winter Games Beijing 2022
YANJINGBEER
燕京啤酒
天然矿泉水酿造
BEIJING YANJING BREWERY CO.,LTD.
燕京鲜啤
YANJING FRESH BEER
零氧化
真新鲜
净含量:500ml
北京燕京啤酒股份有限公司
10°P啤酒
燕京啤酒天猫官方旗舰店
燕京啤酒官方微信

水井坊 第一坊酒

600年，活着的传承

第一坊

600年传世酒坊——水井街酒坊
国家重点文物保护单位

酿艺

600年传承的酿艺
国家级非物质文化遗产
水井坊酒传统酿造技艺

匠心

9代大师
一生只做一件事
不遗余力酿好酒

理性饮酒 杜绝酗酒 禁止向未满18岁消费者出售

青花郎

中国两大酱香白酒之一

郎酒股份
LANGJIU LTD.

服务热线：400-806-6969 建议零售价：1198 元/瓶

云贵高原和四川盆地接壤的赤水河畔，
诞生了中国两大酱香白酒，
其中一个是青花郎。
青花郎，中国两大酱香白酒之一。
青花郎的诞生，是与大自然的沟通互动，暗藏玄机。

生在赤水河

恪守古法 顺天应时

穿越川黔的赤水河，是中国的美酒河，两岸群山环峙，温润少风，是世界十大烈酒产区之一，孕育了中国两大酱香白酒——茅台和郎酒，汇集了上百家酱酒企业。

郎酒庄园坐落在赤水河南岸的酱酒黄金产区，占地 10 平方公里，是酱酒酿造的天选之地。

当地米红粱、生态赤水河以及独特酿酒小气候，共同孕育了酱香郎酒；赤水河谷红砂石筑就的窖池、富含独特微量元素的特制紫红泥窖泥、传统三合土特制的晾堂，构成了酿酒微生物繁衍生息的乐园。

郎酒千年酿造技艺，是国家级非物质文化遗产，端午制曲、重阳下沙、九次蒸煮、八次发酵、七次取酒，生产过程历时一年，郎酒人秉承古法手工酿酒，顺天应时，一丝不苟。

长在天宝峰

云霞供养 淬火祛烧

经过长达一年的酿造，酱香原酒来到天宝峰，在十里香广场的露天陶坛库修养。承阳光雨露，观日月轮回，昼夜温差，在大自然怀抱中，驯化野性、淬火祛烧。

历经二十四节气的历练修身，酱香原酒又相聚在千忆回香谷的大罐中。独特的高山峡谷，生生不息的环状气流，是郎酒吐纳天地、醇化生香的天然道场。

几度春来秋往，沿输酒管线飞降金樽堡。

养在陶坛库

陶坛静养 醇厚幽雅

金樽堡，仿佛赤水河谷自然生就，天然质朴，是郎酒庄园的璀璨明珠，亦方亦圆、晶莹剔透，交融神秘与时尚。堡内陶坛纵列成行、威武雄壮，经历了天宝峰成长的酱香原酒在此凝神静养，使酒体醇化老熟，日益厚重，陈化生香。

酒是陈的香，一年一个味。时间是最优秀的酿酒大师，它施展自然而神奇的魔法，让不同年份的老酒，呈现出不同的黄金色泽，活色生香，风味诱人。

藏在天宝洞

洞藏修养 陈化老熟

经金樽堡凝神静养的优质酱酒，最后进入全球最大的天然储酒洞群——天宝洞、地宝洞、仁和洞闭关修行。天宝洞龙形威武，地宝洞状若凤凰，仁和洞形似三条大鱼衔尾而进，天地仁和、意韵天成。

储酒洞内常年恒温恒湿，万只酒坛身披酒苔，势如酒阵兵马俑，酱香郎酒在这里潜心修炼、陈化老熟、得道出关。

生在赤水河，长在天宝峰，
养在陶坛库，藏在天宝洞，
顺天应时，方得美酒。
青花郎，中国两大酱香白酒之一。

龙大®
原浆油
龙大造
龙大®
原浆
压榨花生油
头道初榨
地道原香
净含量:5L
创新传统工艺，
头道初榨。
优选上乘原料。
无勾兑非调香，
口味绵柔醇和，
保留地道花生原香。

贵州习酒
GUIZHOU XIJIU
CCTV
国家品牌
计划
中国著名表演艺术家陈道明
习酒·窖藏1988
君子之品 东方习酒
贵州茅台酒厂(集团)习酒有限责任公司
GUIZHOU MOU TAI DISTILLERY (GROUP) XI JIU CO., LTD.
网址：
www.gzxijiu.com
咨询热线：
400-667-1988

定量装80g

定量装43g

薯片是休闲食品中的大品类，相比常规油炸薯片，焙烤薯片不但口感香脆美味，更以非油炸、无反式脂肪酸、不添加防腐剂等健康特点，受到消费者的青睐，成为薯片市场当之无愧的替代升级产品。

小王子坚强的土豆（焙烤薯片）引进欧洲先进薯片焙烤设备，以进口优质马铃薯雪花粉为主要原料，保证原料的安全性；采用国外纯正的焙烤工艺，产品口感松脆、薯香浓郁、有咀嚼感、回味无穷；脂肪含量比其他焙烤薯片低，更低脂健康。

散装

卖点介绍

1.坚强的土豆不是一包普通的零食而是教会孩子健康的人生观、价值观的精神食粮
2.非油炸薯片: 一种好吃的健康的、有正能量的休闲零食,未来延展薯类产品
3.一个个性的卡通形象一个经常遭遇挫折， 但是并不气馁、积极向上的角色

广州酒家集团利口福食品有限公司

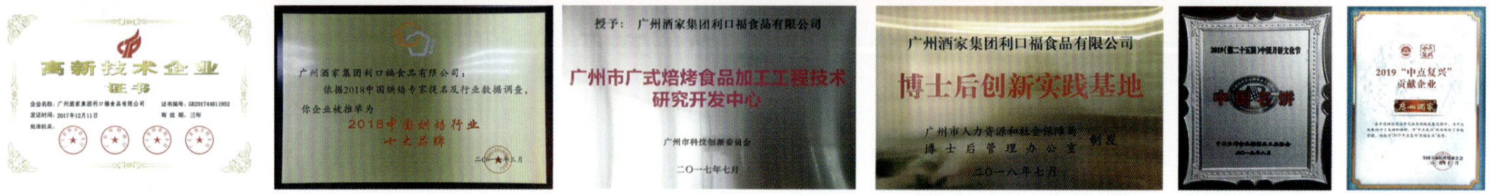

广州酒家，中华老字号，创建于 1935 年，迄今已有 84 年历史。90 年代初组建企业集团，2009 年 3 月改制为广州酒家集团股份有限公司，2017 年 6 月在上交所成功上市，成为广东省首家上市饮食集团。

广州酒家集团利口福食品有限公司是国有企业广州酒家集团旗下的大型现代化食品生产企业，是国家食品工业重点企业。在广州市内设立了 200 余家连锁门店，并在国内十多个省市、自治区设有总经销，主要生产“利口福”、“秋之风”等品牌的月饼系列产品、速冻点心、广式腊味、莲蓉馅料、休闲食品、端午粽子、速冻菜式、西点面包八大系列产品并畅销国内多个省市及出口欧盟、美国、加拿大、澳大利亚、新西兰等国和地区。其中，月饼系列产品是公司的核心产品，产销量连续 7 年位居全国同行业之首，被评为“中国名牌产品”，被中国饭店协会授予“中国月饼第一家”荣誉，被全国工商联烘焙业公会评为“2019‘中点复兴’贡献企业”。

2018 年广州酒家集团利口福食品有限公司实现销售收入 18.92 亿元，同比增长 18.59%。公司坚持以市场为导向不断自我创新，并积极利用公司品牌、资金和平台优势进一步接轨国内外市场，继续拓展核心业务领域，推进培育业务的增量增效，提升综合竞争力。

1. 跨区域发展战略持续推进，全国产能初步布局

2018 年，公司继续坚持“食品创规模”的发展方向，抓住全国食品制造行业快速发展的机遇，充分调动资源，结合原材料及销售等区位优势，落子湘潭及梅州生产基地项目，同时顺利完成了粤西地区粮丰园项目的并购工作，开启跨区域产能联动布局，分区域突出功能定位，深化协同联动，提高管控效率。

2. 提升自主创新及研发能力

公司始终坚持“创新是第一动力”的理念，坚持企业的创新主体地位，提升企业的发展内涵，推动企业实现高质量发展。2018 年，公司通过继续巩固和深化与高校、科研机构产学研合作，加大了针对月饼系列产品、速冻、西点、腊味等新产品开发的力度。利口福公司广式焙烤食品加工工程技术研究开发中心顺利验收；广州市博士后创新实践基地正式落成；中国轻工业工程技术研究中心成功获批。利口福公司荣获“2018 年度广东省食品行业科学技术奖技术创新标杆单位”，公司多名研发人员获得 2018 年度广东省食品行业科技创新发展卓越领导者、卓越工作者称号。

2018 年，利口福公司获得专项授权 6 项。利口福公司“广式点心速冻产业化及加工关键技术研究”获得广东省食品行业科学技术奖特等奖；“广式腊肠中热泵抽湿节能技术的研究与应用”获得广东省食品行业科学技术奖优秀项目二等奖；“常温广式粽子护色及保质加工工艺的研究及应用”、“广式传统饼酥风味特性及长保质期研究”两个项目荣获“2017 年度广东省食品行业科学技术奖二等奖”。此外，利口福公司还参加了国家重点研究计划——“食品加工条件对食品中外源安全危害物的影响与作用机理”项目。

3. 发挥品牌优势，巩固核心产品的领先地位

公司“利口福”和“秋之风”品牌被评为“广州市著名商标”及“广东省著名商标”，“利口福”月饼被国家质量监督检验检疫总局认定为“中国名牌产品”。公司在食品行业逐步走向分化的机遇中继续扩大产能，加大终端营销推广，提高绝对竞争优势，2018 年的月饼产销量更是超 1100 万盒，位居全国同行业之首。同时，公司借助品牌优势和核心产品的引领，适时提高前期培育的常态化速冻等优势产品产能，切入新的市场和渠道，为逐步规模化发展做好准备。

另外，广州酒家集团利口福食品有限公司还参与并制定了多项国家技术标准，通过了 ISO9001、ISO22000 质量管理体系认证和 HACCP 质量认证，生产车间严格按照 GMP 和 SSOP 的要求设计和建造，2018 年再次通过美国食品药品监督管理局（FDA）的审核，食品安全生产达到国际先进水平。2017 年获得高新技术企业认证；2019 年被省农业厅认定为“广东省重点农业龙头企业”。

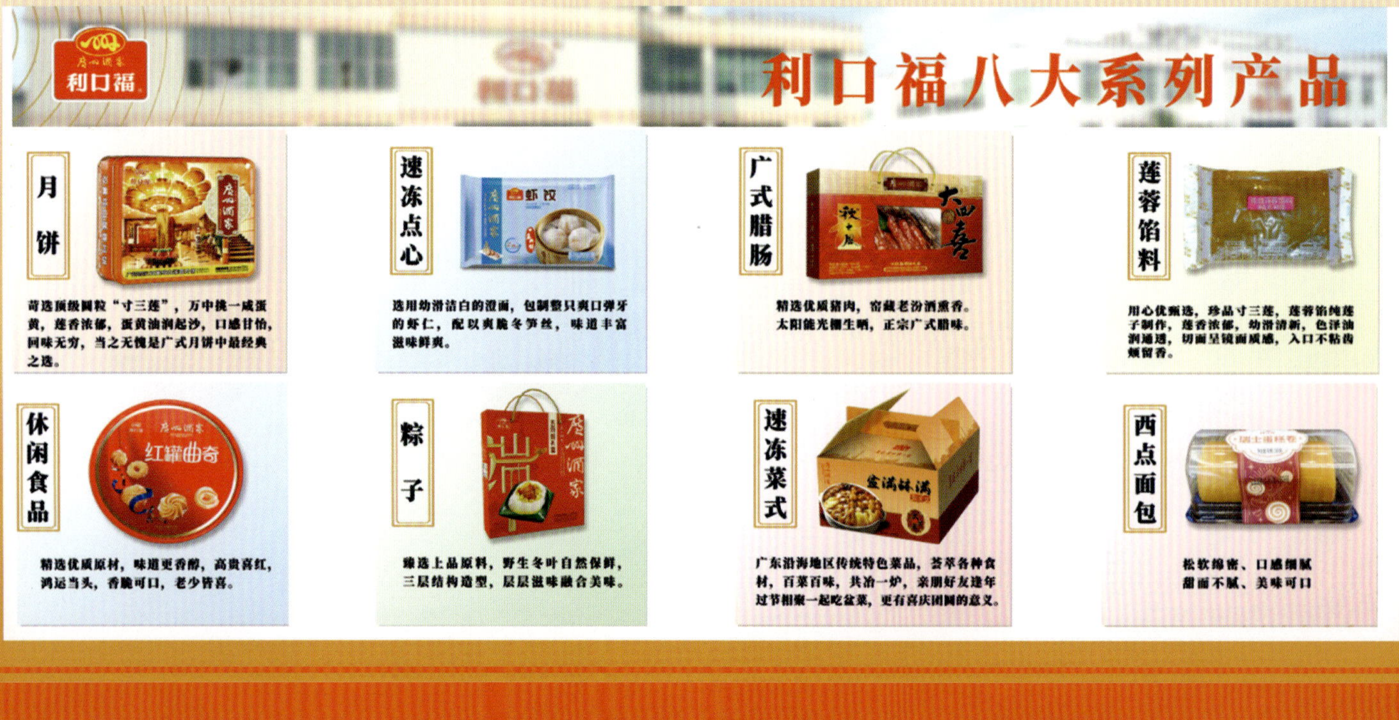

瑞可莱
Ruikelai
Strong&Fresh
原汤原味 汤浓味鲜
原汤原味
original flavor
猪骨高汤
鸡骨高汤
牛骨高汤
牛骨白汤
鸡骨白汤
猪骨白汤
青岛瑞可莱餐饮配料有限公司
地址：青岛市平度经济开发区重庆路277号 电话：0532-83300000

内蒙古伊利实业集团股份有限公司

伊利集团稳居全球乳业第一阵营，蝉联亚洲乳业第一，也是中国规模最大、产品品类最全的乳制品企业。最优的产品品质、领先的综合服务能力和全面的可持续发展能力，让伊利一直深受全球顶级盛会、赛事以及各级政府和社会各界的信赖与认可。从 2008 年北京奥运会到 2019 武汉军运会、2022 年北京冬奥会，从 2010 年上海世博会到 2016年杭州G20峰会，伊利作为唯一一家提供服务的乳制品企业频频亮相。同时伊利也是世界经济论坛、博鳌亚洲论坛、世界互联网大会等顶级峰会的合作伙伴。

2019 年 4 月，伊利集团董事长潘刚提出共建“全球健康生态圈”，用全球资源做一杯好奶，实现“让世界共享健康”的梦想。伊利多年来积极协同合作伙伴，不断完善全球产业链、打造全球智慧链、优化全球价值链，推动全球乳业共同发展。

伊利以“伊利即品质”为企业信条，将品质视为生命，致力于生产 100% 安全、100% 健康的乳制品。2019 年，伊利将质量管理工作战略从“质量领先 3210 战略”升级为“品质领先 3310 战略”，由质量管理向品质管理升级，聚焦“全球最优品质”。

伊利持续打造全球创新网络，通过“整合全球、服务全球”，为消费者源源不断地送上高品质产品与服务。2019 年 11 月 6 日，第二届进博会期间，伊利和法国罗盖特公司签署长期战略合作协议，这是伊利构建“全球健康生态圈”的重要一环。2019 年，伊利继续加大品类拓展，大健康食品产业布局初具规模，同时大力推进“智慧乳业”，精准洞察消费者多元需求，持续引领行业升级；伊利加快推进国际化进程，不断巩固亚洲乳业龙头地位。8 月，伊利成功收购新西兰第二大乳业合作社威士兰；9 月，伊利常温奶品牌安慕希成功在东南亚上市。

伊利不断提升绿色可持续发展能力，优化全球价值链。作为国内首家、也是唯一一家签署联合国生物多样性公约《企业与生物多样性承诺书》的企业，2019 年 8 月，伊利连续第二年发布《2018 年生物多样性保护报告》，其实践成功入选《中国落实 2030 年可持续发展议程进展报告（2019）》，成为唯一的中国食品企业案例。在 10 月 24 日举行的首届“可持续发展论坛”上，伊利携手阿里、三峡等企业发起行动倡议，共同推动可持续发展。

11 月 10 日，“伊利现代智慧健康谷”正式启动，智慧健康谷是一个“以乳业产业为核，乳都文化为魂，环境山清水秀，生活宜居适度”的产城旅一体化的大型综合体项目，伊利将以此为契机，汇聚全球合作伙伴，发挥产业集群效应，推动全球健康事业蓬勃发展。

市场对于伊利构建“全球健康生态圈”的努力给予了积极回应，2019 年前三季度，伊利股份营业总收入 686.77 亿元，同比增长 11.98%；净利润 56.48 亿元，同比增长 11.73%，实现高位双增长同时再创亚洲乳业新高。潘刚领导下的伊利，正以远见卓识的眼光、开放创新的精神，不断构建和完善“全球健康生态圈”，推动全球乳业步入“中国时刻”。

中国食品工业年鉴

CHINA FOOD INDUSTRY YEARBOOK

2019

（总第31部）

主编　沈 篪

《中国食品工业年鉴》编辑委员会 编

图书在版编目（CIP）数据

中国食品工业年鉴.2019 /《中国食品工业年鉴》编辑委员会编.-- 长春 : 吉林科学技术出版社, 2020.5

ISBN 978-7-5578-7015-7

Ⅰ.①中… Ⅱ.①中… Ⅲ.①食品工业－中国－2019－年鉴 Ⅳ.① F426.82-54

责任编辑：张延明

中国版本图书馆 CIP 数据核字 (2020) 第 064372 号

中国食品工业年鉴

CHINA FOOD INDUSTRY YEARBOOK

2019

（总第 31 部）

《中国食品工业年鉴》编辑委员会编

*

吉林科学技术出版社

（吉林省长春市福祉大路 5788 号 130118）

http: // www. jlpg. cn

E-mail: jlpg2013@163. cn

北京富泰印刷有限公司

*

787 * 1092 1/16 34 印张 10 插页 2260 千字

2020 年 5 月第 1 版 2020 年 5 月第 1 次印刷

印数：1-5000 册 定价：680.00 元（人民币）

ISBN 978-7-5578-7015-7

ISBN 978-7-5578-7015-7

全国食品工业信息交流会暨庆祝暨庆祝
《中国食品工业年鉴》创刊35周年座谈会

- 真实的权威性
- 详尽的资料性
- 参考的实用性
- 丰富的可读性
- 编排的鉴赏性
- 珍贵的收藏性

会议全景

会标和31部年鉴

中国食品工业协会原会长王文哲和北京市食品协会原会长李士靖亲切交谈

李士靖原会长向中国食协法人兼常务副会长沈篪赠送历史资料

国家统计局总工程师文兼武发表重要讲话

农业农村部种植业副司长陈友权发表重要讲话

国家市场监督管理总局食品抽检司郝明红

中国食协法人兼常务副会长沈篪向贵州省食品工业协会王遵、山西省食品工业协会王彬、广东省食品工业协会 钟华、中国肉类协会高观、中国水产学会 高宏泉、浙江省食品工业协会 安圣康、上海市食品协会 施伟俊、江西省食品工业协会 陈叔然、江苏省食品工业协会 唐建泽、河南省食品工业协会 万保建、云南省食品工业协会 郭福生、福建省食品工业协会 林玉明、北京二锅头酒业股份有限公司 贡献文、荣成市海洋食品市场管理委员会 毕志明、武冈市特色产业开发办公室 林立东、贵州金沙窖酒酒业有限公司 张道红颁发年鉴优秀工作者荣誉证书。

中国食协副秘书长张京玉向湖北省食品工业协会、中国罐头工业协会、中国焙烤食品糖制品工业协会、吉林省食品协会、湖南省食品行业联合会、贵州董酒股份有限公司、江苏省兴化经济开发区、武冈市特色产业开发办公室、中国乳制品工业协会、贵州金沙窖酒酒业有限公司、中国糖业协会、四川省经济和信息化厅、安徽省经济和信息化厅、中国生物发酵产业协会、中国肉类协会、北京二锅头酒业股份有限公司、隆尧县东方食品城项目建设服务中心、陕西省食品协会、哈尔滨市双城区工业信息科技局、荣成市海洋食品市场管理委员会、安徽淮北凤凰山经济开发区管理委员会、漳州市食品工业协会、茶山镇工业信息科技局、天津市食品工业协会山东省食品工业协会、南京市溧水区工业和信息化局颁发年鉴优秀工作单位荣誉证书。

获奖者感言

吴龙妹
中国食品工业知名人士
河北省食品工业协会党支部书记

尊敬的王文哲老会长，尊敬的各位同仁：

今年是《中国食品工业年鉴》创刊35周年，也是《年鉴》正式连续出版发行总第30部的日子，我们为之祝贺，也为之感动。中国食品工业协会主管主办的《年鉴》，是反映我国食品工业年度发展全貌的大型综合性权威工具书，是中国食品行业发展史上唯一的重要历史文献，具有权威性、实用性、可读性。《年鉴》的组织编辑者几经艰难开创、精心雕琢、不断创新，使《年鉴》的编纂工作更加科学专业。当下，年鉴的组织编辑者郑宣东主任接好了这一棒，并为之付出心血，他坚持年鉴编纂的"全"、"新"、"精"、"特"、"鉴"、"便"六项要求，从调查研究、创意策划、框架设计，组稿、采编，到整合、编纂，再到印制、出版、发行，形成一项庞大的系统工程。为了加强与编委的紧密联系，开创了电子刊物“年鉴通讯”，他坚持编辑的21期年鉴通讯，为我们提供了食品产业发展方向、各省发展情况及信息交流，我们为年鉴工作者喝彩，向为年鉴工作付出的大家致谢。

我只想默默做自己应该做的事情，但中国食协给了我这麽高的荣誉，我受之有愧，是中国食协年鉴这个平台，给了我们施展才能的机会，我非常感谢中国食协年鉴这个平台，我们在做着功在千秋，利在当代的事业，让这部重要书籍继续记录中国食品工业发展历史的光辉足迹，让有志之士继续为年鉴编纂奉献智慧和力量。

获奖者感言

王遵
中国食品工业知名人士
贵州省食品工业协会会长

尊敬的王文哲老会长、尊敬的中国食协各位领导、尊敬的年鉴编辑部的领导：

大家下午好！今天是《中国食品工业年鉴》创刊35周年，也是《年鉴》正式连续出版发行总第30部的日子，俗话说“三十而立”，今天作为丰碑立在这里的是：《中国食品工业年鉴》，她立在了我国改革开放以来的发展路上。今天我们为她庆幸，为她祝福，为她喝彩，共和国前进的路上留下了她们浓墨重彩的一笔。《中国食品工业年鉴》，是反映我国食品工业年度发展全貌的大型综合性权威工具书，是中国食品行业发展史上唯一的重要历史文献，具有权威性、实用性、可读性。在这部史书中我们受益匪浅，我们的后辈们也将从这部源源不断地出版中的史书里知道他们的前辈们为中国食品工业发展所付出的心血。感谢中国食协的同志们、感谢编辑部的同志们，感谢宣东主任！

非常荣幸，中食协给我这么高的荣誉！获此殊荣，我感到这既是荣誉也是压力，但更是一种动力和责任。我周围的许多的同志，他们在食品行业几十年，辛辛苦苦，勤勤恳恳的工作，奉献了自己的一生，他们做得比我优秀得多，做得更好，我只不过是他们中的代表而已。这是我感到惭愧的地方，我将会以他们为榜样，努力做好今后的工作！

谢谢大家！

获奖者感言

祁丽芳
中国食品工业知名人士
中国肉类协会产业政策研究室副主任

尊敬的王文哲老会长，尊敬的中国食协各位领导、尊敬的年鉴编辑部的领导：大家下午好！

非常荣幸能代表中国肉类协会接受中国食品工业协会颁发的“《年鉴》优秀单位奖”，感谢前辈同行给予的荣誉、肯定和鼓励！中国的肉类工业作为食品工业的组成部分，还处在发展和完善时期，当前整个肉类行业面临着转型升级，尤其是自去年8月以来发生的非洲猪瘟，行业形势十分严峻。但是挑战也是机遇，压力也是动力，今天幸遇这么多优秀的前辈和同行，希望能与大家携手共进，为中国食品行业的发展与进步尽绵薄之力。

获奖者感言

郑宣东
中国食品工业年鉴副主编
年鉴编辑部主任

致所有参加全国食品工业行业信息交流会暨庆祝《中国食品工业年鉴》创刊35周年座谈会人员的感谢信

光阴似箭一瞬间，
四喜临门同贺献，
不忘初心留行史，
峥嵘岁月只等闲。

各位领导、各位老师、各位参会的来宾、朋友们：大家好！

今年是中华人民共和国成立70周年；中国食协也刚刚换了届，成立了第七届新的领导班子；今年是《中国食品工业年鉴》创刊35周年的日子；恰巧也是《中国食品工业年鉴》正式出版发行总第30部，在这四喜临门的日子里，我会于7月30日，在北京召开了全国食品工业行业信息交流会暨庆祝《中国食品工业年鉴》创刊35周年座谈会，请允许我代表主办单位中国食品工业协会和承办单位中国食品工业年鉴编辑部对各位拨冗莅临本次会议，再次表示衷心的感谢！

首先，我要感谢两位94高龄的老前辈在接到我的参会邀请后，老前辈们二话没说，当即接受了我的拜求，并为祝贺题写了贺词，他们就是中国食品工业知名人士原轻工业部副部长中国食品工业协会原会长名誉会长王文哲和中国食品工业知名人士原北京市食品协会会长李士靖，特别是李士靖老前辈在会上一番热情洋溢的讲话，使与会者倍受鼓舞，感慨万千，我在这里敬祝二老福如东海寿比南山；感谢中国食协常务副会长法人沈篪对我呈报的关于召开本次会议的意义和会议内容签报的批示，全力办好此次会议；感谢国家统计局总工程师文兼武、农业农村部陈友权司长、国家市场监督总局郝明红处长在百忙之中给予的到会祝贺，并发表重要讲话；感谢各地经信委各地食协中国食品工业各专业协会的领导和老师冒着酷暑参加会议，最后，还要感谢中国和日本一些知名食品工业企业到会的祝贺。我们一定不辜负大家的希望，继续砥砺前行，把《年鉴》编辑的一部比一部更加丰富，更具特色，为推动中国食品工业再创辉煌做出应有的贡献。

挥手弹指光阴箭，
行业史记后人献，
砥砺年份三十五，
唯我食品工业鉴。

各位领导、老师、来宾们、朋友们，按照会议计划，在各位的指导和支持下，我们已经完成了本次会议计划的全部议程。苏联人民英雄保尔柯察金曾经说过：人的生命是宝贵的，当他回首往事的时候，不因虚度年华而感到悔恨，不因碌碌无为而感到羞耻，所以，对编纂《中国食品工业年鉴》工作而言，我们的初心是高尚的，我们的使命是神圣的，我们的事业是伟大的，我们的工作是光荣的，引用中国食品工业知名人士吴龙妹老师的话，就是我们在做利在当代功在千秋的事业，我们无愧于当代，更对得起后代，我们现在做的这个工作取得的成就，明天会是无比灿烂辉煌的，也一定是无比灿烂辉煌的。

吴晓萍
著名酒体勾调设计大师
中国首届首席白酒评委

1953 年 5 月生，四川泸州人。中国历史上第一批女烤酒匠，第一位女评酒员，国家级白酒酒体设计大师。

1971 年在泸州曲酒厂参加工作。历任泸州老窖酒厂车间化验员、酿造车间及车间办公室工作人员。

1976 年起在泸州老窖酒厂从事尝评勾调工作，历任尝评员、尝评组组长，生产科副科长、勾储科科长，泸州老窖股份有限公司勾储车间主任、酒体设计中心主任，泸州老窖股份有限公司副总工程师、产品技术质量总监，同时出任国家白酒高级技能考评员，国家白酒生产许可注册审核员。

1984 年被四川省计经委授予“为泸州老窖特曲荣获 1984 年国家金奖作出重大贡献”荣誉奖励；1985 年荣获四川省“新长征突出手”、四川省“职工自学成才”三等奖；1991 年荣获泸州市“优秀新产品开发先进个人”；1995 年荣获泸州市“十佳英模”、四川省“劳动模范”；1994 年、1996 年分别评为泸州市第三批、第五批“有突出贡献专业技术拔尖人才”。

1985 年被四川省白酒协会聘为四川省第三届白酒评委，四川省白酒专家组成员；1987 年被商业部聘为国家白酒评委；1989 年被中国食品工业协会聘为第五届国家白酒评委；2000 年被中国食品工作协会聘为第六届国家白酒评委；2001 年被中国酿酒工业协会聘为国家白酒评委；第九届全国人大代表，四川省第七届人大代、主席团成员。

1985 年主持完成科研项目“泸州老窖 38 度加工技术”获泸州市科技成果三等奖；1992 年主研“浓香型白酒勾兑技术”项目获泸州市科技成果一等奖、四川省科技进步三等奖；1993 年开发研制“泸州老窖金爵士特曲”获泸州市科技成果一等奖；1997 年开发研制“泸州老窖 30 度特曲”获泸州市科技成果一等奖；1997 年开发研制“泸州老窖 38 度特曲”获泸州市科技成果三等奖；1999 年主持“国窖 1573”开发研制工作，其优雅高贵的品质被作为中国浓香型白酒鉴赏标准。

2007 年 1 月受邀加盟湖南酒鬼酒股份有限公司，担任主管生产的副总经理和总工程师，任职期间，重新设计了酒鬼酒 52°、50°，内参酒，2008 洞藏酒鬼酒等一系列高端产品的酒体，并将此独特的酒体设计为馥郁香型，开创了中国白酒界由浓香型酒体设计者到成为跨香型酒体设计者、缔造酒体香型的先河。2007 年 7 月，中国白酒专家组成员完成了酒鬼酒馥郁香型酒体风格的正式认定，创立了中国白酒史上一个全新的香型。

2008 年 8 月，主持并完成了国家质检总局发布的酒鬼酒作为地理标志品保护资格的认定并在 2009 年 3 月得到国家质检总局正式批准。

2009 年 4 月，受邀加盟法国轩尼诗集团下属四川省文君酒厂有限公司。担任生产及酒体设计董事，开发出全新高端“天玄”、“大师甄选”等超高端白酒，引领中国白酒作为奢侈品第一次正式走向国际。

2017 年 11 月回归世家传承体系，打造中国白酒行业第一个民间质量管理认证系统，为提升中国白酒行业中小企业产品品质及技术实力做出卓越贡献；回归后，倾心打造“吴窖”大师真传系列，并执掌中国白酒第一个技术传承及雅文化传播师门，带领弟子团队潜心于经典传统白酒技术传承和美酒雅文化的传播与推广。

同 贺 单 位

北京市食品协会
天津市食品工业协会
河北省食品工业协会
上海市食品协会
江苏省食品工业协会
浙江省食品工业协会
福建省食品工业协会
山东省食品工业协会
广东省食品行业协会
海南省经济信息化委员会
山西省食品工业协会
安徽省经济信息化委员会
江西省食品工业协会
河南省食品工业协会
湖北省食品工业协会
湖南省食品行业联合会
内蒙古自治区经济信息化委员
广西壮族自治区食品工业协会
重庆市食品工业协会
四川省经济信息化委员会
贵州省食品工业协会
云南省食品行业协会
陕西省食品工业协会
西藏自治区特色产品行业协会
甘肃省食品工业协会
青海省包装和食品工业办公室
辽宁省食品工业办公室
黑龙江食品工业协会

吉林省食品工业协会
中国食协坚果炒货专业委员会
中国粮食行业协会专家委员会
中国糖业协会
中国肉类协会
中国食协豆制品专业委员会
中国焙烤食品糖制品工业协会
中国食协糖果专业委员会
中国食协冷冻冷藏食品专委会
中国乳制品工业协会
中国罐头工业协会
中国调味品协会
中国生物发酵产业协会
中国盐业协会
中国酒业协会
中国食协啤酒专业委员会
中国饮料工业协会
中国茶叶流通协会
中国食协罐藏食品科技工作委员会
中国食协食品物流专业委员会
中国食协面包糕点专业委员会
中国食协马铃薯食品专业委会
中国食协营养指导工作委员会
中国食品添加剂生产应用工业协会
中国粮食行业协会
中国食协中日食品行业工作委员会
宁夏回族自治区经济信息化委员会
新疆维吾尔族自治区轻工业行业管理办公室

特刊

第三集

《中国食品工业年鉴》（2019）编辑委员会

特邀顾问 王文哲
李士靖
陈君石
孙宝国

编委会主任 沈 篪
编委会副主任 马 勇

主 编 沈 篪
副主编 马 勇
郑宣东

年鉴编辑部主任 郑宣东

编 辑 杨 鹏 贾伟东
刘 静 刘 颖
张广禄 唐宝琛

设计总监 孔凡立

编　委

（排名不分先后）

北京市食品协会	周以秋原常务副会长
天津市食品工业协会	安俊华秘书长
河北省食品工业协会	吴龙妹党支部书记
上海市食品协会	张崎副秘书长
江苏省食品工业协会	唐建泽副秘书长
浙江省食品工业协会	潘虹秘书长
福建省食品工业协会	林玉明副会长兼秘书长
山东省食品工业协会	郭友武会长
广东省食品行业协会	张俊修负责人
海南省经信委消费品处	曾金老师
山西省食品工业协会	郭东常务副会长
安徽省经信委消费品工业处	季敏处长
江西省食品工业协会	褚建康会长
河南省食品工业协会	陈振杰秘书长
湖北省食品工业协会	谭卫东秘书长
湖南省食品行业联合会	刘送保会长
内蒙古自治区经信委消费品工业处	陶格仓处长
广西食品工业协会	黄永燕秘书长
重庆市食品工业协会	邹世云主任
四川省食品发酵工业研究设计院	何斌副研究员
四川省工业经济发展研究中心	朱旭办公室主任
贵州省食品工业协会	王遵常务副会长兼秘书长
云南省食品行业协会	郭福生会长
陕西省食品工业协会	林晓平常务副会长
西藏自治区特色产品行业协会	王伟全秘书长
青海省包装和食品工业办公室	杜利民主任
宁夏经信委食药工业处	王巍处长
吉林省食品工业协会	张迎新副秘书长
黑龙江食品工业协会	车有春秘书长

广州市利统食品有限公司总经理	陈德广
哈尔滨老鼎丰食品有限公司总经理	曹卫平
洽洽食品股份有限公司总经理	陈先保
山东兰陵美酒股份有限公司总经理	陈学荣
贵州董酒股份有限公司董事长	蔡友平
湖南绝味食品股份有限公司董事长	戴文军
宜昌法官泉饮品有限公司董事长	高朝平
黑龙江香其食品股份有限公司董事长	高　吉
广东省九江酒厂有限公司董事长	关正生
滑县道口画宝刚烧鸡有限责任公司董事长	画宝刚
回头客食品集团股份有限公司副总裁	黄建雄
瑞控机械（南京）有限公司总经理	黄文静
华润雪花啤酒（中国）有限公司总经理	侯孝海
广东燕塘乳业股份有限公司董事长兼总经理	黄　宣
施耐德电气（中国）有限公司食品饮料行业总监	何晓柯
广东嘉士利食品集团有限公司董事局主席	黄铣铭
上海普丽盛包装股份有限公司董事长	姜卫东
四川高金实业集团有限公司董事长	金翔宇
康师傅控股有限公司中国区董事长	贾先德
四川吴家酒业有限公司董事长	吴晓萍
龙大食品集团有限公司总经理	刘宝青
永和食品（中国）有限公司董事长	林炳生
江苏恒顺集团有限公司总经理	李国权
山西杏花村汾酒集团董事长	李秋喜
山东景芝酒业股份有限公司 董事长	刘全平
上海百润投资控股集团总经理	刘晓东
烟台双塔食品股份有限公司总经理	李玉林
五粮液集团有限公司总经理	刘中国
内蒙古伊利实业集团股份有限公司董事长	潘　刚
佛山市海天调味食品股份有限公司总裁	庞　康
上海太太乐食品有限公司总裁	张西强
青岛瑞可莱餐饮配料有限公司董事长	孙志刚
贵阳南明老干妈风味食品有限责任公司董事长	陶华碧
陕西石羊（集团）股份有限公司董事长	魏存成

四川郎酒集团有限责任公司董事长	汪俊林
双汇实业集团有限责任公司董事长兼总经理	万　隆
石家庄君乐宝乳业有限公司董事长	魏立华
广东温氏食品集团股份有限公司董事长	温鹏程
黑龙江省龙江家园就业有限公司总经理	汪启超
红牛维他命饮料有限公司总经理	王　睿
浙江小王子食品股份有限公司总经理	王岳成
河南科迪乳业股份有限公司总经理	王宇骅
金冠中国食品有限公司总经理	吴祖梁
广东石湾酒厂集团总裁	钟长贵
甘肃滨河食品工业（集团）有限公司董事长	许福林
新希望乳业控股有限公司总裁	席　刚
达利食品集团总裁	许世辉
四川米老头工业集团股份有限公司总裁	杨林广
贵州茅台酒股份有限公司董事长	李保芳
浙江小王子食品股份有限公司董事长	王岳成
光明乳业股份有限公司董事长	张崇建
古贝春集团董事长	周晓峰
中国中轻国际工程有限公司 董事长	张建新
泸州老窖集团有限责任公司董事长	张　良
杭州娃哈哈集团有限公司董事长	宗庆后
中粮集团有限公司董事长	赵双连
北京燕京啤酒集团有限公司总经理	赵晓东
北京汇源饮料食品集团有限公司董事长	朱新礼
常熟市屠宰成套设备厂有限公司董事长	张雪明
湖南省玉峰食品实业有限公司董事长	张玉东
广州酒家集团利口福食品有限公司总经理	赵利平
蓬莱京鲁渔业有限公司董事长	王　轰

特约撰稿人

（按姓氏音序排列）

中国粮食行业协会	赵奕总工程师
中国糖业协会	闫卫民副理事长
中国肉类协会	高观副秘书长
中国水产学会	高宏泉处长
中国食品工业协会豆制品专业委员会	吴月芳秘书长
中国焙烤食品糖制品工业协会	张九魁理事长
中国食品工业协会糖果专业委员会	张京玉秘书长
中国食品工业协会冷冻冷藏食品专委会	姜燕京副会长兼秘书长
中国乳制品工业协会	刘美菊副理事长
中国罐头工业协会	查长全理事长
中国调味品协会	白燕副会长兼秘书长
中国生物发酵产业协会	王洁秘书长
中国生物发酵产业协会氨基酸分会	关丹秘书长
中国生物发酵产业协会有机酸分会	卢涛秘书长
中国生物发酵产业协会酵母分会	莫小曼秘书长
中国生物发酵产业协会酶制剂分会	王晋秘书长
中国生物发酵产业协会淀粉糖分会	李建军常务副理事长
中国保健协会	徐华锋副理事长兼秘书长
中国盐业协会	宋占京副理事长
中国食品添加剂生产应用工业协会	薛毅秘书长
中国酒业协会	王延才理事长
中国饮料工业协会	赵亚利理事长
中国茶叶流通协会	王庆常务副会长
中国养蜂学会	陈黎红秘书长

编辑说明

一、《中国食品工业年鉴》（以下简称《年鉴》）是中国食品工业协会主管和主办的，是中国食品工业纪年性、资料性权威大型工具书，《中国食品工业年鉴（2019）》为总第31部。

二、为保持《年鉴》的连续性，《中国食品工业年鉴（2019）》的结构体例和以前《年鉴》的结构体例一致。行业篇按照《国民经济行业分类》（GB/T4754—2017）所规定的分类名称和顺序进行排列记述，原则上按中类名称记述，少数特殊类有所合并或以小类名称来记述；地方篇按照东部（10个）、中部（6个）、西部（12个）、东北部（3）及特区顺序进行排列记述。统计篇仍由国家统计局中国经济景气监测中心支持。

三、为了感谢所有参加全国食品工业行业信息交流会暨庆祝《中国食品工业年鉴》创刊35年座谈会的人，本部《年鉴》特增设和编制了特刊。

四、《年鉴》中的统计数字，以国家统计局提供的数据为准；《年鉴》中“同比”表示“与上（去、2017）年同期相比”，《年鉴》中所汇集知名人士的专论等，基本原文照登，不再做技术处理。

五、本部《年鉴》的组稿、编纂、出版等工作，得到了中央政府有关部门、中国食品行业各专业协会、地方经信委、地方食品工业协会、国家统计局中国经济景气监测中心、吉林科学技术出版社等单位的大力支持和帮助，谨此表示衷心的谢意！

《中国食品工业年鉴》编辑部

目录

第一部分　综合篇

第二部分　行业篇

按照《国民经济行业分类》（GB/T4754—2017）所规定的分类名称和顺序排列

目录

第三部分　地方篇

按照东部、中部、西部、东北部顺序排列

目录

第四部分　统计篇

数据来源于国家统计局中国经济景气监测中心，中国食品工业协会

第五部分 附录

第一部分

综合篇

1.1 2018年食品工业运行情况

中国食品工业协会行业信息部

2018年，全国食品工业认真落实中央加强和改善宏观调控，实现经济平稳发展的总体要求和部署，顺应市场变化，推进结构调整，抵御通货膨胀，确保生产平稳增长，产业规模继续扩大，市场供应较为充足，经济效益持续提高，食品安全总体稳定。食品工业以占全国工业5.7%的资产，创造了7.9%的主营业务收入，完成了8.7%利润总额，较为顺利地实现了十九大的开局之年。

一、发展状况

（一）生产平稳增长，增速有所回落

就年度看， 2018年，规模以上食品工业增加值按可比价格计算同比增长6.7%，比全国工业增速高0.2个百分点，同比收窄了1.2个百分点。三大行业中，农副食品加工业同比增长6.5%，食品制造业同比增长6.3%，酒、饮料和精制茶制造业同比增长7.3%，同比分别收窄0.3、2.8、1.8个百分点。

（二）经济效益继续改善，利润增速有所回升

2018年，全国食品工业经济效益保持了平稳较快增长，40793家规模以上食品工业企业实现主营业务收入8.1万亿元，同比增长5.3%（表1），比全部工业低3.2个百分点，增幅同比收窄1.3个百分点；食品工业实现利润总额5770.9亿元，同比增长10.8%，比全部工业高0.5个百分点，增幅同比扩大2.3个百分点。

就盈利能力看，全部规模以上食品工业企业每百元主营业务收入中的成本为83.1元，同比下降1.9元；主营业务收入利润率为6.5%（表2），同比持平。

表1 2018年食品工业经济效益指标

行业	主营业务收入/亿元	同比增长/%	利润总额/亿元	同比增长/%	主营业务收入利润率/%	成本费用利润率/%
食品工业总计	80903.1	5.3	5770.9	10.8	7.1	7.7
农副食品加工业	47263.1	3.6	2124.4	5.6	4.5	4.7
食品制造业	18348.2	7.3	1552.2	6.1	8.5	9.2
酒、饮料和精制茶制造业	15291.9	8.7	2094.3	20.8	13.7	16.6

表2 2018年食品工业盈利能力变化情况

单位：%

行业	2017年		2018年	
	主营收入利润率	成本费用利润率	主营收入利润率	成本费用利润率
全部工业平均水平	6.5	7.0	6.5	7.0
食品工业总计	6.7	7.2	7.1	7.7
农副食品加工业	4.9	5.1	4.5	4.7
食品制造业	8.0	8.7	8.5	9.2
酒、饮料和精制茶制造业	11.4	13.3	13.7	16.6

（三）投资保持增速明显降低

2018年，全国固定资产投资（不含农户）635636亿元，同比增长5.9%。制造业投资同比增长9.5%。食品工业固定资产投资增速同比1增1降1平，处于较低水平。其中，农副食品加工业增速为0%，食品制造业增速为3.8%，酒、饮料和精制茶制造业增速

为 -6.8%。

（四）消费价格总体稳定，食品价格由降转涨

2018 年，CPI 同比上涨 2.1%，涨幅同比扩大 0.5 个百分点，延续了 2012 年以来的温和上涨态势。食品价格由 2017 年的下降 1.4% 转为 2018 年的上涨 1.8%，对 CPI 的影响从下拉 0.29 个百分点转为上拉 0.35 个百分点，是 CPI 涨幅扩大的主要原因。其中，鲜菜价格由 2017 年的下降 8.1% 转为 2018 年的上涨 7.1%；鸡蛋价格由 2017 年的下降 4.5% 转为 2018 年的上涨 13.0%；猪肉市场供应总体充足，受猪瘟疫情影响，全年价格同比下降 8.1%，降幅同比收窄 0.7 个百分点；酒类全年价格同比上涨 2.8%；鲜果同比上涨 5.6%；粮食同比上涨 0.8%。

（五）食品消费平稳增长，产销衔接稳定

2018 年，食品工业产销率 98.3%，同比微减 0.5 个百分点。产销平衡，衔接水平较高。分行业看，农副食品加工业产品销售率 98.3%，食品制造业销售率 97.9%，酒、饮料和精制茶制造业 97.5%，烟草制品业 100.4%。

食品工业产销衔接良好与居民消费能力增加有直接关系。2018 年，全国居民收入实现稳步增长，与经济增长基本同步；居民消费支出加快增长。食品消费支出比重（恩格尔系数）进一步降低。2018 年，全国居民人均消费支出 19853 元，同比名义增长 8.4%，扣除价格因素，实际同比增长 6.2%。其中，全年全国居民人均食品烟酒消费支出 5631 元，同比增长 4.8%，占人均消费支出的比重为 28.4%，同比下降 0.9 个百分点。

消费市场的消费规模稳步扩大，消费模式不断创新，消费升级势头不减，消费贡献进一步增强。网上零售比重不断扩大，实体零售保持回暖态势。

从全国主要食品产量来看，大部分食品产量同比增长，小部分食品产量同比下降。产量增长最快的是成品糖；冷冻饮品、葡萄酒、果汁和蔬菜汁饮料、小麦粉、乳粉等食品产量有不同程度的下降（表 3）。

表 3　2018 年食品工业主要产品产量

单位：万吨

产品名称	产量	同比增长（%）
小麦粉	8874.96	-0.82
大米	9784.36	4.08
精制食用植物油	5066.00	4.18
成品糖	1553.99	10.94
鲜、冷藏肉	2729.32	1.28
冷冻水产品	663.53	-0.28
糖果	288.34	5.86
速冻米面食品	310.16	7.23
方便面	699.48	4.19
乳制品	2687.10	4.43
液体乳	2505.59	4.34
乳粉	96.80	-0.74
罐头	1027.99	-0.07
酱油	575.65	4.30
冷冻饮品	239.54	-16.05
发酵酒精（折 96 度，商品量）	646.63	3.24
白酒（折 65 度，商品量）	871.20	3.14
啤酒	3812.24	0.50
葡萄酒	62.91	-7.36
碳酸型饮料（汽水）	1744.56	8.14
包装饮用水	8282.19	9.48
果汁和蔬菜汁类饮料	1589.22	-2.51
精制茶	223.00	1.12
非金属矿物制品业	48445.8	4.7
黑色金属冶炼和压延加工业	64006.5	6.3
有色金属冶炼和压延加工业	49996.6	4.9
金属制品业	33681.5	3.3
通用设备制造业	37688.9	3.7
专用设备制造业	29126.8	2.8
汽车制造业	80484.6	7.9
铁路、船舶、航空航天和其他运输设备制造业	11661.2	1.1
电气机械和器材制造业	62675.5	6.1
计算机、通信和其他电子设备制造业	105966.2	10.4
仪器仪表制造业	8091.6	0.8
其他制造业	1665.1	0.2
废弃资源综合利用业	4047.4	0.4
金属制品、机械和设备修理业	1087.6	0.1
电力、热力生产和供应业	61568.8	6.0
燃气生产和供应业	7271.2	0.7
水的生产和供应业	2473.3	0.2

二、产业地位与构成

（一）产业地位

2018 年，食品工业资产占全国工业的 5.7%，主营业务收入占 7.9%（表 4），利润总额占 8.7%。经测算，食品工业完成工业增加值占全国工业增加值的比重达到 7.4%，对全国工业增长贡献率 7.5%，拉动全国工

业增长 0.5 个百分点。上述数据指标比 2017 年均有下降。

表 4　2018 年食品工业主营业务收入及其地位与其它行业的比较

行业	主营业务收入/亿元	占比/%
总计	1022241.1	100
煤炭开采和洗选业	22660.3	2.2
石油和天然气开采业	8436.6	0.8
黑色金属矿采选业	3276.3	0.3
有色金属矿采选业	3682.7	0.4
非金属矿采选业	3383.2	0.3
开采辅助活动	1741.9	0.2
其他采矿业	30.8	0.0
食品工业	80903.1	7.9
烟草制品业	9291.2	0.9
纺织业	27242.3	2.7
纺织服装、服饰业	17106.6	1.7
皮革、毛皮、羽毛及其制品和制鞋业	12092.5	1.2
木材加工和木、竹、藤、棕、草制品业	9165.4	0.9
家具制造业	7011.9	0.7
造纸和纸制品业	13727.9	1.3
印刷和记录媒介复制业	6386.7	0.6
文教、工美、体育和娱乐用品制造业	13315.9	1.3
石油加工、炼焦和核燃料加工业	46296.9	4.5
化学原料和化学制品制造业	70147.5	6.9
医药制造业	23986.3	2.3
化学纤维制造业	7989.6	0.8
橡胶和塑料制品业	24427.1	2.4
非金属矿物制品业	48445.8	4.7
黑色金属冶炼和压延加工业	64006.5	6.3
有色金属冶炼和压延加工业	49996.6	4.9
金属制品业	33681.5	3.3
通用设备制造业	37688.9	3.7
专用设备制造业	29126.8	2.8
汽车制造业	80484.6	7.9
铁路、船舶、航空航天和其他运输设备制造业	11661.2	1.1
电气机械和器材制造业	62675.5	6.1
计算机、通信和其他电子设备制造业	105966.2	10.4
仪器仪表制造业	8091.6	0.8
其他制造业	1665.1	0.2
废弃资源综合利用业	4047.4	0.4
金属制品、机械和设备修理业	1087.6	0.1
电力、热力生产和供应业	61568.8	6.0
燃气生产和供应业	7271.2	0.7
水的生产和供应业	2473.3	0.2

（二）基本构成

从大类行业看，2018 年，农副食品加工业在主营业务收入和利润两方面占据第一位置，分别占整个食品工业主营业务收入和利润的 58.4%、36.8%。食品制造业，酒、饮料和精制茶制造业主营业务收入分别占整个食品工业主营业务收入的 22.7%、18.9%（图 1），利润总额分别占整个食品工业利润总额的 26.9%、36.3%（图 2），同比农副食品加工业的占比降低，其他 2 个行业占比提高，特别是酒、饮料和精制茶制造业增长较快，利润份额有大幅提高。

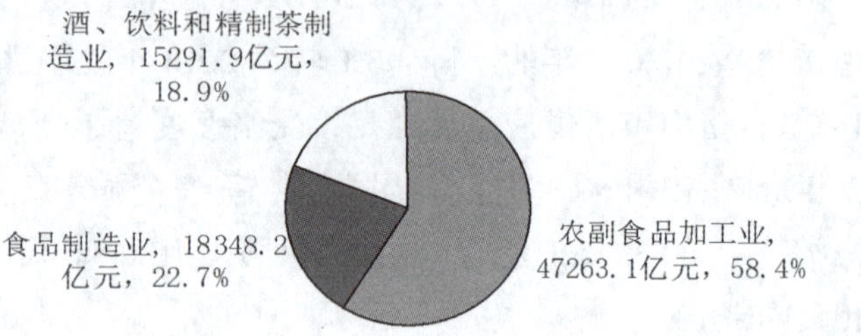

图2 2018年食品工业主营业务收入构成

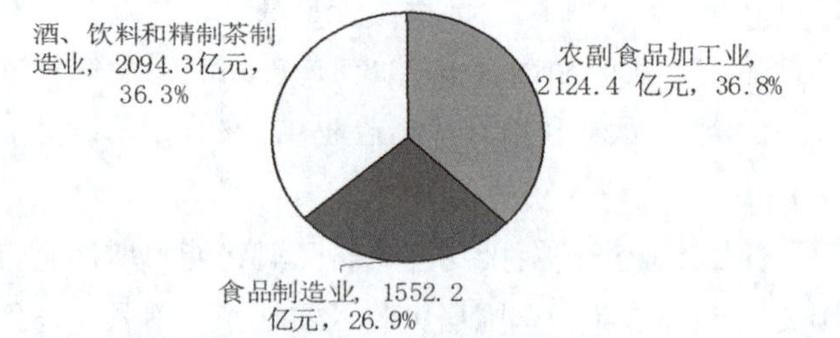

图3 2018年食品工业利润总额构成

从小类行业看，2018 年，主营业务收入排名前 6 位的食品行业分别为其他饲料加工、食用植物油加工、稻谷加工、白酒制造、肉制品及畜产品加工、牲畜屠宰，这 6 个小类行业主营业务收入分别占整个食品工业主营业务收入的 10.8%、9.0%、6.7%、6.6%、4.6%、4.2%（表 5）。

主营业务收入层面，2018 年，农副食品加工业，食品制造业，酒、饮料和精制茶制造业，主营业务收入的同比增速分别为 3.6%、7.3%、8.7%，酒、饮料和精制茶制造业增速比其他 2 个行业高，同比也高；利润总额层面，农副食品加工业，食品制造业，酒、饮料和精制茶制造业，利润的同比增速分别为 5.6%、6.1%、20.8%，酒、饮料和精制茶制造业增速明显高于其他 2 个行业，在整个制造业中，这个增速也是名列前茅。

1.2 中国的食品安全——过去、现在和将来

国家食品安全风险评估中心　陈君石

摘要：本文从国家食品安全管理体制、食品安全国家标准以及风险分析框架的应用三个方面来回顾中国的食品安全，并展望将来。中国的国家食品安全管理体制从单一部门管理为主，演变为多部门的分段管理，又发展为市场监管总局、海关总署和农业农村部部为主。法律层面也从食品卫生法发展为遵循风险分析框架的新食品安全法（2015年10月实施）。中国的食品安全国家标准也从食品卫生标准发展为食品安全标准，从互不协调、相互矛盾的三套强制性国家标准整合为一套食品安全国家标准，在覆盖面、技术水平、实用性，以及与国际标准接轨方面，都取得了长足的进步。对于国际公认的风险分析框架，从缺乏认识，到增加理解和认真实施，在全面开展风险监测，建立适合国情的风险评估制度，加强风险交流等方面取得了突出的成绩和进步。然而，也应该清醒地看到，中国当前在食品安全方面存在的问题还很多。食源性疾病的监测和控制还比较薄弱，食品掺假或欺诈还相当普遍，风险交流面临严峻挑战（消费者对食品安全的过度担心）。为了尽快提升中国食品的质量和安全性，一是要做到从农田到餐桌的全产业链食品安全保障，二是政府要做到全产业链的一体化无缝监管。

关键词：食品安全；中国

中国的食品安全状况究竟如何？多数老百姓的回答是“很糟糕，问题很多”，一种很流行的说法是“我们还能吃什么？”。然而，这些说法，应该属于感知(perception)，而不是基于科学的评价(evaluation或assessment)。另外，不能割断历史，因为所谓的“好”和“不好”，很重要的是事物发展过程的纵向比较，当然也不排除与其他国家的横向比较。

为了帮助读者对中国食品安全问题的了解，本文拟对中国国家食品安全管理体制、食品安全国家标准以及风险分析框架(risk analysis)应用的过去（2009年以前）、现在（2009年至今）和将来进行论述。

1. 中国食品安全的过去（1995—2008年）

1.1 食品安全管理体制

中国的食品安全国家管理体制，在2009年以前的10多年间，经历了由少部门管理向多部门管理转变的过程。1982年出台的《食品卫生法（试行）》（1995年颁布《食品卫生法》）[1]规定国务院卫生行政部门主管全国食品卫生监督管理工作，包括进口食品的卫生监督，国务院农业主管部门主管种植、养殖过程。上世纪九十年代初，由于对食品安全的重视，质检部门和工商部门也分别加入了对食品卫生和质量的监督管理。同时，由于国务院机构改革，进出口食品卫生监督管理划归质检总局负责，出现了卫生、农业、质检、工商多个部门负责的局面。2004年，为了理顺有关监管部门的职责，国务院决定采取分段监管为主、品种监管为辅的方式；具体分工为：农业部门负责初级农产品生产环节的监管；质检部门负责食品生产加工环节的监管；工商部门负责食品流通环节的监管；

卫生部门负责餐饮业和食堂等消费环节的监管；食品药品监管部门负责对食品安全的综合监督、组织协调和依法组织查处重大事故 [2]。实践证明，把从农田到餐桌的一个完整食物链分割开来的结果是“没有问题都来管，出了问题都不管”，也就是所谓的“九龙治水”的碎片化管理体系。食品药品监管局的综合监督（协调）职能形同虚设。这种多头管理的体制决定了“谁也不管谁，谁也管不了谁”，而且漏洞百出。典型的例子是 2008 年发生的造成约 30 万婴幼儿泌尿系统结石的三鹿奶粉三聚氰胺事件。公安和监察部门的调查发现，在鲜奶中掺水和添加三聚氰胺的主要场所是收奶站，而收奶站这个乳品产业链的重要环节既不归农业部管，也不归质检总局管，是一个真空地带。由于分段管理，诸多政府部门各有一套从中央到地方的监管队伍，监督员的总数曾经达到数十万人之巨，老百姓称为“大盖帽满天飞”。这些不同系统的监管人员，资历和水平不同、培训经历不同、执行的标准有时也不相同（参见下面标准部分），其结果是重复监管、重复抽检。

1.2 食品安全国家标准

按照《食品卫生法》，食品卫生国家标准由卫生部制定，卫生部与国家标准委员会（隶属国家质检总局）共同发布。2001 年，中国加入世贸组织 (WTO) 后，加强了对国际食品法典委员会活动的参与和国际标准的借鉴，中国食品卫生标准的架构逐渐与国际食品法典标准的接轨并在标准制定中初步引入了风险评估概念。2001—2002 年，卫生部组织了庞大的专家组，对当时实施的近二百个标准进行全面清理和修订，并分别于 2003 年和 2005 年与国家标准委联合批准发布了新标准。与原来的标准相比，新标准更多地建立在风险评估基础上，提高了与国际食品法典标准的一致性，更加科学、合理（把同类标准合并），而且增强了适用性 [3]。截止 2008 年 10 月，我国食品卫生标准的数量达到 454 项，形成了与《食品卫生法》相配套的食品卫生标准体系 [4]。

然而，应该承认与国际标准和发达国家的标准相比，中国的食品卫生国家标准还有相当大的差距，主要在于：风险评估的应用刚刚开始、农药残留覆盖食品种类少、兽药残留标准停留于农业部的行业标准、致病菌指标是定性的（不得检出）、产品标准赶不上食品工业的发展。更重要的问题是同时存在三套国家食品标准，依据的法律和监管部门都不相同。除了卫生部根据《食品卫生法》制定和颁布的食品卫生标准外，还同时有质监总局根据《产品质量法》制定和颁布的食品质量标准和农业部根据《农产品质量安全法》制定和颁布的农产品质量安全标准。这三套都是国家标准，其中不少条款都是强制性的，而且都有卫生（如，菌落总数）和安全指标（如，重金属铅限量）。这三套标准互不衔接，相互矛盾，比较突出的问题是卫生标准与质量标准（包括国标、行标）界线不清，以致政府部门、行业组织和企业及消费者无所适从，企业对此意见较大 [5]。因此，经常发生同一个产品，根据一个国家标准是不合格的，但根据另一个国家标准却是合格的，企业无所适从。到 2009 年，食品标准的总数达到近 5,000 个（详见下文）。

1.3 风险分析框架的应用

风险分析 (risk analysis) 是 FAO/WHO 倡导的预防和应对任何食品安全问题必须遵循的原则，由三部分组成，即风险评估 (risk assessment)、风险管理 (risk management) 和风险交流 (risk communication) [6]。应该说，在 2009 年以前，中国对于风险分析框架还处于学习和初步尝试应用阶段，在《食品卫生法》中没有明确要求。在风险评估方面，刚刚开始学习，并尝试将风险评估结果用于制订食品安全标准（如，污染物限量）。在政府部门、监管人员和大型食品企业中，了解风险管理和风险交流的人寥寥无几，更谈不上应用了。

2. 中国食品安全的现在（2009—2019 年）

2.1 食品安全管理体制

根据 2009 年 6 月 1 日开始实施的《食品安全法》继续实施分段管理体制，卫生部承担食品安全综合协调职责，负责食品安全风险监测与评估、食品安全标准制定、食品安全信息公布、食品检验机构的资质认定条件和检验规范的制定，组织查处食品安全重大事故。同时实施产业链的分段监督管理，即质检总局管食品生产、工商总局管食品流通和食品药品监督管理局管餐饮 [7]。然而，在实际监管工作中，“九龙治水”的局面不但没有得到改善，而是越演越烈，参与监管的部门多达十多个，包括卫生、农业、质检、工商、食药、商务、工业信息化、公安等。2011 年“双汇瘦肉精”事件中的生猪检疫证明问题，充分暴露了分段管理的漏洞。为了弥补监管漏洞，明确责任，2013 年第十二届第一次人代会进一步对国家食品安全监管体制做出重大调整 [8]。除农业部继续负责初级农产品食用安全性监管外，新设立国家食品药品监管总局，负责加工生产、运输、储存、流通和餐饮环节的监管。由于加挂国务院食品安全办公室的牌子，所以国家食品药品监管总局兼有政策和规划制定、综合协调、重大事故处理和重大信息发布等职责。卫生部（后来的卫生计生委）职能仍是风险监测、风险评估和标准制（修）定。工商总局不再负责流通环节监管，质检总局只负责食品相关产品（食品接触材料）的监管和进出口食品监管。应该说，这次改革从体制上减少了监管部门的数量，有利于避免整个产业链监管中各环节间出现“缝隙”。2018 年，随着又一轮国务院机构改革，取消了食药总局、质检总局和工商总局，新成立了市场监管总局负责食品生产加工、流通、餐饮的监管；海关总署负责进出口食品的监管；卫生和农业部门的职责不变。国务院食安办挂靠在市场监管总局。这个新体制在人数上有所减少，工作效率和水平是否能提高，由于时间尚短，有待观察。

2.2 食品安全国家标准

为了改变多套国家食品标准同时并存，且相互矛盾的问题，《食品安全法》（2009）规定：食品安全标准是唯一的强制性标准。从 2009 年开始，卫生部（现在的卫生健康委）会同其他部、委和相关行业协会对各部门制定发布的 4,800 多项标准进行了清理、整顿 [9]，加上不断颁布的新标准，至 2019 年 6 月食品安全国家标准已达到 1,260 项，分为通用（基础）标准、产品标准、生产经营过程卫生要求和检验方法标准四大类 [10]，基本覆盖了所有食品原料和加工食品的大类，对影响食品安全的主要健康危害因素都做了限量要求，在覆盖面和水平上都比 2009 年以前的标准有明显进步。在通用（基础）标准（如，食品添加剂、污染物、致病菌等）的制定中，得益于近年来开展的多项优先风险评估项目，使标准的制定能基于根据中国数据开展的风险评估结果。有关“特殊医学用途食品”的 3 项标准，是食品安全标准体系中的一个新的食品类别，是针对于有特定疾病或健康状况的人群加工配制的食品，包括特殊医学用途配方食品通则（GB 29922–2013）、特殊医学用途婴儿配方食品通则（GB 25596–2010）、特殊医学用途配方食品良好生产规范（GB 29923–2013）。参照国际食品法典标准以及欧美各国相应的标准，这套标准在中国首次明确：特殊医学用途食品是食品，属于特殊膳食用食品，并纳入食品安全法管理。这对于推动特殊医学用途食品的临床应用，满足病人营养支持的需要，具有重要意义，也标志着中国食品安全标准体系的进一步完善和与国际接轨。

当前，食品安全标准体系中存在的主要问题：一是兽药残留标准还有待增加和从农业部的行业标准加快转化为国家标准；二是标准制（修）定以风险评估为基础的实践还需要加强；三是实验室检测方法标准作为强制性标准，不利于先进方法的采用和方法的改进。

2.3 风险分析框架的应用

2009 年《食品安全法》的实施，大大推动了风险分析框架的应用。其中，进步特别明显的是风险监测和风险评估方面。基于风险的管理方面有了一些体现，但不够突出；而风险交流方面，则相当薄弱。2015 年《食品安全法》更加强调了风险分析框架，在具体条款的修改中全面体现了风险监测、风险评估、风险管理和风险交流，基本上与国际接轨。

在风险监测方面，从 2010 年开始由卫生健康委组织对食源性疾病、食品污染以及食品中的有害因素进行监测”，覆盖中国大陆全部的 31 个省、市、自治区。同时，在加强疫情报告的基础上，开始食源性疾病患病率的主动监测和病因调查；并继续和扩大中国总膳食研究。迄今，监测点已覆盖全国县级行政区划的86%以上，监测食品29大类507种，监测指标（化学、微生物）近300个，每年获得监测数据近300万条；食源性疾病监测的哨点医院已达695家，为查明群体性食源性疾病暴发的病因建立了良好的基础。此外，根据风险评估和标准制定的需要，每年都开展专项风险监测，如2011年的食品中塑化剂专项监测、2013—2014年的食品中铝含量专项监测等。可以认为，在化学污染物监测方面，中国已赶上欧美发达国家的水平；但是，在食源性疾病方面，差距还很大，特别是在疾病负担和病因确定方面，还比较落后。中国总膳食研究已开展6次，达到国际先进水平。

在风险评估方面，2009年底，卫生部按照《食品安全法》要求，成立了第一届由医学、农业、食品、营养等方面的专家组成的食品安全风险评估专家委员会，秘书处设在国家食品安全风险评估中心。至今为止已完成了30项化学和微生物危害的优先评估项目，其中膳食碘摄入[11]、膳食铝摄入[12]、膳食反式脂肪酸摄入[13]、鸡肉中沙门氏菌、即食品中李斯特菌等的评估结果，在相关标准制定中发挥了重要的作用。应该说，风险评估在中国还是刚刚起步，在技术水平和结果应用方面与发达国家还有较大差距，急需加强这方面的能力建设。

在监管方面，政府投入了大量人力、物力，每年抽样和监测食品样品达百万件，对初级农产品、生产加工、流通和餐饮的监管力度不可谓不大，2019年第一季度食品抽检总合格率已达97.8%[14]；但是，与风险分析框架要求的以风险为基础制定监管措施和实施过程监管相比，则还需要做很大努力。

风险交流是当前中国应用风险分析框架的一块短板，政府和食品行业的努力得不到消费者的认同，信息不对称的情况严重，消费者过度担心，政府公信力下降。其原因是政府主导作用体现不够、科学家不愿面对媒体、媒体（特别是社交媒体）夸大和不实报道占领上风。解决的办法是所有利益相关集团和个人都积极参与风险交流[15]。

3. 现在与过去的比较以及当前的主要食品安全问题

综上所述，从国家监管体制、食品安全国家标准以及对风险分析框架的认识和应用几个方面来看，应该说现在（2009—2019年）的中国食品安全监管体制与能力比过去（1995—2008年）有了长足的进步，尽管在风险评估、以科学为基础的风险管理决策和风险交流方面与国际水平和发达国家还有不少差距。

同时，我们也要清醒地看到，中国当前在食品安全方面存在的问题还很多，有的还是很严重的。从对消费者健康的危害来讲，食源性疾病是最重要的食品安全问题。然而，在全国14亿人口中，每年有多少人患病的“家底还不清”。除了需要摸清“家底”，为了提高食源性疾病防治水平，必须通过现场与实验室结合的流行病学调查，确定每起食源性疾病的原因食品和致病微生物。近几年来，卫生健康委加强了这方面的能力建设，在确定病因方面取得了一些初步的成绩。如，2013年9月下旬，北京三个区3所学校共89名学生先后因发热、恶心、呕吐、腹痛、腹泻到7家医院就诊。北京疾控中心通过对呕吐物、粪便、食品、病人肛拭子等样品检测（脉冲场凝胶电泳（PFGE）分子分型溯源分析）和溯源调查，确定为一起肠炎沙门氏菌引起的跨区暴发，病因食品为北京某公司生产的鸡腿汉堡，污染源为大连某公司生产的鸡肉原料。然而，这仅是个别事件，大部分食源性爆发事件的病因不明，至于散发病例的病因和溯源，则还未起步。应该清醒地看到，当前中国的食源性疾病的病因调查，无论是组织架构，还是技术水平，与国外相比，都有很大差距。如与发达国家的食源性疾病风险相比，一方面中国由于食品生产加工、运输、储存、销售中卫生条件较差，而风险更大；另一方面则由于生产加工规模较小，从而造成食源性疾病危害的范围和影响程度较小。在食品的化学污染方面，粮食和蔬菜中的重金属（铅、镉）、粮食和坚果中的霉菌毒素、畜禽养殖中非法使用兽药、蔬菜和茶叶种植中非法使用农药，是中国当前面临的主要问题。产生这些问题的主要原因是环境污染、生产规模小和分散。农业生产的种植和养殖单位主要是个体农户。考虑到当前中国农民的知识水平和守法意识，加上不法之徒向农民兜售非法高毒农药和兽药（如，瘦肉精），发生少数食品超标事件在所难免。尽管，大型食品生产加工企业迅速增加，并占领了市场份额的大部分；但是，正式在工商部门登记的中小型食品生产加工企业仍多达40万户以上，食品生产经营单位（含餐饮）达1000多万户，考虑到这些企业的生产规模、素质和追求利润等因素，原料以次充好、生产过程不规范、微生物污染、滥用食品添加剂的事件时有发生，不难理解 [16]。

当前，食品安全领域中的另一个突出的问题是食品的掺假或欺诈 (food adulteration or food fraud)，在中国通常称为假冒伪劣食品。这个问题是世界性的，如，2013年的欧洲马肉事件。尽管，从专业上讲，食品掺假或欺诈不等同于食品安全，因为，多数掺假的食品（如，用狐狸肉冒充羊肉、用硫磺熏辣椒、面粉中添加柠檬黄冒充玉米粉等）并不会危害消费者健康。然而，由于这种“经济利益驱动” (Economically Motivated Adulteration) 的食品掺假或欺诈当前在中国相当普遍，严重影响了消费者对食品供应的信心。中国政府很早就将打击食品的违法添加非食用物质和使用禁用药物作为重点监管内容，国家卫生计生委公布的《可能添加到食品中非食用物质名单》（即黑名单）包括三聚氰胺、甲醛、苏丹红、孔雀石绿等数十种，这些物质大多对人体具有健康危害 [17]。

消费者对食品安全的担心是由于对食品安全信息的误解，这个问题全世界都有，因为不可能要求老百姓的认识和掌握的信息与专家相同；但是，与其他国家相比，中国消费者对食品安全的过度担心十分突出。对于媒体或传言的不真实、不科学的“新闻”宁可信其有，而对于科学的解释反而持怀疑态度。例如，尽管政府和专家不断开展关于食品添加剂的科普宣传，但是，消费者仍然在从新闻报道、微博或微信中看到“一支雪糕含19种添加剂！”、“长期食用添加剂会对身体健康造成潜在危害！”这种说法时，对食品添加剂感到害怕；从而，造成了食品添加剂的“妖魔化”。因此，在分析和讨论中国的食品安全问题时，一定不可忽视这种信息不对称对消费者造成的心理危害。

4. 中国食品安全的将来

中国政府对食品安全的重视已达到前所未有的高度。国务院设立食品安全委员会是一个明显的标志。国家领导人多次讲话都传达了政府对治理中国食品安全的决心 [18] [19]。食品安全在中国已不仅仅是一个事关公众健康的公共卫生问题，而是关系到社会发展和社会稳定的政治问题。由于国民经济的高速发展和人们生活水平翻天覆地的变化，消费者对于食品质量和安全的诉求也相应地大幅度提高。然而，应该清醒地看到，中国还是一个发展中国家，农业和食品工业的产业结构还处于比较落后和分散的状况，要达到规模化和规范化，还要走一个相当长的路。要解决这个矛盾，一方面要尽最大努力，参考国际经验，结合中国实际，提升中国的食品安全水平，另一方面要加大风险交流，使消费者能够理性对待所发生的食品安全问题。

在继续提升中国食品的质量和安全性方面，有两个密切不可分的努力方向。一是食品生产经营者要做到从农田到餐桌的全产业链安全保障。其中，要特别强调龙头企业有责任带动上下游中小企业，做到上下游联动，不出现漏洞。二是政府要加强部门合作做到全产业链的一体化无缝监管。显然，这两个方向都不是短期内就能做到的；但是，如果能认定方向，稳步前进，加上大环境（如，国民经济发展、科技进步、大众知识水平提高）的不断改善，在较短时间内取得显著进步是有可能的。为此，要特别做好以下几个方面：（1）进一步推进国家食品安全监管体制的改革，加强部门间的协调和合作，形成合力。（2）政府的食品安全监管模式要从以抽样 / 检测为主转变为以过程监管为主。抽样 / 检测为主只能发现有限的问题，而且为时已晚，不能及时纠正问题；因此，在国际上早已被淘汰。现在国际通行的模式是整个生产过程的过程监管，特别是生产记录的审核，也并不排除必要的抽样 / 检测。（3）进一步完善和提高食品安全国家标准体系，个别薄弱部分，如，兽药残留、致病菌，要尽快完善。在标准制（修）定中，要进一步贯彻以风险评估结论为基础的原则。（4）进一步完善和提高对风险管理决策的技术支撑，特别是风险监测和风险评估，要学习国际先进经验和技术，赶上发达国家的水平。（5）食品行业要加大对食品安全保障的投入，包括人、财、物。大型企业要设立独立审核员制度和实施第三方审核。所有企业都要建立符合自身条件的追溯体系。（6）无论是政府还是食品企业/行业，要做到上述方面，首要的是能力建设。要通过国际交流和合作，请进来、走出去，开展多种形式的培训。

综上所述，在过去的30年中，中国这个人口众多，地区差别很大的国家，从食品短缺发展到基本解决温饱，这是一个很大的飞跃。发展中国家的落后农业和食品业产业结构与消费者日益增强的对食品供应质量和安全性的诉求之间，产生了不可避免的矛盾。食品生产经营者和政府肩负着保障食品安全，满足广大消费者诉求的重任。只有遵循风险分析框架，各利益相关方共同努力，社会共治，才能稳步提升中国的食品安全水平。相信2015年的新版《食品安全法》的实施，将把中国食品安全提升到一个新的水平。

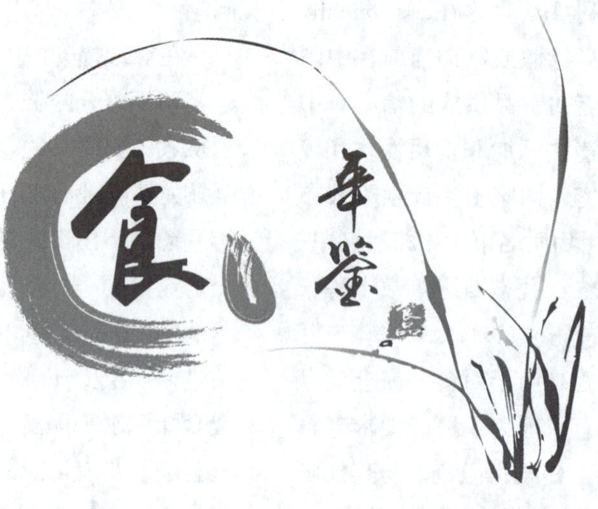

1.3 新中国 70 年食品工业发展的阶段历程、主要成就与基本经验

江南大学　吴林海　李 壮　牛亮云

摘要：基于产业定位、产业科技、产业开放性的视角，全景式梳理了新中国成立 70 年以来不同时期我国食品工业的发展情况，归纳了食品工业发展取得的主要成就，总结了食品工业发展的基本经验。在基本经验方面：一是坚持以人民为中心。把握好中国人的饭碗端在自己手上与利用国际市场的关系，坚持中国人的饭碗必须牢牢端在中国人手中不动摇，持之以恒地解决与保障食品数量供应。二是顺应食品消费结构的变化。基于主要矛盾的转化，把握好食品数量安全和质量安全间的关系，与时俱进地推进由数量保障向质量保障的历史性转变。三是基于不同历史阶段的发展特点，把握好政府与市场的关系。政府逐渐明确食品工业的产业定位、实施积极的科技政策，引导扩大产业开放性，并充分发挥市场机制的决定性作用，既确保食品工业的市场属性，又保障民生产业的社会属性。四是加强食品工业自主创新。关键核心技术是买不到的。保障食品数量与质量安全是有国界的，把握好独立自主、自主创新与引进技术的关系，在努力吸收世界食品工业文明成果的同时，牢牢掌握食品工业自主创新的主动权。。

关键词：食品安全；中国

新中国 70 年、食品工业、产业定位、产业科技、产业开放、新中国 70 年食品工业发展的阶段历程 、主要成就与基本经验出了历史性贡献。

在 70 年波澜壮阔的历程中，我国食品工业的发展必然蕴含着一些基本经验。未来是历史的延伸，当下中国正处于百年未有之大变局，未来食品工业的发展具有诸多“不确定性”。唯有深刻揭示 70 年来我国食品工业发展独特的基本经验，才能更好地坚定道路自信，保障在未来走上更宽更远的“确定性”发展道路，同时也为全球其他国家或地区发展食品工业提供中国经验。中国食品工业的发展总是与当时的历史任务或者说要解决的主要矛盾紧密联系。因此，只有置于特定的历史背景下全景式地追寻食品工业发展的历史轨迹，才能深刻阐述 70 年来我国食品工业独特的发展道路与历史经验。

20 世纪 80 年代中后期，国内学术界基于服务食品工业发展的需要，开始积极介绍发达国家食品工业的发展经验。为总结我国食品工业在实践中摸索的具有指导性、借鉴性、规律性的基本经验，科学梳理食品工业的发展脉络，在新中国成立 50 年之际，中国食品工业协会在全国范围内组织力量较为系统地回顾了 50 年来我国食品工业的发展历史，并将其发展阶段划分为恢复和起步建设、曲折发展、新的发展以及持续发展四个阶段。

进入 21 世纪后，我国食品工业在继续高速发展

的同时开始探索转型发展。一些文献再次探讨了中国食品工业发展的阶段性，并积极展望未来的发展道路。如戴 小枫等将中国食品工业的发展历程划分为缓慢增长、觉醒发展、高速增长、中高速增长四个阶段，相对系统地分析了不同阶段的发展特征与主要成绩。但是，从总体上看，国内学术界对中国食品工业的 发展历程、主要成就和基本经验等方面的研究仍不全面，主要表现在：一是没有很好地基于 70 年来整个国家全局性、整体性、宏观性的角度，将研究置于中国特色的发展道路来科学总结贯穿于食品工业 全程发展的共性经验；二是没有很好地既从不同时期总结经验，又把各个历史时期的发展经验贯通起来，用普遍和联系的观点来审视每个历史阶段与其他历史阶段的内在逻辑；三是没有很好地抓住具有全局性和系统性影响的重要因素来认识问题。不同历史阶段的体制特征与经济社会发展水平内在地规定了中国食品工业的发展方位，决定了食品工业的产业定位、产业科技、产业开放性，这三个要素也正是影响中国食品工业发展的关键因素。因此，本文以产业定位、产业科技、产业开放性为研究视角，系统梳理新中国 70 年不同时期食品工业的发展情况，全面总结食品工业发展的成绩，科学揭示食品工业发展的中国经验。

一、新中国 70 年食品工业的发展历程在 70 年的发展历程中，我国食品工业大致经历了四个发展阶段。

1. 1949—1978 年：计划经济时期的曲折发展。从新中国成立到 1978 年改革开放的历史时期，我国食品工业在曲折中发展，取得了一定的成就。1949—1957 年是国民经济恢复与第一个五年计划时期，食品工业迎来了一个发展高潮，年均增速为 13.2%；1958—1978 年间，受大跃进、自然灾害、“文革” 等影响，食品工业发展相对较慢，年均增速仅为 4.7%。1978 年我国食品工业产值比 1952 年增加了 469.86%，主要大类食品的产量均大幅增加。

（1）产业定位：具有强烈政治色彩的轻工业内部的产业门类。新中国成立后，基于历史与现实的原因，我国选择了苏联模式的工业化道路，优先发展重工业，包括食品工业在内的轻工业没有受到足够重视。当时主要食品的品种与产量远不能满足消费需求，解决温饱成为当时治国理政的头等大事，发展食品工业、保障食品供应成为一项严肃的政治任务。在资金十分短缺的环境下，国家仍对食品工业进行了较大规模的投资。1958—1978 年间，全国食品工业完成基本建设投资 67.38 亿元，在事关人 民群众生活的重点食品行业，国家投资兴建了一大批食品工业企业。以肉类加工工业为例，到 1965 年，全国省会城市及大中城市和重点产区县城基本上都建立了肉类联合加工企业；到 1978 年，我国建设的肉联企业达到 770 个，与此同时，我国积极发展农业生产，努力为食品工业发展提供重要原料。1978 年，我国粮食总产量达到 6095 亿斤，比 1952 年增加 85.94%；油料总产量达到 10436 万担，比 1952 年增加 24.44%；糖料总产量达到 47637 万担，比 1952 年增加 213.63%。农业生产的发展为食品工业发展奠定了较好的原料基础。

（2）产业科技：在非常薄弱的基础上起步。新中国成立时，除了上海工业试验所内设有一家食品研究室外，我国几乎没有专业的食品工业科研机构，产业科技的基础非常薄弱。在独立自主方针的指引下，1956 年，我国开始筹建食品、制糖相关专业的科研机构与大专院校。中国食品发酵工业科学研究所、西安油脂科学研究设计院、郑州粮食学院以及无锡、北京、大连等设有食品专业的轻工业学院相继建立，开启了我国食品工业自主创新与人才培养的发展道路。另外，广东建立了甘蔗糖业研究所， 黑龙江建立了甜菜糖业研究所，等等。尽管这些食品工业和农业生产科研机构受科技人员少、科研条件差的限制，产业科技研究的进展并不理想，但却为我国食品工业科技创新埋下了火种。

（3）产业开放：少量技术装备引进和少许食品出口。新中国成立初期，我国食品工业企业大多是手工作坊，产业技术非常落后。虽然由于特殊的政治环境，这一时期我国对外经济合作总体上处于封闭与半封闭的状态，但政府仍然通过一定形式引进国际先进技术装备发展食品工业。20 世纪 50 年代，我国先后

从民主德国、波兰等国家引进了

7套日处理甜菜或甘蔗1000—3000吨的制糖设备;从苏联引进了屠宰设备、西式香肠加工设备，建成了武汉肉联厂，开始了小规模的以西式香肠为主的肉制品生产。从20世纪60年代后期开始，我国逐步从发达资本主义国家引进技术设备。如1973年，北京、青岛和上海从日本引进螺旋式速冻机，开启了我国现代速冻食品工业的新篇章 [，与此同时，在满足国内较低水平的基本食品需要的基础上，我国还通过罐头、蛋品、酒、冻猪肉和冻家禽等食品少许出 口为国家建设积累资金。1953—1978年的25年间，我国平均每年约有5000吨由猪肉原料加工而成 的红肠等肉制品出口香港等地。1978年，我国罐头出口达到22.2万吨。

2. 1979—1992年：经济转轨时期的调整发展。在经济转轨时期，我国食品工业进入了全新的发展阶段，保持了较快的增长速度。1979—1992年间食品工业总产值增加了3.72倍，年均增长率为9.84%，为保障食品供应做出了重要贡献。

（1）产业定位: 明确为国民经济的一个独立行业。该时期内，国家逐步将食品工业定位为国民经济重点发展的支持性行业。改革开放之初，我国重工业、轻工业和农业的结构严重失调，积累与消费 差距巨大。为了解决这些问题，必须发展轻工业。作为轻工业重要门类的食品工业具有特殊性，它是连接第一产业和第三产业的重要纽带，带动效应、倍增效应十分明显。20世纪80年代初开始，国家通过多项政策优先保障包括食品工业在内的轻工业的发展。1984年，国务院批准实施《1981—2000年全国食品工业发展纲要》，第一次将食品工业作为国民经济的一个整体行业来规划、部署和发展。此后，国家相关部门多次出台文件，进一步为食品工业的发展放宽政策、提供优惠。

（2）产业科技：开始构建食品工业创新体系。1978年，全国科学大会的召开标志着中国食品科学研究事业开始步入新的发展阶段。此后，随着知识分子政策的落实和科研条件的改善，我国食品科技 进步的速度逐渐开始加快。1979—1985年间，食品工业有近1000项科技成果获得部省级以上奖励。 在第七个五年计划（1986—1990年）期间，食品、生物工程等领域的研究课题被列入了国家科技攻关项目，并涌现出170项与食品工业相关的科研成果。其中，47项达到国际先进水平，109项达到国内先进水平，7项填补国内空白。为了推进科技成果的产业化应用，食品工业企业开始同科研单位和大专院校建立协作关系。另外，从20世80年代开始，13所农业院校在农学、园艺学、畜牧兽医学等学科 的基础上相继组建了食品科学系和食品专业，为食品工业快速发展奠定了学科、教育和人才基础。

（3）产业开放：较大规模引进技术装备以及积极发展食品出口贸易。随着改革开放的不断推进， 我国与西方发达国家间相互封闭的状态逐渐被打破。尽管此时食品工业对外开放的方式仍主要是从 发达国家引进先进的技术装备和努力扩大食品出口，但与计划经济时期相比，外部环境有了明显的改善。20世纪80年代，我国投资约10亿美元从境外引进了面粉、大米、方便面、面包、挂面、油脂、西式

肉制品、啤酒、饮料、乳制品和制糖等行业的生产线或相关技术装备，有力促进了国内食品工业的发展。90年代初开始我国食品工业的设备规模已居世界中等水平，初步形成了相对独立的现代化食品工业体系。在对外贸易方面，食品出口增长较快。1990年，我国食品工业出口额达到56.45亿美元，比1980年增长了1.48倍，年均增长9.5%。而且与过去主要出口初级加工品不同，此阶段国家开始重视精制加工制成品出口，鼓励并支持食品产业参与国际竞争，食品工业出口战略发生了重大变化。

3. 1993—2012年：市场经济体制时期的快速发展。1992年，党的十四大确立了市场经济体制的 改革目标。此后，我国食品工业进入快速发展的状态。1993—1998年间，食品工业总产值由3428.66亿元增加到5900亿元，年均增长11.60%。进入21世纪尤其是2001年中国加入WTO后，食品工业迎来了发展最快的历史时期。2002—2008年间，食品工业年均增速达到30%。尽管2008年，爆发了席卷 全球的金融危机，但在2008—2012年间，我国食品工业仍然保持

着10%以上的增长率，成为拉动经济 增长和扩大内需的重要产业。

（1）产业定位：明确为国民经济的支柱产业。随着食品工业推动农业生产与促进经济发展作用的日益显现，国家将食品工业确立为国民经济的支柱产业，并实施了多方面的扶持措施。此历史阶段的一个重大变化就是加强食品安全监管。之前，我国城乡居民消费结构为生存型，食品安全问题较少。随着农业与食品工业快速发展，我国食品安全问题开始高发。尤其是2003年以后，食品安全风险呈 全方位、立体式的蔓延姿态，食品安全问题呈井喷状态。为此，国家开始推动食品安全监管体制改革，并逐步完善了以《食品安全法》为核心的食品安全法律法规体系。同时，加快国有食品工业企业市场化改革、发展民营食品工业企业以及推进食品工业企业的规模化成为该时期食品工业发展的重要特色，对巩固食品工业国民经济支柱产业地位起到了重大的支撑作用。

（2）产业科技：科技创新由政府主导向企业主导转变。从20世纪90年代中后期开始，随着我国食品工业由数量扩张为主向重在提高产业素质转变，食品工业科技创新也步入快车道。2000年，科技部启动了“农产品深加工技术与设备研究开发”国家重大科技专项，这是国家层面首次安排食品科技领域重大专项资助。2001年以来，国家通过实施科技攻关计划、863计划、国家科技支撑计划、国家自然科学基金项目等，持续加大对食品产业科技发展的支持力度；另外在全国范围内布局建设了一批国家重点实验室、工程技术研究中心提升食品工业科技水平。与此同时，企业逐步成为食品工业科技创新的基本力量。2006年，大中型食品工业企业科技经费总额为109.89亿元，其中，97.27%来自企业自有资金。2011年，全国有1789家规模以上食品工业企业建立了独立的研发机构，2301家规模以上食品工业企业开展了研发活动，拥有研发人员近10万人，有效发明专利4287项。

（3）产业开放：引进技术与引进外资并重。在该时期，为适应经济全球化的趋势，我国食品工业逐步开始由过去简单的技术引进向全方位、多层次、宽领域的对外开放转变，1995—2005年，外资食品企业数量已占全国食品工业企业总数的10%以上，其食品工业产值、工业增加值、销售收入和资产占全国食品工业的比重均达到20%，成为我国食品工业体系中不可忽视的力量。2008年，外资食品企业的资产已达到7445.71亿元，占国内食品工业总资产的33.59%。虽然外资企业基于资本整合、人才争夺和技术创新迅速在国内若干个食品领域形成市场垄断优势，对民族食品工业的发展产生了一定的冲击，但外资食品企业在发展中形成的示范效应、竞争效应、人员流动效应、产业关联效应等对我国民族食品工业也产生了明显的溢出效应。同时，外资食品企业以及其研发中心在一定程度上弥补了我国食品科技基础设施的不足。

4. 2013年以来：新时代的转型升级新发展。党的十八大开启了中国特色社会主义的新时代。我国社会的主要矛盾已经转变为人民日益增长的美好生活需要和不平衡不充分的发展之间的矛盾，食品工业也进入了由数量保障向安全保障转变的新时期。2013年以来，我国食品工业投资增速持续下滑，总量规模的增速处于中等水平，粗放式的规模扩张逐渐终结，迎来了以质量安全为主导的新时代。

（1）产业定位：重点推进供给侧结构性改革的国民经济支柱产业。伴随着长期以来高投资和高增长并存的“双高式”发展，中国食品工业产能过剩的问题日益严重，并逐渐制约其高质量发展。例如，2008—2016年间，我国大米加工业、小麦粉加工业、油料处理、油脂精炼的产能利用率均值分别仅为41.6%、63.4%、54.1%、68.9%，远低于美联储认定的80%的正常产能利用率标准，与此同时，食品工业粗放式发展导致的污染问题集中爆发，行业发展面临资源环境承载能力约束，食品安全风险治理任务繁重。因此，积极推进供给侧结构性改革，为市场提供高品质食品成为食品工业集约发展的必由之路。几年来，通过供给侧结构性改革，我国食品工业发展质量明显提高。

（2）产业科技：企业成为创新主体。进入新时代以来，在供给侧结构性改革方针的指导下，我国食品科技创新更趋活跃，企业创新的主体地位日益巩固。

2017年，全国已有4420家规模以上食品企业建立独立的研发机构，7294家规模以上食品企业开展了研发活动，拥有研发人员近17.28万人，有效发明专利21892项，内部支出为522.42

亿元，分别比2004年增长了383.59%、257.55%、170.65%、5881.42%和2198.21%，与此同时，国家高度重视食品工业关键技术的研发。2016年，国家开始实施“十三五”重点研发计划“现代食品加工及粮食收储运技术与装备”和“食品安全关键技术研发”专项，经费投入超过20亿元，对肠道微生态、精准营养、智能制造等营养健康食品制造理论研究与技术研发进行重点支持，并由此带动了社会领域对食品安全关键技术研发的大投入。

（3）产业开放：由主要“引进来”向“引进来”与“走出去”并重。进入新时代以来，与以往简单引进技术和资金或单纯推动食品出口不同，我国食品工业开始走“引进来”与“走出去”并重的对外开放新

路子。中粮、伊利、张裕、双汇等有实力的食品工业企业通过海外建厂或并购等方式积极实施“走出去”的发展战略，努力开拓与布局全球市场。“一带一路”倡议的提出更为中国食品工业实现向“引进来”与“走出去”并重转变提供了历史性机遇，浙江炒货食品、西安爱菊粮油工业集团、光明乳业等食品企业已分别进入“一带一路”沿线巴基斯坦、哈萨克斯坦和以色列等国投资设厂或兼并收购。实际上，体现和影响食品工业发展情况的因素有许多（见表1）。前文从产业定位、产业科技与产业开放性这三个对食品工业发展具有全局性和系统性影响的因素的角度呈现了新中国成立70年来，我国食品工业发展的概貌。表1 不同时期食品工业发展情况和影响因素 起止年份 体制特征 产业定位 产业科技 产业开放 产业组织 企业特征 产业发展速度 人均GDP 恩格尔系数 食品消费层次 食品安全风险 食品安全 管理体制。1949—1978年计划经济时期，具有强烈政治彩色的轻工业内产业门类极少量的专业科研机构，且政府主导封闭与半封闭状态下的少量技术引进与小规模的食品出口贸易小作坊为主，国营企业曲折发展 222美元以下 57.5%以上解决温饱的数量保障型食物中毒为主计划经济时代的行政指令性管理体制。1979—1992年经济转轨时期，国民经济的一个独立产业、产业科技创新活动开始起步 逐步开放状态下的多种形式的引进来与一定规 模的食品进出口贸易中小企业为主，国有与集体企业恢复调整 270~419美元 53%~57% 基本温饱且趋多元化的 数量主导型前市场风险为主，经济转轨时期的混合型管理体制 1993—2012年市场经济时期，国民经济支柱产业 产业科技投入由政府 主导向企业主导转变全面开放状态下的大规模引进来，食品进出口贸易规模成为全球第一 粗放式向集约化逐步转变民营企业崛起，外商投资企业成为重要力量快速发展 469~6338美元 35.7%~50.3% 数量型向质量型转变且逐步以质量型为主市场风险为主，市场经济体制的分段监管型体制。

2013年以来 新时代 重点推进供给侧结构性改革的国民经济支柱产业 企业作为产业创新主体的地位全面确立对外开放步入新时代，“引进来”与“走出去”并重，食品进出口贸易规模保持全球第一 的地位 集团化、集约化加快，产业集中度提高民营企业成为主导力量转型升级 7081美元以上 35%以下质量主导型多重风险叠加并存市场经济体制的相对集中的大市场模式的监管型体制。

二、新中国70年食品工业发展的主要成就经过70年的发展，我国食品工业取得了巨大的历史性成就，主要表现在如下几个方面：

1. 食品工业成为国民经济的支柱产业。自1996年至今，食品工业产值始终位居国民经济各行业之首。2018年，全国规模以上食品工业企业主营业务收入90194.3亿元，食品工业产值占全国工业总产值的比重达到10.60%，产业规模继续在国民经济各门类中位列第一。另外，在2012—2018年间，食品工业约占全国工业资产总额的6.65%，吸纳了8.17%的就业，贡献了主营业务收入和利润总额的9.54%和11.04%，完成了整个工业11.51%的增加值。新中国成立70年来，食品工业由小到大，不断发展壮大，已成为我国国民经济重要的支柱性产业。

2. 食品工业满足了人口大国的生活需求。新中国成立初期，我国食品工业的规模小、产量低。经过70年的发展，食品工业生产规模和产量都有了质的飞跃。2018年，精制食用植物油和成品糖产量为5066

万吨和1553.99万吨，分别比1957年增长了45.05和18.07倍；罐头产量为1027.99万吨，比1957年增长了164.8倍；乳制品产量为2687.1万吨，比1957年增长了2115.8倍；啤酒产量为3812.2万

吨，比1957年增长了762.4倍。另外，我国食品工业已经形成门类齐全的产品体系。2018年，我国食品工业已涵盖农副食品加工业和食品制造业以及酒、饮料和精制茶制造业3个大类、18个中类和61

个小类，食品品种数以万计，有效保障了近14亿人食品消费的多元化、个性化需求。

3. 食品工业推动了农业产业化。新中国成立后的一段时间内，我国食品工业只是农业的简单延伸，农业产什么，食品工业就加工什么。这一状况基本延续到改革开放之初。食品工业产值占农业产值的比重是食品工业纵深发展程度和国民经济整体水平的重要指标。1962年、

1985年，我国食品工业产值占农业产值的比重分别为29.50%、32.30%。而20世纪80年代中期，美国、日本、联邦德国和英国等发达国家该比重均已超过了180%。自1985年以来，随着我国食品工业的快速发展，食品工业产值占农业产值的比重迅速提升。2017年，该指标跃升至170%，基本达到了目前发达国家150%~200%的平均水平。总之，食品工业的快速发展积极推动了我国农业产业化。

4. 食品工业自主创新能力与产业集中度显著提升。改革开放前我国食品工业自主创新能力较弱。改革开放后，在学习、消化国外先进技术的基础上，我国食品工业自主创新能力日益提升。到2013年，我国从事食品科技研发的机构超过350家，205所高校设立了食品学科或专业，近100家大专院校和科研机构能够培养食品领域的研究生。目前，我国食品工业技术总体上处于国际先进水平，在食品制造装备技术、食品生物工程、包装材料等若干领域解决了一系列前沿性、关键性技术问题，在若干个领域成功地摆脱了对国外技术的依赖，实现了成套装备从长期依赖进口到基本实现自主化并出口的跨越。另外，从20世纪90年代开始，我国食品工业集中度显著提升。2010年，乳制品、制糖、饮料行业前十强企业销售收入分别占全行业的73.5%、

64.3%、53.9%。2018年，中粮、青岛啤酒、茅台、五粮液四家食品与饮料行业企业荣登世界品牌实验室公布的2018年度《世界品牌500强》榜单。

5. 食品工业对外开放实现历史性跨越。我国食品工业对外开放走过了一条以引进国外技术装备为主向在全球市场布局转变的发展之路。在食品出口方面，由新中国成立初期主要出口少量初级加工品发展为向全球210多个国家和地区出口门类齐全的食品，中国成为世界食品出口量最大国家之一。在食品进口方面，由新中国成立初期少量进口小麦、大米、玉米、大豆等，到2013年，发展为全球第一大食品进口国。2017年，我国进口食品的来源地范围覆盖全球170个国家和地区。2012年，光明食品集团以12亿英镑的价格收购维他麦60%的股份，改写了中国食品工业单纯引进外资的历史。新时代以来，随着“一带一路”倡议的提出，一批中国食品企业加快了走出去的步伐，开启了在国际市场布局食品工业的新纪元。

三、新中国70年食品工业发展的基本经验

新中国成立70年来，我国食品工业不仅满足了世界人口最多发展中国家的基本食品供应，而且逐步实现了保障较为充分的食品质量安全供给，并带动城乡居民食品消费不断提档升级。70年成绩斐然的发展历程，蕴含着中国特色食品工业发展的基本经验：

1. 把握好中国人的饭碗端在自己手上与利用国际市场的关系。粮食安全是治国安邦的头等大事。新中国刚成立时全国人口总数约为5.4

亿，食品工业的总产值为82.80亿元，可以说中国人的饭碗盛不满，发展食品工业满足国人的基本需要是当时最重大的任务。由于西方发达国家对中国实行全面封锁，我国开启了独立自主装足、盛满中国人饭碗的艰难探索。经过30年的努力，我国初步建立

了门类比较齐全的食品工业体系，走过了食品工业化原始积累的最初阶段，为改革开放后食品工业的快速发展提供了前期积累。在西方国家极力封锁的国际环境下，我国仍然通过一定程度的对外开放来满足国内食品需求，努力使中国人的饭碗装得多一些、满一些。1949—1978 年间，我国食品进口贸易量比较小，主要是弥补国内粮食缺口。20 世纪 60、70 年代，我国累计进口粮食分别为 4400.62 万吨、6444.00 万吨。1979—1992 年间，我国开启了食品进口贸易新的实践探索。2004 年，我国食品进口贸易规模首次突破百亿美元关口，达到 133.68 亿美元；2008 年、2010 年、2014 年则分别突破 200 亿美元、300 亿美元、400 亿美元关口，达到 245.38 亿美元、303.11 亿美元、477.87 亿美元。2013 年，中国成为全球第一大食品进口国 [3]。进入新时代以来，我国进口食品种类更加丰富，食品贸易结构持续优化，进一步丰富了中国人的饭碗。新中国成立 70 年来，国家正确把握了独立自主与利用国际市场的关系，始终把中国人的饭碗端在自己手上，走过了装不满、基本装满、富足有余的发展历程。

2. 把握好食品数量安全与质量安全的关系。食品数量安全和质量安全相互影响，但在社会发展不同阶段的相对重要性是不一样的。在计划经济和经济转轨时期，我国城乡居民的食品消费结构是生存需要的数量保障型，保障食品数量安全占主导地位。为此，政府采取了一系列措施，并通过持之 以恒的努力，于 1993 年在全国范围内取消了实行将近四十年的票证供应制度。在此历史阶段，食物 中毒、食品卫生是食品安全的主要问题。为此，政府建设了覆盖全国城乡的卫生防疫体系，建立了以 卫生部门为主导的食品安全监管体制。1993 年以来，农业和食品工业在快速发展中积累的矛盾不断爆发，食品质量安全的前市场风险与市场风险融合叠加且日益凸显，并由此产生了一系列的重大食品安全问题。2003 年 5 月，安徽阜阳劣质奶粉事件、

2008 年 9 月，三聚氰胺婴幼儿奶粉掺假丑闻的相继爆发，暴露了食品安全问题的极端严重性，保障食品质量安全就转化为主要矛盾。为此，国家持续深化食品安全体制改革，把食品安全定位为“重大的民生问题”和“重大的政治问题”，并纳入了国家公共安全体系，实施食品安全战略，推进社会共治。在全社会的共同努力下，我国食品安全保障水平不断提升。进入新时代以来，食品安全继续保持了稳中向好的态势，初步实现了人民群众吃得放心、吃得安心，开创了食品安全的新境界。

3. 把握好政府与市场的关系。除计划经济这一特定历史时期外，我国都致力于实施积极有为的政府政策，并通过完善市场机制来推动食品工业的发展。一方面，基于不同历史阶段食品工业在国家战略布局中的不同地位，政府实施不同的政策发展食品工业以满足当时全社会的食品需求。在计划经济时期，政府采用计划经济的管理手段发展食品工业并取得了一定的成绩。在经济转轨时期，政府将食品工业定位为国民经济的一个独立行业，通过改革企业的所有制结构，实现了食品多元化的市场供应。在市场经济体制改革时期，政府将食品工业定位为国民经济的支柱性产业，通过鼓励民营食品企业发展、推进企业集团化和规模化建设、加强食品安全监管等一系列举措促进其发展，逐步实现食品数量保障与质量安全保障并重。新时代以来，我国食品供应充足，基于人民群众日益增长的美好生 活需要和食品质量安全供给不平衡不充分间的矛盾，政府积极实施供给侧结构性改革，利用市场机制推进食品工业由数量增长向质量提升的转型发展。

另一方面，改革开放以来尤其是党的十四大确立社会主义市场经济改革目标以来，国家一直在探索如何从实际出发正确处理政府和市场的关系，如何发挥市场在资源配置中的基础性、决定性作用。经过四十年持之以恒的努力，市场机制已在食品工业的各个领域充分发挥了作用，市场主体在充分反映资源要素供求和价格机制的市场环境中生产经营，并通过市场机制实现各自利益，而消费者自主消费，基于市场机制实现消费的满足。

4. 把握好自主创新与技术引进的关系。新中国刚成立时，我国先进食品工业技术是空白。20 世纪 60

年代之前，受制于国际政治格局，独立自主成为中国食品工业科技发展的必然选择。在极端困难的情况下，新中国逐步探索建立自己的食品科技体系。在经济转轨时期，国家在食品科技领域实施重大科技攻关项目，开启了食品工业科技发展的重大创新。20 世纪 80 年代，国家相继在北京农业大学等 13 所农业院校设立食品学科或专业，努力构建具有中国特色的食品科技人才培养体系。从 20 世纪 90 年代中期开始，国家进一步重视食品科技的投入，食品科技创新开始步入快车道。与此同时，随着市场经济体制改革的深入，企业逐步成为食品科技创新的主体。新时代以来，我国食品科技研发实力不断增强，食品高新技术领域的研发能力与世界先进水平的整体差距明显缩小，开始由单一的“跟跑”向“跟跑、并跑、领跑”并存转变。

20 世纪 60 年代之前，是西方对我国实施技术封锁最为严厉的历史时期，但政府仍然充分利用有限的国际空间从苏联与东欧社会主义国家引进食品工业技术与装备。20 世纪 70 年代，我国开始从日本等发达国家引进技术与装备。在 1981—1988 年间，我国引进了 256 条国外粮油加工生产线、100 多条西式灌肠生线、

600 条火腿生产线。在 1990—2000 年间，我国大中型食品企业成套引进国外技术装备，一批高新技术得到了推广应用。之后，我国继续引进一批国外先进技术和设备，使谷物磨制、食用植物油、速冻食品等行业大中型企业的装备水平基本达到世界先进水平，并攻克了一批行业共性关键技术。可以说，新中国成立 70 年来，我国食品科技走出了一条自主创新与引进技术相得益彰的发展道路。

1.4 中国食品行业

中国食品工业年鉴编辑部

民以食为天，食品行业以她的刚需、高频，被誉为是民生产业、朝阳行业。

一、概况

截止到2018年底，中国有4个中国食品名城（地级市），分别是山东省烟台市，河南省漯河市，吉林省德惠市，福建省漳州市；203个中国食品强县；1222个龙头企业。

截止到2018年底，中国现有食品行业企业约55万家企业，按照从业人员数、销售额、资产总额的划分，被分为大型企业、中型企业、小型企业及小微企业，其中，大型企业6000多家，其余均是中型企业、小型企业及小微企业，而且，这些企业98%都是民营企业。

据国家工信部运行局的消息：由于，钢铁、煤炭等行业的限产，使的食品行业从2013年开始，在国民经济行业97个分类中，是唯一一个连续五年，产值超过10万亿元大关的行业，成为了中国第一产业，从业人数超过4000万人。

据不完全统计，2018年，有1480家食品行业企业，主营业务收入超过亿元，其中，超过1000亿元的有10家，他们是中粮集团、华润集团、光明集团、万洲国际、益海嘉里、首农集团、顺鑫农业、伊利集团、海天味业、达利集团，超过100亿元的有100家，超过50亿元的300家；超过亿元的有1070家。

二、食品行业发展中存在的一些问题

（一）食品质量安全水平与人民群众期望尚存在差距，源头污染问题突出，部分食用农产品存在超标使用农兽药和滥用添加剂现象；食品冷链物流建设滞后；食品生产加工销售过程质量安全问题时有发生，食品质量安全隐患依然存在；

（二）高品质食品有效供给不足，随着食品消费结构升级和生活方式的变化，消费者对食品的方便性、营养性和安全水平更加关注，但高品质食品供应不适应市场需求变化，供给侧结构性矛盾较为突出。

（二）工业基础研究薄弱，产学研用结合不紧密，加工技术储备不足；一些重大技术和高端装备仍依赖进口，自主研发水平亟待提升。

（四）循环经济发展水平较低，部分行业副产物综合利用率不高，部分产品单位能耗、水耗和污染物排放仍然较高，节能减排压力加大。

（五）当下食品行业“四大并存”

1. 生产集中提升与小、弱、散并存；
2. 绿色高新精加工与粗放生产方式并存；
3. 品牌价值凸显与自主品牌培育不足并存；
4. 食品安全稳定向好与风险隐患严峻并存。

当前，中国食品行业正处于转型升级和供给侧结构性改革的攻坚阶段，经济增速从高速增长降到中高速增长，从追求数量型发展转向追求质量型发展，从基本消费转变为个性化、多样化的高品质消费，从生产低端食品向生产中高端食品迈进。中国食品行业企业，特别是民营企业受国内外环境变化等诸多因素的影响，面临着“市场如冰山、转型如火山、融资如高山”发展中的瓶颈，而突破发展中的瓶颈的重要举措之一就是通过科技革新，提高效率来实现的。

1.5 中国改革开放 40 年经济体制机制模式的优缺

中国食品工业年鉴编辑部

一、模式简介

（一）大量的资本投入，经济得到了高速度的增长，但出现高能耗、高物耗和高污染，导致了产能过剩、流动性过剩和金融风险；

（二）大量的资源投入，经济得到了高速度的增长，但出现了资源透支、环境的被破坏；

（三）大量的劳动力投入，带来了经济高速度的增长，但出现了人口红利的消失，劳动力成本急剧上涨；

（四）转型升级，经济会出现以创新为根本高质量的发展模式。

实践证明：

前三种经济发展模式依靠是大量要素的投入，追求的是增长的高速度，但内部不平衡，不充分的问题得不到解决。

最后一种经济发展模式就是创新、绿色、开放、民生四位一体的经济发展模式。

二、中国食品工业新一轮自主品牌成长道路

（一）助推中国食品工业高速发展的四大因素是 1. 收入水平提升；2. 不同发展阶段的不同需求；3. 城镇化；4. 新动能。

（二）中国食品工业品牌竞争的三支主力

1. 外企国际品牌的先导；

2. 本土品牌的培育（民营企业为主）；

3. 港台食品企业的竞争与互补。

（三）企业面对新的市场环境需要跨越的两道门槛

1. 产品的健康转型和品牌的风险；

2. 企业创新和国家政策落地对整个食品行业下一轮发展带来的不确定性。

（四）在新一轮的机遇和挑战中的一条大道就是用科技创新拥抱产业的健康转型。

注：食品行业在国民经济行业分类中，被分为 4 大类，分别是农副食品加工业，代码：13,；食品制造业，代码：14；酒、饮料和精制茶制造业，代码 15；烟草制品业，代码：16。

1.6　传播传统文化　整合全球资源

中国食品工业年鉴编辑部

目前，我国正处于加快现代化食品产业建设的重要发展时期，在食品产业领域，与“一带一路”沿线的新兴市场和发展中国家具有着高度互补性。

一、我国食品企业如何走出去

1. 深化资源合作，聚焦全球最优品质

随着消费升级趋势，消费者对食品品质有了更高的要求，而要打造高品质，必须要有优质资源。

2. 强化创新协作，打造全球智慧链条

食品行业要实现高质量发展，离不开创新这一核心驱动力，在全球化的背影下，食品行业要善于借力全球智慧，强化创新协作，以开发式创新平台为纽带，联结全球顶尖的创新资源，探索食品行业发展中的难题。

3. 把握市场机遇，加快产品海外布局

随着“一带一路”建设的推进，食品企业要把握市场机遇，加快产品海外布局，将自己的产品销售到更远的地方，用高品质产品实现“让世界共享健康”的梦想。

二、我国食品企业走出去前应了解情况

1. 充分了解投资国或地区政治环境、法规法律、市场供需情况、宗教文化、民风民俗、饮食习惯、口味偏好，以确立产品市场定位。真正做到接地气。

2. 充分了解投资国或地区的投资准入、工程许可、税收、金融、外汇、用工、环保等方面的情况，以防范政治、经济、法律和安全的风险

3. 充分了解我国和投资国或地区投资合作相关的法律法规、国际条约、国际规则和惯例。

三、食品企业海外布局的建议

1. 与当地政府建立合作机制。

2. 利用中国制造优势，尽可能从中国采购设备器材和材料，

3. 与当地的技术咨询公司合作。

4. 聘请有经验的当地员工从事法律财务管理等职位。

注 1：我国已向全球 120 多个国家和地区出口食品。

注 2：我国已与 131 个国家和 30 个国际组织签署了 187 份共建“一带一路”的合作文件。

第二部分

行业篇

2.1 粮油工业

【a. 概况】

2018 年是我国改革发展进程中极不平凡的一年，也是油脂行业发展历程中很不平凡的一年。在过去的一年里，我们油脂行业经历了生产成本不断加大、产品价格低迷、经济效益不佳等考验，中小民营油脂加工企业同样存在着融资难、融资贵、经营困难等问题。在诸多困难面前，我们油脂行业与全国各行各业一样，在习近平新时代中国特色社会主义思想指引下，奋发有为，锐意进取，确保了油脂行业的正常运行和油脂市场的供应，为国家粮油安全和人民群众过上美好生活作出了应有的贡献。

1. 粮食生产与进出口情况

（1）我国粮食生产情况

在党中央、国务院的高度重视和英明领导下，我国粮食生产连年丰收，为国家粮食安全、促进生产、促进经济发展和社会稳定奠定了坚实基础。根据国家粮油信息中心提供的资料，2018 年，我国粮食总产达 65789 万吨，同比下降 0.56%。其中，小麦产量为 13143 万吨，同比下降 2.16%；稻谷产量为 21213 万吨，同比下降 0.26%；玉米产量为 25733 万吨，同比下降 0.67%。另外，杂粮产量为 930 万吨，同比增长 1.98%；豆类产量为 1914 万吨，较 2017 年的 1842 万吨增长 3.91%；薯类产品（折干粮）为 2856 万吨，同比增长 2.04%，中国部分品种粮食产量见表 1。

表 1　中国部分品种粮食产量

单位：万吨

年份	粮食总产量	1. 谷物产量	其中：（1）稻谷	（2）小麦	（3）玉米	（4）杂粮	2. 豆类产量	3. 薯类产量（折干粮）
2014	63, 965	59, 602	20, 961	12, 832	24, 976	905	1, 565	2, 799
2015	66, 060	61, 818	21, 214	13, 264	26, 499	841	1, 513	2, 729
2016	66, 044	61, 667	21, 109	13, 327	26, 361	869	1, 651	2, 726
2017	66, 161	61, 521	21, 268	13, 433	25, 907	912	1, 842	2, 799
2018	65, 789	61, 019	21, 213	13, 143	25, 733	930	1, 914	2, 856

注：①资料来源国家粮油信息中心。

②根据第三次农业普查数据，国家统计局对 2007–2017 年粮油产量数据进行了调整。

（2）我国粮食的进出口情况

为满足品种调节和市场供应需要，我国每年都要利用两个市场，从国外进口一部分粮食，2018 年，我国进口大米 308 万吨、进口小麦 309 万吨、进口玉米 352 万吨、进口高粱 365 万吨、进口大麦 682 万吨，合计为 2016 万吨，同比下降 20.0%。另外，进口木薯 480 万吨，同比下降 40.96%。与此同时，我国粮食合计出口量为 336 万吨，同比增长 37.7%，中国部分品种粮食进出口量见表 2。

表 2　中国部分品种粮食进出口量

（单位：万吨）

年份	1. 谷物	其中:大米	小麦	玉米	高粱	大麦	2. 大豆	3. 木薯	DDGS
2015年进口	3258	338	301	473	1, 073	1, 073	8, 169	938	682. 0
2015年出口	42	29	12	1			13		
2016年进口	2160	356	341	317	645	501	8, 391	770	306. 7
2016年出口	51	40	11	0			13		
2017年进口	2520	403	442	283	506	886	9, 553	813	39. 1
2017年出口	244	120	18	8	4	94	11		
2018年进口	2016	308	309	352	365	682	8, 803	480	14. 8
2018年出口	336	209	29	1	5	92	13		

注：①资料来源国家粮油信息中心。

②大豆已在油料油脂进出口情况表中表示。

③在粮食进出口谷物类中，其数字相加有较大错

误，现已作了修正，但其子项中大米、小麦、玉米、高粱、大麦等进出口数字未加任何改动。

2. 油料油脂的生产与进出口情况

（1）我国油料油脂的生产情况

在党和政府的重视下，我国油料生产与粮食生产一样，近些年来连续取得好收成。据预测，2018 年，以油菜籽、花生、大豆为代表的我国油料作物的总产量达 6348.8 万吨，创历史最高纪录，同比增产 327.9 万吨，同比增长 5.4%。其中，油菜籽产量为 1300 万吨，同比下降 2.1%；花生果产量为 1693 万吨，同比下降 0.95%；大豆产量为 1600 万吨，同比增长 4.7%；棉籽产量为 1097.3 万吨，同比增长 7.8%；葵花籽产量为 326.7 万吨，同比增长 2.2%；芝麻产量为 37.3 万吨，同比增长 2.2%；亚麻籽产量为 44.5 万吨，同比产量持平；油茶籽的产量为 250 万吨，同比增长 2.8%。

在利用国产油料榨油方面，根据国家粮食粮油信息中心预测，2018 年我国利用国产油料（扣除大豆、花生、芝麻、葵花籽等四种油料部分直接食用外）榨油的油料量为 3725 万吨，榨得的食用油脂（含玉米油、稻米油及其他油料）预测为 1192.8 万吨，中国油籽油料产量见表 3，较 2017 年 3575 万吨，2018 年，国产油料榨油量见表 4，2017 年，国产油料榨油量见表 5，增加了榨油量 150 万吨。多榨食用油脂 16.8 万吨。

表 3　中国油籽油料产量

单位：千吨

年份	油籽总产量	其中：棉籽	大豆	油料	其中：菜籽	花生果	葵花籽	芝麻	胡麻籽	林产品油茶籽
1996	42891	7565	13220	22106	9201	10138	1323	575	553	697
1997	44587	8285	14728	21574	9578	9648	1176	566	393	857
1998	46393	8102	15152	23139	8301	11886	1465	656	523	723
1999	47155	6892	14251	26012	10132	12639	1765	743	404	793
2000	52910	7951	15411	29548	11381	14437	1954	811	344	823
2001	53638	9582	15407	28649	11331	14416	1478	804	243	825
2002	53788	8309	16507	28972	10552	14818	1946	895	409	855
2003	52251	8747	15394	28110	11420	13420	1743	593	450	780
2004	59445	11382	17401	30659	13182	14342	1552	704	426	875
2005	57407	10286	16350	30771	13052	14342	1928	625	362	875
2006	55044	13559	15082	26403	10966	12738	1440	662	374	920
2007	54345	13675	12800	27870	11382	13845	1187	520	268	939
2008	59086	13018	15700	30368	12403	14635	1792	515	350	990
2009	57819	11225	15200	31394	13536	14604	1956	535	318	1169
2010	57354	10386	15400	31568	12788	15136	2298	462	324	1092
2011	58759	11734	14900	32125	13137	15302	2313	458	359	1480
2012	58200	11894	13450	32856	13401	15792	2323	466	391	1728
2013	56582	11308	12400	32874	13523	16082	2423	438	399	1777
2014	57757	11338	12700	33719	13914	15901	2492	437	387	2023
2015	56888	10633	12350	33905	13859	15961	2698	450	400	2163
2016	57217	9617	13600	34000	13128	16361	2990	352	403	2164
2017	60209	10175	15282	34752	13274	17092	3197	365	445	2432
2018	6348.8	10973	16000	3651.5	13000	16930	3267	373	445	2500

注：①根据第三次农业普查数据，国家统计局对 2007~2017 年的油菜籽、花生果、大豆、棉籽、芝麻和油茶籽的产量数据进行了调整。

②资料来源国家粮油信息中心。

表 4　2018 年国产油料榨油量

单位：千吨

品种	产量估计	压榨量	出油量	出油率	备注
菜籽	13000	12000	4080	34.00%	主要为浓香油
花生	16930	8000	2800	35.00%	
棉籽	10973	9000	1170	13.00%	
大豆	16000	4500	743	16.50%	含大豆蛋白
葵花籽	3267	800	200	25.00%	
油茶籽	2500	2400	600	25.00%	
芝麻	373	200	80	40.00%	
胡麻籽	445	350	105	30.00%	
玉米油			1200		
米糠油			900		
其他			50		
合计			11928		

注：资料来源国家粮油信息中心。

表 5　2017 年国产油料榨油量

单位：千吨

品种	产量估计	压榨量	出油量	出油率	备注
菜籽	14430	12000	4260	35.50%	主要为浓香油
花生	18000	8000	2800	35.00%	
棉籽	9875	8000	1040	13.00%	
大豆	14550	4000	660	16.50%	含大豆蛋白
葵花籽	3175	1000	250	25.00%	
油茶籽	2200	2100	525	25.00%	
芝麻	700	300	120	40.00%	
胡麻籽	445	350	105	30.00%	
玉米油			1050		
米糠油			900		
其他			50		
合计			11760		

注：资料来源国家粮油信息中心。

（2）我国油料油脂的进出口情况

我国的油料生产尽管屡创历史新高，但仍然不能满足我国人民生活水平不断提高的需要。为满足我国食用油市场供应和饲养业发展的需要，我国每年都要进口较大数量的油料油脂。据海关统计，2018年，我国进口各类油料合计达9448.9万吨，同比减少了751.1万吨，同比下降7.36%。其中，进口大豆8803.1万吨，同比减少749.5万吨，同比下降7.85%；进口油菜籽475.6万吨，同比增加0.8万吨。2018年，我国进口各类食用植物油合计为808.7万吨，同比增加65.9万吨，同比增长8.87%。其中，进口大豆油54.9万吨、棕榈油532.7万吨，菜籽油129.6万吨、葵花籽油70.3万吨、橄榄油4.0万吨，中国油脂油料进口量见表6、中国油脂油料进口量见表7。

表6 中国油脂油料进口量

单位：千吨

年份	植物油进口	其中：豆油	棕榈油	菜籽油	其他植物油	其中：葵花油	花生油	橄榄油	亚麻籽油
1996	2, 640	1, 295	1, 012	316	17				
1997	2, 750	1, 193	1, 146	351	60				
1998	2, 060	829	930	285	17				
1999	2, 080	804	1, 194	69	13				
2000	1, 872	308	1, 391	75	99				
2001	1, 675	70	1, 517	49	38				
2002	3, 212	870	2, 221	78	43				
2003	5, 418	1, 884	3, 325	152	57				
2004	6, 764	2, 517	3, 857	353	38				
2005	6, 213	1, 694	4, 330	178	11				
2006	6, 715	1, 543	5, 082	44	46				
2007	8, 397	2, 823	5, 095	375	104	69			
2008	8, 163	2, 586	5, 282	270	25	6	6	11	8
2009	9, 502	2, 391	6, 441	468	202	153	20	14	13
2010	8, 262	1, 341	5, 696	985	240	137	68	25	7
2011	7, 798	1, 143	5, 912	551	192	72	61	36	19
2012	9, 600	1, 826	6, 341	1, 176	257	107	63	46	38
2013	9, 221	1, 158	5, 979	1, 527	557	439	61	40	18
2014	7, 873	1, 038	5, 324	810	701	455	94	36	17
2015	8, 391	818	5, 909	815	849	651	128	39	29
2016	6, 884	560	4, 478	700	1, 146	957	107	45	34
2017	7, 428	653	5, 079	757	939	745	108	43	40
2018	8, 087	549	5, 327	1296	915	703	128	40	42

表7 中国油脂油料进口量单位：千吨

年份	油籽进口	其中：大豆	油菜籽	其他油籽	其中：芝麻	亚麻籽	花生	棉籽	葵花籽
1996		1, 108	0						
1997		2, 792	55						
1998		3, 196	1, 386						
1999		4, 315	2, 595						
2000		10, 416	2, 969						
2001		13, 937	1, 724						
2002	11, 945	11, 315	618	12					
2003	20, 976	20, 741	167	68					
2004	20, 756	20, 229	424	103					
2005	27, 042	26, 590	296	156					
2006	29, 280	28, 270	738	272					
2007	31, 858	30, 821	833	204					
2008	39, 005	37, 436	1, 303	266	214				
2009	46, 331	42, 552	3, 286	493	311				
2010	57, 046	54, 797	1, 600	649	391			16	
2011	54, 818	52, 640	1, 262	916	389			377	
2012	62, 280	58, 384	2, 930	966	396	148		394	
2013	67, 835	63, 375	3, 662	798	441	181		143	
2014	77, 518	71, 399	5081	1, 038	569	281		74	
2015	87, 571	81, 694	4471	1, 406	806	360	132	8	
2016	89, 529	83, 913	3566	2, 050	932	475	455	76	
2017	102, 000	95, 526	4748	1, 726	712	339	251	264	131
2018	94, 489	88, 031	4756	1, 702	836	398	124	117	138

注：资料来源国家粮油信息中心。

在油料油脂的进口中，一些消费者喜爱的其他油料油脂的进口势头继续看好，值得我们关注，如芝麻、亚麻籽、葵花籽油、橄榄油等进口数量中国进口的其他油料油脂量见表8。

表8 中国进口的其他油料油脂量

单位：万吨

年份	进口油料油脂名称								
	芝麻	亚麻籽	红花籽	葵花籽油	花生油	橄榄油	亚麻籽油	椰子油	蓖麻油
2012	39.6	14.79	—	—	—	4.6	3.76	20.78	22.76
2013	44.1	18.06	0.94	43.9	6.1	4	1.83	13.07	23.19
2014	56.9	28.34	1.71	45.5	9.4	3.6	1.72	13.93	17.3
2015	80.6	36.03	2.83	65.1	12.8	3.9	2.87	14.46	22.7
2016	93.2	47.47	3.09	95.7	10.7	4.5	3.4	13.3	25.7
2017	71.2	34.0	4.0	74.5	10.8	4.3	4.0	13.0	27.0
2018	83.6	39.8	3.2	70.3	12.8	4.0	4.2	11.4	28.0

注：数据来自国家粮油信息中心和中粮集团并加以整理制表。

我国油料油脂在进口的同时，也有一定数量的出口并逐年呈增加趋势，2018年我国出口油料合计120

万吨，出口食用油合计 30 万吨，2018 年我国进出口了豆粕 114 万吨，进口菜籽粕 130 万吨，中国油籽油脂出口与豆粕菜粕进出口量见表 9。

表 9　中国油籽油脂出口与豆粕菜粕进出口量

单位：万吨

年度	油籽出口	油脂出口	豆粕出口	豆粕进口	菜粕出口	菜粕进口
2011	91		41	22	1	138
2012	101		123	5	7	50
2013	87		107	2	7	13
2014	87		209	2	4	26
2015	84	14	170	6	1	12
2016	87	12	188	2	11	50
2017	110	20	97	6	1	97
2018	120	30	114	2	1	130

注：资料来源国家粮油信息中心。

3. 我国食用油市场产销情况分析

2017/2018 年度，我国食用油市场的总供给量为 3714.5 万吨，其中包括国产油料和进口油料合计生产的食用油产量 2962.6 万吨及直接进口的各类食用油合计 751.9 万吨；从表 9 中，我们还可以清楚地看到 2017/2018 年度，我国食用油的食用消费量为 3440.0 万吨，工业及其他消费为 383 万吨，出口量为 26.6 万吨，合计年度需求总量为 3849.6 万吨（即年度消费总量），年度挖库存 135.1 万吨。这样我们可以计算出，2017/2018 年度我国食用油的自给率为 31.0%（即 2018 年，国产油料榨油量 1192.8 万吨，与年度需求总量 3849.6 万吨之比），同比的自给率 31.1% 相比，同比下降了 0.1 个百分点，中国食用油市场综合平衡分析见表 10。

表 10 中国食用油市场综合平衡分析

单位：千吨

指标	2010/11	2011/12	2012/13	2013/14	2014/15	2015/16	2016/17	2017/18
生产量								
豆油	10,098	11,109	11,278	12,582	13627.5	14910	16559	16727
菜籽油	4,770	5,251	5,698	6,022	6588.2	6384	5962.5	6257
棉籽油	1,190	1,339	1,378	1,300	1306.5	1235	1128.4	1183
花生油	2,252	2,271	2,325	2,363	2409.75	2448	2479.05	2709
棕榈油	0	0	0	0	0	0	0	0
其他油脂	2,000	2,200	2,400	2,500	2400	2600	2670	2750
总计	20,309	22,170	23,078	24,766	26,332	27,577	28,799	29626
进口量								
豆油	1,319	1,502	1,409	1,354	773	586	711	482
菜籽油	964	674	1,533	1,259	631	895	719	805
棉籽油	0	0	0	0	0	0	0.03	0
花生油	68	62	65	74	140	111	110	112
棕榈油	5,712	5,841	6,589	5,573	5696	4689	4881	5320
其他油脂	80	265	432	584	600	950	870	800
总计	8,143	8,344	10,028	8,844	7840	7231	7291.03	7519
年度供给量								
		122	362	531	533.94079	821		
豆油	11,417	12,611	12,687	13,936	14400.5	15496.0	17270	17209
菜籽油	5,734	5,925	7,231	7,281	7219.2	7279.3	6681.5	7062
棉籽油	1,190	1,339	1,378	1,300	1306.5	1235	1128.43	1183
花生油	2,320	2,333	2,390	2,437	2549.75	2558.55	2589.05	2821
棕榈油	5,712	5,841	6,589	5,573	5696	4689	4881	5320
其他油脂	2,080	2,465	2,832	3,084	3000	3550	3540	3550
总计	28,452	30,514	33,106	33,610	34171.95	34807.85	36089.98	37145
国内食用消费量								
豆油	10,000	11,000	11,600	12,300	13200	13600	15300	15250
菜籽油	5,380	5,400	5,280	5,450	6000	8200	8650	8550
棉籽油	1,200	1,300	1,300	1,310	1320	1250	1100	1120
花生油	2,200	2,300	2,380	2,400	2550	2500	2620	2780
棕榈油	4,400	4,400	4,700	4,700	4200	3400	3200	3700
其他油脂	1,800	1,900	2,100	2,200	2400	2700	2900	3000
总计	24,980	26,300	27,360	28,360	29670	31650	33770	34400
工业及其他消								
豆油	950	1,000	1,100	1,200	1300	1450	1550	1600
菜籽油	0	0	0	0	0	0	0	0
棉籽油	0	0	0	0	0	0	0	0
花生油	0	0	0	0	0	0	0	0
棕榈油	1,250	1,200	1,300	1,400	1500	1550	1550	1600
其他油脂	300	350	400	450	500	530	600	630
总计	2,500	2,550	2,800	3,050	3300	3530	3700	3830
出口量								
豆油	52	60	84	94	120	96	119	211
菜籽油	4	4	6	6	6.5	3	13	20
棉籽油	3	2	1	4	9.365	1	1	5
花生油	10	9	6	10	8.36	10	8	10
棕榈油	0	0	0	0	0	0	0	0
其他油脂	55	21	11	10	15	21	23	20
总计	124	96	108	124	159.225	130	164	266
年度需求总量								
豆油	11,002	12,060	12,784	13,594	14620	15146	16969	17061
菜籽油	5,384	5,404	5,286	5,456	6007	8203	8663	8570
棉籽油	1,203	1,302	1,301	1,314	1329	1251	1101	1125
花生油	2,210	2,309	2,386	2,410	2558	2510	2628	2790
棕榈油	5,650	5,600	6,000	6,100	5700	4950	4750	5300
其他油脂	2,155	2,271	2,511	2,660	2915	3251	3523	3650
总计	27,604	28,946	30,268	31,534	33129	35310	37634	38496
节余量								
豆油	415	551	-98	342	-220	350	301	148

指标	2010/11	2011/12	2012/13	2013/14	2014/15	2015/16	2016/17	2017/18
菜籽油	350	521	1,945	1,825	1213	-924	-1981	-1508
棉籽油	-14	37	77	-14	-23	-16	27	58
花生油	110	24	4	26	-9	49	-39	31
棕榈油	62	241	589	-527	-4	-261	131	20
其他油脂	-75	194	321	424	85	299	17	-100
总计	848	1,568	2,838	2,076	1043	-503	-1544	-1351

注：资料来源国家粮油信息中心。

2017/2018年度我国食用油的总消费量为3849.6万吨，按2017年联合国网络发布的中国人口数为14.1亿计算，2018年度我国人均食用油的消费量为27.3千克，超过了世界人均食用油消费量为24.4千克的水平，1996–2017年我国人均年食用油消费情况见表11。

表11 1996–2017年我国人均年食用油消费情况

年份	食用油消费量（万吨）	人均年消费占有量（千克）
1996	1,002.5	7.7
1998	1,090.7	8.4
2000	1,245.7	9.6
2001	1,330	10.2
2002	1,410	10.8
2003	1,500	11.5
2004	1,750	13.5
2005	1,850～1,900	14.2～14.6
2006	2,271.7	17.5
2007	2,509.7	19.3
2008	2,684.7	20.7
2011	2,777.4	20.6
2012	2,894.6	21.4
2013	3040.8	22.5
2014	3167.4	23.2
2015	3294.6	24.1
2016	3426.5	24.8
2017	3751.5	26.6
2018	3849.6	27.3

注：① 12006至2008年食用油消费量按国产油料扣去食用部分后的总折油量加上净进口前折油之和。

② 21996–2008年的我国人均年消费按13亿人口计算；2011–2013年按13.5亿人口计算；2014年按13.6782亿人口计算；2015年按13.68亿人口计算；2016年按13.8271亿人口计算；2017年按联合国网络发布的中国人口数为14.1亿人口计算。

【b. 行业综述】

1. 我国具有很强的粮油市场调控能力

2018年，中美贸易摩擦发生后，一些人担心会影响我国粮油市场的稳定，尤其是减少了对美国的大豆进口后，会不会影响食用油市场的供应和饲养业的发展，当时出现的这些忧虑是可以理解的。从去年的实际情况看，同比我们虽然减少了749.5万吨大豆的进口，但我们2017年通过增产327.9万吨油料，增加了65.9万吨食用油的进口，加上适当挖了一些过去大家认为过高的食用油库存，满足了2018年度我国食用油总消费量增加98.1万吨的需要，平稳地确保了食用油市场的供应，这充分表明我国粮油储备的充裕，具有很强的调控能力来确保国家的粮食安全。

2. 国家统计局公布的粮油统计数字是可信的

根据第三次农业普查数据，国家统计局对2007–2017年的粮油产量数据进行了调整。在油料生产方面，对油菜籽、花生果、大豆、棉籽、芝麻和油茶籽的产量数据进行了调整，今后我们应该以调整后的数据来分析处理问题。从调整后八大油料的总产量上来看，在11年中上调的有两年，下调的有九年。上调最高的为4.2%，下调最多的是3.8%，一般为1%–2%之间，根据这一实际，我认为这次调整不影响过去我们对油料油脂市场的分析。

3. 我国农业供给侧结构性改革取得明显成效

2018年是我国油料生产取得丰硕成果的一年，油料总产量创历史最高，达6348.8万吨，同比增产327.9万吨，同比增长5.4%。其中，大豆产量预测达1600万吨，同比增长4.7%，抑制了前些年我国大豆产量连年下降至不足1300万吨，并有继续下滑的势头，恢复到了本世纪初我国大豆产量为1600–1700万吨的水平上，这是来之不易的，充分体现了我国农业供给侧结构性改革取得的明显成效。

4. 需要进一步加强科学用油、合理用油的宣传

从我国食用油市场综合平衡分析中得知，2017/2018年度我国食用油市场的总消费量已达3849.6万吨，人均年食用油的消费量已达27.3千克，并有继续上升的趋势。对这种发展趋势感到又喜又忧，喜的是食用油消费量的不断提升，反映了我国人民生活水

平的不断提高，尤其是我国贫困地区，随着脱贫攻坚战成果显著，百姓生活明显改善，食用油的消费量大幅增加，这是值得为之高兴的。但与此同时，我国的人均食用油消费量已达 27.3 千克，超过了世界人均消费量 24.4 千克，我国食用油的总体消费水平已经不低了，尤其是沿海及经济较发达的地区，食用油的人均消费量就更高了。我觉得无限制的消费食用油对人体健康没有任何好处，必须加强科学用油、合理用油乃至节约用油的科普宣传。

王瑞元 何东平

2.2 制糖行业

【a. 概况】

中国有 14 个省区产糖，沿边境地区分布，主产糖省（区）集中在中国北部、西北部和西南部。甘蔗糖产区主要分布在广西、云南、广东、海南及邻近省区；甜菜糖产区主要分布在新疆、内蒙古、黑龙江及邻近省区。与糖料种植相关的人员近 4000 万。2017/18 年制糖期全国食糖总产量中甘蔗糖占 88.85%，甜菜糖占 11.15%。

中国的食糖生产销售年度为 10 月 1 日至翌年的 9 月 30 日，开榨时间由北向南各不相同。甜菜糖厂一般在 9 月底或 10 月初开机生产；甘蔗糖厂中，广西、广东、海南等省区 11 月中或 12 月初开榨，云南省 12 月底或次年 1 月初开榨。

2017/18 年制糖期于 2017 年 9 月 20 日中粮屯河新源糖业公司正式开机生产，至 2018 年 6 月 10 日南华孟定糖厂最后一个停机，历时 263 天，同比多生产 4 天。本制糖期，全国共有开工制糖生产企业（集团）46 家，开工糖厂 216 间，同比少开工 5 间，其中：甜菜糖生产企业（集团）4 家，糖厂 29 间；甘蔗糖生产企业（集团）42 家，糖厂 187 间；另有炼糖企业 16 家。

本制糖期食糖产量前 10 位的制糖企业集团产糖量占全国食糖总产量的 77.2%。

2017/18 年制糖期，全国共生产食糖 1031.04 万吨。其中优级和一级白砂糖 913.69 万吨，精制糖 14.79 万吨，绵白糖 58 万吨，赤砂糖和红糖 29.88 万吨，原糖及其他 14.68 万吨。

本制糖期，全国糖料种植面积 2063.98 万亩，同比减少 1.42%，其中：甘蔗种植面积 1800.85 万亩，同比减少 1.99%；甜菜种植面积 263.12 万亩，同比增长 2.7%。甘蔗品种目前仍以台糖系列、桂糖系列和粤糖系列为主，三大系列品种占总种植面积的 85.19%；其他品种约占总种植面积的 14.81%。甜菜主要种植品种仍以原种引进为主。甜菜品种主要以德国 KWS 系列、比利时安地系列、瑞士先正达系列为主，占甜菜总种植面积的 90.62%。

2017/18 年制糖期食糖产量、播种面积、开工糖厂数见表 1。

表 1　2017/18 年制糖期全国糖料播种面积、食糖产量基本情况

单位：万吨、万亩、间

企业名称	糖料播种面积	产糖量	开工糖厂数
全国累计	2063.98	1031.04	216
甘蔗糖合计	1800.85	916.07	187
广东	183.78	87.13	27
其中：湛江	163.00	75.40	20
广西	1140.00	602.50	91
云南	433.34	206.86	56
海南	37.71	17.25	11
其他	6.03	2.33	2
甜菜糖合计	263.12	114.97	29
黑龙江	24.82	7.06	3
新疆	109.30	54.11	14
内蒙古	120.00	48.00	7
其他	9.00	5.80	5

2017/18 年制糖期全国糖料收购价同比基本持平。甘蔗平均收购价格（地头价，不含运输及企业对农民各种补贴费用等，下同）为 490 元 / 吨，甜菜平均收购价格为 491 元 / 吨。

2017/18 年制糖期全国制糖行业主要技术指标：

甘蔗平均单产 4.45 吨 / 亩，甜菜平均单产 3.68 吨 / 亩；甘蔗平均含糖分 13.54%，甜菜平均含糖分 15.19%；甘蔗产糖率 11.78%，甜菜产糖率 12.66%。

【b. 市场】

1. 国内食糖市场

2017/18 年制糖期全国累计产糖 1031.04 万吨，同比增加 102.22 万吨，同比增长 11%，其中：甘蔗糖产量 916.07 万吨，同比增长 11.16%；甜菜糖产量 114.97 万吨，同比增长 9.8%。

本制糖期全国食糖消费量 1510 万吨；年人均食糖消费量为 10.86 公斤。食糖消费结构略有变化，食糖消费总量中民用消费为 42%，工业消费比例为 58%。

2017/18 年制糖期，中国糖业协会食糖价格指数 5938 元 / 吨，同比减少 11.73%；工业累计销售平均价格为 5642 元 / 吨，同比减少 15.46%。本制糖期全国制糖行业销售收入 578 亿元；亏损 19.18 亿元，财政税收 30.2 亿元，农民种植糖料收入同比增加 39.1 亿元。

2. 2017/18 年制糖期行业运行特征

（1）食糖产量连续第二年恢复性增长

全国糖料种植面积 2064 万亩；加工糖料 8695 万吨，同比增加 891 万吨；食糖产量 1031 万吨，同比增加 102 万吨。

（2）食糖消费增加

全国食糖消费量达到1510万吨，同比增加20万吨。

（3）国内食糖价格大幅下跌

国内食糖累计平均销售价格 5642 元 / 吨，同比减少 1032 元 / 吨。

（4）农民连续增收，企业亏损，财政收入下降

农民增收 39.1 亿元，企业亏损 19.2 亿，财政税收 30.2 亿元。

（5）国家宏观调控有效

国家采取了对进口食糖产品采取保障措施并取消不适用食糖保障措施国家（地区）名单，开展打击食糖走私专项行动等一系列宏观调控措施，保障了国内食糖市场相对稳定，扩大了食糖消费空间。

3. 国际食糖市场综述

2017/18 年制糖期，全球食糖产量增加，尤其是印度食糖产量超预期增长，国际食糖产需过剩压力加剧，以及巴西等全球食糖主要出口国货币贬值，以美元计价的纽约原糖期货价格大幅下跌，并在制糖期末创出 9.83 美分 / 磅的逾 10 年新低，最终报收于 10.35 磅 / 美分，同比下跌 23.3%。整个制糖期，纽约原糖期货价格波动区间为 9.83 美分 / 磅至 15.49 美分 / 磅。

展望 2017/18 年制糖期，市场普遍预期，全球食糖产量下降，其中，印度食糖产量继续增加，泰国食糖产量维持高位，巴西和欧盟地区食糖产量下降；全球食糖消费量保持增长；全球食糖产需仍然维持过剩，但是过剩量减少。英国 Czarnikow 公司认为，全球食糖产量将减少 837 万吨至 1.95 亿吨，全球食糖消费量增长 233 万吨至约 1.86 亿吨。

作为大宗农产品的食糖，其价格波动不但受到天气、产业政策等自身供求基本面因素影响，而且因兼有能源属性和金融属性，还受到原油价格和美元汇率波动等因素影响。食糖价格下跌，抑制全球食糖生产，刺激食糖消费增加，有利于扭转全球食糖产需过剩形势；原油价格走强，巴西产糖用蔗糖保持低位，食糖产量下降，以及天气因素，支持原糖期货价格企稳反弹。印度和泰国等国家地区巨大的食糖出口压力、糖业补贴政策以及汇率波动左右原糖价格反弹空间。综合判断，在 2018/19 年制糖期，国际食糖价格或将初现曙光。

世界主要产糖国食糖产量和消费量见表 2、表 3。

表 2　世界主要产糖国食糖产量统计表

单位：万吨（原糖值）

	2014/15	2015/16	2016/17	2017/18	2018/19
世界总产量	18804.5	17326.9	17949.6	20375.7	19539.0
其中：甘蔗糖	14789.4	13799.1	13983.1	15670.3	15179.0
甜菜糖	4015.1	3527.8	3966.5	4705.4	4360.0
欧洲总量	3089.7	2549.6	2943.6	3680.8	3281.0
欧盟(28国)	1970.5	1477.7	1652.9	2288.8	2050.3
俄罗斯	482.4	562.8	661.2	707.4	641.3
乌克兰	227.2	159.4	218.3	232.6	186.5
土耳其	223.4	217.3	244.6	271.7	244.6
美洲总量	6958.1	6667.1	7333.9	7210.6	6319.2
巴　西	3822.6	3637.1	4163.6	4148.6	3144.0
哥伦比亚	256.0	227.3	228.4	248.2	250.0
古　巴	202.4	177.3	179.0	99.4	170.0
危地马拉	313.4	303.7	293.3	289.7	320.0

	2014/15	2015/16	2016/17	2017/18	2018/19
墨西哥	650.5	660.6	654.3	648.1	660.0
美　国	772.0	801.7	899.4	879.4	856.6
加拿大	9.2	9.8	12.4	12.0	13.6
智　利	30.2	28.3	30.0	31.0	30.0
非洲总量	1199.7	1132.8	1120.4	1097.6	1226.5
埃　及	252.2	241.3	254.2	212.1	265.1
南　非	227.3	176.4	184.8	194.0	230.0
摩洛哥	52.6	59.1	65.9	70.1	80.0
亚洲总量	7036.9	6414.6	6024.8	7880.1	8172.9
中国（不含港澳台）	1147.4	945.9	1009.6	1120.2	1163.0
印　度	3105.0	2845.6	2173.9	3496.7	3804.3
巴基斯坦	547.8	552.4	761.4	702.6	608.7
泰　国	1205.7	1041.9	1068.8	1566.5	1571.3
印度尼西亚	280.4	271.4	239.6	230.9	239.1
菲律宾	252.6	243.1	271.8	226.4	243.9
伊　朗	152.2	177.8	179.5	179.3	180.0
日　本	79.2	87.5	73.7	85.2	76.0
大洋洲总量	513.6	556.3	520.8	500.4	534.4
澳大利亚	485.8	528.7	502.1	477.5	510.5

备注：产量按制糖期统计，2018/19年制糖期为预测数字

表3　世界主要食糖消费国食糖消费量统计表

	2015年	2016年	2017年	2018年	2019年
总消费量	18094.7	18291.2	18165.5	18342.8	18576.2
欧　洲	3287.1	3285.4	3294.4	3307.6	3322.6
欧盟（28国）	1908.7	1900.1	1879.4	1879.4	1879.4
俄罗斯	621.8	620.2	622.5	624.8	630.0
乌克兰	170.7	170.7	168.5	169.0	169.5
土耳其	247.3	252.8	258.4	265.0	270.0
美　洲	4264.3	4238.4	4118.8	4134.1	4156.8
巴　西	1276.6	1242.5	1160.5	1168.0	1177.8
哥伦比亚	189.9	196.6	195.2	196.9	197.5
古　巴	76.2	76.5	76.5	77.5	78.5
危地马拉	82.9	84.6	80.5	82.0	83.5
墨西哥	479.1	475.3	480.0	482.0	487.0
美　国	1094.1	1112.2	1132.2	1134.2	1135.0
非　洲	2088.6	2151.5	2162.4	2218.3	2276.3
埃　及	327.7	337.8	339.4	348.9	358.0
南　非	205.3	207.7	207.8	208.3	209.0
亚　洲	8299.0	8458.8	8432.0	8524.3	8661.6
中国（不含港澳台）	1689.5	1709.6	1663.0	1663.0	1663.0
印　度	2724.1	2770.4	2717.1	2734.5	2782.9
巴基斯坦	508.7	525.0	545.7	564.5	577.8
泰　国	335.6	352.1	345.8	336.7	351.2
印度尼西亚	698.7	716.2	734.0	752.2	771.7
菲律宾	270.7	273.4	274.1	278.2	282.1

	2015年	2016年	2017年	2018年	2019年
日　本	225.7	226.1	226.5	227.0	227.0
韩　国	144.6	145.7	146.8	147.8	148.0
大洋洲	155.7	157.2	157.9	158.5	158.9
澳大利亚	119.6	120.7	120.9	121.1	121.3

4. 食糖进出口贸易

2017/18年制糖期截至2018年8月底，我国食糖进出口同比均有增长，累计进口食糖224.05万吨，同比增长5.71%；累计出口食糖17.57万吨，同比增长60.75%。统计数据见下图：

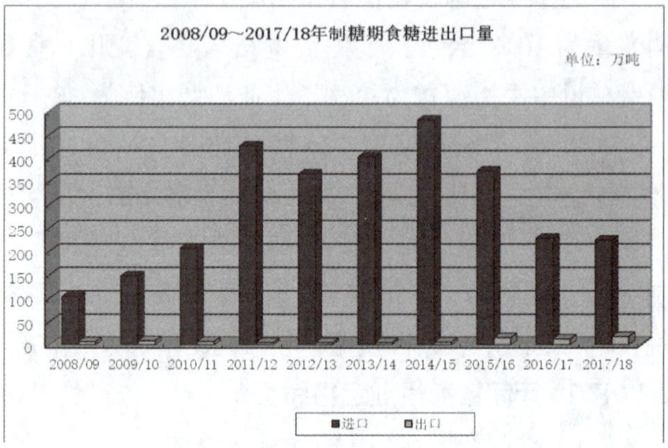

注：2017/18年制糖期进出口量截至2018年8月底。

我国食糖进出口贸易情况分别见表4、表5。

表4　2009~2018年全国食糖进口与贸易方式统计表

单位：万吨

年度	合计	一般贸易	来料加工	进料加工	保税监管场所进出境货物	特殊监管区域物流货物	边贸	其他
2009	106.45	83.02	0.17	9.93	12.77			0.56
2010	176.61	163.91	0.87	10.89	0.04		0.07	0.83
2011	291.94	276.68	0.97	13.27	0.06			0.96
2012	374.72	360.86	0.99	12.55	0.04			0.28
2013	454.59	434.86	1.3	14.77				3.66
2014	348.58	266.33	1.24	13.94	66.93			0.14
2015	484.59	265.71	0.9	13.93	185.14	18.88		0.03
2016	306.19	219.43	1.21	13.67	61.91	9.96		0.01
2017	229.05	124.47	1.31	15.3	77.68	10.28		0.01
2018	177.96	127	1.24	8.93	36.85	3.94		

注：2018年统计数字截至8月底

表5　2009~2018年全国食糖出口与贸易方式统计表

年度	合计	一般贸易	来料加工	进料加工	保税监管场所进出境货物	特殊监管区域物流货物	边贸	其他
2009	6.39	2.21	0.9	3.15				0.13

年度	合计	一般贸易	来料加工	进料加工	保税监管场所进出境货物	特殊监管区域物流货物	边贸	其他
2010	9.43	5.65	0.91	1.99			0.25	0.63
2011	5.94	1.79	0.99	2.17	0.002		0.03	0.96
2012	4.71	1.64	0.93	1.87	0.001		0.019	0.25
2013	4.78	1.48	1.06	1.71			0.02	0.51
2014	4.62	1.39	1.09	2				0.14
2015	7.5	1.09	1.09	1.7	0.28	3.32		0.02
2016	14.91	1.17	1.12	2.12	0.16	10.34		
2017	15.79	0.9	1.19	2.01	1.65	10.03		0.01
2018	12.15	0.64	0.95	1.25	5.63	3.68		

注：2018年度统计数字截月底

【c.行业大事记】

1. 2017年11月1日—2日，“2017/18年制糖期全国食糖产销工作会议暨全国食糖、糖蜜酒精订货会”在广西南宁市召开。

2. 2017年11月2日—4日，由中国糖业协会与广西壮族自治区糖业发展办公室共同主办的“2017中国糖业博览会”（以下简称“糖博会”）在广西南宁国际会展中心隆重召开。糖博会期间分别举办以“把握形势，抓住机遇，促进糖业可持续发展”为主题的主论坛和以“糖业新技术新装备发展论坛”、“糖业新品种新技术发展论坛”为主题的分论坛。

3. 2017年11月2日，工信部消费品工业司在广西南宁市组织召开了“2017年制糖和糖精行业工作座谈会”。

4. 2017年10月17日，中国糖业协会秘书处召开了《中国糖业史》编纂启动工作会议，成立了《中国糖业史》编纂委员会，发布了“关于启动《中国糖业史》编纂工作的通知”。

5. 2017年12月11日—13日，原糖进口加工委员会主任（扩大）会议在海南三亚召开。

6.2017年12月21日，为深入贯彻落实国务院《关于加快推进重要产品追溯体系建设的意见》（国办发[2015]95号）以及国务院关于2016/17年制糖期食糖宏观调控政策意见的精神，积极配合国家有关部门做好打击食糖走私工作，中国糖业协会积极组织全行业开展中国糖业防伪溯源体系建设，并根据中国糖业协会五届六次理事长工作（扩大）会议《关于各主产糖省（区）开展二维码防伪溯源工作的决定》，中国糖业协会组织建设的中国糖业防伪溯源平台验收暨上线启动在京召开。

7. 2018年1月28日—29日，中国糖业协会在广西南宁召开了食糖产销形势分析会。主产糖省（区）糖业协会、制糖企业（集团）、原糖进口加工企业以及食糖流通企业等单位代表通报了近期食糖产销情况。

8. 2018年2月2日—6日，中国糖业协会、广西糖业协会及云南糖业协会主要负责同志，代表糖业战线全体职工和4000万糖农，赴云南昆明、临沧等地调研，并向云南省公安干警致意！衷心感谢云南省公安厅经侦总队和临沧市公安局经侦支队在2017年打击假冒食糖商标、涉嫌食糖走私工作中做出的突出贡献，并围绕下一步工作进行了广泛的交流和探讨。

9. 2018年2月6日—10日，受工信部委托，中国糖业协会组织专家组，按照工信部《关于对2017年糖精生产计划执行情况进行检查的通知》要求，对三家国家定点糖精企业的年度生产计划执行情况进行了检查。

10. 2018年3月18日，中国糖业协会在北京召开了原糖进口加工委员会主任工作（扩大）会议。

11.2018年4月4日，国家粮食和物资储备局举行挂牌仪式。

12. 2018年4月27日—28日，“2018年中国（南宁）糖业高峰论坛暨中国糖业协会商业流通会员座谈会”在广西南宁召开。

13. 2018年5月15 ~ 17日，中国糖业协会五届七次理事长工作（扩大）会议在江苏省无锡市召开。

14. 2018年5月23—27日，中国糖业协会在重庆市组织召开了“糖精行业座谈会”。

15. 2018年7月3日，“中国糖业专家委员会2018年工作会议”在云南省昆明市召开。

16. 2018年7月4日，中国糖业协会在云南省昆明市召开了中国糖业协会五届八次常务理事暨五届四次理事扩大会议，同期召开了食糖产销形势分析会。

17. 2018年7月3—6日，“贯彻落实《糖业转型升级行动计划》新技术新装备推广会”在云南省昆明市召开。

18. 2018年7月16日，商务部发布《关于取消不适用食糖保障措施国家（地区）名单的公告》（以下简称“公告”）。《公告》指出，2017年5月22日，商务部发布2017年第26号公告决定对进口食糖产品实施保障措施。目前，措施实施已届满一年，公告所附《不适用保障措施的发展中国家（地区）名单》（以下称不适用名单）中进口占比低于3%的国家（地区）的进口份额累计超过9%，符合取消不适用名单条件，并自2018年8月1日起，取消不适用名单，对所有配额外食糖进口统一适用保障措施。自取消不适用名单之日起，进口经营者在进口关税配额外食糖产品时，应向中华人民共和国海关缴纳相应的保障措施关税。

19. 2018年7月24日—26日，中国糖业协会信息工作会议在山西省太原市召开。

20. 2018年8月3日，中国糖业协会在北京召开糖业发展研讨会。全国重点制糖企业（集团）负责同志参加了会议。

胡志江　王让梅

2.3 屠宰及肉类加工业

【a. 概况】

2018 年，我国肉类产量略有下降，蛋品产量小幅增长；肉类进口减少，出口降幅较大，市场供应基本平稳。受非洲猪瘟疫情影响，猪肉价格发生结构性变化，牛羊禽肉价格上升。全国肉类及蛋品加工行业供给侧结构性改革力度加大，规模以上企业减少，主营业务收入增加，利润增幅明显，区域布局优化。

2018 年，全国肉类及蛋品加工行业规模以上企业同比减少 264 家。其中，规模以上屠宰及肉类加工企业 3884 家，减少 269 家，降幅 6.5%；规模以上蛋品加工企业 221 家，增加 5 家，增幅 2.3%。

1. 主要经济指标

（1）主营业务收入

2018 年，全国肉类及蛋品加工行业规模以上企业主营业务收入稳步增长。其中，规模以上屠宰及肉类加工企业主营业务收入 9389.9 亿元，同比增长 6.34%；规模以上蛋品加工企业主营业务收入 260.5 亿元，同比增长 13.2%。

（2）利润

2018 年，全国肉类及蛋品加工行业规模以上企业利润增幅明显。其中，规模以上屠宰及肉类加工企业实现利润总额 415.5 亿元，同比增加 46.5 亿元，同比增长 12.6%；规模以上蛋品加工企业实现利润 13.5 亿元，同比增加 1.1 亿元，同比增长 8.9%。

2. 行业发展分析

（1）价格

2018 年，我国猪肉价格总体呈现“上半年下跌、下半年季节性回升、非洲猪瘟发生后产销区有所分化”的特征。一是猪价总体水平低于上年。据农业农村部监测，1–11 月全国猪肉批发均价为每公斤 18.57 元，同比跌 12.7%。二是月度价格呈“W”型走势。2 月份开始持续下跌至 5 月份的年内低点 15.95 元 /kg，之后持续上涨至 9 月份，国庆之后又小幅回落，11 月份为 19.3 元 /kg，环比跌 2.6%，同比跌 4.3%，进入 12 月份又有所回升。三是地区间走势出现分化。8 月份非洲猪瘟发生后，受活猪跨省禁运政策影响，区域间供需出现阶段性不平衡现象，产区跌、销区涨；随着各地改“调猪”为“调肉”，流通渠道逐渐通畅，国庆节后产销区猪价分化趋缓。12 月份，猪肉价格持续回落，36 个大中城市平均批发价格为每公斤 20.92 元，环比下降 0.4%，同比下降 3.6%。

受产能调整、供给偏紧、消费趋旺等因素影响，牛肉、羊肉、鸡肉、鸡蛋价格普遍上涨，1–11 月集贸市场均价同比分别涨 3.7%、11.4%、7.2%、17.7%。12 月份，牛羊肉价格继续走高，36 个大中城市牛肉、羊肉平均批发价格分别为每公斤 56.33 元和 56.12 元，环比分别上涨 1.9% 和 2.9%，同比分别上涨 9.7% 和 16.6%。鸡肉价格小幅上涨，白条鸡平均批发价格为每公斤 16.26 元，环比上涨 0.3%，同比上涨 2%。鸡蛋价格有所回落，平均批发价格为每公斤 9.4 元，环比下降 3.1%，同比上涨 2.2%。

表 1　主要肉禽蛋产品 2018 年 12 月 36 个大中城市平均批发价

主要产品	2017年	2018年	同比增减/%
主要产品	2017年	2018年	同比增减/%
猪肉/(元/kg)	21.70	20.92	-3.6
牛肉/(元/kg)	51.35	56.33	9.7

主要产品	2017年	2018年	同比增减/%
羊肉/(元/kg)	48.13	56.12	16.6
白条鸡/(元/kg)	15.94	16.26	2
鸡蛋/(元/kg)	9.19	9.40	2.2

资料来源：商务部

（2）市场

2018 年，我国肉禽蛋类市场供应总体上比较平稳，结构性变化明显。受非洲猪瘟疫情影响，猪肉减产，进出口同比下降；牛羊禽肉禽蛋增产，牛羊肉进口同比增长较大，牛羊禽肉出口同比下降。

①肉禽蛋生产总量：据国家统计局公报，2018 年，全国猪肉产量 5404 万吨，同比下降 0.9%；牛肉产量 644 万吨，同比增长 1.5%；羊肉产量 475 万吨，同比增长 0.8%；禽肉产量 1994 万吨，同比增长 0.6%（如果加上 114 万吨杂畜肉，2018 年，肉类总产量达 8631 万吨，同比减产 23 万吨，同比下降 0.3%）。禽蛋产量 1994 万吨，同比增长 0.6%。

②肉类产品结构：2018 年，猪肉、禽肉、牛肉、羊肉、杂畜肉在肉类总产量中所占的比重为 62.6:23.1:7.4:5.5:1.4。猪肉占比同比增加 0.6 个百分点；禽肉占比同比增加 1.1 个百分点；牛肉占比同比下降 1 个百分点；羊肉占比同比保持稳定；杂畜肉占比同比下降 0.7 个百分点。

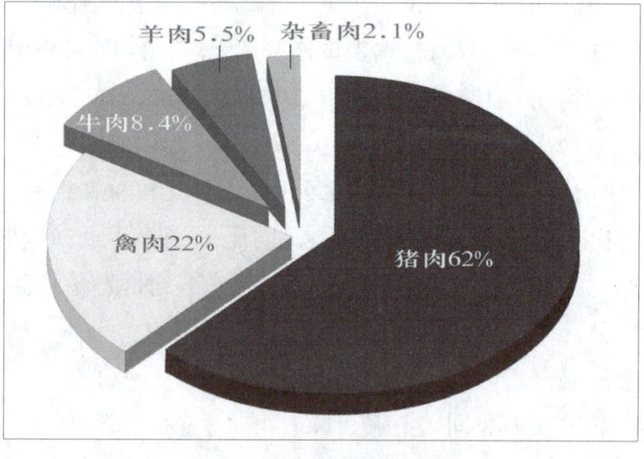

图 1 肉类产品结构

③肉类进出口

进口：受非洲猪瘟疫情的影响，猪肉消费和进口都有所减少。据国家海关总署公布数据，2018 年，全国进口肉类 400.79 万吨，同比下降 2.2%。其中，猪肉 213.95 万吨，同比下降 14.4%，占进口总量的 53.4%；牛肉 106.27 万吨，同比增长 48.4%，占进口总量的 26.5%；羊肉 30.49 万吨，同比增长 22.4%，占进口总量的 7.6%；鸡肉 50.08 万吨，同比下降 0.3%，占进口总量的 12.5%。猪肉鸡肉进口占比同比下降，牛羊肉进口占比同比增长。牛羊肉仍然是我国肉类供应的短板。

出口：2018 年，全国肉类出口 24.96 万吨，同比下降 74%。其中，猪肉 4.7 万吨，同比下降 85.4%；牛肉 416 吨，同比下降 98.3%；羊肉 2227 吨，同比下降 55.5%；禽肉 20 万吨，同比下降 60.6%。由于国内肉类减产，市场供不应求，肉类出口全面大幅下降。

表 2 2018 肉类进出口贸易逆差概览

	肉类出口/万t	肉类进口/万t	进出口贸易逆差/万t	逆差增减/%
2018	24.96	400.79	375.83	26.48
2017	92.53	409.90	297.14	-24.76
2016	72.25	467.16	394.91	90.54
2015	78.65	285.90	207.25	-

数据来源：国家海关总署

④肉类市场供应总量：2018 年，我国肉类市场供应总量为 9006.83 万吨（国内肉类总产量加肉类进口减肉类出口），同比增加 101.69 万吨，同比增长 1.1%，市场供应总体平稳；全国人均消费肉类 61.8 公斤，同比减少 2.2kg。

（3）投资

2018 年，全国肉类及蛋品加工业投资继续增加。据国家统计局数据显示，全国规模以上屠宰及肉类加工企业资产总计 6094.6 亿元，同比增加 149.9 亿元，同比增长 2.5%。

从投资情况看，屠宰业资产总额减少，肉制品加工业资产总额增速较快，蛋品加工业投资增幅最大。2018 年，牲畜屠宰企业资产 2246.9 亿元，同比减少了 13.3 亿元；禽类屠宰企业资产 1373.3 亿元，同比减少了 8.4 亿元，二者下降都是 0.6%。肉制品及副产品加工企业资产 2474.4 亿元，同比增加了 171.6 亿元，同比增长 7.5%。全国规模以上蛋品加工企业资产总计 217.1 亿元，同比增加 47 亿元，同比增长 27.6%。

从投资结构看，牲畜屠宰资产比重下降，禽类屠宰和肉制品加工资产比重增长。2018 年，牲畜屠宰企业资产在肉类行业的占比，由 2017 年的 38% 降至 36.9%，同比下降 1.1 个百分点；禽类屠宰企业资产占比 22.5%，同比下降 0.8 个百分点；肉制品及副产品加工企业资产占比 40.6%，同比增加 1.9 个百分点。

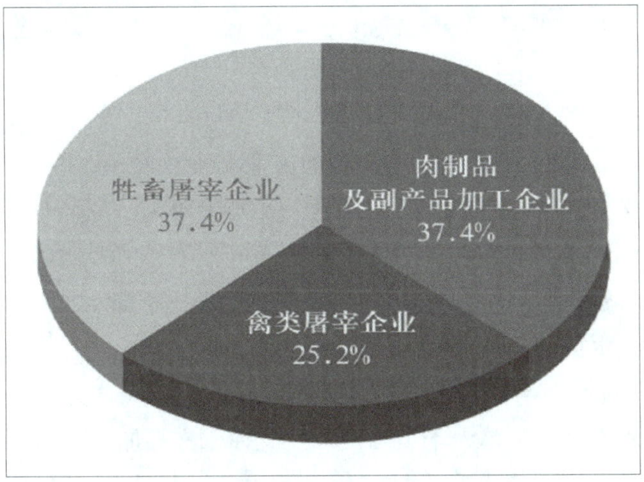

图 2 2018 年全国肉类重点行业资产分布结构

（4）重点行业

按照国家标准规定，屠宰及肉类加工业共分为三个重点行业：

①**牲畜屠宰业**。2018 年，全国有规模以上牲畜屠宰企业 1299 家，同比减少了 105 家，同比下降 7.5%，占企业总数的 33.4%，同比下降 0.4 个百分点。其主营业务即通常所说的“红肉”（猪肉、牛肉、羊肉等）销售收入 3434.3 亿元，同比增加了 150.8 亿元，同比增长 4.6%；占肉类行业主营业务收入 9389.9 亿元的 36.6%，同比下降 0.6 个百分点。

②**禽类屠宰业**。2018 年，我国禽类屠宰行业规模以上企业数 722 家，同比减少 56 家，同比下降 7.2%，占企业总数的 18.5%，同比下降 0.2 个百分点。其主营业务收入即通常所说的“白肉”（鸡肉、鸭肉、鹅肉等）2236.8 亿元，同比增加了 223.4 亿元，同比增长 11.1%；占肉类行业主营业务收入 9389.9 亿元的 23.8%，同比增加了 1 个百分点。

③**肉制品及副产品加工业**。2018 年，我国肉制品及副产品加工行业规模以上企业数 1863 家，同比减少 108 家，同比下降 5.5%，占企业总数的 48%，同比增加了 0.6 个百分点。其主营业务收入 3718.8 亿元，同比增加 185.9 亿元，同比增长 5.3%；占肉类行业主营业务收入 9389.9 亿元的 39.6%，同比下降 0.4 个百分点。

祁丽芳

2.4 水产品加工业

【a. 概况】

2018年，我国渔业转型升级迈出了坚实步伐，渔业发展总体稳定向好，以渔业供给侧结构性改革为主线，坚持提质增效、减量增收、绿色发展、富裕渔民，进一步深化渔业改革开放，不断创新体制机制，加快推进渔业高质量发展，产业结构进一步优化，水产品质量逐步提升，水产品出口在国际竞争中仍有优势。水产品加工业更是取得了长足发展，在产业升级及品牌建设方面颇有成效，水产品加工能力进一步提升，加工技术、设备不断升级，全国水产品区域品牌建设和企业品牌建设力度加大，冷链物流体系不断完善，新零售模式在探索中前行，消费结构不断升级，水产品消费需求持续增长。同时，在国际贸易形势多变、国内减量增收、环保政策收紧的背景下，产业发展健康度明显提升。

1. 主要经济指标

（1）渔业生产稳步增长，渔民人均收入增加

据中国渔统计年鉴数据显示，2018年，全国水产品总产量为6457.66万,吨，同比增长0.19%，已经连续29年居世界首领。其中，养殖产量4991.06万吨，同比增长1.73%；捕捞产量1466.60万吨，同比下降4.73%；养殖产品与捕捞产品的产量比例为77.3：22.7。捕捞产量中，近海捕捞产量1044.46万吨，同比下降6.11%；远洋捕捞产量225.75万吨，同比增长8.21%。据对全国1万户渔民家庭当年收支情况调查，2018年，全国渔民人均纯收入19885.00元，同比增加1432.22元、同比增长7.76%。

（2）水产品加工结构进一步优化

2018年，我国水产品加工业实现总产值4336.79亿元，同比增长0.74%，占全国渔业经济总产值16.77%。加工品总量为2156.85万吨，同比下降1.79%。其中，海水加工产品1775.02万吨，同比下降0.73%；淡水加工产品381.83万吨，同比下降6.46%。

2018年，用于加工的水产品总量为2653.41万吨，水产品加工率为41.09%。其中，海水产品加工比例为63.58%，淡水产品加工比例为17.56%。在加工产品中，水产冷冻品为1514.96万吨，同比增长1.86%；鱼糜制品为145.55万吨，同比下降5.61%；干腌制品为162.41万吨，同比下降5.06%；藻类加工制品为110.66万吨，同比增长0.55%；罐制品为35.58万吨，同比下降15.29%(图1)。

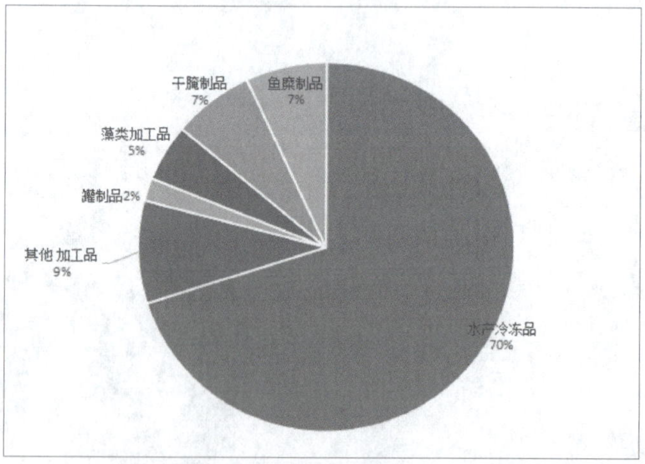

图1 我国水产加工品统计(按类加分)

资料来源：中国渔业统计年鉴

2. 行业发展分析

（1）价格

据57家水产品批发市场成交情况统计，2018年，

全国累计成交水产品 1124.44 万吨，同比增长 4.8%；成交额 2402.32 亿元，同比增长 4.5%。据对全国 80 家水产品批发市场成交情况统计，水产品综合平均价格整体上行，同比增长 2.79%，达到 23.48 元 / 公斤。监测的 49 个品种中，其 27 个品种价格上涨，占比 55.1%。其中，甲鱼、小龙虾、花蟹价格同比上涨幅度超过 20%；11 个品种价格下跌，鲫鱼、带鱼、紫菜、鳊鲂、草鱼、鲍鱼等价格跌幅在 6% 以上；11 个品种价格稳定，涨跌幅度在 1% 以内（图 2）。与其他肉禽产品价格相比，水产品价格波动较为温和，水产品价格对稳定菜篮子价格水平做出了重要贡献。

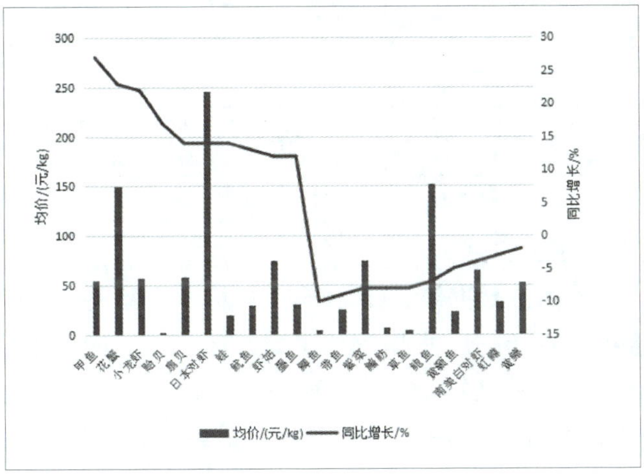

图 2　2018 年涨跌幅度较大的水产品种统计

（2）市场

中国是全球最大的水产品消费国，随着供给侧结构性改革深入推　进，改革开放力度加大，国民收入增加，人民生活不断改善，支撑消费升级的社会基础不断夯实，国内市场对水产品的消费需求持续上升。根据 2018 年联合国粮食及农业组织（FAO）报告，中国 2015 年水产品消费量占全球消费总量的 38%。2017 年，我国水产品实际消费量达 4700 余万吨，人均消费量约 34 公斤。

随着人民群众对高质量水产品的需求和购买力日益提升，我国水产品进口量和进口额高速增长。其中，我国从俄罗斯进口水产品的量和进口额分别增加 8.24% 和 42.85%，其中，冻鳕鱼、冻大马哈鱼、蟹类等进口量和进口额涨幅较大；从东盟进口水产品的量和进口额同比分别增长 30.01% 和 54.09%，其中，自越南的进口量和进口额大增；从澳大利亚和厄瓜多尔进口水产品的进口额同比分别增加 115.11% 和 177.97%，激增品种分别为龙虾和对虾（表 1）。

表 1　2018 年水产品主要进口市场统计

进口国家和地区	占进口总额比例/%	数量/万t	同比增长/%	金额/亿美元	同比增长/%
俄罗斯	14.92	116.12	8.24	22.17	42.85
东盟	14.79	84.24	30.01	21.98	54.09
越南	4.92	31.84	36.91	7.31	83.77
印度尼西亚	4.91	34.91	24.92	7.29	48.87
秘鲁	9.96	88.58	-10.16	14.81	-0.89
美国	9.57	44.26	-16.94	14.23	-5.49
加拿大	6.82	11.90	3.70	10.13	34.45
智利	4.82	20.00	8.33	7.17	19.95
澳大利亚	4.58	1.75	25.38	6.80	115.11
挪威	3.95	17.58	-11.52	5.87	23.82
厄瓜多尔	3.59	10.79	36.67	5.34	177.97
欧盟	3.32	14.08	7.52	4.93	38.51

资料来源：中国海关数据

同时，国内市场巨大的消费潜力吸引了一大批外贸企业积极转向国内市场，通过提高质量拓展渠道，完成了出口转内销的转型升级，极大丰富了国内消费者的餐桌。从出口市场来看，主要出口市场有起有落。2018 年，我国对美国、欧盟、韩国、中国台湾市场出口均量额齐增，对日本、东盟市场出口则量减额增（表 2）。

表 2　2018 年水产口主要出口市场统计

出口市场	数量/万t	同比增长/%	金额/亿美元	同比增长/%
日本	60.96	-2.83	40.30	4.77
美国	56.13	1.28	34.28	6.42
东盟	60.56	-9.52	27.69	1.37
欧盟	55.57	0.84	25.32	6.66
中国台湾	14.27	3.42	19.45	7.89
韩国	54.01	12.72	19.04	19.93
中国香港	18.40	-1.54	17.63	-4.99

资料来源：中国海关数据

（3）投资

2018 年，我国各项自贸协定工作稳定推进，“一带一路”倡议为水产行业对外投资带来新机遇。通过“走出去”战略，完善了境外渔业合作开发配套服务设施；培育了一批具有国际竞争力的渔业企业；积极开展了水产养殖加工技术合作；打造了高素质的渔业科技人才队伍。2018 年，我国水产企业在埃及、沙特、东盟国家的投资力度明显加大，开展了大量双边渔业合作。2018 年 5 月，我国与欧亚经济联盟成员国以及欧亚经济委员会签署了《中国与欧亚经济联盟经贸合作协定》，提高了贸易便利化水平，为我国与联盟及其成员国水产品企业和人民带来实惠。我国与欧亚经济联盟水产品进出口总量、总额同比分别增长 6.68% 和 35.65%，达 127.33 万吨和 27.81 亿美元。据统计，2018 年，我国与“一带一路”沿线国家水产品进出口总量为 311.43 万吨，进出口总额为 90.21 亿美元，同比分别增长 11.59% 和 26.27%，高于同年我国水产品贸易整体增速。

（4）区域分布与行业集中度

2018 年，我国从事水产品加工的企业有 9336 家，同比减少 338 家。规模以上水产品加工企业 2524 家，占水产品加工企业总数的 27.04%，同比减少 112 家。

水产加工区域呈集中发展的态势，浙江、山东、福建、江苏、广东、辽宁、湖北、河北、江西和广西等 10 省（自治区）的加工量之和占全国加工总量的 94.43%，上述 10 省（自治区）的水产品加工企业数占全国水产品加工企业总数的 91.69%（图 3）。

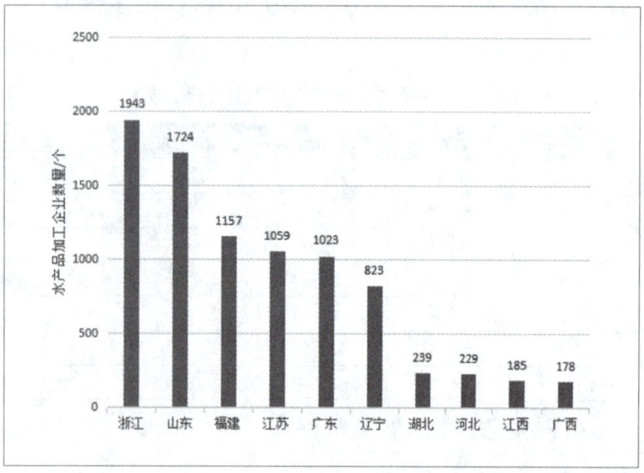

图 3 各地水产品加工企业数量统计

资料来源：中国渔业统计年鉴

从出口情况看，山东、福建、辽宁、广东、浙江等沿海省份仍是我国水产品主要出口区，出口量、出品额分别占全国水产品出口总量、出口总额的 98.40% 和 96.86%。福建和山东继续位居主要出口省份水产品出口额和出口量排名第 1 位；内陆省份中，江西、吉林和湖北依旧位列前 3（表 3）。

表 3　2018 年水产品主要出口省（自治区）统计

省(自治区)	出口量/万吨	占出口总量/%	出口额/亿美元	占出口总额/%
沿海				
福建	91.96	21.28	63.74	28.55
山东	110.36	25.53	51.58	23.10
广东	60.40	13.97	35.83	16.05
辽宁	85.45	19.77	31.14	13.95
浙江	49.89	11.54	20.32	9.10
海南	14.50	3.36	4.52	2.03
江苏	5.33	1.23	4.48	2.01
河北	3.16	0.73	2.60	1.16
广西	4.23	0.98	2.03	0.91
内陆				
江西	0.73	0.17	2.04	0.91
吉林	2.94	0.68	1.30	0.58
湖北	0.69	0.16	0.95	0.43

资料来源：中国渔业统计年鉴

（5）进出口

据海关数据统计，2018 年，全国水产品进出口总量 954.42 万吨，进出口总额 371.88 亿美元，同比分别增长 3.33% 和 14.44%，均创历史新高。其中，水产品出口量 432.20 万吨，同比下降 0.40%；出口额 223.26 亿美元，同比增长 5.56%。一般贸易出口呈量额双增，主要品种调结构成效显著。水产品进口量 522.22 万吨，进口额 148.61 亿美元，同比分别增长 6.64% 和 30.99%。

一般贸易主要出口品种包括头足类、罗非鱼、鳗鱼、藻类和大黄鱼。鳗鱼表现抢眼，出口量和出口额同比分别增长 12.03% 和 31.21%，达 4.64 万吨和 11.30 亿美元。大黄鱼强势扭转 2017 年量额双降的形势，出口量和出口额同比分别增长 24.39% 和 34.27%。罗非鱼出口企业成功开拓了非洲、墨西哥等其他国际市场，出口量和出口额同比分别增长 9.31% 和 11.64%。值得一提的是，淡水小龙虾面对供不应求的国内市场，出口量和出口额分别同比下降 42.45% 和 11.52%，来进料加工贸易出口量和出口额增长。2018 年，面对生产要素成本上涨、加工原料价格大幅波动、东南亚等国同构竞争别剧等不利因素，我国来进料加工贸易顶住压力、迎难而上，出口额同比增长 5.80%，达 55.66 亿美元；出口量 105.96 万，同比下降 2.00%(图 4)。

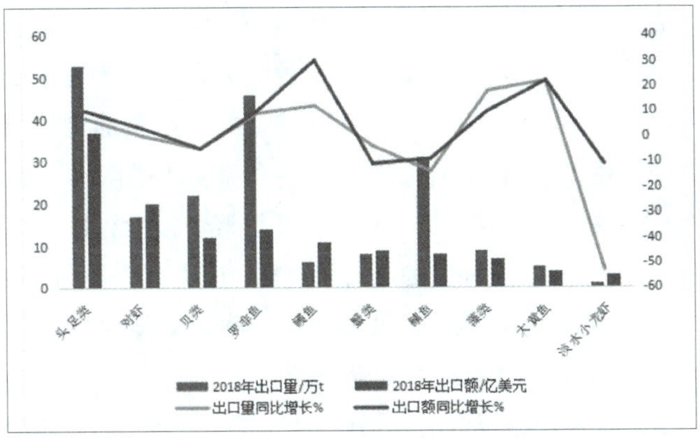

图 4　2018 年我国水产品一般贸易主要出口品种统计

资料来源：中国海关数据

我国食用水产品进口大增，其中鳕鱼、墨鱼及鱿鱼、马哈鱼、鲱鱼、对虾、比目鱼、鲭鱼、鲶鱼、麒麟菜及鲣鱼进口量较大（图 5）。

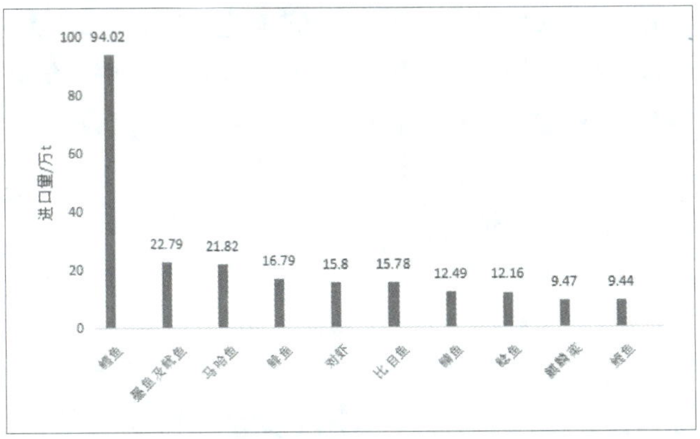

（6）“三品”战略实施情况

在 2017 年的良好工作基础之上，水产行业继续认真落实“三品”行动，2018 年在“增品种、提品质、创品牌”方面取得较好的成效 .

①增品种。2018 年，继续加强与科研院所的合作，以行业创新为驱动力，加强环境友好型绿色水产品技术研发，创新产品形式，改良产品品种，丰富水产品消费形式，提高消费者对产品的体验满意度，以满足日益增长的消费需求，提高产品经济效益，提升企业创新能力及国际竞争力。水产品加工通常会产生大量的鱼头、内脏、虾壳、蟹壳、贝壳、鱼鳞、鱼骨等副产物，我国目前每年要产生至少 3500 万吨以上的副产物，带来极大的环保压力。随着副产物加工技术的研发投入，我国在水产加工副产物的利用方面取得显著成绩，其中，多肽分子质量范围控制技术、胶原蛋白低温提取技术、生物活性物质快速富集技术等目前已处于国际领先水平。越来越多的副产物被综合利用，不仅降低了主导产品成本，提高了产品附加值，更减少了废水、废物排放，有利于保护环境，以取得更高的经济、生态和社会效益。如将虾壳、蟹壳等水产品下脚料研发为氨糖钙维 D 片、壳聚糖化妆品及壳聚糖内衣等；以海藻为原料，加工为海藻酸钠、海藻功能食品、海藻化妆品、海藻医用材料、海藻化肥等——多种多样的副产物高值化利用产品已广泛应用于食品添加剂、功能食品、化妆品、医学用品与农业种植等一二三产业领域。

②提品质。2018 年是农业农村部确立的农业质量年，政策导向由增产转向提质，发展方式由高速增长转为高质量发展，在农林牧渔各行业和农产品加工业全面推进质量兴农，并逐步贯彻到生产经营主体。深入开展农药残留、兽药残留、水产品“三鱼两药”等农产品质量安全突出问题专项整治，严厉打击违法违规行为。水产品质量安全水平总体稳定向好，连续六年产地监督抽查合格率在 99% 以上，市场例行监测合格率也由 2013 年的 94.4% 提高到 2018 年的 97.1%，多年未发生区域性重大水产品质量安全事件。根据 2018 年国家市场监督管理总局的食品监督抽检情况来看（表 4），2018 年水产制品共抽检 34642 批次，合格率高达 97.7%，较 2017 年水产品抽检合格率 (97.5%) 提高 0.2%。

表 4　2018 年市场监管总局抽检水产制品情况

食品种类	季度	样品抽检数量/批次	合格样品数量/批次	不合格样品数量/批次	样品合格率/%
水产制品	一季度	7450	7300	150	98. 0
	二季度	5286	5187	99	98. 1
	三季度	8114	7908	206	97. 5
	四季度	13792	13456	336	97. 6
	总计	34642	33851	791	97. 7

③创品牌。水产品生产的地域性、特产性比较明显，目前已有一系列区域品牌在消费者心目中具有较高的知名度和美誉度，如辽宁海参、威海刺参、阳澄

湖大闸蟹、洪泽湖大闸蟹、潜江龙虾、盱眙龙虾、宁德大黄鱼、乳山牡蛎等。为了更好地推广和销售当地的水产品，各地政府和行业协会带领当地水产企业和渔民开展一系列节庆活动，如阳澄湖大闸蟹文化节、盱眙龙虾节等，在造势的同时，提升当地水产品区域公用品牌的知名度，打造区域名片。截至 2018 年，江苏省已经连续举办十三届中国洪泽湖国际大闸蟹节。2018 年的洪泽湖大闸蟹节，开幕式与首届中国农民丰收节特别节目同台，还在央视七套进行播出，大大提升了影响力。除了有关政府和协会在生产端造节造势打造品牌影响力，近年来以天猫、京东为代表的电商平台也守正出奇，在销售端开展节庆活动，借助自身或第三方强大的冷链物流能力，促进水产品销售，水产品企业品牌也得到有效宣传。2018 年，天猫生鲜携手红功夫、洪湖渔家等小龙虾品牌，优选湖北洪湖、监利潜江及江苏盱眙等国内小龙虾优质原产地的小龙虾，联手打造“全球小龙虾狂欢节”，打造线上线下新零售的融合，用更有趣的创意贴近消费者需求，以“造节”模式引爆小龙虾热点。2018 年 5 月 16 日，天猫聚划算上线“小龙虾超级囤货日”，只用了 300 小时卖出 100 万只小龙虾。以洪湖渔家为例，活动期间只要关注洪湖渔家官方微博或者关注洪湖渔家天猫旗舰店，即可无限量免费吃虾，一个小时内吸引数千人围观疯抢，为品牌汇集了大量流量。

此外，水产加工企业也越来越重视品牌打造与推广活动，提升品牌知名度和市场竞争力。水产加工企业各自探寻了适合自身的品牌打造方式，如研发大单品、创新营销模式、创新消费体验等。如国联水产在南美白对虾方面已经做到国内领先水平，继而围绕南美白对虾开发了适合不同渠道的深加工产品，打造了龙霸水煮汉虾、龙霸带头熟虾、龙霸生虾仁、龙霸火锅虾滑、龙霸水晶虾饺等一大批明星产品，仅龙霸水煮汉虾一个单品的全年销售额就超过 2 亿元，成为水产品行业极具影响力的品牌。2018 年 11 月，安井冠名美食心理学迷你剧《情绪料理 ~ 第二季〉，全网上线，不到一小时点击量突破 100 万，首集〈认真的歌手 > 讲述了歌手胡夏与安井鱼丸的故事；做认真的歌手，吃用心的鱼丸。该节目打造出“主播 + 网红 + 明星”的演出模式，以温柔暖心的格调，讲述那些令人难忘的喜怒哀乐。对于“压力山大”的当代年轻人来说，安井品牌不仅是美食的代表，更成为调节情绪的重要支柱。好当家与阿里拍卖联手，把海参产品通过拍卖联竞拍的形式在线直播销售，在和全国消费者分享高品质有机刺参的同时，让买家参与整个拍卖过程，国内知名直播平台对竞拍进行了直播，让买家感受到“新零售”带来的全新的消费体验，在增加娱乐感的同时，也增加了消费者对品牌的亲近感。

（7）发展新亮点、新增长点

①新零售新动能，线上线下共赢共振。2018 年，以新零售为引领的新业态将上游生产端、渠道流通端、消费零售端高效链接，加速引领消费转型升级。同时，打通城市和农村的“最后一公里”，促进农民增收，为乡村振兴贡献力量。阿里盒马鲜生、京东 7FRESH、永辉超级物种、苏宁苏鲜生、美团掌鱼生鲜、大润发飞牛优鲜、步步高鲜食演义、国美生鲜店等新零售模式快速扩张，打造线上线下全时段立体消费方式，通过不断优化品牌销售和服务，打造个性化体验与优质品质，为消费者打造安全餐桌、便捷餐桌、品质餐桌。同时，在生鲜赛道上还涌现出了一种新的业——社区团购， 主打“爆款 + 预售 + 团购”的轻资产重运营路线，以微信自有流量池为运营中心，通过调动社会闲置资源的方式，利用线下的熟人关系网，达成最后一公里的近景零售，减少了中间环节，降低了营销成本，实现了企业和消费者的互惠、共赢，成为水产品消费新的增长点。

②“网红”时代，时兴消费快速发展。2018 年，随着年轻一代群体消费空间进一步扩大，一系列的“网红式”水产品受到极大推崇，成为消费时兴对象。小龙虾借助消费市场的东风迅速带动养殖业快速发展，乃至带动整个产业链条。2018 年，全国小龙虾产业经济总收入达 2600 亿元，餐饮服务业总产值 1000 多亿元，养殖业总产值 780 亿元，养殖面积突破 1200 万亩，产量突破 112 万吨。小龙虾正式超越南美白对虾规模，彻底奠定了我国虾类霸主地位，成为我国名副其实的“

虾王”;2018 年，大闸蟹消费产值首次突破 1000 亿元，京东、天猫等电商平台物流配送链条进一步完善，极大促进了浙江、江苏、华中等地区的河蟹养殖产业发展；除此之外，广西、广东珠三角、粤西、海南等地区的巴沙鱼养殖规模正以倍数速度扩展，销往轻食店；江西、湖北等地牛蛙养殖也开始形成产业规模，迎来年轻人的钟爱，成为新一代“宵夜名菜”。如今在消费市场，主攻巴沙鱼、小龙虾、牛蛙等的“探鱼”“探蟹”“堕落虾”“馋嘴蛙”等餐饮连锁品牌已随处可见，年轻一代群体消费空间大，使得市场需求快速扩大，未来消费端将进一步引发一系列“网红式”水产品种的养殖潮流。

③消费主体年轻化，消费需求转变。生活方式转变推动了特种水产品需求的日益递增。随着我国水产品养殖业的快速发展“吃鱼难”的问题得到了有效解决，消费者不再满足于基本的物质生活需要，消费需求转向“质量型、健康型、便捷型"。消费市场对营养价值高、肉质细嫩、口感好、品种更为多样化的健康食品，如鳗鲡、石斑鱼、大黄鱼、鲍、海参、龟、鳖等特种水产品的消费需求将呈现不断上升的趋势。《2018 中国餐桌消费潮流趋势报告》中提到“80、90 后成为线上生鲜的主要消费人群，他们成长于互联网时代，是新时代的尝鲜一族”。食品安全、健康和新鲜是消费者购买水产品时最关心的内容；在产品形式上，年轻的消费者更追求产品的便捷化，经过初步加工、预包装和方便烹饪的水产品成为消费首选，倒逼加工企业调整产品开发方向。

【b. 行业面临的问题】

1. 发展方式粗放，精深加工少

我国水产品加工业生产方式仍较为粗放，对水产品原材料、人工、资本等外在要素投入依赖性较高，属于劳动密集型，在加工技术改良、产品品质提升、产品创新等方面仍需提升，机械化、自动化程度低，成套加工生产线少，仍有约 80% 的前处理工序由人工完成，生产效率处于低水平，亟须向内涵式发展方式转变。从加工率上看，我国水产品加工率仅为 34%，其中，海水产品加工率和淡水产品加工率分别为 50.2% 和 17.1%，远低于日本、加拿大、美国、秘鲁等水产发达国家的水产品加工率。我国水产品加工业以初级加工为主，高附加值、高技术含量的精深加工产品占比较少。2018 年，我国水产加工 2156.85 万吨，其中仅冷冻水产品总量就达到 1514.96 万吨，占全部水产品加工量的 70.2%。如果再考虑其他的初加工方式（如冰鲜、腌渍等），我国水产品精深加工的比例要低。其中，如鱼油制造、保健品研发与生产、比妆品、医药制剂和添加剂等比重极低。这意味着我国水产品加工业产业链、价值链延长和提升的空间还很大。

2. 品牌众多，但缺乏国际竞争力

我国水产加工品牌多，但竞争力仍较低。新一轮金融危机后，大规模水产品加工企业几乎没有增加。效益低下、开工率不足等问题突出，一批竞争力弱的企业濒临破产。由于准入门槛低，行业内的技术溢出效应较为明显，技术与商业信息极易在行业内扩散，重模仿轻创新成为行业转型发展的一大障碍，企业技术创新难以推进。同时，还存在无序竞争、内耗严重，专业、领导型、品牌化企业缺乏的现象。另外，随着我国劳动力、资本等要素成本的上升，印度尼西亚、越南、印度、马来西亚等国家水产品加工与我国有很大程度的同质性，但其成本比我国要低 30% 以上，我国水产加工品缺乏成本优势。

3. 加工利润收窄，市场开拓受限

据不完全统计，水产品加工业的利润率在 5% 左右。集中表现在产业链上游带来的成本上升压力，主要来源于渔业第一产业，包括劳动力、燃油、饲药、土地、资本等要素价格不断上升；加上近海渔业资源衰竭、自然灾害频发、厄尔尼诺现象等不确定因素，推动了水产品加工业原料进价进一步上涨；另外，随着人口红利的消失，水产品加工业作为劳动密集型行业，劳动力成本逐年提高，压缩了水产品加工业行业利润空间，水产加工企业获利潜力收窄，制约了水产加工行业的发展。

4. 谣言不断，影响市场消费信心

近年来，水产品谣言在网络上的传播日益增加，且愈演愈烈。谣言传播者利用消岁者专业知识不足，

肆意散播水产品不安全性谣言，误导消费者，严重影响了水产品的消费信心。2018年，网络爆发了“海参抗生素事件”“鲤鱼寄生虫”“甲醛浸泡带鱼”“嗑药多宝鱼”“小龙虾寄生虫”“吃小龙虾得哈夫病”等谣言。中国水产流通与加工协会在农业农村部的指导下，采取了系列应对措施，发布了《关于水产品谣言制造与传播的追责声明》，对水产品谣言的制造者和传播者进行追责；组织专家编制了《关于小龙虾头胸部不能吃的相关传言解析》《“小龙虾”来自何方，如何食用最安全？》《关于小龙虾的谣言您都知情哪些？》《三文鱼产业呼唤媒体传播正能量》《三文鱼你知道多少》《鱼有了寄生虫还能不能吃？》等科普文章，并在微信公众号、网站等平台进行水产品相关知识的科普和宣传，提升消费者应对谣言的能力。

5. 环保压力下，行业面临洗牌

随着社会环保意识的逐渐加强，环保法律法规逐步完善。2018年，国家相继发布实施了《环境保护税法》《水污染防治法》《生态环境损害赔偿制度改革方案》等环保政策法规。在环保整治的高压政策和当前巡视督查工作的强力推行下，已有不少企业被迫整改、停产，但也有部分企业在建新厂，扩大产能，将部分订单转移到环保设施合格的大厂手里。目前企业两极分化逐渐变得严重，行业洗牌已初现端倪。去“小、散、乱”厂的力度不会减小，将有大批小工厂退出市场竞争，价格上涨也将是长期趋势。

【c. 发展趋势】

我国水产品加工业正处于转型升级的关键时期，综合目前水产行业的状况分析，2019年，水产品加工业的发展仍然处于机遇与挑战并存的局面。

1. 水产养殖业绿色发展，产量增速放缓

水产养殖仍将是中国渔业生产增长的主要动力，养殖产量占水产品总产量的比重将持续增加。2019年，经国务院批准，农业农村部等十部委联合印发了《关于加快推进水产养殖业绿色发展的若干意见》，围绕加强科学布局、转变养殖方式、改善养殖环境、强化生产监管、拓宽发展空间、加强政策支持及落实保障措施等方面做出全面部署。生态环境的保护力度将持续加强，资源约束趋紧，水产品产量增长空间将受到限制，水产品产量增速将会进一步放缓。

2. 水产品消费持续增长，价格稳中有涨

随着具有加工竞争优势的水产大企业逐渐将关注点从出口市场转向内销市场，且国内消费地区从沿海地区向内陆地区不断扩展，加上中国中产阶级消费能力的崛起和电商平台消费习惯的养成，我国水产品消费内销市场发展空间巨大，潜力仍有待挖掘。另外，随着我国居民生活水平的提升，消费结构不断优化和改善，水产品在膳食结构中的比重不断增加，高品质、高附加值、高品牌化的水产品是行业发展的必然趋势。同时，在水产品消费需求不断增加和安全供给能力进一步增强的同时，水产品市场供需将保持基本平衡。在生产成本不断上升的支撑作用下，价格整体将保持稳中有涨态势。

3. “一带一路”建设促进水产品加工业新发展

“一带一路”区域的市场潜力巨大，特别是海上丝路沿线国家，既有丰富的渔业资源，也蕴含着巨大的水产品消费潜力，有着较大的合作空间。随着国家“一带一路”战略的深入推进，为推动全球水产品市场准入，促进各国渔业合作共赢、开放发展提供了新思路、新路径。通过资源、市场、科技互补，将进一步推动水产品加工行业的发展。随着海关检验检疫合作不断深化，农产品快速通关“绿色通道”建设积极推进，外资准入领域进一步放宽，与沿线国家的自由贸易区网络体系逐步形成，贸易与投资自由化、便利化水平将不断提升，为我国水产品贸易营造了良好的国际营商环境；贸易方式创新进程进一步加快，跨境电子商务等新业态、新模式正逐步成为推动贸易畅通的重要新生力量，并将促进我国水产品贸易规模的持续扩大。

【d. 政策建议】

1. 加快技术创新研发与推广应用，提升技术水平

加强水产品加工技术与装备研发资金投入与人才培养。优先和重点支持紧迫性、专业化、连续化、自动化、节能化、关键环节等技术与装备的研发，健全和完善国家资金投入研发激励机制，加大对相关专业

人才队伍特别是青年科技人员的培养力度，多元化社会、个人、企业、科研院所等技术与装备研发投资渠道。同时，推进相关技术与装备的成果转化和推广应用。

2. 开展品牌示范建设，促进水产品加工业转型升级

积极加强水产品加工品牌培育工作，通过水产加工品牌示范创建工作，发挥品牌引领示范作用，促进水产品加工业转型升级。加强水产品加工业品牌评价基础研究，开展品牌评价标准建设工作。参照品牌评价相关国家或国际标准，构建、完善品牌评价标准指标体系，制定操作规范，客观公正地开展品牌价值评价并发布结果以及品牌发展指数。积极推进水产品加工企业品牌建设进程，塑造一批在行业内具有影响力、领导性的专业品牌，促进水产品加工业转型升级。

以提升水产品加工企业核心竞争力为标准，推出一批水产品加工业精品，打造行业发展新标杆。优选一批水产品加工企业，形成加工业产业组织联盟，支持开展产品开发、技术创新、工艺改良等战略措施，鼓励企业采用水产加工先进质量管理方法，同国际标杆企业与国际标准接轨，提高水产加工品在线监测控制和产品质量追溯能力。

3. 以市场为导向，推进水产品加工业供给侧结构性改革

坚持以市场为导向，深化水产品加工业供给侧结构性改革，激发市场主体创新发展活力，推动传统水产品加工产业升级改造。一方面， 通过提高水产品加工业产 品技术含量，走深加工、品牌化之路，增强水产加工品创新能力和竞争力，支持和培育具有强大生命力的水产品加工企业。另一方面，坚持市场的决定性作用，淘汰一部分水产品加工产能过剩的企业。促进水产品加工主体适应市场变化，增加水产加工品中高品质、高技术含量、高价值产品所占比重，促进水产加工品的适销对路和多样化、丰富化供给。

4. 充分利用国际市场和资源，同时注重国内市场开拓

国际市场一直是我国水产品加工业的重要阵地，有利于走出去、引进来，以及充分利用国际市场和资源，发挥我国水产品加工业比较优势，实现资源的优化配置。在水产加工品贸易形势趋于严峻的状况下，在充分利用国际市场和资源的同时，必须关注国内水产加工品市场开拓。对于水产品加工企业而言，国内市场潜力巨大，市场消费能力有待进一步开发，开拓国内市场、转变优质产品出口导向的传统观点尤为重要，可以降低以国际市场为单一市场可能带来的贸易风险，提升市场风险抵御能力，有利于谋求长期稳定发展。

5. 完善国家政策扶持机制，加大行业支持力度

在推动一二三产业融合发展的大背景下，根据水产行业实际，积极落实促进水产加工方面的相关政策，在政策、财政及计划方面给予鼓励机制；对于中小型企业，政府可举办地区性的技术培训，指导企业进行相应技术培训、政策科普和经验交流，增加“产加销”的互联互通，落实政策引导融合；发挥行业协会等组织的力量，为企业之间的交流合作以及上下游产业的链接提供平台支持，及时收集、整理、分析、发布水产行业信息，对内促进行业自律，避免同行业之间的恶意竞争和血本竞销，对外加强同其他国家行业协会的联系。

中国水产流通与加工协会

2.5 淀粉加工业

【a. 概况】

淀粉加工是农产品加工的重要方面，发展淀粉加工业对推进农业产业化、发展现代农业、促进粮食增产、拉动内需、带动农民增收和改善城乡居民生活具有重要意义。2018 年，在国家政策导向及生产补贴的双重引导下，淀粉深加工产量及新增产能继续得到释放，行业竞争格局发生转变，集中度进一步提升，淀粉及深加工行业的产品品质和生产技术都有大幅提高，行业整体景气度有所提升。

1. 主要经济指标

（1）总产量

2018 年，淀粉加工业继续保持快速、平稳发展。据中国淀粉工业协会年报统计，全国各类淀粉总产量为 3009.30 万吨，同比增长 10.02%；淀粉深加工产品总产量为 1632.68 万吨，同比增长 12.54%（图 1）

图 1　2011—2018 年中国淀粉及深加工产品产量示意图

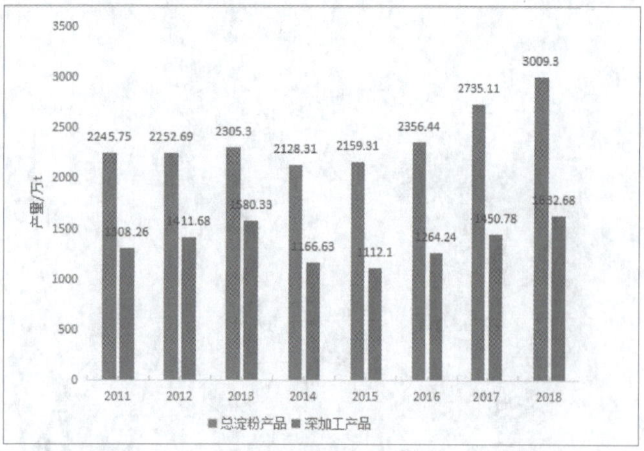

数据来源：中国淀粉工业协会

淀粉产品中，玉米淀粉产量 2814.91 万吨，同比增长 8.47%，产量占淀粉总产量的 93.54%,；马铃薯淀粉、木薯淀粉、甘薯淀粉及小麦淀粉等产量分别为 59.20 万吨、26.27 万吨、25.57 万吨和 83.34 万吨，其中，木薯淀粉产量出现下滑，其他品种均实现快速增长。

深加工产品中，淀粉糖产量 1354.64 万吨，同比增长 15.39%，产量占深加工产品总产量的 82.97%;；变性淀粉产量 165.87 万吨，同比下降 2.74%；糖醇产量 112.17 万 t，同比增长 9.91%（表 1）。

表 1　2018 年淀粉及深加工主要产品产量

	玉米淀粉	2814.91	8.47
	马铃薯淀粉	59.20	10.24
	木薯淀粉	26.27	-20.23
	甘薯淀粉	25.57	-2.77
	小麦淀粉及其他	83.34	207.55
	总淀粉产品合计	3009.30	10.02
	淀粉糖	1354.64	15.39
其中	F42果糖	73.18	10.26
	F55果糖	377.04	14.82
	麦芽糊精	86.22	-16.18
	结晶糖	406.71	45.44
	变性淀粉	165.87	-2.74
	糖醇	112.17	9.91
其中	山梨醇（70%）	78.96	12.43
	总深加工产品合计	1632.68	12.54

数据来源：中国淀粉工业协会

（2）出口量

受益于政策及成本回归优势，出口保持增长。2018 年，我国淀粉产品出口贸易量保持增长。在出口退税政策鼓励下，国内玉米淀粉出口继续放量，出口量增长至 51.90 万吨，同比增长 103.37%；淀粉类产品出口总量约 56.41 万吨，同比增长 89.41%。

2018 年，我国淀粉深加工产品出口量为 175.76

万吨，同比下降 5.55%。主要原因是淀粉糖出口受部分国家进口政策限制影响，出口量出现大幅下降，淀粉糖出口量 152.48 万吨，同比下降 9.36%；其他深加工产品出口量大幅增长，糖醇及变性淀粉出口量分别增长 45.71% 和 12.84%。

2. 行业发展分析

（1）价格

原料成本支撑，淀粉及深加工产品价格同比增长。

①玉米淀粉

2018 年，玉米淀粉价格仍以玉米成本定价为主，伴随玉米价格

的持续走高，玉米淀粉价格也基本保持上涨态势。玉米淀粉价格在 2100–2800 元/吨区间震荡上行，产区玉米淀粉平均价格 2445 元/吨，销区价格在 2641 元/吨左右，分别同比增长 15.22% 和 14.45%。

从生产区域的价格来看，华北黄淮地区 2018 年玉米淀粉平均价格 2445 元/吨，同比增长 13.35%；西北地区因种植业结构调整，玉米价格持续攀升，导致玉米淀粉价格在三大主产区内最高，平均价格为 2586 元/吨，同比增长 14.60%；东北地区玉米淀粉平均价格 2303 元/吨，近两年，东北地区养殖业产能逐渐释放，饲料用玉米量增加，导致玉米价格增长高于其他区域，同比增长 17.65%（图 2）。

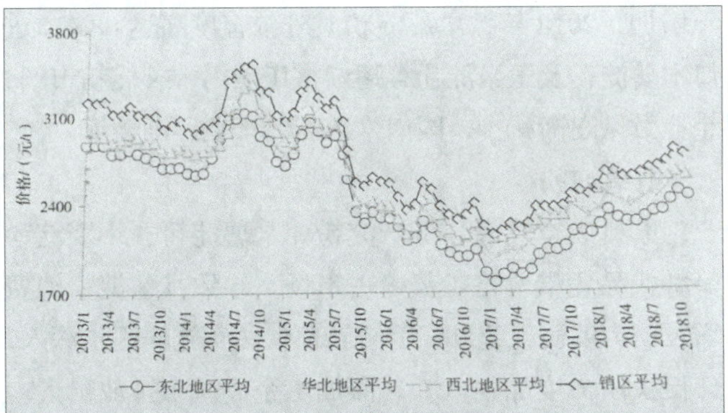

图 2 2013—2018 年中国主要区域玉米淀粉价格

数据来源：中国淀粉工业协会

②淀粉糖

因国内玉米和淀粉价格维持高位，对淀粉糖成本有一定支撑，淀粉糖价格普遍略高于 2017 年。其中，果葡糖浆价格走势保持相对平稳，在原料成本支撑下，价格高于 2017 年，稳定在 2600 元/吨左右；麦芽糖浆价格在 2150–2270 元/吨震荡波动，价格呈现明显的季节性变动；麦芽糊精价格在 7 月之后有大幅增长，主要是大厂开工不足及出口旺盛，导致国内供应不足，价格攀升，2018 年，麦芽糊精价格波动区间为 2900–3900 元/吨（图 3）。

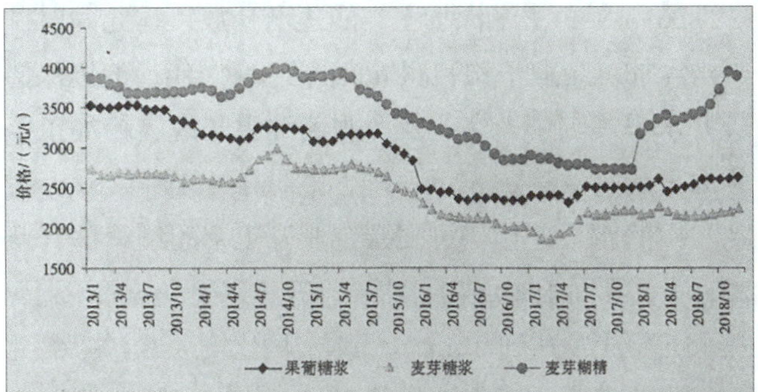

图 3 2013—2018 年中国淀粉糖主要产品价格走势

数据来源：中国淀粉工业协会。

③其他淀粉及深加工产品

其他淀粉品种价格变化特点各异。2018 年，全国马铃薯淀粉产量继续保持增加，由于原料供应充足且价格低迷，马铃薯淀粉市场价格持续走低，企业出厂价格在 6000 元/吨左右。

近两年，木薯淀粉因国内木薯种植面积持续萎缩、原料紧缺而供应紧张，国产木薯淀粉价格持续上涨。2018 年，国产木薯淀粉价格持续保持高位，在 4400 元/吨左右；进口木薯淀粉价格因东南亚木薯减产整体呈增长态势，由年初的 3500 元/吨增长至 4100 元/吨，后期因主产国产量恢复性增长而价格有所回落。

甘薯淀粉由于原料成本较高、环保压力加大，部分甘薯淀粉加工企业关停并转，甘薯淀粉市场供应略有减少，价格小幅上涨。2018 年，甘薯淀粉平均出厂价格 7530 元/吨，每吨同比增加 300 元。

其他深加工产品，如变性淀粉因产品类别、规格、用途及品质不同，价格差异较为明显。据中国淀粉工业协会年报统计，2018 年，变性淀粉销售价格在 3000–20000 元/吨不等，平均销售价格约 5733 元/吨，同比 2017 年下降 3.50%。糖醇生产受环保等方面压力影响，生产成本上涨，销售价格普遍高于 2017 年。其中，山梨醇企业销售价格在 2850–3850 元/吨。每吨价格

上涨 50 元左右；甘露醇价格在 15000–20000 元 / 吨，同比持平；木糖醇价格在 24000–33000 元 / 吨，每吨价格增加 3000 元左右。

（2）市场

玉米淀粉及其制品市场供求均大幅增加。

①玉米淀粉

2018 年，玉米深加工产能逐渐释放，与此同时，玉米深加工企业平均利润虽然低于 2017 年，但仍保持较好水平。其中，东北及华北黄淮主产区淀粉加工企业的平均收益达到 82 元 / 吨，略低于 2017 年 100 元 / 吨左右的水平，但仍可支持企业开工率的继续提升。2018 年，我国玉米淀粉行业平均开工水平在 60% 以上，玉米淀粉产量达到 2814.91 万吨，同比增长 8.47%。

消费方面，玉米淀粉是食品、化工、医药等行业的重要原料，可进一步加工生产淀粉糖、变性淀粉、味精、有机酸及化工醇等产品。其中，淀粉糖是玉米淀粉最主要的消费去向，约占玉米淀粉消费总量的 56%，其后依次是造纸约占 13%，食品加工约占 8%，啤酒、变性淀粉、化工各占 5% 左右，医药占 4%。近年来，造纸行业对玉米淀粉需求明显增长，2016–2018 年，年均消费增量都超过 100 万吨。这主要是因为家电、物流行业的快速发展，对包装用纸需求快速增加；另外，东北地区玉米原料价格仍低于进口木薯价格，继续挤占木薯淀粉在造纸业的使用量。

②淀粉糖

2018 年，淀粉糖市场产销两旺。供给方面随着新增产能的不断投产，国内淀粉糖产量保持 15% 的增长。消费方面，国内含糖食品尤其是碳酸饮料产量持续保持增长，拉动淀粉糖的消费增长。2018 年，碳酸饮料产量 1744.56 万吨，同比增长 8.14%（国家统计局数据），增速高于其他含糖食品；同时，食糖与淀粉糖仍保持着 3000 元 / 吨左右的价差（图 4），淀粉糖成本优势明显，2018 年，淀粉糖产品消费保持 18% 的增长速率。

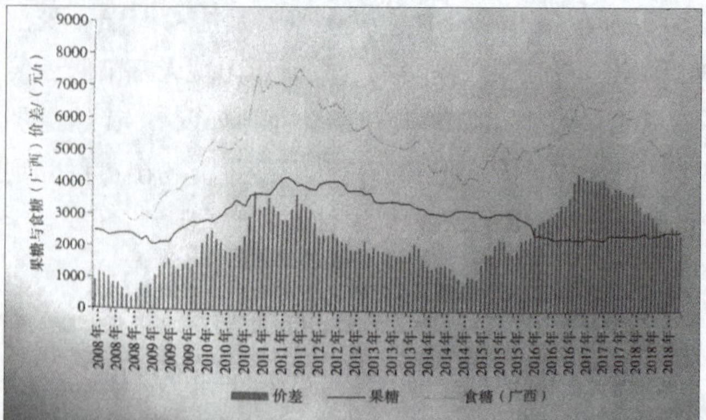

图 4　2008—2018 年中国果糖与食糖（广西）价差走势

数据来源：中国淀粉工业协会。

③其他淀粉及深加工产品

马铃薯淀粉

随着环保力度的不断加大，马铃薯淀粉企业数量不断减少，部分中小企业关停并转，行业集中度进一步提升。2018 年，马铃薯淀粉产量仍保持 10% 左右的增长，产量为 59.20 万吨。因供给增加，市场消化能力增加有限，下游需求没有明显的增长。

木薯淀粉

由于木薯种植面积不断萎缩，使得国内原料供应不断减少，近年，国内木薯淀粉产量持续下降。2018 年，国产木薯淀粉产量 26.27 万吨，同比下降 20.23%。与此同时，国内对优质木薯淀粉的需求量保持波动增长态势。我国木薯淀粉存在巨大的供应缺口，进口量逐年增加，2018 年，木薯淀粉对外依存度高达 88%。进口木薯淀粉及玉米淀粉等逐渐挤压国内木薯淀粉市场，企业数量逐渐减少，国内木薯淀粉产业逐渐萎缩。

甘薯淀粉

原料成本较高，玉米淀粉、木薯淀粉、小麦淀粉等替代品凭借价格优势抢占市场，导致甘薯淀粉消费增长动力偏弱。此外，随着新环保法实施的逐步深入，环保执法力度加强，甘薯深加工企业污水排放量大，是环保执法监控的重点行业，特别是缺乏环保处理设备的作坊式淀粉加工厂家是国家重点整治产业。2018 年，甘薯淀粉加工厂家开机率处于低位，甘薯淀粉市场供应略有减少，下游需求稳定，价格小幅上涨。

变性淀粉

产量受原料、环保等条件限制波动变化。2018 年，变性淀粉产量为 165.87 万吨，同比下降 2.74%。变性淀粉的需求量整体上呈现增长的趋势，近 7 年的复合增长率约 3%。我国变性淀粉品种开发落后于欧美发达国家，在高端产品和下游多领域应用开发仍有不足，限制了对国产变性淀粉的消费。

糖醇

糖醇产业保持稳定增长，2018 年，全国糖醇总产量为 112.17 万吨，同比增长 9.91%。从生产来看，我国糖醇产品规模和技术已经达到世界领先水平，其中木糖醇、山梨醇产量为世界第 1，合成法甘露醇产量也位于世界前列，众多产品进入国际市场，我国成为糖醇生产大国。而目前糖醇产品的国内应用仍然是以功能性为主的小产品，随着人们生活水平的提高，人们对健康食品以及功能性食品需求的增长，使我国糖醇的发展有着广阔的市场空间。

（3）投资

东北三省成为玉米淀粉及深加工投资重点区域。

近 3 年来，国内玉米深加工行业整体保持稳健增长的态势，玉米深加工龙头企业以及规模以上企业积极扩大产能、降低成本、改善资金与现金流管理。2018 年，国内玉米深加工行业产能扩张明显，虽然开工率同比有小幅下调，但深加工玉米消费量依然呈快速上涨的趋势，其中玉米酒精和玉米淀粉增长明显，未来深加工行业产能会继续不断释放。

据不完全统计，2018 年，我国新建 / 扩建玉米深加工产能约 1223 万吨，其中玉米淀粉及淀粉糖新建 / 扩建玉米加工产能总计约 615 万吨，约占新增产能的 50%。从地域分布情况来看，东北地区尤其是黑龙江省成为新的玉米淀粉及深加工投资热土，国家的补贴政策与当地政府的积极扶持政策助力了当地产业的强劲发展。2018 年，东北三省新增玉米淀粉及淀粉糖加工产能约 305 万吨，占总量的 50%；其中，黑龙江省新增产能高达 230 万吨，占总量的 37%。其他省区如山东、河北、内蒙古、山西和安徽新增产能分别占总量的 16%、16%、8%、5% 和 5%（图 5）。

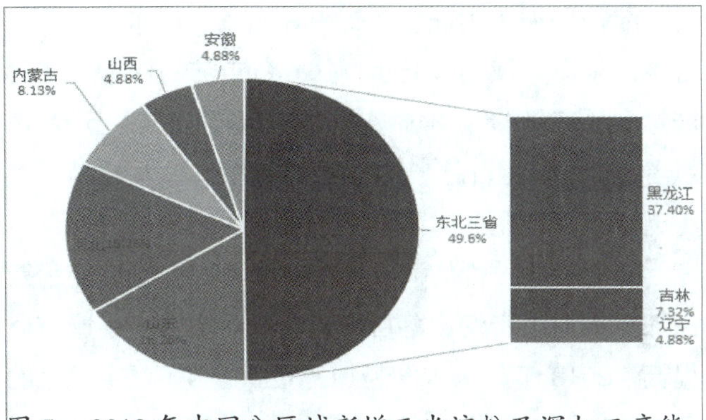

图 5　2018 年中国分区域新增玉米淀粉及深加工产能

说明：数据截至 2018 年年底已建成或投产的玉米深加工项目．为不完全统计．

数据来源：中国淀粉工业协会

（4）区域分布

山东是淀粉及深加工产品主产区，占据半壁江山。

玉米淀粉是我国最为主要的淀粉品种，其产量占淀粉总产量的 95% 以上。玉米淀粉生产主要集中在山东、吉林、河北、黑龙江、宁夏和河南等玉米种植区，这 6 个省区产量占全国总产量的 90.16%（2018 年，如图 6 所示）。山东省是玉米淀粉生产大省，占全国总产量的 47.43%，因近两年国家给予东北玉米深加工企业补贴政策刺激，山东省所占份额被东三省挤占，2018 年，山东省玉米淀粉所占份额同比减少 2 个百分点，东北三省玉米淀粉产量同比增长 21.76%，占比达 25.03%，同比增加 2 个百分点。2019 年，东北三省仍有部分新建或新增的产能即将投产，届时东北产能集中度将继续提升。

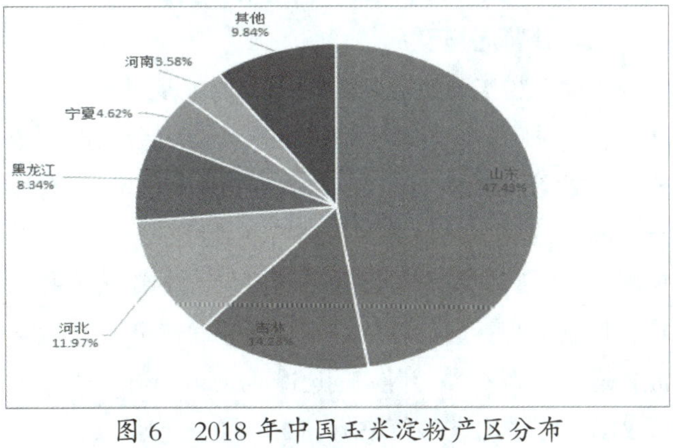

图 6　2018 年中国玉米淀粉产区分布

数据来源：中国淀粉工业协会

淀粉深加工生产主要集中在山东、广东、河北、吉林、上海、河南等省市，这6省市淀粉深加工产品产量占总产量的81.84%。其中，山东省深加工产品产量占比最大，约占总产量的43.47%(图7)，同比持平。

（5）行业集中度

随着产业结构的调整，行业的不断变化，淀粉及深加工行业逐步淘汰落后产能，产业集中度普遍有所提高。2018年，玉米淀粉加工业产量10万吨以上的企业(集团)38家，合计产量2759.11万吨，占全国玉米淀粉产量的98.02%。其中，产量100万吨以上的企业(集团)8家，合计产量1432.11万吨，占全国总产量的50.88%；产量2万吨以上的变性淀粉企业23家，合计产量143.10万吨，占全国产量的86.27%；产量10万吨以上的淀粉糖企业29家，合计产量1282.81万吨，占全国产量的94.70%；糖醇生产企业10余家，其中产量排名前3的企业占总产量的75.91%。

（6）进出口

①玉米淀粉

我国是玉米淀粉的净出口国。我国玉米淀粉进口量较少，且多为一些具有特殊用途的玉米淀粉，主要是因为国外玉米淀粉商品化率较低，多直接作为原料进一步深加工。2018年，我国进口玉米淀粉2525.92吨，同比增加222.71吨。出口方面，我国玉米淀粉出口量为51.91万吨，同比增加26.43万，同比增长103.73%，出口量达到近10年来的最高水平，主要因为东南亚木薯产量连续两年下降，玉米淀粉需求增加；出口价格平均362.53美元/吨，同比增长17.80%。

②马铃薯淀粉

中国淀粉工业协会多次组织反倾销、反补贴调查，2017年9月15日，国务院关税税则委员会根据调查机关的建议做出决定，自2017年9月16日起，对原产于欧盟的进口马铃薯淀粉继续征收反补贴税，实施期限5年，有效降低了欧盟低价马铃薯淀粉倾销的影响，控制了马铃薯淀粉的进口数量。2018年，马铃薯淀粉进口量为4.87万吨，同比减少1.36万吨，同比下降21.77%；平均进口价格为842.13美元/吨，比2016年的767.91美元/增长9.67%。近年来，我国马铃薯淀粉出口量相对较小，一直维持在2000吨以下的水平，主要是因为我国马铃薯淀粉生产成本较高。

③木薯淀粉

我国是木薯淀粉净进口国，木薯淀粉也是我国贸易量最大的淀粉品种，且进口量呈持续增长趋势。究其原因，一方面我国木薯种植面积持续萎缩，难以满足国内市场需求；另一方面，自2010年起中国–东盟自由贸易区全面启动，木薯淀粉实行零关税，促使进口量持续增长。2018年，我国木薯淀粉进口量为200.88万吨，同比下降13.83%，主要是因为进口单价大幅上涨，2018年，我国木薯淀粉平均进口价格为466.32美元/吨，同比增值41.51%。

④淀粉糖

2018年，我国淀粉糖产品出口量152.48万吨，同比下降9.36%，主要是因果糖出口量减少导致。2018年，因出口量占总量一半以上的菲律宾采取限制中国果糖进口措施，导致我国果糖出口量同比下降44.68%，仅30.24万吨。葡萄糖出口74.35万吨，同比增长10.30%。其他固体糖出口量46.63万t，同比增长4.54%。进口方面，淀粉糖进口总量2.79万吨，同比增长22.97%。

⑤变性淀粉

我国是变性淀粉净进口国，主要是从欧美等国家进口高档变性淀粉以及从泰国、越南进口低价变性淀粉。2018年，变性淀粉进口量41.99万吨，同比增长7.83%；进口单价954.22美元/吨，同比增长10.84%。2018年，国内变性淀粉出口价格继续回落，出口至东南亚国家和地区竞争力增强，出口量大幅增长，变性淀粉出口量9.46万吨，同比增长12.82%；出口单价855.37美元/吨，同比下降5.66%。其中，出口至菲律宾2.07万吨，同比增长321.52%。

⑥糖醇

2018年2月1日起，国家质量监督检验检疫总局取消涉及食品添加剂的90个海关商品监管条件，检验检疫部门不再实施出境检验检疫，其中包括木糖醇和甘露糖醇。此项措施加快了企业出口报关速度，降低了相关费用，利于糖醇企业相关产品出口。2018年，糖醇类产品出口总量同比大幅增长45.65%，至13.83万吨。其中，木糖醇和山梨醇出口量分别为4.63万吨和8.29万吨，分别同比增长42.66%和56.00%；甘露醇出口量9051吨，同比下降2.93%。糖醇类进口总量达2818吨，同比增长14.61%。

（7）“三品”战略实施情况

2018年，在以国家可持续发展战略、五大发展理念等宏观政策的指引下，以中粮生化等为首的行业骨干和领军企业通过不断深人挖掘下游产业及客户需求，从供给端加大科技投入以提升产品的品种、品质、品牌，为行业带来新的发展驱动力。

①增品种

企业瞄准行业规模效益上的差异越来越小、大宗产品质量趋同、市场上对产品的个性化需求在急速增加的大趋势，针对客户差异化市场需求开拓市场应用领域，开发行业中高端客户，细化客户需求产品线，为客户提供新品种和系统化的技术解决方案，在规模和效益上实现均衡发展。

在专用淀粉方面，以应用端需求为导向，进行不同领域的细分。中粮生化陆续开发了低水分淀粉、低菌淀粉、面粉专用淀粉、饲料专用淀粉、造纸专用淀粉(表面施胶与黏合剂)、挤压专用淀粉等多个应用领域的特种淀粉，以充分满足下游不同应用领域对产品品质、工艺、成本等多方面的需求。2018年，相关产品累计实现销售10.8万吨，增效1200万元。

在淀粉糖配料方面，中粮生化形成销售、市场、生产与研发的组合式攻关团队，基于市场及客户需求，研究开发面包专用糖浆、月饼专用糖浆、植脂末专用糖浆等专用淀粉糖配料，并通过市场分析研究、应用技术开发、应用技术支持和营销策略协同的定制化解决方案模式，深挖特种糖浆在不同应用领域的功能特性，服务客户实现产品品质提升和成本降低。

生物新材料方面，近年来随着石油化纤和塑料的大规模应用，白色污染问题日趋严重，生物新材料行业正在快速发展。企业根据市场的需求和技术研发应用的不断进展，推动了乳酸、聚乳酸和生物尼龙等新材料产品的生产。目前，国内聚乳酸生产产能已超过10万吨，其中，丰原生化3万吨，山东巨能金玉米1.5万吨和中粮生化1万吨。山东巨能金玉米在生物尼龙新材料新产品的研发方面已取得突破，成功生产出了合格的生物尼龙“56盐”产品。

②提品质

在产品质量上，淀粉行业注重产品质量的提升，以装备制造促进产品质量的提升。2018年，马铃薯淀粉行业生产设备及工艺技术水平有了进一步提高，特别是宁夏地区，由政府主导的淘汰落后产能工作取得了成效，目前现存企业18家，企业的马铃薯淀粉生产加工能力都在1万吨以上，企业设备的升级为质量水平的提升奠定了基础。

2018年，以中粮生化为首的行业骨干大型企业实行订单农业，从原料的种子和种植端质量把控的源头出发，采用蜡质玉米生产出质量稳定、加工特性优异的高支链天然特种淀粉，再进一步基于客户需求深入研究其在面制品、烘焙制品、速冻食品中的应用。此外，针对聚乳酸行业一直以来存在的成本高、耐热性差等诸多限制其大量应用的技术瓶颈，中粮生化经过多年研发攻关，3万吨/年聚乳酸聚合项目于2018年全面投产。该项目开发了聚乳酸聚合用高效复合稳定剂、连续聚合新装置及脱挥新工艺，制备的聚乳酸切片色值中的b值降低了78.0%，分子质量多分散指数降低了8.8%，丙交酯单体残留降低了58.5%；实现了高品质聚乳酸切片的产业化生产，为聚乳酸下游制品的产业化生产提供了高品质原料保障。在此基础上，基于差别化、功能化聚乳酸改性技术制备的产品，如膜袋、油瓶、餐具、咖啡胶囊、酸奶杯、雪糕托盒等，部分产品聚乳酸含量达到99%，耐热性高达130℃，耐低温-20℃，扩宽了聚乳酸应用于高温、低温及高附加值产品的领域。

③创品牌

品牌建设一直受到企业的重视，把创品牌融人生产、管理、服务的每一个环节。在产品营销上，从单一只卖产品，转变成为客户提供一系列的解决方案，打造优质品牌。

马铃薯淀粉行业品牌优势明显，如华欧、北大荒、威思顿、蓝天的福景堂、云淀等中国马铃薯淀粉行业龙头企业名优品牌在高端市场占有率较高；区域性品牌也不断涌现，如东北地区的家良淀粉，华北地区的泓辉淀粉、鑫华淀粉、科鑫源淀粉，西北地区的利华淀粉、华尔晶淀粉、宏达淀粉，规模化、品牌化凸显。

2018 年，山东寿光巨能金玉米开发有限公司通过了知识产权贯标体系审核，为公司品牌建设提供了依据支持。经专家评审、技术机构测算、品牌评价发布工作委员会审定，公司品牌强度为 884.7, 品牌价值为 7.44 亿元。

福洋生物通过多方面举措打造国际和国内两个品牌。一是做优技术，通过成本控制和质量提升工程树品牌，打造市场核心竞争力。二是强化知识产权保护，仅在葡萄糖酸钠领域，公司申请国家专利 20 多项，其中 10 余项已授权；公司在美国、日本、韩国、印度等 10 多个国家申请马德里商标，打入国际市场，保护品牌，提升品牌影响力。三是强化服务铸品牌，公司提出建设包括生产、技术、品控、销售等部门在内的大服务体系，多位一体联合攻关市场、服务客户，通过强化“产品应用服务、延伸服务和增值服务”来提升品牌含金量。

（8）绿色制造、智能制造

为全面推行绿色制造，进一步整合行业资源，加强环保、工艺、设备先进技术的研究和推广，推进绿色制造标准化工作，不断推进行业创新发展，2018 年 7 月，中国淀粉工业协会成立绿色制造专业委员会，同时召开了绿色制造发展论坛。论坛围绕绿色制造的发展和绿色制造的新技术、新工艺、新设备，进行了广泛的交流沟通，探讨了行业绿色发展、智能发展的瓶颈。

同年，协会与清洁生产中心共同制定了《淀粉行业绿色工厂评价要求》(T/SIACN02–2019) 的团体标准，经过立项、征求意见、修改，并通过相关专家评审，标准于 2019 年 3 月 1 日发布实施。该标准规定了淀粉行业绿色工厂评价的指标体系、程序及要求。实施绿色制造有助于在行业内树立标杆，引导和规范工厂的生产行为。该评价要求的发布，可有效解决制造业发展过程中的资源和环境问题，通过对生产过程中各环节的把控减少资源消耗，实现节能减排的目的，推动淀粉行业的可持续发展。借助《淀粉行业绿色工厂评价要求》标准，已有很多企业通过行业协会或当地政府积极申请绿色园区、绿色工厂、绿色产品的认定。

中国淀粉工业协会与中国轻工业清洁生产中心共同编制了《 马铃薯淀粉工业有机肥水农田利用技术规范》(T/SIACN 01– –2018) 团体标准，规范了我国马铃薯淀粉加工有机肥水农田利用方式及施用量，防控还田过程对土壤、地下水、地表水、面源污染的风险，对行业可持续发展具有重要意义。

（9）包装与装备

国内大型玉米淀粉加工厂所用的通用设备为凸齿磨、针磨、胚芽分离器、除砂器、压力曲筛、重力曲筛、碟片离心机、蒸发器、挤压机、管束干燥机、板框压滤机、真空转鼓、风机、袋滤器、包装机、十二级洗涤旋流器、滚筒筛、斗提、刮板、螺旋、机泵等。在这些设备中，只有碟片离心机在调整产能、分离效率及制造材料上和国外同等设备还存在一定差距，其他设备从目前使用情况来看，国内与国外制造设备几乎没有差距。

虽然国产设备的使用效果良好，但也存在一些不足。随着国内玉米淀粉加工厂的规模不断扩大，相应设备逐渐无法匹配企业大型化、规模化生产的需求，只能通过设备的累加来达成产能的扩大，所以目前亟须大型化、智能化设备提升淀粉行业的整体加工能力。

（10）发展新亮点、新增长点

①散粉智能配送新模式降本增效

中粮生化集团与广东至富实业有限公司于 2018 年共同推出“散粉智能配送”模式，并新建了国内首个“散粉智能配送中心”。"散粉智能配送”是从生产端到用户端采用封闭式自动装卸、智能配送的系统，该模式节省人力成本，集装箱内衬袋循环使用，可避免损失、避免安全事故及污染，大大缩短了装柜时间，每吨可节省成本百余元。按年商品淀粉物流量 1600 万吨计算，如实现 50% 的需求量使用“散粉智能配送”，每年可节省上下游费用近 10 亿元。“散粉智能配送”改变了传统的淀粉包装配送模式，解决了多年来淀粉行业在运输过程中的包装、搬运、装卸等环节的损失和浪费，实现了淀粉行业上下游降本增效。

②聚乳酸全生物降解地膜推广应用

聚乳酸全生物降解地膜因在自然界中能被微生物完全分解，最终降解为水和二氧化碳回归生态圈，故可有效减少白色垃圾。2018 年，由中粮生化开发的聚乳酸全生物降解地膜已在黑龙江、吉林、新疆生产建设兵团成功推广大田应用 2 万亩。

③“双反”成功为国内马铃薯淀粉发展带来机遇

2019 年 2 月 1 日，商务部第 4 号《关于对原产于欧盟的马铃薯淀粉反倾销措施期终复审裁定的公告》标志着马铃薯淀粉“双反”案六次战役取得了完全胜利。国家强有力的贸易扶持和救济措施，使进口马铃薯淀粉得到控制，极大地保护了贫困地区马铃薯产业的健康、可持续发展；同时部分高端餐饮业用的马铃薯淀粉进口受阻，给国内淀粉企业在高端产品领域发展带来机会，引领国内马铃薯淀粉产业向精深加工的方向发展。

④马铃薯淀粉“肥水还田”标准指导行业绿色发展

2018 年 9 月，由中国淀粉工业协会、中国轻工业清洁生产中心编制并发布了《马铃薯淀粉工业有机肥水农田综合利用技术规范》(T/SIACN 01- -2018) 团体标准，标志着我国马铃薯淀粉加工业“肥水还田”有了全国的标准和规范。此项标准的制定进一步规范了 我国马铃薯淀粉工业有机肥水循环利用的方式及施用量，对农业面源污染、土壤污染、地下水污染进行风险防范，为马铃薯淀粉工业有机肥水还田提供依据和方向，对行业绿色、可持续发展具有重要意义。

【b. 行业面临的问题】

1. 政策与市场

（1）农产品收购的税务问题加重企业负担

淀粉及淀粉深加工产业是以农产品为主要加工原料的，但我国特有的自给自足的小农经济导致农民用于交售的农产品数量有限，且农民自己往工厂交售农产品有诸多不便；现有的农产品加工企业大都实现了现代化、规模化生产，每天农产品的加工量达数千吨至数万吨，单纯依靠小农经济的零散交售农产品根本无法满足现代化生产和现代化物流的需求。根据《中华人民共和国增值税暂行条例》及《中华人民共和国增值税暂行条例实施细则》的规定，仅农业生产者自产自销的农产品才可免税，否则不允许企业抵扣进项税；同时，对销售者要求一户一证、一车一票，并有数量限制，否则要征收流通环节的增值税。这些政策严重影响了企业的正常经营，加重了企业的负担，造成农产品加工企业税负的不公平，已客观地反映出税收政策与市场经济发展不相适应的矛盾。

（2）“薯类淀粉”认定初级加工的限制性条件不合理

我国将薯类初加工列入了农产品初加工目录，但附加了“年产量在一万吨以上”的限制性条件，在实际生产中发现，此限制条件存在诸多不合理因素。首先，农产品初级加工受气候、原料供应、资金、市场等多种因素影响，产量不稳定。如马铃薯淀粉的大型加工企业，因自然灾害严重 (干旱、冻灾、晚疫病) 造成原料短缺的情况，实际产量均不足万吨，产业受到灾害影响反而无法使用政策，增加了企业税负。其次，初级加工产品范围的认定应该是由农产品的加工工艺、产品性质决定的，不应由加工企业产量的大小决定。另外，因农产品企业靠天吃饭，产品产量无法稳定，也给税务部门实际执行造成困难。

（3）玉米淀粉未列入农产品初加工目录，无法享受同等税收优惠政策

玉米淀粉加工是将玉米浸泡后，经过破碎、分离、洗涤、脱水、烘干制成玉米淀粉、玉米蛋白粉、玉米胚芽、玉米纤维等产品，整个生产过程是简单的物理加工过程，与其他粮食加工产品有相似之处，属于初级农产品加工范畴。在财税 [2011] 26 号《关于享受企业所得税优惠的农产品初加工有关范围的补充通知》中，本应将全部淀粉产品列入农产品初加工之中，因当时玉米加工正处于宏观调控之中，除玉米淀粉外，薯类淀粉均被列入农产品初加工目录。如今，在国家放开玉米加工行业限制、大力支持玉米加工行业发展的大环境下，应将玉米淀粉产品列入农产品初加工目录，与其他产品一样享受同等的相关优惠政策。

（4）投资新建集中上马，产能过剩日益突出

近3年来，在玉米临储政策退出、价格市场化、政府补贴及地方政府扶持政策吸引下，我国淀粉及深加工产业产能扩展迅速。据不完全统计，2017–2019年，玉米淀粉新增包括计划新增产能达850万吨，淀粉糖类新增产能677万吨，分别占现有产量的30%和50%，而下游新领域需求和新产品开发不足，并没有明显增长。产业供给高速增长与需求平稳之间的矛盾逐渐凸显，上游原料竞争引起的高价采购和下游产品同质化竞争引起的低价销售将逐渐挤压企业的加工利润，行业可能将面临新一轮的整合。

2. 科技创新

虽然我国淀粉及深加工产业投资不断增加、规模不断扩大，但仍未改变产业大而不强的局面；相关产品产量不断增长，出口规模不断扩大，却仍然以提供初级加工产品为主，即便是出口产品也仅是为国外企业精深加工提供低附加值的原料。

淀粉产品中，除玉米淀粉深加工比例在70%左右，其他薯类淀粉仍以初加工为主，产业链短、技术滞后。小品种淀粉存在研发和科技投入不足、生产自动化程度低、加工工艺落后、能耗大、产品提取率低、环保措施不到位等问题。发展较为成熟的玉米淀粉及深加工产业也存在核心技术和关键设备依赖进口的情况。主要原因是企业的自主创新能力较弱，大中型淀粉加工企业研发经费投入较少，不能自主研发新产品；科技成果转化率低，跟不上产业发展速度；对新产品、新技术、新材料、新装备的重视程度不够。

【c. 发展趋势】

1. 未来东北地区将成为玉米淀粉及深加工产业新的产业基地

随着国内玉米市场化的推进，依靠丰富的原料供应与储备、辽阔的土地资源、低廉的成本与能源优势，在政策补贴以及当地政府扶持政策的吸引下，越来越多的大型企业在东北地区投资建厂并逐渐投产。未来东北地区将会凭借在土地潜力、原料供给与储备、机械化程度高以及人工成本等多方面的优势，成为新的玉米深加工产业基地。

2. 延伸下游，布局全产业链将成为常态

行业内新建或筹备新建产能逐渐向下游配置，以单一布局生产淀粉的企业将逐步退出历史舞台，未来传统的淀粉产品将只占龙头企业全产品链的小部分，取而代之的是全产业链模式，越来越多的企业重视下游深加工产品的开发与生产，企业产品逐渐向类型更为丰富、附加值更高的精深加工类产品发展。

3. 产能结构性过剩凸显，行业整合即将拉开序幕

随着新增产能超过市场需求的增长空间，淀粉加工产能过剩和原料供应紧张问题将逐渐凸显，行业运行面临原料价格上涨和产品竞争加剧的双重风险，企业亏损，行业兼并、重组、整合将拉开序幕。从企业规模来看，将淘汰一批中小规模企业（如30万t/年以下），大型企业集团、单厂规模超过300万t的企业数量将增加，超1000万t级现代化企业集团将成为行业的中坚力量。

4. 环保治理为行业可持续发展提供动力

环保治理已成为行业发展的头等大事，是企业生存和发展的必要条件。2018年7月西王集团有限公司获得由国家生态环境部统一编号颁发的排污许可证，这也是全国淀粉行业第一张排污许可证，标志着淀粉企业排污许可证审核和发放工作拉开序幕，以淀粉企业排污许可证核发工作起到了引领和示范作用。全行业将积极参与到排污许可与环保治理等一系列措施中来，通过环保治理整顿企业生产秩序、促进企业提升生产工艺、改善企业生产环境，为行业健康、可持续发展提供动力。

【d. 政策建议】

1. 新形势下与时俱进，调整加工企业农产品收购税收政策

认真研究新时代、新形势下加工企业的农产品收购政策，从政策上鼓励农产品收购中间环节的发展，改善农产品收购中间环节的发展环境，与时俱进，调整已过时的、不适应市场经济和现代化加工企业运营的相关政策规定。

2. 完善产业政策，去除对薯类淀粉规定的产

量限制

农产品加工企业大多是初级加工，特别的薯类加工企业，基本靠天吃饭，产量不稳定，利润微薄。但是这些产业直接联系着三农的扶贫产业，在提高农业综合效益、增加三农收入和地方财政收入、扩大就业等方面发挥着重要作用，急需要稳定的、科学的产业政策扶持。建议完善产业政策，去除对薯类淀粉初加工认定重要条件中关于产量的限制，以切实保证惠企惠农政策的落实。

3. 将玉米淀粉列入农产品初加工目录

玉米淀粉是粮食深加工的基础，是众多深加工产品的原料，对引导农业结构调整、促进农民增收、农业增效、改善人民生活、推动经济发展起到了积极的作用。基于玉米淀粉产品特性和生产过程，建议将玉米淀粉加工产品列入农产品初加工目录，享受与其他农产品初加工企业相同的减、免、退税政策，从而促进玉米淀粉加工业的稳定发展。

4. 重点扶持规模企业，引领产业转型升级

在资金和政策上重点扶持现代化规模企业，树立典型企业标杆，鼓励企业在新产品、新技术、新材料、新装备等方面的研发投入，尤其是在绿色制造和智能制造等薄弱环节，鼓励加工企业不断增强自身的技术创新能力，提高产品科技含量，降低产品能耗，减少污染物排放，实现行业绿色可持续发展；对带动力大、有突出贡献的企业进行投资补贴，增强企业的科研开发力量，促进其技术改造，带动全行业的转型升级。

中国淀粉工业协会

2.6 淀粉及淀粉制品制造

【a. 概况】

2018年，淀粉糖各产品生产呈平稳上升的趋势，开工率较为稳定，四季度受玉米价格上涨影响，价格呈现两头高中间低态势。果葡糖浆价格在2500-2800元/吨间震荡，总体利润不甚理想，企业竞争激烈，压价竞争明显，这是淀粉糖行业面临的最大困局，加之蔗糖价格由2018年初6500元/吨回落至5200元/吨左右，出口受阻，对果葡糖浆价格有一定影响。

另外，由于环保和资金问题压力力度加大，淀粉糖行业企业发展压力大增，部分地区限期实施更严格的排放标准，关注COD、总氮、磷等排放指标最低限值，企业不得不投入更多人力物力财力来应对政策变化，对企业带来较大影响，部分企业彻底退出市场。

2018年，全国淀粉糖总的产量的增长幅度不大，行业日渐集中在经营管理、技术竞争能力强的大型企业集团中，行业集中度明显提升。新扩建产能还未完全建成投产，部分项目还处在建设期，投入市场产能有限，对原有市场未造成太大的影响。

近几年，大中型企业持续的节能节水技术改造，紧跟国家绿色制造步伐，技术创新不断投入，产品链不断延伸，不断开发产品市场终端等措施，使得大中型企业的竞争力增强。据淀粉糖分会统计，2018年，全国淀粉糖总产量1397万吨，同比增长1.6%，其中，固体糖492万吨，液体糖905万吨。

【b. 产量情况】

1. 淀粉

据中国淀粉工业协会统计，2018年，我国各类淀粉总产量合计为3009.3万吨，创历史新高，同比增长10.63%，其中，玉米淀粉产量2814.9万吨，同比增长8.47%；马铃薯淀粉产量59.2万吨，同比增长10.24%；木薯淀粉产量26.3万吨，同比下降20.23%；甘薯淀粉产量25.6万吨，同比下降2.77%；小麦淀粉产量83.3万吨，同比增长588.82%。

表1　2018年中国主要淀粉产量

单位：万吨

产品名称	淀粉产量	同比（%）
玉米淀粉	2814.9	8.47
马铃薯淀粉	59.2	10.24
木薯淀粉	26.3	-20.23
甘薯淀粉	25.6	-2.77
小麦淀粉	83.3	588.82
总淀粉产品合计	3009.3	10.63

2018年，我国玉米淀粉总产能超过4500万吨，行业平均开工水平在60%左右。玉米深加工产能逐渐释放，玉米深加工企业平均利润同比下降，但仍保持较好水平。

表2 2010年—2018年中国玉米淀粉产量

单位：万吨

年份	2010	2011	2012	2013	2014	2015	2016	2017	2018
玉米淀粉产量	1902	2082	2122	2196	2006	2051	2259	2720	2814.9

玉米淀粉生产区域集中度高，主要集中在玉米的主产区，原料供应充裕，原料成本优势明显，从区域分布来看，华北、黄淮、东北和西北是玉米淀粉产能最集中的区域。山东仍是全国最大的淀粉产区，玉米淀粉产量达到1335万吨，占全国总产量的47%。

表3 2018年各类淀粉进出口情况

项目	进口情况			出口情况		
	2018年总量（千吨）	同比（%）	2018年单价（美元/吨）	2018年总量（万吨）	同比（%）	2018年单价（美元/吨）
玉米淀粉	2.5	9.70	980	51.9	101.2	363
马铃薯淀粉	48.7	-21.77	842	0.18	7.57	1047
木薯淀粉	2008.8	-13.83	466	0.07	29.31	794

我国玉米淀粉进口量较少，且多为一些具有特殊用途的玉米淀粉，是玉米淀粉的净出口国。2018年，玉米淀粉出口量达到近年来最高水平，一方面我国淀粉出口价格有竞争优势，另一方面东南亚木薯产量连续下降，淀粉需求增加。玉米淀粉出口主要集中在周边国家和地区，排名前5位的国家是印度尼西亚、菲律宾、越南、马来西亚、台湾地区。

2. 淀粉糖

2018年，全国淀粉糖总产量1397万吨，同比增长1.6%，产值约423亿人民币。其中，固体糖492万吨，液体糖905万吨。

表4 2018年淀粉糖产品产量

单位：万吨

种类	品种	产量
液体糖（905万吨）	麦芽糖浆	330
	葡萄糖浆	160
	果葡糖浆	415
固体糖（492万吨）	结晶葡萄糖	370
	麦芽糊精	112
	其他	10
合计	1397	

表4 1999年—2018年淀粉糖产量（见表5）

单位：万吨

年份	产量	年份	产量	年份	产量
1999	60	2006	500	2013	1225
2000	100	2007	703	2014	1198
2001	140	2008	636	2015	1200
2002	250	2009	740	2016	1297
2003	300	2010	923	2017	1375
2004	350	2011	1286	2018	1397
2005	420	2012	1300		

2018年，淀粉糖各产品生产呈平稳上升的趋势，开工率较为稳定，四季度受玉米价格上涨的影响，价格呈现两头高中间低态势。果葡糖浆价格2018年在2500–2800元/吨间震荡，总体利润不甚理想，企业竞争激烈，压价竞争明显，这是淀粉糖行业面临的最大困局，加之蔗糖价格由2018年初6500元/吨回落至5200元/吨左右，再加之出口受阻，对果葡糖浆价格有一定影响。麦芽糖浆2018年价格在2200–2600元/吨间震荡，麦芽糖浆市场稳中偏强，原料成本压力导致的成交价格被动上调，盈利较低。麦芽糊精价格在3200–3700元/吨，虽然原料玉米上调，成本增加，但麦芽糊精盈利情况较好。结晶葡萄糖2018年价格在2800–3500元/吨左右，出货价格比较稳定为主，盈利稳定。

3. 多元醇

据多元醇分会统计，2018年，全国糖醇（生物化工醇未列入统计范围）总产量163万吨，同比增长1.2%，产值约133亿元人民币。

2018年，多元醇行业运行状况良好。山梨醇产量平稳，价格略涨，2018年以来在环保政策趋严、供给改善，产能向大企业高度集中，龙头企业议价能力大幅提高等因素驱动下，维生素C产品曾多次出现阶段性上涨，在一定程度上带动了山梨醇市场。

麦芽糖醇、赤藓糖醇、甘露醇、木糖醇生产状况良好，产品效益在多元醇产品中属于比较盈利的产品。赤藓糖醇2018年出现供不应求局面，主要是其低热量、抗龋齿、耐受性高等特性逐步显现出优势，应用市场扩大。

木糖醇价格仍保持在高位，主要是由于国内环保政策收紧，中小型木糖厂因环保问题关停，导致国内木糖原料紧缺，进而影响木糖醇的价格提升。目前，国内几家大的木糖企业不仅在环保上更加关注，同时也在积极开发新的原料生产木糖，已有纺织行业进口的木浆造丝后的半纤维素液生产木糖投入运行，增加国内木糖市场供应。

【c. 进出口情况】

1. 淀粉糖

表6 2008–2018年淀粉糖进出口量、进出口额

单位：万吨、亿美元

	出口量	同比比%	出口额	同比%	进口量	同比比%	进口额	同比比%
2008年	82.2746	-	6.0408	-	16.6395	-	1.5438	-
2009年	76.3761	-7.17	4.4612	-26.15	18.2620	9.75	1.5538	0.65
2010年	95.9060	25.57	6.1827	38.59	24.503	34.17	2.2981	47.90
2011年	106.2897	10.83	7.6029	22.97	28.3455	15.68	3.1426	36.75
2012年	105.0200	-1.19	7.3019	-3.96	32.3479	14.12	3.1914	1.55
2013年	123.4178	17.52	8.2435	12.90	34.7556	7.44	3.7220	16.63
2014年	115.5822	-6.35	7.9193	-3.93	36.7927	5.86	3.9622	6.45
2015年	118.2476	2.31	7.9118	-0.09	37.2983	1.37	3.8976	-1.63
2016年	162.8037	37.68	9.1316	15.42	38.8414	4.14	4.2481	8.99
2017年	180.6815	10.98	9.4442	3.42	42.1864	8.61	3.9401	-7.25
2018年	165.6379	-8.33	9.5482	1.10	45.723	8.38	4.6711	18.55

根据海关2018年的进出口统计数据计算，淀粉糖出口量165.6万吨，同比下降8.33%，出口额9.55亿美元，同比增长1.10%，进口量45.7万吨，同比增长8.38%，进口额4.67亿美元，同比增长18.55%。

（1）出口方面

从2008年到2017年，出口曲线总体是震荡上升的趋势，震荡区间差异较大，2017年达到历史高点，一方面得益于国内玉米原料价格回归市场化定价、蔗糖价格高位震荡的双因素影响，价格更具有竞争力，另一方面，国内淀粉糖生产技术、装备已达国际先进水平，产品质量稳定，具有很强的品牌竞争力。2018年，出口量出现下降，下降幅度最大的产品是果葡糖浆，减少24.4万吨的出口量，同比下降44.69%，受菲律宾政府征收糖税的影响，在一定程度上对我国果葡糖浆的出口带来较大的影响。

（2）进口方面

从2008年到2018年，淀粉糖进口量规模一直保持稳步增长的态势，在2010年大幅增长后，增长速度逐年回落，2013至2018年间进口增长率均保持在个位数增长。

2. 主要淀粉糖产品进出口情况

表7 2012-2018年主要淀粉糖产品进出口数据

单位：万吨、亿美元

产品	年份	出口量	同比%	出口额	同比%	进口量	同比%	进口额	同比%
葡萄糖及葡萄糖浆（果）	2012年	49.5617	-	2.80408	-	0.1626	-	0.0231.4	-
	2013年	53.8366	8.63	2.97022	5.92	0.1428	-12.18	0.0237.0	2.42
	2014年	46.8625	-12.95	2.65738	-10.53	0.0837	-41.39	0.0153.6	-35.19
	2015年	47.4450	1.24	2.68471	1.03	0.0979	16.97	0.0197.0	28.26
	2016年	65.7494	38.58	2.98774	11.29	0.0982	31	0.0179.3	-8.98
	2017年	67.4534	2.59	3.10126	3.80	0.1464	49.08	0.0238.9	33.24
	2018年	74.3486	10.22	3.4659	11.76	0.1958	33.74	0.0281.7	17.92
果糖及果糖浆（果糖>50%）	2012年	8.9322	-	0.56140	-	0.3947	-	0.0758.3	-
	2013年	18.6272	108.54	1.03405	84.19	0.3372	-14.57	0.0597.4	-21.22
	2014年	16.2324	-12.86	0.83944	-18.82	0.3658	8.48	0.0664.7	11.27
	2015年	27.0606	66.71	1.31769	56.97	0.3470	-5.14	0.0702.1	5.63
	2016年	45.4847	68.08	1.82556	38.54	0.2005	-42.22	0.0460.5	-34.41
	2017年	54.6789	20.21	1.79763	-1.53	0.2405	19.95	0.0522.6	13.49
	2018年	30.2409	-44.69	1.09364	-39.16	0.2891	20.23	0.0618.0	18.26
糊精及其他改性淀粉	2012年	11.0764	-	0.91802	-	28.7933	-	2.8036.4	-
	2013年	12.1310	9.52	1.04057	13.35	31.8758	10.71	3.1273.5	11.55
	2014年	9.4979	-21.71	0.83739	-19.53	33.5940	5.39	3.3075.4	5.76
	2015年	6.1427	-35.33	0.63486	-24.19	34.4400	2.52	3.2857.0	-0.66
	2016年	5.5942	-8.93	0.69231	9.05	36.4023	5.70	3.7559.2	14.31
	2017年	8.3912	50.00	0.76361	10.30	38.9419	6.98	3.3523.7	-10.74
	2018年	9.4486	12.60	0.80837	5.86	41.9910	7.83	4.0070.1	19.53
其他固体糖及未加香料或着	2012年	30.0936	-	2.09033	-	0.8507	-	0.2020.7	-
	2013年	33.2327	10.43	2.26756	8.48	1.1711	37.66	0.2496.1	23.53
	2014年	37.8271	13.82	2.65573	17.12	1.2468	6.46	0.2731.2	9.42
	2015年	32.9821	-12.81	2.3628	-11.03	1.5076	20.92	0.3089.8	13.13
	2016年	40.8592	23.88	2.68771	13.75	1.3360	-11.38	0.2672.1	-13.52
	2017年	44.6086	9.18	2.80036	4.19	1.8312	37.07	0.3213.8	20.27
	2018年	46.6286	4.53	3.12606	11.63	2.1958	19.91	0.3614.2	12.46

表3中列出了葡萄糖及葡萄糖浆（果糖＜20%）、果糖及果糖浆（果糖＞50%，转化糖除外）、糊精及其他改性淀粉、其他固体糖及未加香料或着色剂的糖浆四大类产品2012-2018年的进出口对比。

葡萄糖及糖浆（果糖＜20%）仍是淀粉糖出口中量最大的产品，2018年，出口量同比增长10.22%，增长率重回两位数；出口平均价格同比略微增长；进口量同比增长33.74%，进口平均价格同比下降幅度较大。

2018年，果糖及果糖浆（果糖＞50%，转化糖除外）出口同比大幅下降，同比下降44.69%，出口量减少24.4万吨，受菲律宾政府高额征收果糖产品税率的影响，在一定程度上对我国果葡糖浆的出口带来较大的影响，在成本降低、产能扩大的形势下，国内果葡糖浆产品的市场竞争压力更加凸显，企业竞争激烈。进口量有所提升，但原有基数不大，未超过3000吨。

糊精及其他改性淀粉2018年出口量保持增长态势，但出口平均价格仍有所下降；进口量继续保持稳定增加态势，进口平均价格大幅上升。大部分高端糊精和改性淀粉依赖进口，国内产品质量仍有待提升，提高国际市场竞争力。

其他固体糖及未加香料或着色剂的糖浆产品2018年出口量继续上升，出口平均价格上升，进口量增加幅度较大，进口平均价格略下降，国内产品的价格优势初步体现，进口产品价格逐步降低。

（2）2018年主要淀粉糖产品进出口国别情况

表8 果糖及果糖浆（果糖＞50%，转化糖除外）进口国别量值

单位：千克、美元

排序	国别	进口量	进口额
1	中国台湾	1, 245, 596	1, 579, 751
2	韩国	807, 879	2, 042, 330
3	荷兰	230, 003	711, 564
4	以色列	202, 950	231, 990
5	澳大利亚	120, 728	370, 491
6	比利时	97, 894	243, 450
7	美国	54, 871	443, 526
8	日本	31, 976	90, 839
9	英国	23, 325	42, 232
10	加拿大	16, 443	221, 718
前10位总计		2, 831, 665	5, 977, 891
2018年全年总计		2, 890, 446	6, 179, 165
占全年进口量比例（%）		97. 97	96. 74

2018年，我国果糖及果糖浆（果糖＞50%，转化糖除外）进口国共29个，同比减少3个国家，进口国别近两年持续减少。其中前10位国家变化不大，进口量占总进口量的97.97%，进口国别集中度基本同比持平。

表9 果糖及果糖浆（果糖＞50%，转化糖除外）出口国别量

单位：千克、美元

排序	国别	出口量	出口额
1	越南	120, 714, 477	40, 104, 160
2	印度尼西亚	93, 546, 145	29, 686, 058
3	马来西亚	34, 681, 447	11, 408, 840
4	泰国	17, 302, 794	7, 879, 649
5	中国台湾	11, 311, 170	4, 372, 153
6	印度	10, 760, 010	7, 614, 927
7	尼日利亚	4, 625, 250	2, 064, 658
8	巴布亚新几内亚	3, 195, 390	1, 509, 638
9	菲律宾	1, 990, 522	942, 190
10	韩国	785, 840	630, 381
前十位总计		298, 913, 045	106, 212, 654
2018年全年总计		302, 409, 388	109, 365, 009
占全年出口量比例（%）		98. 84	97. 12

2018年，我国果糖及果糖浆（果糖＞50%，转化糖除外）出口国别共54个，同比增加3个国家。前10位国家的出口量占总出口量的98.84%，出口国别集中度低于2017年。其中，菲律宾由2017年的总量第1位降至第9位，出口量减少28.8万吨，2017年，菲律宾政府针对果糖的进口采取的一系列措施，对我国果葡糖浆的出口带来较大的影响，导致2017年至2018年出口量持续减少，由2016年的30万吨跌至2018年的不足2000吨。

3. 多元醇产品

表10 2008-2018年多元醇产品进出口量、进出口额

单位：万吨、亿美元

	出口量	同比%	出口额	同比%	进口量	同比%	进口额	同比%
2008年	26. 8123	-	4. 41096	-	25. 8082	-	4. 20934	-
2009年	19. 8100	-26. 12	2. 41439	-45. 26	33. 5075	29. 83	3. 6902	-12. 33
2010年	24. 1411	21. 86	3. 66789	51. 92	36. 2842	8. 29	4. 97828	34. 91
2011年	24. 0019	-0. 58	5. 05327	37. 77	32. 2211	-11. 20	5. 31469	6. 76
2012年	22. 4419	-6. 50	3. 99236	-20. 99	34. 4618	6. 95	5. 09825	-4. 07
2013年	21. 3803	-4. 73	3. 64103	-8. 80	31. 8397	-7. 61	4. 89701	-3. 95
2014年	21. 8946	2. 41	3. 91491	7. 52	38. 0822	19. 61	5. 23064	6. 81
2015年	22. 4756	2. 65	3. 86518	-1. 27	40. 3661	6. 00	4. 01779	-23. 19
2016年	24. 0095	6. 82	3. 84434	-0. 54	34. 7227	-13. 98	3. 69896	-7. 94
2017年	31. 4447	30. 97	6. 0166	56. 51	38. 5971	11. 16	5. 1700	39. 77
2018年	36. 6885	16. 68	6. 50395	8. 10	44. 2783	14. 72	6. 1445	18. 85

根据海关2018年的进出口统计数据，多元醇相关产品出口量36.7万吨，同比增长16.68%，出口额6.50亿美元，同比增长8.1%，进口量44.3万吨，同比增长14.72%，进口额6.14亿美元，同比增长18.85%。

2018年，多元醇相关产品进出口均保持增长态势，出口量达到2008年以来的最高点，进口量自2017年回复增长态势，2018年，继续保持增长，进口额持续增长，幅度超过进口量增幅。

4. 甘露糖醇

表11 2012-2018年甘露糖醇产品进出口数据

单位：吨、万美元

产品	年份	出口量	同比%	出口额	同比%	进口量	同比%	进口额	同比%
甘露糖醇	2012年	7050	-	1756.5	-	396	-	172.1	-
	2013年	8812	24.99	2282.4	29.94	298	-24.75	188.0	9.24
	2014年	7948	-9.80	1988.2	-12.89	248	-16.78	151.4	-19.47
	2015年	7485	-5.82	1721.7	-13.41	297	19.58	189.1	24.89
	2016年	7848	4.85	1,594	-7.45	380	27.95	266	40.61
	2017年	9323	18.79	2038.8	27.90	390	2.63	242.2	-8.95
		9051	-2.92	2555.4	25.34	542	38.97	417.6	72.42

国内甘露糖醇产量近几年大幅增长，竞争也日益激烈，甘露糖醇2018年出口量小幅下降，出口额大幅增长，出口平均价格上涨，企业出口利润增加。进口量大幅增长，同比增长38.97%，进口额增长72.42%，进口价格上涨。

5. 山梨醇

表12 2012-2018年山梨醇产品进出口数据

单位：万吨、万美元

产品	年份	出口量	同比%	出口额	同比%	进口量	同比%	进口额	同比%
	2012年	3.4065	-	2630	-	0.2187	-	233.5	-
	2013年	2.9611	-13.08	2189	-16.77	0.3745	71.24	463.2	98.37
	2014年	2.9363	-0.84	2218.1	1.33	0.3706	-1.04	392.5	-15.26
	2015年	2.6995	-8.06	2160.5	-2.60	0.1925	-48.05	288.1	-26.60
	2016年	3.4479	27.72	2844.7	31.67	0.1946	1.09	248.6	-13.71
	2017年	5.3238	54.41	3896.8	36.98	0.1854	-4.73	262.8	5.71
	2018年	8.2940	55.79	6072.3	55.83	0.2198	18.55	355.7	35.35
2018年包含29054400 38246000条目出口总量		15.7380	-	10079.2	-	0.2303	-	369.5	-

2018年，山梨醇（进出口编码29054400条目下的山梨醇）出口继续大幅增加，出口量达到8.29万吨，同比增长55.79%，出口额同比增长55.83%，出口平均价格同比基本持平。进口量增长，进口额增长幅度超过进口量，进口平均价格同比增长。

2018年，新增了进出口编码38246000条目下的山梨醇进出口量，29054400、38246000条目出口总量合计总出口量达到15.7万吨，出口额1.0亿美元。

表13 2018年山梨醇进口国别量值（29054400条目下的山梨醇）

单位：吨、万美元

排序	国别	进口量	进口额
1	法国	1, 299, 485	1, 004, 094
2	美国	284, 379	1, 505, 328
3	德国	216, 979	502, 894
4	韩国	177, 180	207, 403
5	泰国	88, 006	55, 016
前5位总计		2, 066, 029	3, 274, 735
2018全年进口总计		2, 198, 033	3, 557, 240
占全年进口量比例（%）		93.99	92.06

2018年，我国山梨醇进口国共13个国家，同比减少8个，其中前5位的总和占了全年进口量的93.99%，进口国别较集中，集中度同比低。进口量最大的仍然是法国，占全部进口量的59.1%，同比低；泰国进口量同比超过日本，重回第5位。

表14 2018年山梨醇出口国别量值（29054400条目下的山梨醇）

单位：吨、万美元

排序	国别	出口量	出口额
1	泰国	36, 472, 975	20, 350, 743
2	日本	14, 447, 180	11, 492, 345
3	中国台湾	5, 342, 637	4, 683, 650
4	澳大利亚	3, 829, 745	3, 967, 086
5	越南	3, 470, 825	2, 168, 029
6	韩国	3, 276, 028	3, 244, 347
7	俄罗斯	2, 705, 025	2, 993, 550
8	马来西亚	1, 320, 780	748, 519
9	缅甸	1, 245, 000	630, 464
10	巴西	1, 187, 633	889, 336
前10位总计		73, 297, 828	51, 168, 069
2018全年出口总计		82, 939, 889	60, 722, 321
占全年出口量比例（%）		88.37	84.27

2018年，我国山梨醇（29054400条目下的山梨醇）出口国别总数78个，同比增加了6个，泰国仍是最大的出口国。出口国前10位的总和占了全年出口量的88.37%，集中度同比略低，主要仍是以我国临近的国家为主。

表15 2018年山梨醇出口国别量值（38246000条目下的山梨醇）

单位：吨、万美元

排序	国别	出口量	出口额
1	印度尼西亚	14, 570, 096	7, 163, 015
2	越南	13, 539, 503	6, 653, 218
3	尼日利亚	8, 702, 840	4, 190, 628
4	菲律宾	6, 843, 611	3, 899, 977

排序	国别	出口量	出口额
5	中国台湾	3, 320, 400	2, 027, 104
6	巴基斯坦	2, 973, 600	1, 746, 586
7	埃及	2, 129, 400	1, 135, 974
8	泰国	1, 788, 621	1, 268, 810
9	韩国	1, 661, 107	881, 634
10	孟加拉国	1, 626, 000	876, 545
前10位总计		57, 155, 178	29, 843, 491
2018全年出口总计		74, 440, 683	40, 076, 451
占全年出口量比例（%）		76. 78	74. 47

38246000 条目下的山梨醇 2018 年出口国别总数 60 个，印度尼西亚是最大的出口国。出口国前 10 位的总和占了全年出口量的 76.78%，主要是以我国临近的国家为主。

6. 木糖醇

表 16 2012-2018 年木糖醇产品进出口数据

单位：吨、万美元

产品	年份	出口量	同比%	出口额	同比%	进口量	同比	进口额	同比%
木糖醇	2012年	11523	-	4081. 9	-	615	-	155. 8	-
	2013年	15997	38. 83	5063. 5	24. 05	437	-28. 94	124. 1	-20. 35
	2014年	21866	36. 69	6540. 6	29. 17	4	-99. 08	3. 7	-97. 02
	2015年	24410	11. 63	6712. 5	2. 63	245	6025. 00	109. 4	2856. 76
	2016年	30336	24. 28	8261. 8	23. 08	135	-44. 90	55. 4	-49. 36
	2017年	32463	7. 01	9887. 4	19. 68	215	59. 26	80. 6	45. 49
		46314	42. 67	18839. 1	90. 54	78	-63. 72	47. 3	-41. 32

木糖醇出口继续保持上升态势，增幅达到历史最高水平，同比增长 42.67%，出口价格同比大幅增长，主要原因是国内木糖供应紧张，供不应求；2018 年进口量进口额大幅下降，全年进口 78 吨。

【d. 发展趋势】

1. 2019 年，新建产能释放后，在产能增长大于需求增长情况下，市场形势将会更加严峻，淀粉糖行业竞争必将更加激烈

受市场需求、原料供应及蔗糖价格下降等多方因素影响，2019 年的新扩建产能意愿将大幅下降，行业将进入新一轮消化和剔除落后产能的调整期。

在国家放开玉米深加工政策以来，加上玉米主产区政策优惠扶持及国家玉米去库存的压力下，很多原有淀粉糖企业和行业外企业扩建及新建淀粉糖项目，2019 年，新的产能陆续进入市场，对已饱和的淀粉糖行业将带来较大的冲击，尤其是蔗糖价格大幅下降，行业竞争必将更加激烈或将面临新一轮的洗牌。

2. 多元醇行业目前发展平稳，2019 年或将面临新的竞争形势

多元醇行业近几年发展较平稳，从 2011 年至 2018 年，基本在 160 万吨上下浮动，看出现有产品的已开发市场基本处于饱和状态，要想获得较大的市场突破，需要在应用领域开发上下大力气。玉米政策放开以来，玉米成本下降，国内外价差明显缩小，对以玉米、淀粉为主要原料的糖醇企业特别是山梨醇企业极大利好，企业生产成本下降，利润空间显现，企业盈利水平增加，企业发展信心十足。麦芽糖醇、赤藓糖醇、甘露醇生产状况、产品效益良好，木糖醇价格上涨幅度较大，主要原因是国内木糖供应紧张，供不应求。山梨醇行业效益有明显的提升，企业开工率充足，主要得益于原料玉米成本的下降，食品工业、医药工业、日化工业等应用领域需求稳定，国际市场需求恢复性增长。

2019 年，山梨醇、赤藓糖醇等产品新的产能投入市场后，或将面临新的竞争形势。在未来的行业发展中，企业可根据所在区域的市场需求、区域环境优势等情况，通过优化自身的产品结构，加强环保治理措施，加强精细化管理水平，降低产品生产成本，提高绿色制造水平，使企业向绿色、智能方向发展。

3. 各地环保政策升级，环保压力日益增大

国家对环境保护、资源能源消耗的要求越来越高，越来越严格，特别是中央开始加大环保核查力度以来，各地的环保监管对大气污染的监管越来越严厉，对资源能源消耗的监测也日益重视，各地环保不达标或污染重的企业陆续全面关停，切实达到了淘汰落后产能的作用。虽然淀粉糖、多元醇行业产能逐步向具有规模优势、技术优势和品牌优势的企业集中，但是由于环保压力力度加大，全行业企业发展压力大增，部分地区限期实施更严格的排放标准，关注 COD、总氮、磷等排放指标最低限值，企业必须投入更多人力物力财力来应对政策变化。环保政策的升级，将加速行业洗牌进程，对淘汰落后产能、缓解产能过剩、促进行业健康发展起到推动作用。

【e. 行业工作】

1. 服务政府、服务行业、服务企业

（1）受工信部委托，编写《食品工业发展报告（2017年度）》中生物发酵产业部分；

（2）参与工信部《产业转移指导目录（2012年本）》修订工作；

（3）参与工信部《长江经济带农产品主产区、城市化地区禁止、限制发展的产业名录》修订工作；

（4）受中轻联、工信部委托，推荐糖醇行业利用资本市场融资企业名单；

（5）组织推荐"发酵行业十强企业、轻工业百强企业"中淀粉糖、多元醇行业企业；

（6）配合中轻联征集提出淀粉糖、多元醇行业调整出口退税率建议清单；

（7）面向淀粉糖、多元醇行业征求《污染源源强核算技术指南 锅炉（征求意见稿）》等八项标准意见；

（8）向国家市场监督管理总局食监提供行业2017糖醇情况总结；

（9）向发改委产业协调司汇报《玉米深加工情况》；

（10）提出《产业结构调整指导目录》糖醇部分修订建议。

2. 科技工作

（1）向工信部提交《生物发酵行业产业布局和转移情况报告》糖醇部分

（2）向工信部提交《生物发酵产业情况和发展思路及举措建议》糖醇部分

3. 标准化工作

（1）组织起草淀粉糖行业绿色工厂评价要求、绿色设计产品评价技术规范2项绿色团体标准。

（2）组织起草《山梨醇行业绿色工厂评价要求》、《绿色设计产品评价技术规范 山梨醇》2项绿色团体标准的起草编制工作。

（3）提交了发酵行业（木糖醇）清洁生产评价指标体系（征求意见稿），等待发改委网站公开征求意见。

（4）承担了国家标准《淀粉糖良好生产规范》、《GB/T 23532-2009 木糖》制修订工作。

（5）11月份，经中轻联向工信部申报了淀粉糖行业2项绿色标准项目，《绿色设计产品评价技术规范 淀粉糖》获得项目立项批复，标准将通过项目途径进行行业标准立项。

4. 品牌建设

开展淀粉糖宣传周活动：12月4–8日，分会在浙江工业大学、浙江工商大学、浙江科技学院的大力支持下，在三所学校开展了淀粉糖宣传周活动，六家单位展出淀粉糖产品包括：葡萄糖类、麦芽糖类、果糖类、麦芽糊精类、低聚糖类、糖醇类、复合糖（醇）类等产品。活动形式包括淀粉糖产品展示、淀粉糖企业形象展示、淀粉糖科普宣传；淀粉糖科普讲座。三校共六十余位志愿者参与活动，直接受众师生千余人。

5. 国际合作与交流

组织糖醇等生物发酵企业赴德国智能制造培训交流：8月份，协会组织河南飞天、江苏一鸣、潍坊盛泰、台湾味丹集团越南厂、诚志生命科技等14家单位的19人团组赴德国开展德国智能制造培训考察，参加了由下萨克森州管理学院组织的德国工业4.0培训课程，并颁发培训结业证书。在德期间，组织考察了德国柯驰制药、菲尼克斯集团、贝克啤酒集团、西门子工厂、巴斯夫集团，参观生产线并与德方企业人员就生产装备、自动化控制、智能化发展方向等问题进行了深入交流。参观拜访了德国食品技术研究所，该所是协会性质的研究机构，涉及食品工业自动化智能化、食品安全、食品检测、食品革新技术发展等领域，承担欧盟食品方向课题及行业所需课题研究等，国内伊利集团与该所开展了深入合作。

6. 会议活动

7月24–25日，在吉林组织召开中国生物发酵产业协会淀粉糖分会、多元醇分会二届四次理事会会议暨行业智能制造研讨会。

9月4日，在上海召开2018淀粉糖、多元醇产业技术与装备发展论坛。

12月6日在杭州组织召开淀粉糖、多元醇行业重点企业座谈会。

李建军

2.7 豆制品制造

【a. 概况】

2018年，我国用于食品工业的大豆量约1260万吨，同比基本持平。其中：用于豆制品加工的大豆占55%左右，约为700万吨；用于其他食品加工的占25%左右；

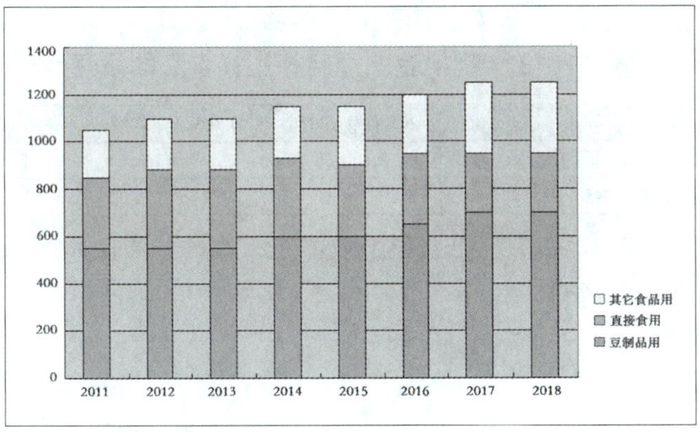

直接食用（包括家庭自制豆浆等）占20%左右。

2011 ~ 2018年我国食品大豆的消费量变化图。

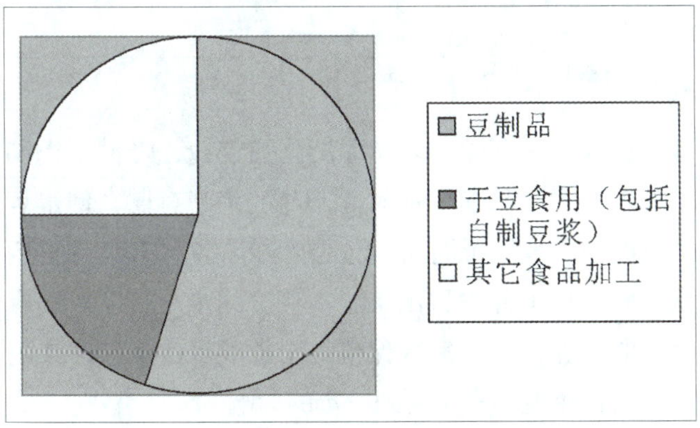

2018食品大豆使用情况

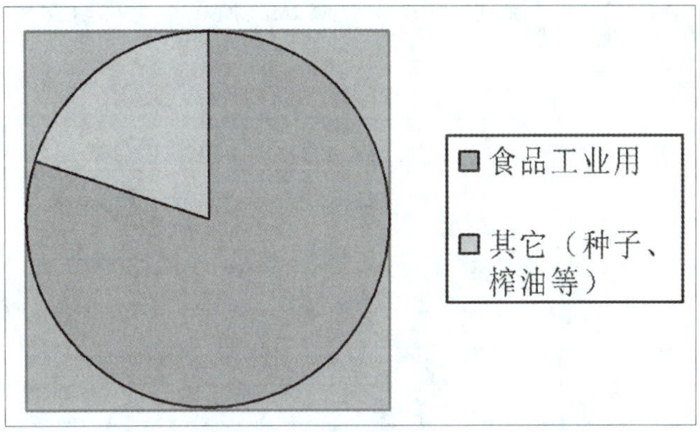

国产大豆的使用情况

【b. 规模企业（全国前五十强）状况】

我会对2018年全国规模以上豆制品企业统计：

2018年豆制品行业前50强规模企业，销售额及投豆量同比均有增长，其中：投豆量为157.86万吨，同比增长4.83%；销售额为233.71亿元，同比增长15.63%；缴税额同比增长11.19；利润同比长9.49%，。

2009-2018年前50强企业销售额及投豆量情况表如下：

年份	销售额（亿）	增长率%	投豆量（万吨）	增长率%	备注
2009	74.23	31.36	84.83	25.39	
2010	102.98	38.73	97.53	14.97	
2011	131.95	28.13	106.04	8.73	
2012	155.58	17.90	106	0	
2013	161.03	3.50	106.4	+0	
2014	157.03	-2.48	96.02	-9.76	
2015	167.94	6.95	100.44	4.60	
2016	185.86	10.65	120.43	19.91	
2017	202.05	8.71	150.59	25.04	
2018	233.71	15.63	157.86	4.83	

2009-2018年前50强企业销售额及投豆量变化示意图如下：

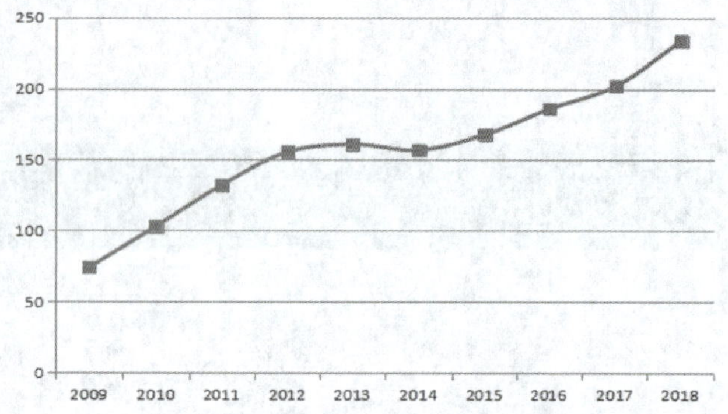

2009–2018 年前 50 强企业销售额及投豆量变化示意图如下：

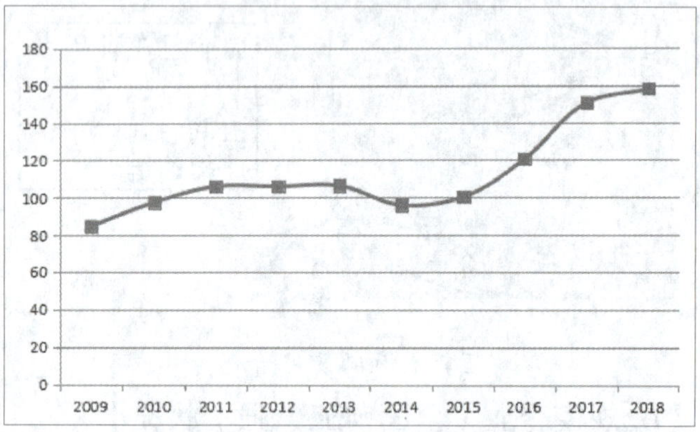

2009–2018 年前 50 强企业投豆量变化趋势图

2018 年度中国豆制品行业品牌企业 50 强名单（排名不分先后）

经我会统计：

50 强企业中以生鲜为主的豆制品企业 23 家，同比减少 3 家；豆浆及豆浆粉企业 9 家，同比增加 1 家；以休闲豆制品为主的企业 13 家，同比增加 1 家；其它豆制品（发酵、膨化、腐竹、蛋白等）7 家，同比增加 1 家。

2018 年豆制品行业 50 强在各省市的分布图如下：

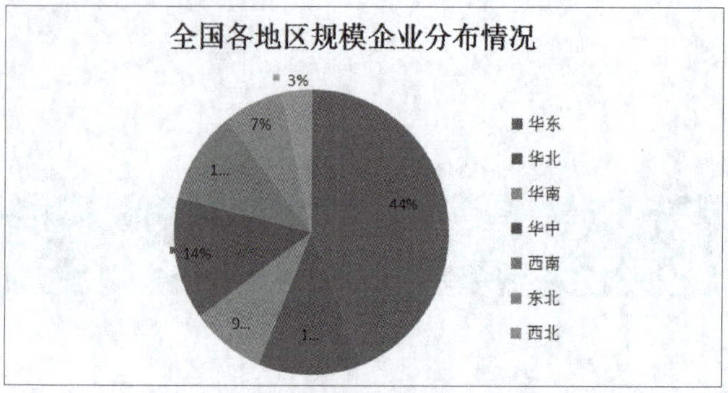

2018 年豆制品行业 50 强在各省市的分布图

2018 年，50 强等规模豆制品企业相对集中在东部中部及南部人口相对密集、经济相对发达地区。

【c. 部分重点品类情况】

1. 豆腐等生鲜类大豆食品

2018 年，规模企业用于豆腐等生鲜豆制品的投豆量为 46.27 万吨，同比增长 5.52%。

2013–2018 年规模企业豆腐等生鲜食品的投豆量

年份	2013	2014	2015	2016	2017	2018
投豆量/万吨	31.05	31.76	35.07	42.17	43.85	46.27
比上年增长/%	33.20	2.20	10.43	20.24	4.00	5.52

2013–2018 年规模企业生产豆腐等生鲜食品产量的变化趋势

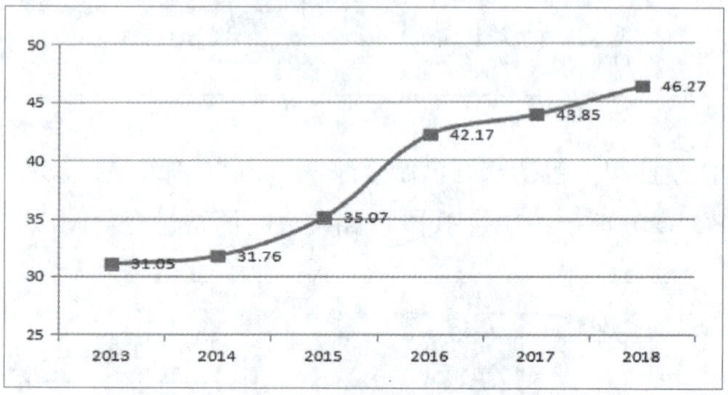

自 8 月份开始，多起非洲猪瘟疫情，降低了肉制品的购买力，转而增加对豆制品的消费意愿，使得豆制品的消费量有所提升。但是 2018 年新《环境保护税法》和《环境保护税法实施条例》同步施行。致使有些豆制品企业在国家环保督查中被要求停产整改或限产，规模企业的产量受到一定的影响。

2018 年，我国相关的法规政策正在逐渐影响豆制品行业的产业格局；资本青睐的大型豆制品品牌企业进入有利的发展时期；具有特色产品的、硬件设施条件过硬的小微企业具有有利的生存空间；中央厨房+现场制作的品牌连锁豆制品企业正在兴起；随着消费观念和消费习惯改变，生鲜产品的品类及经营模式的创新潜能正在被激发。

2. 豆浆类产品

2018 年，规模企业用于豆浆类产品的投豆量 41.8 万吨，同比增长 6.69%。其中：豆浆粉的投豆量为 29.16 万吨，同比增长 4.05%；液态豆浆行业的投豆量为 12.64 万吨，同比增长 13.36%。

2013-2018 年规模豆浆类产品的投豆量

项目/年份	豆浆类产品（总）		液态豆浆		固态豆浆粉	
	投豆量/万吨	增长率	投豆量/万吨	增长率	投豆量/万吨	增长率
2013	32.61	2.55%	14.23	2.37%	18.38	2.74%
2014	30.09	-7.73%	7.79	-45%	22.30	21.33%
2015	31.11	3.39%	8.08	3.69%	23.03	3.28%
2016	35.42	13.85%	8.76	8.45%	26.66	15.75%
2017（未修正）	37.98	7.23%	9.95	13.58%	28.03	5.14%
2018	41.8	6.69	12.64	13.36%	29.16	4.05

2013-2018 年规模企业豆浆类产品产量的变化趋势

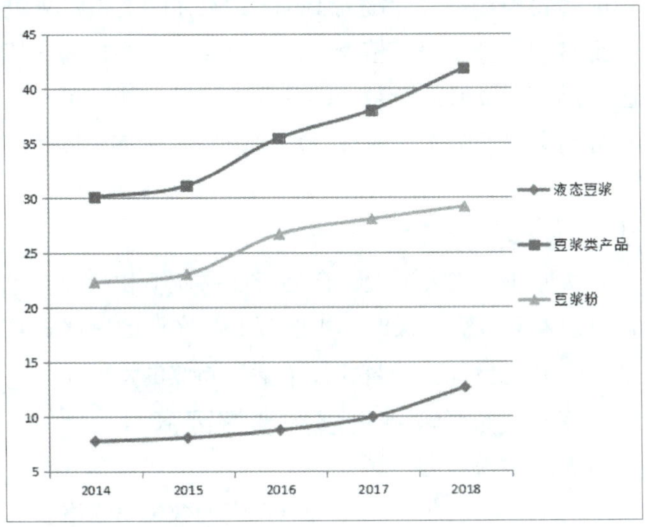

（1）液态豆浆

2018 年，液态豆浆的大豆使用量同比实现了两位数的增长 13.58%，归功于达利、蒙牛、伊利的进入，并进行了有力的市场宣传作用；豆本豆、维他奶的销售业绩喜人，分别实现了翻倍和 30% 以上的销售增长。液态豆浆市场布局已经开始，将是下一轮食品企业大佬争夺产值增长的价值洼地，常温产品，未来的市场竞争将逐渐趋于激烈。生鲜豆浆类产品的市场空间还几乎是空白，市场潜力可期。

液态豆浆未来需要关注产品的品质提升、品类的多样性、包装的创新等需要关注。在工艺技术方面豆浆基料的品质、杀（灭）菌方式和杀（灭）菌的关键工艺参数需要投入更多的研究。未来企业还应该放眼于豆浆制品（相对于乳制品）的研发和品质改进上面。

（2）豆浆粉（固态）

豆浆粉规模企业 2018 年投豆量（产量）同比增长 4.05%，增速放缓。豆浆粉产品基本形成了寡头竞争的格局，同质化现象比较严重，市场竞争激烈。渠道的创新和应用领域的突破，成为实现产品增长的主要方式。

3. 豆腐干及休闲类大豆食品

2018 年，规模企业用于豆腐干及休闲类大豆食品的投豆量为 34.86 万吨，同比增长 2.83%。

2014-2018 年规模企业豆腐干等休闲豆制品的投豆量

年份	2014年	2015年	2016年	2017年	2018年
投豆量（万吨）	24.02	24.76	30.54	33.90	34.86
增长率	-3.22%	3.08%	23.33%	11.0%	2.83%

2014-2018 年规模企业豆干等休闲类产品产量的变化趋势

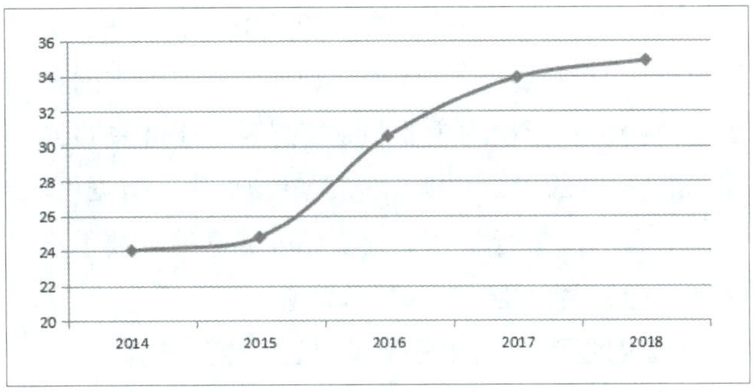

2018 年，50 强规模企业中休闲豆制品销售 34.86 万吨（以大豆计），增长 2.83%，增速明显放缓；受休闲食品大环境消费疲软的影响，是豆腐干等休闲豆制品的增速放缓的主要原因之一；行业企业同质化现象依然存在，产品的创新不足；未来在消费者心理及行为上的投入研究，需要在包材上、口味上、产品形式上、辅料及配料应用上进一步创新提升。

4. 其它豆类产品

（1）腐竹

火锅店等连锁餐饮行业的繁荣，使得腐竹（包括腐皮）在餐饮行业的销量实现不错的增长，市场开始回暖；

腐竹产品通过深加工应用、产品的形式逐渐创开辟了新的销售渠道，促进了产品的销量。

（2）千叶豆腐

在大豆蛋白产品类别中，千叶豆腐这种创新产品成为近几年大豆蛋白来产品增长的新亮点。在速冻产品市场，千叶豆腐增速喜人，成为一些生产速冻调理制品、火锅料产品的必备品种，2018 年，用于千叶豆腐的主要原料大豆分离蛋白的量约 6 万吨，产量约 60 万吨。

千叶豆腐，形似豆腐，是近年来流行的大豆食品，逐渐出现在家庭餐桌上，受到消费者欢迎。千叶豆腐作为整个豆制品家族的一个创新品类，从原料的创新使用、产品渠道的创新开发、用户的创新体验来说都进入了以前豆制品未曾涉入的新领域，为豆制品产品的的推广和消费开创了广阔的市场空间。但是近几年，由于不断发生的产品名称之争导致“千叶豆腐”的市场混乱，极大损害了消费者的合法权益，也给企业发展带来了极大的困扰。为了规范千叶豆腐的市场秩序，创造和建立千叶豆腐的公平市场竞争环境，促进千叶豆腐产业的健康发展，保护消费合法权益，中国食品工业协会组织行业的企业和专家起草了千叶豆腐的团体标准，标准的出台和推广，使千叶豆腐生产有据可依，有标准可循，是行业公平竞争环境建立的重要手段，有利于行业生产经营进入正常轨道。

（3）膨化豆制品（组织蛋白、拉丝蛋白）

近几年，增长速度较快一直处于良性的增长阶段，部分生产区域已形成了从种植、加工到销售的完整产业链，比如说山东省枣庄市城头镇。以大豆蛋白粉、膨化豆制品作为原料生产的素肉制品，因工艺的突破新改进，产品的风味得到了大大的提升，未来有不错的发展空间。

（4）大豆蛋白粉类

大豆蛋白粉（包括大豆分离蛋白、大豆浓缩蛋白、大豆组织蛋白、大豆拉丝蛋白及普通大豆蛋白等）作为豆制品及其它食品工业的原料近几年发展较快，主要用于：肉制品、大豆素肉制品、糕点（包括营养棒、谷物早餐食品等）、饮料等。随着近年来消费的升级，消费者对产品的风味品质要求的不断提高，大豆分离蛋白用量的增长速度较其他蛋白的速度要快。当前全球分离蛋白的产能 75 万吨左右，我国分离蛋白的产能约 50 万吨左右，产能占全球三分之二；2018 年全球分离蛋白的实际生产量 50 万吨左右，我国的实际生产量 40 万吨左右。国际上分离蛋白的发展比较平稳，在食品工业中使用的途径主要为作为肉类蛋白、乳类蛋白、鸡蛋蛋白的替代品原料添加到火腿肠、汉堡肉饼、肉馅、婴幼儿配方粉及加工成仿肉产品等。大豆分离蛋白的应用中有 60% 左右应用于肉制品加工，20% 左右用于素食（大豆蛋白食品）加工，10% 左右用于其他类。近几年，大豆蛋白在肉食类产品中的应用有所下降，在其他食品类别中的使用不断创新，在素食类及其它类产品中的使用上涨趋势明显，尤其是素食类中的植物肉产品今年随着 Beyond Meat 的上市需求进一步得到提升，另外植物奶、营养棒、谷物早餐、特医食品、大豆肽等新领域的发展也进一步增加了对大豆分离蛋白的需求，所以分离蛋白的发展有了较好的突破，对全球大豆分离蛋白的增长贡献率较大。

【d. 发展前景】

从近几年来我国大豆食品行业的业绩和状况，我们可以看到今后一段时期中国豆制品产业的发展一直处于稳定、良性的发展轨道，有着可持续的发展动力。

1. 有利于大豆食品发展的利好因素

（1）来自消费者与市场

人类对环保的担忧，全球素食者的数量不断增多，导致植物性食品的消费意愿上升。因肥胖引起的心血管疾病等慢性病已经成为 21 世界危害人类健康和生命、降低生活质量的主要威胁，全球消费者的饮食结构调整变得越来越迫切，各国的膳食指南中纷纷指导居民增加植物性食品的摄入量，消费者对传统健康食品的回归。

（2）来自国家战略政策

2018 年，9 月 25 日，国家卫健委在举行例行发布会时表示，我国 6–17 岁儿童青少年超重率是 9.6%，肥胖率 6.4%，二者相加达到 16%。国家将会从战略层面推行提倡增加大豆食品的膳食。为贯彻落实《健康中国 2030》规划纲要，提高国民营养健康水平，国务院办公厅颁布了《国民营养计划（2017–2030 年）》等系列利好大豆食品发展的国民营养消费政策。从整个大豆产业链分析，豆制品生产企业处于产业链的下游。近年来，我国出台了相关调整农业种植业结构的政策，大豆种植补贴、促进大豆产业健康发展的若干意见等，作为我国国产大豆的主要消费渠道的大豆食品处在产业链的下游，对于我国大豆产业链健康发展起着至关重要的作用。为了扩大人类饮食中植物蛋白的比例，有利于土壤生态的保护，联合国粮农组织确定 2 月 10 日为世界豆类日。

《2019 年政府工作任务》

实施更大规模的减税。国家深化增值税改革继续向推进增值税率三档并两档、税制简化方向迈进。将制造业等行业现行 16% 的增值税率降至 13%。以公正监管促进公平竞争、降低企业劳动社标缴纳比例等推动传统产业改造提升。支持企业加快技术改造和设备更新，将固定资产加速折旧优惠政策扩大至全部制造业领域。强化质量基础支撑，推动标准与国际先进水平对接，提升产品和服务品质。

（3）大豆食品发展的内生动力

大豆蛋白是植物蛋白中最优质的完全蛋白。在经历了 20 年的积累，行业生产的基础设施、工艺技术、装备、管理、生产人员技术素质等水平都有了质的提升，行业结构调整，产业升级势在必行。随着消费结构的升级，豆制品产品的内在品质升级、包装升级、渠道升级、服务升级，提升产品的附加值将是必然趋势。豆制品具有非常完备、丰富的产品体系，包括豆浆类等液态产品、以豆腐系列为代表的生鲜类豆制品、以各种口味的豆腐干等为代表的休闲类豆制品，以能量棒、大豆纤维饼干为代表的代餐食品，以腐竹、腐皮为代表的干燥制品，以冻豆腐、千页豆腐等为代表的速冻豆制品，以大豆冰激凌等为代表的冷饮豆制品，以毛豆、豆芽为代表的蔬菜，以豆浆粉为代表冲调代餐食品等等。在市场需求逐步从标准化为基础转向个性化为宗旨的定制化方向，企业的市场角色势必将朝着“生产服务型”升级，对于一些已经做好这方面布局的企业有利，比如一些中央工厂 + 店面现场加工服务的公司正在突颖而出。

2. 趋势

资本的进入将会迅速催生百亿级别的企业诞生。高品质的原料、天然绿色的配料、将是未来产品创新的基础。通过中央工厂 + 专卖店（或者专柜）的形式，值得研究。未来几年豆制品营业额的增长速度将高于消费数量的增长速度。资本要想在豆制品行业中有所作为，通过整合各地方的品牌企业应该是捷径。

豆浆这个品类的产品在消费量和产品线方面未来前景可期，需要做好品质基础，培育消费者对品质的认同需要耐心；未来产品附加值的提升还需要我们进一步努力。休闲豆制品需要提升产品加工过程中辅料及配料上的创新、绿色运用，进一步改进、提升产品的口味和品质。大豆食品加工机械与设备企业需要投入研发力量，大而全的竞争优势将会慢慢变弱，企业应该专注于专而精同时又具备有核心创新技术的装备，并要做好知识产权的保护工作。

3. 目标

按照农业部对大豆种植业的发展规划，我们的发展目标：今后每年用于食品的大豆使用量将增加 100 万吨以上。到 2020 年末，用于餐饮业作为佐餐或烹饪原料的大豆食品的大豆使用量要达到 500 万吨；用于休闲消费的大豆食品的大豆用量要达到 300 万吨；用于豆浆（奶 / 乳）品类大豆食品的大豆用量要达到 150 万吨；直接消费（包括家庭自制豆浆）的大豆为 200–300 万吨，比现在略有减少；用于作为食品工业配料的大豆用量将从现在的大概 200 万吨达到 300 万吨左右。每万吨大豆的平均产值达到 2 亿（现在 1.5 亿左右），行业的产值要达到 3000 亿以上。

【e. 机遇与挑战】

1. 消费升级带来产品附加值提升的机遇

豆制品产品的附加值在整个食品行业中处于中下

水平，消费升级的大背景下以品质提升、服务提升来促进产品价格（附加值）提升有很大的空间。

2. 新《环境保护税法》等法治环境的挑战带来企业升级的机遇

新《环境保护税法》和《环境保护税法实施条例》的施行对健在城市的生产企业的环保问题提出了大的挑战。但同时也加速了企业在硬件设备、设施的升级，也对于环保压力小的现做现卖、品牌连锁餐饮类小型单体店，却让出了很大的市场空间。

3. 厨房革命带来产品创新和物流配送的挑战，但同时也带来了产品结构调整和升级的机遇

豆制品作为餐桌上的必需品，随着消费者生活习惯的改变，对传统厨房食品形式要求正在发生深刻的变化，便捷、新鲜（包括绿色、健康）、味美是未来消费者在选择食品时考虑的关键因素，对豆制品企业产品创新和物流配送提出了更高的要求。

4. 监管、增值税率等市场环境趋于公平对行业发展的机遇

2019 年政府工作任务中着重提到了降低制造业增值税率到 13%，对于原来处于劣势的豆制品行业是机遇。2019 年政府工作任务中着重提到了以公正监管促进公平竞争，促进市场环境的公平建设，今后对于大企业和个体及小微企业的监管要求趋于公平，这将更加有利于促进行业优胜劣汰。2019 年 2 月份中共中央办公厅 国务院办公厅印发《地方党政领导干部食品安全责任制规定》。《规定》将会对食品包括豆制品未来规模企业的比重等行业格局产生重大而深远的影响。豆制品行业企业的装备更新、自动化程度的提升将会加速，企业生产卫生状况、食品安全水平将会进入一个新的局面。

【f. 大豆食品行业健康发展亟待解决的问题及建议】

1. 大豆根据大豆的不同用途，实行食品用大豆（soy for food）和榨油用大豆 (soy for oil) 分类管理。国产大豆的用途是食品，所以将食品用大豆和榨油用大豆进行分类管理，利于找准国产大豆的市场定位，有助于提升国产大豆的品质，增强市场竞争力。

2. 由于国产大豆 90% 以上的用途是食品加工，所以政府应尽快将服务国产大豆产业的重心从原来的压榨行业，该转移到对食品大豆产业链上。

3. 推行大豆等农产品产地标识制度，进行消费者教育，培养消费者对国产大豆的忠诚度。

4. 转基因标识制度的完善，进行阈值管理。

5. 平衡优惠政策，给大豆食品产业创造公平的市场环境。修改绿色通道的产品目录；劳动力成本的抵扣、增值税税率需进一步公平。

吴月芳

2.8　焙烤食品糖制品工业

【a. 概况】

2018 年，由于国家统计局加强统计执法，进一步规范规模以上工业企业统计范围，剔除重复计算和非工业生产经营活动剥离等原因，行业经济运行数据与 2017 年相比有所下降，但从全行业主营业务收入与利润总额增长水平来看，仍然处在良性发展轨道上。焙烤食品糖制品行业经过 20 多年的高速发展，逐步进入转型升级的关键时期，变革与创新既是行业的需求，也是时代的需求。

据国家统计局统计及行业测算，2018 年，国内焙烤食品糖制品行业（含糕点 / 面包、饼干、糖果巧克力、蜜饯、方便面和冷冻饮品）规模以上企业共 2987 家，同比减少 115 家，同比下降 3.71%；主要产品产量合计约为 2646.36 万吨，主营业务收入为 5634.05 亿元，同比增长 6.12%；利润总额为 513.21 亿元，同比增长 12.75%；出口交货值为 179.65 亿元，同比增长 9.27%。（见表 1）

表 1　焙烤食品糖制品行业 2018 年经济运行情况

行业		焙烤糖制品	糕点面包	饼干	糖果巧克力	蜜饯	方便面	其他方便食品	冷冻饮品
企业数	累计	2987	903	731	415	358	143	266	171
	同期	3102	902	759	441	379	436	185	
产量（万吨）	累计	2646.36	(407)	(647)	288.34	(188)	699.48	(177)	239.54
	同比%				5.86		4.19		-16.05
主营业务收入（亿元）	累计	5634.05	1139.71	1294.89	1242.82	376.36	810.69	496.71	272.88
	同比%	6.12	8.94	6.50	11.33	-7.95	6.99	2.10	-1.68
利润总额（亿元）	累计	513.21	132.14	103.94	110.35	31.05	86.42	32.56	16.74
	同比%	12.75	9.04	21.10	14.63	-3.86	27.39	-9.82	6.90
出口交货值（亿元）	累计	179.65	13.32	24.70	69.44	55.18	4.75	11.09	1.16
	同比%	9.27	-0.91	8.47	7.89	15.28	0.03	7.77	26.37

数据来源：国家统计局规模以上企业数据统计（即年主营业务收入 2000 万元及以上工业法人企业）。

括号内数字是行业测算数据。

【b. 行业特点】

1. 产业结构逐步优化，有序竞争的格局逐步成熟和稳定

焙烤食品糖制品行业是市场化程度较高的行业。随着改革开放的深入进行，外资和港澳台资企业、国有、集体、民营、股份制等多种体制企业共同发展的格局已经形成。产业结构在市场竞争中逐步优化，行业自律，有序竞争的格局逐步成熟和稳定。

2. 技术和装备水平得到了大幅提高，现代管理意识逐步增强

全行业经过多年的积累和发展，业内许多骨干企业的生产设备、检测水平和生产环境都有了较大改善，规范化管理意识逐步增强，众多骨干企业引入了 ISO9000 产品质量管理体系、ISO14000 环境管理体系、以及 HACCP 管理体系等管理模式，为保证产品质量奠定了良好基础，也为市场提供更多、更好、更安全的焙烤食品糖制品创造了先决条件，为持续发展奠定了较为坚实的基础。

3. 产品花色品种日益丰富，较好地满足了消费需求

自 2008 年 6 月 1 日《中华人民共和国食品安全法》实施后，广大人民群众的消费理念日益成熟，人们对焙烤食品糖制品的消费意识也在向着安全、营养、美味、时尚、个性化需要的方向转变。消费观念的更新推动了企业研发、生产、经营的新思路。5 年来，市场上焙烤食品糖制品的花色品种越来越丰富，较好地满足

了广大人民群众日益增长的高品质生活的消费需求。

4. 产品质量稳步提高，提供安全、优质的食品已成为行业共识

近年来，在国家加强食品安全管理的政策方针指导下，各级政府职能部门持续加大对食品安全的监管力度，相关食品安全法规和标准逐步完善，使得生产企业质量安全与诚信意识空前提高，尤其是知名品牌和行业骨干企业，均以保证产品质量安全为第一要务，管理体系进一步完善，而且投入了大量的人力和物力，以确保质量安全不出问题。近年来，在行业的共同努力下，焙烤食品糖制品行业基本没有大的食品安全事故发生，日常抽检的合格率也在不断上升，产品质量保持稳定提高。为消费者提供安全、优质的产品已成为行业共识。

5. 行业人才培养体制逐步健全，从业人员素质不断提高

近年来，行业逐渐认识到，企业要在激烈的市场竞争中站稳脚根，持续发展，必须要引进和培养高素质的科技人才和管理人才。基于企业发展需要，行业内陆续开展了各种形式的行业技能、管理等方面的培训和交流活动。中国焙烤食品糖制品工业协会一直把提高行业从业人员素质作为一项重要工作来抓，每年都组织相关从业人员进行专业培训，举办全国性技能竞赛，营造全行业钻研技术的氛围。近年来，全行业的从业人员素质明显提高，为行业的持续发展奠定了较为坚实的人才基础。

6. 品牌消费趋势明显

近年来，随着消费者文化层次、收入水平、消费观念的不断提升，为满足消费者获得高级需求的“品牌消费”愈加明显，“品牌消费”正在成为中国消费市场最明显的特征，食品领域的品牌消费趋势更加明显。

7. 互联网融入速度加快，销售渠道多样化

近年来，行业骨干企业都在积极拥抱互联网，融入新零售的时代浪潮。在互联网销售方面投入不断增加，经过不断探索，基本摸索出了适合自己企业发展的思路和做法。而互联网上的新品牌、网红产品也不断涌现，这些产品大多以独特的造型、新奇的口味、赏心悦目的包装来吸引消费者，这也是传统企业需要学习和借鉴的。

从以上行业数据及运行特点可以看出，虽然与前几年相比增长速度有所放缓，甚至某些子行业的数据略有下调，但全行业依然处在良性发展的轨道上，显现了本行业经过多年的发展，奠定了较为坚实的基础，也具备了一定的抗风险能力和持续发展的潜力。可以说焙烤食品糖制品行业依然是个充满活力的朝阳行业。

【c. 月饼行业】

2018 年，月饼产品已经基本回归传统食品和文化载体的自然属性，具体表现为产量稳步增长，利润率稳定适中，品牌集中度越来越高，行业整体进入平稳发展阶段。整体来看，月饼产量、销售额均比去年同期增长 10% 左右。

从全国月饼质量检测情况来看，在 2018 年中国月饼文化节系列活动中，由协会发布的“2018 年行业月饼产品质量抽检结果”显示，本次共抽检了 116 家企业生产的 136 种月饼产品，其中，有 2 个样品抽检不合格，合格率为 98.5%。截至 2018 年，协会已经配合国家有关检测部门连续 18 年对中秋月饼质量进行抽检，每年的抽检合格率都在 95% 以上，从多年的抽检结果可以看出，月饼行业的食品安全意识在逐步提高，产品质量总体较好。

由我会举办的 2018（第二十四届）中国月饼文化节系列活动的主题是“传承创新高质量发展，安全营养创美好生活”。2018 年月饼文化节主要活动有 2018 中国月饼行业市场趋势发布；2018 月饼质量行业抽查检验结果发布；2018 月饼行业骨干企业食品安全诚信承诺；2018 中国月饼文化节名优月饼表彰及产品展示；向武警天安门支队赠送月饼等系列活动。

【d. 标准化工作】

完成了《食品添加剂 胶基及其配料》申报立项工作。积极参与 GB 2760《食品添加剂使用标准》、GB 2761《食品安全国家标准 食品中真菌毒素限量》等食品安全国家标准的制修订工作。完成 GB19883-2005《果冻》国家标准修订工作。完成了《蜜饯通则》国

家标准的修订工作。完成了《面包》和《饼干》两项国家标准修订的申报工作。组织制定《可可粉中可可壳含量的测定方法》行业标准工作。完成了22个商业转轻工行业标准的申报立项工作。完成了《绿豆糕》《全谷物焙烤食品》《全谷物膨化食品》《全谷物冲调谷物制品》四个团体标准的制定工作。参加了工信部组织的《食品品牌培育实施指南》行业标准制定工作。完成了工信部《轻工业"十三五"技术标准体系建设方案》中"焙烤食品和糖制品行业"的编制工作。参与国家食品安全风险评估中心组织的《中国居民焙烤食品中添加糖含量专项调查与评估》的研究项目。完成食品安全国家标准审评委员会秘书处《关于调查辣椒橙等5种食品添加剂最大使用量的调查》等工作。完成国家风险评估中心《关于辣条中食品添加剂的调查》、《关于开展食品添加剂脱氢乙酸钠使用情况调查》、《食品中食品添加剂谷氨酸盐使用相关数据的征集》、《市售加工食品游离糖数据的征集》、《重点食品中咖啡因数据的征集》等工作。参与《饼干生产许可证审查细则》《糕点生产许可证审查细则》《膨化食品生产许可证审查细则》《冷冻饮品生产许可证审查细则》等相关产品审查细则的修订工作。配合国家市场监管总局的食品安全抽检工作，参与了焙烤食品、冷冻饮品和膨化食品等相关食品抽检项目和计划的制定工作。

【e. 行业展会】

第二十一届中国国际焙烤展览会于2018年5月9—12日在上海新国际博览中心举办，展览总面积20.4万平方米，较去年增长11.5%，吸引了来自全球27个国家和地区的2149家展商参展，德国、美国、意大利、荷兰等国家首次政府组团参展，展示面积超过2000平方米，展会共吸引了来自一百多个国家和地区的专业观众23.8万人次现场观展。同期举办的活动有：第十九届全国焙烤职业技能竞赛，其中包括全国面包技术比赛，全国装饰蛋糕技术比赛，全国月饼技术比赛；"盼盼食品杯"第八届全国职业技术院校在校生创意西点技术大赛；第四届MBA咖啡拉花大赛；第二届中国甜品锦标赛等活动。

2018中国焙烤设备及原辅料秋季展览会&中国家庭烘焙用品展览会于2018年11月1－3日在上海浦东新国际博览中心举办。展览会侧重于"秋季节庆+家庭烘焙"市场的新产品、新技术、新设备、新趋势。展览面积达到3.7万平方米，参展商502家，吸引了来自全球57个国家和地区的5万人次观众观展。展会现场同期活动有：2018年全国馅料专业委员会年会、2018年全国月饼行业总结会暨全国糕点专业委员会年会、2018中国焙烤行业国际高峰论坛、第四届全国婚礼蛋糕创意大赛暨英国国际蛋糕大赛中国区选拔赛、第二届"安琪酵母杯"全国职业院校在校生创意面包大赛暨UIBC国际青年烘焙师大赛中国区选拔赛、第三届大学生全国焙烤食品包装创意设计大赛优秀作品展示等活动。

第二十一届中国冰淇淋及冷冻食品产业博览会于2018年10月11－13日在天津梅江会展中心举办。展览总面积4万平方米，参展商400余家，参观人数超3万人。展会期间，由中国焙烤食品糖制品工业协会冷冻饮品专业委员会主办的2018年中国冷冻饮品发展高峰论坛暨行业年会、2018年全国冷冻饮品行业优秀品牌企业及特色产品展示活动、第五届意大利手工冰淇淋大师邀请赛、2018年中国冷冻饮品产业创新及发展论文征集活动、近年国际流行新产品展、2017至2018年度全国冷冻饮品行业优秀企业、优秀供应商表彰仪式等系列活动如期举办。

【f. 职业技能竞赛】

由中国轻工业联合会、中国焙烤食品糖制品工业协会、中国就业培训技术指导中心、中国财贸轻纺烟草工会联合举办的第十九届全国焙烤职业技能竞赛活动于2018年5月9—10日在2018中国国际焙烤展览会期间举行了全国总决赛。竞赛共设"维益杯"全国装饰蛋糕技术比赛、"顺南馅料杯"全国月饼技术比赛、"安琪酵母杯"全国面包技术比赛三个项目。全国共设十四个分赛区，有1500多人参加了预选赛，经过预赛的选拔，全国共有78名选手获得了决赛资格，最终46名选手在现场受到了表彰，其中9名选手获得由人力资源和社会保障部颁发的"全国技术能手"称号。本项竞赛已成为国内焙烤行业最权威的技能大赛，同时，也得到了国际焙烤行业的广泛关注，来自德国、美国、意大利、荷兰、日本、韩国等国家的代表团观摩了此次竞赛。

由中国焙烤食品糖制品工业协会、中国轻工业职业技能鉴定指导中心联合举办，福建盼盼食品集团冠名赞助的“盼盼食品杯”第八届全国职业技术学校（院）在校生西点创意大赛决赛于2018年5月10—11日在第二十一届中国国际焙烤展期间举行。本届大赛共有百余所食品类职业院校的238名在校生报名。在经历了三个月的前期初选和训练后，有80所院校的125名选手脱颖而出，进入决赛。最终有100名选手荣获大赛金、银、铜奖。

2018第二届“中国甜品锦标赛”由中国焙烤食品糖制品工业协会和西诺迪斯食品（上海）有限公司共同主办。两年一届的“西点世界杯”是1989年由西点大师派拉松先生创立的代表业内技艺巅峰的舞台。中国甜品锦标赛是“西点世界杯”的中国区选拔赛，获得金奖的胜出队将代表中国参加于新加坡每两年举办一届的“西点亚洲杯”，并与来自亚洲其它各国的代表队伍共同角逐下一年度在法国里昂举办的“西点世界杯”的参赛资格。

中国焙烤食品糖制品工业协会与王森国际咖啡西点西餐学院共同举办了2018年第四届MBA咖啡拉花艺术大赛，大赛咖啡业界高手云集，主办方邀请了全球知名的重量级评委。此项比赛为传统焙烤行业带来耳目一新的跨界体验，吸引了焙烤和咖啡行业的关注。

为促进我国意式冰淇淋产品的技术交流，引导和带动广大从业人员学习研发意式冰淇淋产品，由中国焙烤食品糖制品工业协会饼店委员会、冷冻饮品专业委员会、中国冰淇淋及冷冻食品产业博览会组委会联合主办，由青岛益达制冷设备有限公司、吉拉朵食品（青岛）有限公司、珠海雅富兴源食品工业有限公司赞助协办的2018第五届意大利手工冰淇淋大师邀请赛于10月11—12日在展会现场举行。来自全国各地的30位选手经过两天激烈紧张的比赛，共有10名选手进入了最后的决赛。最终决出金奖1名、银奖2名、铜奖3名。

【g. 国际交流】

应第三十九届国际手工冰淇淋、甜点、焙烤及咖啡展览会(Sigep)主办单位的邀请，由协会组织的“中国冰淇淋/焙烤食品行业考察团”于2018年1月12—23日对意大利、葡萄牙和摩洛哥的冷冻饮品和焙烤行业进行了历时12天的考察，并于1月19—20日参观了在意大利里米尼举办的Sigep展览会及相关活动。

在上海国际焙烤展期间，展会期间，协会领导及相关负责人与来访的德国、美国、意大利等国行业组织和相关政府机构负责人进行了座谈。

应第二十四届（IBA）国际焙烤展览会主办单位的邀请，由中国焙烤食品糖制品工业协会组织的“中国焙烤食品行业国际考察团”于2018年9月15—16日参观考察了在德国慕尼黑举办的第二十四届（IBA）国际焙烤展览会，并参加了相关行业活动。展会期间，朱念琳理事长与德国焙烤联合会主席Michael Whippler先生、德国焙烤联合会前任主席Peter Becker先生、德国GHM公司董事长兼总裁Dohr先生、美国烘焙师协会主席Robb Mackie先生、美国烘焙设备联盟主席Kerwin Brown先生等国际友人进行了亲切会谈。

【h. 行业主要活动】

2018年，理事长工作会议于3月30日在湖北宜昌市馨岛国际酒店召开。

2018年3月30日下午，部分省市焙烤糖制品行业协会（商会）联席会议在湖北宜昌召开。协会有关领导和来自全国各个省市行业协会的会长、秘书长等30多人出席了会议。

中焙糖协临时会员代表大会暨五届五次理事会于2018年5月8日在上海东郊宾馆会议中心召开。中焙糖协理事长、副理事长、常务理事和理事代表300余人参加了会议。

会议审议通过了协会2017年工作报告及2018年工作计划；通过投票表决，通过了第五届理事会常务理事单位、理事单位增补方案，以及中焙糖协会员会费交纳办法修改决定。并对参加第44届世界技能大赛和第三届亚洲西点竞技大赛的相关人员表彰进行了表彰。

2018 年协会各专业委员会针对本行业的发展状况和特点，开展了一系列相关活动和服务工作，取得了明显成效，增强了行业凝聚力。

【i. 行业问题】

产品同质化现象比较严重，差异化经营是行业的梦想，也是行业的痛点。焙烤食品糖制品行业门槛相对较低，企业固定资产投资相对较小，技术难度不高，市场消费受经济大环境影响不大。因此，导致小企业数量众多，众多中小企业甚至一些大企业创新乏力，奉行简单的拿来主义，仿冒跟风现象比较普遍，致使产品同质化现象比较严重。这必然导致市场的恶性竞争，面对市场竞争不断升级，企业机遇与挑战并存。目前我国焙烤食品糖制品企业尚处于发展阶段，与国外产品相比，在新品研发、口味多样化、包装个性化等方面都存在较大差距。因此，随着行业竞争升级，市场对焙烤食品糖制食品提出了更高的要求，只有不断创新和走差异化道路才是行业健康发展的方向。差异化经营是行业的梦想，也是行业的痛点。

企业经营成本持续增加，中小企业经营状况艰难。2018 年，企业的原料成本、用工成本、运输成本，以及经营成本呈持续上涨趋势，由于市场竞争激烈以及品牌劣势等因素，又很难提高产品价格，使得绝大部分中小型企业利润明显下降，经营状况比较艰难，发展壮大更是困难重重。

众多中小企业实力不足，品牌消费和品牌培育的矛盾凸显。目前在我国焙烤食品糖制品行业，中小型企业所占行业企业总数 90% 左右。行业里为数众多的小型企业，规模不经济，资源利用不合理，技术和管理水平不高，产品质量得不到可靠保证，人才相对缺乏，农产品价格及原辅料、交通、能源价格上涨，生产成本持续增加，小型食品企业获利艰难。另外，小企业信用等级低，信贷困难，普遍存在资金不足问题，严重制约企业技术创新的步伐。

随着品牌消费的理念越来越深入人心，大型跨国企业对中国市场的关注度和投入力度越来越大，市场占有率也日渐增加，而对于近年来崛起的大批民营企业来说，品牌培育的难度和艰辛可想而知，品牌消费和品牌培育的矛盾是整个行业进步和发展的“瓶颈”之一。

转型升级是行业的共识，但真正实现突破任重道远。对于焙烤食品糖制品行业来讲，产品技术含量相对较低，真正创新难度较大，跨行业转型的难度和风险较大，近年来，屡屡出现跨行业投资转型失败的先例。使得许多行业企业对待跨界转型发展始终持谨慎乐观的态度。

近年来，随着我国人口结构变化及人力成本快速上升的影响，行业人工智能和自动化代替人工的经济性和安全性需求凸显。目前看，行业骨干企业在自动化升级改造方面投入逐年增长，但由于产品品类较多，单品产量较小，自动化人工智能升级难度较大。

转型升级是行业的共识，但真正实现突破难度较大，需要时间和探索，任重道远。

尽管如此，我们应该清醒地认识制造业转型升级的真正内涵。其实，企业发展过程本身就是一个持续转型升级的过程，转型升级也绝没有一个标准化的路径，它是基于本企业的现状，借鉴其他企业的成功经验，不断探索出来的个性化的唯一。落实到具体实践中，其实是从很多小步骤开始，不断转变的。比如精益管理改善，经营方向转变，经营范围扩展等。至于到底转型升级到什么程度，还是要看企业自己的实际情况，不管是走一步、还是两步、三步，对企业来说都是在进步。

【j. 大事记】

9 月，中国选手在世界面包、甜点糖艺大赛上双双摘冠。

9 月 18 – 20 日，德国慕尼黑“2018 国际焙烤展览会（IBA）”期间，由德国焙烤联合会、国际烘焙师及糕点师联盟 /(UIBC) 联合主办的“世界面包锦标赛”及“世界青年甜点糖艺世界大赛”在德国慕尼黑展览中心举行，这两项赛事云集了全球面包甜点行业的精英，是国际焙烤行业的顶尖赛事。本次参赛的中国代表队由中国焙烤食品糖制品工业协会组织选拔与集训，由协会副秘书长缪祝群带队参赛。在参赛选手的选拔与集训工作中，得到了三能器具（无锡）有限公司、安琪酵母股份有限公司、MIWE 公司以及苏州王森教育集团的全力支持。

德国 IBA 世界面包锦标赛是世界三大面包比赛之一，聚集了全球顶尖技艺的烘焙师。2018 年共有 12 支来自不同国家和地区的代表队参赛,分别来自中国、日本、韩国、德国、法国、挪威、荷兰、俄罗斯、西班牙、土耳其、美国和秘鲁，由朋福东和周斌组成的中国队以充满艺术感的作品毫无争议地夺得世界面包锦标赛冠军。

UIBC 世界青年甜点糖艺世界大赛参赛的国家有中国、巴西、德国、冰岛、日本、挪威、中国台湾等 7 个国家及地区，中国选手吕浩然最终不负众望，夺得总冠军。这是中国拿到的第一枚世界甜点糖艺大赛金牌，也是中国糖艺西点国际化时代来临的见证。

在世界大赛上荣获冠军，不仅为国争光，也展现了中国焙烤食品糖制品行业近年来取得的进步与发展。中国代表队在多年来把持榜首的欧、美、日等传统强队中脱影而出，对中国焙烤食品糖制品行业来说，具有里程碑式的重要意义。

张九魁

2.9 糖果巧克力行业

【a. 概况】

1. 规模企业数量及主要产品产量情况

根据国家统计局提供数据，2018 年，规模以上（主营业务收入 2000 万元及以上）糖果巧克力生产企业 415 家，总产量 288.33 万吨，同比增长 5.86%，同比增加 15.97 万吨。

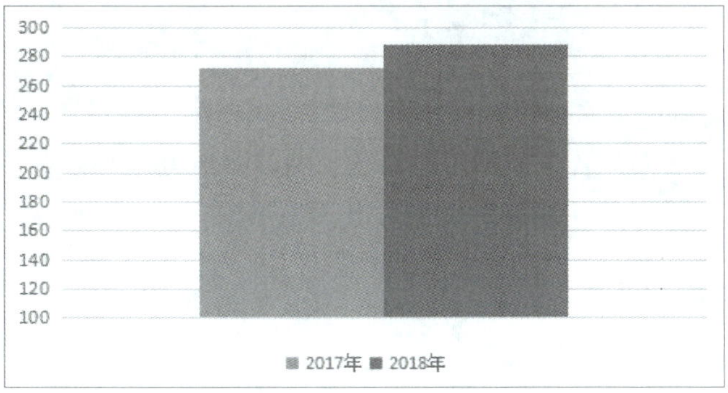

图 1. 2017 年、2018 年规模企业总产量对比

2. 整体经济效益情况

根据国家统计局提供数据，2018 年，规模企业全年主营业务收入 1242.82 亿元，同比增长 11.33%，；全年实现利润总额 110.35 亿元，同比增长 14.64%。

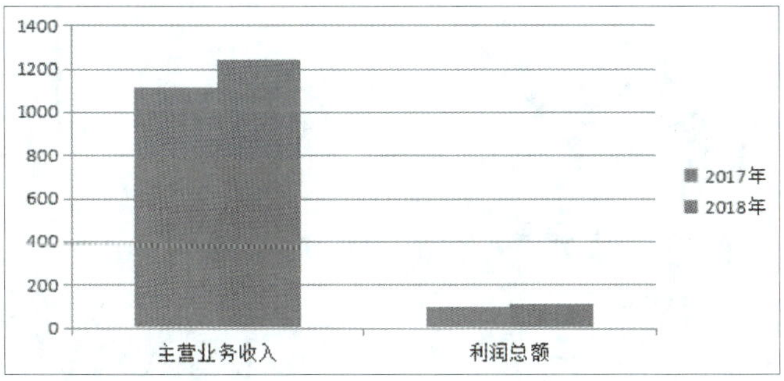

图 2.2017 年、2018 年规模企业主营业务收入和利润总额对比

2018 年，规模糖果、巧克力企业亏损 41 家，同比增加 8 家，亏损总额 2.60 亿元，同比减少 0.93 亿元。资产总计 787.68 亿元，同比增加 17.96 亿元；流动资产 787.68 亿元，同比增加 14.96 亿元，保持持续增长。全年产成品 37.82 亿元，同比增加 4.75 亿元；存货 83.73 亿元，同比增加 3.39 亿元。

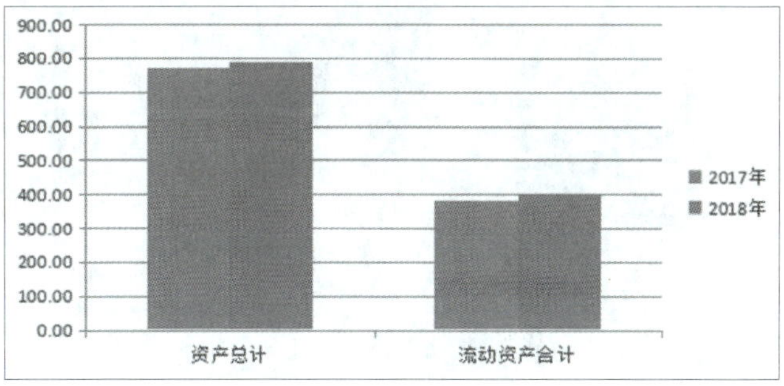

图 3.2017 年、2018 年规模企业资产流动对比

全年主营业务成本总计 925.33 亿元，同比增长 12%，其中，销售费用 129.85 亿元，同比上年增长 5%；管理费用 65.45 亿元，同比增长 5%；财务费用 6.97 亿元，同比下降 3.6%；利息支出 6.33 亿元，同比增长 4%。

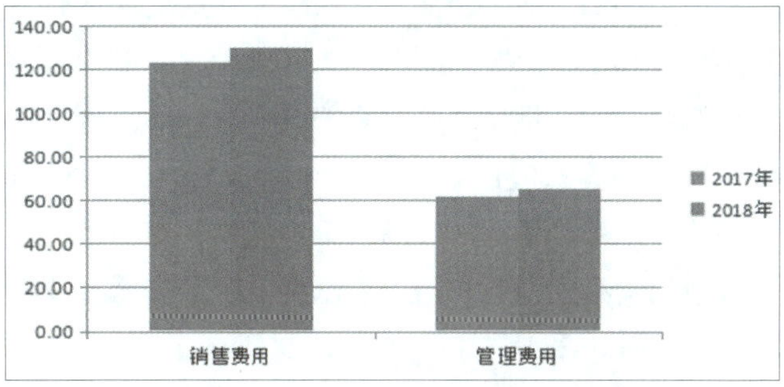

图 4.2017 年、2018 年规模企业主营业务成本对比（销售费用、管理费用）

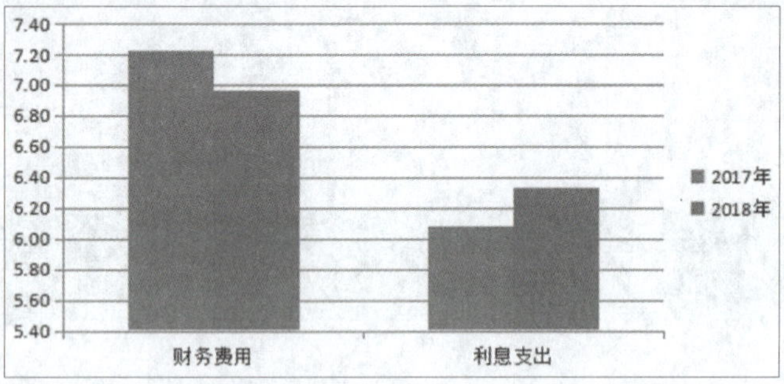

图 5.2017 年、2018 年规模企业主营业务成本对比（财务费用、利息支出）

3. 区域生产发展情况

根据国家统计局提供数据，2018 年，全国糖果产量排在前 5 位的地区分别是福建、广东、湖南、湖北、安徽，共生产糖果 212.62 万吨，占全国糖果产量的 73.74%。

图 6.2018 年全国各省份全年产量占比

【b. 食品安全状况】

根据国家市场监督管理总局公布数据，2018 年，各类食品（含保健食品和食品添加剂）监督抽检数量 3355882 批次，样品合格数量 3274679 批次，不合格样品数量 81203 批次，样品合格率 97.58%。其中抽检糖果制品 34307 批次，样品合格数量 33988 批次，不合格样品数量 319 批次，样品合格率 99.07%，样品合格率均高于平均水平（97.58%）。糖果巧克力生产经营企业的食品安全意识进一步增强，食品安全整体形势稳中趋好。

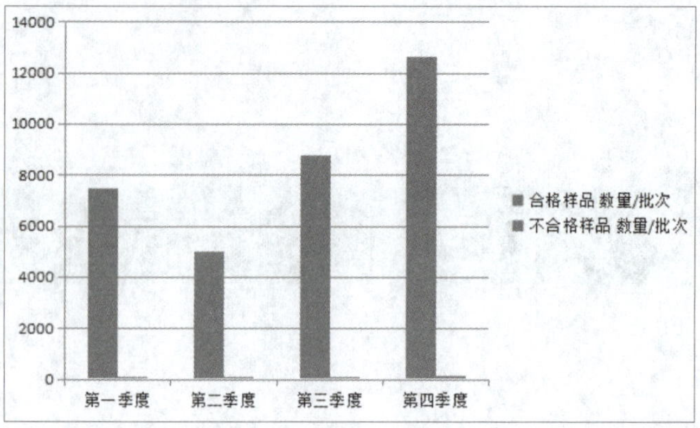

图 7. 2018 年四季度抽检糖制品情况

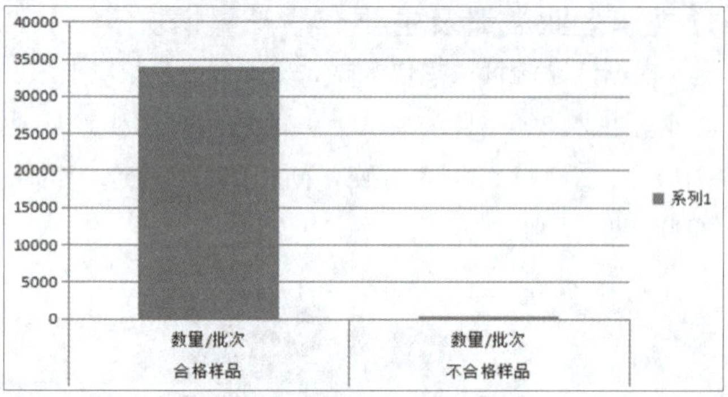

图 8.2018 年抽检糖制品合格率

刘雨芳

2.10 方便食品制造业

【a. 概况】

方便食品是以米、面、杂粮等为主要原料加工制成，可直接食用或只需简单烹制即可食用的食品，传统方便食品以主食类居多。2018年，我国方便食品行业发展整体保持良好的增长态势，在“实施创新驱动发展战略”中已迈出坚定的步伐。

2018年是中国改革开放40周年，经过40年快速发展，我国已成为世界上最大的农产品及食品生产国和消费国之一。改革开放40年来，我国食品行业从市场匮乏到物质丰富，从品种单一到特色频出，产品产量极大增长，许多新品填补了空白。食品科技创新层出不穷，成为推动行业转型升级的全新动能，并在向自动化、数字化、网络化、智能化领域进军。

高质量发展已成为新时代轻工业转型升级的主题词。随着“三品”专项行动、消费品质量提升、“一带一路”建设、传统工艺振兴等一系列国家战略逐渐深入实施，新一轮技术革命和产业革命交织背景下的质量变革、效率变革、动力变革正在同步推动轻工业产业升级和消费升级，轻工业深化供给侧结构性改革、提高供给体系质量也迎来历史性机遇。安全化、营养化、功能化、便捷化、个性化和精致化的食品正走进千家万户，不断满足人民对日益增长的美好生活的需要。

1. 主要经济指标

2018年，全国方便食品制造行业规模以上企业累计完成主营业务收入2940.1亿元，同比增长5.2%。主要经济运行情况如表1所示，其中，米面制品行业896.6亿元，同比增长5.3%；速冻食品行业736亿元，同比增长5.2%；方便面行业810.7亿元，同比增长7%；其他方便食品行业496.7亿元，同比增长2.1%。

表1 2018年全国方便食品制造行业经济运行情况

产品名称	规模企业数量/家	主营业务收入/亿元	利润/亿元	企业资产总计/亿元
米面制品	663	896.6	47.4	503.4
速冻食品	522	736	47.6	668.9
方便面	143	810.7	86.4	673.2
其他方便食品	266	496.7	32.6	337.9

资料来源：国家统计局

2. 行业发展分析

（1）价格

2018年，方便食品制造业利润总额同比增长14.4%，领先于食品行业6.1%的总体增幅，更是大幅领先于轻工行业5.8%的增幅。由此可见，在轻工业整体向高端化、智能化迈进的过程中，方便食品制造业在控制成本、合理经营方面走在了前列。

（2）市场

经党中央批准、国务院批复，自2018年起，将每年农历秋分设立为“中国农民丰收节”。我国是农业大国，重农固本是安民之基、治国之要。我国农民丰收节的设立具有重大的现实意义和深远的历史意义，有利于进一步彰显“三农”工作的重要地位。而大量农副产品转化为方便食品，为改善民生、保障“三农”利益及满足市场需求做出了重要贡献。

方便食品制造业作为我国改革开放40年间从无到有的全新行业，近年来，行业整体呈增长态势，经济规模不断提升，产品方便性、安全性、健康性、营养化不断增强，市场竞争力持续提升。同时，随着餐饮行业跨入4万亿元的新时代，“互联网+餐饮”迫切需求兼具“营养、安全、快捷、标准化”的方便食品，以解决市场高速发展引发的“燃眉之急”。冷冻食品行业率先抓住机遇，比对消费需求，研发出一系列能与厨师手工制作相媲美的家庭美食。如南方家家逢年过节必备的蛋饺，已由工业化生产替代了厨房繁琐的制作过程，如今短时间内即可呈现于消费者眼前。方便食品行业提升加工技术水平，正式开启与现代餐饮业深入对接之路。整个方便食品业与餐饮业对接中最活跃的两支力量是速冻鱼丸火锅料产品和咸味香精调味料。当网络快餐业急速发展时，不断上升的房租成本、人工费用和各分店的餐品质量与口味不统一等弊端让方便食品行业提供标准化的半成品成为可能。此外，当下餐饮企业呈现出对独有的、私人订制产品的青睐过于突出的现象，一些爆品或者老字号的产品都是独有的，导致研发和生产成本居高不下，这也是餐饮企业一直以来的一大痛点。方便食品企业可从中找到机会，帮助餐饮企业独有的爆品实现工业化和标准化。

（3）投资

2018年，全国规模以上方便食品制造企业资产总计2183.4亿元，同比增长5.2%。其中，流动资产总计1036.5亿元，同比增长1.2%。

目前，我国方便食品行业正处于消费理念、产品结构、生产技术、销售渠道等多因素“共振”的调整期，随着我国供给侧结构性改革的深入、人们消费水平的提高，方便食品行业在多因素的作用下更加充满活力。而消费需求的多元化、不同层次人群对方便食品需求的个性化，以及对品质追求的一致化都影响着我国方便食品行业的发展方向，也推动其创新与变革。随着市场的扩大及资本的介入，未来方便食品制造业仍会保持较高的投资热度。

（4）行业集中度

方便食品制造业目前主要以中小型企业为主，而方便面和速冻食品已表现出较高的为行业集中度。据中国食品科学技术学会数据。2018年，方便面行业排位前3的企业产量占所统计企业的64.6%。中华全国商业信息中心的数据显示，速冻食品前,3大企业2018年市场占有率为66.2%。挂面行业集中度多年以来一直较低，国内市场同比增长约4%，但行业分化趋势明显，中小企业占比下滑约10%，前10大规模企业占比上升约7%。在近些年快速崛起的辣条行业也同样面临着产业集中度低的问题，但区域性明显，河南、湖南两地生产企业占到了全国生产总量的90%以上。未来该行业仍然面临着进一步的整顿与整合。

（5）进出口

过去的一年，虽然受到人民币汇率震荡，进口成本提高，跨境电商税改新政，增值税、消费税取代行邮税等影响，进口方便食品依然在快速发展的物流和互联网经济下保持较好的态势。2018年，我国方便食品制造行业累计完成出口交货值66.2亿元，同比增长6.6%。而随着我国市场开放程度的不断加深以及鼓励进口政策的颁布，相关产品需求存在缺口，未来各类方便食品进入我国市场的步伐还将加快。

（6）重点行业

2018年，我国方便食品重点行业的主营业务收人均实现了不同幅度的增长。

①米面制品

以大米、面粉为原料，经粗加工制成，未经烹制的各类米面产品工业化生产主要以挂面、粉丝等为主。随着我国食品工业的消费升级和健康转型，2018年，挂面行业有胆识地推动了行业的产业创新和动能转化。营养强化以及蔬菜等健康食材的混搭和荞麦等杂粮食品的添加等，既赋予了产品天然多姿的色彩，同时也丰富了挂面的营养价值。

②速冻食品

速冻食品是食材经前处理及加工，结合快速冻结，使产品温度控制在-18℃以下，并运用冷链运输、销售及流通的预包装食品。通过对中华传统特色食品的开发，并加大与餐饮等业务市场的对接，速冻食品正以最大限度地保留食材的鲜香和营养回归家庭厨房的美味，迎来新的发展机遇。

③方便面及其他方便食品

方便面是传统食品工业化进程中最典型的代表产业，也是面制品在食品工业领域自动化水平最高的代表。我国方便面产量已列世界首位，但就总体而言，方便面行业的发展面临着时代需求变化下的瓶颈期，总体规模一直停滞不前。随着城市化步伐加快，城乡居民收入提高，外卖市场便捷丰富，方便面行业在消费升级的大趋势下，需凭借自身的创新实现行业触底回暖。

（7）“三品”战略实施情况

①增品种

近年来，随着外卖餐饮业的飞速发展，对我国方便食品业带来了巨大的冲击，但同时也为行业的创新打开了新的思路。针对市场上层出不穷的工艺上不断精进的产品，行业开始更多地用工业化手段还原地方美食，借助当代高速发展的物流传递到全国各地。实现“地方小吃”传统食品工业化，成为方便食品行业创新发展的又一方向。2018年，各种尽显异域风情和地方特色的经典风味在方便面、速冻食品和咸味香精调味料等领域纷纷呈现。

四川绵阳的特色美食米粉，在工业化企业的推动下，走上大规模生产之路；郑州原汤羊肉烩面也开始走出河南。速冻食品以工业化生产的方式推出了榴芒脆皮炸奶、黄金蛋饺、培根卷饼、鱼籽包等，并成为餐饮的“爆品”。速冻水饺馅料品种的创新也是2018年的一大特色，如猪小里脊搭配荠菜、马兰头搭配新鲜猪肉等。挂面行业在相对简单的载体上也在努力创新，包括多食材混搭、精致的包装和以小朋友作为消费人群的特殊造型等。科技创新突破了时空的界限，不同地域特色创新方便食品的加入使各制造商避开了同质化竞争。

②提品质

在全面推进“健康中国”国家战略的关键时期，方便食品行业顺势而为，不断推出兼具营养与美味的创新产品，最大程度减少了“工业味儿”，使产品回归传统与天然。2018年，方便食品行业在对我国传统饮食的开发及品质提升上进行了重要探索。如方便面行业以工艺革新创制蒸煮面，最大程度地保留了中国传统煮面条的营养和口感。挂面行业通过新工艺向面体中添加新鲜蔬菜、杂粮以及天然营养物质，以满足人们对营养健康的诉求。汤是传承我国古老饮食文化的最好体现，鲜汤往往是真材实料再经长时间熬煮之后的精华之物。方便面的创新产品在汤和配料中注重营养的搭配。枸杞、虫草花、人参等食材结合传统菜系的煲汤工艺，既保留了食材自然的鲜醇口味，又满足了消费者对地方特色口味的需求，不仅丰富了产品的口味，也提升了营养价值。而有的产品加入了黑蒜油包，在提升产品特色风味的同时，赋予了产品更多健康、营养的理念。

③创品牌

消费升级时代，消费者已不满足于商品的丰富度和价格优惠，在生活品质的驱动下，人们追求丰富多彩的精神文化生活和各种特定的社群、圈子。当今方便食品的主流消费群体无疑就是所谓的“90后”“00后”年轻消费者，如何精准营销到该群体中去，是对方便食品行业的挑战。

2018年11月11日，白家食品旗下“阿宽”品牌食品在天猫超市和京东超市的销量相较2017年同比分别增长了约70%和100%，在短短数月跻身全网方便面、粉丝品牌排名第七，方便面品牌排名第三；网红单品红油面皮产品排名方便面、粉丝单品销量第五，“双十一”当天销量约500万份。白家食品生产的“阿宽”系列关东煮、甜水面、酸辣粉、螺蛳粉、凉皮、勾魂米线、红油面皮、钵钵鸡等系列产品的陆续面市，不仅极大地满足了个性化市场的需求，还巧妙地传承和发扬了地方特色美食文化，堪称妙招频出。像这些多元化又极具特色的产品，不仅抓住了年轻人的胃，也成功撩动了年轻人的心。

（8）绿色制造、智能制造

随着我国经济的迅速发展，尤其是生活节奏的加快，促使人们改变了传统的生活方式。对于方便食品而言，这意味着新一代的消费群体在不断壮大。而行业巨大产值的背后，是我国食品机械装备的快速提升发挥了“助推器”般的作用。当前我国方便食品机械装备业的创新重点聚焦于增效、环保、高速和稳定，整体突破了诸多关键技术瓶颈，开始向高速、高效、大批量和精准化方向发展，并初步形成了自有的核心技术体系，为中国方便食品机械装备业提升自动化水平，进一步向智能化方向发展奠定了重要基础。

（9）包装与装备

我国方便食品行业巨大产值的背后，正是由于中国食品机械装备的快速提升发挥了“助推器”的作用。我国挂面行业装备已有质的飞跃，实现了工业化、高效化、自动化发展，智能化水平也在不断提升，同样挂面花色品种和多样化也发展迅速。

而在速冻食品方面，目前虽然整体处在较好的增长趋势下，但行业智能化工程技术水平亟待提高，并存在新技术研发、应用和推广滞后的问题，如真空预冷技术、电位水减菌技术、深层冻结技术、液氮和液化二氧化碳冻结技术、裸冻技术、冰点冻结技术、分段冻结技术等新型技术的应用滞后，新型节能冷冻技术应用缓慢。

（10）发展新亮点、新增长点

当前，美国、英国、韩国以及中国等多个国家都开始流行素食，为迎合素食潮流，方便食品企业及时抓住商机，推出以“素”为亮点的创新产品。不论是素拌面还是素香精，均以精准的定位聚焦多元化市场中的特定群体。

如五谷道场在2018年推出了一款素拌面，素食产品推出后的再度火热为企业自身赢得了发展空间，同时也迎合了现代人更注重健康和营养的生活理念。

【b. 行业面临的问题】

1. 政策与市场

（1）生产企业总体规模小，研发能力不足食品行业是一个门槛较低、竞争十分充分的行业。不同类型食品之间的替代性较强，除了产品本身的品质和对消费者需求的满足之外，品牌是食品行业较为重要的竞争手段之一。因此，对于一般的食品企业，如果作为食品行业的新进入者，或在市场的知名度不高、品牌效应还不是特别强时，将会面临激烈的市场竞争，有在市场中被淘汰的风险。

目前，方便食品行业中主要以中小企业为主，由于其自身研发与创新能力有限，因而存在产品同质化较为严重的问题，同时也在一定程度上限制了行业整体的发展。如何在“互联网经济”的大环境下，根据企业现有特色，找到合适的推广渠道，成为企业谋求突破的关键点。

（2）标准化水平还需进一步提升

2018年，国家卫生健康委员会推动制修订及发布多项方便食品行业食品安全国家标准。其中，中国食品科学技术学会参与了多项标准的制修订，包括正在修订的《食品安全国家标准速冻面米制品》（GB 19295-2011）已完成行业内征求意见，《食品安全国家标准 速冻食品生产和经营卫生规范》(GB 31646-2018）于6月21日发布。2018年11月29日，第一届食品安全国家标准审评委员会第十四次主任会议审议通过了23项食品安全国家标准（含修改单），包括《食品安全国家标准辣条》，这些标准的制修订及发布，将为规范方便食品的食品安全管理水平起到积极作用。

近年，开始流行的“自热火锅”等自热食品的相关标准还没有出台。目前发热包成分多为氧化钙、铝粒、碳酸氢钠、氧化钙、铝粉、碳酸钠、氢氧化钠等。尽管主流厂家有自己的企业标准，但是各个企业标准并不一致，因而需要加强对相关产品的标准化管理，以确保消费者能够放心选购、放心食用。

（3）原料规模化生产和质量稳定亟待加强

地域对食品行业的限制作用天然地影响着规模化生产，除了不同地区的饮食习惯各异之外，还因不同地区提供的食物制作原料不同所致。由于农作物、牲畜等农业在我国分布十分不均匀，具有地域特色的食品加工所在地往往选择这类食品原料产出较为集中的地方。因此，中国传统主食行业地域特色明显，跨区域经营无法保证所谓的“原汁原味”。食品企业需要结合当地的原料供应情况，对于方便食品制造更是如此。

（4）虚假信息传播管控及知识产权保护力度依然不够

方便食品虽存在安全隐患，但在互联网传播高度发达的现阶段，有不法分子会发布食品安全谣言，拍摄非真实的食品安全视频，恶意中伤相关食品行业以谋取利益，这同样值得关注与重视。

比如“塑料紫菜”“棉花肉松”“橡胶面条"等谣言小视频，就在不同程度上影响了老百姓的消费选择，进而波及相关行业，造成不少企业的经济损失。如今，谣言配上小视频这一“助推器”，更是令人防不胜防。

根据《中华人民共和国食品安全法》规定，“任何单位和个人不得编造和散布虚假食品安全信息”;“编造、散布虚假食品安全信息，构成违反治安管理的行为，由公安机关依法给予治安管理处罚”。此前“馒头掺卫生纸”.“吃大盘鸡感染 H7N9 死亡”“海鱼用福尔马林保鲜”等谣言的制造者都已经被警方依法予以拘留。

目前，公安部联合门户网站微博推出的“全国辟谣平台”已经上线，各地都有以省、市命名的“网警巡查执法”，用户可通过截图等方式对各种网络平台上的谣言进行举报。中国健康传媒集团也联合首批地方食药监管部门，启动了“食品安全谣言治理行动”。

2. 科技创新

在历经 40 年改革开放之后，中国食品工业已经进入了“粮食安全 -- 食品安 -- 营养与健康安全”的营养与健康时代，发展质量有了跨越式提升。产业高质量发展的背后，离不开人才培养和科研基础的夯实。科技创新对于方便食品行业整体提升的重要性不言而喻。

（1）行业自动化、智能化装备改造有待提升

经过 20 多年的发展，我国方便食品行业机械化水平明显提升，如速冻食品行业的大宗产品 -- 饺子、汤圆、馒头等的生产设备已实现部分自动化。但由于部分工艺过程的关键技术和设备不能自动化生产，所以还未实现全自动化。随着工业 4.0 的到来，智能化生产也已走进现代工厂，生产过程的工艺参数偏差自动反馈、修整，原材料的在线快速无损伤检测、准入，成品、半成品品质稳定的自动反馈、放行，智能化设备的使用，将极大提高行业产品质量的稳定性和促进行业效能的提升，缩小同国际社会先进水平的差距。而方便食品行业因是以中华传统食品的工业化为载体，所以主要靠我们自己去解决设备的技术问题。为此，政府应针对涉及民生的食品工程，出台资金支持、税收支持、技改支持的政策，尽早纳入智能制造的试点示范项目，开展自动化技术和装备的研发工作，全面提升行业智能化、自动化水平，推动行业快速发展。

（2）院企科研成果的转化对接力不强

近年来，院校科技工作者以“跳出窗外”的思维，启动对营养学、生命科学、基因工程、中医药学、生物工程和智能制造的交叉研究，探讨中国传统食品的质构、功能和机理，用前瞻性的视角和活跃的科学实践，引领和创新中国食品产业的未来。

但随着人们对营养健康食品需求的日益增长，对方便食品创新的需求也不断在提升。大型方便食品企业纷纷设立技术研发机构，有的也与知名院校开展科研合作，比如安井食品就与江南大学等高校保持长期合作开发关系。此外，部分企业还自行研发冷库、冷藏车，助力速冻食品向县城、乡镇市场下沉。目前存在着院校及科研院所对方便食品的创新研究力度和深度远不及企业，而方便食品企业大多为民营企业，对机理研究又不足的情况，行业亟须有效对接，以提升全行业的技术创新和生产力水平。

【c. 发展趋势】

伴随着食品消费的便利性、快捷性需求日益提升，个性化食品消费以及特色食品消费越来越明显，方便食品的细分品类也有多种发展方向。如老年食品消费市场值得关注，老年人更需要营养平衡，更需要通过丰富多样的食物来达到营养需求。同时，消费者对于食品需求是时刻变化的，有的产品可以从满足一些生理的需求着手，通过不同食用人群的分析，找到产品的核心价值利益。

1. 行业发展趋势

（1）方便食品主食进一步发展，完成厨房工程社会化

随着生活节奏的不断加快，家庭规模在缩小，人们希望能够从繁重的厨房工作中解放出来。因此，方便食品主食系列将会迎来发展，如速冻食品的鱼香肉丝、榨菜肉丝、梅菜扣肉、速冻蔬菜、净菜、冷却猪肉、牛肉等都受到都市消费者的喜爱；方便食品型粮食加工向更精细化发展，如用于煮粥的豆类混合米、米饭速煮米、面包自发面粉、炸鸡脆粉、油条专用粉等速食食品。

（2）微波型方便食品将会有发展契机

微波型方便食品具有时间短、经济实惠、不破坏食品原有风味等特点。美国、日本等发达国家已经有微波型方便食品发展的成功经验，考虑到我国消费市场、饮食结构、消费方式、生产工艺、消费水平等实际情况，应将国民喜爱的主食、点心、地方性特色小吃、风味菜肴作为微波型方便食品重点研究和开发的对象。

微波型方便食品实际就是微波技术的竞争。微波技术需要从食品自身微波热特性方面进行技术革新，加强技术创新。微波型方便食品在冷冻、解冻、加热等过程中，如何保持方便食品的良好品质，并能满足消费者对方便、营养、美味的需求，也是需要解决的技术课题。

（3）中华传统特色食品开发呈现强劲的发展态势

中华传统特色食品以工业化的方式进入市场，深受各地消费者喜爱，方便食品行业也由此得到快速发展。中华传统特色食品品种繁多，如江西的修水哨子、陕西的凉皮和荞面饸络、杭州的桂花糯米藕、云南的竹筒饭和苗家粉蒸肉等，让消费者方便地体验到中华区域传统美食，这也将是方便食品行业创新发展的方向。

（4）方便食品种类多样化

方便食品原料的多样化决定了方便食品种类的丰富多彩，目前除了米粉、面粉、马铃薯等原料外，还出现了一些新兴的食品原料（如果蔬干、牛肉干等）；在风味上，由于现在人们需求日益多元化、个性化，再加上香精香料行业的发展，方便食品风味出现了多元化格局；随着科学的发展，方便食品的加工工艺也将呈现多元化趋势，低温真空油浴技术、烘烤技术、微波膨化技术等现代加工工艺越来越受到方便食品公司的青睐。

（5）方便食品需求多元化

随着方便食品生产工艺的革新，食品种类更加多样化，食品包装也追求具有观赏性，以在满足品味要求的同时，满足消费者对美的需求。方便食品正朝着趣味化、时尚化的路径发展。

2. 产品创新趋势

市场需求的变化，使得企业在产品创新方面做出了很多改进，在不同领域都呈现出不同的特点和趋势。

（1）方便面行业

①还原面馆风味，使消费者身临其“店”。方便面产品越来越餐饮化，无论是风味还是形态，都更加接近于面馆里刚出锅的一碗面，香气更加诱人。近年来，方便面企业如康师傅、统一、今麦郎、白象、日清等，更是利用创新技术改进工艺，逐步去除方便面工业痕迹，回归自然、回归厨房，让消费者即使在家里，也能体验到与面馆相同的风味与品质，如今麦郎的“老范家面馆面日清一风堂豚骨拉面”等。

②尽显地域风味，传承经典。各种尽显异域风情和地方特色的经典风味在方便面领域纷纷呈现。运用科技创新突破地域界限，开发不同地域特色的创新产品，如白象酱拌面和日清意面等。

③强化营养概念，以健康为本。康师傅的“豚骨”系列和统一的“汤达人”系列等各类行业内中高端产品将方便面进行营养方面的强化，已经得到了普遍认同，在汤和配料中更加注重营养的搭配。

④对接休闲食品，求新求变。

伴随着人们消费方便面场景的变化，方便面也在消费者的生活中逐渐变换着角色。方便面作为代餐的功能在弱化，与休闲食品之间的边际正在模糊。很多方便面产品从包装、名称食用方法等多个方面，力求能有新意，有所突破。

⑤满足多元化需求，紧跟时尚。为迎合消费群体的多元化、个性化需求，方便食品行业开始专注于特定人群的产品研发，同时在产品中多方位多角度不断融人创新元素，丰富产品品类，助推行业可持续发展。

（2）米面制品行业

2018 年，挂面行业的创新十分活跃，亦由此形成了各具优势的差异化竞争格局。特色产品、健康需求、小众多元、追求时尚、跨界交叉，已成为 2018 年挂面行业的亮点。

中小企业新增产能主要为生产特色面。“健康、便捷、营养、儿童”，成为挂面产品四大趋势。

（3）速冻食品行业

近几年来，消费者对速冻食品的需求不断增加。一方面，现今的生活节奏越来越快，而传统烹饪环节多而复杂，导致年轻人下厨时间较少。外卖虽然越来越便捷、普遍，但常被曝出各种健康、卫生问题。速冻食品一方面既满足了容易烹饪、食材营养的要求，又顺应了年轻人懒、宅的心理。另一方面，速冻食品不添加防腐剂，依靠低温来保鲜保质，符合人们追求健康、卫生的消费观念，因而在家庭餐桌上愈加常见。

随着速冻食品行业的竞争日益加剧，依附于零售终端的销售模式已难以满足速冻食品企业的快速发展。加大对餐饮渠道的开发力度，将是业内各企业的迫切之选。速冻食品进入餐饮渠道，除了传统的火锅店、饺子店，速冻鱼糜制品、速冻肉制品还先后打入了关东煮、麻辣香锅、麻辣烫等餐饮业态，一些速冻面条制品还进入了焖面店、粥铺。借此契机，速冻食品在外卖餐饮中的需求快速增长，特别在麻辣烫、烧烤、冒菜、速食便当等餐饮形态中使用广泛。

（4）生产装备智能化，提升食品安全与营养

近年来，增效、环保、高速、稳定成为方便食品行业机械设备的创新主流，配料生产装备的连续化、智能化成为趋势。如通过装备智能化提升，让挂面行业可以与其他种类产品相互融合，实现交叉与延伸发展，并逐渐向更高质量、更高附加值的方向发力，使营养、健康成为挂面行业的趋势。此外，通过现代工业化方式演绎传统风味也成为挂面行业创新的一大趋势。

【d. 政策建议】

近年来，人们的食品消费模式正逐渐从生存型向享受型转变，消费者对休闲食品的需求也从过去纯粹追求口感逐步向多元化方向发展。同时，国家连续出台了一系列扩大消费和支持方便食品产业的政策措施，鼓励对方便食品企业进行改革和升级，建立开放、规范、诚信、安全的电子商务发展环境，实现了进一步推动方便食品行业规模的持续增长。为实现方便食品行业的稳定健康增长，仍需要瞄准以下几个方面，逐步完成行业内的改革。

1. 保持东方食品特征

方便食品在发展中注重产品的精致化、高端化和品牌化固然重要，但特色化、本地化方能在让产品保有生命力。这也就意味着，我国方便食品的制造一定要有区别于其他国家和地区的原创性产品，能体现传统中华饮食文化精髓。

2. 增加产品附加值

随着快速消费时代的到来，消费者对于食品的健康和营养也会持续投入更多的关注。企业在开发中高端产品时，首要考虑的就是通过提高产品营养价值的方式。以挂面行业为例，高蛋白面条可以实现挂面在概念、健康及口感方面的多方升级。伴随健身产业的迅猛发展，低脂高蛋白饮食作为配套生活方式被广泛接受。越来越多高蛋白宣称的产品已经开始在市场上涌现。乳蛋白是公认的优质动物性蛋白质来源之一，是优质必需氨基酸来源，可以弥补谷物蛋白必需氨基酸缺陷。在挂面产品中添加一定比例的浓缩乳清蛋白，可以补足赖氨酸，并使终产品具有更好的质构和感官特性。

3. 对接餐饮业，谋求新发展

对连锁餐饮来说，对餐食标准化的需求很高，工业化的食品企业通过标准化生产半成品就是一个比较好的切入点。新餐饮成为餐饮增长的主要驱动力，这也恰好给很多速冻食品中小企业提供了在新的食品潮流中试身的机会。

4. 加强方便食品质量安全建设

食品安全问题一直是全国人民关注的焦点，政府部门必须加强监管。要按期检查商家所售食品的质量安全，加大对商户的法制教育力度，同时加大对违法犯罪的处罚力度，规范商家行为。

以冷链运输为例，当前，我国冷链物流发展严重不足，物流设施分布失衡，冷库大多集中在东部沿海地区，中西部地区严重短缺。易腐食品冷链运输率低，相关食品安全事件屡屡发生，冷链物流落后引发的食品质量安全威胁亟须重视。为加快提升我国冷链物流发展水平，保障食品质量安全，相关部门应统筹基础设施建设，建立高效物流网络；加强对技术装备的研发应用，推进电子信息化进程；加快完善标准体系，

健全服务规范制度；完善行业监管机制，建立企业信用体系。

5. 全产业链安全风险防范、预警体系亟待完善

方便食品行业中应用的农产品种类繁多，原料的微生物污染问题、重金属问题、农业兽药残留问题，加工过程有害物质产生问题，流通过程微生物增殖问题，都会对企业及行业造成不可挽回的损失。因此，应完善全产业链的安全防范、预警体系，从源头防范，全链条防范，及时预警，才能保证行业健康发展。

6. 加强食品安全科普

加强食品安全科普教育，用老百姓听得懂的声音去传递食品安全科学知识，促进全社会食品安全基本认知的形成，是我国食品安全体系建设、促进食品产业持续健康快速发展基本战略的重要组成部分。

开展食品安全科普教育就是要给消费者一双慧眼，引导公众正确看待食品安全问题，提高人们对食品安全常识的知晓程度，不仅告诉人们哪些食品不能吃，还要告诉人们哪些食品能吃，从而不被一些不负责任的负面新闻或坊间流传所误导，增强人们对食品安全的自我防范意识和辨别能力，推动全社会食品安全共治局面的形成。

中国食品科学技术学会

2.11 冷冻冷藏食品工业

【a. 概况】

2018 年，冷冻冷藏食品工业企业积认真贯彻执行国务院关于“加强冷链物流保障食品安全促进消费升级”（国办发 29 号）文件精神，积极应对年内突发的非洲猪瘟疫情及国际贸易战风波给行业带来的压力，坚持以食品安全为基准，以消费市场为导向，加速产品创新研发，提升技术装备水平，有力满足食品市场消费升级需求，全年工业经济良好稳定运行，基本面持续向好。

1.2018 年冷冻冷藏食品工业运行特征

根据国家统计局提供数据，2018 年，全国规模以上冷冻冷藏食品工业企业 1.2 万家，完成主营业务收入 1.9 万亿元，同比增长 5.1%，占食品工业（不含烟草制品业）主营业务收入比重达到 24.4%，发挥出基础民生产业作用。2018 年冷冻冷藏食品行业完成主要经济指标见表 1。

表 1 2018 年冷冻冷藏食品工业完成主要经济指标

单位：亿元、%

	主营业务收入	
	全年累计	同比增长
全国规模以上工业	1022241.1	8.6
食品工业总计	80903.2	5.4
其中：冷冻冷藏食品工业	19755.2	5.1

注释：1. 上表中增长速度均按可比口径计算；

注释：2. 全年累计报告期数据与上年公布的数据之间有不可比因素，主要原因：①对统计调查工业企业范围调整；②加强统计执法，不符合规模的企业进行清理，数据进行修正；③剔除跨地区、跨行业重复统计数据；④“营改增”后，部分工业企业转向服务业，使工业企业财务数据减小。

注释：3. 数据来源：国家统计局官网

注释：4. 冷冻冷藏食品工业行业范围：屠宰及肉类加工、冷冻水产品加工、蔬菜水果加工、豆制品制造、蛋品加工、冷冻米面食品制造、冷冻烘焙食品制造、冷冻饮品制造、冷冻调理品制造等行业。

2. 满足市场消费升级新趋势

2018 年，冷冻冷藏食品门类增加，品种多样，产品结构优化升级，向定制化、高端化、差异化方向发展，有力满足市场消费升级趋势，对安全、营养、方便、快捷的需求。主要冷冻冷藏食品产量稳定增长，全国鲜冷藏肉产量 2729.3 万吨，同比增长 1.3%；冷冻水产品 663.5 万吨，同比下降 0.3%；速冻米面食品 310.2 万吨，同比增长 7.2%；冷冻饮品 239.5 万吨，同比下降 16.1%。

速冻果、蔬及鲜切蔬菜消费市场趋旺。果蔬产品是与“三农”联系紧密，与居民日常消费息息相关。伴随现代消费升级、生活节奏加快，鲜切蔬菜及速冻果蔬产品受到团餐及连锁餐饮等业务渠道追捧，同时大量进入百姓日常生活消费。净菜销售比例显著提升，净菜产业发展十分迅猛。

速冻调理食品市场持续高温。以速冻鱼糜制品、速冻肉制品为主的火锅料制品市场，市场潜力巨大。鱼丸、肉丸等火锅料逐渐以鱼滑、关东煮、麻辣烫等休闲形式风靡市场，消费方式的多样化拓展了市场需求，调理品的生产也弃低端产品转向高端化发展。

冷冻烘焙食品市场芳香四溢。伴随冷冻烘焙技术进展，及连锁面包店，咖啡店等休闲门店数增加，冷冻烘焙食品成为各业务渠道首选。据行业统计，糕点面包产量突破400万吨，国内冷冻面团生产线增加，冷冻烘焙食品市场看好，成为食品行业一大亮点。

3. 经济效益改善提高

2018年，冷冻冷藏食品工业实现利润总额1058.9亿元，同比增长7.7%。分行业看：禽类加工业、速冻米面食品行业、豆制品加工业、肉制品及副产品加工业、冷冻烘焙食品制造业完成利润总额分别同比增长26.4%、24.9%、11.6%、10.4%、9.0%，对全行业利润增长贡献较大，成为年度冷冻冷藏食品工业亮点。

应看到，冷冻冷藏食品工业是外向型产业，年内受到贸易战波及，出口额下降6.1%，经济效益波动，行业亏损面13.5%，亏损企业亏损额同比增长22.3%。受非洲猪瘟疫情影响，2018年冷冻冷藏食品工业主营业务收入利润率水平整体不高。全年盈亏相抵后行业利润率5.36%，即每百元主营业务收入实现利润5.36元。比全国规模以上工业平均水平低1.13个百分点，比食品工业平均水平低1.77个百分点。

4. 细分市场精彩纷呈

（1）冷冻烘焙食品制造业

2018年，面包糕点制造业运行良好，成为食品行业一大亮点。居民消费需求拉动，及国内烘焙门店数，休闲咖啡门店增加，对高品质、差异化烘焙产品需求上升。全年规模以上面包糕点企业903家，完成主营业务收入1139.7亿元，同比增长8.9%，增速比冷冻冷藏食品工业高4.8个百分点，实现利润总额132.1亿元，同比增长9.0%，比冷冻冷藏食品行业高1.3个百分点。

全国冷冻烘焙食品企业积极开展技术进步工作，生产装备自动化水平提高，产品产量大幅提升，同时增加产品门类、花色品种，有效满足市场需求。

表2 2018年冷冻烘焙食品行业完成主要经济指标

单位：亿元、%

	主营业务收入		利润总额	
	全年累计	同比增长	全年累计	同比增长
食品工业总计	80903.2	5.4	5770.9	10.8
冷冻冷藏食品工业	19755.2	5.1	1058.9	7.7
其中：面包糕点制造业	1139.7	8.9	132.1	9.0

（2）豆制品制造

2018年，我国豆制品制造业工业量升价增，工业生产、经济效益同步上行。受国民对营养健康追求拉动，广大豆制品企业积极创新研发，有效满足市场升级需求。规模以上678家豆制品生产企业，完成主营业务收入722.7亿元，比上年同期增长9.9%，实现利润总额42.5亿元，同比增长11.6%。主营业务收入利润率5.9%，每百元收入实现利润比上年增加0.1元。

表3 2018年豆制品加工业完成主要经济指标

单位：亿元、%

	主营业务收入		利润总额	
	全年累计	同比增长	全年累计	同比增长
食品工业总计	80903.2	5.4	5770.9	10.8
冷冻冷藏食品工业	19755.2	5.1	1058.9	7.7
其中：豆制品加工业	772.7	9.9	42.5	11.6

从豆制品市场竞争情况分析，北京白玉、杭州祖名、上海清美、上海汉康、深圳福荫、苏州金记等企业均是或以豆腐等鲜货起家或以豆腐为主打产品，同时辐射了豆浆、豆腐干等其他类豆制品。此外，一些颇具实力的投资者、经销商看好大豆食品市场潜力，纷纷转入豆制品行业，其中最具代表性的有：四川徽记食品、上海金丝猴纷纷进入休闲豆腐干领域，并创下佳绩；益海嘉里旗下著名品牌“金龙鱼”增加了豆浆粉产品；黑龙江北大荒也增加了豆腐、豆浆等新品种。规模企业的飞速发展，以及其他行业的企业正在以不同的方式和不同的产品定位进军大豆食品产业，使得市场竞争愈加激烈，但也同时有力的推动了行业的发展。

但是，由于豆制品行业进入门槛低，目前仍存在品牌众多，良莠不济的问题，缺乏全国性品牌，且由于产品创新程度低，产品同质化严重的问题，产品仍处在打价格战的阶段。未来，休闲豆制品行业仍需加大科研投入，在产品口味、包装形式及品质上有所提升。

（3）冷冻饮品制造业

2018年，冷冻饮品制造业呈现新型消费特点，向提质增效、高端化方向发展。在生产规模没有得到扩大同时，而行业实现利润大幅增长，产品价值得到提升。从经济指标看，2018年冷冻饮品主营业务收入同比下降1.7%，产量同比下降16.1%，实现利润增长6.9%。

冷冻饮品市场推崇传统特色文化消费，场所消费模式，打造新型消费模式。

表 4 2018 年速冻米面食品制造业完成主要经济指标

单位：亿元、%

	主营业务收入		利润总额	
	全年累计	同比增长	全年累计	同比增长
食品工业总计	80903.2	5.4	5770.9	10.8
冷冻冷藏食品工业	19755.2	5.1	1058.9	7.7
其中：速冻米面食品制造业	736.0	5.2	47.6	24.9
其中：冷冻饮品制造业	272.9	-1.7	16.7	6.9

速冻米面食品制造业核心企业竞争力成为亮点：正大食品企业从生产饲料，到鸡肉、猪肉，近年来大举进入速冻米面食品制造业，凭借雄厚资金、技术实力，全套引进数条国外生产线，生产蒸饺、饺子、包子、馅饼、中式米饭炒菜等产品，生产过程全自动、规模化生产，成为速冻米面食品行业生产的佼佼者。三全食品、郑州思念等行业龙头企业，在坚持速冻面点规模化生产的同时，开发米饭、菜肴、牛排等快餐食品，开拓食品消费新市场；福建安井食品有限公司 2018 年生产经营又上新台阶，在生产鱼糜调理食品同时，研发米糕，手抓饼等面点，在速冻面米行业占据较大份额；新希望六和食品有限公司从生产饲料起家，目前产业链已扩展到速冻调理品，中式菜肴等；龙头企业规模化生产，极大促进行业发展。

（4）冷冻水产品加工业

2018 年，冷冻水产品加工业稳定发展。规模以上冷冻水产品加工企业 1408 家，完成主营业务收入 2433.6 亿元，同比增长 0.7%，实现利润总额 116.2 亿元，同比增长 4.8%。生产冷冻水产品 663.5 万吨，同比下降 0.3%。

冷冻水产品生产企业积极参与国际食品贸易，是我国出口主要产品，2018 年，完成出口交货值 1065.4 亿元，占行业规模四成。

表 5 2018 年冷冻水产品加工业完成主要经济指标

单位：亿元、%

	主营业务收入		利润总额	
	全年累计	同比增长	全年累计	同比增长
食品工业总计	80903.2	5.4	5770.9	10.8
冷冻冷藏食品工业	19755.2	5.1	1058.9	7.7
其中：冷冻水产品加工业	2433.6	0.7	116.2	4.8

（5）屠宰及肉制品加工业

2018 年屠宰及肉制品加工行业运行跌宕起伏，据农业农村部信息，自 2018 年 8 月，我国辽宁省发生首例非洲猪疫情，疫情由北向南，28 个省区发生 111 例疫情。受影响最大的养殖环节，生猪包括母猪存栏明显下降，生猪产能大幅度减少，是近 10 年来最大降幅。预计影响到 2019 年第 3、4 季度生猪市场，数量下降，价格上升。

国家有关部门及时整治，出台多项政策措施，包括不得异地调运生猪、加强生猪检疫等管理措施，2018 年，疫情得到有效治理。受上游生猪养殖业影响，生猪屠宰加工行业出现波动，从经济指标看，牲畜屠宰行业亏损企业亏损额上升 41%，利润率下滑，涉及猪肉原料的食品制造企业也受到波及。

我国是肉类消费大国，生猪存栏下降，禽类、牛羊肉消费明显上升。据白羽鸡行业协会信息，2018 年 H7N9 流感低发，消费市场转向正常趋旺。鸡肉库存处于低位，走货良好，价格有望回升。据国家统计局数据，2018 年全国 722 家禽类屠宰加工企业，完成主营业务收入 2236.8 亿元，同比增长 11.1%，实现利润总额同比增长 26.4%，主营业务收入利润率 2.63%，每百元同比增加利润 0.32 元，经济效益得到提高。行业整体良好快速发展。

肉制品加工行业运行良好，产品向低温化、高端化、休闲等方向发展。生产企业与下游餐饮酒店沟通，对口设计研发预制肉制品，减少了餐厨成本，增加了经济效益。2018 年，规模以上肉制品加工企业 1863 家，完成主营业务收入 3718.8 亿元，同比增长 5.3%，实现利润总额 224.5 亿元，同比增长 10.4%，肉制品产品附加值较高，主营收入利润率 6.04%，每百元同比增加 0.28 元，利润率水平处于较高水平。

表 6 2018 年屠宰及肉制品加工业完成主要经济指标

单位：亿元、%

	主营业务收入		利润总额	
	全年累计	同比增长	全年累计	同比增长
冷冻冷藏食品工业	19755.2	5.1	1058.9	7.7

	主营业务收入		利润总额	
其中：屠宰及肉制品加工业	9389.96	6.34	415.51	12.60
牲畜屠宰	3434.32	4.59	132.20	10.90
禽类屠宰	2236.83	11.10	58.78	26.43
肉制品及副产品加工	3718.82	5.26	224.53	10.43

5. 积极参与国际市场竞争

冷冻冷藏食品工业企业是我国食品进出口贸易的主力军，2018年，冻品进出口贸易额占全部食品进出口贸易额21.5%。据海关统计，2018年，我国冻品进出口2560亿元人民币，同比增长8.9%；其中出口1054.7亿元，同比下降6.3%；进口1505.3亿元，同比增长22.8%。

（1）一般贸易占四分之三

2018年，我国以一般贸易方式进出口冻品1917.8亿元，同比增长14.5%，占同期我国冻品进出口总额的74.9%；其中，出口728.1亿元，同比下降9.7%；进口1189.7亿元，同比增长36%。以加工贸易方式进出口419.1亿元，同比增长10.5%，占16.4%；其中，出口252.5亿元，同比增长6.2%；进口166.6亿元，同比增长17.8%。

（2）民营企业占主导

2018年，我国民营企业进出口冻品1897.4亿元，同比增长12.4%，占74.1%；其中，出口830亿元，同比下降5%；进口1067.3亿元，同比增长31.2%。外商投资企业进出口436.1亿元，同比下降17.9%，占17%；其中，出口196.5亿元，同比下降12.4%；进口239.6亿元，同比下降21.8%。国有企业进出口226.5亿元，同比增长70.7%，占8.8%；其中，出口28.2亿元，同比增长4.2%；进口198.4亿元，同比增长87.8%。

（3）东盟为我国冻品外贸第一大伙伴

2018年，东盟为我国最大冻品进出口贸易伙伴，进出口384.4亿元，同比下降3.6%，占15%；其中，出口213.3亿元，同比下降15.5%；进口171.1亿元，同比增长17.1%。欧盟为第2大贸易伙伴，进出口317.9亿元，同比增长0.2%，占12.4%；其中，出口133.5亿元，同比增长6%；进口184.4亿元，同比下降3.6%。美国是第3大冻品贸易伙伴，进出口224.3亿元，同比下降19.6%，占8.8%；其中，出口111.8亿元，同比增长1.4%；进口112.6亿元，同比下降33.3%（表8）。

表7　2018年我国对主要冻品贸易伙伴进出口表

单位：亿元、%

国别或地区	进出口合计		出口		进口	
	金额	同比	金额	同比	金额	同比
东盟	384.4	-3.6	213.3	-15.5	171.1	17.1
欧盟	317.9	0.2	133.5	6.0	184.4	-3.6
美国	224.3	-19.6	111.8	1.4	112.6	-33.3
巴西	191.6	37.1	7.2	-46.6	184.5	46.0
俄罗斯	172.5	26.8	34.9	-12.9	137.6	43.4
日本	170.3	-0.9	164.9	-1.0	5.4	4.1
中国香港	149.4	-5.7	149.4	-5.7		
澳大利亚	144.1	58.3	7.4	2.2	136.7	63.2
新西兰	116.7	28.4	1.7	-9.4	115.0	29.2
加拿大	111.4	6.0	18.7	-15.2	92.7	11.6

（4）进出口商品结构更趋集中

2018年，出口额位居首位的为水产品，出口222.7万吨，同比下降5%，价值579.3亿元，同比下降2.2%；蔬菜出口752.6万吨，同比增长1.9%，价值404.1亿元，同比下降11.5%；上述2项商品合计占冻品出口总额的93.2%。进口值位居第1位的为肉制品，进口406万吨，同比增长4.2%，价值725.3亿元，同比增长13.4%；水产品进口293.9万吨，同比增长17.1%，价值668.2亿元，同比增长44%；上述2项商品合计占冻品进口总额的92.6%（表9）。

表8：2018年我国冻品分类统计表

商品	出口				进口			
	人民币值(亿)	同比(%)	第一数量(万吨)	数量同比(%)	人民币值(亿)	同比(%)	第一数量(万吨)	数量同比(%)
合计	1054.7	-6.3	1017.0	-0.3	1505.3	22.8	1219.8	-17.3
肉制品	56.9	-8.0	27.8	-10.3	725.3	13.4	406.0	4.2
水产品	579.3	-2.2	222.7	-5.0	668.2	44.0	293.9	17.1
蔬菜	404.1	-11.5	752.6	1.9	95.5	-14.1	514.0	-38.1
水果	14.3	-2.5	14.0	-11.4	16.3	57.4	5.8	22.2

6. 冷链建设更加完善

2018年，在城镇化建设、消费升级带动下，我国冷链物流基础设施，网络建设发展迅速，呈现以下特点：

（1）政府高度重视，支持冷链发展

中央和地方政府出台了多项冷链政策。国办印发《国务院办公厅关于加快发展冷链物流保障食品安全促进消费升级的意见》（国办29号文件），政策保障，

支持冷链物流发展。从食品安全的角度，促进民生消费升级。

（2）基础施设不断完善 冷链快速增长

据行业统计数据，2018 年全国冷库总量约 5238 万吨，新增库容 488 万吨，同比增长 10.3%。全国冷藏车保有量为 16.42 万辆，新增冷藏车 2.4 万辆，同比增长 33%；新开通铁路冷链线路将近 20 条，铁路冷链运量超过 160 万吨，全国冷链基础设施设备水平有效提升。

冷冻技术装备水平提升，新科技广泛应用。智慧冷库，无人仓库机器人的应用，区块链技术应用于供应链协作，无人驾驭黑科技的运用，有力促进了仓储智能化发展。

（3）第三方冷链物流发展较快，涌现出冷链物流行业龙头企业

鲜易供应链、领先物流、荣庆物流、顺丰冷运、京东物流、苏宁物流、安鲜达物流等一批具备全国性服务能力的冷链物流企业，通过布局全国性冷库节点，拓展中小城，服务能力进一步提高。冷链市场格局出现大的变化。

随着消费市场升级发展，生鲜电商、新零售、新餐饮等业态的涌现，客户对冷链物流企业的辐射半径、物流时效等冷链服务能力提出新的更高的要求，将进一步动冷链物流变革发展。

7. 电商平台彰显新零售魅力

据工业和信息化部发布 2018 年通信业经济运行情况，我国移动电话用户总数达到 15.6 亿户，伴随人民生活水平提高，移动网民规模扩大，供应链及物流等基础设施逐步完善，生鲜电商平台从无到有，取得飞跃式发展。据统计 2013 年到 2017 年短短 5 年，我国生鲜电商平台规模从 126.7 亿元增长到 1391 亿元，京东、阿里电商巨头加入生鲜电商市场，进一步提振生鲜电商平台发展。

2018 年，生鲜电商规模约 1948 亿元，同比增长速度 48%，涌现出“京东生鲜”、“天猫生鲜”、“我买网”、“顺丰优选”、“每日优鲜”、“本来生活”等一批大型知名的网络平台。电商平台加强整治，加强品牌化、标准化建设，促进电商平台健康有序规范发展。

图 1：生鲜电商交易规模趋势

生鲜电商以产地直销为主，缩短了中间环节，产品信息更加透明化，集中了国内外冷冻冷藏食品，在传统产业增长放缓的背景下，新零售彰显出强大优势。

各类冷冻冷藏食品单品纷纷上架，登上食品电商平台，以国内知名品牌电商生产为例，牛排产品年销售额增长 100%。电商平台助力传统食品产业，迅速拓展食品市场份额。

【b. 行业运行趋势判断】

冷冻冷藏食品工业在发展运行中还面临来自国际贸易战风波的影响，中小企业资金、创新研发能力不足、成本价格上升等瓶颈，年内出现了非洲猪瘟疫病等不确定风险因素，制约行业健康发展。但在市场需求拉动，在国家产业政策支持下，我们对 2019 年冷冻冷藏食品行业持续良好运行趋势充满信心。

1. 行业持续稳定向好发展

在中央 1 号文件、党的十九大精神引导下，国发 29 号文件扶持下，冷冻冷藏食品行业宏观面向好，市场消费升级动能驱动，2019 年度，冷冻冷藏食品工业工业生产规模将持续扩大，市场将继续增长，预计行业以 5%–6% 发展速度，良好稳定运行。继续发挥出民生产业的支柱作用。

不排除受到价格波动、突发疫情、国际贸易等不确定因素影响而出现波动。2018 年生猪养殖业受疫病影响，减少了母猪存栏及生猪存栏，预计到 2019 年下半年将出现市场供应偏紧，价格高启的局面。

2. 满足市场消费升级新趋势

在当前消费升级的模式下，冷冻冷藏食品工业企

业遵循市场为王，采取订制化生产模式，增强服务功能，按渠道需求加工预制调理食品，订制精深加工产品走俏。市场规模有效放大。从市场消费来看，消费季节性问题逐渐淡化。中国速冻食品的消费正逐渐从以往的季节性消费，向日常消费转变。目前，中国速冻食品人均占有量 6 至 10 千克，而美国人均占有量达 60 千克，欧洲 30 千克，日本 20 千克；中国速冻食品占食品市场的 5%，发达国家达到 60–70%。因此，我国速冻食品行业发展空间仍较大，市场潜力被业内看好。

受健康理念和消费需求拉动，冷冻冷藏新产品不断出现。保健冷冻食品，特殊膳食冷冻调理食品，中式制品或预制品、调味品和复合调味汁、冷冻面团生产及冷冻浓缩果汁加工业等市场将进一步扩大。

3. 生鲜电商助力行业加快发展

新零售、生鲜电商带来崭新销售模式，助推冷冻冷藏食品市场增量上升；生鲜电商通路为冷冻冷藏食品工业企业插上隐形翅膀，市场消费潜力进一步释放，消费市场将保持平稳较快增长。越来越多的冷冻冷藏预制食品进入餐饮、酒店、集体餐领域，业务用量进一步上升。

中国食协冷专委根据行业特点，综合市场新零售发展趋势，积极与电商龙头企业：京东商城生鲜事业部、天猫生鲜事业部对接，成立生鲜电商标准化联盟，从提高产品质量，加强标准化入手，学习新零售经验，依据大数据分析，促进行业健康发展运行。2019年4月，中冷协与天猫平台根据行业统计数据汇总，依据天猫生鲜 2018 自然年销售大数据及客户美誉度评价，综合得出“2018 年度中国生鲜牛排领军品牌”，“大希地”、“绝世”、“骏德”、“小牛凯西”、“赤豪”、“原膳”、“Alliance Hao Food/ 联豪食品”、“西捷”、“D•NUO/ 顶诺”、“Cxc Food/ 潮香村”、“恒都”等 20 个品牌上榜，有力鼓励企业健康发展。

中国食协冷专委与京东生鲜共同制定速冻肉糜等级互联网标准，对规范网络食品质量和品质量，保护消费者利益做出贡献。

4. 行业标准化工作取得成效

为了提高冷冻冷藏食品质量水平，促进行业健康有序发展，2018 年度工业和信息化部（工信厅科 [2018]36 号令）、（工信厅科 [2018]67 号令）分别批准发布了《冷冻食品术语分类》QB/T5284 – 2018，和《冷冻烘焙食品》QB/T5358 – 2018 两项行业标准。

这 2 项标准由中冷委组织制定。《冷冻食品术语分类》是冷冻冷藏食品行业基础标准，是冷冻冷藏标准体系的基础，为提升行业标准化工作奠定了基石。为了提升冷冻烘焙食品质量安全，工信部发布了《冷冻烘焙食品》行业标准，针对当前烘焙行业快速发展，而产品质量良莠不齐的局面，制定产品质量指标，规范行业发展。

为了提升牛排产品质量，分等分级，使消费者明明白白消费，中食冷组织制定《牛排》、《牛排质量等级》行业标准，2019 年度将完成标准上报工作。这项标准将在行业内发挥重大作用。

5. 进一步掀起行业创新研发热潮

面对庞大食品、餐饮、团餐消费市场，冷冻冷藏食品工业企业积极开展创新研发工作，增加产品新门类，有力满足市场需求。

中国食协冷专委大力提倡并鼓励行业技术设备进步，产品创新研发工作，组织会议、论坛、参观交流等各种活动推进行业技术进步工作。2018 年 5 月在上海国际展览中心举办了“2019 中国航旅餐优秀厨师大赛”，由十几家主流航空、铁路、酒店代表队参赛，评选出上海、南航、京铁等优秀代表队及作品，在行业内影响巨大。

为了掀起食品工业企业创新研发工作热潮，鼓励企业深入开展创新研发工作，满足市场不断上升的消费需求，我会开展“2019 中食冷优秀创新食品”评鉴活动，鼓励会员单位响应国家食品工业“三品”工作要求，有效增加品种、创品牌、提升产品品质。实现与市场精准对接，生产出更加美味、营养、健康的预制食品，推动了行业产品创新研发工作进展。

6. 冷链更加完善 冷冻技术装备水平提高

2019 年，在国家产业政策大力支持冷链建设，将冷链物流纳入十三五期间重点发展项目。加快基层冷库、冷藏车等设备的投建，为速冻食品行业打下了良好基础。

冷链物流发展新趋势：从前端的仓储、冷藏、保税等业务，向两端产地与餐桌延伸，形成从前端采购到终端客户配送的全程供应链服务。向“全链条、网络化、标准化、可追溯、高效率”发展。伴随“互联网+”的春风，速冻食品从线下向线上延生，跨省跨境贸易越发频繁，龙头食品企业在积极探索，强强联合完善行业冷链网外，多省市乃至未来速冻食品企业坚持技术创新，不断提高生产力水平，将引领市场的良性发展。

在国家和地方各级政策支持部署下，冷链在保障食品安全和促进农产品流通方面发挥出重要作用，行业将突出信息化和智能化，运用互联网技术，实现“冷链追溯”，监测运输过程和贮存温度的变化，发出跟踪预警。冷链向生鲜农产品方向延伸，拓展广大农村市场，促进农产品流通和农业增收，在当前城镇化趋势下，冷链物流产业空间广阔。将着力降低成本，提高冷链服务水平，保障食品安全。

同时冷链装备技术水平得到提高。机器人和机器人运用到生产线中，提高劳动生产率；信息化集成块的运用，追踪记录预警。设备国产化程度提高，自主研制装备投入使用，有效降低成本，提高装备水平。冷冻冷藏食品工业是传统产业，通过技术创新，智能化、信息化、自动化水平大幅度提升。

7. 承担食品进出口贸易骨干力量

近年来，我国加大对外开放，外资不断引进，出口贸易进一步搞活，食品加工出口大幅度增长，冷冻蔬菜、调理食品、精加工肉制品、水产品大量出口。国内市场则随着人民物质生活水平的不断提高，对食品的多样化及加工的方便性提出了更高的要求。许多冷冻冷藏企业针对国内外市场需求，改变了原来的生产经营模式，将冷冻产品由大变小，由粗变精，由生变熟，加上整齐精美的包装，创出了品牌，同时也大大增加了加工业的附加值，为加工企业自身带来了较好的经济效益，使得这些企业有能力进行技术改造，购置新设备，采用新技术，改善生产条件。

从食品进出口贸易形势来看，进口贸易快速上升，进大于出形成一大趋势，以牛肉进口为例，我国已对多个国家地区开放，国际化贸易趋势强势上升。

8. 龙头食品工业企业增强核心竞争力

2018年，我国冷冻冷藏食品行业品牌集中度进一步提高，全国性强势品牌增加。冷冻冷藏食品龙头骨干企业在市场竞争中，不断发展壮大，核心竞争力进一步提高，在规范的市场秩序下，在冷链支持下，龙头企业市场份额得到提高，销售区域扩大。

（1）北京首农集团有限公司

2018年，北京首农、二商食品集团、京粮食品成功重组，组建千亿级食品集团，集团有600余家食品企业，面向北京市场供应，产品涉及粮、油、肉、禽、蛋、奶、调味品、豆制品等各个领域。其中冷冻冷藏食品有“华都”禽类加工、“三元”奶类加工、“八喜”冰淇淋、“荷美尔”肉制品、“白玉”豆制品、“大红门”肉制品，“月盛斋”肉制品等等，供应链建设健全，满足北京及华北地区食品消费，形成资本运作力强、质量效益优、具有行业影响力的大型企业集团。

（2）河南漯河双汇集团有限公司

肉类屠宰及肉制品加工龙头企业，河南双汇集团面对2018年中美贸易摩擦、非洲猪瘟疫情等复杂多变的形势，坚持“调结构、扩网络、促转型、上规模”的战略方针，实现肉类外销量小幅增长、净利润双位数增长。根据公司年报数据，2018年，屠宰生猪1,630.56万头，同比增长14.27 %；鲜冻肉及肉制品外销量313.26万吨，同比2增长0.96 %；实现营业总收入489.32亿元，同比下降3.25 %；实现利润总额63.32亿元，同比增长9.94 %；实现归属于母公司股东的净利润49.15亿元，同比增长13.78 %。

在当前经济形势下，公司取得稳定发展得益于公司制定的发展战略。双汇集团坚持多元化发展，“稳高温、上低温、中式产品工业化”的产品战略，发展高、低温产品，中式菜肴，休闲产品，速冻产品，丰富速冻品类，形成系列化产品群，落实“进餐饮、上餐桌”的战略。

（3）福建安井食品股份有限公司

2018 年，公司按照“三剑合璧、餐饮发力”的经营策略和“餐饮流通渠道为主、商超电商渠道为辅”的渠道策略组合模式，不断推出餐饮渠道适销产品，提升餐饮渠道品类叠加效应，强化餐饮渠道的综合竞争力，持续打造餐饮渠道中央厨房概念。

公司主要经营“安井”品牌速冻食品，包括：爆汁小鱼丸、蟹排、鱼排等速冻鱼糜制品；霞迷饺、迷你燕饺、贡丸、撒尿肉丸等速冻肉制品；手抓饼、紫薯包、红糖馒头等速冻面米制品。新增蛋饺、天妇罗鱼、天妇罗虾、香脆藕盒、香炸藕条、鲢鱼头等速冻菜肴制品。目前公司共有速冻食品 300 多个品种。

公司经营管理水平不断提升，生产成本、期间费用占比逐年下降。根据安井食品年报，2018 年公司营业收入 42.59 亿元，较去年同期增长 22.25%；净利润 2.70 亿元，同比增长 33.50%；净资产 20.48 亿元，同比增长 20.93%；总资产 45.63 亿元，同比增长 40.37%。精准的定位，严格的管理，福建安井公司在 2018 年度取得良好发展，成为冷冻冷藏食品行业的佼佼者。

中国食协冷冻冷藏食品专业委员会秘书处

2.12 乳制品制造业

【a. 概况】

2018 年，我国乳制品行业继续稳定发展，产品质量安全继续保持了稳定向好的发展态势，广大消费者对国产乳制品的信任度进一步提升。

据国家统计局数据（月报），2018 年，全国规模以上乳制品企业 587 家；主营业务收入 3398.91 亿元，同比增长 10.72%；利润总额 230.40 亿元，同比增长 -1.41%；销售收入利润率为 6.8%；乳制品产量 2687.1 万吨，同比增长 4.43%。其中，液体乳产量 2505.6 万吨，同比增长 4.34%；乳粉产量 96.8 万吨，同比增长 -0.74%。

截至 2018 年 12 月底，全行业产成品存货总额 95.80 亿元，同比增长 14.36%；产成品存货总额占销售总收入的 2.8%，库存增加，但仍为正常库存量；亏损企业亏损额为 66.15 亿元，同比增长 94.10%；行业亏损额与利润总额的比值为 1:3.5，部分企业经济效益下降。

【b. 主要经济指标】

1. 价格

（1）原料价格

2018 年，国内奶源供应基本稳定，价格维持前低后高，高位运行，在产奶旺季价格出现小幅回落，旺季过后价格快速提高。

据农业农村部对内蒙古、河北等 10 个奶牛主产省（区）[河北、山西、内蒙古、辽宁、黑龙江、山东、河南、陕西、宁夏、新疆。2013 年 10 省（区）生鲜乳产量占全国的 82.6%。] 生鲜乳平均价格的调查数据，2018 年平均价格，1 月，3.49 元 / 公斤，4 月，3.45 元 / 公斤，8 月，3.39 元 / 公斤，12 月，3.58 元 / 公斤。2018 年 12 月全国主产区生鲜乳平均价格环比涨了 1.1%，同比涨了 1.7%。

图 1　2018 年全国主产区生鲜乳平均价格变化情况

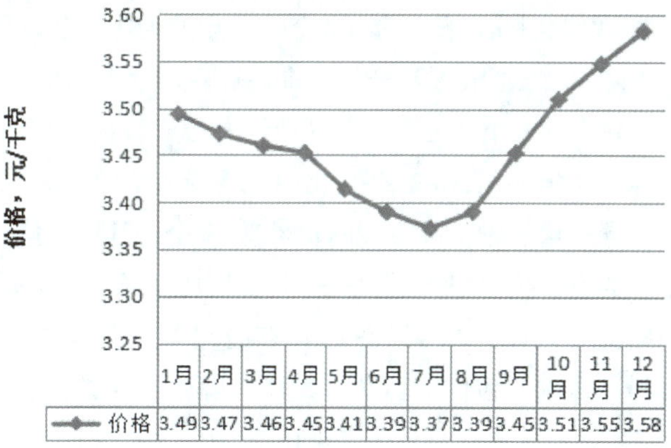

资料来源：农业农村部监测数据。

（2）乳制品零售价格

2018 年，乳制品消费价格随社会整体消费价格增长而增长。根据国家统计局的调查数据，2018 年 12 月，乳制品价格环比涨 0.3%，同比涨 2.6%；全年乳制品平均价格涨 1.4%，而食品全年平均价格则为 1.9% 的增长。

2. 市场

2018 年，乳制品消费增长有所恢复，但低价进口产品的大量进入，对国产乳制品，尤其是乳粉的销售仍然存在冲击。2018 年底，行业应收账款为 349.53 亿元，同比下降 2.43%；产成品存货 95.80 亿元，同比增长 14.36%，产成品存货总额占销售总收入的 2.8%。

3. 投资

根据国家统计局月报数据，2018年，行业资产总计为3145.84亿元，同比增长7.58%，增速同比下降1.12个百分点。全年乳制品投资增长较为平稳，投资继续向上游养殖业和海外发展，另外，为完成婴幼儿配方乳粉配方注册工作，部分投资用于婴幼儿配方乳粉工厂的建设。

4. 分区域情况

分地区情况看，乳制品产量居前的省区为河北、内蒙古、河南、山东和江苏，5省区乳制品总产量为1234.11万吨，占全国的45.93%，占比同比下降1.77个百分点。其中，河北、河南、江苏3个省区处于同比正增长；产量处于同比下降的省区有11个（上年为15个）。乳制品产量超过100万吨的省区有11个，其中，同比增长的有8个，最大的为安徽省，同比增长24.89%，同比下降的有3个，最大的为山东省，同比下降6.37%。液体乳产量居前的省区为河北、河南、内蒙古、山东和江苏，5省区液体乳总产量为1198.50万吨，占全国的47.83%，占比同比下降2.26个百分点。液体乳产量超过100万吨的省区有10个，其中，同比增长的有7个，最大的是安徽省，同比增长27.43%，同比下降的有3个，最大的是山东省，同比下降6.52%。乳粉产量前5位的省区为黑龙江、陕西、内蒙古、河北和湖南，5省区合计生产乳粉77.20万吨，占全国的79.76%，占比较同比增加7.56个百分点。有12个省区乳粉产量超过1万吨，其中同比增长的有5个，辽宁省同比增长幅度最大，同比增长41.72%，同比下降的有7个，新疆下降幅度最大，同比下降36.95%。（各产品及省区产量情况见表1、表2、表3）

表1 2018年全国乳制品产量前5位省区情况

地区	产量/万吨	同比增长/%	占全国比例/%
全国总计	2687.10	4.43	100.00
河北	365.29	6.41	13.59
内蒙古	254.82	-4.55	9.48
河南	251.62	4.29	9.36
山东	204.37	-6.37	7.61
江苏	158.01	2.33	5.88

资料来源：国家统计局月度统计。

表2 2018年全国液体乳产量前5位省区情况

地区	产量/万吨	同比增长/%	占全国比例/%
全国总计	2505.59	4.34	100.00
河北	357.42	6.30	14.26
河南	251.57	4.31	10.04
内蒙古	237.10	-4.95	9.46
山东	197.23	-6.52	7.87
江苏	155.19	2.69	6.19

资料来源：国家统计局月度统计。

表3 2018年全国乳粉产量前5位省区情况

地区	产量/万吨	同比增长/%	占全国比例/%
全国总计	96.80	-0.74	100.00
黑龙江	36.53	2.89	37.73
陕西	22.12	21.06	22.85
内蒙古	9.59	3.45	9.91
河北	4.99	-1.16	5.16
湖南	3.98	13.19	4.11

资料来源：国家统计局月度统计。

5. 行业集中度

根据中国乳制品工业协会统计，2017年，销售收入前10位的企业：伊利、蒙牛、光明、君乐宝、雀巢、飞鹤、三元、完达山、新希望、圣元。10大企业销售总收入1876.9亿元，占全行业的52.3%，占比同比基本持平；乳制品产量1313.2万吨，占全行业的44.7%；液体乳产量1263.2万吨，占全行业的46.9%；乳粉产量32.5万吨，占全国行业的26.9%，其中，婴幼儿配方乳粉18.2万吨，占全行业的20.2%；工厂总数235个，占全行业的38.5%。

6. 进出口

据海关统计数据，2018年，全国共进口各种乳制品281.61万吨，金额106.94亿美元，同比分别增长8.03%和14.53%，进口乳制品总货值占国内乳制品工业销售总收入的21.4%，占比同比进一步增加4.2个百分点。其中：乳粉、液体乳、乳清类产品、零售婴幼儿食品、乳糖、奶油、干酪进口量较大，都超过了10万t。从增速上看，液体乳增速放缓，原料类产品乳糖、酪蛋白、白蛋白、奶油、乳粉，以及零售婴幼儿食品增长幅度较大，具体进口情况见表4。

表4 2018年全国乳制品进口情况

商品名称	数量/万t	同比增长/%	金额/亿美元	同比增长/%
进口合计	281.61	8.03	106.94	14.53
液体乳1	67.33	0.86	9.13	3.78
乳粉2	80.14	11.60	24.29	12.00
炼乳	2.75	7.51	0.49	5.21
发酵乳	3.08	-9.75	0.61	-9.13
乳清类产品	55.72	5.21	6.33	-4.94

商品名称	数量/万t	同比增长/%	金额/亿美元	同比增长/%
奶油	11.33	23.72	6.97	39.31
干酪	10.83	0.25	5.13	3.15
乳糖	11.72	33.42	0.99	5.45
零售婴幼儿食品	33.31	10.12	48.89	20.07
酪蛋白	2.45	31.35	1.78	22.64
白蛋白	2.94	26.64	2.35	15.96

注：1. 液体乳数据不包括发酵乳。2. 乳粉数据不包括婴幼儿配方乳粉。3. 数据来源：中国海关。

从进口来源看，新西兰仍然是我国最大的乳制品进口来源地，其次是美国、德国、荷兰和法国，我国分别从这些国家进口了105.59万吨、40.25万吨、29.65万吨、20.55万吨和19.63万吨的乳制品，5国合计占到总进口量的76.59%，占比同比下降3.77个百分点（见图2）。

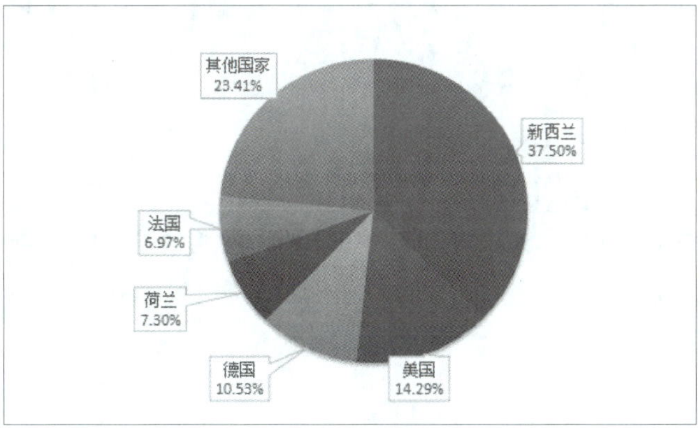

图2 2018年乳制品进口来源情况

资料来源：中国海关。

其中，液体乳主要来源于新西兰、德国、澳大利亚、法国和波兰，进口量分别为23.30万吨、17.50万吨、8.11万吨、6.81万吨和3.23万吨，5国合计占液体乳总进口量的87.56%，占比同比下降1.08个百分点（见图3）。

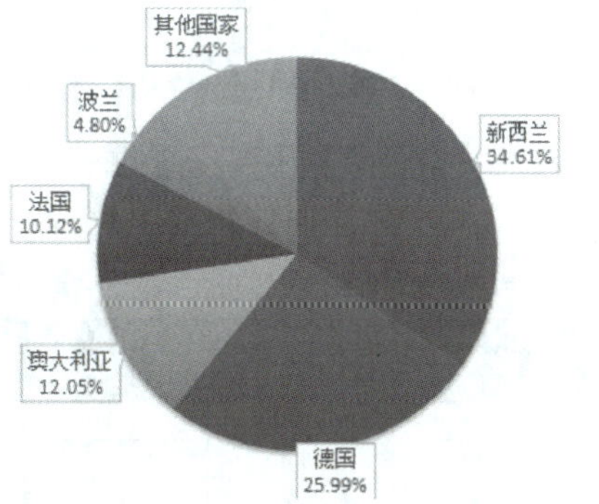

图3 2018年液体乳进口来源情况

资料来源：中国海关。

乳粉主要来源于新西兰、澳大利亚、美国、德国和法国，进口量分别为58.78万吨、5.28万吨、2.82万吨、2.07万吨和1.86万吨，5国合计占乳粉总进口量的88.35%，占比同比下降5.79个百分点（见图4）。

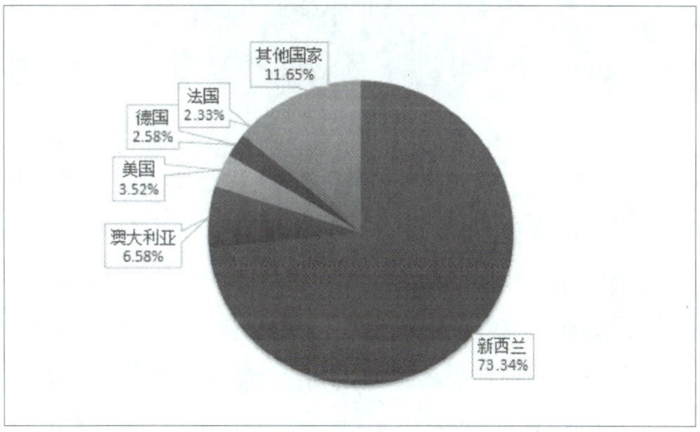

图4 2018年乳粉进口来源情况

资料来源：中国海关。

乳清类产品主要来自于美国、法国、荷兰、波兰和白俄罗斯，进口量分别为26.19万吨、6.30万吨、4.99万吨、3.30万吨和2.52万吨，5国合计占乳清粉总进口量的77.72%，占比同比下降5.67个百分点（见图5）。

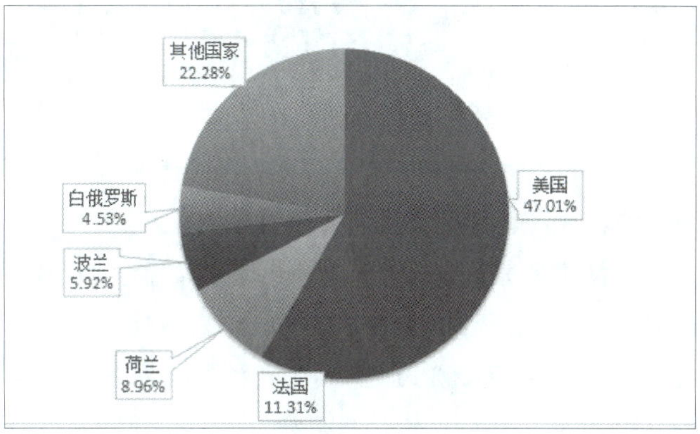

图5 2018年乳清类产品进口来源情况

资料来源：中国海关。

零售婴幼儿食品主要来自荷兰、新西兰、爱尔兰、法国和德国，分别进口10.89万吨、5.26万吨、4.48万吨、3.50万吨和3.39万吨，5国合计占零售婴幼儿食品进口量的82.63%，占比同比增加1.74个百分点（见图6）。

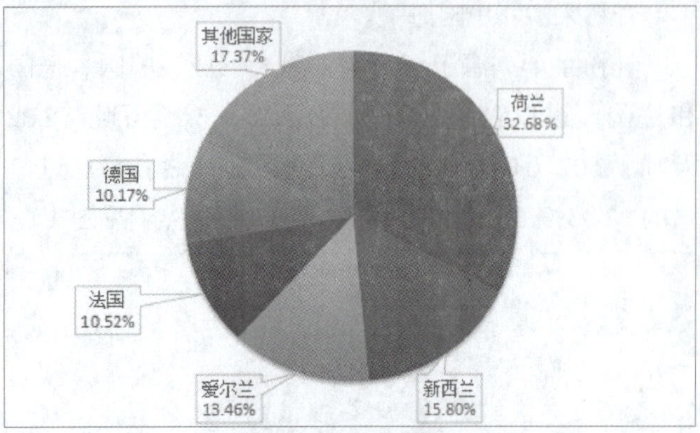

图 6 2018 年零售婴幼儿食品进口来源情况

资料来源：中国海关。

干酪主要来自于新西兰、澳大利亚、美国、丹麦和意大利，进口量分别为 5.50 万吨、1.98 万吨、1.20 万吨、0.45 万吨和 0.38 万吨，5 国合计占干酪总进口量的 87.80%，占比同比下降 1.31 个百分点（见图 7）。

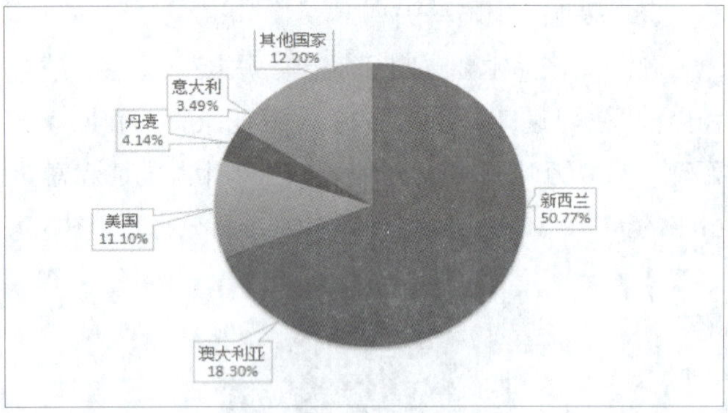

图 7 2018 年干酪制品进口来源情况

资料来源：中国海关。

乳糖主要来自于美国、波兰、德国、荷兰和澳大利亚，进口量分别为 8.54 万吨、1.02 万吨、0.87 万吨、0.49 万吨和 0.23 万吨，5 国合计占乳糖总进口量的 95.14%，占比同比增加 0.28 个百分点（见图 8）。

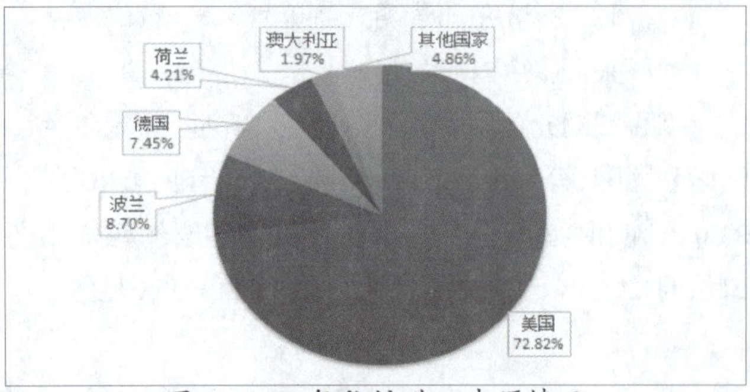

图 8 2018 年乳糖进口来源情况

资料来源：中国海关。

奶油主要来自于新西兰、法国、澳大利亚、比利时和荷兰，进口量分别为 10.04 万吨、0.50 万吨、0.20 万吨、0.19 万吨和 0.11 万吨，5 国合计占奶油总进口量的 97.43%，占比同比下降 0.87 个百分点（见图 9）。

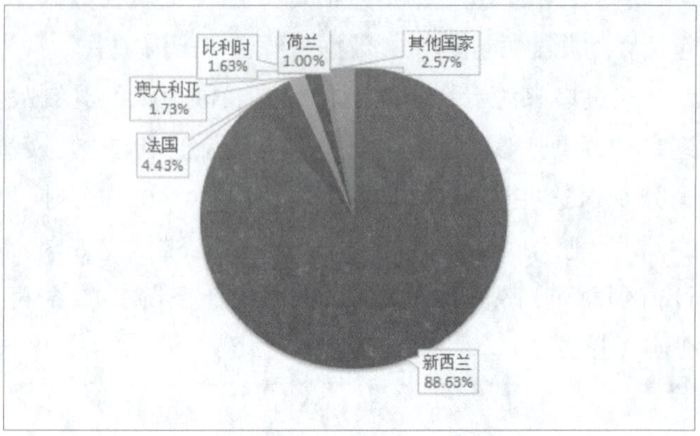

图 9 2018 年奶油进口来源情况

资料来源：中国海关。

酪蛋白主要来自新西兰、荷兰、法国、德国和丹麦，分别进口 1.48 万吨、0.49 万吨、0.19 万吨、0.10 万吨和 0.07 万吨，5 国合计占酪蛋白总进口量的 95.16%，占比同比下降 1.79 个百分点（见图 10）。

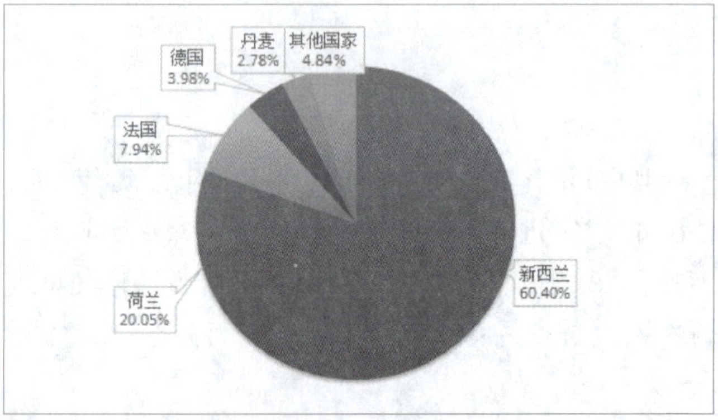

图 10 2018 年酪蛋白进口来源情况

资料来源：中国海关。

2018 年，具体产品进口价格情况见表 5。

表 5 2018 年乳制品进口价格情况

商品名称	12月价格 /（美元/吨）	同比增长/%	2018年平均价格 /（美元/t）	同比增长/%
液体乳1	1272	-12.79	1355	2.90
乳粉2	2919	-10.10	3030	0.35
炼乳	1750	-8.97	1770	-2.14
发酵乳	1822	-6.39	1971	0.69
乳清粉	1205	6.54	1137	-9.65

商品名称	12月价格 /（美元/吨）	同比增长/%	2018年平均价格 /（美元/t）	同比增长/%
奶油	6059	-4.94	6148	12.60
干酪	4684	-4.22	4739	2.89
乳糖	983	6.15	841	-20.96
婴幼儿零售食品	14274	11.16	14675	9.04
酪蛋白	7019	-11.85	7279	-6.64
白蛋白	9389	-13.44	8002	-8.44

注：1. 液体乳数据不包括发酵乳。 2. 乳粉数据不包括婴幼儿配方乳粉。3. 数据来源：中国海关。

2018 年，我国乳制品出口增长幅度较大。全年乳制品出口 5.66 万吨，货值 3.77 亿美元，同比分别增长 46.64% 和 184.34%。其中，液体乳、婴幼儿零售食品、乳粉、发酵乳、炼乳、奶油是出口的主要产品，具体出口情况见表 6。

表 6　2018 年全国乳制品出口情况

商品名称	数量/万吨	同比增长/%	金额/亿美元	同比增长/%
出口合计	5.66	46.64	3.77	184.34
液体乳1	2.71	17.10	0.25	21.22
乳粉2	0.31	10.33	0.10	3.86
炼乳	0.28	17.77	0.05	-2.09
发酵乳	0.29	31.91	0.06	62.86
乳清粉	0.06	220.72	0.01	278.14
奶油	0.21	24.29	0.08	11.38
干酪	0.02	23.45	0.01	0.65
乳糖	0.11	144.39	0.03	12.70
婴幼儿零售食品	1.61	238.88	3.11	308.96
酪蛋白	0.05	-29.04	0.03	-27.61
白蛋白	0.00	-53.47	0.03	108.40

注：1. 液体乳数据不包括发酵乳。 2. 乳粉数据不包括婴幼儿配方乳粉。3. 数据来源：中国海关。

我国乳制品出口主要是为香港澳门地区提供产品，2018 年，共向香港澳门地区出口乳制品 4.66 万吨，同比增长 44.48%，占总出口量的 82.36%。

2018 年，我国乳制品进出口数量逆差 275.95 万 t，同比增长 7.45%，金额逆差 103.18 亿美元，同比增长 12.08%。

【c. 其他】

1. 乳制品质量稳定可靠

（1）国家监督抽检情况

根据收集到的国家监督抽检结果，2018 年，全国乳制品监督抽检共计 55126 批次，不合格批次 123 个，合格率 99.8%。2018 年，全国监督抽检婴幼儿配方乳粉 11064 批次，合格 11042 批次，合格率 99.8%；其中，国家市场监管总局抽检 3058 批次，有 2 批次检出不合格，合格率达到 99.9%。在上年国家监管部门抽检的 32 大类食品中，乳制品、婴幼儿配方乳粉合格率都是最高水平。

2018 年度，国家监督抽检质量不合格的产品，都是属于偶发性的质量问题，不具有系统性、普遍性或区域性的安全风险。这些不合格发生的原因，多数既不是工艺问题，也不是技术问题，而是对标准理解不准确造成的。

（2）婴幼儿配方乳粉企业食品安全生产规范体系检查情况

2018 年度国家食品监管部门共计检查了 31 家企业，包括内资企业和外资企业，大型知名企业和小型企业，有牛乳粉企业，也有羊乳粉企业。存在的主要问题：部分生产场所、设备设施未持续保持生产许可条件；部分食品安全管理制度落实不到位；部分项目检验能力不足。被检查企业，除个别企业问题较多外，大部分企业情况良好，有 7 家企业基本无问题，一般是存在问题 3–5 项。

2.《关于推进奶业振兴保障乳品质量安全的意见》

2018 年 6 月 11 日，国务院办公厅发布《关于推进奶业振兴保障乳品质量安全的意见》（国办发〔2018〕43 号），提出乳制品行业的主要目标：到 2020 年，奶业供给侧结构性改革取得实质性成效，奶业现代化建设取得明显进展。奶业综合生产能力大幅提升，100 头以上规模养殖比重超过 65%，奶源自给率保持在 70% 以上。产业结构和产品结构进一步优化，婴幼儿配方乳粉的品质、竞争力和美誉度显著提升，乳制品供给和消费需求更加契合。乳品质量安全水平大幅提高，产品监督抽检合格率达到 99% 以上，消费信心显著增强。奶业生产与生态协同发展，养殖废弃物综合利用率达到 75% 以上。到 2025 年，奶业实现全面振兴，基本实现现代化，奶源基地、产品加工、乳品质量和产业竞争力整体水平进入世界先进行列。

文件中明确今后乳业的主要任务和主要措施。在加强优质奶源基地建设方面，要优化调整奶源布局，发展标准化规模养殖，加强良种繁育及推广和促进优质饲草料生产。在完善乳制品加工和流通体系方面，要优化乳制品产品结构，提高乳品企业竞争力，建立现代乳制品流通体系和密切养殖加工利益联结。在强化乳品质量安全监管方面，要健全法规标准体系，加强乳品生产全程管控，加大婴幼儿配方乳粉监管力度和推进行业诚信体系建设。在加大乳制品消费引导方面，要树立奶业良好形象，着力加强品牌建设，积极引导乳制品消费。在完善保障措施方面，要加大政策扶持力度，加强奶业市场调控，强化科技支撑和服务和切实加强组织领导。

文件提到应统筹发展液态乳制品和干乳制品。因地制宜发展灭菌乳、巴氏杀菌乳、发酵乳等液态乳制品，支持发展奶酪、乳清粉、黄油等干乳制品，增加功能型乳粉、风味型乳粉生产。鼓励使用生鲜乳生产灭菌乳、发酵乳和调制乳等乳制品。要顺应奶业国际化趋势，实行“引进来”和“走出去”相结合，促进资本、资源和技术等优势互补，增强自我发展能力。

3.《关于进一步促进奶业振兴的若干意见》

2018年12月24日，经国务院同意，农业农村部、发展改革委、科技部、工业和信息化部、财政部、商务部、卫生健康委、市场监管总局、银保监会联合印发《关于进一步促进奶业振兴的若干意见》（农牧发〔2018〕18号），加大支持力度，促进奶业振兴发展。

文件提出，要以实现奶业全面振兴为目标，优化奶业生产布局，创新奶业发展方式，建立完善以奶农规模化养殖为基础的生产经营体系，密切产业链各环节利益联结，提振乳制品消费信心，力争到2025年全国奶类产量达到4500万吨，切实提升我国奶业发展质量、效益和竞争力。

文件明确了实现上述目标的主要任务和工作措施。一是加快确立奶农规模化养殖的基础性地位。支持农户适度规模养殖发展，积极发展奶牛家庭牧场，培育壮大奶农合作组织。支持奶农发展乳制品加工，支持具备条件的奶牛养殖场、合作社生产带有地方特色的乳制品。鼓励奶农、合作社将奶牛养殖与乳制品加工、增值服务等结合起来，在严格执行生产许可、食品安全标准等法律法规标准，确保乳品质量安全的前提下，推行生产加工销售一体化。强化养殖保险和贷款等支持，鼓励地方结合实际探索开展生鲜乳目标价格保险试点。二是降低奶牛饲养成本。大力发展优质饲草业，将粮改饲政策实施范围扩大到所有奶牛养殖大县，支持内蒙古、甘肃、宁夏等优势产区大规模种植苜蓿。提升饲草料生产加工和养殖装备水平。三是提高奶牛生产效率。完善良种繁育体系，扩大奶牛精准饲喂规模，扩大奶牛生产性能测定范围，支持养殖和粪污处理利用设施建设，加强奶业社会化服务体系建设。四是做强做优乳制品加工业。优化乳制品结构，提高乳制品竞争力，鼓励乳品企业加强冷链储运设施建设。力争3年内在规模以上企业建立乳品质量安全追溯体系与危害分析和关键控制点体系。提升国产婴幼儿配方乳粉的品质、竞争力和美誉度，提高市场占有率。五是促进养殖加工融合发展。支持加工企业反哺奶农，采取加工企业与奶农相互持股等形式，建立互利共赢的纽带。整顿生鲜乳收购秩序，建立生鲜乳价格协商机制，监督签订和履行规范的生鲜乳收购合同。六是提升乳品质量安全水平。积极推行第三方检测，支持奶业大县、企业和有条件的奶农自建乳品检验检测体系。建立健全乳品质量标准体系，提升乳品质量安全监管能力。七是推动主产省（区）率先实现奶业振兴。奶业主产省（区）制定实施奶业振兴工作方案，国务院有关部门加大资金和政策的支持力度。八是大力引导和促进乳制品消费。加大奶业公益宣传，倡导科学饮奶，培育国民食用乳制品特别是干乳制品的习惯。

4. 行业年度会议

8月30日—9月1日，中国乳制品工业协会第二十五次年会暨2019年中国（国际）乳业技术博览会在河北省石家庄市召开。来自国内外乳制品生产企业、相关服务企业、科研单位、大专院校的企业家、专家、管理人员，政府相关部门的领导，以及来自世界乳业发达国家的行业领导、企业家、科学家等近5000余人出席会议。

会议主题定为“中国：世界的乳业”，在全球乳业一体化的形势下，大会更加突出了国际化。会议主论坛设定为“2019 中国全球乳业（CGD）合作发展论坛”，就全球乳业合作深入发展和“一带一路”建设的全面推进，以及乳业绿色发展等进行了分享和探讨。论坛上，国际乳品联合会（IDF）中国国家委员会名誉主席宋昆冈作了题为《中国乳业的产业升级与改造》报告，指出针对我国乳业面临的新形势、新问题，应尽快进行转型升级，改变发展模式，优化产品结构，发展纵向与横向联合，加强国际合作，走出一条中国乳业持续稳定发展之路。包括响应“一带一路”发展战略号召，支持乳品企业走出国门，大力发展线上销售等。

中国乳制品工业协会、IDF 中国国家委员会组织了 2019 年度乳业科技奖评选活动。授予内蒙古蒙牛乳业（集团）股份有限公司等九家企业的研究项目“技术发明奖”；内蒙古伊利实业集团股份有限公司等 25 家企业的研究项目“技术进步奖”；《灭菌型乳酸菌饮料调节肠道功能研究》等 15 篇论文“优秀论文奖”。授予张剑秋等 48 位同志“振兴中国乳业领军人”称号；任发政、李胜利 2 位同志“振兴中国乳业科技创新功勋人物”称号；云战友等 10 位同志“振兴中国乳业科技创新带头人”称号；内蒙古伊利实业集团股份有限公司等 35 家企业“以乳扶贫优秀企业”称号；美国乳品出口协会等 5 个外国行业组织“国际乳业合作友谊奖”称号；利乐中国等 6 家国外企业“携手中国乳业发展奖”。

岳增君

2.13 罐头食品制造业

【a. 概况】

罐头行业是我国食品加工制造行业的重要分支，具有体量大、品类多、涉面广等特点。2018 年，我国罐头行业在生产、经营等各个方面继续保持稳定发展，以供给侧结构性改革为主线，坚持创新发展理念，在产品创新、生产机械化、智能化普及方面有所突破。

根据对规模以上807家罐头企业统计的数字显示，2018 年，我国罐头行业累计完成产量为 1027.99 万吨，同比下降 0.07%，同比基本持平；全行业主营业务收入为 1389.14 亿元，同比增长 4.70%；利润总额 76.98 亿元，同比增长 3.30%。

【b. 行业发展分析】

1. 价格

罐头产品的价格主要受原辅材料、汇率和人工成本影响。在价格方面，2018 年，由于天气原因，导致部分果蔬原料价格有所波动，猪肉价格由于瘟疫原因先抑后扬，但总体原料价格大致平稳。近年来罐头企业纷纷开始注重控制原料质量和成本，如发展冷冻猪肉作为原料储备、大力发展原料种植基地，规模化饲养和种植从源头上保障了原料价格的稳定，同时原料的质量也有所保障。2018 年人民币汇率先升后降，下半年汇率下降较有利于出口。另外面对国内不断攀升的人工劳动、环保成本，企业加大了对机械化、连续化和环保的投入，在生产中节能降耗，进一步抑制了成本价格的上扬，并取得了一定成果。但行业内部分品种市场依然存在着出口竞争中以压低价格打价格战的方式来争夺市场、去库存的现象。

根据海关数字计算，2018 年，我国罐头出口累计平均价格为 1809.05 美元 / 吨，同比增长 6.56%。

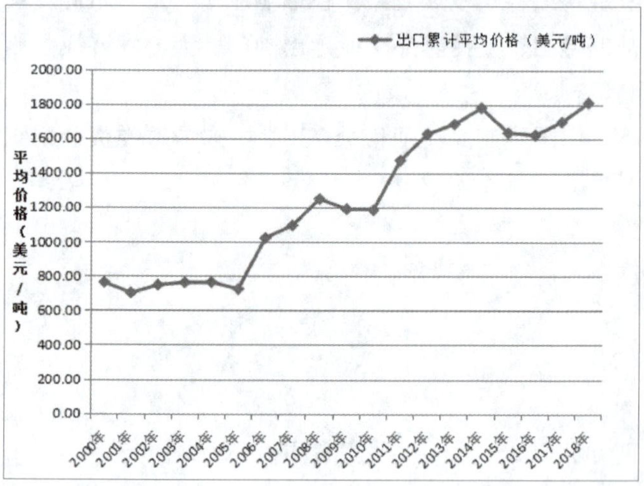

图 1 2000 年 -2018 年我国罐头出口累计平均价格走势图

数据来源：中国海关。

2. 市场

2018 年，我国罐头总出口量有所增长，同比增长 6.63%，出口总量占国内罐头总产量的 29%。由于国际贸易不稳定因素过多，对出口罐头企业造成一定恐慌，企业愈发对国内市场重视，内销在集团销售方面，餐饮及焙烤行业对罐头产品需求不断扩大，零售方面虽有企业在国内市场取得了一定成果，但大部分原先以出口为主的企业在国内缺乏销售渠道，且如芦笋、金枪鱼、番茄酱等罐头产品的国内消费市场尚待培育，因此内销罐头市场依然有潜力尚待发掘。

3. 投资

2018 年，我国规模以上罐头食品制造企业资产总计 900.63 亿元，同比增长 2.86，行业流动资产总计

475.91 亿元，同比增长 2.31%。

由于，不同品种产品市场发展不均衡，导致行业内投资分化较为严重。如番茄酱行业由于全行业当前产能过剩，处于洗牌阶段，基本无新增投资，而肉禽、水产类罐头产品由于市场较好，部分企业对生产线进行了扩建、升级改造，2018 年，也有国外个别企业在中国新建工厂。果蔬类行业由于部分产品近年市场较好，又由于行业入行门槛较低，较易于吸引小额投资办厂。另外，罐头企业在机械化改造和新品包装创新方面多有所投入。

4. 区域分布

我国罐头行业产量区域集中度非常高，2018 年，福建省罐头产量 316.18 万吨，占全国罐头总产量的 26.54%，成为全国罐头产量最高的地区。另外，2018 年，罐头产量前 10 的省份分别为福建、湖北、山东、湖南、新疆、安徽、浙江、四川、广东和广西。其中，前 3 省份罐头的产量占据全国产量的 52.29%，产量均超过 100 万 t。

由于，罐头产品的主要原料在未经加工时不便于贮存、运输，因此我国罐头企业分布主要与当地原料及市场优势有关。例如，我国水产品类罐头的产区以广东、福建、浙江、辽宁等沿海地区为主产区；柑橘罐头以浙江、湖南、湖北等地为主产区；肉类罐头以上海、福建、四川为主产区；黄、白桃罐头以河北、山东、安徽和大连为主产区；蘑菇、芦笋罐头以福建、山东、河南为主产区；番茄酱以新疆、内蒙、甘肃为主产区；竹笋罐头以浙江、福建、江西为主产区；粥类罐头主产区是浙江、福建和河北等地。

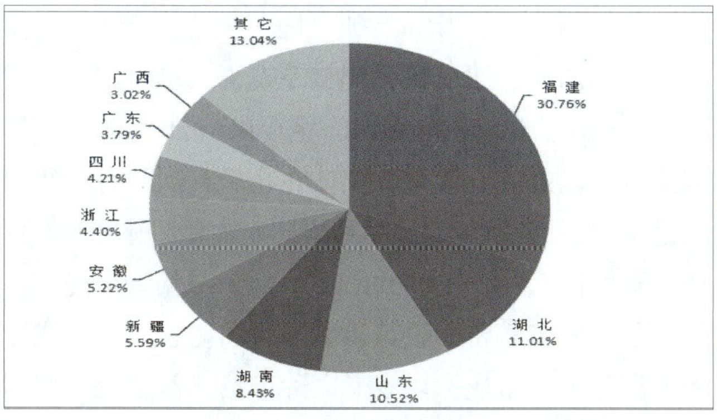

图 2 2018 年全国罐头产量地区分布

数据来源：国家统计局。

5. 行业集中度

我国罐头行业总体以中小企业居多，行业集中度普遍不高，主要由于加工原料供应、产品季产年销和人工劳动力的制约，难以形成规模效益。以柑橘、黄桃罐头为例，行业加工柑橘、黄桃罐头前十家企业加工总量不足行业 40%；番茄酱加工主要集中在新疆和内蒙地区，由于原料较为充足和国际市场需求量大，行业集中度相对其他产品略高，行业前五家企业加工总量约占行业 70%。粥类罐头由于原料充足，可以实现全年生产，且机械化程度较其他品种高，是业内集中度最高的类别。2018 年，由于国家对环保的重视，加大检查力度，逐步对落后企业进行淘汰，行业部分企业之间进行兼并重组，又随着个别品种行业进入洗牌阶段，企业在发展中逐步对品牌建设加大重视力度，行业总体集中度较以往有所提升。

6. 进出口

（1）出口

据中国海关数据显示，2018 年我国罐头出口总量为 299.88 万吨，同比增长 6.63%，出口总金额为 54.25 亿美元，同比增长 10.94%。

2018 年，我国罐头出口市场的基本格局并没有发生实质性变化，日本、美国、欧盟、韩国、俄罗斯仍是中国罐头的最大出口市场。

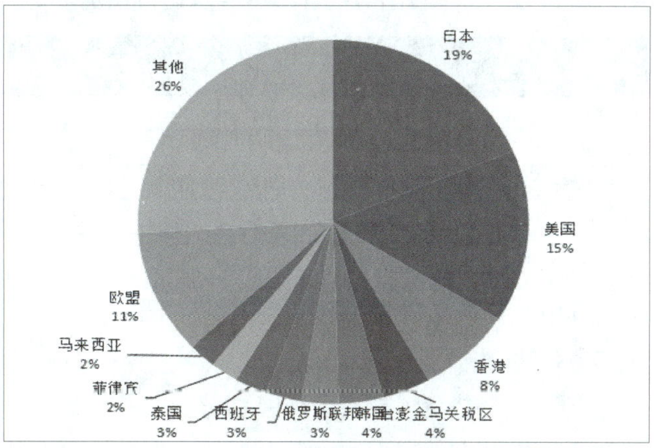

图 3 2018 年我国罐头出口主要国家和地区所占比重

（2）进口

2018 年，我国进口罐头产品总量为 13.41 万吨，同比增长16.56%，进口额为3.05亿美元，同比增长26.08%。

近年来，由于国内市场不断向好，吸引国外罐头食品进入中国市场日益增加，填补了一部分高端罐头食品需求的缺口，另外一些针对外国人饮食习惯的罐头食品也逐渐出现在国内市场，主要针对有该类饮食需求的消费者，同时满足了一部分市场好奇需求，其特点为总体量不大，但价格稍高于国产同类罐头产品。

2018年，国内进口罐头主要为果蔬和宠物类罐头，其中进口量较大的水果罐头品种为黄桃、菠萝和什锦罐头。进口黄桃罐头主要来自于南非和希腊，由于其品质优良，色泽鲜艳，受到国内高端烘焙业和连锁快餐业的青睐。但在经历了前几年进口量高位增长率之后，于2017年、2018年均出现进口量下降的现象，主要由于国内相关生产企业根据市场需求改进产品质量，及时填补市场需求。而由于2018年国内市场菠萝罐头短缺，导致进口菠萝罐头激增。近年来，进口罐头产品累计平均价格逐年攀升，2018年，我国进口罐头产品累计平均价格为2276.16美元/吨，同比增长8.17%。

7. 重点行业概况

罐头产品按原料分为肉禽类罐头、水产类罐头、果蔬类罐头和其它类罐头，其他类罐头主要包括粥类、汤类、调味类以及婴幼儿辅食类等罐头产品。

表1　2018年我国罐头各品类经济运行情况表

项目	企业数/个	主营业务收入/亿元	主营业务收入同比	利润/亿元	利润同比
肉、禽类罐头	102	285.41	7.67%	16.97	25.97%
水产类罐头	45	95.31	6.12%	6.56	18.93%
果蔬类罐头	589	903.62	2.96%	44.14	-7.84%
其他类罐头	71	104.79	11.23%	9.30	21.91%

数据来源：国家统计局。

其中主要产品情况如下：

（1）粥类罐头行业

粥类罐头是我国罐头品种中总量最大的单品，且行业集中度较高。根据国民饮食习惯，产品基本全部内销。粥类罐头生产的连续化和机械化程度高，能一年四季生产，所以产量较大，规模效益明显。同时也是罐头行业中创新率较高的品种，市场产品多样化较为突出。近年来以八宝粥类罐头为例的产品以零售为主，另外一部分粥类产品供应餐饮集团消费。2018年，粥类罐头总体市场反应较好，有新兴企业介入。

（2）番茄酱罐头行业

美国、意大利和中国是世界上最主要的番茄酱罐头生产国。根据世界番茄加工委员会（WPTC）数据显示，2018年，全球共加工3430万吨番茄原料，同比下降比9%，其中，中国加工380万t。我国番茄酱罐头加工主要集中在新疆、内蒙和甘肃地区，2018年，总产量约为54万吨，总产量下降较为明显，其中新疆41万吨，内蒙古11万吨和甘肃1.5万吨。2018年，我国番茄酱罐头行业总体处于产能过剩，行业洗牌阶段，另由于受到环保政策以及市场因素的影响，部分企业于2018年停产，番茄加工总量同比下降40%。不过从长远来看，行业洗牌已接近尾声，目前行业产品库存也已基本清完，产能逐步回归至理性。在市场方面，以往单纯依赖出口的局面也有所改善，企业近年来对国内市场进行深耕发展取得了一定成果，国内市场销售国产番茄酱产品取得了不错的市场效果，2018年我国内销番茄酱约在10万吨左右，估计今后还将继续增长。

2018年，据海关统计数字显示，全年出口番茄类罐头产品共计92.63万吨，同比增长9.09%，出口额6.84亿美元，同比增长4.76%。其中，大桶番茄酱（＞5公斤）出口量为54.30万吨，同比增长15.59%，累计平均单价693.34美元/吨，同比下降4.56%；小包装番茄酱（≤5公斤）出口量34.21万吨，同比下降3.19%，累计平均单价797.73美元/吨，同比下降2.52%。总体来看，2018年，虽然我国出口番茄罐头总量实现了增长，但出口价格却持续下滑，主要由于2018年番茄酱罐头行业以清库存为主。预计在今后我国的番茄酱出口量将向下有所调整，主要由于部分主要市场如俄罗斯，自身生产番茄酱能力在不断增加，自给能力提高，另由于“一带一路”政策，我国番茄酱企业有可能搬入非洲等主要市场，以规避国际市场高额关税。短期行业总体尚不能走出产能过剩的阴影。

（3）桃罐头行业

我国桃罐头加工用原料及生产企业主要集中在安徽砀山、山东临沂和辽宁大连等地，近年来，全国桃产业和市场总体呈现上升趋势，黄桃种植规模逐年扩大，加工企业增加，国内市场持续增长，随着“三品”战略的实施，企业加大对品牌培养的投入，逐渐形成一批全国或区域市场的品牌企业。据中国罐头工业协会统计，2018年全国桃罐头年产量近80万吨，稳居世界第1。近年来，由于市场需求旺盛，且原料种植面积不断扩大，导致黄桃罐头产量逐年提升，但产品质量良莠不齐，市场上以次充好现象较为突出，影响国产黄桃罐头市场口碑，今后行业一方面应谨慎增产，避免产能过度扩张导致过剩，另一方面企业应努力提升产品品质，维护产品形象，营造产品良好口碑。

我国桃罐头近四分之一用于出口。从国际市场看，我国桃罐头加工竞争对手主要是南非、希腊和阿根廷3个国家。国际市场基本稳定，全球主要生产国的总加工量大体保持在每年160万吨左右的规模。2018年，我国桃罐头出口14.74万吨，同比增长9.02%，出口额1.67亿美元，同比增长7.95%，累计平均价格为1133.98美元/吨，同比略微有所下降，基本持平。主要出口国家依次是美国、日本、俄罗斯、墨西哥和加拿大，其中对日本出口白桃罐头占较大比例。在桃罐头国际贸易中，我国与希腊、南非等国家形成此消彼长、互补共存的关系，我国出口产品有相当一部分是3kg大罐，供应集团消费或者用作食品工业原料。对于我国桃罐头出口而言，主要是原料和人工成本的不断上升，削弱了产品竞争力，此外在产品总体质量与国外同类产品存在一定差距，主要由于我国栽培原料品种较国外落后很多，但近年来企业在原料栽培方面做努力，部分种植区域的加工用黄桃原料改良方面取得了不错的成果。

（4）柑橘罐头行业

我国是世界上主要的柑橘罐头生产国，国际市场占有率一直保持在70%以上，2018年，我国柑橘罐头出口量为32.59万吨，同比增长12.93%，出口额为3.95亿美元，同比增长27.66%，累计平均价格1212.78美元/吨，同比增长13.05%。主要出口国是美国、日本和欧盟。近年来，我国柑橘罐头在出口美国方面主要受到一些技术性贸易壁垒问题和欧盟持续对我国产柑橘罐头实施反倾销以及贸易摩擦的关税问题，导致国际竞争力下降。

近年来，柑橘罐头国内市场发展较好，销售规模稳中有升。企业近年来重视柑橘罐头的连续化、机械化生产，有助于控制产品生产成本，保证了企业效益。在产品方面，柑橘罐头产品在包装、口感方面不断改善，在稳定既有消费群体的条件下，努力开发新品及扩展新的消费群体。从而促进内销市场不断扩大。另外在柑橘去皮设备、原料综合利用方面近年有所突破，助力行业向上发展。

（5）食用菌罐头行业

2018年，我国食用菌罐头总产量约为53万吨，主要集中在福建、四川和山东等省份。产品约一半用于出口，2018年我国食用菌罐头总出口量为24.17万吨，同比增长8.78%，出口额5.76亿美元，同比增长55.11%，累计平均价格为2382.77美元/吨，同比增长42.59%。我国食用菌罐头出口方面依然没有摆脱受到美国蘑菇罐头多年的反倾销和多菌灵事件的阴影，造成中国出口美国的食用菌罐头受阻。食用菌罐头在国内市场上销售主要为调味类食用菌罐头，另外，针对西式餐饮、快餐连锁和星级酒店，销售近年来表现较为抢眼，实现稳步增长。近年来企业为确保原料质量，控制农药残留，均建立智能化食用菌原料种植基地，基地的建立引导集中种植，不仅提升了原料质量，同时起到了节能、环保和降耗的效果。

（6）猪肉类罐头行业

2018年，我国猪肉类罐头总产量近20万吨，其中约三分之一用于出口，主要出口东南亚国家和中国香港地区。我国共出口猪肉类罐头5万吨，同比增长16.96%，出口额为1.50亿美元，同比去年增长14.66%，产品累计平均价格为3004.05美元/吨，同比下降1.96%。在内销方面，猪肉类罐头主要应用于餐饮化，如猪肉午餐肉应用于火锅类餐饮，近年来随着我国火锅餐饮业的迅速兴起，带动猪肉糜类罐头产品销量不断提升。2018 年，我国猪肉类罐头产品内、外销均有所突破，销量上升较为明显，企业提升产能积极性较高，市场发展较好。2018 年由于受到非洲猪瘟影响，虽然下半年猪肉价格震荡下跌，对加工较为有利，但对罐头生产、销售及运输造成一定影响。

（7）金枪鱼类罐头行业

2018 年，全球金枪鱼需求远高于供应，导致金枪鱼价格持续上涨，预计短期内该现象还将持续。我国金枪鱼罐头（含金枪鱼鱼柳）共出口 10.58 万吨，同比增长 19.42%，出口额为 4.85 亿美元，同比增长 19.74%，产品累计平均价格为 4582.12 美元 / 吨，同比基本持平。由于，近年来，国内消费者对金枪鱼类罐头的营养成分逐渐重视，产品在国内消费中增长较快，另外金枪鱼罐头也主要应用于国内西餐餐饮化中。

（8）鲭鱼类罐头行业

2018 年，我国鲭鱼罐头出口量为 6.94 万吨，同比下降 5.94%，出口额为 2.10 亿美金，同比 0.40%，产品累计平均价格为 3023.87 美元 / 吨，同比增长 6.73%。鲭鱼罐头近几年国际市场发展较快，但 2018 年由于南美部分地区鲭鱼罐头产能逐步上升和我国鲭鱼罐头出口遭受贸易壁垒情况严重，对我国鲭鱼罐头行业向上发展造成影响，企业在逐步试水内销市场，在供应食品类鲭鱼罐头的同时，也开发生产了鲭鱼罐头的宠物食品罐头。

8. “三品”战略实施情况

2018 年是国务院办公厅发布《关于开展消费品工业“三品”专项行动营造良好市场环境的若干意见》的第三年，工信部消费品司也于 2018 年发布了《工业和信息化部办公厅关于印发 2018 年消费品工业“三品”专项行动计划的通知》。在国家有关部门的有效部署和指导下，罐头行业全行业积极开展增品种、提品质、创品牌的“三品”专项活动，促进资源有效整合，构建适合需求结构的供给体系，用科技手段实施供给侧改革，提高产品附加值，从供给端入手，逐步推进罐头企业“三品”战略的实施。2018 年罐头企业在“三品”专项行动中积极落实，行业以往产品单一、附加值低、相互抄袭模仿等特点初步有所改善，总体情况进展良好，并取得了不错的成绩，主要内容如下：

（1）增品种

在增品种方面，罐头行业在新产品、新工艺方面努力进行尝试，以产品多样化满足国内外市场需求，并取得了不错进展。浙江台州一罐食品有限公司成功研发三色水果、五色水果罐头开发日本市场，吸吸果泥推向澳大利亚市场，同时在功能性方面进行尝试，能量胶、吸吸果冻（运动功能性营养食品）推向中国及东南亚市场，同时极积改良果冻罐头产品中所用天然色素的品种和来源，以满足国际上素食消费者的需求；浙江丰岛食品股份有限公司研制开发了果汁、无糖和保健类柑橘、黄桃罐头，使产品多样化，同时在 2018 年研制上市了发酵果汁果肉系列饮品、陈皮酵素、发酵五果果泥、发酵果蔬浆等新品，系国家 863 计划重大科研成果，其产品将水果原料与乳酸菌发酵果浆完美结合，国内市场反馈情况较好；山东玉泉食品有限公司推出的黄桃西米露、桃恋小酸奶、石膳比比芯，分别在原水果罐头的基础上改进，加入西米、乳制品、膳食纤维丰富产品口感；杭州娃哈哈集团有限公司针对女性消费群体，开发了四红粥罐头；大连辽渔远洋食品有限公司成功研发 100g、200g 装南极磷虾罐头，成功占领俄罗斯市场；宁波佳必可食品有限公司开发宠物食品罐头，满足市场需求；正大食品企业有限公司生产的藤椒午餐肉罐头，利用 β－环状糊精的空心、柱状分子结构，用特殊工艺对藤椒的“麻味素”进行包埋，使产品在被加热或长时间煮制时，仍然保持有藤椒的麻鲜味，满足了特定人群的消费需求。

（2）提品质

近年来，罐头行业在产品提品质方面主要采用自建原料基地、严把原料质量关口、选用优质原料和提升工艺要求等手段，不仅提升了产品品质，同时满足了市场的高消费需求。福建同发食品集团有限公司为提高蘑菇罐头质量，从原料种植入手，投资建立食用菌原料工厂化种植基地，切实保障了原料的农残、重金属方面的安全；上海梅林食品有限公司推出的“小金罐”产品，以更加优质的原料，满足市场高消费需求；喜多多集团有限公司在椰果罐头方面，选用菲律宾自然发酵椰果，产品品质有所提升，正大食品企业有限公司自建原料基地，产品采用肉类原料均由集团自己生产，确保了原料农残、兽残、污染物限量的要求。同时采用冷鲜猪肉为原料，制作各类午餐肉罐头，提升产品口感。浙江台州一罐食品有限公司连续多年通过 KOSHER 犹太认证、EFSIS 认证、IFS 认证和 TESCO 等机构的审核，引入并实施质量可追溯制度，建立田间管理档案，制订出生产种植指导手册，组成原料收购小组，在产前、产中、产后对农民培训指导，严把质量关，杜绝农户不规范操作行为，确保基地原料的可追溯性在掌控之中，2018 年共投入技术设备研发改造 850 多万元；浙江丰岛食品股份有限公司公司先后通过了 ISO9001、ISO22000、FDA、HACCP、BRS、CTFAT、FSMA、QS 等体系认证，2018 年通过了 ISO24001 体系认证，公司与日本科研机构合作，开展了多项科研项目开发；公司发展了近万亩农产品无公害基地，开展了绿色产品认证和基地可持续性发展审核。

（3）创品牌

在创品牌方面，罐头行业企业实施内外发力，以新奇、网络促进内销，以产品质量、地域优势推动外销，打造产业品牌。秦皇岛海洋食品有限公司在创品牌方面努力融入互联网，借助视频、直播等社交软件，朝着更加年轻化、个性化的方向，吸引新生消费群体，“北戴河”罐头成为军事迷所追逐的对象；浙江台州一罐食品有限公司于 2018 年 5 月参加第 22 届波罗的海国际农业与食品业博览会（又称为“立陶宛农业展”）在立陶宛首都维尔纽斯隆重举行，展会期间，中国农业农村部部长韩长赋亲临公司展台向立陶宛政府官员们介绍说：“这是中国最著名的蜜橘之乡，黄岩蜜橘产地工厂生产的橘子罐头。”公司展示展出的产品得到了立陶宛总理斯克韦尔内利斯、议会议长维克托拉斯·普兰茨凯蒂斯和农业部部长吉埃德留斯·苏尔普利斯的“点赞”与关注。通过此次立陶宛农业展与更多中东欧消费者有了零距离接触，为打造国际品牌建立良好基础。

9. 绿色制造、智能制造

近年，随着国家有关部门的引导及大力支持下，绿色制造、智能制造已成为各个行业今后发展的必然方向，罐头行业也逐步进行转型升级，加大绿色制造、智能制造方面重视，积极响应绿色可持续发展。

在绿色制造方面，近年来行业在生产中推广行业杀菌以水排气替代蒸汽排气和循环用水，如杀菌冷却时以冷却水内循环代替冷却水外循环，冷却水一直在系统内部循环，不与外界接触，不存在微生物污染的可能性，且冷却水用量少。另外在杀菌中最大程度减少蒸汽的无效排放，提高杀菌效率，节约能源。以上种种措施的实施，有助于在生产中起到节能节水，减少污水排放的作用。

在智能制造方面，行业立足自身特点，近年来不断推动智能化制造，不仅仅在生产中注意智能改造，如自动称重、罐装机器、原料处理等设备的研发及投入使用等。在原料基地的生产，同样引进智能设备，如蘑菇原料种植基地，企业引进自动化智能设备，对基地内生产环境进行智能调节，实现科技管理。

10. 包装与装备

（1）包装

罐头产品由于其独特的杀菌工艺，导致其对产品包装要求较高，产品按包装主要分为硬（马口铁、玻璃、铝等）和软（高阻隔塑料、铝箔、利乐纸等）两种包装形式。

我国以金属、玻璃材料制罐的技术已日渐成熟，制罐装备生产已接近国际先进水平。在包材方面，金属减薄一直是金属罐的重要发展方向，作为金属包装的升级产品覆膜铁，由于其耐加工、耐腐蚀和阻隔性、安全性均较好的优点，受到业内普遍重视，目前国外部分国家其覆膜铁技术已基本成熟并大范围推广使用，国内方面虽涉猎企业多、研发积极性高，但技术方面还有待更进一步提升，在推广方面还需注意降低成本；另外市场上利乐包装的罐头产品也逐渐从无到有，利乐包装以其安全、便于运输和外观新颖的特点，开始逐渐在罐头行业中出现。近年来随着食品接触类材料标准的要求逐渐严格，包装材料的内涂层也更加趋于安全的更高要求。在软包装方面，高阻隔塑料包装主要应用于水果罐头，水果类罐头由于其外观诱人，部分产品在销售中采用透明高阻隔包装材料，制成果杯或直立袋，携带方便且便于开启，如我国出口日本的水果罐头主要应用高阻隔塑料作为包装材料。不过果杯包装目前存在的主要问题是市场上高阻隔产品质量良莠不齐，不良包装产品会对罐头杀菌、封口乃至贮存和运输带来麻烦，影响食品质量。

（2）装备

罐头生产原料品种多、规格不一、加工期短等问题一直是制约我国罐头生产装备发展的障碍。随着国内人工成本的不断攀升，企业对机械化、智能化设备越来越重视。近年罐头行业装备发展态势十分明显，高新技术得到逐步的推广与应用，随着市场的需求和企业研发能力的增强，高新机械设备逐步替代以往人工操作在罐头加工业中得到了较为广泛的应用，如原料分拣、芦笋去皮机、黄桃去核机等机械目前正在行业中广泛被推广使用，近年研发成功的柑橘去皮机，去皮率达到了95%以上，每台机器可代替6个劳工，也在逐渐被企业采用。在自动罐装和称重方面，行业相关企业也在加大研发和投入力度，部分较为成熟的产品在黄桃、柑橘和鲭鱼罐头等生产中均已逐步投入使用，大大减少了人工成本。另外为提升产品品质，目前异物检测等设备也不断受到企业重视而引进使用。特别是随着国外先进设备的引进和消化，以及罐头加工产品的出口，因此对产品的质量和加工技术水平要求较高，推动了高新技术的广泛引进和应用研究，和国际上先进的自动化生产还有较大差距，原料装备落后制约生产自动化进程较以往有所缓解。

11. 发展新亮点、新增长点

（1）传统菜肴罐头化，罐头食品供应餐饮业增长较为明显

以往我国罐头产品主要以外销为主，自2008年我国罐头产品内销量首次超过出口量以来，产品内销量逐年递增，至2018年罐头内销量已是出口量的3倍多。内销量近年来持续增长，主要由于国民经济水平日益提升，对罐头消费需求增加。由于罐头食品具有方便、安全、便于运输及储存的优势，在供应餐饮消费方面提升较为明显。以午餐肉为代表的肉类罐头，在火锅等餐饮消费总体提升的带动下，行业产销量逐年提升；粥类罐头由以往餐饮直接熬制变为由企业集中制成罐头，销往各个餐饮店，为餐厅节省时间及能源，且在安全等方面更加有所保障；蘑菇、芦笋、番茄酱、金枪鱼等罐头产品，由于国内西餐化的普及，带动该类产品销量有所增加。另外近年来由于罐头工艺的日渐成熟，与传统食品相结合，部分企业借助罐头工艺使部分传统中国菜肴工业化，如狮子头、红烧排骨、梅菜扣肉、面条、米饭罐头等产品均实现了工业化生产，带动罐头产品多样化。

（2）自加热罐头产品以新奇特点对消费者造成吸引

近年来随着旅游、出行的增多，罐头企业抓住商机，开发自加热罐头食品。自加热罐头食品具有食用、携带、操作方便，口味、营养均较好的特点，且以其新奇的食用方式引起诸多消费者的好奇心，产品在军需、救灾、差旅、日常等多方面均有消费需求，带动罐头产业消费升级。目前来看，自加热罐头产品在口味、加热方式、包装等方面均有提升空间，市场潜力尚待开拓。

【c. 行业面临的问题分析】

1. 政策与市场

（1）季产年销果蔬类罐头产品受不合理销售规则制约，严重阻碍拓展国内市场

罐头产品由于其严谨的杀菌工艺和包装，使产品得以能够在常温下长期贮存而不影响质量，因此每年罐头行业消耗掉几百万吨甚至上千万吨当季难以储存的各种新鲜果蔬，在缺乏新鲜果蔬的季节或地区，罐头食品就能够发挥极大的补充膳食作用。果蔬类罐头产品属于典型的“季产年销”产品，在果蔬采收期加工制作成罐头，然后储存销售至次年果蔬采收期，在正常储运条件下，一般产品保质期均不低于12个月，其特性与寿命短、消费速度快的“快消品”是完全不同的，但目前由于国内大部分商超对罐头食品的不了解，将罐头视同“快消品”一类进行管理，采购进场时规定自生产日期起超过2个月的产品则拒绝收货，此种操作给罐头生产企业的正常生产和销售造成非常大的困扰，该现象不仅损害企业应有利益，并且对果

蔬罐头企业发展国内市场造成严重制约。

（2）国内健康舆论向好，但彻底消除消费者对罐头误解依然任重道远

国内由于部分媒体对罐头产品缺乏了解和调查，听信一些谣言误以为罐头产品在安全性、营养方面欠妥，便以讹传讹对其进行报道宣传，导致消费者对罐头误解很深，普遍认为罐头产品不够新鲜且营养价值不高或对人体有害。近年来在国家有关政策的支持下，中国罐头工业协会和企业加大宣传科普力度，努力消除市场上对罐头产品的误解，对罐头产品的贮藏原理进一步进行科学解读，媒体舆论风向有所改善，虽然取得了一定效果，但目前看来仍需不断努力。

（3）国际市场受技术性贸易壁垒、反倾销、高额关税制约，国际市场开拓困难

近年来，我国罐头产品年出口量基本徘徊在300万t左右，近总产量四分之一。很多出口罐头品种如番茄酱、鲭鱼、芦笋、柑橘罐头等在国际贸易中占据主要位置，在国际市场上具有总体质量好、价格低、占比大等特点。但产品在国际贸易中频繁遭遇技术性贸易壁垒、反倾销、被主要市场国征收高额关税等现象。如我国鲭鱼罐头在出口南美、果蔬类罐头出口美国，均有遭受技术性贸易壁垒问题；我国柑橘罐头在出口欧盟地区自2008年起便遭遇反倾销仲裁，被征收高额关税；美国自1998年起便对我国出口蘑菇罐头征收高额反倾销关税诸如此类等等。种种限制导致我国罐头产品虽然目前在国际市场占比较为庞大，但由于关税等原因导致利润极低，原有的价格优势无法体现，另如产品遭遇技术性贸易壁垒，产品退柜，企业有可能遭受巨大损失，长此以往原先拥有的市场极有可能被他国所占据。

2. 科技创新

（1）企业新品研发力度加大，但总体创新力依然不足

2018年，罐头行业在市场消费升级拉动下，部分企业在新品研发、升级产品内容物、包装等方面均不同程度较以往加大了创新力度，并针对市场不同需求，开发出针对不同消费群体需求的产品，满足各种消费需求，产品一经投放市场取得了不错的反响，对以往罐头产品缺少新包装、新口味的市场形象有所改善。但目前行业总体创新力依然不足，市场上产品大多在包装、口味等方面缺乏创新，产品同质化竞争严重，缺乏差异化、新奇化，导致罐头国内市场对新生消费群体的吸引力度不够，虽然产品物美价廉，但难以开拓新兴消费群体。不过近年来随着国际市场的饱和，企业不断重视国内市场，也对产品创新变得逐渐重视起来并进行大胆尝试，如近年来市场上的功能糖类水果罐头、果冻类罐头、功能性罐头及方便主食罐头等新口味产品，在包装上也推出很多包装精美的礼品包装。目前行业创新力正在逐步进行改善，也已取得部分成果，因此，加大创新、进行品牌培养成为促进产业发展的关键因素。

（2）原料综合利用率总体不高，有待进一步提升

果蔬罐头在加工中普遍对原料废弃物的开发利用程度不够，而丢弃的加工废料如不快速处理，会导致环境污染，进而提升企业环保成本。在废弃物处理中如企业能利用科技手段提高原料综合利用率，一方面能够进一步降低生产成本，减少原料浪费，另外也有利于节能环保。目前行业对原料综合利用方面均有所重视，如柑橘罐头生产中产生的废料柑橘皮，用来作为原料生产果胶、香精油、陈皮等产品，芦笋罐头的废料芦笋皮等用来做芦笋汁饮料、芦笋酵素，均取得了不错的成果和市场效益，但行业目前总体废弃物利用率不高，科技支撑力度不够是当前废弃物利用率不足的主要原因。

【d. 发展趋势】

2018年，罐头行业的各个方面都在发生着深刻而积极的变化，预计在今后该现象还将继续保持。纵观国际市场，虽然不确定因素过多，但我国罐头产品在国际市场上的地位已基本稳定，以国产番茄酱、黄桃、柑橘、蘑菇、芦笋等罐头产品为例，其在国际市场上占有率基本维持在前十地位，国际市场已趋于饱和，在增加出口方面很难再有大的发展，不过今后企业需在推进产品国际品牌方面做努力。内销方面虽然近几年发展市场良好，产品销量逐年有所提升，但依然存在着产品同质化严重、创新不足、附加值低等问题。

预计在2019年，随着国内全面“三品”行动的推动，罐头行业也将逐步进行产业升级，在产品开发、工艺改进、新包装应用、食品安全和品牌培养等方面进行推动，提高产品附加值，增加产品科技含量，适应市场多样化的需求和拓展行业发展空间。罐头行业将逐步摆脱以往的低端同质化价格竞争局面，转为以创新、品质取胜的良性竞争。

2018年，随着国内有关政策以及市场的调整，行业全面加大对环保的重视和投入，随着环保方面对落后产能的调整，行业集中度有所提升，预计行业下一步发展方向也将重点在节能环保方面，发展节能降耗，加大环保和废物综合利用。同时一些能耗浪费较大、环保设备薄弱的企业也将进一步被淘汰，行业集中度在今后还将进一步有所提升。

品种繁杂，产品附加值低导致罐头行业在企业的机械化、智能化方面落后等情况在今后也将进一步改善，加快机械化、智能化的技术改造，提高生产效率，发展规模化、现代化的种植，建立自已的产业基地等等。总之，在今后罐头行业还将进一步发展壮大，行业集中度将进一步提升，企业机械化水平、产品附加值和知名度增高，行业将持续健康、平稳发展。

【e. 政策建议】

1. 制定相关标准，促进国内罐头市场健康流通

根据罐头产品易于储存的特性，制定相关罐头产品流通类标准，对季产年销的果蔬类罐头产品在流通过程中的生产日期和临售保质期限作以阐释和规定，作为罐头食品销售中不同于“快消品”所遵循的依据。

2. 加大对罐头企业的科技支持力度，助力企业更好的解决开发产品、原料废弃物综合利用问题

通过政策扶持、资金奖励等综合手段，鼓励企业与科研单位、大专院校联合，成为产学研一体的研究单位。对大宗果蔬加工产品的废弃物再利用进行科研攻关，并将成果在行业内进行推广普及。

3. 以罐头便于贮存、运输等特性，改善部分地区人群营养摄入不均衡问题

结合当前国民营养相关计划，利用罐头产品营养、健康以及便于运输贮存的特点，有针对性的利用罐头，弥补偏远及贫困地区某些果蔬、肉类摄入的不足，以罐头产品支援国家扶贫和个别地区对营养摄入的不足。

4. 支持出口企业应对技术性贸易壁垒

在出口企业面对国际贸易中出现的技术性贸易壁垒时，联合相关行业协会，为企业提供必要的政策、技术、信息及资金等方面的支持，避免企业单打独斗。

中国罐头工业协会 查长全 晁曦

2.14 调味品制造业

【a. 概况】

2018 年是我国改革开放四十周年。调味品行业适应时代发展的要求，进一步深化改革，扩大开放，行业发展取得了令人欣喜的成果。行业规模不断扩大，效益保持稳定增长，新产品大量涌现，品牌集中度持续提高，智能制造等新技术的应用更加普遍。调味品产业已经成为食品行业中最受关注的类别之一。

根据中国调味品协会对著名品牌 100 强企业统计（100 家）得知，生产总量为 1322.54 万 t，同比增长率为 7.5%；销售总额为 938.8 亿元，同比增长率为 10.8%。

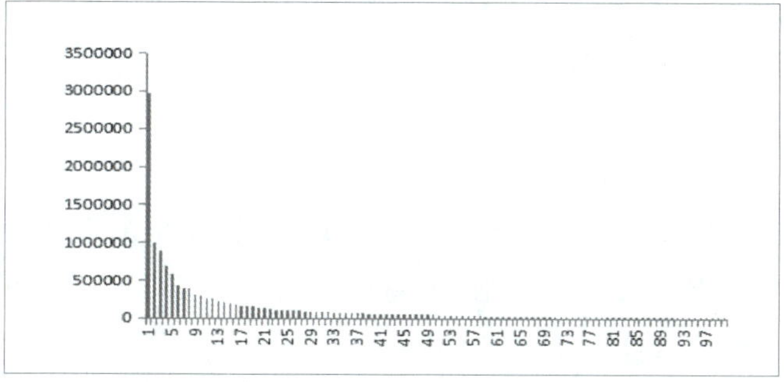

图 1 2018 调味品企业生产产量明细

资料来源：中国调味品著名品牌企业 100 强 2018 年度数据统计汇总分析（100 家）。

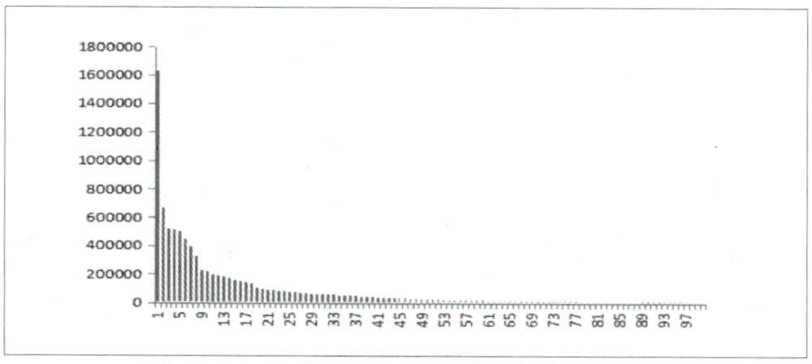

图 2 2018 调味品企业销售收入明细

资料来源：中国调味品著名品牌企业 100 强 2018 年度数据统计汇总分析（100 家）。

2018 年，调味品著名品牌企业 100 强企业统计分析显示：调味品行业总产量与总销售收入均保持 7% 以上的增长率。行业转型升级初见成效。统计的 12 个分支产业，除腐乳、香辛料及香辛料调味品产业产量下滑之外，其余产业产量均呈现上升趋势。

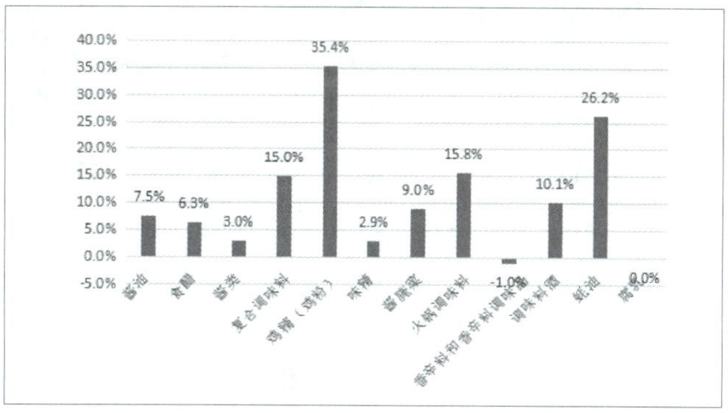

图 3 2018 年调味品行业重点细分产类产量及增长率

资料来源：中国调味品著名品牌企业 100 强 2018 年度数据统计汇总分析（100 家）。

【b. 行业发展分析】

1. 价格

2018 年，调味品产品平均价格延续 2017 年的上涨趋势。行业内上市公司年报显示，酱腌菜、食醋、酱油、复合调味料、香辛料等主要调味品品类的价格都有不同程度的上涨。导致调味品价格上涨的原因主要有两方面：一方面，调味品企业人工、包装以及物流、环保等各个环节的价格都有不同程度的上涨，生产成本的增加是造成调味品价格上涨的重要原因之一；另一方面，调味品企业适应消费升级的趋势，针对市场推出具有高附加值的产品，高端产品比重提高，推动调味品的平均价格上涨。

2. 市场

调味品行业品牌意识不断增强，市场集中度不断提高。调味品龙头企业的营收和利润实现双增长。

调味品龙头企业业绩快速增长得益于以下几个因素：第一、供给侧结构性改革初见成效。不符合生产经营规范的调味品企业逐步退出市场，市场经营环境得到净化；第二，调味品产品平均价格上涨提升企业效益。调味品产品单价较低，调味品龙头企业具有消费定价权，同时龙头企业注重产品升级，高端产品比例提高，带动产品平均价格上升；第三，龙头企业积极开拓国际市场取得成效。调味品龙头企业在立足国内市场的同时，积极开拓国际市场。

3. 投资

调味品行业经营稳定，企业经营可预见性强，是价值投资的优选标的。海天味业等调味品上市公司的高估值产生的示范效应也推动了行业的投资热。

4. 区域分布

调味品企业主要分布在华东、华北和华南地区，其中广东、四川、山东是调味品企业分布比较集中的省份。

各区域调味品优势细分产业有所差异。酱油、醋等大产业分布较广，而香辛料调味品等产业各地差异较大。随着产业升级，各地的调味品小镇（园区）建设也逐渐形成规模。如成都安德镇、山西清徐县、等地都建立了以调味品为支柱的产业基地。

5. 行业集中度

中国调味品行业近 3 年行业集中度提高明显，尤其表现在酱油、食醋、调味酱、复合调味料产业。大企业发展速度加快，中小企业的发展形势严峻。中国调味品著名品牌 100 强 2018 年度数据统计汇总分析显示，企业生产总量首次突破 1300 万 t，5 万 t 以上的企业占 51%。

6. 重点行业

2018 年，调味品行业的酱油、食醋、调味酱、复合调味料等重点细分产业发展平稳。

（1）酱油

酱油产业是我国调味品行业的第 1 大产业，产销量和企业规模均居调味品行业首位，涌现出多家龙头企业。2018 年，酱油大型企业经营状况良好，产业集中度进一步提高。

（2）食醋

食醋企业积极开展产品创新，从烹饪、佐餐向保健等方向发展。

（3）酱类

随着社会的进步和人民生活水平的提高，消费者对于调味酱的需求正在从满足基本需要向追求更高品质转变。需求更加多元化、高端化。

（4）复合调味料

复合调味料是近年来增长最快的调味品产业之一。随着人民生活水平的提高和生活节奏的加快，消费者对餐饮的多样化和便捷性都提出了更高的要求。复合调味料的发展正好契合这一市场发展趋势。

7. 智能制造

2018 年，绝大多数调味品行业大型企业都陆续引入智能化生产设备，通过高技术生产设备的使用，有效提高生产效率、稳定产品质量、降低能源消耗等，不仅综合生产水平不断提高，且有效实现智能化的绿色生产。

8. 发现新亮点、新增长点

行业纵向产业链整合案例增多。调味品企业通过整合上下游资源，对产业链进行调整和协同，从而保证产品质量，实现效益最大化。

【c. 行业面临的问题分析】

1. 生产的自动化、智能化水平有待提高

近年来，调味品行业总体生产水平在提高，涌现出一批调味品龙头企业，在自动化、智能化水平上已经达到或接近国际先进水平。但总体而言，生产效率低下，自动化程度不高的调味品企业仍然占行业企业的大多数。

制约行业升级的因素很多，除了资金、市场等因素外，传统生产工艺形成的独特口味如何在现代化生产中得以保留和发扬也是亟需解决的课题。

2. 社会化服务体系有待完善

调味品行业的招聘、培训、科技、法律、知识产权、营销策划等服务都主要围绕行业的大中型企业，适合调味品中小企业的社会化服务体系尚未建立。

3. 行业标准建设亟待加强

虽然调味品行业属于食品工业，但是调味品标准工作有其特殊性，专业性极强，由于种种原因，调味品行业标准工作已经严重滞后于行业发展，尤其是国家标准、行业标准工作自 2013 年至今，大量已完成的国家标准、行业标准不能发布实施；很多亟需修订的国家标准和行业标准也不能根据行业的发展实际进行修订，已经对行业的发展造成了影响，甚至是行业内认识上的混乱，严重制约了调味品行业快速健康发展。

【d. 发展趋势】

未来我国调味品行业有很大的发展空间，但也面临巨大挑战，具体体现在以下几个方面：

1. 行业竞争愈加激烈，市场集中度进一步提高

近年来，行业龙头企业在不断扩大产能。与此同时，调味品消费市场的增长速度仍保持平稳，未来极有可能出现供大于求的局面，市场竞争愈加激烈。

行业龙头企业利用自身规模和渠道优势，扩大市场占有率，挤占小微企业市场份额，市场集中度会进一步提高。

2. 健康调味品更受关注，低盐等产品前景广阔

科学研究已经证明，适当减少食盐的摄入对保持健康有积极的作用。国家相关部门也在大力推广减盐行动。越来越多的调味品企业适应消费升级的需求，推出低盐调味品，已经形成了一个独特的具有广阔前景的产品研发方向。

3. 调味标准化趋势明显，餐调融合更加紧密

随着人民生活节奏的加快，快餐、外卖市场发展迅速，餐饮调味标准化，尤其是中餐调味标准化已经逐渐成为趋势。当前在火锅、麻辣烫、烧烤、焖锅等轻餐饮门类，餐调融合已经十分紧密，未来调味品占餐饮成本的比重会继续提高。

4. 细分市场受到关注，定制研发形成规模

规模化和定制化是调味品发展的两个方向。调味品大规模的工业化生产并没有影响细分市场的发展。部分调味品企业开始针对不同消费群体研制并生产定制化调味品，并受到了市场的热烈欢迎。

5. 销售渠道更加多元化，传统渠道面临挑战

商超、农贸批发市场一直是调味品销售的最重要渠道。但随着互联网等新型渠道的兴起，渠道的多样化趋势非常明显。可以预见，未来调味品行业渠道将会更加多元化，各类渠道类型在相互竞争和学习中共同发展。

6. 调味品走出国门，国际化进程加快

长期以来，绝大多数调味品企业一直以国内市场销售为主，调味品出口占调味品销售的比例较低。但随着国家继续扩大对外开放，出国人数逐年增加，国外市场的重要性也在不断提升。可以预见，调味品企业的国际化进程必将随着国家影响力的不断提升而加快，成为世界餐饮文化的重要组成部分。

【e. 政策建议】

1. 加强对新闻媒体的监督，杜绝不实报道

2018 年部分自媒体的不实报道采用哗众取宠和夸张猎奇的“标题党”行为，引发了行业信任危机，伤害了真正做好产品的企业。

建议政府有关部门应该加强对媒体的监督，规范督促媒体客观报道。同时加强媒体与行业协会、企业的沟通互动，提升媒体报道的专业性。

2. 发展和完善行业社会化服务体系

发展和完善行业社会化服务体系是调动社会各方面力量，进一步推动调味品行业迅速发展的一项重要措施。调味品行业的发展离不开服务体系的完善。应该大力鼓励行业协会和企事业单位整合社会资源，通过采取加强行业人才队伍建设、健全公益性服务体系、信息化平台建设、完善教育培训、加大对专业组织扶持力度等多种措施，解决服务体系建设中的诸多问题。

3. 规范调味品标准建设，促进调味品行业健康发展

标准工作有其特殊性、专业性、权威性和科学性，应进一步规范团体标准的制定流程，加强团体标准的统筹管理工作，在已有行业组织的情况下，应明确行

业组织应制定本行业直接相关的团体标准，不能“越界”，杜绝团体标准制定过程的混乱状况。在团体标准的制定过程中，尤其是立项阶段，应将征集对应行业组织的意见作为关键的一个环节。避免因为一味的市场驱动，立项的团体标准计划，制修订的团体标准与行业认知相违背，造成行业混乱，影响行业发展。

中国调味品协会

2.15 氨基酸工业

【a. 概况】

在国家放开玉米深加工审批限制，取消玉米托市政策的影响下，氨基酸产业规模开始迅速扩张，既有新晋企业，也有老企业产能的扩张，市场竞争越发显著。2018 年，全国氨基酸发酵生产企业约 30 家，主要产品总产量约 600 万吨，主要产品总出口量约 127 万吨，约占总产量的 21%，出口额约 20 亿美元；主要产品总进口量约 1.4 万吨，进口额 7622 万美元。总产量同比增长 10.7%，出口量同比增长 2.7%，出口额同比增长 12.8%，进口量同比增长 0.7%，进口额同比增长 7.8%。

1. 谷氨酸、谷氨酸钠及其盐

2018 年，全国有 8 家重点生产企业，排名前 3 位企业总产量可占全国总产量 90% 以上。谷氨酸钠（味精）总产量约为 275 万吨，同比下降 1.4%。进出口情况详见表 1，进口量同比增长 66.4%，进口额同比增长 31.8%；出口量同比下降 3.9%，出口额同比增长 4.4%。

表 1 2018 年谷氨酸、谷氨酸钠及其盐进出口情况

单位：千克，美元

产品	进口量	进口额	出口量	出口额
味精	1,801,619	5,233,324	198,597,133	196,230,665
谷氨酸	11,930	177,731	61,895,971	65,940,725
谷氨酸钠	275,571	505,342	336,308,659	346,394,335
其他谷氨酸盐	1,967	160,729	85,565	444,507
总计	2,091,087	6,077,126	596,887,328	609,010,232

味精产能的快速扩张加剧了市场竞争，也加快了市场整合，生产迅速向大企业集中。现阶段我国味精工业的集约化程度已经达到很高水平，企业的数量已经从上世纪 80 年代的 150 余家减少到如今的 10 余家。味精的生产可以分为三种类型：①全过程生产，从制糖发酵到精制成味精；②前段生产，仅发酵生产谷氨酸；③后段生产，购买谷氨酸精制成味精。另外，还有购买味精进行包装经销的企业等。

其中，具有发酵能力的生产企业主要分布在山东、内蒙古、新疆、陕西、宁夏、福建、黑龙江和吉林等地。精制味精企业主要分布在江苏、浙江、广西、四川、广东等地。

味精生产能力在 15 万吨以上的企业约有 5 家（按集团计算），产量可占到总产量的 90% 以上，主要有阜丰集团、梅花集团、伊品集团、菱花集团、中粮生化能源龙江有限公司。2018 年我国味精主要生产省份及味精占全国总产能比例如表 2。

表 2 我国味精主要生产省份及味精占全国总产能比例

序号	地区	占全国总产能比例（%）
1	内蒙古	32.7
2	山东省	13.1
3	陕西	5.9
4	宁夏自治区	13.1
5	黑龙江	28.3
6	福建省	2.4
7	新疆	4.5

在成本压力及环保要求日益严苛的情况下，味精产量增长速度趋于平缓。为了抵消原材料价格不断上涨等不利因素，味精价格理性调整。在市场供应饱和的情况下，小企业逐步退出市场，规模企业及综合型发展企业占据了市场的主要位置，味精行业基本形成了稳定的生产格局。

2. 赖氨酸、赖氨酸酯及盐

2018 年，全国有 10 余家重点生产企业，总产量

约为 246 万吨，同比增长 21.5%。进出口情况详见表 2，进口量同比下降 36.4%，进口额同比下降 15.6%；出口量同比增长 8.73.9%，出口额同比增长 13.4%。

表 3　2018 年赖氨酸、赖氨酸脂及盐进出口情况

单位：千克，美元

	进口量	进口额	出口量	出口额
赖氨酸	27, 010	498, 766	149, 362	1, 278, 444
赖氨酸酯及盐	1, 308, 851	3, 203, 584	405, 253, 286	449, 275, 949
总计	1, 335, 861	3, 702, 350	405, 402, 648	450, 554, 393

2018 年，全国赖氨酸总产能约 280 万吨左右，主要分布在山东、黑龙江、吉林、内蒙、安徽、辽宁。生产能力在20万吨及以上的企业（按集团计算）有5家，产能可占全国总产能的 90% 以上。

3. 苏氨酸

2018 年，全国有 8 家重点生产企业，产量约为 75 万吨，同比增长 15%。出口量约为 46 万吨，同比增长 31%。全国苏氨酸总产量约 80 万吨左右，主要分布在内蒙、黑龙江、山东等地。

4. 色氨酸

2018 年，全国有 4 家重点生产企业，产量 2.2 万吨，同比下降约 26.7%，一半产品用于出口。

5. 其他小品种氨基酸

2018 年，全国有 10 余家重点生产企业，主要有 15 个产品，如三支链氨基酸、缬氨酸、丙氨酸、精氨酸等等，总产能约 10 余万吨。2018 年产量 10 万吨左右，同比上涨 40%。

【b. 行业工作】

2018 年 1 月，对《第四次全国经济普查工业产品目录》提出修改建议：1、根据国标 GB 2720–2015 和 GB/T 8967–2007，修改味精（谷氨酸钠）产品定义为谷氨酸钠含量≥ 99% 的产品；2、增加产品种类，如：食品用氨基酸（食品用脯氨酸、亮氨酸、异亮氨酸、精氨酸及其盐、苏氨酸、色氨酸、半胱氨酸等）、饲料用氨基酸（饲料用谷氨酸、赖氨酸、苏氨酸、色氨酸、蛋氨酸等）及氨基酸营养制品。

2018 年 3 月，组织我国氨基酸企业参与轻工行业百强、发酵行业十强评比。

2018 年 4 月，2017 年，工信部和水利部联合开展了“水效领跑者”的评比工作，2018 年针对此项工作及先进的节水经验，为工信部收集氨基酸行业的先进节水工作经验及总结。

2018 年 4 月，为了应对中美贸易摩擦，缓解摩擦带来的负面效应。分会对氨基酸产业反倾销情况进行了总结，主要针对的产品是味精和黄原胶，同时对未来可能反倾销的产品，譬如赖氨酸，也进行了数据的分析和总结。在中轻联中美贸易摩擦应对工作讨论会上，提出了意见和建议。

2018 年 4 月，与海关总署沟通，解决俄罗斯禁止赖氨酸进口以及苏氨酸出口检疫证问题等。

2018 年 4 月，参与谷氨酸盐风险评估：欧盟对味精的 ADI 值进行了限量规定，我国是味精生产大国，为了确定其影响，提出应对措施，国家食品安全评估中心针对此 ADI 值进行了，风险评估，内容主要包括：味精的健康指导值的适用性；了解我国味精使用现状；我国人群膳食味精的暴露水平等等。

2018 年 6 月，环保部组织编写《排污许可证申请与核发技术规范》，组织氨基酸企业参与现场调研和资料数据的整理和分析。

2018 年 8 月，提出谷氨酸钠、赖氨酸盐出口退税调整建议：近几年，协会一直在与财政部沟通税率调整问题，借出口贸易摩擦的东风，再加上之前做的工作，9 月，税率调整文件下发。

2018 年 9 月，对《产业转移指导目录（2012 年本）》提出政策建议：加强氨基酸产业科研项目资金支持；加强产品出口退税的支持力度。

2018 年 10 月，对《产业结构调整指导目录》修订意见：鼓励：发酵法工艺生产氨基酸（赖氨酸、谷氨酸、苏氨酸除外），氨基酸衍生物、氨基酸聚合物、氨基酸功能性营养产品及细胞培养用氨基酸产品的开发、生产与应用。限制：新建 10 万吨 / 年及以下赖氨酸、苏氨酸生产线；新建 20 万吨 / 年及以下谷氨酸生产线。淘汰：等电离交工艺的谷氨酸生产线及 5 万吨 / 年以下味精生产装置。

2018 年 10 月，工信部、水利部联合发布《关于征集国家重大工业节水工艺、技术、装备（第三批）

的通知》，组织氨基酸企业进行申报。

2018 年 10 月，编纂《中国工业史·轻工卷》中生物发酵产业发展史。

2018 年 10 月，组织氨基酸企业参加中国轻工业工程技术研究中心评审：受中轻联委托，组织推荐申报首批中国轻工业工程技术研究中心。工程中心主要依托轻工行业内创新型企业、高新技术企业等综合实力和创新能力较强的科技型企业建设，要求具有较完备的工程技术综合配套试验条件，能够提供多种综合性服务，同时具有自我良性循环发展机制的科技开发实体。按照认定要求，协会经认真组织、筛选、审查，确认材料完整，并符合相关要求，特推荐中心 6 家。其中包括 1 家氨基酸企业。

2018 年 12 月 22 日，组织召开 2018 氨基酸分会理事会及 2018 中国高端氨基酸产业高峰论坛，此次论坛共有来自全国氨基酸行业近 200 余位代表参加。

【c. 标准建设】

氨基酸产品已在国际上广泛应用于食品、药品、日化、饲料等行业，但在我国，对于氨基酸的认识和标准是严重缺乏的，为了走在行业发展的前端，为行业今后的发展奠定基础，加快氨基酸产品及相关标准的制修订工作是势在必行的。

2018 年氨基酸分会完成了《氨基酸行业绿色工厂评价要求》、《绿色设计产品评价规范氨基酸》2 项绿色团标和《食用氨基酸制品》、《食品加工用氨基酸》、《α－酮戊二酸》、《DL－丙氨酸》4 项产品标准的送审稿；编制《支链氨基酸》、《谷氨酰胺》两项行业标准的文本及编制说明；参与修订《味精工业水污染物排放标准》；起草《取水定额 第 9 部分 味精制造》修订建议并申报；起草《取水定额 赖氨酸及其盐制造》制定建议并申报；2018 年 9 月召开“2018 氨基酸产业标准化工作研讨会”，为总结标准工作，计划未来标准工作的落实打好基础。

【d. 发展环境分析】

政策环境 虽然，玉米深加工产业的限制已经放开，但由这两年玉米状况来开，种植面积降低、产业规模扩大，今后，仍有再次限制的可能。同时，国家对玉米深加工产业的限制还体现在别的方面，譬如通过国家产业结构指导目录、通过环保相关的规定、环境友好型指导目录等等其他一系列的有关生产的具体法

社会环境 氨基酸的生产离不开原辅材料，可以说，氨基酸产品的成本，很大部分都是有这些因子决定的。同时，产品的出口、利润也都会受到国际汇率的影响。还有运输费用等等。

竞争环境：在经济全球化、贸易一体化的今天。不仅国际分工越来越细，而且国际竞争也越来越激烈；不仅仅发达国家的跨国大公司把据点设置到世界每一个角落，而且面对新兴产业，很多大财团也在虎视眈眈，力图在氨基酸产业上占有一席之地。中国现代化经济发展时间短，相应地中国企业起步时间也晚，在资本、技术、人才、管理经营等方面远远落后于发达国家的企业。中国氨基酸产业在面对国内企业相互竞争的同时，还要共同面对国际同行的竞争，面对其他国家对自身利益的保护。譬如：对中国氨基酸的反倾销和贸易制裁。

【e. 存在的问题】

高水平自主知识产权技术匮乏：近年来，我国氨基酸产业专利数量有较大的增长，但发明专利所占比例较低，专利实施率不高的现象；核心技术的知识产权保护力度不够，企业创新积极性不高；高校中的部分专利申请仅是为了申报职称与评奖，专利技术不成熟，市场转化较为困难；缺乏知识产权的意识，部分单位对别人研究成果的信手拈来，这些原因导致了国内高水平自主知识产权技术匮乏。

研发投入及可产业化成果较少：研发是科技创新的源头，是产业发展的重要推动力。近年来，氨基酸产业相关科研机构与企业均加大了研发力度与投入，但与国际先进企业与科研机构相比，我国研发投入还有差距。由于科研院所、大专院校等研究大多侧重于基础性研究，其取得的研究成果产业化效率较低。虽然国内氨基酸企业主动进行研发投入的意识有所增强，但研发投入资金不足，无法支撑科技创新项目的开展。同时还存在着科研成果的转化渠道不畅、科研院所对市场信息了解较少，使得科研人员在科研工作中无法

做出准确的决策、研究成果与市场需求存在一定的误差，转化效率较低，可产业化成果较少。

产业链延伸及应用研究不足：我国氨基酸产业在工艺技术创新、菌种优化、节能减排等方面研究成果较多，转化较好。而在新产品开发、氨基酸产品应用领域方面相对投入和研究的较少，产业链延伸度较短。

高效制造手段亟待提高：我国氨基酸产业近年来技术水平的提升是有目共睹的，各企业都建立了自己的科研团队，还与各大科研院校合作提升研发水平，但是在高品质产品、新型产品的竞争中，与国际相比，仍有差距。

产品定位不明确、标准体系不健全：氨基酸产品出口被归口于化学工业品、在食品添加中被列入香精香料，这些都是多年来的一个误区，也是影响了氨基酸产品在我国应用到食品加工行业的一个重要的影响因素。氨基酸产品对人体的功效是国际认可的，并有多年的实践应用，但是在我国，由于法律法规的不健全，相关标准的匮乏，人们认识的误区，导致了氨基酸不能广泛的被应用。

竞争秩序不稳定、国际竞争力弱：企业的竞争最根本就是产品的竞争和价格的竞争，但都应该是在保证自身效益的基础上。但对于中国的氨基酸企业，同类产品的品质相差不大，因此，价格战成了占据市场的手段。为了降低成本，占领更多的市场份额，盲目的扩张产能，使得产能严重过剩，经济效益下滑。不但扰乱了市场秩序，还有损企业自身的利益。中国的氨基酸产业以中低端产品为主，虽然产量大，但是与国外大企业相比，产品品质、产品种类仍有较大的差距。在高端氨基酸制品中，氨基酸的采购依然倾向于国外品牌。

品牌国际化战略意识较弱：现阶段，中国氨基酸企业的发展还是以国内为主，国内竞争激烈。但国际市场的开发，仍处于初级阶段。与希杰集团、ADM 等这种国际化企业相比，差距还是较大的，未来中国氨基酸品牌的国际化是企业发展必须要走的路。

行业协作发展意识有待提高：我国氨基酸产业的发展，应该有竞争，也应该有合作。竞争是各企业硬实力和软实力的竞争，合作应该是面对行业共同的问题，大家一起贡献力量。我国氨基酸产业的生产能力是毋庸置疑的，如何团结起来，共同面对我们的竞争对手，如何面对国际上对中国氨基酸产业的制裁和打压，如果共同开拓氨基酸产业的发展道路，需要我国氨基酸产业的同仁们共同思考。现今的时代，已不是单打独斗就可以闯天下的时代，只有整个产业团结协作，共同创造，才是发展的有利手段。

关丹

2.16 酵母工业

【a. 概况】

2018 年，全国酵母行业总产能约 41.5 万吨，同比增长 6.4%，中国酵母行业工厂数量（不含啤酒酵母源）24 家以上。产能居行业前 3 位的企业是安琪酵母中国、乐斯福中国、AB 马利中国，其产能占全国总产能的 76%，行业集中度提高。

2018 年，酵母行业基本保持平稳发展态势。中国酵母类制品产销约 36.6 万吨，同比增长 4.5%。其中，活性酵母类 25.1 万吨，酵母抽提物类 9.5 万吨，其它酵母制品 2 万吨。产能利用率 88%，产销规模继续保持小幅增长，全行业产值约 78 亿元。

【b. 进出口情况】

2018 年，酵母类产品进口量 1467 吨，同比下降 8.70%；进口额 1542 万美元，同比增长 14.30%。其中，活性酵母和发酵粉的进口量同比下降幅度较大；活性酵母、非活性酵母两类产品进口额同比增长较大，发酵粉的进口额持平。3 类产品的单价均有所增加或高端品种占比较高，见表 1。

表 1　2018 年酵母产品进口量及进口额

品种	进口量（千克）	进口额（美元）
活性酵母	489, 578	6, 179, 304
非活性酵母；已死的其他单细胞微生物	824, 180	8, 602, 805
发酵粉	153, 550	642, 217
合计	1, 467, 308	15, 424, 326

国际市场，2018 年，酵母出口同比所有下降。据海关统计，酵母类产品出口情况同比略低，酵母类产品出口量 12.9 万吨，同比下降 7.0%；出口额 2.8 亿美元，同比下降 4.6%，见表 2。

表 2　2018 年酵母产品出口量及出口额

品种	出口量（千克）	出口额（美元）
活性酵母	95, 972, 743	212, 394, 242
非活性酵母；已死的其他单细胞微生物	24, 245, 061	56, 201, 914
发酵粉	8, 547, 531	11, 713, 045
合计	128, 765, 335	280, 309, 201

表 3　2010 年 –2018 年酵母产品出口量及出口额情况

年份	出口		同比（%）	
	总量（万吨）	金额（亿美元）	总量（%）	金额（%）
2010	8. 8	1. 8	14	13
2011	9. 3	2. 0	5. 4	12
2012	10. 3	2. 0	11	0
2013	11. 1	2. 4	7. 9	18
2014	11. 8	2. 6	6. 7	7. 7
2015	12. 3	2. 6	3. 9	2. 7
2016	12. 7	2. 7	3. 4	2. 4
2017	13. 8	2. 9	8. 8	7. 8
2018	12. 9	2. 8	-7. 0	-4. 6

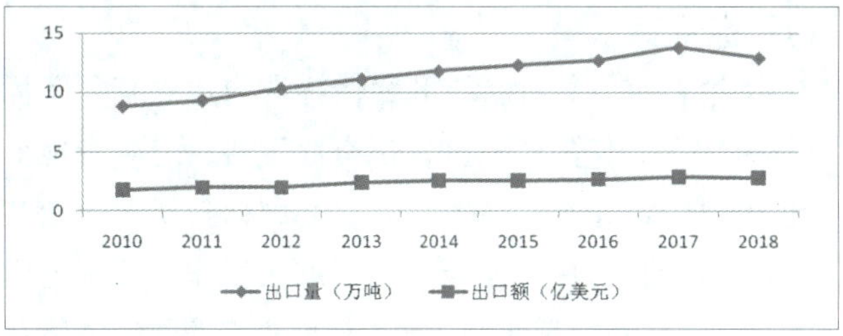

图 1 2010 年 –2018 年酵母产品出口情况变化趋势

由图 1 及表 3 可以看出，从 2010 年 –2017 年，酵母产品出口一直保持平稳增长，2018 年，同比有所下降。

【c. 产业发展状况】

2018 年，安琪持续发展酵母主业和推进国际化，赤峰酵母绿色制造集成项目顺利投产，宜昌细胞源（酵母）营养健康食品数字化车间、埃及年产12000吨酵母抽提物项目正在施工建设，计划2019年投产。

2018年，乐斯福中国总产能保持稳定，来宾工厂技改项目整体已完成70%，预计2019年完工；崇左工厂改扩建项目已于2018年年底试生产，预计2019年上半年投产。

山东圣琪食品原料及添加剂以及甘薯渣固态发酵酵母培养物生产线在2018年9月完成。风味化酵母抽提物、无味精酵母抽提物调味料、酵母类功能食品等项目也在年底前完成。

佰惠生生物年产能10000吨项目，2018年，仍处于试生产。

广东江门生物因地处市区内污染重点防治区域，厂区土地规划利用，2017年12月以后停产整修，2018年6月1日正式停产。

天香苑公司湛江五洲工厂改扩建5000吨项目，2018年下半年投产，总产能达到10000吨。2019年，将有新增产能进驻湛江农业产业园。公司正在与国外谈判，有“走出去”的计划。

近年来，酵母及抽提物行业企业陆续在中国上市，显示投资者看好中国酵母产业发展前景。目前涉及酵母生产经营业务已在主板、新三板上市的公司有：安琪酵母、广东甘化、佰惠生、雅琪生物、安泰生物、海纳生物、天香苑等公司。

【d. 标准建设】

国家标准、行业标准和团体标准的建立有利于标准体系完善，使酵母行业良性有序发展，进一步规范行业管理。2018年，由行业协会、科研院所、企业共同努力加快推进中国酵母行业标准化工作，共制定或修订了14项酵母行业的标准，使酵母行业的标准体系进一步完善。包括国家标准9项《取水定额 酵母制造》、《富营养素酵母》、《食品安全国家标准 食品加工用菌种》、《食品生产用酿酒酵母菌种鉴定技术规程》、《食品加工用酵母》（修订）、《酵母抽提物》（修订）、《饲料添加剂 酿酒酵母》（修订）、《酵母浸粉检测方法》、《食品安全国家标准 食品中酵母 β－葡聚糖的测定》；行业标准4项：《饲料原料 酿酒酵母细胞壁》、《饲料原料 酿酒酵母提取物》、《饲料原料 酿酒酵母水解物》、《酿酒酵母及其制品中甘露寡糖的测定方法》；团体标准1项：《酵母行业绿色工厂评价规范》、《酵母行业绿色产品评价规范》、《酵母调味料》发布实施。

此外，2018年，共立项了5项国家、行业标准，包括：《酵母类饲料原料中硒代蛋氨酸和硒代半胱氨酸的测定 液相色谱－氢化物发生原子荧光光谱法》、《酵母调味料》（行标）、《面团发酵剂》、《饲料原料 啤酒酵母粉》、《饲料原料 酵母培养物》等。

【e. 行业存在问题】

法规申报和标准制定存在困难：由于GB2760的限制，发酵过程中允许使用的物质非常有限，造成申报工作量非常大、费用高、时间长，建议能为生物发酵产业争取到一个相对宽松的环境，发酵工艺中使用的物质单独管理，符合一定的安全性原则即可。例如乳制品中都可以使用的乳酸链球菌素，是非常安全的，如果用到发酵工艺中，也需要重新去申报，花费20万左右的申报成本和2–3年的审批时间。在制定国家标准、行业标准时，在行业调查、数据征集、样品征集时，同行企业出于各种考虑不积极配合，组织困难，需要协会出面组织。

资源环保双重压力依然是面临的生存难题：自然资源约束和生态环境恶化的压力是我国经济社会发展中长期、深层次的矛盾，成为我国全面协调可持续发展的严重障碍。酵母产业发展较大程度依赖于地方政策和原料、能源、水等资源成本，节约资源并提高综合利用水平，全面树立绿色制造、低碳经济的理念，尽可能做到“吃干榨净”，降低资源消耗，确保资源的合理利用和永续利用。同时，政府对环保治理的政策加码以及行业协会的监督核查，一方面对业内企业起到了很好的指引与推动作用，国内各酵母工厂都加大了对环保治理的重视与投入，取得了良好成效。另一方面，也将起到优胜劣汰、提高行业门槛的效果，缺乏资金实力及环保治理能力弱的酵母公司，将面临生存挑战。

【f. 行业工作】

2018 年 3 月 28 日，在北京召开酵母分会理事会暨 2018 年酵母行业重点企业座谈会。

2018 年 6 月，参与申报生态环境部《酵母工业水污染物排放标准（GB 25462–2010）》实施评估项目。现有标准指标包含 9 个，分别为 pH、色度、悬浮物、BOD5、CODCr、氨氮、总氮、总磷、单位产品基准排水量。标准实施评估是检验标准效果和效益的基本途径，指导标准制修订工作，有利于提高环保决策的科学性和民主化水平，支撑行业排污许可工作。通过调研考察标准执行情况、标准实施效果，分析制约标准实施的因素，从而对标准制修订及管理提出合理建议。

莫小曼

2.17 酵素工业

【a. 概况】

酵素（jiaosu）产业是以可再生的生物质资源用现代生物发酵技术生产出的可替代日益稀少的矿物质资源的新兴产业，是实现乡村振兴、一二三产融合的抓手之一，尤其是特色农业资源丰富的地区，可提高农产品附加值，带动当地经济发展，促进国家“三品”战略。

自中国生物发酵产业协会酵素分会成立以来，随着酵素产品标准的实施，协会充分发挥了平台和桥梁纽带的作用，大部分生产企业业绩和市场认可度同比都明显增长，酵素产品的科研也在有序开展，食用酵素生产工艺不断提升，像“中国酵素城”等酵素产业聚集区逐步形成，扬生南召、丽江慈航、上海美瘦等龙头企业渐露头角。行业发展较为迅速，随着江南大学、天津科技大学、北京工商大学、齐鲁工业大学、浙江科技学院等一批专业科研院校近两年的科研投入，对国内的酵素产品及工艺提升都起到了积极作用。酵素产业同时也得到了社会各行业的广泛关注，酵素产品相关企业数量快速增长，市场消费日趋理性，产品种类日益完善，产品品质不断提升，市场环境逐渐规范。

目前，我国酵素产业正处于规范发展初级阶段，但酵素产品市场需求日益增长，除食用酵素外的其他种类酵素也陆续进入市场，尤其地方产业聚集需求较大，如陕西渭南、河南南召、山东栖霞、黑龙江七台河金沙新区、陕西榆林米脂、山东商河等一批具有农产品特色资源优势的区域，希望行业能够从当前亟待解决的国家政策，如乡村振兴、一二三产融合、田园综合体等方面形成新的生产生活方式，解决大健康产业的切入点问题。随着行业工作的深入，酵素品类也在不断增加，如日化酵素、农用酵素、饲用酵素等，但由于酵素行业是新兴行业，很多国家监管等问题亟需行业协会进一步协调解决，例如酵素产品还未被列入国民经济统计分类中，标准体系不完善，导致市场监管和生产许可证办理无依据等问题，给大多企业经营造成阻碍，制约了行业的发展。当前酵素产品按应用领域共分六大块，其中食用酵素的市场份额最大，发展最快，农用酵素的发展趋势逐渐形成。据酵素分会初步统计，食用酵素生产企业规模在 200 吨 / 年以上的企业约 200 家，其中，协会会员单位 130 余家。由于工艺的特殊性，食用酵素生产企业大多“以销定产”。2018 年国内食用酵素设计总产能约 15 万吨，总产值约 300 亿元。

2018 年，协会提交了将酵素产品列入国家发改委《产业结构调整指导目录》鼓励类的产业建议。通过行业培育，可以成为大健康产业的标志性产品之一。目前国内各地方也相继出台了对酵素产业支持的相关项目。例如：陕西渭南“中国酵素城”经过行业协会近两年多的培育，已初步形成规模，成为陕西省重点项目，园区对入驻企业以及有关酵素产业的扶持政策制定专门优惠政策；四川《2019 年度高新技术发展及产业化重点研发项目申报指南》中酵素也被列为四川省科技重大专项；烟台栖霞立项酵素产业园；山东商河、黑龙江七台河等地也都针对酵素入驻企业给了一定的优惠政策和条件；河南南阳南召县也成立专门工作班子，大力发展酵素产业特色区域的相关鼓励政策。

【b. 行业标准】

2018 年，行业协会在制定发布了三项团体标准（《酵素产品分类导则》《食用酵素良好生产规范》《食用植物酵素》）的基础上，开展了四项团体标准（《番茄酵素》《枣酵素》《茶酵素》《桑椹酵素》）起草工作。其中《食用酵素良好生产规范》被评为 2017 年工信部百项团体标准应用示范项目，《食用植物酵素》被评为2018年工信部百项团体标准应用示范优秀项目。《酵素产品分类导则》《植物酵素》两项行标于 2018 年 12 月获工信部批准，于 2019 年 7 月 1 日正式实施。

【c. 主要工作】

3 月 24—25 日，在山东省栖霞市召开酵素产业发展规划评审会暨全国酵素产业共建特色区域实施研讨会。

4 月 24—26 日，“2018 第四届上海国际酵素产业博览会暨首届中国酵素节”在上海举行。

4 月 24 日，“2018 酵素产业发展高峰论坛”在上海召开。

6 月 21 日，“2018 酵素产业发展讨论会”和“2018 全国酵素行业专家委员会工作会议”在河南省南阳市南召县召开。

6 月，面向全行业公开征集酵素行业 2018 年国家标准。

12 月，面向全社会征集酵素产品检验检测机构（第一批），将更好地规范和引导酵素市场，提升酵素产品质量，发挥具有技术优势的单位在行业中的引领作用。

【d. 面临的问题】

1. 研究基础薄弱

酵素行业科研力量较为薄弱，对酵素基础研究不足，如酵素生产中微生物代谢、有害物质产生机制和控制策略、产品生理活性机理等研究不充分。企业有积极性，但没有决心做基础研究投入，行业发展缺乏后劲。

2. 工艺技术水平落后

国内部分企业现有产品仍以模仿日本、泰国、台湾酵素为主，且模仿工艺不严谨，工艺水平较低；酵素产业新技术、新装备开发应用不足，部分企业仍然采用较为粗放的发酵设备与技术。

3. 消费者对酵素产品认知存在误区

消费者对酵素营养与酵素养生观念仍处于初步认识阶段，行业缺乏严谨的系统的知识科普，缺少权威信息，还没有形成酵素行业从业人员专业理论知识和水平的系统培训体系，导致行业严重缺乏专业人才。

4. 生产企业创新能力弱

酵素行业的生产企业大多数以食用酵素为主，停留在功能宣传上，品种单一，创新能力弱，缺乏自主知识产权，制约了企业本身及行业的发展。

【e. 产业扶贫】

1. 指导国家级贫困县河南省南召县地区特色产业发展

协会与当地企业恒利康生物科技股份有限公司开展贫困户精准调研，并制定了“公司 + 基地 + 贫困户”的产业扶贫模式，通过订单种植，定点采购，解决了 1000 户以上贫困户的脱贫，户均增收 5000 元以上。2018 年通过组织“第二届全国酵素行业专家委员会工作会议”及“酵素产业发展研讨会”，宣传当地酵素产业特色，起到了积极推动作用，增加地方税收 3000 多万元。

2. 组织重庆万源佳药业有限公司对重庆酉阳县天馆乡、毛坝乡、涂市乡等地的扶贫工作

公司利用基地平台，有效解决了当地剩余劳动力就业困难的问题，并结合当地精准扶贫政策，鼓励贫困户种植生姜等原材料，公司再以高于市场价的价格收购用于食品生产。如在天馆乡发展生姜种植 24 户，年收购金额 11 万元。同时，公司还从农户手里收购野生刺梨、野生猕猴桃等野生水果。2018 年共收购野生产品 43 万元。这些都极大提高了贫困人员的劳动积极性，有效促进了脱贫效率。在板溪乡，公司免费提供公司基地的桑葚果苗 200 株供贫困户种植，公司再高于市场价回收桑葚果；公司还与农户签订协议，利用酉阳当地闲置土地、荒山、荒坡发展中药材等种植近万亩。农户出土地，公司负责全部投资，按收入时的 2：8 分成，大力促进了当地中药材产业发展也为农户增加了收入，目前已发展黄柏、厚朴基地 10000 亩，以产业形式带动贫困户长期脱贫致富。

3. 深入基层，调查研究，有的放矢，精准扶贫

3 月，协会组织陕西省米脂县政府在山东省栖霞市召开“田园综合体”产业实施研讨会；5 月协会副理事长周海龙就“米脂小米在酵素产业中的发展机遇”在“2018 西洽会”作了宣传与推广，与榆林市长就米脂小米的产业发展组织了相关专家进行了讨论，并组织榆林市政府相关领导到中国酵素城及相关企业进行了调研学习。经过多次论证，根据当地实际情况首先引进韩国 Naraentec 株式会社与当地企业成立合资公司，提升产业的国际影响力，为区域品牌打基础，目前已开发出米脂小米酵素面膜及米脂小米食用酵素，增加了当地小米农产品的高附加值利用。目前榆林已成功立项“米脂小米酵素生态园”并作为现代农业产业体系示范项目，着力打造农旅融合。

4. 以市场销售作为扶贫的主要抓手，帮助贫困地区畅通销售渠道

安徽养生天下生物科技有限公司在协会和地方有关部门沟通协调下，前往国家贫困县安徽利辛县、陕西米脂县、江苏沛县、山东栖霞解决种植户的农作物销路问题，通过高于市场价格进行收购，最终在贫困地区收购滞销农产品约 266 万元，解决了农民的实际困难。

在倡导志愿扶贫方面，协会公益事业部大力倡导志愿者扶贫扶智工作，组织云南酵道孝道文化传播有限公司开展以“环保”酵素制作、“酵素”生态农业、垃圾分类等中央倡导的乡村振兴五位一体理念，在南北多个省市开展“零污染村庄（社区）”建设，开展环境与健康主题培训，覆盖全国 60 多个村（社区），科普人数约 15 万人次，取得了显著的经济效益和社会效益。

周海龙

2.18 酶制剂工业

【a. 行业概况】

2018年，我国酶制剂行业略有增长。根据分会统计，全国酶制剂产量约为145万（标）吨，同比增长约4.3%，产品总产值约为33亿。产品品种方面，根据现有统计数据，国内酶制剂企业所生产的酶制剂主要品种有：糖化酶、植酸酶、中温淀粉酶、高温淀粉酶、碱性蛋白酶、中性蛋白酶、酸性蛋白酶、多肽酶、角蛋白酶、中性纤维素酶、酸性纤维素酶、中性木聚糖酶、酸性木聚糖酶、甘露聚糖酶、谷氨酰胺转氨酶、β－葡聚糖酶、半乳糖苷酶、果胶酶、β－淀粉酶、真菌淀粉酶、脂肪酶、凝乳酶、葡萄糖氧化酶、普鲁兰酶、过氧化氢酶、乳糖酶、角质酶、核酸酶、脱氨酶、溶菌酶、酯化酶、饲用复合酶、纺织复合酶、啤酒复合酶、生物能源复合酶等。

2018年酶制剂产品进口量和进口额同比均有所增加，其中，进口量同比增长8.1%，进口额同比增长4.1%，进口的平均价格同比下降；出口方面，酶制剂产品出口量同比下降0.4%，出口额同比增长3.7%，出口平均价格增长。由表1可以看出，我国酶制剂出口价格远低于进口价格，反映了国产酶制剂仍以传统酶制剂种类为主，缺少高端酶，有些酶种的国外依存度依然很高，产业化进程需要加快。

表1 2017、2018年酶制剂产品进出口比较

进口量（吨）		进口额（万美元）		出口量（吨）		出口额（万美元）	
2017	2018	2017	2018	2017	2018	2017	2018
15366	16612	23983	24963	93521	93102	35809	37121

价格方面，近年来，由于市场竞争激烈，酶制剂的价格呈现逐年下降的趋势，提浓并未带来价格的增加，有些传统酶种的价格已经直逼生产成本。但对于有特定性能的酶制剂产品，价格尚存在一定的利润空间。反映出市场同质化现象严重，市场竞争激烈。

【b. 行业发展特点】

首先，企业重视对现有酶制剂的改造、提升和市场的开拓，国产酶制剂市场占有率呈现逐年提高的态势。其次，企业技术创新水平不断提高，今年又出现一批新的国家级和省级的技术中心。再次，广东溢多利生物科技股份有限公司成为酶制剂行业第三个认定的国家级企业技术中心；第四，产学研用的合作越来越紧密，酶制剂的研究与改造提升越来越有目标性和针对性，紧跟市场需求；最后，企业差异化发展战略在行业内得到认同，如何实现差异化发展是未来面临的重要课题。

【c. 存在问题】

首先，虽然国内酶制剂企业研发受到高度重视，创新投入逐年增加，但酶分子改造技术、应用技术还是相对落后，缺乏高水平的自主知识产权技术。其次，我国酶制剂产品结构不合理，应用深度不够。虽然我国在酶制剂的研发能力提升上取得了一定的进步，但在新酶种开发、传统酶制剂提升及提取和制备技术等方面仍有很多不足。目前，我国酶制剂企业仍以传统酶制剂种类（糖化酶、淀粉酶、蛋白酶等）为主，缺少高端酶制剂产品。最后，由于同质化现象严重，缺少新的高端酶制剂品种，导致企业间存在的不正当竞争，行业整体利益受损。行业整体经济效益并未表现

出明显提升。

【d. 标准化工作】

完成了《酶制剂分类导则》国家标准的报批，与中国食品发酵研究院一同组织了《蛋白酶制剂》国家标准和《食品安全国家标准 食品添加剂 食品工业用酶制剂》的修订工作。征集了《植酸酶耐热性评估方法》和《植酸酶磷释放率评估方法》2 项团体标准。

【e. 主要工作】

5 月 17 日，在南京召开了由中国生物发酵产业协会主办，南京百斯杰生物工程有限公司承办的“全国首届酶制剂在酒精及燃料乙醇中的应用及创新高峰论坛”。本次会议邀请 18 位业界精英，报告内容既有酶制剂及酒精、燃料乙醇的宏观分析，又有具体技术的现状和进展分析，既有新技术的介绍，又有产业化成功案例的分享，得到参会代表的好评。

12 月 15 日，中国生物发酵产业协会酶制剂分会、中国食品科学技术学会酶制剂分会理事会在北京召开。会议由石维忱理事长主持。会议通过了酶制剂分会 2018 年工作总结接 2019 年工作要点，增补了江苏奕农常东民、江苏一鸣史百鸣、南京百斯杰李峰和王洁作为分会第二届理事会理事，选举王洁为酶制剂分会第二届理事会理事长。会议对《第六届全国酶制剂研究开发应用技术研讨会论文集》进行了认真学习和评比，选出十篇优秀论文。会上理事对行业形势、企业发展动态以及新产品新技术的开发应用等问题纷纷发表了各自看法，展开了热烈的讨论，提出了许多建设性意见。

12 月 15–17 日，在北京召开了“第六届全国酶制剂研究开发应用技术研讨会”。本次会议得到了国家相关管理部门、高等院校、科研院所以及行业专家的大力支持。大会分为主题报告和青年论坛，有来自国家风险评估中心、大学和科研院所的酶工程学者、行业专家以及酶制剂生产及应用企业代表近 200 人参加了会议。拥有自主知识产权、提高核心竞争力和标准法规对新技术、新产品应用的支撑等方面的内容得到了与会代表的关注。此次会议将会对我国酶制剂行业及相关产业发展起到积极地推动作用。

组织行业相关企业申请轻工重点实验室，开展行业咨询和数据统计工作，开具行业证明等。

王晋

2.19　有机酸工业

【a. 行业概况】

2018 年，有机酸行业产品总产量约为 245 万吨，同比增长 9.37%，总产值约为 200 亿元，总产量和总产值继续呈上升趋势。2018 年与 2017 年有机酸产品出口量及出口额对比情况，详见表 1。

表 1　2018 年与 2017 年有机酸产品出口量及出口额对比

单位：千克、美元

品种	2017年出口量	2017年出口额	2017年价格	2018年出口量	2018年出口额	2018年价格
柠檬酸	916, 259, 370	776, 238, 014	847.18	956, 462, 048	706, 532, 392	738.69
柠檬酸盐及酯	174, 076, 315	160, 351, 867	921.16	199, 247, 739	181, 002, 255	908.43
柠檬酸产品	1, 090, 335, 685	936, 589, 881	858.99	1, 155, 709, 787	887, 534, 647	767.96
乳酸及盐和酯	53, 476, 070	67, 639, 474	1264.85	58, 812, 679	82, 001, 400	1394.28
葡萄糖酸及其盐和酯	176, 148, 838	105, 151, 176	596.95	181, 077, 547	126, 878, 954	700.69

1. 柠檬酸行业

2018 年，柠檬酸行业总产量 165 万吨，同比增长 8.55%。柠檬酸行业产量随着中粮（榆树）公司的开产，以及日照金禾公司、英轩实业公司的生产线改造完成，2018 年有较大幅度增长。

2018 年，柠檬酸产品总进口量 2992 吨，同比下降 6.43%；总进口额 1373 万美元，同比增长 18.06%。柠檬酸产品出口量为 115.57 万吨，同比增长 6.0%，总出口额 88753 万美元，同比下降 5.24%。

2017 年 6 月与 7 月出口价格接近 900 美元，是近年来价格最高点，但自 2017 年 8 月份开始出口价格逐月走低，2018 年延续了 2017 年的走低趋势，12 月份价格达到 670 美元以下，是 10 年来的最低点，该价位已经低于成本价，造成了 2018 年柠檬酸行业出口量较大幅增长，可是出口额却有较大幅度降低，全年出口平均价格同比下降 108 美元 / 吨，同比下降 12.81%，行业由盈利转为亏损状态。详见图 1。

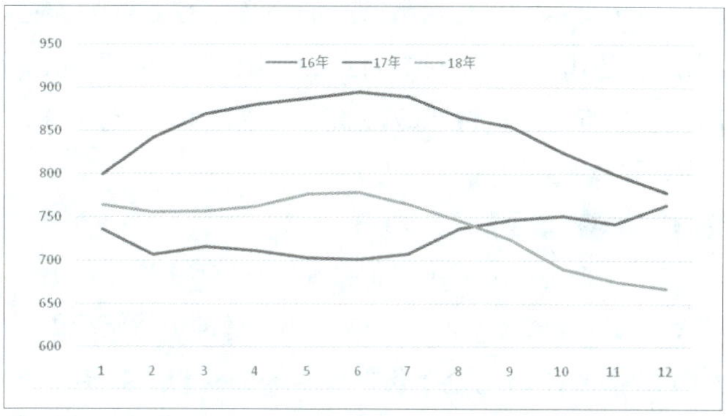

图 1　柠檬酸近三年出口价格变化曲线

柠檬酸出口国别集中度较强，2018 年，柠檬酸出口前 10 国家占比为 46.69%，但柠檬酸同比下降了 1 个百分点，详见表 2。

表 2　2018 年柠檬酸出口前 10 国家和地区

单位：千克、美元

序号	国别	出口量	出口额	价格
1	印度	90, 695, 500	61, 361, 800	676.57
2	土耳其	56, 424, 200	37, 642, 157	667.13
3	墨西哥	55, 211, 776	41, 169, 919	745.67
4	日本	47, 050, 885	40, 032, 293	850.83
5	俄罗斯	43, 461, 550	29, 057, 443	668.58
6	印度尼西亚	35, 221, 200	23, 976, 106	680.73
7	德国	32, 704, 025	27, 216, 263	832.20
8	波兰	32, 375, 430	24, 379, 528	753.03
9	阿根廷	26, 753, 934	19, 879, 259	743.04
10	韩国	26, 640, 150	18, 715, 833	702.54
前十国家统计		446, 538, 650	323, 430, 601	732.03
出口总计		956, 462, 048	706, 533, 292	738.69
出口前十占比		46.69%	45.78%	

日本、澳大利亚、西班牙、澳大利亚等国家成为出口价格最好的目的地；印度、土耳其、印度尼西亚、俄罗斯继续成为出口大国，这些都是转口国家，我们

给他们的价格极低，特别是印度是我们柠檬酸出口量最大、价格较低的国家，这些国家赚取了我们本应得的利润和血汗。

柠檬酸的技术指标每年都在持续的进步，但是进步幅度在不断的降低，柠檬酸的技术进步空间在缩小。2018 年，柠檬酸行业的平均产酸率为 16.88%，上升了 0.21%；2018 年行业平均发酵周期为 60.42h，缩短了 0.53 小时；2018 年行业平均总收率为 91.15%，与上一年持平。

2018 年，柠檬酸行业平均成品粮耗为 1.69 吨 / 吨，同比节粮 1.74%；柠檬酸行业平均汽耗为 2.48 吨 / 吨，同比节约 10.79%；柠檬酸行业平均耗电 616 度 / 吨，同比节电 5.95%；柠檬酸行业平均水耗 15.59 吨 / 吨，同比节水 3.17%。

2. 柠檬酸盐及酯

柠檬酸盐及酯的出口价格在 2017 年表现比较好，可是 2018 年风光不再，价格持续走低，虽然状况好于柠檬酸很多，但是全年价格表现不断走低，发展趋势不容乐观。详见图 2。

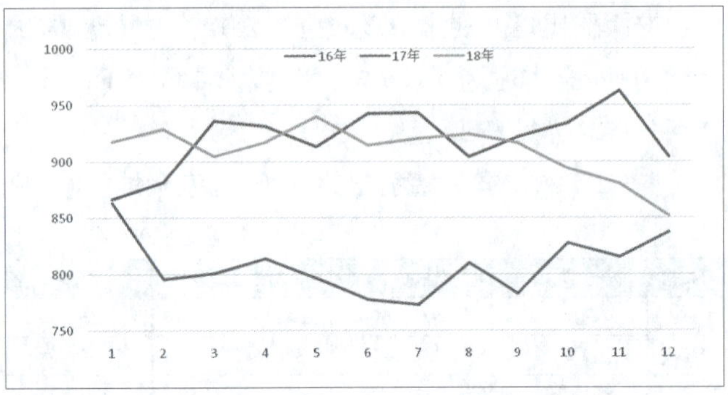

图 2 柠檬酸盐及酯近三年出口价格变化曲线

2018 年柠檬酸盐及酯前 10 国家占比为 55.05%，柠檬酸盐及酯下降同比 0.8 个点，详见表 3。

表 3　2018 年柠檬酸盐及酯出口前 10 国家和地区

单位：千克、美元

序号	国别	出口量	出口额	价格
1	比利时	17，342，500	13，644，863	786.79
2	德国	16，178，680	15，009，744	927.75
3	日本	12，367，122	11，878，367	960.48
4	荷兰	12，117，850	10，235，438	844.66
5	加拿大	11，612，100	9，505，803	818.61
6	泰国	10，355，215	8，219，970	793.80
7	波兰	7，893，555	5，876，903	744.52
8	印度尼西亚	7，852，831	6，632，603	844.61
9	澳大利亚	7，281，390	8，087，596	1110.72
10	俄罗斯	6，685，675	5，906，789	883.50
前十国家统计		109，686，918	94，998，076	871.54
出口总计		199，247，739	180，997，463	908.40
出口前十占比		55.05%	52.49%	

出口印度柠檬酸盐及酯价格很好，出口波兰的柠檬酸盐及酯价格很低。

3. 乳酸行业

2018 年，乳酸产量 15.5 万吨，同比增长 5.63%，下半年中粮格拉特公司逐渐停产。

2018 年，乳酸及其盐和酯进口量 16578 吨，同比增长 91.23%；进口额 2926 万美元，同比增长 62.92%，乳酸及其盐和酯出口量 58813 吨，同比增长 9.98%；出口额 8200 万美元，同比增长 21.23%。

自 2016 年开始乳酸出口量持续增长，2016 年较 2015 年出口量同比增长 17.00%，出口额同比增长 13.13%。2017 年较 2016 年出口量同比增长 22.5%，出口额同比增长 17.2%；2018 年在中粮格拉特停产的预期下，出口量同比增长 9.98%；出口额同比增长 21.23%，是有机酸行业表现较好的一个分行业。详见图 4。

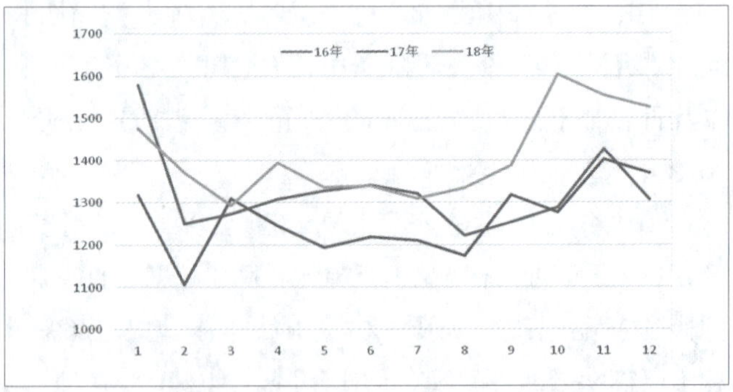

图 4 乳酸产品近三年出口价格变化曲线

4. 葡萄糖酸

2018 年我国葡萄糖酸产量 60 万吨，同比增长 13.21%，葡萄糖酸及其盐和酯进口量 1263 吨，同比增长 57.68%；进口额 305 万美元，同比增长 34.36%，葡萄糖酸及其盐和酯出口量 18.11 万吨，同比增长 2.84%；出口额 12688 万美元，同比增长 20.66%。

2018 年，葡萄糖酸价格出现了过山车形状，两头低中间高，6 月、7 月、8 月价格是近年来的价格高点，全年大多数月份价格远远好于 2016、2017 年，行业走出了困境。详见图 3。

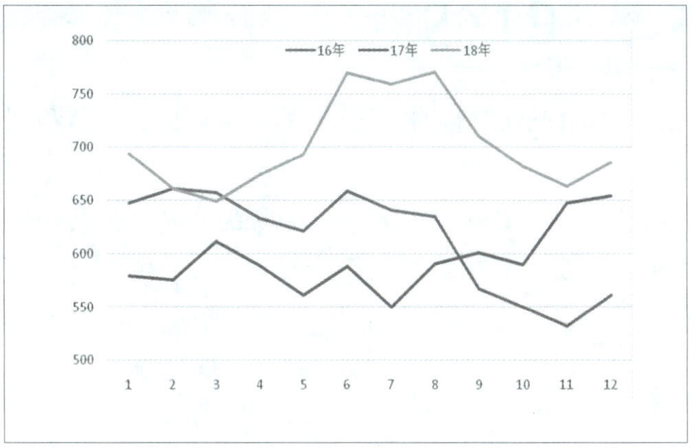

图 3 葡萄糖酸产品近三年出口价格变化曲线

4. 其他有机酸

衣康酸近几年来产量变化不大，2018 年全年产量约 5 万吨。

【b. 行业发展的问题】

柠檬酸产能增长过快，自食恶果：2017 年 4 月，国家发改委取消了玉米加工审批限制，各地特别是东北等地玉米加工新建、扩建产能急速增加，柠檬酸行业跟风现象严重，中粮搬迁、英轩改造、金禾新增，七星柠檬、珲春协联各自计划新增 50 万吨，其中，七星柠檬一期年产 10 万吨设备已经基本就位，预计 2019 年上半年投产。同时柠檬酸行业同质化严重，各单位的各项指标相近，如此发展造成产能过剩严重，市场压力加大，价格下滑，行业整体处于亏损状态。柠檬酸行业近几年国内市场开拓有所进展，出口比例由几年前的 80% 下降到 2018 年的 70%，取得了一定成绩，但是还不能解决过度依赖于出口的现状。

聚乳酸发展带来了乳酸行业发展预期：近几年，聚乳酸行业在国内不断地被提出来，2018 年，中粮长春、金丹乳酸新建聚乳酸厂，丰原集团和多方合作也进入实质发展阶段。聚乳酸的发展引发了乳酸行业发展的需求，金丹、百盛、丰原等纷纷拿出发展规划和实际动作，丰原集团更是一期确立 15 万吨的乳酸、10 万吨聚乳酸的发展目标。近几年，乳酸产品进口增长很大。乳酸产品进口量、进口额连续 2013–2014 两年大幅增长后，2015 年进口量增幅减缓，进口额出现同比下降，2016 年进口量、进口额均出现了大幅度的同比下降，2017 又出现进口量和进口额大幅度同比增长。2017 年，乳酸及其盐和酯进口量 8669 吨，同比增长 24.95%；进口额 1796 万美元，同比增长 23.52%。2018 年，乳酸及其盐和酯进口量 1.66 万吨，同比增长 91.23%，占国内产量的增长 10.71%；进口额 2926 万美元，同比增长 62.92%。进口量的快速增长已经对国内市场形成了较大影响，引起了我们注意。

2018 年，葡萄糖酸价格波动较大：葡萄糖酸价格出现了过山车形状，两头低中间高， 葡萄糖酸 2018 年购销两旺，随着水泥行业应用状态变化，价格波动，预计 2019 年价格继续波动，长远看产能过剩。

【c. 行业工作】

组织召开“有机酸行业重点企业座谈会”：2018 年 3 月 30 日协会在北京有机酸分会与装备环保分会联合召开了“有机酸与装备环保行业重点企业座谈会”。座谈会上，针对有机酸行业现状和发展趋势、企业经济运行情况及“绿色制造”的情况等进行了交流与讨论。此次交流会为企业更好的而了解行业发展现状、未来发展方向及存在问题提供了良好的时机，也为分会及时了解企业发展动向，如何开展今后针对企业服务工作奠定了基础。

组织召开 2018 有机酸行业技术研讨会暨中国食品科技学会有机酸分会第四届理事会成立会：2018 年 6 月 13 日，2018 有机酸行业技术研讨会暨中国食品科学技术学会有机酸分会第四届理事会成立会在中国生物发酵产业协会与中国食品科学技术学会的指导下，在浙江宁波胜利召开。本次会议围绕“新时代、新机遇、新发展，实施新旧动能转换，促进有机酸产业健康稳定发展”主题，以大会报告、学术报告、论文宣讲、集体讨论等方式，围绕有机酸行业的焦点问题以及如何提高有机酸行业的智能制造和绿色制造水平，持续深入开展新技术新产品的开发与应用，保障有机酸行业健康稳定发展，促进有机酸产业健康发展等进行了学术交流探讨。

行业统计工作：按时完成每月“柠檬酸行业生产技术指标”统计工作及季度分析工作，了解和掌握行业生产运行状况，为各单位的技术进步提供了更多的帮助。并对乳酸行业、葡萄糖酸行业进行半年产量统计。

行业调研工作：2018 年有机酸分会通过各种活动走访了有机酸行业大多数主要生产企业，包括：日照金禾、宜兴协联、潍坊英轩、山东柠檬、中粮生化、安徽丰原、青岛琅琊台、河南金丹、山东华康梦之缘。取得了大量的行业发展的一手材料。

有机酸行业经济运行情况分析：根据行业统计数据，2018 年分会对有机酸行业季度经济运行情况进行分析，并写出经济运行情况报告。

《产业结构调整指导目录（2011 年本）》修订意见：建议将“氢钙法、色谱法工艺生产柠檬酸，乳酸、聚乳酸”列入产业结构调整目录里的鼓励类中，将“传统钙盐法柠檬酸生产装置”列入淘汰类中，将“新建年产 5 万吨以下柠檬酸生产线”列入限制类，并将修改意见上报协会。

参与有机酸行业相关标准的立项征集、起草和制定工作。

落实协会的要求和部署，积极配合其他分会和部门工作，完成各项临时任务。

卢涛

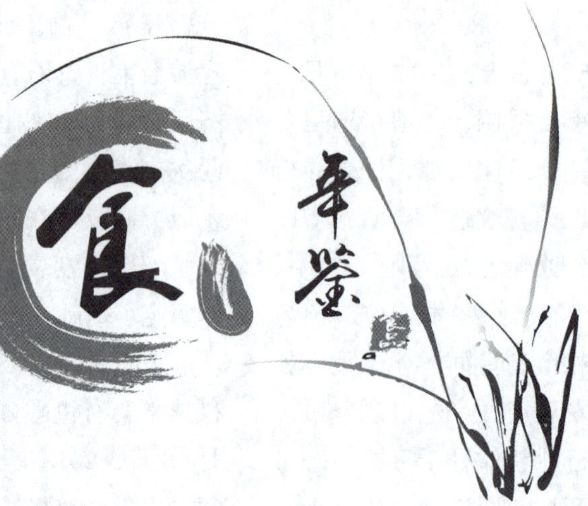

2.20 营养与保健食品制造业

【a. 概况】

在我国人均国内生产总值(GDP)已经处于中等偏上收入国家水平、健康中国上升为国家战略的大背景下，我国保健食品行业正处在快速发展的时期。2018年，保健食品的销售额已达5300亿元，增长率6.0%。由于我国目前并无营养食品的明确定义和相关法规标准，且统计分类和食品监管分类有所冲突，因此，本篇相关内容主要针对保健食品行业。

保健食品行业是我国食品行业的重要支柱产业之一，已列入《“十三五”国家食品安全规划》，是促进我国健康服务业和养老产业发展的重要行业，也是推进健康中国建设、促进“大健康”产业发展的重要组成部分。随着《中华人民共和国中医药法》《“健康中国2030”规划纲要》《国民营养计划(2017–2030年)》等一系列政策规划的出台，多个部委颁布保健食品相关法规及征求意见稿，保健食品在国民营养健康中的作用日益增强。

根据中国保健协会的调查分析，2017年我国保健食品销售额已达5000亿元，2018年为5300亿元，增长率为6.0%。在中国保健协会抽样调查的1700多家保健食品生产企业中，规模达到100万元以上的企业数量达到79.9%，其中规模达到1亿元以上的企业数量达到20.77%。

从2018年度保健食品企业业务收入百分比结果(图1)可知，2018年我国保健食品企业主营业务收入为500万元以上的企业占到被调查企业总数的60%以上，其中保健食品业务收入达5000万元以上的占16%以上。从2018年度保健食品销售额增长情况(图2)可知，98.5%的企业年销售额较2017年有所增长，其中增长率超过20%的企业占被调查企业总数的6.5%。

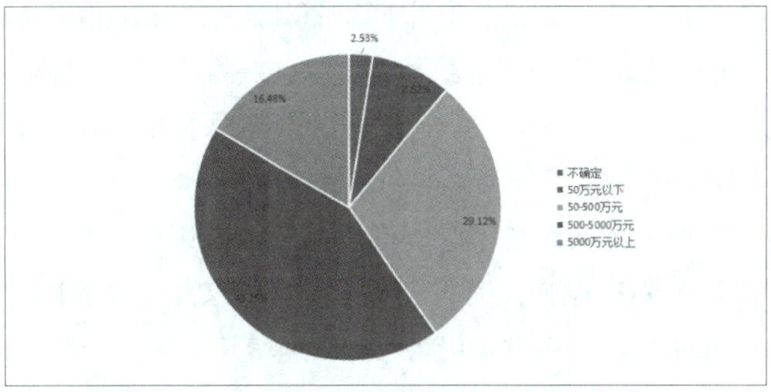

图1　2018年度保健食品业务收入百分比

数据来源：中国保健协会

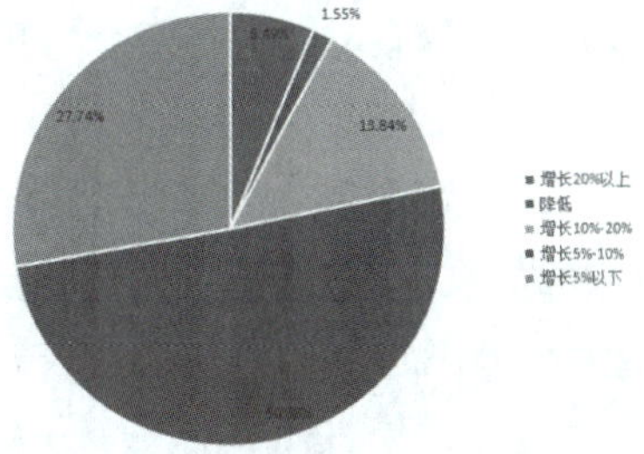

图2　2018年度保健食品销售额增长情况

数据来源：中国保健协会

根据国家市场监督管理总局(原国家食品药品监督管理总局)的相关数据，截至2018年底，我国已审批保健食品产品17470件，其中，国产保健食品16690件，进口保健食品780件。近年来，国家进一步加强保健食品的管理，尤其在2016- 2017年，随着2016年7月1日《保健食品注册与备案管理办法》的实施，国产保健食品注册制审批数量骤降，根据国家市场监督管理总局(原国家食品药品监督管理总局)

的数据库统计，2018年共批准国产保健食品3件，进口保健食品0件。究其原因，一方面可能是由于国家政府监管机构对保健食品的审批趋严，通过审核的保健食品较少；另一方面，2018年3月份，国家政府机构改革，原国家食品药品监督管理总局被并入国家市场监督管理总局，受此影响，保健食品的注册进度明显降低。

根据各省（自治区、直辖市）市场监督管理局（原食品药品监督管理局）的数据，截至2018年底，国产保健食品备案数量达1750款，进口保健食品备案数量达33款。国产保健食品各省（自治区、直辖市）备案情况千差万别，其中广东省和山东省获得备案凭证的产品分别为456款和332款，获批数量位列第一和第二位，分别占据全国备案产品总量的26.1%和19.0%。

但从大的环境看，保健食品行业未来十年、二十年是朝阳产业，投资机会非常多。未来几年，我国保健食品行业销售收入仍将保持高速增长态势。

【b.行业发展分析】

1.研发投入

中国保健协会调查了超过1700家保健食品企业，根据2018年度保健食品公司在研究与开发投入资金结果（图3）可知，投资金额在5000万元以上的企业数量占15.28%，投资金额在500万元--5000万元的企业数量占40.55%，投资金额在50万元--500万元的企业数量占31.71%，投资金额在50万元以下的企业数量占9.59%。

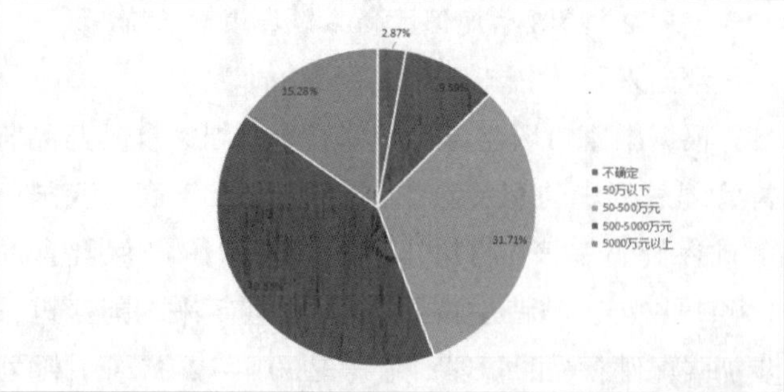

图3 2018年度保健食品企业研究与开发(R & D)投入资金

数据来源：中国保健协会

2.区域分布

从申请产品注册的企业所在地看，各省（自治区、直辖市）批准注册保健食品产品数量不均，主要集中在经济较为发达的地区，具体区域分布详见图4。其中北京、上海、江西、广东明显高于其他省份，北京、上海、江西、广东四地注册总数占全国注册总数的26.4%，北京位于榜首。该现象与这些地方经济发达、企业规模较大、居民收入高且消费能力强有重要联系，同样与消费者健康与保健意识较强密不可分。此外，我国保健食品生产厂家的分布状况具有南多北少、东多西少的特点，北京、上海、江西、广东、天津、浙江等省市分布居多，而其他省区，如新疆、西藏、甘肃等中西部地区分布较少。

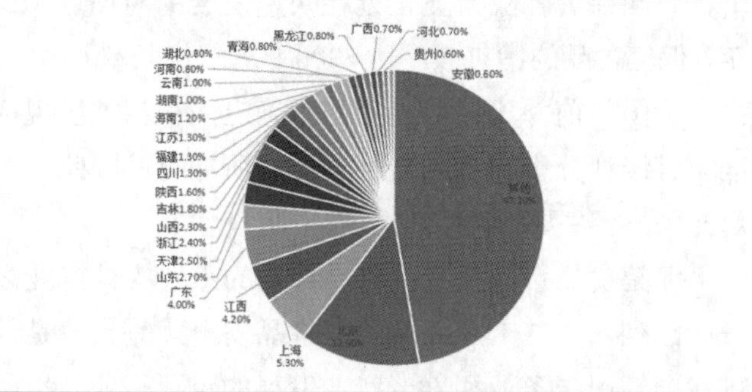

图4 我国国产保健食品申报注册区域分布

数据来源：中国保健协会

3.进出口

进出口统计数据显示：2018年中国营养保健食品进出口额达到46.8亿美元，同比增长31.5%，创历史新高。

（1）进口

2018年，中国营养保健食品进口额为30.1亿美元，同比增长37.7%。进口产品主要来自澳大利亚、美国和德国，进口额较大的省市分别是广东、浙江、上海和北京，上述地区经济发达，对健康产品的消费能力强，电子商务尤其是跨境电子商务发展迅速，来自澳洲的Swisse、Blackmores（澳佳宝）等品牌产品进口额名列前茅。

从2008--2018年营养保健食品进口规模图（图5）看，我国营养保健食品进口规模呈现逐年上升的趋势。进口额从2008年的4.08亿美元增长至2018年的

30.10 亿美元，10 年间年均复合增长率高达 22.1%。

在进口市场上，澳大利亚成为中国营养保健食品第一大进口来源国，其次分别为美国和德国，进口额分别为 6.7 亿美元、6.2 亿美元和 2.8 亿美元，同比分别增长 60.8%、39.6% 和 39.9%。

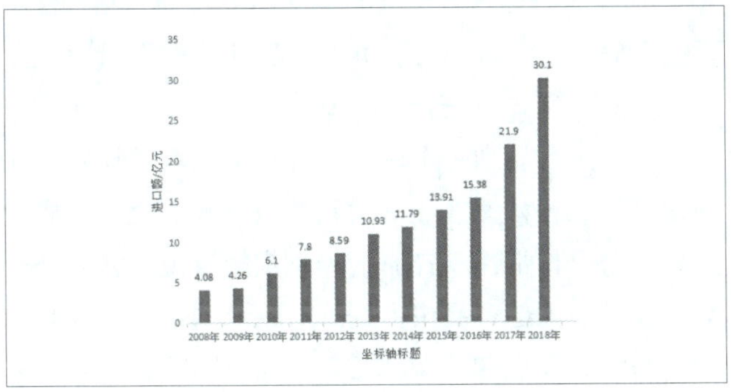

图 5　营养保健食品进口规模图

数据来源：根据海关数据整理

（2）出口

2018 年，中国营养保健食品出口额为 16.7 亿美元，同比增长 21.8%。出口的主要市场是美国、中国香港、日本、印度尼西亚等国家和地区，出口额较大的省市分别是江苏、广东、上海、山东及浙江，江苏艾兰得、仙乐健康和山东禹王位列公司出口前三甲。

从 2008－ －2018 年营养保健食品出口规模图（图 6）看，我国营养保健食品出口规模呈现逐年上升的趋势。出口额从 2008 年的 3.08 亿美元增长至 2018 年的 16.70 亿美元，10 年间年均复合增长率高达 18.4%。

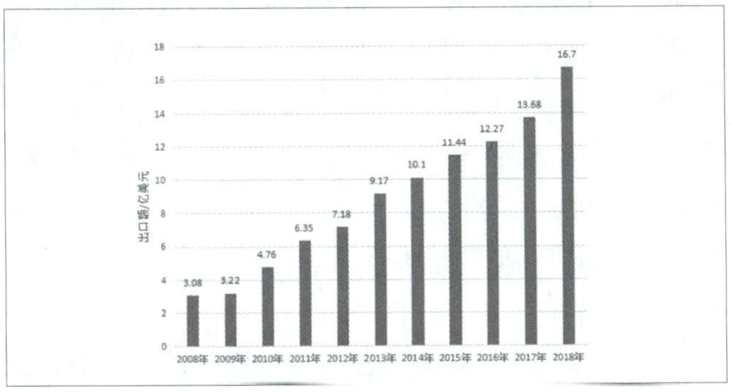

图 6　营养保健食品出口规模图

数据来源：根据海关数据整理

4. 基本监管情况

（1）相关法规标准

2018 年，国家食品监管相关部门共发布了 24 项涉及保健食品的食品法规（表 1），5 项涉及保健食品的法规草案（表 2）。

表 1　国家食品监管部门发布的保健食品法规汇总

法规标题	发布机构	发布日期
总局关于印发2018年食品安全抽验计划的通知	国家食品药品监督管理总局	2018-01-08
总局办公厅关于印发国家食品安全监督抽检实施细则（2018年版）的通知	国家食品药品监督管理总局	2018-01-24
关于印发国家食品药品监督管理总局2018年立法计划的通知	国家食品药品监督管理总局	2018-02-12
总局关于规范保健食品功能声称标识的公告（2018年第23号）	国家食品药品监督管理总局	2018-02-13
总局关于保健食品延续注册申请有关事项的公告（2018 年第 22 号）	国家食品药品监督管理总局	2018-02-13
质检总局关于印发2018年度立法工作计划的通知	国家质量监督检验检疫总局	2018-03-07
关于国务院机构改革方案的说明	国务院	2018-03-14
国务院办公厅关于印发国务院 2018 年立法工作计划的通知	国务院	2018-03-14
总局办公厅关于印发食品及保健食品专项抽检监测工作方案的通知	国家食品药品监督管理总局	2018-03-21
总局办公厅关于保健食品延续注册审评期间注册证书有效期届满问题的复函	国家食品药品监督管理总局	2018-03-21
《关于规范保健食品功能声称标识的公告》（2018年第23号）有关问题的解读	国家市场监督管理总局	2018-04-17
国家药品监督管理局关于食品药品投诉举报管理办法有关环节和时限认定的复函	国家药品监督管理局	2018-05-09
国家体育总局反兴奋剂中心再启保健食品申报兴奋剂检测	国家体育总局反兴奋剂中心	2018-05-24
国务院食品安全办召开食品保健食品欺诈和虚假宣传整治工作推进会	国家市场监督管理总局	2018-06-15
国家卫健委关于宣布失效第三批委文件的决定	国家卫生健康委员会	2018-07-04
市场监管总局关于发布《食品中那非物质的测定》食品补充检验方法的公告	国家市场监督管理总局	2018-07-04
国家中医药管理局科技总关于印发《关于加强中医药健康服务科技创新的指导意见》	国家中医药管理局	2018-08-13
《中华人民共和国电子商务法》	全国人民代表大会常务委员会	2018-08-31
全国食品保健食品欺诈和虚假宣传整治工作领导小组办公室了布《食品保健食品欺诈和虚假宣传整治问答》	国家市场监督管理总局	2018-10-09
国务院常务会议决定延续和完善跨境电子商务零售进口政策并扩大适用范围	国务院	2018-11-21
商务部等部门关于完善跨境电子商务零售进口监管有关工作的通知	商务部	2018-11-30
关于调整跨境电商零售进口商品清单的公告	财政部	2018-11-30
市场监管总局关于保健食品注册人名称地址变更注册有关事宜的公告	国家市场监督管理总局	2018-12-04
全国人民代表大会常务委员会关于修改〈中华人民共和国食品安全法〉等五部法律的决定	全国人民代表大会常务委员会	2018-12-29

表 2　国家食品监管总门发布的保健食品法规草案汇总

法规标题	发布机构	发布日期	失效时间
关于公开征集 2018 年度食品安全国家标准立项建议的通知	国家卫生健康委员会	2018-04-04	2018-05-28
关于征求将党参等 9 种物质作为按照传统统计时既是食品又是中药材物质管理意见的函	国家食品药品监督管理总局	2018-04-04	2018-05-30
国家市场监督管理总局办公厅关于征求〈强制性国家标准管理办公（征求意见稿）意见的函	国家食品药品监督管理总局	2018-10-15	2018-11-16
国家市场监督管理总局办公厅关于公开征求〈保健食品命名指南（征求意见稿）〉意见的函	国家食品药品监督管理总局	2018-10-22	2018-11-16

法规标题	发布机构	发布日期	失效时间
市场监管总局办公厅公开征求 2019 食品安全监督抽检计划意见	国家市场监督管理	2018-12-25	2019-01-02

（2）国家食品监管机构监管执行情况

为了加强对保健食品的监管，国家食品监管相关部门 2018 年共发布了 10 次涉及对保健食品违法广告或生产企业加强检查的通知，详见表 3。

表 3　国家食品监管机构发布的加强查处保健食品违法广告或生产企业加强检查的通知

法规标题	发布机构	发布日期
食品药品监管总局公安部印发关于加大食品药品安全执法力度严格落实食品药品违法行为处罚到人的通知	国家食品药品监督管理总局	2018-02-26
总局关于发布 2018 年食品药品监管总局重点抽检食品生产企业名单的通告	国家食品药品监督管理总局	2018-02-23
工商总局等十一部门关于印发《整治虚假违法广告部	国家工商行政管理总局	2018-02-26
工商总局关于进一步做好严重违法失信企业名单管理工作的通知	国家工商行政管理总局	2018-03-21
总局关于打击食品生产销售违法犯罪的公告	国家食品药品监督管理总局	2018-02-13
市场监管总局关于开展反不正当竞争执法重点行动的公告	国家市场监督管理总局	2018-05-17
市场监管总局等部门关于印发 2018 网络市场监管专项行动（网剑行动）方案的通知	国家市场监督管理总局	2018-06-06
国务院食品安全办关于继续做好食品保健食品欺诈和虚假宣传整治工作的通知	国家市场监督管理总局	2018-03-14
市场监管总局办公厅关于做好药品、医疗器械、保健食品、特殊医学用途配方食品广告审查工作的通知	国家食品药品监督管理总局	2018-12-04
市场监管总局关于进一步加强保健食品生产经营企业电话营销行为管理的公告	国家食品药品监督管理总局	2018-03-21

2018 年，国家市场监督管理总局（原国家食品药品监督管理总局）在全国范围内组织抽检了 19102 批次保健食品样品，其中检验合格样品 18774 批次，不合格样品 328 批次，样品合格率为 98.2%。其中涉及保健食品的不合格指标包括质量指标（蛋白质、总皂苷、腺苷、钙等）、污染物超标（铅、汞）、微生物（菌落总数、大肠菌群、霉菌和酵母）、非法添加（西地那非、他达拉非）等。

截至 2019 年 1 月 10 日，国家市场监督管理总局在其官方网站上共通报了 4 期查处的违法广告情况（表 4），其中有关保健食品的虚假宣传广告一区有 7 起。

表 4　国家市场监管总局有关违法广告的通知

通告标题	发布日期
国家市场监督管理总局公布2018年第一批典型虚假违法广告案件	2018-04-25
国家市场监督管理总局公布2018年典型虚假违法互联网广告案件	2018-07-20
国家市场监督管理总局公布2018年第三批典型虚假违法广告案件	2018-11-14
国家市场监督管理总局公布2018年第四批典型虚假违法广告案件	2019-01-10

2018 年，国务院食品安全办公室、国家市场监督管理总局联合工业和信息化部、公安部、商务部、海关总署、新闻出版广电总局、国家互联网信息办公室等部门，持续推进食品、保健食品欺诈和虚假宣传整治工作。各地查处了一系列违法案件。截至 2018 年 10 月底，各级市场监管部门查处违法案件 4.9 万件，货值金额 17.1 亿元，公安机关抓获犯罪分子 8900 人。

5. 发展新亮点、新增长点

在保健食品细分市场里，补充维生素矿物质类保健食品的销售依然在显著增长。由于人们生活品质的提高，对于日常饮食补充营养越来越重视，膳食补充类营养品在保健食品中占据绝对主流的位置，逐渐成为新的发展亮点和消费增长点。在中国的补充维生素矿物质类保健食品市场上，补充维生素矿物质类保健食品的销售收入占据全部保健食品销售收入的 50% 以上。此外，《2018 国民健康跨境消费趋势报告》显示，近三年，国民健康产品消费金额稳步提升，80 后、90 后成为消费主力，膳食纤维 / 果蔬纤维成为最热销保健食品类型，此类保健食品正在成为新的发展亮点和增长点。

随着《中华人民共和国中医药法》的发布，中医药保健产业也成为我国保健食品发展的新亮点和经济新增长点。中医药文化是中华传统文化的重要组成部分，是几千年来一脉传承的中华文化精髓，中医药是保健食品研制的重要理论基础和有效的物质来源，开发具有中国特色的保健食品可以促进民族产品和中医药现代化的不断发展。十九大报告高度重视发展健康产业，提出要“坚持中西医并重，传承发展中医药事业”。政策的推动，势必会加速中医药保健食品的发展，成为企业发展的新亮点和国家经济的新增长点。

6..“三品”战略实施情况

（1）增品种

2018 年，中国保健食品企业在国家政策法规的指引下，结合企业自身实际情况和市场发展情况，深度挖掘用户需求，适应和引领消费升级趋势，通过增加研发投入、扩大并购和技术转让、产学研结合等方式，开发新产品，为消费者提供了更多选择。

威海百合生物技术股份有限公司建立了稳定的质量保证体系，注重工艺技术改进，不断开发满足消费者多样性需求的高质量的营养保健食品，打破同质化保健食品运营困局，不断提高企业和产品竞争力。归因于其严苛的质量保证体系以及丰富的产品线，至今，百合生物已获批的备案保健食品达 120 余个，位居全国之首。同时，企业不断强化其核心产品的升级与创新，并取得显著成效。根据调研数据和结果分析，其鱼油类产品在2016年、2017年和2018年的销量分别达到1.2亿元、1.5 亿元和 1.7 亿元，连续 3 年位居国内同类产品首位。

（2）提品质

生产合格满意的产品，必须通过建立和落实严谨的质量控制体系来实现。营养保健食品公司积极采用先进的技术设备和严格的管理体系来提升产品的品质，以确保提供顾客满意的产品。

汤臣倍健的工厂通过 ISO/IEC 17025《检测和校准实验室能力的通用要求》认可、《标准化良好行为证书》AAAA 级认证、ISO9001 :2008《质量管理体系要求》认证以及瑞士 SGS ISO 22000:2005《食品安全管理体系要求》认证。同时，严把物料入厂关及成品出厂关，对所有成品、原料、辅料及包装材料等物料，制定了严于国家标准规定的企业内控检验项目，全检合格后才能投入使用或出厂销售。

（3）创品牌

近年来，消费者对品牌的选择性不断增强，保健食品企业在创品牌方面的观念也日益提升。选择品牌化的产品，是市场的消费趋势。2018 年，保健食品企业不断借力权威媒体增加品牌曝光及消费者信任，提升外部及内部新媒体应用与传播力度，并通过开展一系列活动、荣获一系列奖项来扩大品牌知名度和影响力。

2018 年，无限极举办各类活动，不断增加媒体曝光度。4 月份荣膺中国保健品十大公信力品牌；7 月，荣获“年度最佳可持续发展企业将”;9 月，荣膺 中华慈善奖”。此外，无限极经过多年的摸索和实践，形成了具有企业特色的“‘五个一”社会责任体系，为企业积极履行社会责任提供了指导。11 月，与 150 多家企业一起参与评选，历时 7 个月，经过专家评审、网络投票和行业资深记者评分等环节，最终斩获“2018年最佳可持续发展企业”奖。这说明“无限极”品牌得到了权威财经媒体的认可，增加了品牌曝光度， 其品牌的塑造登上了新的台阶。

【c. 行业面临的问题】

1. 市场状况

目前，保健食品原料目录是以维生素、矿物质成分为主，备案制保健食品的生产企业在产品研发方面的人力和资本投入较少，技术水平低，产品同质化严重，导致生产企业的核心竞争力难以形成，行业竞争无序；此外，保健食品行业虚假宣传乱象严重，导致消费者对保健食品的不信任，这些都在一定程度上阻碍了行业整体的发展。

2. 生产经营中存在的问题

（1）保健食品欺诈和虚假宣传

目前，保健食品欺诈和虚假宣传现象严重，将一些非药物产品宣传为药物，称其有治疗作用，或将药物宣传为非药物，欺骗消费者。有些电视、广告、药店坐堂医生宣传某些产品可以治疗各种癌症，以产品中的部分有效成分来夸大产品的功能，其实这类产品只是并不具备治疗作用的保健食品。此外有些销售人员借着年轻女性爱美的心理，将普通食品称为保健食品，在广告中宣传保健功能，并称产品“能使女性青春常驻”“有很强的补充治疗作用”，其中，一种可以延缓容颜衰老的雌性激素 -- 大豆异黄酮， 短期适量服用是安全的，但如果长期并大量服用容易引发宫颈癌、乳腺癌等妇科癌症，此类宣传隐蔽性较强，消费者极其容易上当受骗。

（2）利用讲座、会议等方式进行虚假宣传行为

保健食品是被列入可以以直销形式销售的物品之一。但是，部分直销企业会将生产的普通食品连同保健食品组合为套餐，以直销形式卖给消费者，尤其是老年人。不少消费者（尤其是老年人）对保健食品的了解程度不高，对保健食品标志、保健食品允许声称的功能及类别认知模糊，对保健食品和普通食品的主要区别缺乏有效认知，直销销售人员通过讲座、会议

等方式虚假宣传产品功效，误导消费者购买产品。由于消费者认知缺乏，有些严重的虚假宣传行为甚至会对消费者的生命造成危险。借义诊为名高价推销保健食品或者普通食品是近几年出现的保健食品推销中的新现象，花几千元买一盒牛初乳，花几百元买一瓶无用的“水”，花样各异。

（3）跨境电商渠道对一般贸易渠道的不公平

2018年8月31日，《中华人民共和国电子商务法》正式出台，对跨境食品的进出口有一定的影响，但是国家对跨境电商没有制定相应的监管政策，导致跨境电商销售的保健食品对一般贸易渠道销售的保健食品造成不公平的现象，主要体现在以下几方面：一销售普通食品的商家通过跨境电商页面大肆宣传其食品具有保健食品功能，误导消费者购买。消费者食用后并未有宣传效果，导致消费者对保健食品不信任；二、由于按照一般贸易渠道进口的保健食品需要走审批注册流程，耗时长且花费多，但是跨境销售的保健食品无须走审批流程，很多商家就通过跨境电商渠道进入国内市场，在节省时间及成本的基础上，获得高额的销售额。

【d.发展趋势】

1.中药类保健食品是未来的发展趋势

随着《中华人民共和国中医药法》的颁布实施以及《中医药发展“十三五”规划》《国民营养计划2017-2030年》等文件的出台，中药类保健食品将是保健食品未来发展的重要方向之一。2018年，国家市场监督管理总局发布《关于征求将党参等9种物质作为按照传统既是食品又是中药材物质管理意见的函》；2019年初，国家市场监督管理总局发布《关于公开征求辅酶Q10等5种保健食品原料目录意见的公告》，将扩大保健食品备案原料目录。在国家政策和战略措施的引导下，相信未来保健食品产品线将越来越丰富，中药类保健食品占据的比例将越来越高；加上我国进入人口快速老龄化阶段，大量有消费能力的老年人群也必然拉动中药类保健食品市场的需求。

2.保健食品监管将更加严格

2018年，国家颁布了诸多保健食品相关法规，包括保健食品命名的征求意见稿等。2019年年初，国家市场监督管理总局开展联合整治“保健”市场乱象百日行动，切实解决群众关心的热点问题，确保人民群众消费安全。此外，针对保健食品，国家市场监督管理总局多次发布文件，以规范保健食品市场乱象。可见在保健食品行业健康发展的大背景下，未来国家对保健食品整个行业，尤其在监督管理方面将加倍重视，保健食品行业将迎来更大的市场空间。

【e.政策建议】

1.加快保健食品审批速度

《保健食品注册与备案管理办法》实施以来，审批通过的保健食品数量屈指可数，且耗时较长、费用较高。国家相关审批部门应完善现有的保健食品审批制度及相关流程，降低注册成本、缩短注册时间，加快保健食品审批速度，鼓励保健食品企业积极参与，促进保健食品行业健康发展。

2.加强保健食品跨境电商规范化管理

目前，我国对于跨境电子商务进口保健食品安全的监管还没有明确的规定，在互联网和国际物流贸易大发展的时代，建议相关政府部门在采取包容审慎的监管态度的同时，能够尽快明确我国跨境电商进口食品的监管制度，一方面保护消费者的人身健康和消费权利，另一方面促进保健食品行业的健康有序发展。

3.提高准入门槛

国家相关部门应当提高保健食品行业准入门槛，从审核开始，杜绝未达标准的企业从事保健食品生产及销售，以规范由于部分中小型企业为追求短期利益而从事违法的事情；对于销售保健食品的人员，相关部门应当明确准入条件，要求其具备相关专业知识，实行职业资格考试制度，建立培训记录和从业档案。在完善保健食品经营企业档案的基础上，逐步对保健食品经营者实施分类分级管理。

4.提高违法成本

国家相关部门应当建立市场监督、卫生健康、公安、城管执法及媒体等多部门联合协作机制，共同出击维护保健食品市场正常秩序，严厉打击不法行为。同时，建立相关的惩罚机制，提高保健食品企业违法成本，加大对保健食品涉嫌欺诈行为的执法力度，通过建立惩罚性赔偿制度等更严格的惩处措施，改变保健食品领域违法成本过低的现状。

5. 全面加强消费者教育，普及相关知识

保健食品作为特殊食品，与普通食品相比，专业知识含量高，普通消费者对于保健食品的真假以及质量缺乏甄别能力。建议由专业的营养师免费对广大人民群众，尤其是老年人多开展养生、疾病预防、保健品识别等讲座，帮助老年人掌握常用的保健知识，并宣讲虚假宣传的案例，提高老年人辨识力和认知度，引导老年人建立科学理性的消费观念和习惯，不断增强他们的自我保护能力，自觉防范和抵制保健食品销售中的虚假宣传、聚众营销等非法行为。

中国保健协会

2.21 盐 业

【a. 概况】

2018年是盐行业体制改革实施的第二年，也是《食盐专营办法》颁布实施的开局之年。全国盐行业遵从国家工信部等部委的指导要求，配合各级地方政府和盐业管理部门开展工作，认真学习、落实国务院《盐业体制改革方案》和《食盐专营办法》等系列法规政策，稳步推进盐业体制改革，确保各项改革举措基本落地，较好地落实了政企分开、监管分责等工作。全年食盐跨区域经营逐步实现，激活产销企业活力，食盐市场流通效率得到提高，市场机制逐渐发挥作用指导资源合理配置；食盐价格稳中有降，市场供应充足，食盐品质提升，食盐品种和数量不断丰富，食盐品牌效应明显呈现；盐业生产设备水平进一步提高，研发能力有所增强；各区域、企业之间合作不断加强；食盐储备力度加大、数量增加；食盐销售利益有所调整，经营效益有增有减。工业盐市场继续维持产销两旺态势，全行业运行总体平稳。

【b. 行业分析】

1. 制盐行业生产情况

"十三五"期间共有制盐企业 288 家，原盐产能突破 1 亿吨。2018 年，原盐产能达到 11274 万吨，其中，海盐产能 3750 万吨，湖盐产能 1190 万吨，井矿盐产能 6370 万吨。2018 年原盐产量 8839 万吨，其中海盐产量 2615 万吨，井矿盐产量 5135 万吨，湖盐产量 1133 万吨。

2017-2018 年全国原盐产量、增长率比较

	产量（万吨）		同比增长 %	
名称	2018年	2017年	2018年	2017年
合 计	8839	8975	-1.5	2.4
海 盐	2615	2759	-5.2	3.1
井矿盐	5135	5083	1	12.1
湖 盐	1089	1133	-3.9	2

2018 年，井矿盐产量占总产量的 56.7%，海盐产量占 30.7%，湖盐产量占 12.6%。

2015 年、2018 年 各盐种产量结构

名称	产量 （比 例）	
	2018年	2015年
合计（万吨）	8839	8876
井矿盐 %	58.5	50.2
海 盐 %	29.5	36.43
湖 盐 %	12	13.37

截至 2018 年底，中国盐产量前 5 位的省份分别是山东、江苏、湖北、青海和四川。山东一直是国内主要产盐区，尽管近些年海盐产能随着地下卤水资源减少和盐田面积的萎缩有所减少，但随着泰安地区盐矿的发现，井矿盐项目陆续投产，当地原盐总产量一直保持稳定；江苏地区近十年来也呈现井矿盐产量逐年上升，海盐产量逐年减少的情况，此外，苏北地区部分海盐企业利用原有盐田，采用矿卤滩晒的制盐工艺，保证了产量；华东地区的湖北、湖南、江西，西南地区的四川、重庆、云南，都是井矿盐主要产区，西北地区的青海、内蒙、新疆主要以湖盐为主。

2016-2018 年中国原盐主要产区产量比例结构对比

	产量结构（万吨）			同比增长（%）	
省份	2018年	2017年	2016年	2018年	2017年
合计	8838.73	8975	8765	-0.13%	2.40%
山东	2555.93	2677	2517.7	-4.52%	6.33%
江苏	1548	1515	1522.57	2.18%	-0.50%
湖北	399.52	630	635	-36.58%	-0.79%

	产量结构（万吨）			同比增长（%）	
青海	676.31	701	717	-3.48%	-2.23%
河南	592	379	457.2	56.45%	-17.10%
江西	219.6	324	320.52	-32.3%	1.09%
河北	325.53	330	351	-1.2%	-5.98%
陕西	305.84	236	287	29.59%	-17.77%
湖南	397.4	314	277.92	26.56%	12.98%
四川	368.98	373	289.49	-1.04%	28.85%
重庆	252.43	235	259	7.29%	-9.27%
安徽	146	157	153.6	-7.03%	2.21%
天津	188.72	182	154.32	3.62%	17.94%
新疆	253.2	271	200	-6.57%	35.50%
云南	154.94	149	106.08	4.34%	40.46%
内蒙	143.9	146	177.7	-1.53%	-17.84%

2. 盐进出口情况

（1）进口

“十二五”期间随着两碱行业的飞速发展，工业盐需求增加，2013年山东地区受天气影响导致海盐减产，国内原盐市场供不应求，化工企业因此增加了海外工业盐（零关税）的进口，2014年的原盐进口量大幅增长达到769万吨，较2013年上涨43%。从此以后，原盐进口一直保持着较高水平。2017年盐业体制改革后，随着食盐计划的取消，原盐进口又出现了较大的增长，2017年全年原盐进口量926万吨，较2016年增长87%，为历史同期最高。2018年进口盐量为918万吨，到岸不含税单价为26美元/吨左右，再加上17%的增值税，进口盐的终端到港价格折合人民币约为205元/吨。相比之下，国内原盐出厂均价在231元/吨左右。

2013-2018年原盐进口主要国家数量统计表

国家地区	2013年	2014年	2015年	2016年	2017年	2018年
澳大利亚	368.4	372.5	232.8	139.6	186.3	210.3
墨西哥	84.4	56.7	16.4	9.9	30.9	14.4
印度	250.4	255.3	305.1	307	660.5	675.9
智利	42.4	0.02	0.04	0.07	0.42	0.22

进口盐主要来自印度、澳大利亚和墨西哥。2018年印度盐进口量同比去年增幅在115%。澳大利亚盐则因其质量优异得到两碱企业的青睐，自2016年大幅减少后，2017-2018年有了显著增加，主要受到国内两碱平稳增长，耗盐需求增加所致。而墨西哥盐运行价格整体高位，市场萎缩局面仍在持续，其影响力日益降低。

（2）出口

2018年，原盐出口量为109万吨，累计出口量同比增加21.6%。近年来，中国原盐产能保持旺盛的增长态势，随着一带一路政策影响下，国内原盐积极开拓海外市场，出口情况有了一定好转。出口盐多集中在高端食用盐领域，2018年，主要出口日本、韩国，以及东南亚地区的孟加拉国、越南等。其中，出口到日本的原盐数量为48.4万吨，占总出口量的44.3%，位居首位；出口到韩国的原盐数量为44.5万吨，占总出口量的40.7%，位居出口量第二。从中国进口的原盐在韩国和日本除被作为两碱生产用盐外，大部分工业盐被用作化工等行业的添加剂、道路融雪剂、水产加工等，韩国还用作泡菜腌制，另外还有一部分高品质的盐用作洗浴用盐和游泳池用盐。

3. 工业盐价格情况

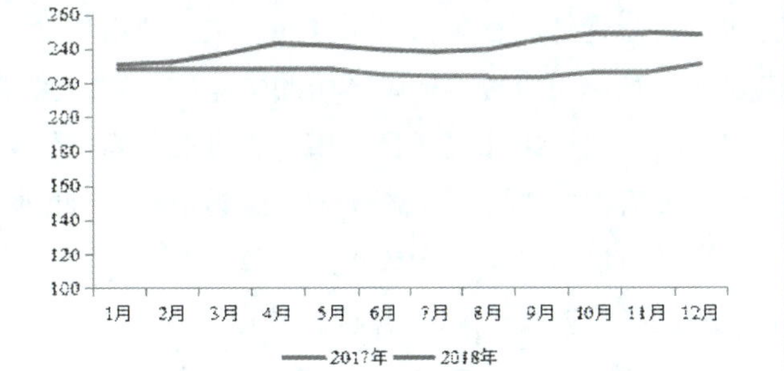

2018年，国内原盐市场运行区间整体略显改善，两碱行业结构调整仍在持续，受国内经济逐渐改善，需求端持续增长影响，两碱行业运行保持活跃状态，产能总量出现适度温和增长。

4. 原盐消费情况

原盐是化学工业的主要原料，因此原盐消费主要以量碱用盐为主，约占整个消费的85%以上，此外，食用盐消费约占11%，小工业盐约占2%，出口占1%左右。

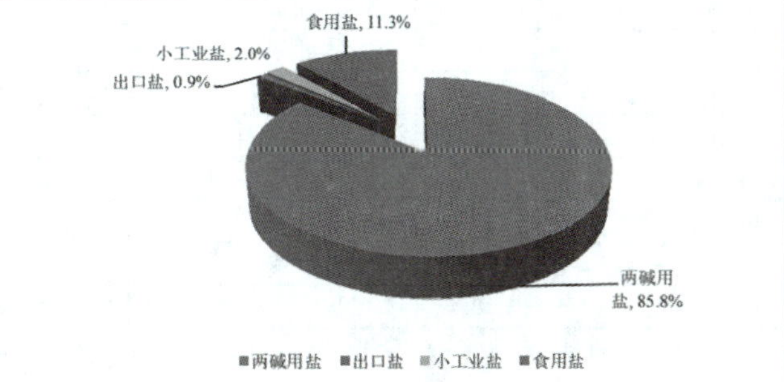

2018 年，原盐消费量 10239 万吨，其中，两碱工业盐消费量 8634 万吨，食用盐消费量 1094 万吨，小工业盐消费 400 万吨，出口 109 万吨。

5. 制盐盐业企业经营情况

据不完全统计，2018 年，全国部分重点制盐企业销售收入为 111.83 亿元，同比增长 6%；利润 6.63 亿元，同比下降 19.7%，利润大幅下降。

6. 食盐产销情况

（1）食盐专营体制情况

截止 2018 年底，31 个省（区、市）的省级监管体制改革均已落实到位，实现了政企（政事）分开。一方面，按照《食盐专营办法》由“盐业主管部门负责管理本行政区域食盐专营工作”的要求，23 个（区、市）将盐业专营管理职能移交工业和信息化主管部门，吉林由粮食局管理，山西、海南等 7 省由证书换发和市场监管部门管理；另一方面，按照“由食盐质量安全监管部门负责本行政区域的食盐质量安全监督工作”的要求，28 个省（区、市）将食盐质量监管职能移交市场监管部门，吉林等省由粮食局管理。此外，按照当前市场监管综合行政执法改革的要求，地方盐业执法工作逐步划转到市场监管部门。

各省食盐监管体制改革实施情况

序号	省份	食盐定点生产企业	多品种食盐定点生产企业	序号	省份	食盐定点生产企业	多品种食盐定点生产企业
1	黑龙江	0	0	17	安徽	1	1
2	吉林	0	1	18	河南	3	2
3	宁夏	0	0	19	云南	1	0
4	北京	0	0	20	贵州	0	0
5	上海	0	3	21	陕西	2	0
6	山东	8	3	22	内蒙古	4	9
7	山西	0	1	23	新疆	8	0
8	河北	8	3	24	青海	3	0
9	天津	2	1	25	甘肃	2	0
10	辽宁	3	8	26	广东	7	2
11	江苏	5	1	27	广西	1	1
12	四川	7	2	28	浙江	4	4
13	重庆	3	0	29	海南	3	0
14	湖北	9	1	30	福建	4	0
15	湖南	2	1	31	西藏	1	0
16	江西	4	0				

2018 年 4 月，工业和信息化部印发了《食盐定点生产企业和食盐定点批发企业规范条件》，对食盐定点生产、批发企业生产经营能力、技术和装备设施等条件提出了更高的要求，以推动企业转型升级，同时要求各地严格资质审核。当年食盐定点生产企业减少 8 家，食盐定点批发企业减少 1263 家。

（3）食盐行业经营情况

盐业体制改革后食盐定点生产企业可以进入流通和销售领域，自主确定生产销售数量并建立销售渠道，食盐定点批发企业可以开展跨区经营，打破食盐批发区域限制，原有食盐经营格局被打破。截至 2018 年，全国 31 个省（区、市）都开放了市场，跨省经营企业备案数量共 3460 次，平均每省（区、市）备案外省（区、市）企业 112 家，实际跨省经营的企业 22 家。

据不完全统计，2018 年全国部分食盐定点批发企业主营业务收入 170 亿元，较 2017 年同比减少 4%；利润总额 4.8 亿元，较 2017 年同比减少 4.1%。食盐批发价格大幅下降，由盐业改革前平均 4000–5000 元 / 吨下降到改革后平均 1000–2000 元 / 吨，下降幅度达到 60% 以上。

【c. 协会主要工作】

1. 宣贯盐改文件

2018 年，中央各有关部门积极贯彻落实国务院《盐业体制改革方案》《食盐专营办法》，国家发改委、工信部多次召开会议，研究落实盐业改革措施，并召开了经济体制改革工作部级联席会议（盐业专题第三次会议），通报部署改革进展情况和下一步工作。全国盐行业在中盐协会组织下，围绕党中央、国务院关于盐业体制改革的决策部署开展工作，学习落实《盐业体制改革方案》，利用网络、报刊、微信平台等进行宣传，并利用各类会议、培训班等机会对改革方案和配套文件进行正面解读研究；还翻译并公开印制英文版《食盐专营办法》，并利用国际会议向国外盐业同行宣传新政策的变化和重点。

2. 参编行业法规文件

《食盐专营办法》颁布后，国家工业和信息化部决定编辑出版《食盐专营办法释义》一书，中盐协会代表行业配合撰写，并协助其他国家管理部门对《渔业、畜牧用盐管理办法》和《食盐质量安全监督管理办法》在行业内征求、收编意见和建议；还参与修改《食盐加碘消除碘缺乏危害管理条例》和起草《食盐定点企业信用体系建设管理办法》。同时，受工业和信息化部委托，中盐协会承担了盐业体制改革重点问题及其对策研究课题，并提出盐业改革后重点问题及对策报告，报送盐业主管部门。此外，还完成了《盐行业经济运行分析》《全国食盐电子防伪追溯规范管理》的编写，落实了新修订的《食盐专营办法》配套措施、《食盐定点生产企业和食盐定点批发企业规范条件》事中事后管理等四项工作。

3. 行业培训

2018 年，盐行业在中盐协会组织下共举办五期培训班：中盐协会先后承办工业和信息化部组织各省盐业主管部门参加的《食盐专营办法》宣贯会、举办全国食盐包装企业负责人培训班、召开七届五次理事会，分别对《食盐专营办法》和《食盐定点生产企业和食盐定点批发企业规范条件》的修改背景、目的及具体内容进行解读。为做好换证审核工作，针对一些企业在换证审核中遇到的问题，由中盐协会牵头组织召开了《食盐定点企业质量管理技术规范》《食盐定点批发企业管理质量等级划分及技术要求》《食盐安全信息追溯体系规范》标准规范宣贯会。为了支持省级盐业主管部门换证审核工作，应有关省盐业主管部门的邀请，中盐协会专家先后赴陕西、河南、江苏、辽宁、广西等省份，对国家食盐专营相关规定要求和注意事项进行解读培训，协助做好换证审核工作。

4. 反馈行业诉求

随着盐业改革深入推进，出现许多新情况、新问题，违规执法、违规经营问题不断，产销矛盾比较突出。对盐改后企业经营中的“一票制”、取消“转代批”、以及跨区域经营等问题，盐业企业通过中盐协会将反馈的问题及时反映给上级盐业管理部门。针对中国进口工业盐增加的问题，中盐协会海盐工作委员会在澳大利亚、印度等国考察调研的基础上进行总结分析，并于 10 月召开重点海盐企业工作会议通报情况，为行业企业科学研判产销形势和价格走势提供了依据。

5. 落实建设盐业信用体系

推动盐行业信用体系建设是一项长期持续开展的工作，2017 年中盐协会制定了信用体系建设行动方案，2018 年行业企业按照行动方案的工作要求，在中盐协会组织下认真学习信用体系建设文件。同时，行业加大向社会弘扬企业讲自律、讲诚信的宣传力度，倡导业内企业自觉接受社会监督。行业信用承诺制度出台后，随着《信用盐业自律公约》签约工作的不断推进，截至 11 月底，全行业共签约 357 家单位，其中盐业企业 307 家，包装企业 33 家，碘盐标志生产企业 17 家。

6. 信用等级评价工作

通过开展信用评价，贯彻落实《食盐专营办法》中关于信用体系建设的相关工作要求，提升企业信用体系能力与水平，帮助企业建立信用档案及信用管理制度。2018 年，盐行业在中盐协会的组织下，通过第三方专业评价机构北京国富泰信用管理有限公司依据评定标准继续参与信用等级评价工作，从基础素质、财务能力、竞争力状况、履约状况、守法守规及履行社会责任情况等六个方面做出全面评价，共 908 家企业参评。从企业分布角度看，其中食盐定点生产企业 121 家，省级食盐批发企业 29 家，市级食盐批发企业 189 家，县级食盐批发企业 569 家；从信用等级评价结果看，AAA 级企业 484 家、AA 级企业 223 家、A 级企业 201 家。广东、湖北、江苏、吉林、辽宁、河南、河北等地累计 490 余人次的接受信用培训，共 992 家企业完成了 2600 余次信用管理咨询。

7. 发挥“盐行业信用管理与公共服务平台”作用

盐行业通过信用管理与公共服务平台，建立盐业企业信用档案，实现食盐行业企业信用信息基本覆盖，收录盐业企业 2698 家，其中食盐定点生产企业 139 家，食盐批发企业 2559 家，已收录备案企业 2495 家，实现查询企业信用信息，打开企业信用档案一查就知。截至 2018 年 11 月，已开展 5 轮食盐定点生产和食盐定点批发企业信用核查工作，在核查中发现 25 家企业被法院列入失信被执行人名单和工商部门列入企业经营异常名单，其中食盐定点生产企业 10 家、省级批发企业2家、市级批发企业6家、县级批发企业7家，平台通过中盐协会及时通知并指导企业完成信用修复。

8. 完善全国食盐电子防伪追溯服务平台

中盐协会按照《盐业体制改革方案》、工信部《关于开展食盐安全信息追溯体系建设试点工作的通知》，发改委、工信部《关于进一步落实盐业体制改革有关工作通知》等文件要求，建立了全国食盐电子防伪追溯服务平台，以确保食盐市场安全，维护食盐定点生产企业利益和品牌。当年3月至10月，中盐协会对平台进行四次升级，在“阿里云”购买几十万元的软硬件，增大存储空间，并采用双备份的安全存储模式，做好了全国大量数据存储和传输的准备。当年10月，国家市场监管总局食品生产安全监督管理司再次肯定了食盐质量追溯工作，并要求中盐协会抓紧推进行业食盐追溯系统建设，为各级市场监管局监管食盐市场给予有力支持。截止11月底，全国共有122家食盐定点生产企业、770家食盐定点批发企业在平台注册；平台累计接受追溯信息49亿条，累计生成追溯码29亿枚。

9. 出台《食盐安全信息追溯体系规范》

为规范盐业企业追溯系统建设，由中国轻工业联合会信息中心组织起草，中盐协会参与编写的《食盐安全信息追溯体系规范》经过一年多的编写、征求意见，于2018年5月8日正式发布。《规范》明确了全国食盐电子防伪追溯服务平台的地位和作用，提出各追溯节点应按需做好追溯信息共享并及时上传全国食盐电子防伪追溯服务平台的要求，为今后实现国家重要产品追溯，实现互联互通，信息共享提供了标准规范支撑。

10. 加快建设食盐生产企业追溯体系

中盐协会主持编写《全国食盐电子防伪追溯服务平台食盐定点生产企业追溯情况报告》和《全国食盐电子防伪追溯服务平台食盐定点批发企业追溯情况报告》及入网流程和操作说明，并通过组织会议、网站宣传、印发宣传册、转发公众号等方式向盐业企业宣传；中盐协会主持编写“食盐电子防伪追溯标码使用方法和注意事项”，分别对碘盐标志生产企业和包装企业进行培训，邀请相关专家现场讲解；为全国食盐电子追溯平台开通专门客服热线电话，24小时接待来电咨询，帮助企业解决入网、标码申请、报告生成过程中的技术问题。同时与追溯建设服务商、盐业企业建立密切联系，多次召开会议，解读追溯规范、商量建设方案、协调解决问题，并走访了北京、天津、上海、湖南、湖北、广西、福建、山东等省市，了解企业追溯建设情况，现场解决实际问题。截止到11月底，全国盐业企业共有84家食盐生产企业追溯系统建设完成，已经全部生成追溯情况报告，26家企业追溯系统正在建设。

11. 整合碘标生产企业

食盐标志是合格食盐的身份证明，为了给标志使用单位和消费者提供优质的标志产品，中盐协会作为碘盐标志的持有人，主持标志生产企业进行整合，由原来的17家，整合为现在的9家，并委托招标公司对9家标志生产企业进行资质、规模、设备、产品质量等方面的验收，结果将于2019年年初进行公布。

12. 组织第三届盐业展会

2018年9月，中盐协会在上海市国际会展中心举办了2018年第三届全国盐产品、制盐设备及包装新材料展览会。本届展会展出面积8000平米，来自全国18个省、市、自治区的135家企业参展，参展展位247个，参展企业与上一届展览会相比增加了32家，展位数增加了40个，还有包装材料和包装设备企业、制盐设备企业、调味品企业、食盐追溯技术服务企业以及社会各界的近万名代表到会参展参观。参展商品包括食盐产品、品种盐、日化用盐产品、非盐新产品、包装新材料、包装新设备等。展会同期举办了“新时期食盐专营与营销创新”论坛、“盐产业品牌赋能与数字化营销峰会”、“智能包装开启你我未来论坛”、“第二届天然功能性食品配料与添加剂高峰论坛”。

13. 专业委员会工作

各专业委员会坚持联系企业、服务企业，围绕盐业改革做好引导和协助行业企业开展推进改革、完善经管工作。海盐工作委员会注重研究分析进口工业盐增加问题，并召开会议通报情况；湖盐工作委员会深入宣传盐改政策，为推动改革发挥了作用；井矿盐工作委员会坚持做好全国井矿盐企业生产经营数据统计工作，每季度出一期简报，为企业掌握市场动态提供了依据；包装专业委员会进一步规范食盐包装生产企业销售行为，对碘盐标识生产企业进行验收，推进标识企业合作组合。

14. 行业网站

由中盐协会主办的行业官方网站在对《盐业体制改革方案》和《食盐专营办法》持续报道的基础上，对相关配套文件等及时进行宣传，对社会关注的热点问题设置专栏，增加功能性板块，及时发布经济信息宣传企业、宣传行业。2018年网站共发表稿件5343篇，月均浏览量达3900多次。

15. 行业统计分析

随着盐业体制改革的深入推进，政企分开、职能转换，食盐跨区经营，原有统计渠道发生变化，增加了数据统计难度，新的统计工作亟待建立。中盐协会分析研究改革后盐行业发生的变化，根据企业分布，建立新的统计队伍，与统计局、海关、氯碱协会等部门保持沟通，及时获取数据，为盐业体制改革配套政策研究，以及改革以来出现的新情况、新问题，提供大量基础数据和依据。

16. 编制行业年鉴

6月，由中盐协会主持、全国规模以上重点运销企业和制盐企业以及盐业相关企业参与编写与发行的《中国盐业年鉴》完成了印刷工作，并于7月底完成全部当年发放工作。8月，2018年度《中国盐业年鉴》工作会议在哈尔滨召开，会议总结2017年编写情况，分析存在的问题，布置2018年编写任务，并表彰了表现突出单位和个人。2018年是《会员通讯》月刊发行第八年，截止2018年12月已发行93期，每期发行1200册，便于会员单位及时准确地了解国家相关政策和行业内外大事。

17. 国际交流

6月，第十届世界盐业大会成功在美国盐湖城举办，中国盐业协会作为世界盐业大会筹备委员会的成员和协办方之一，为会议的论文的征集、评审专家的推荐、会议选址等做了大量的工作，并组织国内有关人员发表了多篇论文。中盐协会组织团组赴美参加此次大会，会议期间就中国新的《食盐专营办法》发表了专题演讲，受到国际盐业同行高度关注；11月，中盐协会作为协办单位，出席了在香港召开的亚洲盐业会议，并围绕中国原盐市场、两碱市场以及新的食盐专营政策作主题发言。5月，为支持中国盐业企业“走出去”，为企业寻求新资源和发展商机提供必要的帮助，中盐协会牵头组织、协助有关企业考察投资海外盐业项目；7月，作为欧中盐业合作项目的见证者，中盐协会应邀参加了协会理事单位阿克苏·诺贝尔盐事业部成立100周年庆典和学术研讨等有关活动。

18. 党建工作

中盐协会党支部在中国轻工业联合会、总社党委正确领导下，注重发挥党组织的政治核心作用和党员先锋模范作用，全体党员自觉按照标准规范言行，在盐业改革中充分发挥了先锋模范作用。协会召开党员领导干部民主生活会开展批评与自我批评；召开党员大会，按照个人自评、党员互评、民主测评的程序，紧贴党员思想实际进行民主评议和组织评定，达到了解决问题、触动思想，增进团结、促进工作的目的。严格落实中央八项规定和《中国共产党廉洁自律准则》，以及中轻联党委、纪委党风廉政要求，扎实开展党风廉政建设和警示教育活动，总结工作、布置工作的同时，总结布置党风廉政建设工作，坚持警钟长鸣，确保党风廉政建设在协会落到实处。

【d. 大事记】

1月4日，陕西省盐务局党组成员、副局长钟春桃代表局党组宣读专营公司领导班子成员任职通知，省盐务局党组书记、局长任钧恩宣布陕西省盐业专营公司组建成立。

1月5日，国家卫计委印发《全国水源性高碘地区监测方案（2018版）》（国卫办疾控函【2018】19号）的通知。

1月8日-10日，全国盐业标准化技术委员会工作会议在天津召开。会议审查了国家标准《食盐定点生产企业质量管理技术规范》、审议了《全国盐业节能与综合利用领域“十三五”技术标准体系建设方案》等专项议案。

1月12日，第三届海南国际旅游贸易博览会在三亚开幕，共有来自30多个国家和地区、国内27个省市的746家参展商参展，5万多种商品参展。海南省盐业集团以“保证产品质量，维护人民健康”为宗旨，展销了“生命之花”等品牌的精制海盐、食用海晶盐、澳洲海盐、日晒优质盐、食用日晒盐、岩盐、竹盐、泡菜盐等，还展示了始于1956年的老盐。海南集团拥有本土历史悠久的原盐生产基地，其中东方盐场创建于清咸丰四年（1854年），现仍采用最传统的方法晒制盐，生产工艺对盐无污染。

1月13日，国家工业和信息化部发布《食盐定点生产企业和食盐定点批发企业规范条件（征求意见稿）》，进一步强化食盐专营制度，积极推进盐业供给侧结构性改革。

1月22日，福建省经信委消费品工业处主任科员俞小春，中国盐业研究中心顾问、原副校长刘丙午，中国盐业科研处处长、中国盐业研究中心主任王可山，中国盐业科研处副处长刘艳及省食品药品监督管理局领导等一行8人到泉港山腰盐场调研山腰盐场食盐生产、盐田结晶池改造、海盐产品新品种研发以及省级“著名商标”的“蓝海晶”商标注册运行等情况。

1月22日，江西省盐业集团南昌公司举行南昌江盐生活家开仓仪式。集团公司总经理张雅庭、总经理助理（江盐华康公司党委书记）孙振荣、江盐华康公司执行董事（财务总监）宋梅芽、上海店达公司董事长芮赟、江盐华康公司总经理杨俊等出席了此次开仓典礼仪式。

1月16日，证监会官网最新公告显示，湖南盐业股份有限公司（首发）获通过。湖南盐业本次拟发行新股15000万股，发行后总股本91775.11万股，拟于上交所上市，募资约7亿元，主要用于“食用盐提质升级技术改造”“制盐系统节能增效技术改造”和“新建研发中心”等项目。

1月，在上海市商业联合会、市食品协会、市餐饮协会、上海商情信息中心联合举办的《第十八届快消品年度畅销金品》评选活动中，中盐上海市盐业有限公司“海星”牌食盐被评选为“畅销18年领先品牌”。

1月31日，山西省社党组成员、监事会主任刘建光一行赴山西省盐业公司皇后园盐区督导检查山西盐业公司塑料厂包装生产车间、畜牧盐生产车间、山西省盐业公司太原分公司皇后园批发部食盐加工生产车间和城乡一体化仓储场所、供销供货港配送中心，并现场查看了各盐种的包装、加工、生产设施以及城乡一体化和供货港的仓储配送环境。

3月16日，广州市中级人民法院于当月15日对一起涉制售假盐的消费民事公益诉讼进行一审宣判。法院判处被告人刘邦亮在判决生效之日起十日内向法院支付惩罚性赔偿金112万元，由法院缴付国库；并在省级以上电视台和全国公开发行的报纸上发表道歉声明。

3月26日，鲁银投资集团股份有限公司发布《关于召开重大资产重组继续停牌投资者说明会的预告公告》，定于2018年4月3日上午10:00–11:00通过网络互动方式召开投资者说明会，就相关事项与投资者进行沟通和交流。

3月26日，“中国盐改第一股”湖南盐业登陆上海证券交易所，成为湖南第103家上市公司。上午9时30分，股价开盘即被巨大买盘封单至涨停价5.44元，涨幅43.94%。

3月22日，第98届全国糖酒商品交易会在成都的中国西部国际博览城国际展览展示中心正式开幕。江苏盐业集团、四川久大盐业集团等盐行业企业纷纷亮相糖酒会。

3月30日，《开创新价值，领跑新时代——湖南盐业新战略、新形象、新产品发布会》在长沙召开，此次发布会是湖南盐业在上市后第一次系统、完整地对外展示战略、品牌、营销、产品等各个层面的规划和布局。

3月20日，京东集团在成都举办“商无界，心同路”——京东新通路无界零售行业峰会。江苏省盐业集团董事长、党委书记，省盐务局局长童玉祥应邀出席峰会，并就无界零售背景下传统行业的变革趋势，以及“淮盐”2500多年的历史文化作了专门介绍，和与会嘉宾共同启动联合仓配、智慧门店和智能动销等多项业务。

4月17日，工信部消费品司会同发展改革委体改司、司法部工交商事司在京召开“食盐专营办法宣贯会”，各省（区、市）盐业主管部门和省级盐业公司、中国盐业协会、中国轻工业联合会及中国轻工业信息中心有关负责人参加了会议。发展改革委体改司王强巡视员讲授《做好盐业专营法规宣贯，加快落实政企分开和职能移交》，司法部工交商事司方军副巡视员讲授《解读食盐专营办法及修订背景》，工信部消费品司高延敏司长《介绍食盐专营相关政策，解读食盐定点生产企业和食盐定点生产企业规范条件》，高延敏司长和工交商事司姚驰解答了相关提问，宣贯会由高延敏司长主持。

5月4日，国家卫生健康委员会、国际发展改革委等九部委联合发文《关于开展2018年防治碘缺乏病日活动的通知》（国卫办疾控函【2018】30号）。

5月14日，国家卫健委发布《关于<食盐加碘消除碘缺乏病危害管理条例>修订稿公开征求意见的公告》，向社会公开征求意见和反馈。

5月20日，国家工信部批准发布公告（2018年第23号），批准三项行业标准《食盐安全信息追溯体系规范》、《肠衣盐》和《离子膜烧碱用盐》。

5月21日，贵盐黔东南公司“盐天下生活体验馆”开业典礼暨黔东南公司网络营销运营部揭牌仪式在黔东南公司隆重举行。它的投入使用标志着黔东南盐业从传统的营销模式向现代电子商务迈进。

6月22日，湖北省经信委在孝感市召开了《食盐专营办法》《食盐定点生产企业和食盐定点批发企业规范条件》宣贯会，贯彻落实新修订的《食盐专营办法》以及《食盐定点生产企业和食盐定点批发企业规范条件》

6月29日，广西自治区食品药品监督管理局、自治区工业和信息化委员会、自治区盐务局（自治区盐业公司）联合举行自治区本级食盐监管职能交接仪式。从2018年7月1日起，广西自治区各级盐业主管机构承担的食盐定点生产企业、食盐批发许可审核审批工作，以及自治区盐务管理局承担食盐质量安全管理、市场监管及盐政执法职能移交自治区食品药品监督管理局。

7月9日，国家发改委、工信部等四部委联合发文《关于规范未加碘食盐管理保证合格碘盐供应的通知》（发改办经体【2018】802号）。

7月14日，中国盐业集团有限公司入选新华社民族品牌工程签约仪式在京举行。

7月28日，湖南盐业冠名的“雪天盐”号高铁专列在长沙南站首发。“雪天盐”号高铁专列，覆盖京广线和沪昆线两条高铁线路，列车驶经华南、华东、华中、西南等地区的重要城市，正是高铁沿线最重要的食盐消费市场。

7月27日，山东省食盐质量安全监管职能交接仪式在省食品药品监督管理局举行，标志着山东省盐业监管体制改革工作取得阶段性成果，食盐质量安全管理、市场监管与盐政执法职责正式交由省食品药品监管局履行。

7月31日，全国首个以盐产品为主要交易品种的专业性供应链交易平台——自贡天府商品交易所盐交易中心在“千年盐都”四川自贡亮相。

7月19日，山东盐业集团有限公司发布公告表示，受鲁银投资收购涉盐资产影响，中诚信国际信用评级有限责任公司对公司信用评级进行了调整，山东盐业主体长期信用等级为AA-，本期债券信用等级为AAA，山东盐业主体信用等级列入观察名单，此前评级展望为稳定。

7月27日，晶昊盐化纯碱项目重碱车间百万吨纯碱项目（一期）工程投料试产顺利出碱。

8月18日，新组建的广西盐业集团有限公司在南宁正式揭牌，这标志着广西盐业体制改革已基本完成，广西盐业市场供应和市场监管权力正式分离，政企分开、专业供应、专责监管体系正式确立。

8月20日，江苏省盐业集团在香港举办“淮盐”招商推介会，“淮盐”成为中国内地唯一进入香港市场的食盐品牌。

8月21日，山东省盐业集团与省经信委联合召开职能交接会议。根据《山东省盐业体制改革实施方案》和《山东省食盐监管体制改革方案》，省盐业集团（省盐务局）将承担的全省盐业行业管理和食盐专营行政管理职能正式移交给省经信委。

8月27日，全国盐业标准化技术委员会再次向社会公开说明："我国食盐生产从原料把关到生产过程严格按生产工艺标准进行生产，生产过程检验、入库检验和出厂检验严格执行GB2721《食品安全国家标准 食用盐》、GB/T5461《食用盐》等相关标准。目前我国制盐行业在食盐中添加的"亚铁氰化钾"是严格按国家卫健委发布的《食品安全国家标准 食品添加剂使用标准》（GB2760）的规定执行的，美国、欧盟、日本、澳大利亚和新西兰等国在食盐生产过程中均允许使用亚铁氰化钾（亚铁氯化钠）作为食盐抗结剂，我国制盐行业添加亚铁氰化钾（亚铁氯化钠）作为食盐抗结剂的安全性是有保障的，希望广大消费者放心食用。"

9月4日，湖北双环科技股份公司发布公告称与湖南盐业签署了股权转让意向协议，约定由湖南盐业收购其持有100%股权的重庆宜化，湖南盐业拟以定向增发或支付现金或二者结合的方式购买该资产。

9月7日，中国盐业集团有限公司参加西藏自治区人民政府组织的"央企助力西藏脱贫攻坚"会议暨签约仪式。西藏自治区政府与中国盐业集团有限公司签订央企助力西藏脱贫攻坚意向类项目协议。按照协议，中国盐业集团将发挥人才、资金、品牌、项目等方面优势进一步加大援藏力度，对口帮扶西藏盐业，就品牌代理、优惠保供、人员培训、产品开发等方面进行合作，进一步促进西藏盐业持续健康发展。

9月11日，"高质量发展看山东——第十四届中国网络媒体山东行"采访团走进山东省盐业集团岱岳制盐公司。采访团进入岱岳制盐公司120万吨精制盐生产现场采访，在解说员引导下依次参观了原卤罐区、制盐车间及智能中央控制室、全自动食盐小包装生产线、食盐储备车间等，详细了解了制盐工艺及包装全部生产流程。

9月18日，广东省盐业集团与中国银河证券战略合作协议签约仪式在广东省盐业集团本部举行。广东省盐业总经理黄湘晴与中国银河证券副总裁吴国舫代表双方签署混合所有制改革战略合作协议。

10月11日，广东省盐业集团与京东集团在广州食盐生产基地签订战略合作协议。广东省盐业集团党委书记、董事长吕永钟同志和京东集团副总裁易文杰先生出席了签约仪式发布会并见证了双方战略合作框架协议和党团共建合作协议的签署。

10月23日，中国（上海）自由贸易试验区管委会保税区管理局举行与区域内十家重点融资租赁企业合作备忘录签约仪式。自贸试验区管委会副主任、保税区管理局副局长李兆杰、自贸试验区管委会副主任李劲松，市金融办、市财政局、上海海关、浦东机场海关、国家外汇管理局上海分局、浦东税务局相关领导出席仪式，中盐融资租赁董事长王学仕代表公司签约。

10月30日，工信部办公厅、农业农村部办公厅就《渔业、畜牧用盐管理办法》（征求意见稿），发出工信厅联消费函〔2018〕346号函征求部委和各地盐业、农业部门意见。

12月9日，第六届苏企合作发展大会暨2018江苏企业家经济年会在南京举行，隆重举办了"江苏改革开放40年40企"颁奖典礼，苏盐集团荣登"江苏改革开放40年40企"榜单。

12月20日上午，在中共自贡市委书记李刚陪同下，全国人大代表、四川省人民政府副省长王一宏率领全国、省人大代表22人莅临久大舒坪园区视察食用盐生产及食品添加剂使用情况。

12月21日，以"大数据驱动智能营销与品牌塑造升级"为主题的2018山东著名品牌传播联席会座谈会在杭州召开。会上同意接纳山东省盐业集团等三个企业为新成员单位。山东著名品牌传播联席会山东省互联网传媒集团联合山东省著名品牌企业共同发起成立的非营利性、活动性沟通互助机构，旨在"密切联系、协调联动、资源分享、共赢发展"，搭建"课题研讨、业务交流、联谊协作、考察培训、创新发展、自律维权"的平台。

12月25日，广西盐业集团有限公司南宁分公司与中国邮政集团公司南宁市分公司举行战略合作签约仪式，标志着南宁盐业与南宁邮政开展战略合作的正式启动。

12 月 26 日，经过专家评审，江西省工信厅同意向江西九二盐业有限责任公司等四家企业发放食盐定点生产许可证书。

12 月 26 日，中国盐业集团与内蒙古自治区盐业公司关于额吉淖尔盐场混合所有制改革框架协议签订仪式在呼和浩特市举行。

12 月 29 日，广东省市场监管局发布通告，将广东省食盐定点生产企业和食盐定点批发企业证书信息向社会公示。

张君

2.22 食品及饲料添加剂制造

【a. 概况】

2018 年，食品添加剂和配料行业继续保持稳步发展、稳中向好的态势。食品添加剂主要品种总产量将达到 1200 万吨，同比增长约 6.7%；销售额达 1160 亿元，同比增长约 6.2%；出口额约 36.2 亿美元，同比基本持平。

在国内外经济复苏乏力的大环境下，以民营企业和股份制企业为主体的行业企业充分挖掘潜力，努力开拓国内外市场，升级改造现有生产技术，研发食品市场需求的新产品，充分保证了食品工业发展对食品添加剂和食品配料的需求。

【b. 行业分析】

1. 甜味剂产品

高倍甜味剂：2018 年，我国高倍甜味剂行业产品的销量 11 万吨（不含复配产品），同比基本持平。糖精（钠）销售量 2.5 万吨，销售和价格总体平稳；甜蜜素生产能力约在 3.9 万吨左右，安赛蜜产量 7000 吨，受消费量下降等因素影响，甜蜜素和安赛蜜产销量有所下滑，产量和销量下降，企业利润和效益相应下降；阿斯巴甜产量 1 万吨，85%-90% 都出口，价格总体稳定；三氯蔗糖产量 4000 吨，国际市场需求增加明显，产量同比有所增长；甜菊糖产量 4500 吨，内销和出口略有增长；罗汉果甜苷产量有所增长，价格仍然较高。

糖醇类产品：木糖 6.5 万吨，价格从年初的 2 万元 / 吨增长到 2.3 万元 / 吨；木糖醇 5.5 万吨，价格从年初的 2.8 万 / 吨上涨到 3.1 万 / 吨。约 80% 的木糖醇出口，出口比例与去年相同。成本高一直是困扰木糖醇企业的问题，由于创新力度不大，成本下降不多。低聚木糖产品已进入食盐、饮料等新领域，出口形势良好，在美洲市场进一步扩大；在欧盟获得新资源食品认证，销售渠道也进一步拓宽。

2. 着色剂产品

2018 年，着色剂销量 42.4 万吨，销售额 37.7 亿元，出口量 22399 吨，同比增长 133%，出口创汇总额为 2.67 亿美元，同比增长 11.5%。在着色剂 3 大类产品中，合成色素销量 0.4 万吨，同比持平，天然色素 2 万吨，同比增长 25%，焦糖色素 40 万吨，同比持平。

合成色素生产经营保持平稳发展。焦糖色素全年价格保持平稳，向东南亚国家出口量大幅提高，规模达到 1 万吨，实际产能与市场需求基本吻合，行业利润率维持在一定的合理空间。天然色素行业发展有喜有忧：辣椒红色素产销量达 8000 吨，同比增长 33.3%，产业集中度越来越高，优势产业资源得到发挥，形势乐观；红曲红色素和红曲黄色素产销量分别同比增加 25% 和 19%，趋势乐观；万寿菊 – 叶黄素产业在出现连续 3 年下降后，开始出现反弹，产销量同比增长近 50%，价格回升；栀子黄产业全年运行平稳，同比增长 16.7%。栀子蓝、栀子红增幅达到 50% 和 100%。栀子原料风险越来越突出，需要高度重视；姜黄色素全年表现良好，同比增长 44%。主要是姜黄的功能性得到世界认可，应用扩大，产量和出口额都有较大幅度的增长。其它小品种如水溶性花色苷色素（紫甘薯、甘蓝红、萝卜红等）行业运行良好，上升空间巨大。但需要合理控制产能，避免盲目扩产和投产。

3. 食用香精香料产品

全年经济运行走势稳中有升。食用香精产品销量额同比增长近 8%，产品价格略有提高，其销售额同比增长高于 10%，国际市场对食用香精的需求有所增长，出口略有增长。食用香料销售量和销售额同比小幅上升。

一年来，全行业在加大环保投入，切实解决高能耗高污染问题的同时，对产品结构做出了优化调整，取得一定成效。积极采用绿色环保的生产工艺对原有产品的生产工艺进行改进，如改变起始原料，提高原料利用率；改变生产工艺，尽量采用催化技术，减少或避免废物的产生；降低物耗和能耗，提高材料的转化率或综合利用能力；提高产品质量，全面增强企业的竞争力。

4. 防腐剂和抗氧化剂产品

2018 年，防腐剂和抗氧化剂主要产品产销量同比增长约 25%。苯甲酸和苯甲酸钠产销量 10 万吨，同比增长超过 20%，苯甲酸和苯甲酸钠获批可用于饲料生产，因此市场扩大，使用量增加。行业集中度进一步提高，骨干企业武汉有机实业有限公司搬迁新厂，生产逐步进入良性循环阶段，产能大幅释放，产销量占全行业的 80% 以上。而环保不达标的小企业逐步退市，市场秩序日趋规范。

山梨酸钾、山梨酸、脱氢乙酸产量同比略有增加，总体保持平稳增长；对羟基苯甲酸乙酯、对羟基苯甲酸乙酯钠和对羟基苯甲酸甲酯钠销量同比平均增长超过 10%，国内外市场均好于 2017 年，市场需求稳中有升。脱氢醋酸钠在馅料等传统产品中的市场稳定，肉制品中的使用量有所增长，2018 年产销量和销售同比略有增长。

天然防腐剂 3 大主要产品乳酸链球菌素、纳他霉素和聚赖氨酸有较快增长，发展势头良好。乳酸链球菌素产销量和销售额分同比增长 22% 和 20%，聚赖氨酸产销量和销售额增长幅度巨大，同比增长分别可达 200% 和 140%，成为天然防腐剂的一个增长亮点。纳他霉素小幅增长，产销量增长 6%，销售额下降 3%。

抗氧化剂 TBHQ 行业重新洗牌，原龙头企业广州泰邦退出市场，广东省食品工业研究所成为行业龙头企业，占国内生产总量的 70% 以上。美国公司销往中国的 TBHQ 产品价格较低，对中国产品形成较强冲击。

5. 增稠剂、乳化剂和品质改良剂产品

2018 年增稠剂、乳化剂和品质改良剂行业产销量同比持平，发展平稳。乳化剂主要品种（单甘酯、司盘、吐温）总销量 5.2 万吨，同比持平，销售额 5 亿元左右，同比持平；增稠剂（不包括淀粉产品）销量 1.8 万吨，同比增长 10%，销售额增长 7%，变性淀粉销量 49 万吨，销售额 23.5 亿元，同比持平，面粉改良剂 11 万吨，同比持平，销售额 10 亿元，同比增长 9%，，磷酸盐产品 4 万吨，同比持平，销售额 6 亿元。复配膨松剂（泡打粉）销量 3.5 万吨，同比下降 5.4%，销售额 1.67 亿元，同比下降 1%。产品仍处于由含铝盐配方向无铝盐配方的过渡期。

6. 营养强化剂

国家大力推进营养产业的发展，同时，我国居民越来越重视健康营养，市场需求和政策的逐步落实大大促进了营养健康产业的平稳发展。2018 年，营养强化剂单品和复合营养素产品的产销稳步增长。维生素 C、E、D3 等继续在世界上占据领先地位，骨干企业浙江新和成公司、新昌制药厂等企业相关产品的销售额和利润均稳步提高。维生素 E 价格上涨，企业效益提升，天然维生素 E 市场需求旺盛，产品供不应求。营养素产品正在向高品质、微胶囊化方向发展，产品的应用技术在不断提高，对于企业的规模、研发水平都提出了更高要求，产业集中度不断提高。

【c. 行业面临的主要问题】

生产经营的各项成本上升：原材料价格、企业员工工资、能源成本等居高不下，企业的各项税赋没有减轻，企业生产经营成本持续上升，而产品因市场竞争激烈价格无法同步上涨，使得企业效益下滑。

产能过剩：部分产品仍存在盲目扩产和投资的情况，造成产能过剩，市场供大于求，产品价格下跌。如：辣椒红色素、甜菊糖苷、三氯蔗糖、万寿菊浸膏、阿斯巴甜等还都存在产能过剩的情况。

环保高压使企业面临挑战：近年来，行业企业按照要求在环保方面不断加大投入，但由于产品生产的特殊性和企业规模有限，环保设施不可能一步到位。

国家和地方政府部门环保监察力度不断加大，对企业不断提出更高环保要求，或随时要求停产限产，影响企业的正常生产。建议政府部门在环保督查和管理方面还应实事求是，依法依标监管，避免一刀切，为企业营造一个良好的生存环境。

法规和标准在实施方面的问题：（1）食品添加剂制剂类产品没有国家标准：很多企业只能按“复配食品添加剂产品”的要求设计配方和生产，对这类产品的应用范围有很大限制。（2）使用转基因来源菌种生产的酶制剂和涉及转基因的其他品种食品添加剂和配料，其新品种的申报受理和安全性审查部门已确定，但实施细则尚未出台，导致这类新品种申报工作停滞不前，制约企业的生产经营和创新发展。

【d. 协会主要工作】

1. 发挥行业协会作用，参与国家食品安全管理事务

根据国家市场监督管理总局要求，上报行业2018年食品安全工作情况汇报。参加国务院食品安全办公室召开的食品行业组织食品安全工作座谈会，代表行业通报工作情况及反映行业在食品安全和生产经营中的共性问题。对如何科学监管食品添加剂超范围和超量使用和食品添加剂制剂类产品问题提出具体建议，除严厉打击故意人为超范围、超限量使用食品添加剂外，进一步加强科学、合理使用食品添加剂的宣传，减少错误和不当使用食品添加剂的比例；完善食品添加剂国家标准的制修订，配合国家卫生健康委加快对食品添加剂制剂通则的制定工作，使这类产品能尽快纳入科学化、规范化管理的轨道。

就国家产业转移指导目录调整提出建议，建议糖精等高倍甜味剂产品由限制类产业改为非限制或仅限制糖精一个品种，这样有利于发展健康和低热量的高倍甜味剂产品。参与完成了国家工信部组织的食品工业发展报告中食品添加剂行业部分内容的编纂工作。完成国家食品药品监管总局委托的“食品添加剂企业风险排查及监管措施研究”项目的结题工作；完成国家食药总局布置的2017年食品安全风险预警报告编写工作。

2. 积极反馈行业诉求，推动管理的法规标准问题的解决

（1）反映转基因来源菌种生产的酶制剂新品种审评问题和转基因来源微生物使用问题，在协会的积极推动下，国家卫生健康委已经明确转基因来源酶制剂新品种的申报程序及要求，相关企业已经向农业部提交申报材料并等待审评结果。

（2）与国家海关总署多次沟通，就93个免于出口检验检疫不能出具相关证书的食品添加剂产品能够以适当方式知会进口国，以便在产品进口到这些国家时不用提供检验检疫或健康证书，保证这些产品的顺利出口。

（3）致函国家海关总署和环保部，反映天然维生素E生产原料－植物油脱臭馏出物（DD油）被认定为固体废物不能进口的问题，使问题得到解决。

（4）支持企业联名向国家商务部提出对美国销往中国的特丁基对苯二酚（TBHQ）的反倾销申请。

3. 食品安全国家标准标准制修订工作

参与修订《食品安全国家标准食品添加剂使用标准》（GB2760）；完成了2017年国家卫生健康委下达的DL－丙氨酸、L－苏氨酸、β－环状糊精、叶绿素铜、聚偏磷酸钾、酸式焦磷酸钙6项食品添加剂国家标准的制修订。制定公布了《中国食品添加剂和配料协会团体标准管理办法》，启动了《天然维生素E生产原料－植物油脱臭馏出物团体标准》的制定工作。

中国食品添加剂和配料协会

2.23 酿酒行业

【a. 概况】

2018 年，我国酿酒产业整体经济效益稳定，并向高质量阶段发展挺进。从产量规模来看，在向企稳回升的态势发展，行业结构的深度调整在稳固有序地进行。全行业更加注重产品结构的优化和产品品质的提升，产量与市场需求基本保持在合理增长空间。

根据国家统计局数据（图 1–图 4），2018 年，全国酿酒行业规模以上企业完成酿酒总产量 5631.93 万千升，同比增长 1.17%，其中，饮料酒产量 4985.30 万千升，同比增长 0.90%；发酵酒精产量 646.63 万千升，同比增长 3.24%。

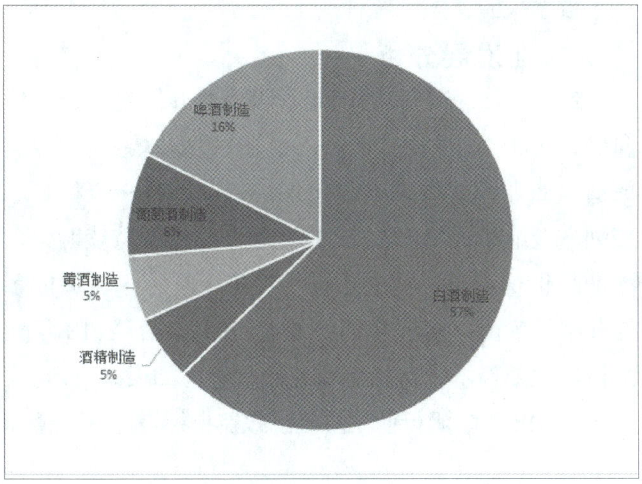

图 1　2018 年酿酒行业企业数量分布情况

资料来源：国家统计局

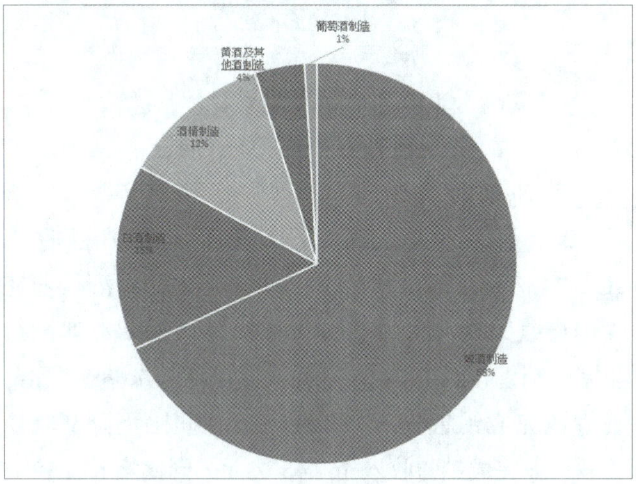

图 2　2018 年酿酒行业产品产量分布情况

资料来源：国家统计局

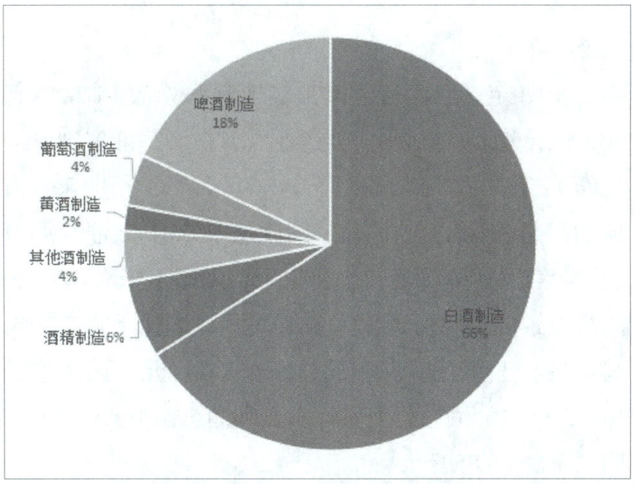

图 3　2018 年酿酒行业销售收入分布情况

资料来源：国家统计局

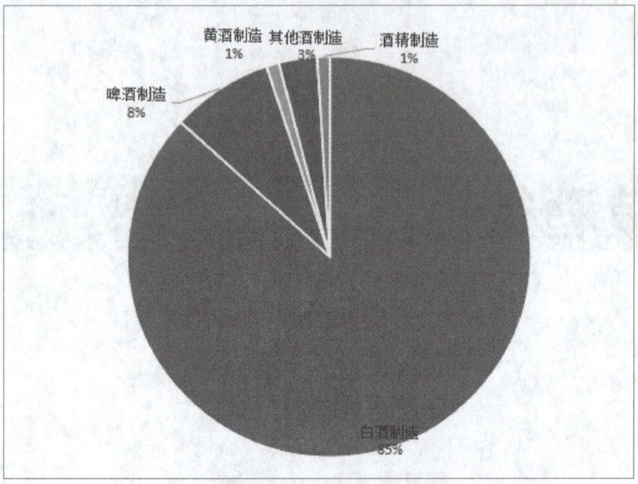

图 4　2018 年酿酒行业利润分布情况

资料来源：国家统计局

1 主营业务收人

2018 年，全国酿酒行业累计完成销售收入 8122.74 亿元，同比增长 10.20%。其中，白酒行业完成销售收人 5363.83 亿元，同比增长 12.88%；啤酒行业完成销售收入 1474.52 亿元，同比增长 7.08%；葡萄酒行业完成销售收入 288.51 亿元，同比下降 9.51%；黄酒行业完成销售收入 167.45 亿元，同比增长 5.42%；其他酒行业完成销售收入315.63亿元，同比增长0.85%；发酵酒精行业完成销售收入 512.80 亿元，同比增长 13.61%。

2. 利润

2018 年，酿酒行业累计实现利润总额 1476.45 亿元，同比增长 23.92%。分行业看，白酒行业实现利润总额 1250.50 亿元，同比增长 29.98%；啤酒行业累计实现利润总额 121. 85 亿元，同比增长 5.61%；葡萄酒行业累计实现利润总额 30.63 亿元，同比下降 9.46%；黄酒行业累计实现利润总额 17.24 亿元，同比下降 7.20%；其他酒行业累计实现利润总额 45.46 亿元，同比增长 14.51%；发酵酒精行业累计实现利润总额 10.76 亿元，同比下降 50.85%。

由 2018 年酿酒行业经济效益数据 (表 1) 并结合产量情况 (表 2) 看出，饮料酒行业总体经济效益向好，而部分行业则出现不同幅度的下降。

表 1 2018 年我国酿酒行业销售收入和利润变化情况

酿酒行业	销售收入/亿元	同比增长/%	利润总额/亿元	同比增长/%
发酵酒精制造	512. 80	13. 61	10. 76	-50. 85
白酒制造	5363. 83	12. 88	1250. 50	29. 98
啤酒制造	1474. 52	7. 08	121. 85	5. 61
黄酒制造	167. 45	5. 42	17. 24	-7. 20
葡萄酒制造	288. 51	-9. 51	30. 63	-9. 46
其他酒制造	315. 63	0. 85	45. 46	14. 51
合计	8122. 74	10. 20	1476. 45	23. 92

资料来源：国家统计局

表 2 2018 年我国酿酒企业分酒种产品产量情况

酒种	总产量/万KL	同比增长/%
发酵酒精（折96度）	646. 63	3. 24
饮料酒	4985. 30	0. 90
其中：白酒（折65度）	871. 20	3. 14
啤酒	3812. 24	0. 50
葡萄酒	62. 91	-7. 36
黄酒及其他酒	238. 95	1. 71

注：根据 < 饮料酒分类 >(GB/T17204–2008) 并结合国家统计局所统计的类别，饮料酒包括 13 种，即麦芽酿造的啤酒、葡萄汽酒、鲜葡萄酿造的酒、味美思酒、黄酒、蒸馏葡萄制得的烈性酒、威士忌酒、朗姆酒、杜松子酒、伏特加酒、利口酒及柯迪尔酒、龙舌兰酒、白酒。

数据来源：国家统计局

【b. 行业发展分析】

2018 年，我国酿酒产业紧跟消费升级趋势，趋稳向好，酿酒总产量稳步增长，经济效益整体趋好，产品、渠道、商业模式等创新步伐加快，市场进一步稳定。酿酒产业继续保持新常态，产业和产品结构持续调整，酒产品价格调整以适应市场和经济大环境，流通体系变革持续发酵，多元化消费潮流不断升级。2018 年酿酒行业主要经济效益指标增速变化情况如表 3 所示。

表 3　2018 年酿酒行业主要经济效益指标增速变化情况

单位：%

指标	1–3月	1–6月	1–9月	1–12月
产品产量	3. 52	1. 92	1. 23	1. 17
产品销售收入	13. 56	12. 18	9. 96	10. 20
利润总额	29. 25	28. 74	21. 80	23. 92
亏损额	-4. 33	-10. 64	-5. 22	-1. 43

资料来源：国家统计局

1. 价格

2018 年，白酒、啤酒、其他酒制造业利润总额均有上升，黄酒、葡萄酒和发酵酒精制造业利润总额有所下降。从单位产品利润上看，白酒、啤酒制造业大幅上升，葡萄酒和发酵酒精制造业有所下降（表 4）。酿酒行业仍处于调整阶段，酒类产品价格仍体现酒类市场资源配置和市场调整状态。

表 4 2018 年酿酒子行业单位产品销售收入和利润情况

	销售收入（元/L）	同比增长/%	利润（元/L）	同比增长/%
发酵酒精制造	7.93	1.92	1.23	1.17
白酒制造	61.57	9.44	14.35	6.02
啤酒制造	3.87	6.54	0.32	5.08
葡萄酒制造	45.86	-2.32	4.87	-2.28

资料来源：国家统计局

以经济指标占比最大的白酒为例看价格走势。2018 年，我国规模以上白酒企业累计完成销售收入 5363.83 亿元，同比增长 12.88%；累计实现利润总额 1250.50 亿元，同比增长 29.98%。白酒行业呈现产量稳增、收入增长、效益增加、活力增强的良好态势，整体上开始由复苏期进入到发展新周期。经历五年调整期后，白酒价格总体上基本恢复到 2012 年白酒行业调整前水平。2018 年，全国白酒批发价格总指数上涨 6.64%，涨幅较上年同期扩大 3.13 个百分点，创下了新高。

从分月来看（图 5），2018 年，全国白酒批发价格总指数延续了自 2016 年 7 月以来的上涨趋势，到 2018 年 5 月达到高点，同比上涨 7.82%。此后涨幅开始收窄，6 月份上涨 7.6%，较高点缩小 0.22 个百分点后，7 月份再度缩小至 7.34%，逐月收窄，直至 12 月达到 5.11%。虽然涨幅已较高点减少了 2.71 个百分点，但这一涨幅仍高于 2018 年前任何一个月的同比涨幅，显示当前白酒价格指数仍在高位运行。

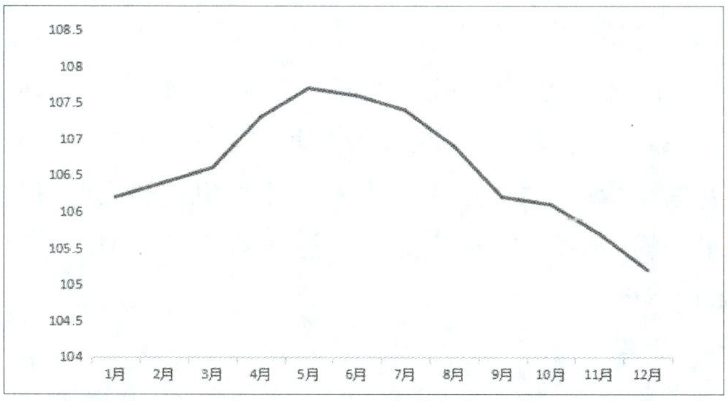

图 5　2018 年全国白酒报批发价格同比总指数

资料来源：<2018 年中国白酒价格运行报告>

从分类来看（图 6），分类来看，名酒、地方酒、基酒价格走势都较强，但名酒走势明显更为强劲。2018 年，全国名酒批发价格指数上涨 9.44%，涨幅比同期全国白酒批发价格总指数高 2.8 个百分点，比地方酒高 5.28 个百分点，比基酒高 7.41 个百分点。不过分月来看，名酒批发价格指数虽然涨幅更大，但受 2018 年 1 月底国家发展和改革委员会白酒价格告诫会影响降温，指数出现冲高回落。自 5 月份增长至 11.11% 后，涨幅逐月收窄，到 12 月只上涨 6.66%，较当年高点已下滑 4.45 个百分点。地方酒因为价格天花板被突破，纷纷跟涨，填补价格带真空，地方酒批发价格同比总指数一度出现单边上扬之势，到 7 月份见顶 5.9% 后，涨幅才有所收窄，到 12 月只上涨了 3.88%。而基酒受益产业复苏，以及高粱等原料成本增加影响，同比涨幅也明显扩大，最高达到 2.54%，较 1 月份年内低点扩大 2.05 个百分点。值得注意的是，基酒价格运行稳定性较高，全年 12 个月有 7 个月不变。

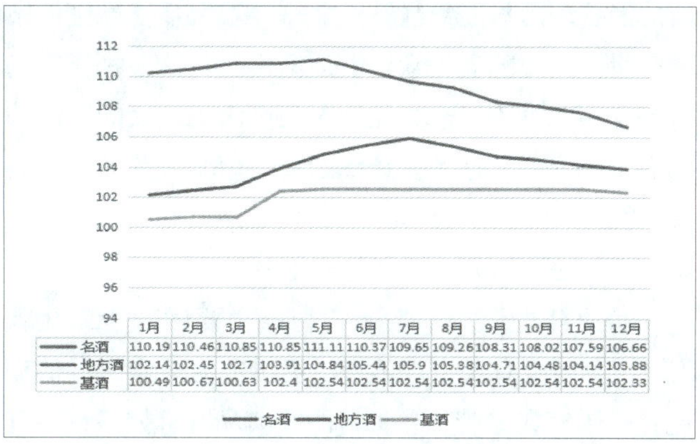

图 6　2018 年全国名酒、地方酒和基酒批发价格同比指数

资料来源：《2018 中国白酒价格运行报告》

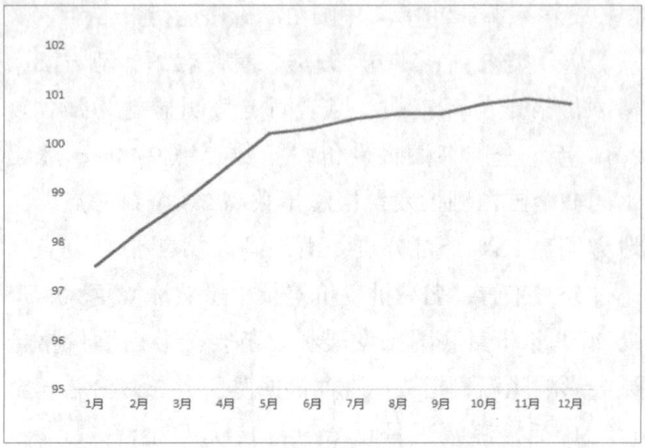

图 7　2018 年全国白酒批发价格定基指数

资料来源：《2018 中国白酒价格运行报告》

2. 市场

在宏观经济、产业生态、消费升级等不断变化的大背景下，2018 年，酒业市场基本面大为改善。目前，酒类消费已从基本消费逐步转变为个性化、多样化的高品质消费阶段。再加上追求养生、健康消费等时代消费特征的出现，“少喝点、喝好点”逐渐成为一种新的消费理念与消费趋势，扩充了高品质高端酒的市场容量。同时随着大众消费逐渐常态化，各种新型消费场景不断涌现，全方位、多角度满足大众的美酒消费需求成为了常态。从市场运行的角度来看，主要有如下特点。

（1）二元三新

2018 年的酒类市场运行特点主要体现为二元状态：一方面更有钱、更传统、更讲究的老年人，他们更青睐于有大品牌文化加持的经典品牌，如茅台、五粮液、青岛、张裕等；另一方面更年轻、更潮流、更个性化、更多维的年轻消费群体，他们更加偏好个性化的产品体验。三新，即新富、新中产、新生代的崛起，促使以“新产品、新品牌、新渠道、新互动”为核心的新营销效力升级。“二元三新”这一特征在 2018 年逐渐成为市场区分消费者的分类方法，企业更是依据如此逻辑进行市场布局，以精准化定位消费人群。

（2）名优引领

品质竞争时代，加速聚焦放大了名优企业的引领作用，行业聚集效应不断凸显。2018 年上市企业年报显示，白酒企业上市公司仅一家亏损，其余都实现了高质量发展。啤酒、葡萄酒领军企业在 2018 年也有着不错表现，名优企业的引领作用助推中国酿酒产业进入新的发展周期。

价格新周期 -- 白酒行业以茅台为首的高端白酒价值链不断上移。啤酒、葡萄酒、黄酒领军企业在高端酒打造上也相继发力，可谓是打破了酒价层层天花板，为酿酒产业高端酒发展提供保障的同时，量价齐升成为高端酒新的发展趋势。

品类新周期 --2018 年，白酒行业领军企业相继推出鸡尾酒、封坛定制酒；啤酒领军企业则发力精酿啤酒等，可以说，酿酒产业也正在迎接新的品类周期。

产品品质表达新周期 --2018 年，各大酒种都在推出自己的品质表达体系，并在相关领军企业的带领下出台了相关品质表达体系，这些都有力提升了酒类价值。

除此之外，在 2018 年酒类市场，文化新周期、消费场景新周期等均在持续上演。但这一切均是名优企业在引领，可以预见，酿酒行业的名优企业引领作用将越来越大，标杆作用更加明显。

（3）渠道变革

纵观 2018 年酒类市场，流通渠道发生巨变，具体体现为：餐饮价值回归，特别是风味特色店、城市综合体餐饮大量涌现；销量向主流品牌、主力产品集中，导致名烟名酒店的减少；酒企开始涉足新零售，与天猫新零售、京东新通路新零售渠道合作，真正寻求线上线下融合，与现代物流相匹配，实现了产品流通方便快捷服务消费者；酒企开始让多种渠道融合，实现社群营销、圈层营销与新零售终端结合，有效达到了酒类产品的推广与销售。

总之，在 2018 年，酒类在市场终端建设上开始更加注重餐饮、酒行、商超、社群等的全渠道系统营销，开始整合营销发力。在传播推广上，也更加注重移动多屏的内容营销与内容传播。这些都是酒类渠道生变的生动写照。

3. 投资

2018 年，酿酒行业总体资产投资总额增加

10.74%，各子行业资产总额均有所增加，其中其他酒制造业增长14.73%，增幅最大。全国酿酒行业规模以上企业共亏损416家，亏损面为10.74%，亏损企业累计亏损额34.79亿元，同比下降2.46%（表5）。截至2018年12月底，行业资产负债总额达4655.21亿元，负债率达42.13%，同比下降3.85%。

表5　2018年酿酒行业亏损及其变化情况

酿酒行业	企业数量/个	资产总额增长/%	亏损面/%	同比增长/%	亏损额/亿元	同比增长/%
白酒制造	1445	14.10	12.66	15.28	11.03	-1.83
啤酒制造	415	2.26	26.51	-10.92	19.71	-10.44
葡萄酒制造	212	1.69	22.64	53.46	2.26	77.9
黄酒制造	115	1.62	6.96	110.43	0.31	266.37
其他酒制造	240	14.73	9.58	46.74	1.48	38.74
酒精制造	119	9.78	36.97	61.46	13.45	1.35
合计	2546	10.74	17.14	20.98	34.79	-2.46

资料来源：国家统计局

4. 区域分布

2018年，我国酿酒产量最大的5个地区：四川、山东、广东、河南、黑龙江五省酿酒总产量2321.78万千升，同比增长5.16%，占全国酿酒总产量的41.23%（表6）。其中，四川省酿酒总产量最大，达到619.47万千升，同比增长12.02%，增速最快；山东省酿酒总产量567.85万千升，同比增长0.61%；广东省酿酒总产量421.57万千升，同比下降2.86%；河南省酿酒总产量367.44万千升，同比增长6.71%；黑龙江省酿酒总产量345.45万千升，同比增长10.35%。

表6　2018年重点省份酿酒产量情况

	产量/万KL	同比增长/%
全国	5631.93	1.17
四川省	619.47	12.02
山东省	567.85	0.61
广东省	421.57	-2.86
河南省	367.44	6.71
黑龙江省	345.45	10.35

资料来源：国家统计局

5. 行业集中度

酿酒行业属于传统行业，既有白酒、黄酒等本土酒种也有啤酒等舶来酒种。一直以来，我国酿酒产业的重心是伴随我国经济重心的变化而变迁的。自2012年以来，我国酿酒产业的集中度进一步提高，但由于各酿酒子行业发展状况不同，集中度也有所差别，整体表现为企业数量众多、单体规模偏小。目前，啤酒已经形成了具有较高集中度的产业格局，白酒的品牌集中度近年来也在进一步提高。

数据显示，2018年，白酒上市企业前五家营收占到了白酒上市公司总营收的85%。由此可见，白酒产业集中度正在进一步提高。茅台、五粮液、洋河、泸州老窖、劲酒、汾酒、郎酒、古井贡、牛栏山销售收入均超过百亿，白酒行业百亿规模企业已达9家。白酒行业的品牌集中度越来越高。其中，品牌集中度的一个最重要指标便是“利润增速和占比”，即品牌的溢价能力。从市场占有率来看，十大优势产区的品牌基本实现了品牌的全国化，将会获取更大的市场份额。

啤酒行业集中度自上年出现微幅下降后，2018年，有小幅回升。华润雪花、青岛啤酒、百威英博、燕京啤酒和嘉士伯啤酒5大集团的总产销量为3222.84万千升，同比增长1.64%，占总产销量的84.54%，同比增加1.2个百分点。葡萄酒、黄酒等其他酿酒子行业集中度不高，市场竞争结构离散，短时间内集约化进程缓慢，集中度也均处于较低水平。

6. 进出口

根据海关总署数据，2018年饮料酒及发酵酒精制品累计进出口总额73.91亿美元，同比增长22.71%。其中，累计出口额16.09亿美元，同比增长22.72%；进口额57.82亿美元，同比增长22.70%。白酒2018年出口量同比增长3.61%，同比显著增长。啤酒2018年进口量同比增长14.63%，同比增长略有升高。葡萄酒进口量同比下降6.24%，同比显著回落。由进出口数据可以看出，我国酒类商品进出口贸易在2018年进一步回暖（表7）。

表7　2018年酒类商品进出口贸易情况

商品名称	出口				进口			
	出口量/万千升	同比增长/%	出口额/亿美元	同比增长/%	进口量/万千升	同比增长/%	进口额/万千升	同比增长/%
白酒	1.72	3.61	6.57	39.79	0.30	25.00	1.02	45.71
啤酒	38.60	6.93	2.50	9.65	82.10	14.63	8.90	18.67
葡萄酒	0.61	-33.36	5.49	26.29	68.70	-6.24	28.55	5.20
黄酒	1.44	-5.88	0.24	-4.00	0.0013	-35.00	0.0006	-60.00

	出口				进口			
其他饮料酒	0.35	19.44	0.59	-4.88	9.38	10.48	13.96	21.59
酒精	8.65	-38.25	0.69	-23.66	104.47	3075.45	5.39	1696.48
合计	51.36	-5.75	16.09	22.72	264.95	68.85	57.82	22.70

注：(1) 根据《饮料酒分类》(GB/T 17204- -2008) 并结合海关总署所统计的类别，其他饮料酒包括：葡萄汽酒（未加香料）、小包装的味美思酒及类似酒（容器容量≤ 2L; 加植物或香料的用鲜葡萄酿造的酒）、装人 >2L 的容器的味美思酒等酒、蒸馏葡萄酒制得的烈性酒、威士忌酒、朗姆酒及蒸馏已发酵甘蔗产品制得的其他烈性酒、杜松子酒、伏特加酒、利口酒及柯迪尔酒、龙舌兰酒、未改性乙醇（按容量计酒精浓度 <80%) 及其他蒸馏酒及酒精饮料。

(2) 酒精包括：未改性乙醇（按容量计酒精浓度 ≥ 80%)、任何浓度的改性乙醇及其他酒精。

资料来源：海关总署。

7. 重点行业

（1）白酒

从近几年白酒产量的情况来看，白酒产量基本保持着稳定增长的态势。2018 年，全国白酒产量 871.2 万千升，销售额同比增长 12.88%，利润总额同比增长 29.98%，均实现了两位数的增长。2015 年以来，白酒行业利润总额年均增长率为 19.81%。多年来，白酒行业销售收入以及累计实现利润占据酿酒行业绝对地位，显示出其在酿酒行业中的优势，强化着白酒在整个酿酒行业中的地位。

从产销率来看，2017 年白酒产销率为 97.8%，比 2016 年增加 0.9 个百分点；2018 年，白酒产销率为 99.3%，同比增加 1.5 个百分点。数据侧面反映出，2017 年，白酒市场进入去库存阶段，近几年，行业企业控量保价，去库存措施效果初显。

从市场细分来看，800 元以上的酒品中，茅台、五粮液、泸州老窖和梦之蓝牢牢占据了大部分市场，特别是茅台、五粮液两大白酒领军企业合占 80% –85% 的高端市场。现阶段次高端品牌酒企尚未形成全国性强势品牌，同时，随着高端品牌纷纷提价，区域性品牌也将向上延伸到 300–800 元价格带。同时，随着三四线城市的消费升级加速，促使各大名酒企业开始强化渠道下沉，深耕三四线城市，乃至县域市场。区域性品牌较为聚集的鲁、豫、辽、湘等板块，均陆续出台了以政府、地方行业协会和龙头企业主导的“省级白酒振兴计划”，谋求抱团发展。这一措施的推进，为区域企业规避恶性竞争、资源共享、政策引导等提供了有效帮助，成为今后推动白酒产业发展的一份重要力量。

2018 年，以产区作为白酒品质和价值新的表达方式，构建和优化产业协同平台，提升产业集成水平，带动产业创新、转型、升级发展成为各界人士关注的焦点。2018 年，吕梁产区举办了“产区引领下的中国白酒国际化之路”大型论坛，世界十大烈酒产区代表到场，共议产区价值；遵义产区更是以“产区”名义在全国多地举办了品牌推广，均收到了良好效果。白酒企业比较集中的所在地的地方政府，也开始在白酒产区建设上做文章，以求为地方经济做出政绩。总的来说，产区已经成为世界酒类品质表达的代名词，未来产区建设将会在白酒产业高质量发展进程中发挥更加重要的作用。

（2）啤酒

2018 年，在酿酒行业呈现继续复苏的态势下，啤酒市场呈现出市场容量顶部徘徊、市场结构深度变革的现象。

①啤酒消费习惯向中高端化加速推进。啤酒业在出现连续四年负增长之后，业内人士的心态逐渐趋于平稳。人们对行业产销量是否增长的态度，逐步从关注市场容量向市场结构变化趋势的重心转移。近年来，随着消费升级和我国消费者群体构成、消费口味、观念的变化，我国啤酒市场消费结构也随之改变，低端啤酒产品的市场份额在逐年下降，中高端啤酒的市场份额则在快速增长。

②啤酒单位产品售价提升明显。数据显示，啤酒产品的议价能力连续两年得到提升。其中有主动因素和被动因素，主动因素源自啤酒产品结构调整，中高端产品比例提高；被动因素源自生产成本变动，年初包装价格大幅上涨，年底进口大麦价格上涨，各大啤

酒企业几乎同时上调了价格。和国际市场相比，目前，我国啤酒单位产品售价偏低，结合中国当前啤酒消费中高端化加速进程，以及各家啤酒产商的大力推动，中国啤酒业有明显的议价能力和空间。

③啤酒产品结构碎片化进一步放大，消费更加注重场景化。当今已进人消费者主权时代，消费者更加倾向于追求个性化产品，这一点在啤酒市场中体现得极为明显，消费者对个性化啤酒产品的需求继续加大。同时，消费者对个性化产品的追求与健康、环保、便捷紧紧联系在了一起，并且不同年龄段的消费者消费诉求也有着较大差别。啤酒市场的消费特征、消费水平、消费诉求都发生了变化，从单纯的追求数量向介入场景过渡，“悦己型”体验式消费盛行；社交分享型逐步减少，个人享受型越来越多。淡爽型啤酒产品消费量继续下降，适合个人享受的浓醇型啤酒产品显然更具说服力。

④啤酒原料对外依存度高，具有较大的不确定性。

啤酒行业的原料对外依存度较高的风险逐渐开始显现，2018 年 11 月和 12 月，商务部提出了对澳大利亚大麦“反倾销”和“反补贴”立案调查的公告，进口大麦的形势一时间变得较为严峻。由澳大利亚大麦“双反”所带来的影响对啤酒行业而言也未必都是坏事，可以引起行业对依存度过高不以为意、没有下决心改变现状的重视；可以凝聚更多的行业力量为改善国产大麦供应局面增加动力。但是，这是一项系统工程，不是可以一蹴而就的工作，涉及工业、农业、科研等多方的力量，而且短期内无法被彻底改善。此外，还有物流、汇率以及进口国的产情等影响因素，都可能对进口大麦的供应和价格产生影响。

⑤进口啤酒和工坊啤酒增长较快。进口啤酒经过前几年的高速增长，目前占国内啤酒消费量的 2.2%，近两年增速回落，但仍远高于国内啤酒消费量的增幅。工坊啤酒在近几年一直被寄予厚望，被称为“啤酒业未来的新增量”。目前国内乃至国际上对工坊啤酒（市场称谓：精酿啤酒）并没有一个准确的定义，国内的工坊啤酒仍属于高速发展阶段，其市场在快速成长的同时，需要进一步规范化发展。工坊啤酒虽然投资规模相较于主流啤酒厂要小很多，但毕竟属于食品制造业，有着自身的行业定位、产品属性、工艺标准、生产条件、卫生环境、质量控制以及社会文化属性等。

⑥对生产制造体系进行优化布局。最近几年主流啤酒集团开始对落后产能进行淘汰，对生产制造体系进行优化布局。采用集约化生产模式，产能得到了优化，有效降低了生产、制造和管理成本，对产品质量控制和能源消耗等都是有利的。但是，与主流啤酒集团的关停相反，小微型啤酒工厂的新建是另外一道风景，除了个别工厂的规模对外声称达 10 万 kL 以上，普遍规模较小，基本在 5 万 kL 以下。由此看来，随着小微型工厂的陆续投产，行业新增产能可能会相对放大。

总体来看，中国啤酒市场的消费容量将处于底部波动蓄势，啤酒消费市场总量趋稳。消费升级所带来的消费结构转型仍将持续，可引导啤酒市场结构和产品结构转变速度加快。随着啤酒优势文化逐步建立、普及和完善，中国消费者对国产啤酒也会逐渐树立信心。

（3）葡萄酒

国家统计局数据显示，2018 年，我国葡萄酒行业无论是产量、销售额都出现了不同程度的下降，但在产品品质和产品结构调整方面取得了长足进步。具体表现出以下特点。

①国产葡萄酒行业深度调整初步探底，复苏可期待。葡萄酒行业经过 2001–2012 年的加速发展阶段以后，在 2013 年进入调整期。2014 年和 2015 年出现短暂回暖后，自 2016 年起，产量、销售额和利润等主要经济指标出现三连跌，尤其 2017 年，产量、销售额和利润出现了近三成的断崖式下跌状况；2018 年，产量、销售额和利润的下跌趋势逐步收窄，降幅控制在一成；2019 年前 2 个月，产量逐步回升，初步判断国产葡萄酒行业深度调整初步探底，有望复苏。

②进口葡萄酒数量首次回落，但前景依然明朗。我国进口葡萄酒的数量从 2014 年的 38.4 万千升增长到 2018 年的 68.7 万千升，年均增长 15.8%；虽然 2018 年进口量有少许回落（与 2017 年进口量过大以及 2019 年实施澳大利亚葡萄酒零关税有关），但从整体趋势

来看仍然处于增长态势。

③在扩容式增长的背景下，“高大全”的领军企业与“小而美”的酒庄相互补充，共荣共生。目前，葡萄酒行业还处于扩容式增长阶段，各个品牌都有机会。随着实施聚焦中高端、聚焦高品质、聚焦大单品“三聚焦”战略的张裕和践行“风土是根，文化是魂”的中粮长城等“高大全”的领军企业在产品结构和品牌战略等方面的调整到位，将逐步引领行业在市场发力，集体突围；而讲究个性化和极致化的楼兰、迦南美地和戎子等“小而美”的酒庄，将是葡萄酒大产业发展的催化剂。

④产品品质大幅提升，产区效应开始凸显。经过多年的努力，现在各产区都已出现了一些品质优良并具有个性的产品和品牌，目前已有多个产区的多个产品在国际国内大赛中获得荣誉；以产区为依托进行整体宣传与推广已成为常态；葡萄酒一、二、三产业融台的特点逐步显现，宁夏、蓬莱和秦皇岛等产区的葡萄酒旅游已初步发挥作用。五是葡萄酒行业文化建设不完善，流通领域存在乱象。我国葡萄酒发展出现断代且近代工业化葡萄酒发展历程短，没有形成自己的葡萄酒文化体系和品鉴标准；企业缺乏正确的市场定位和产品体系及定位；缺乏与消费者的良好互动；市场推广能力弱。此外，在进口葡萄酒领域，个别从业者利用信息不对称，通过电商和商超等渠道，通过以次充好、虚标价格、假冒伪劣等手段赚取不当利益，损害了消费者利益，危害了行业的健康发展。

（4）黄酒

通过国家统计局数据和行业广泛调研来看，2018年中国黄酒产业看似利润出现下滑，但这背后折射出的是黄酒产业正在加快产业结构调整与市场投入，这种短期利润下滑的现象将在未来发展中得到缓解。

黄酒市场逐渐扩大，线上销售开始升温。整体而言，黄酒市场正在不断扩大，从原来的江浙沪地区逐渐向全国范围辐射；产品消费结构从低档黄酒向中高端产品升级；消费人群也在从之前的中老年人群向年轻人群扩散，消费群体一直在扩大。特别是黄酒线上销售量涨幅明显，销售额实现了超130%的增幅。

黄酒的全国化趋势正在逐步形成。长期以来，大家一直把黄酒定位为一个区域化产品。经过多年的努力，除了江浙沪等优势区域的市场增长，目前甘肃、河南、山东、福建、陕西等地黄酒企业实现了社会效益、经济效益双丰收，可以说黄酒行业在全国化发展上取得了一定突破。福建的红曲黄酒连续两年高速增长，利润率远远高于其他黄酒，说明黄酒的全国化发展正在形成，市场扩容已成共识，消费者教育和把握文化自信也成为行业的一个共识。

市场议价能力和盈利水平蓄势待发。黄酒行业2018年销售收入增长5.42%，利润下降7.20%。其原因来自于黄酒行业在消费市场扩大的同时，市场推广费用大幅提高，销售成本提高了6.28%，销售费用提高了12.42%，导致行业整体盈利水平下降，也说明黄酒行业的市场议价能力还有待提升。此外，黄酒行业产品结构层次不清、高端人才缺乏、技术进步不快等问题亟待改善，这些不足得到改善之后，将来也将逐渐在行业的业绩中显现出来。

（5）果露酒

近年来，果露酒行业一直保持着较快的发展速度。2018年，果露酒规模以上企业240家，销售额315.63亿元。

果露酒行业市场需求增速放缓，但仍有空间。2016年前，果露酒行业尤其是保健酒行业一直保持较高的增长速度。在整个酿酒行业中，果露酒销售收入、利润及税收等增速都是最高的。从2013年到2018年，果露酒销售收入同比增长比例分别为：15.46%、19.34%、19.48%、4.63%、-9.86%和0.85%。2017年，销售收入和利润出现双下降情况，但销售收入的降幅要远远大于利润的降幅；2018年，销售收入开始回升，且利润的增幅大于销售额的增幅，这说明果露酒行业的产品结构得到一定的优化。长期看，果露酒市场需求增速放缓，而且随着国内宏观经济形势和酒业整体情况的变化，未来行业的微增长、负增长将是常态。

果露酒行业的生产格局仍然没有改变，强者恒强。整个行业生产格局仍没有变化，领头企业比重继续增大，与第二层次的差距仍然在拉大。2018年，劲酒仍然是果露酒行业市场份额最高的龙头老大;除此之外，如五粮液、茅台等的果露酒产品处于第二集团，市场规模在10亿元左右;椰岛鹿龟酒、张裕三鞭酒、竹叶青、宁夏红等品牌维持在第三集团，市场规模在1亿-5亿元;大多数中小企业营收维持在千万元左右。果酒企业以区域性、小规模企业为主，大部分企业没有纳入国家统计局统计范畴，通过对部分代表性果酒企业进行调研，目前果酒行业销售规棋在10-20亿元，整体行业还处于萌芽期。

（6）发酵酒精

2018年，我国发酵酒精行业呈现产量增长速度和利润水平"双下降"现象，同时也表现出"一快一慢"和"一多一少"两大特点:乙醇产能增长速度快，而生物燃料乙醇推广速度慢，远低于原有预期规划;玉米酒精产量和比例增多，而全行业利润水平、木薯酒精产量和比例大幅减少。

2018年，全国发酵酒精总产量851万吨，同比增长2.86%（行业统计数字），累计实现利润总额10.76亿元，同比下降50.85%（国家统计局数字）。到2018年年底，全国发酵酒精总产能突破1600万吨，2018年，新增产能达150万吨以上。由于玉米深加工补贴额下降(150元/吨玉米）和补贴时间缩短(2018年4月到5月中旬)，以及乙醇产能进一步过剩，再加上工业酒精需求下降明显、食用酒精需求也所减少，行业整体利润水平大幅下降。

2017年9月，国家发展和改革委员会、国家能源局、财政部等十五部委下发了《关于扩大生物燃料乙醇生产和推广使用车用乙醇汽油的实施方案》。2018年8月，国务院常务会议确定了生物燃料乙醇产业总体布局，决定除原有11个试点省（自治区、直辖市）外，2018年进一步在北京等15个省（自治区、直辖市）推广。但只有天津市于2018年10月底封闭推广了乙醇汽油，燃料乙醇推广速度远低于原有预期规划。但是，在国家鼓励玉米深加工发展产业政策和燃料乙醇投资热情的推动下，2017年到2018年年底，我国新增发酵酒精产能约150万t，一批在建和计划产能正在路上，但新增乙醇消费能力仅是天津市不足30万t的年消费量，短期内力剧了行业产能过剩局面。

2017年以来，由于我国传统的木薯进口地区东南亚的木薯产量下降和当地木薯产业的发展，导致可供出口到我国的木薯总量大幅下降，进口木薯价格一直较高，而2017年以来玉米价格基本回归市场主导，玉米价格有所下降，木薯酒精同比没有成本优势，木薯酒精开工率全年不足40%，产量同比下降31.5%，而玉米酒精同比增长5%。

8."三品"战略实施情况

2016年5月，国务院正式发布《关于开展消费品工业"三品"专项行动营造良好市场环境的若干意见》，部署开展消费品工业增品种、提品质、创品牌"三品"专项行动，提出通过营造良好市场环境，更好满足和创造消费需求，不断增强消费拉动经济的基础作用，促进消费品工业迈向中高端。酿酒行业"三品"战略实施情况主要体现在以下三个方面。

（1）增品种

支持企业深度挖掘用户需求，适应和引领消费升级趋势，在产品开发、外观设计、产品包装、市场营销等方面加强创新，积极开展个性化定制，丰富和细化酒类产品种类。

以啤酒行业为例，随着我国经济水平的发展和消费需求的转变，小微型啤酒酿造模式兴起。小微型啤酒在国外被称为Craft beer(手工啤酒)，我国啤酒市场多称之为"精酿啤酒"，我国业内则将其定性为"工坊啤酒"，其年产量为200-3000千升/年。如今国内啤酒行业竞争格局基本趋于稳定，中国啤酒消费量趋于饱和，未来啤酒行业发展的重点将着眼于产品结构的改变和行业格局的再造，更加多元化、个性化的中高端啤酒产品需求将持续扩大，工坊啤酒具有投资小、产品种类丰富、风味突出、销售链条短等特点，与规模化企业生产的啤酒产品相比，具有一定的优势。随着全球以及我国啤酒市场个性化和碎片化的发展趋势，我国小微型啤酒企业将进入快速发展期。2018年，国内工坊啤酒占据了啤酒总产销量2.2%的市场份额，预计未来三至五年，其市场份额将成长至约3%，生产单位超过3000家。

2019年4月8日，国家发改委公布了《产业结构调整指导目录(2019年本，征求意见稿)》，征求意见稿中取消了“生产能力小于18000瓶/h的啤酒灌装生产线”(属限制类)和“生产能力12000瓶/h以下的玻璃瓶啤酒灌装生产线”(属淘汰类)的规定。《产业结构调整指导目录(2019年本)》正式发布后，《工坊啤酒及其生产规范》团体标准发布在即，这使工坊啤酒纳入生产许可审查单元将进一步成为可能。届时，工坊啤酒行业将迎来真正规范化发展的春天。

(2)提品质

重点培育和弘扬精益求精酿造的工匠精神，引导企业树立质量为先、信誉至上的经营理念，立足酒类产品走以质取胜的发展道路。

以葡萄酒行业为例，2018年葡萄酒产区效应凸显，产品质量大幅提升。经过多年的努力，现在各产区都已出现了一些品质优良并具有个性的产品，目前已有多个产区的多个品种在国际大赛中获得荣誉。首先，原料基地建设成果显著。如蓬莱产区，截至2018年，全产区标准化酿酒葡萄基地已达8万亩。基地内倡导大行距、中密度、嫁接苗、干型架式的标准化种植模式，亩株数控制在350株左右；种植酿酒葡萄39个品种，培育重点优势品种赤霞珠、马瑟兰、美乐、霞多丽、贵人香、小芒森等；建成自动气象观测站4个，实现葡萄基地气象预警网络全覆盖。其次，加强质量管理体系建设，建立全过程可追溯的质量控制体系。企业参照国际先进安全标准，选取最严格指标制定企业内控标准，采用先进的生产、管理技术，建立了从葡萄种植、收购、加工到成品酒生产全过程可追溯的质量控制体系。张裕斥资25亿元，建成烟台张裕国际葡萄酒城生产中心，还建立了全球最大的葡萄酒与白兰地酒类单体生产厂房，生产设备、规模、工艺、效率和管理水平都得到了极大提升。再次，加大技术投入，提高检测水平。蓬莱市拥有一个第三方检测平台——蓬莱市检测中心；烟台市内还有国家白酒、果露酒、葡萄酒质检中心、国家级企业技术中心——张裕技术中心等，为蓬莱产区的发展提供了坚实的技术支撑。

(3)创品牌

深入发掘酒类品牌背后的人文底蕴和文化价值，夯实品牌发展基础，提升酒类产品的附加值和软实力，推动中国产品向中国品牌转变。

以白酒为例，全行业加强品牌梯度培育，强化品牌重塑，建立结构清晰的品牌，提升品牌号召力，2018年品牌建设成果凸显。无论是茅台、五粮液等一线企业，还是衡水老白干、今世缘、西凤等二线企业在品牌聚焦方面都动作频频。意在加快品牌梳理和精准定位，构建适应市场化需求的清晰产品结构，聚焦品牌优势和资源优势，强化品牌口碑。一系列行之有效、科学得当的措施为企业提供了最强保障。以西凤为例，西凤酒成立专门委员会，升级品牌管理，同时通过品牌资产管理、法律手段保护品牌等方式构建产品体系。企业也非常注重品牌梯度培育，各有定位，各有目标，层次清晰，保持品牌力和产品力与目标人群的对应性。

现在越来越多的消费者已经具有强烈的品牌意识，在消费品牌化的大背景下，为提升品牌号召力，在品牌建设方面，实施重大战略升级是行业企业2018年常见的动作。目的都是通过提升品牌文化与消费者形成一致的生活思维方式，占领消费者的心智。具体表现为顺时而为，符合时代潮流，反映时代精神，品牌文化更贴近当代人的生活和体验。例如，景芝酒业创新性地提出“景芝景阳春山东精气神”的品牌新主张；迎驾成功构建的六大生态品牌理念等也是如此。酒企愈来愈重视产品品牌的辨识度，企业品牌及产品品牌对消费者购买意向均具有显著的正向影响，在产品品牌强度相同的条件下，消费者对具有较强企业品牌的产品购买意向更为显著。

9. 绿色制造、智能制造

加强绿色制造，推动产业生态化、绿色化发展是酿酒工业转型升级的内在要求。2018年，啤酒行业各企业加大科技投入，在水资源保护与再利用、能源管理与节能、污染物减排、废物的资源化利用等方面成果显著。2018年行业在节水方面的重点举措包括：采用洗瓶机喷淋缩径与连锁控制，进行水处理反洗水、反渗透浓水回收与再利用；采用冷凝水回收利用改造等节水技术，进一步降低水耗。污水处理采用精细化管理模式，注重源头削减和过程控制，采用国内先进的工艺技术，实现污水 100% 达标排放。2018 年继续按照国家节能减排计划，持续推进节能项目改造和节能新技术的应用，通过全面推进高浓酿造与减热工艺、杀菌机冷热平衡等新工艺新技术，使单位产品综合能耗大幅下降。实施煤改气、超低排放、脱硝等技术改造，实现废气达标和废气排放量的减少。青岛啤酒 2018 年六家工厂投资 2700 万元，淘汰燃煤锅炉 13 台，新建天然气锅炉 23 台，积极采用天然气清洁能源，进行锅炉超低排放改造和脱硝改造。废物的资源化利用秉承“减量化、再利用、资源化”原则，实现资源回收最大化、节约最大化和利用最大化。

白酒传统酿造在过去几年发生了巨大变化，在“中国白酒 169 计划”“中国白酒 158 计划”引领下，部分传统的生产方式被机械化、自动化取代，促进了白酒产业技术升级和装备升级。同时，全行业加大白酒酿造的基础科学研究，将智能技术引入产业，以白酒酿造智能化实现高品质酿造。劲牌公司自 2006 年起，与北京大学、华中科技大学等科研院所开展产学研合作，启动小曲白酒酿造新工艺项目，在全面使用自动化机械生产代替传统手工劳动方面迈开了实质性的一步。首创加压蒸粮、固态培菌、控温糖化、低温槽车发酵、机械上甑蒸馏等新技术，实现了酿造过程的机械化和信息化的有效融合，原料全程不沾地、不与操作人员接触，减轻了员工劳动强度，提高了生产效率，消除了人为因素对生产过程的影响，标志着白酒酿造告别传统作坊式生产，迈进工业化，并逐步实现了机械化、自动化酿造生产模式转变。

10. 包装与装备

我国酿酒装备不断通过转型升级寻求在技术、运营和管理上的突破，装备技术水平与国际先进水平的差距不断缩小。酒类包装和装备企业科技创新能力显著增强，企业间、企业与科研院所间技术合作日益频繁。酿酒装备、灌装装备、酿酒配套辅助装备的制造技术和能力已经达到一定水平，新建厂中装备配套和高精度机械制造已经基本实现自给。此外，包装材料，包括硅酸盐玻璃、分离材料、造纸、印刷等行业的生产和供给也达到了国际要求。随着我国整体消费水平的提高、物流和互联网的发展，差异化、个性化、便携化的酒类包装形式将越来越受到消费者的青睐，酒类包装和装备产业发展形势良好。

我国啤酒装备制造业已建立起了比较完整的装备制造体系，低速贴标装备和低速灌装装备基本实现了国产化，但高速贴标和灌装关键部件质量与国际顶尖水平差距较大，国产高速灌装设备尚在研究或实验阶段，未见啤酒厂使用。其他设备如杀菌机、洗瓶机、麦芽处理设备等已基本实现了国产化，质量已接近或达到国际水平。国际装备智能化尚在研究和实验阶段，啤酒厂真正应用很少，随着劳动力成本的上升，是未来的发展趋势。葡萄酒行业的装备进步迅速，关键设备已经基本实现国产。作为我国传统产业，大部分白酒企业的生产工艺技术装备水平相对落后，多数工序环节仍采用传统的手工或半机械化生产方式，行业整体机械化水平较低。通过使用信息技术和智能化技术改造提升传统装备，结合实验和检测先进技术的推广应用，白酒机械制造业的整体水平得到提高。黄酒行业 20 世纪 70 年代曾发起机械化、大罐发酵、黄啤合一等技术革新，其后少数企业机械化蒸饭、大罐发酵、机械化压榨和煎酒等工序得以保留，但再未有实质性跨越性进展，技术水平和装备水平基本停留在原有状态。

11. 发展新亮点、新增长点

（1）白酒国际化

将白酒推广到世界是中国酒业一直努力的目标。在多年积淀基础上，2018 年中国白酒国际化积极发展，呈现出新亮点。首先产品创新，以中国白酒作基酒，调制新颖鸡尾酒，打破世界鸡尾酒以威士忌、伏特加等国外烈酒作基酒的惯例，以世界语言形式描述白酒，积极探索国际化表达方式。其次，领军企业积极拓展国际市场，形式多样。例如，茅台酒企业深入研究“一带一路”沿线国家和地区的市场特点、消费习惯，在“一带一路”沿线国家已经布局 10 余个国家；五粮液积极建设欧洲、亚太、美洲三大营销中心，扩大营销辐射能力。白酒企业参与大型国际性展会、交易会、洽谈会。

此外，白酒企业共同努力主动对接国外、国际标准。在清香型白酒国家标准修订研讨会上，汾酒、牛栏山、红星等企业围绕检测方法、感官标准等，积极探索如何更科学、更合理地与国际接轨。

尽管中国白酒企业在“走出去”方面进行了有益尝试，并取得一定进展，但无论从国际市场还是国内产能看，白酒国际化的发展空间仍然巨大。从绝对量上看，白酒出口量和出口额都呈现出增长趋势，但相对比来看，中国白酒出口量在国内产量的比重仅为0.12%，出口金额占白酒当年销售收入比重仅为0.5%。现今国际市场上，中国白酒出口还是以日本、韩国等亚洲国家为主，且消费人群多为华侨华裔，欧美市场上的白酒不仅种类少，数量也偏少，从这方面来说，中国白酒并未真正被主流市场认可。未来，中国白酒的国际化应以主流社会认知为目标，不应仅仅限于一种文化和社会层次的范围之内。借势和整合多通道支持势在必行。充分运用资本运作加快国际化进程，国内成熟的、有实力的大型白酒企业可开展海外并购，通过工艺传承与技术创新，生产出既具有中国白酒独特风格又适合国外消费者口感的产品。也可积极主动与国外大型的酒类贸易商形成战略联盟，利用国外企业成熟的品牌和原有的渠道资源，使国内白酒产品在国外得到展示，国外消费者将能够更大范围地接触中国白酒，进而真正建立起中国白酒国际影响力。

（3）产区建设

2018年，产区建设成为酿酒产业提升产品品质，带动产业创新、转型、升级，实现高质量发展的新亮点和增长点。

2018年，产区建设在白酒产业出现新的变化，名酒的影响力在传递给产区的同时，产区已经开始形成独立的品牌影响力，而且更多地以产区形态在行业中崭露头角，并且将旗下名酒的发展纳入产区发展的大局当中。以泸州产区为例，泸州市在《泸州市千亿白酒产业三年行动计划(2018--2020年)》中提出，未来三年，将围绕建设优质白酒品牌聚集区，全力打造泸州老窖、郎酒、川酒集团三大龙头企业，实现泸州产区白酒产值再攀新高。越来越多的酒类生产区域开始加入产区化发展的进程中。如仁怀在2018年多次在全国进行产区推广；湘酒之前并未出现以名酒为核心的产区，在2018年也开始借助产区的力量寻求抱团发展；以原酒生产知名的邛崃产区也焕发出勃勃生机。由此看来，产区对于白酒产业发展的重要性已在白酒产业达成前所未有的共识。葡萄酒产业在产区建设上也有新的亮点。2018年，中国葡萄酒领军企业纷纷发力布局多样化产区、多样化风土和多样化品种，精准研究中国消费者口感，为国产葡萄酒注入了更多产区自信。可以说，中国葡萄酒正在通过强化产区建设，引领国产葡萄酒实现高质量发展，带动产业崛起，以产区魅力为东方葡萄酒正名。

【c.行业面临的问题】

我国酿酒行业经济发展基本平稳，增长方式发生转变，产业结构深度调整，产品结构进一步优化，消费市场回归理性，整个酿酒产业实现了由快速增长向平稳增长的过渡。但是，在发展过程中显现的政策、市场和创新方面的诸多问题和所面临的困难依然严峻，需要继续深入关注和探讨。

1.政策与市场

（1）政策调整应强化自主调节，引导企业自律生产经营

我国法律法规特别是食品安全有关法律进一步完善。2015年新的《中华人民共和国食品安全法》实施，强调充分发挥消费者、行业协会、媒体等监督作用，形成社会共治格局。然而，随着酒类市场消费形势的不断变化，适应酒类生产流通特点的专门性法律法规仍然十分缺乏；涉及检测、流通等方面的标准仍然较少。立法和标准的滞后，造成对酒类商品的监管困难，需要进一步加快相关工作的进行，并应着力强调行业协会的作用，引导企业自律生产经营。

（2）社会舆论关注提升，预警机制亟待健全

随着人民生活水平的提高，人们的食品质量安全意识不断加强，作为特殊食品的酒类产品备受社会各界的关注。酒类产品的质量安全关系到生产企业的命脉，关系到整个酿酒产业的健康发展。特别是白酒行业，舆论关注度高，影响面大，公众美誉度亟待提高。面对行业热点与社会误读，行业与企业仍欠缺快速应

变能力和有效的危机公关能力。尽快建立健全行业预警机制，有效组织与引导企业开展行业自律，加强消费者教育，普及酒文化知识，倡导理性饮酒，强化社会责任意识，树立行业正面形象，努力营造行业的社会美誉度，应该作为全行业的重要工作。

（3）产业发展不平衡，转型升级刻不容缓

目前，酿酒产业已走出调整期，但是无个性、同质化、缺乏性价比的产能过剩仍是产业转型发展的绊脚石，产业发展不平衡、不充分，美酒稀缺，供需矛盾长期存在。此外，产业普遍存在重复建设、资源配置不合理、产业规模过于松散的现象，也是酿酒产业转型升级、转变经济增长方式过程中应深刻思考的课题。转型升级、转变经济增长方式是中国酒业未来发展战略的核心之一，是提高综合竞争力的关键。转变经济增长方式一定是从提高供给质量出发，由不可持续性向可持续性转变，加强优质供给，减少无效供给，扩大有效供给。

（4）中小企业经营困难，产业结构亟须优化

2018 年，全国酿酒产业规模以上企业的亏损面为 16.34%，与 2017 年的 12.08% 相比较，亏损面在逐步扩大，说明企业间盈亏情况发生显著变化，呈现出利润向少数企业集中的趋势。在特色经济区域建设中，产业企业整体竞争力不强，主要依靠知名企业名酒品牌和少数骨干企业做支撑，大量中小企业经营处境非常困难。同时，知识产权侵权、产品同质化严重，产品品质良莠不齐、影响整体产区形象的现象也很普遍。产业结构亟须优化，产业集群建设也需要梳理好大、中、小企业的关系，实现大、中、小企业协同发展。

2. 科技创新

酿酒行业的科技创新能力明显不均衡，啤酒、葡萄酒行业通过引进吸收国外技术装备，促进了生产水平的提升，但自主研发和自主创新能力尚有不足；白酒、黄酒行业通过加大机械化生产试点，在一定程度上提高了生产效率，但与机械化、自动化、智能化、信息化先进水平差距仍然较大；发酵酒精行业规模企业通过升级改造，技术水平和产品质量逐步提升，但在全面实现循环经济、资源重复利用，进而提高产出效益方面尚无重大突破。科学建立行业创新机制，加大力度提高自主研发能力，树立传统产业向现代工业迈进的坚定信心，推动酿酒行业现代化工业进程，是我国实现“中国制造 2025”的需要，也是整个酿酒产业的重要任务。支持具有一定规模和实力的装备生产企业，将其培育成为水平较高的龙头骨干企业；支持中小企业走专业化、配套生产之路。同时紧紧抓住“中国制造 2025”实施的契机，大力发展具有自主知识产权的酿酒设备，促进行业向集成化、智能化、高端化发展。

【d. 发展趋势】

我国酒类行业发展呈现新变化和新趋势，产业调整将持续纵深，转型升级也将不断得到强化，推动产业经济高质量发展，为未来发展提供新机遇、新引擎、新活力。

1. 政策与市场稳中求进，经济效益保持增长

2019 年，中央经济工作会议对经济工作作出了全面部署，提出坚持稳中求进，坚持新发展理念，坚持推动高质量发展，坚持以供给侧结构性改革为主线，为 2019 年经济发展指出了方向。酿酒产业脱离不了整体经济形势的影响，也必然要遵从宏观经济政策的指导。从高速发展到效益低迷，再到当下的平稳发展，酿酒产业作为整个国民经济中的组成部分，与经济形势的走势较为吻合。

当前，中国酒业经济发展效率正在改善，发展动力正在转换，促进酿酒产业经济高质量增长的积极因素正在持续积累。未来酿酒产业经济增长的韧性仍强，将继续运行在合理区间内，预计未来酿酒产业会稳中求进，经济效益保持增长。

2. 转型升级，转变经济增长方式

综合来看，酿酒产业在走出困境、由疲转兴的基础上，转型发展呈现良好态势，打开了经济转型发展新局面。未来，转型升级、转变经济增长方式是酿酒产业提高综合竞争力的关键，共建共享、竞合发展也有利于推动产业实现良性、优质、高效的发展。竞合发展是一个产业高水平发展、高格局竞争的体现，竞合的核心是合作、共建、共享。未来，我们可以探讨在酿酒原料、包装、辅料等需求上共享需求、降低成本，

在物流配送、装备、服务、信息等方面共享资源、节约成本，树立共享经济，共享产业成长。

转型升级，也要以科技创新为驱动力。坚持走新型工业化道路，加大科技投入，推动技术进步和自主创新能力；促进产业转型升级，积极开展信息化和工业化深度融合，以技术创新支撑装备升级，加强科技研发，改善制造工艺，实现酒类装备的机械化、自动化、智能化和信息化。

3. 集群发展，构建产业经济新格局

目前，酿酒产业已形成了一批具有代表性的酿酒产区集群，这些产业集群的形成与壮大，引领和规范了产业的发展，在实现空间聚集、整合优势资源、推动结构调整、促进产业升级等方面发挥了推动作用。

未来产业集群的建设将对梳理好大、中、小企业的关系发挥举足轻重的作用，实现大、中、小企业协同发展。白酒行业、葡萄酒行业中小型酒企发展小酒庄，做酒庄文化体验，让自身优势通过“小而美”的演绎获得消费者的喜欢，发展出自己的特色，走小众化、个性化道路。对于产区特征较为明显的黄酒行业而言，产区集群建设可以使中小企业拓展生存发展空间，找到自身位置，做出特色与差异化。将来大量的中小企业有了生存能力，品牌侵权、产品同质化等市场、流通、竞争不规范现象自然会逐渐消失。

酿酒产业上下游相关产业链范围非常广泛，产业集群的建设也有利于集政府、企业、协会产业力量于一身，开展全产业链专业服务，有效推动产业协调发展。打造产业合理的生态圈，形成从农户、种植基地、包材企业、生产企业、渠道成员直到最终消费者的良好利益共享和分配链条，解决种酿脱节、原料供应和上下游协作不稳定等问题。

4. 结构优化，培育经济增长点

酿酒产业经济结构不断优化，经过产业内外的重组、并购、整合，企业集团化、规模化不断壮大，构建面向未来的产业结构已成必然。未来，积极优化产业结构，寻找新的经济增长点，是保障产业稳步发展的必修之路。

我国各地酒类生产企业数量众多，产业集中度仍存在明显的提升空间。2018 年各酒种亏损额方面，除啤酒外，白酒、葡萄酒、黄酒、发酵酒精均呈现加大趋势，说明市场竞争激烈，优胜劣汰的产业格局逐步加快，企业集中度得到进一步提升，产业结构正在发挥作用，产业呈现强者越强、弱者越弱的两极分化态势。未来，规模实力型企业通过兼并重组、资源整合，将不断实现企业集群化、集约化发展，通过规模效应进一步降低生产经营成本。争原料、争资源、争市场、争资金的庞大低端企业将逐渐被淘汰出局。

5. 拆旧巷建新巷，满足消费者消费全景需要

互联网新兴业态、互联网与线下的有机结合、互联网 + 连锁 + 名优品牌 + 全景体验 + 创意定制 + 传播吸粉 + 物联网是酒类未来主流服务模式。这种服务把“酒巷子”送到消费者面前，为消费者提供“酒巷子”，酒类消费所有需求在新的“酒巷子”里可以找到，满足了消费者对酒类产品的全景需要。

随着移动通信和互联网越来越便利和紧密的结合，互联网 + 营销模式创新发展不断深化。最瞩目的应该是互联网 + 酒类连锁经营组织形式。互联网 + 线下连锁的融合发展模式将成为酒类分销体系转型发展的重要方向。消费者可通过平台网络方便、实惠地购酒，同时，依托其数量众多的线下实体店连锁体系、服务体系和仓储体系，让厂家将产品直接发到门店，然后通过门店的配送员送给消费者，通过线上线下融合发展实现供应链的整合。

美酒作为特殊的嗜好性消费品，物质属性和精神属性并存。作为风味食品，包含感官冲击、嗅觉、味觉、视觉、消费场景、仪式体验等的实体体验的强大作用无可取代。也可以说，无体验无销售。虚拟技术的便捷、直达，信息的丰富，同样可以实现更低成本、更快捷服务和更全面认知，消费者可以全景感受到美酒的魅力。美酒历史、文化可以穿越时间走进消费，美酒酿造可以穿越空间走进消费，从远古到今天，从美酒产区到消费者餐桌，从产品介绍到消费体验，全景展现酒巷子的魅力。

【e. 政策建议】

1. 提升传统产业文化宣传，推进民族品牌建设

五千年文明史造就了我国传统产业拥有深厚的文化内涵，民族品牌代表着民族文化，更是民族实力和国家影响力的象征，国家应该着力提升传统产业文化宣传，对传统产业民族品牌进行保护、鼓励和支持，推进民族品牌建设。在保留深层次文化基因的基础上，创新发展适应时代潮流、符合科学理念的“新文化”。在产业升级、产品结构调整继续深化的同时，加大对传统产业企业文化、品牌文化、消费文化等方面的引导、开发与探讨。

2. 积极引导企业践行社会责任，实现行业可持续发展

行业和企业社会责任现已成为行业健康、可持续发展的重要推动力，行业协会及业内企业近年越来越重视社会责任的践行。青岛啤酒、茅台集团等业内大型集团每年都发布企业社会责任报告，协会每年均针对其报告进行点评，但发布企业占比很小。建议针对酿酒行业企业社会责任报告制定相关发布政策，规定符合相应标准的企业均应每年发布社会责任报告，以推动整个酿酒行业健康发展。

3. 推进理性饮酒政策建设，规范行业引导

国家相关政令法规的持续推动，使得理性饮酒推进不断深化。建议出台相关政策法规，以便于行业引导更加规范、合理、有效，有利于将理性饮酒推广及酒类知识普及社会化、透明化，有利于推动酿酒产业健康发展，有利于科学引导消费者健康消费。

4. 调整酿酒行业税收政策，引导行业健康发展

近年来，中国酒业协会积极关注酿酒产业税收调整和变化，维护行业竞争环境，引导产业健康发展，积极推动酿酒产业税制改革。通过努力，相关部门取消了酒精消费税，解决了酒精行业多年来税负不公平的竞争现象，使行业走向良性发展。现今，随着市场环境和消费环境的变化，建议对白酒和啤酒等税收政策进行研究并给予调整，以推动行业的有序、合理、良性竞争，促进行业健康发展。

中国酒业协会

2.24 饮料工业

【a. 概况】

作为轻工业、食品工业重要的组成部分，经过 30 多年的高速发展，饮料行业发展成就显著，为做大做强我国轻工业、为满足人们日益增长的物质需要贡献了重要力量。但是最近几年，随着国民经济整体增速趋缓，消费者需求变化加快，新商业模式兴起，饮料行业产量增速出现了较明显的下滑。从行业内部分析原因，主要有两个：一是消费者对饮料品类健康要求的提升由量变逐渐达到质变；二是消费需求多样化、个性化激增，产品定位差异化不够明确的产品失宠。两个原因叠加共同造就了中国饮料行业的增速下滑，同时也倒逼饮料工业进入转变发展方式、优化结构调整、全面提升产业素质和产业升级的新的发展阶段。

2018 年，全国饮料行业总产量为 15679.21 万吨，同比下降 13.14%。其中碳酸饮料产量 1744.56 万吨，同比增长 0.01%；果蔬汁类及其饮料产量 1589.22 万吨，同比下降 28.69%；包装饮用水产量 8282.19 万吨，同比下降 13.15%(图 1)。

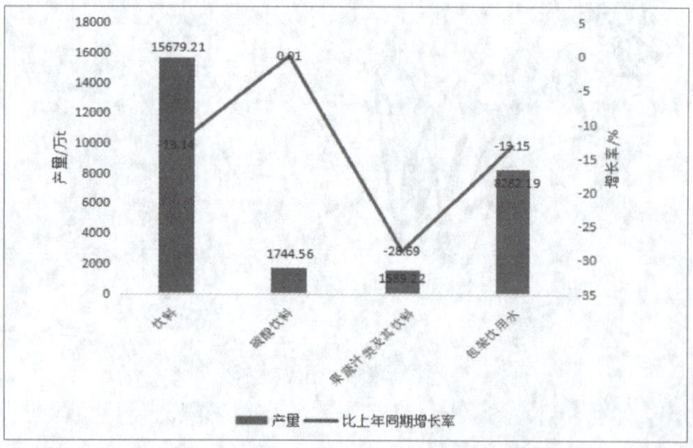

图 1 饮料分品种产量及增长率

资料来源：中国饮料工业协会

各饮料品种产量所占比重情况，包装饮用水占到 52.82% 同比减少 0.01 个百分点；碳酸饮料比重为 11.13%，同比增加 1.47 个百分点；果蔬汁类及其饮料比重为 10.14%，同比减少 2.21 个百分点 (图 2)。

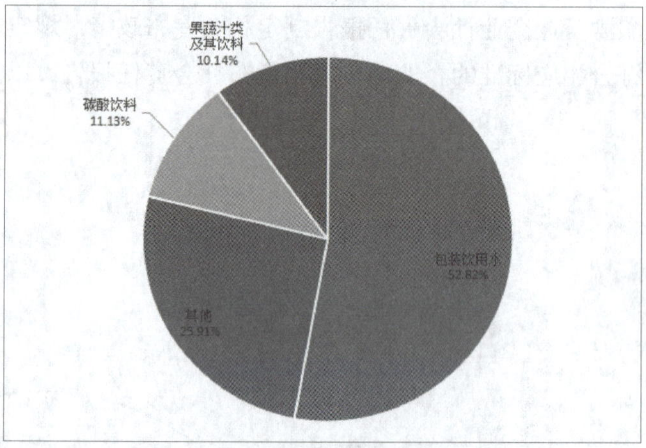

图 2 饮料分品类产量占比情况

2018 年，饮料行业销售收入 5080.42 亿元，利润 450.81 亿元，销售收入利润率为 8.87%。其中，碳酸饮料销售收入 728.26 亿元，利润 38.30 亿元，销售收入利润率为 5.26%；果蔬汁类及其饮料销售收入 788.30 亿元，利润 55.43 亿元，销售收入利润率为 7.03%；包装饮用水销售收入 1020.91 亿元，利润 81.89 亿元，销售收入利润率为 8.02%。

【b. 行业发展分析】

1. 价格

2018 年，饮料行业总体平均价格为 3240 万元/吨，同比下降 4.5%。从品种结构上看，造成这一现象的原因是在饮料总产量中占比较高的果蔬汁类及其饮料的产量下降突出，果蔬汁类及其饮料平均价格为4960万元/吨，远高于行业总体平均价格，它在饮料行业的产量比重同比减少2.21个百分点，拉低了行业总体价格水平。

饮料行业产品价格弹性较高，产品可替代性强，市场竞争充分，价格变化较为平稳：但近年来食糖、水果、茶叶、包装等原辅料价格升高，劳动力成本上涨，给生产厂商带来了不小的经营压力。

2. 市场

随着中国综合国力及影响力在国际上不断增强，中国的产品也越来越受到国外消费者的欢迎。饮料行业的不断发展已经让企业意识到应增加对国际市场的关注，向国外推介中国品牌产品，尝试借力国外资源，以期获得更长远的进步。

2018年，昆仑山雪山矿泉水首次出现在法国本土足球比赛现场，正式进军欧盟市场。王老吉首个海外凉茶博物馆于纽约曼哈顿隆重开馆，通过丰富的文字史料及实物,全方位展示了中国凉茶文化的独特魅力。中粮可口可乐推出“中可.堪察加”矿泉水，水源取自俄罗斯远东地区堪察加半岛上三面环海的堪察加冰川带。该款新品已在自动售货机、超市以及便利店渠道上架开售。

3. 投资

我国经济仍处在增长阶段，人均饮料消费量与发达国家相比还有一定差距，饮料市场仍有很大的发展潜力，以中西部地区尤为突出。也正是基于这种认识，饮料企业2018年不断加大在中西部地区的投资建厂。

北京汇源集团与新疆阿克苏地区乌什县签订建设果汁果浆深加工生产基地和优质林果种植基地项目协议，项目投资5亿元，计划在乌什县建设大型果汁果浆生产线，建设10万亩优质林果基地。

云南太古可口可乐饮料有限公司新厂在昆明高新区新城高新技术产业基地正式投产，新厂占地面积293.4亩，计划投资额超过7亿元。

娃哈哈广元第二生产基地一期工程建成，产能比原来提升两倍，两期工程全部竣工投产后，预计可实现年销售收入18亿元，税收9000万元，提供500个就业岗位。

广药集团与兰州市人民政府签署合作框架协议，计划投资约8亿元，规划建设王老吉大健康兰州生产基地，同步建设王老吉大健康（甘肃）研发中心和开展王老吉凉茶（西北）品牌及文化建设项目，预计总投资人民币约8亿元。

4. 区域分布

饮料行业主要集中在经济较发达的东部地区，2018年，产量占全国比重为45%，中部和西部地区占比分别为26%和28%。2017年以前，东部地区和中西部地区的差距在逐年缩小，东部占比不断降低，中西部占比不断上升；2017年和2018年此种趋势开始小幅调整，东部占比略有回升，与2017年相比，2018年，东部占比同比增加2.5个百分点（东部地区：北京、天津、河北、辽宁、上海、江苏、浙江、福建、山东、广东、海南；中部地区：山西、吉林、黑龙江、安徽、江西、河南、湖北、湖南；西部地区：内蒙古、广西、重庆、四川、贵州、云南、西藏、陕西、甘肃、青海、宁夏、新疆）。

5. 行业集中度

2018年，饮料行业规模以上企业数量2098家，同比减少63家。中国饮料工业“二十强”企业产量占全行业比重近几年不断增加，2018年，占全国产量的比重达43%。总体来讲，饮料行业集中度在不断增强。

6. 质量安全与标准法规

2018年，国家市场监督管理总局（原国家食品药品监督管理总局）在全国范围内共抽检饮料117009批次，样品合格率为97.01%，同比饮料产品合格率略有提高。

2018年6月，《食品安全国家标准包装饮用水生产卫生规范》(GB 19304- -2018)和《食品安全国家标准饮用天然矿泉水》(GB8537- -2018)两项饮料相关的食品安全国家标准发布。这两项标准在原标准的基础上修订完成，更加注重从水源到包装整个生产过程的食品安全控制，调整和从严了部分理化指标，为加强包装饮用水的食品安全管理提供了有力保障。

饮料行业的国家标准、行业标准制修订继续开展，2018 年发布国家标准《饮料通则》(GB/T 10789-–2015) 第 1 号修改单和国家标准《果蔬汁类及其饮料》(GB/T 31121– –2014) 第 1 号修改单。

饮料行业 2018 年发布两项团体标准：《中国饮料行业实践社会责任优秀企业考核评价通则》(T/CBIA 003– –2018)、《中国饮料行业节水、节能优秀企业考核评价通则》(T/CBIA 004– –2018) 。

7.“三品”战略实施情况

2018 年，饮料行业在实施“三品”战略方面主要的表现是：推出低热量新品，适应消费者追求健康的消费理念；推出跨品类产品，通过“混搭”创新口味，满足消费多样化需求，取得了良好效果。

中粮可口可乐公司推出零热量、富含膳食纤维的新品 --“雪碧纤维 +”。每瓶含有 7.5g 膳食纤维，相当于两个苹果，可满足成人日需约 30% 的膳食纤维。

2018 年 6 月，农夫山泉推出新品 --“泡泡茶”，广告语为“好喝到冒泡的茶”。新品将果汁、茶、碳酸相结合，打造出一个新的品类 -- 果汁碳酸茶饮料。共有三种口味：柠檬茶风味、柚子茶风味和清酒茶风味。其中，清酒茶风味“泡泡茶”蕴含着满满清酒香，但却不含酒精。

2018 年，王老吉宣布推出一款“中西 " 结合的饮品 -- 王老吉可乐。据介绍，这款饮品是王老吉在其原有配方的基础上添加了二氧化碳等食品原料，进而实现了王老吉凉茶与汽水的完美结合。

2018 年，统一企业发布了 3 款需要冷藏且保质期较短 (只有 21d) 的新品饮料：茶饮“茶 . 瞬鲜”、果汁饮料“果重奏”以及奶茶饮料爱混”，均采用杯装。

8. 绿色制造、智能制造

2018 年，饮料行业持续加大在节约资源和保护环境方面的工作力度，践行生态文明建设和绿色循环低碳发展模式，不断降低经营活动对环境的影响，倡导回收和再循环理念，促进饮料制造业的绿色升级。

(1) 大力推进可再生电力的使用，减少碳排放

2018 年，山东潍坊娃哈哈公司分布式电站正式并网。该项目装机容量 2.1MW, 占用屋顶面积 28000m2, 预计年发电量可达 244 万 kW.h。娃哈哈二期 70MW 分布式光伏发电项目群是迄今为止中国最大的分布式光伏项目群，整体装机容量达 70MW, 遍布包括安徽、山西、江苏、陕西、山东、内蒙古、新疆、青海、甘肃、河南、江西、湖北、广东、云南、西藏、重庆、贵州、四川、吉林、黑龙江、辽宁、天津与河北在内的全国 23 个省 (自治区、直辖市)。据介绍，这 23 个发电项目全部并网后，年发电总量预计可达 8000 万 kW.h。项目模式均为“自发自用，余电上网”。届时，娃哈哈集团每年预计可节约标煤 2.6 万吨，每年减少二氧化碳排放 7.2 万吨。云南太古可口可乐饮料有限公司新厂房在屋顶安装了光伏发电设备，预计年均发电量约 5 万 kW.h, 富余电能可并入国家电网。达能中国饮料西安工厂 5.2MW 光伏发电项目顺利并网运行。该光伏系统预计在 25 年生命周期内可减少二氧化碳排放总量约 11.7 万吨，减少二氧化硫排放量约 45 吨 , 减少水消耗约 150252t。

(2) 践行建筑节能

2018 年，两家可口可乐工厂获得“美国能源与环境设计先锋”(LEED) 认证。其中云南太古可口可乐新厂房获得金奖认证，中可华中公司获 LEED 最高等级铂金认证。云南太古可口可乐新工厂办公楼墙体采用具有双向隔热功能的特殊玻璃，75% 的厂房屋顶采用高反射材料，夏季可有效阻止热量导人，减少耗电。生产区、仓储区采用屋顶自然光照明，在照明亮度不够时将自动启用智能照明系统。此外，工厂还建有 600m3 的雨水收集系统，用于厂区绿化及道路冲洗。厂内自建的废水处理系统，每天可净化约 3120m3 水 , 达到国家城市杂用水排放标准。部分处理过的废水回收利用，用于厂区绿化和卫生间。

9. 发展新亮点、新增长点

2018 年，饮料企业积极探索新零售方式，纷纷与京东、阿里巴巴等电商达成合作协议，努力开拓线上市场。

达能旗下高端水品牌依云与京东超市达成深度合作，双方宣布将围绕数据开放与共享、品牌营销、智慧零售等领域展开更为紧密、深度的合作。

可口可乐中国、中粮可口可乐与京东新通路在上海签订战略合作协议。三方达成了一个非常有建设性

的合作内容，将从厂商直送、联合升级传统食杂售点、共建快消品大数据监测平台等多个方面展开深度合作。

星巴克与阿里巴巴在上海宣布达成新零售全面战略合作。双方将共同打造具有突破意义的星巴克线上新零售智慧门店，基于天猫新零售方案，横向打通星巴克和阿里生态系统的多个数字化消费者运营平台，实现全域消费场景下会员注册、权益兑换和服务场景的互联互通，突破零售消费生活的时间空间限制，为中国消费者提供一店式、个性化的升级体验。此外，星巴克将依托饿了么配送体系，正式上线外送服务。同时，基于“拿马”以门店为中心的新零售配送体系，共同打造星巴克“外送星厨"，为中国消费者打造随时随地的新零售体验。

王老吉与京东新通路正式签署未来战略合作协议，共同探讨在新零售领域的纵向布局。此次合作，王老吉看中京东新通路能够打响品牌、全方位配合物流、多渠道发放等优势资源，能进一步提升品牌销售时效，扩大市场覆盖率和纵向深度下沉。此外在数据方面，京东新通路共享了慧眼大数据系统，融合王老吉大数据平台，将产品贯通到数据中，针对消费者购物行为进一步解剖，有效地解决了品牌商与零售终端之间的信息不对称、无互动的问题。

【c. 行业面临的问题】

1. 政策与市场

饮料行业目前面临的主要问题有以下几点。一是部分饮料产能过剩，同质化现象突出，产品结构仍需调整，创新力度仍要加大。二是食糖、水果、茶叶、包装等原辅材料价格升高，劳动力成本上涨，对饮料企业经营造成较大压力。三是多数品牌缺乏内涵，缺乏消费忠诚度，与国际著名品牌差距明显。四是环保法规日趋完善，监管执法严格，环保投入需求加大。五是饮料装备稳定性、整线效率、自动化程度、在线监测能力与先进标准有差距，装备升级势在必行。六是产品真实性检测方法标准有待进一步提升。果蔬汁、茶饮料、谷物饮料、蛋白饮料等产品特征成分的定性和定量检测方法标准尚存在不完善的地方，如果蔬汁含量测定、蛋白质来源鉴定等，产品的诚信水平和产品标准的可执行性受到了一定制约。七是冷链物流及销售终端的体系建设制约高质量冷藏饮品的发展。八是消费者教育及科普有待加强。

2. 科技创新

（1）基础研究与功能创新需要进一步加强

2016 年 10 月 25 日，中共中央、国务院印发《“健康中国 2030”规划纲要》，以推进健康中国建设，提高人民健康水平。2017 年 6 月 30 日，国务院办公厅印发《国民营养计划 (2017- –2030) 》，明确“双蛋白食品”是发展食物营养健康的重要产业。在国家和消费者日益关注健康的背景下，饮料应最大程度发挥营养素载体的功能，饮料行业应进一步加强对于植物原料、蛋白原料、发酵工艺、营养保持加工工艺的基础研究，围绕植物饮料、蛋白饮料、发酵饮料、果蔬汁饮料、营养素补充饮料等品类进行研究，创新产品功能。

（2）检测鉴别技术有待加强

饮料中特征性成分定性定量的检测鉴别方法还有待加强，需要鼓励国内外有关科研机构合作，为产品标准制定提供技术支撑，为监管提供方法。

（3）冷链物流需要加强规范

2016 年 3 月，国家发展和改革委员会特别提出“十三五”期间要加快冷链物流的发展，冷链物流及销售终端的体系建设不足制约了高质量冷藏饮料产业的发展。现阶段同发达国家比较，我国冷链物流水平的差距还比较大，还有很大的发展空间，但需要以技术支撑，规范化发展。

（4）加强柔性制造能量

随着消费者年龄分层细化、圈层化、个性化的深入和消费场景越来越多样化，饮料产品的种类越来越多，而单个产品的销量越来越少。单条生产线也不再需要很大的产能，考虑到中国巨大的人口规模，未来的单线产能将以中等为主。

在单线产能需求降低的同时，对生产线产品种类兼容的需求却急剧增加。这对生产线具有灵活性 / 柔性化的要求极高。而且随着竞争的加剧和年轻消费者喜好的快速变换，产品的迭代速度将越来越快，生命周期越来越短，这对生产线通用性、灵活性 / 柔性的要求提出了很高的要求。

【d. 发展趋势】

1. 有着更好文化认同的本土饮料有良好的发展趋势

随着中国整体实力的提升，中国人的自信心开始恢复，对自己文化的认同感和自信心使得我们不再盲目迷信源于发达国家的饮料产品。源于中国传统饮食文化的、更接近中国人饮食喜好的食品、饮料开始回归。那些已经深深融入我们基因中的本土饮食将是未来的发展方向之一。然而这种本土饮食的回归并不是传统饮食的简单复制，而是结合新的工艺、新的场景、新的文化需求进化后的产物。如以某些中草药为原料的功能性饮料和以大豆、核桃等农作物为原料的更符合中国人体质的植物蛋白饮料等。

2. 赋予更多价值的功能性饮料发展潜力巨大

目前，饮料中除包装饮用水以外的大部分品类都是属于享受型产品，可喝可不喝，今天喝这种明天就换一个花样，它的刚需特性较差。而如果想保证一个产品长久的生命力，把产品变得更加刚需、更加有价值就成为不二选择。这其中，“健康化”是近年饮料新品研发的主要方向，营养是健康化的核心要素，能决定这个产品走多远。因此，营养素补充饮料、低糖低热量饮料、益生菌发酵饮料、基于传统中医养生理念的植物饮料等都将成为饮料企业产品研发的重点。

【e. 政策建议】

1. 建议《外商投资产业指导目录》将饮料产业列为“鼓励类”产业

由于饮料产业对于提高人民生活质量，为国家增加税收、拉动就业、服务三农有重要意义，因此建议《外商投资产业指导目录》将饮料产业列为“鼓励类”产业。

2. 加大对原料涉农企业的支持力度

农产品价格上涨是提高农民收入的重要手段，是国家的“三农”大政，但饮料企业加工农产品原料不得随成本上升而涨价，为保护涉农饮料企业的积极性和发展后劲，国家应建立对涉农饮料企业农产品原料价格上涨的补贴机制。

3. 加大对重点浓缩果汁企业的支持力度

维持浓缩苹果汁出口退税率由13%提高到15%；将浓缩果蔬汁列入农产品初加工范围，享受所得税优惠政策；加大对浓缩果蔬汁企业流动资金贷款的扶持；国家对企业实行原料涨价补贴，给予土地使用、基地建设等方面的资金扶持；加强对垄断性并购行为的项目审查。

4. 鼓励中西部地区发展饮料工业

近年来，西部地区的一些特色资源（如矿泉水、冰川水、葡萄、番茄等）因资金、技术等原因未能得到有效开发，国家应鼓励有实力的饮料企业到西部地区投资建厂，在财政税收方面给予优惠，在土地使用、基础设施配套方面给予支持，在服务方面给予方便。

中国饮料工业协会

2.25 精制茶

【a. 概况】

受宏观经济下行压力影响，2018 年度市场整体环境不佳，消费升降级彼此博弈。面对内销市场消费不振，贸易壁垒严重阻碍出口，产业效益提升进入瓶颈期的不利局面，中国茶业总体仍然保持稳中有进的态势。具体表现为：茶叶生产平稳发展，茶类结构持续优化，质量水平稳步提升，绿色效益初步显现，优势品牌正在形成，产业融合效果明显，国内市场量价稳增，出口量额再创新高。

【b. 生产平稳发展】

1. 茶园面积稳中略增

据统计，2018 年，全国 18 个主要产茶省（自治区、直辖市）茶园面积 4395.6 万亩，同比增加 123 万亩，同比增长 2.9%，略有下降。其中，面积超 300 万亩的省份有贵州、云南、四川、湖北、福建；采摘茶园面积 3400 万亩，同比增加 190 万亩。江西、湖北、湖南、四川、云南、陕西等省结合精准扶贫，新发展茶园面积均达到 10 万亩以上。

2018年中国主要产茶省茶园面积　单位：万亩

省份	2018年	2017年	增减数	增减%
江苏	50.6	50.6	0.0	0.0
浙江	298.8	297.8	1.0	0.3
安徽	254.6	248.2	6.4	2.6
福建	310.8	310.7	0.1	0.0
江西	171.3	156.6	14.7	9.4
山东	33.0	31.0	2.0	6.5
河南	174.5	173.7	0.8	0.5
湖北	449.0	425.0	24.0	5.6
湖南	253.3	233.7	19.6	8.4
广东	93.0	87.6	5.3	6.1
广西	115.6	112.0	3.6	3.2
海南	3.6	3.1	0.5	16.1
重庆	67.3	59.9	7.4	12.3
四川	545.1	534.4	10.7	2.0
贵州	684.3	684.3	0.0	0.0
云南	666.8	656.8	10.0	1.5
陕西	207.0	189.9	17.1	9.0
甘肃	17.2	17.6	(0.4)	(2.3)
总计	4395.6	4272.8	122.8	2.9

数据来源：中国茶叶流通协会

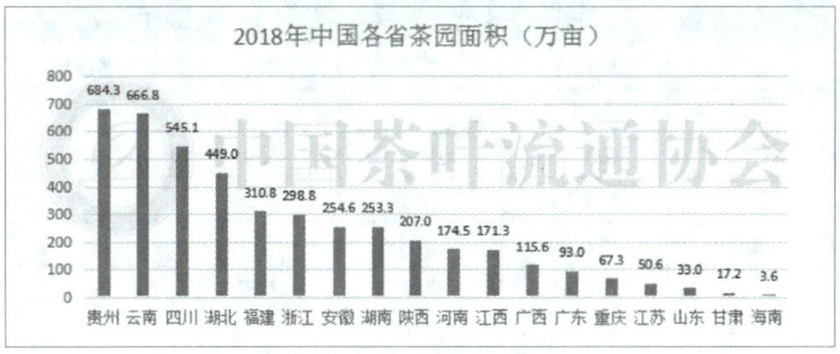

数据来源：中国茶叶流通协会

2018年中国各省干毛茶产量　单位：吨

省份	2018年	2017年	增减数	增减%
江苏	14558	14428	130	0.9
浙江	186000	184231	1769	1.0
安徽	134922	132203	2719	2.1
福建	401620	398628	2992	0.8
江西	70900	63367	7533	11.9
山东	28848	25665	3183	12.4
河南	74029	67878	6151	9.1
湖北	314453	298878	15575	5.2
湖南	213626	197476	16150	8.2
广东	96459	91458	5001	5.5
广西	73000	70000	2999	4.3
海南	632	569	63	11.1
重庆	39593	36948	2645	7.2
四川	295000	280000	14998	5.4
贵州	199327	176498	22829	12.9

2018年中国各省干毛茶产量				单位：吨
云南	398100	390265	7835	2.0
陕西	73547	66571	6976	10.5
甘肃	1388	1348	40	3.0
合计	2616002	2496411	119588	4.8

数据来源：中国茶叶流通协会

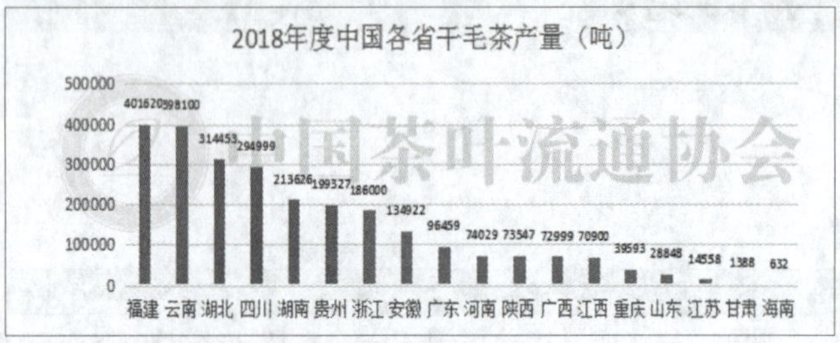

数据来源：中国茶叶流通协会

3. 农业产值稳步提升

全国干毛茶总产值首次突破2000亿元大关，达到2157.3亿元，同比增加207.7亿元，同比增长10.65%。干毛茶产值逾200亿元的省份是贵州、福建、四川、浙江，产值增长超过30亿元的省份是贵州、四川。

2018年中国各省干毛茶产值				单位：亿元
省份	2018年	2017年	增减数	增减%
江苏	26.22	26.10	0.13	0.5
浙江	206.25	200.25	6.01	3.0
安徽	118.02	111.33	6.69	6.0
福建	257.36	237.19	20.17	8.5
江西	64.88	57.07	7.80	13.7
山东	62.85	57.40	5.45	9.5
河南	126.32	119.08	7.24	6.1
湖北	145.96	138.99	6.97	5.0
湖南	186.17	175.16	11.01	6.3
广东	44.34	39.38	4.96	12.6
广西	56.97	43.80	13.17	30.1
海南	0.49	0.46	0.03	7.2
重庆	26.49	22.03	4.46	20.2
四川	246.04	211.68	34.36	16.2
贵州	281.00	240.00	41.00	17.1
云南	164.61	139.76	24.85	17.8
陕西	140.55	127.31	13.24	10.4
甘肃	2.82	2.70	0.12	4.6
合计	2157.35	1949.68	207.66	10.65

数据来源：中国茶叶流通协会

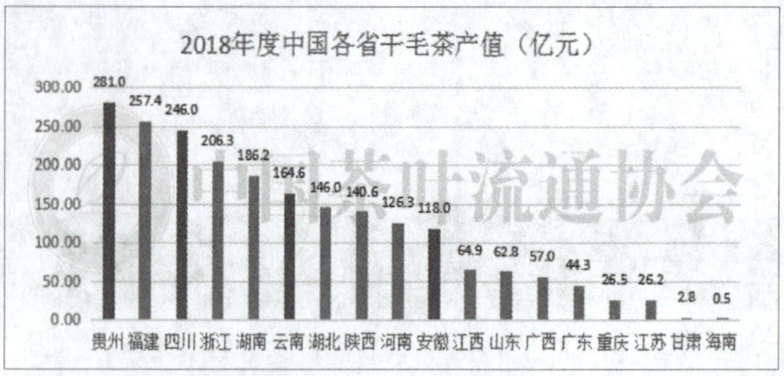

数据来源：中国茶叶流通协会

4. 茶类结构更趋优化

2018年，绿茶、黑茶、红茶、乌龙茶、白茶、黄茶产量分别为172.24万吨、31.89万吨、26.19万吨、27.12万吨、3.37万吨、0.80万吨；除乌龙茶外，各茶类产量均有不同程度增长。从产量占比看，绿茶、黑茶、乌龙茶、红茶、白茶、黄茶占比同比分别为65.8%、12.2%、10.4%、10.0%、1.3%、0.3%；其中，绿茶、乌龙茶产量比重持续下降，白茶、黄茶增长较快，同分别增长33.7%、45.5%。

2017、2018年中国六大茶类产量变化表

单位：万吨

	2018年	2017年	增长量	增长率
绿茶	172.24	167.90	4.34	2.6%
黑茶	31.89	28.86	3.03	10.5%
红茶	26.19	22.68	3.51	15.5%
乌龙茶	27.12	27.13	-0.01	0.0%
白茶	3.37	2.52	0.85	33.7%
黄茶	0.80	0.55	0.25	45.5%

数据来源：中国茶叶流通协会

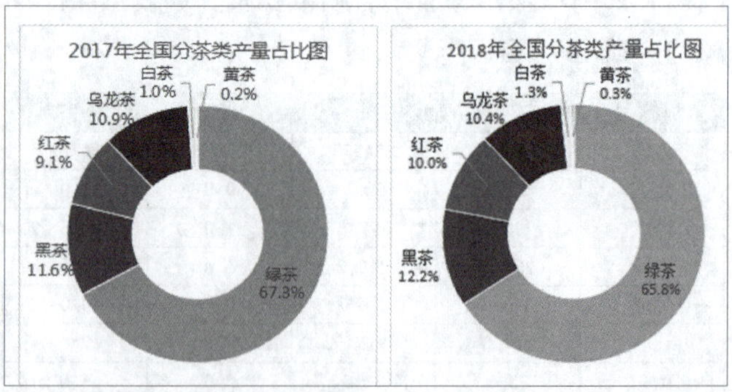

数据来源：中国茶叶流通协会

5. 绿色模式加快应用

各产区以实施茶叶绿色高质高效创建、有机肥替

代化肥试点为抓手，加快集成推广病虫害绿色防控、农药减施增效技术、“有机肥+配方肥”以及“茶-沼-畜”等绿色生产模式，创建高标准生态茶园，夯实绿色发展基础。有机茶等认证产品数量上升、供应充足。

6. 优势品牌加快形成

各省多措并举，多层次、多角度、多形式宣传推介，加快打造特色区域公用品牌和企业品牌。湖南省打造“五彩湘茶”，重点推介湖南红茶；江西省整合“四绿一红”区域品牌，形成狗牯脑、婺源绿茶、庐山云雾、浮梁茶、宁红茶联动；贵州省树立“贵州绿茶”、“贵州红茶”、“贵州抹茶”、“贵州黑茶”核心品牌，成立遵茶集团，为产业发展注入新动能。

7. 内销稳中有进

（1）国内市场量价稳增

2018 年，中国茶叶国内销售量达到 191 万吨，同比增加 9.3 万吨，同比增长 5.1%；市场内销额达到 2661 亿元；销售均价为 139.3 元/公斤，同比增长 5.2%。

2009 年-2018 年中国茶叶内销总量（不含进口茶叶）

单位：万吨

年份	2018	2017	2016	2015	2014	2013	2012	2011	2010	2009
内销量	191.05	181.70	171.06	167.91	150.25	133.83	124.01	109.61	98.81	89.02

（2）内销产品结构微调

2018 年，内销市场中各茶类板块轮动的局面有所改善，格局相对稳定。绿茶仍是主导茶类，占比为 63.1%。黑、红、白茶发展迅速，其中，黑茶占比已达 14%，红茶占比近 10%，白茶占比 1.5%，并有占据更大市场份额的趋势。

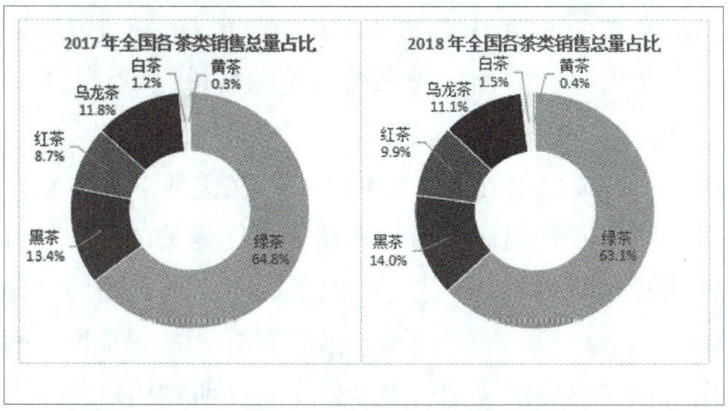

数据来源：中国茶叶流通协会

（3）进口茶叶继续增加

据海关数据显示：2018 年，中国进口茶叶量为 3.55 万吨，同比增长 18.84%，进口额为 1.78 亿美元，同比增长 19.14%。其中，红茶仍为主要进口茶类，占比 83.3%，其次是绿茶和乌龙茶，各占 8.9% 和 6.5%。从进口均价来看，整体均价为 5.03 美元/千克，乌龙茶和花茶的均价较高，均超过 13 美元/千克。

2017、2018 年中国进口茶叶量额对比表

	2017年	2018年	增长率
进口量（千克）	29830738	35450102	18.84%
进口额（美元）	149773011	178435023	19.14%

数据来源：中国海关

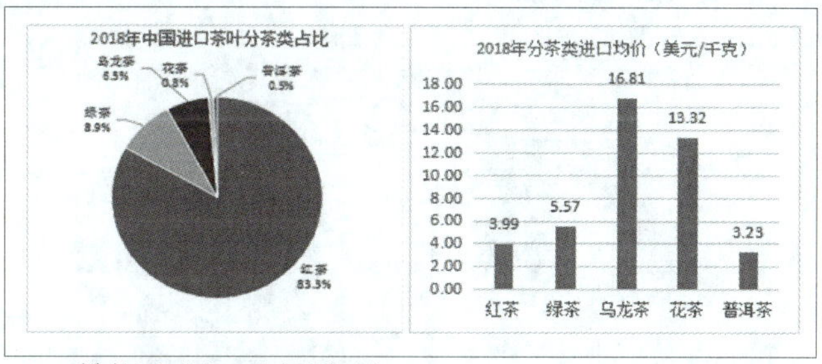

数据来源：中国海关

8. 出口再创新高

（1）总量略增，均价大幅提升

2018 年，中国茶叶出口总量达 36.5 万吨，同比增长 2.66%；出口均价 4.87 美元/公斤，同比增长 7.27%；出口额达 17.8 亿美元，同比增长 10.1%。

从出口量看，除红茶出口量为 3.30 万吨、同比下降 7.2% 外，其它茶类出口量同比均有不同幅度增长；绿茶继续雄踞榜首，达到 30.29 万吨；乌龙茶涨幅高达 17.2%，居涨幅之首。在出口均价方面，普洱茶是唯一下降的茶类，其均价为 9.44 美元/千克，同比下降 13.0%；而乌龙茶的出口均价则为 9.52 美元/千克，同比增长 30.7%。

2018 年中国茶叶分茶类出口量价额统计

茶类	2018年出口量（万吨）	2018年出口额（亿美元）	2018年出口均价（美元/千克）	出口量同比增长	出口额同比增长	出口均价同比增长
花茶	0.69	0.66	9.57	12.31%	30.09%	15.83%
绿茶	30.29	12.23	4.04	2.80%	7.47%	4.55%
乌龙茶	1.90	1.80	9.52	17.19%	53.22%	30.74%
普洱茶	0.30	0.28	9.44	9.10%	-5.03%	-12.95%
红茶	3.30	2.81	8.50	-7.21%	0.72%	8.54%
总量	36.47	17.78	4.87	2.66%	10.13%	7.27%

数据来源：中国海关

2018 年中国茶叶分茶类出口统计

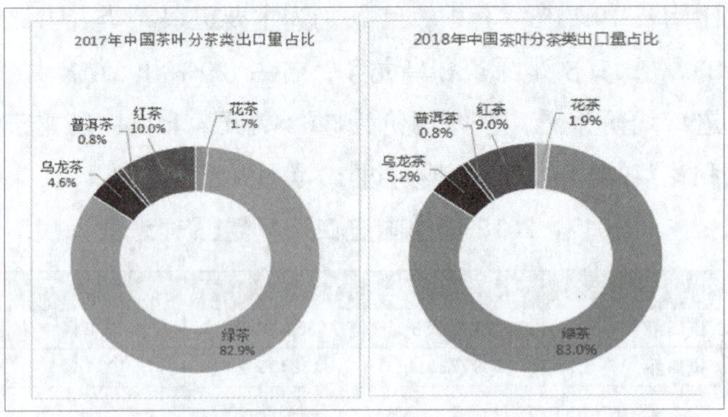

数据来源：中国海关

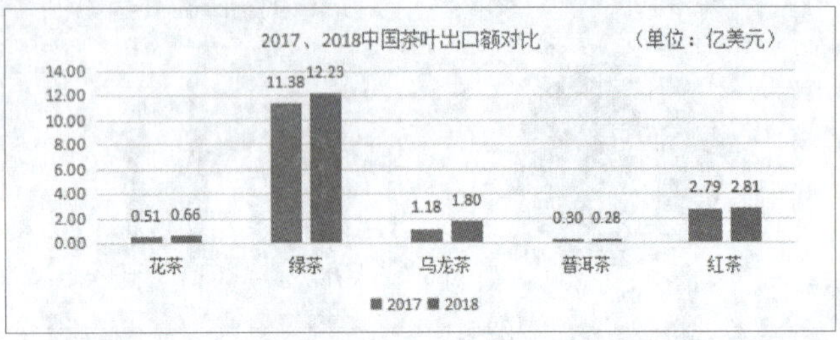

数据来源：中国海关

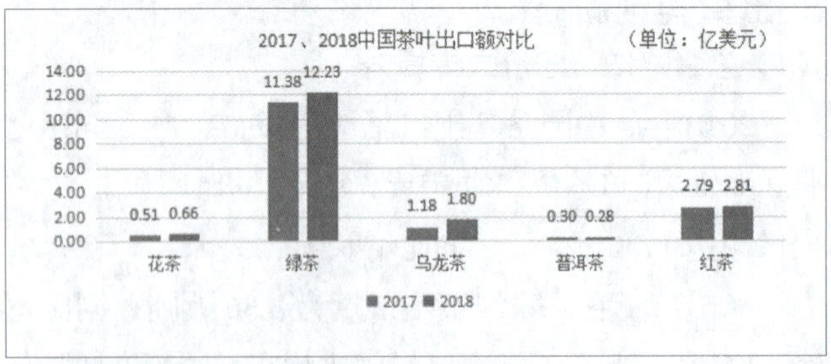

数据来源：中国海关

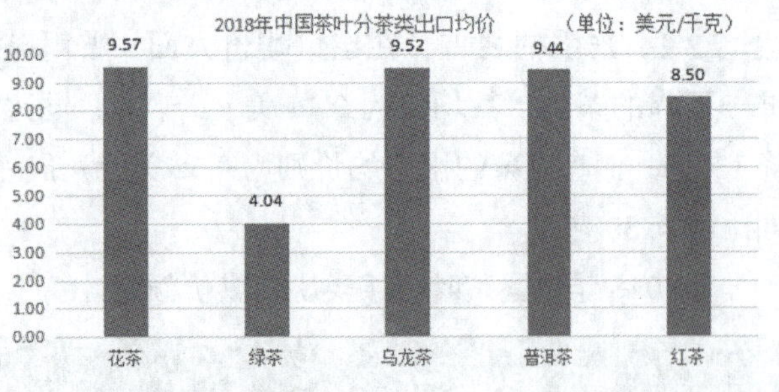

数据来源：中国海关

（2）市场稳定，绿色壁垒犹存

2018 年，中国茶叶出口至 128 个国家或地区。进口中国茶叶超过万吨的国家或地区有 12 个，同比持平；排名前 20 的国家或地区占到总出口量的 82.4%，集中度较高。备受关注的中美茶叶贸易并未受到两国贸易摩擦的影响。数据显示：2018 年，中国出口到美国的茶叶量额同比均有所提升。

	出口量排名前20国家或地区		出口额排名前20国家或地区	
序号	国家或地区	总量（千克）	国家或地区	总额（美元）
1	摩洛哥	77562486	香港	313257069
2	乌兹别克斯坦	24621983	摩洛哥	237062786
3	塞内加尔	17868451	越南	101379972
4	美国	15494689	美国	89431178
5	俄罗斯联邦	14938464	马来西亚	77008552
6	加纳	14883085	塞内加尔	74710760
7	阿尔及利亚	14475175	加纳	64534540
8	香港	14126183	多哥	62576957
9	毛里塔尼亚	14121328	毛里塔尼亚	60277293
10	多哥	14041910	日本	58988148
11	日本	13355121	阿尔及利亚	50487212
12	德国	10855860	乌兹别克斯坦	47036145
13	贝宁	8703143	德国	44169053
14	喀麦隆	8564137	俄罗斯联邦	41150939
15	巴基斯坦	8094467	缅甸	33901324
16	利比亚	7423873	韩国	31794757
17	泰国	5757117	西班牙	31274272
18	马里	5591195	泰国	29002899
19	法国	4825317	法国	28065922
20	越南	4341746	马里	24115944

数据来源：中国海关

（3）东强西弱，发展空间广阔

2018 年，中国茶叶出口量居前五位的省份是浙江（16.85 万吨）、安徽（5.92 万吨）、湖南（3.64 万吨）、福建（2.41 万吨）、江西（1.34 万吨）。从出口量增减来看，增长量超过 4000 吨的省份为浙江、福建、江西，浙江省的增长量甚至超过 5500 吨；而上海市的出口量则减少了1360吨，湖南省出口量也减少了1177吨。

在出口额方面，排名前五位的省份是浙江（5.23 亿美元）、福建（3.46 亿美元）、安徽（2.47 亿美元）、湖北（1.45 亿美元）、湖南（0.95 亿美元）。从出口额增减来看，福建省增加额超过 1 亿美元，其它省份的增长额则均在 0.3 亿美元以下；而广东省的出口额减少了 2400 万美元。受茶类出口均价影响，福建省的出口额排名第二（出口量第四），江西省出口额排名第八（出口量第五）。

2018 年中国各省茶叶出口量变化表（前 20 位）

单位：公斤

省市	2018年出口量	2017年出口量	增加量	增长率%
浙江	168469098	162943150	5525948	3.39
安徽	59172003	59702010	-530007	-0.89
湖南	36350653	37527568	-1176915	-3.14
福建	24098107	19509915	4588192	23.52
江西	13431861	8919306	4512555	50.59
湖北	12167674	13116436	-948762	-7.23
上海	10507725	11867890	-1360165	-11.46
四川	9366522	10158337	-791815	-7.79
河南	7547549	7073341	474208	6.70
云南	7108184	7757913	-649729	-8.38
广东	6664514	6353417	311097	4.90
重庆	4466359	4000034	466325	11.66
贵州	1597016	2300448	-703432	-30.58
广西	1151380	1329364	-177984	-13.39
江苏	959127	1500223	-541096	-36.07
山东	488226	329686	158540	48.09
海南	440350	308975	131375	42.52
天津	310097	140646	169451	120.48
陕西	233450	207463	25987	12.53
…	…	…	…	
合计	364741807	355251869	9489938	2.66%

数据来源：中国海关

2018 年中国各省茶叶出口额变化表（前 20 位）

单位：美元

省市	2018年出口额	2017年出口额	增加量	增长率%
浙江	523136694	494388188	28748506	5.81
福建	345984906	238960179	107024727	44.79
安徽	246609229	235241648	11367581	4.83
湖北	145205111	123947493	21257618	17.15
湖南	95337311	93169201	2168110	2.33
广东	80958675	105093224	-24134549	-22.96
河南	73364592	46702412	26662180	57.09
江西	68417254	51695388	16721866	32.35
上海	61168458	64852782	-3684324	-5.68
云南	33099638	36893327	-3793689	-10.28
四川	28931856	39770176	-10838320	-27.25
贵州	23670007	24652030	-982023	-3.98
广西	12638820	14883533	-2244713	-15.08
山东	9958897	1743716	8215181	471.13
天津	9954566	5207066	4747500	91.17
陕西	5610233	3754260	1855973	49.44
江苏	5306303	22464027	-17157724	-76.38
重庆	3541163	3442006	99157	2.88
新疆	1640049	4609	1635440	35483.62
…	…	…	…	…
合计	1777861336	1609637110	168224226	10.45

数据来源：中国海关

【c. 相关建议】

2018 年，中国茶业发展中主要存在问题：生产方面，绿色发展任务艰巨——尽管绿色防控、统防统治、配方施肥等绿色生产技术加快推广，但多数地区的技术规范落实不到位、产品质量不达标，影响茶叶产品品质的提升；效益提升难度加大——目前，中国 25 年以上的老茶园约占茶园面积的 1/4，这些茶园品种老化、植株郁闭、营养失调，产量较低，品质也较差，加之机械化水平提升缓慢，采工短缺困扰名优茶生产，用工成本增加严重影响夏秋茶等中低档茶叶效益。在内销方面，销售压力持续加大——近年来，受宏观经济环境影响，消费提振乏力，部分企业库存增大，而全国茶叶产量逐年增加，产能过剩问题已日益凸显；此外，据农业部门粗估，2018 年未开采茶园达 900 多万亩，未来 2–3 年将集中进入丰产期，使市场销售面临巨大压力。出口方面，绿色贸易壁垒严重阻碍发展——近年来，中国茶企在出口贸易中遭遇的最突出问题就是各种技术性贸易壁垒，每年受其影响的经济损失高达 200 亿美元左右；不仅使中国茶叶出口规模明显减少，出口成本增加，更严重影响了中国茶叶产品的形象。

鉴于以上情况，建议 2019 年度茶业工作做好的开展以下工作：

1. 生产加工

应以推进农业供给侧结构性改革为主线，加快产业转型升级，促进茶产业高质量发展。稳定茶园面积，巩固提升优势区、发展特优区。推进绿色发展，加快选育适销对路的优良茶树品种，建设无性系良种繁育基地。加快推广绿色防控、有机肥替代化肥等农药减施增效技术，集成组装绿色生产技术模式，促进茶叶生态化种植。推进品牌创建，鼓励各产区创建地域特色突出、产品特性鲜明的区域公用品牌，引导龙头企业创新产品、提升质量档次、塑造核心价值。推进融合创新，积极培育新型经营主体，扶持生产性服务组织，开展种苗统育统供、病虫统防统治、肥料统配统施等服务，提高生产组织化程度。要鼓励发展茶 + 旅游、茶 + 文化、茶 + 电商等新业态、新模式，全力促进产业融合。

2. 内销市场

应以市场为导向、消费者为中心、效率优先为原则，加大市场推广与营销力度，树立中国茶叶新营销、新零售的理念，用品牌化思维促进认知、解决方案思维推广文化，突破中国茶复杂、传统、繁琐以及产地品类思维的桎梏，使之简单、时尚、简便而具有品牌思维。要主动进行标准化、品牌化、年轻化的升维思考，借鉴互联网优化社会资源配置的成熟经验，引入先进技术与加工设备，注重软技术的消化吸收和自主创新，推动自动化智能化生产。要注重品牌打造，树立产业形象，提升产业竞争力，在企业品牌与区域品牌发展上下功夫、寻找平衡点，加快推动茶产业品牌向中高端迈进。要加大商业模式创新，为技术创新、产品创新提供续航能力。

3. 外贸出口

建议国务院税则委员会增列黑茶、白茶的海关税则号列（HS 编码），推动中国全茶类出口的步伐；结合茶业扶贫工作，积极发挥中西部新兴茶区的后发优势，大力推进茶叶出口基地向中西部转移；加快推进中国茶业标准与国际接轨，提升中国茶叶种植专业化、集约化、规范化水平，通过自身发展突破绿色贸易壁垒；坚持扩大开放，搞好双边和多边茶叶经贸关系；加强出口产品宣传力度，树立“中国茶”的正面国际形象，积极开拓国际市场、扩大出口、寻找经济技术合作伙伴，向全世界营销中国茶；发挥行业社团的带头作用，组织品牌企业抱团出海，打造中国茶叶出口“新航母”，既应优势互补、发挥协同效应，又要协调竞合关系，规避内部恶性竞争，并不断增强集群品牌企业共同抵御风险的能力。

梅宇 梁晓

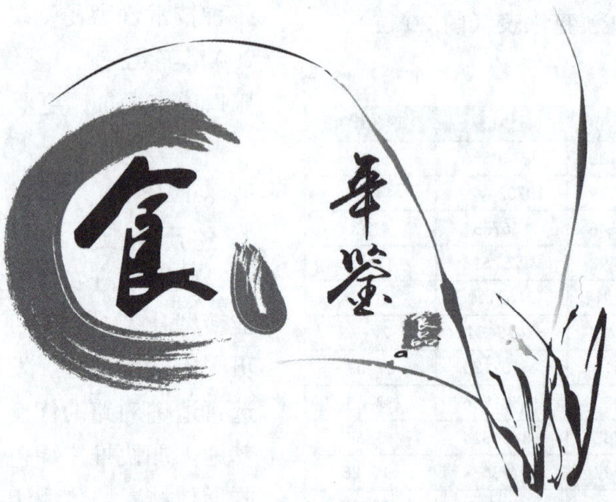

2.26 蜂产品

【a. 概况】

我国是世界养蜂大国，养蜂业历史悠久。作为农业的重要组成部分，养蜂业在新中国成立后得到了党和政府的重视而飞速发展。我国饲养的蜂群由 1949 年的 50 万群发展到 2018 年的 1120 万群，占世界蜂群总量的 13%。我国对蜂产品全面科学的研究始于新中国成立初期，经历了漫长、曲折的发展历程。目前，我国蜂产品行业处在平稳发展阶段，产品质量稳步提升，但不管是养蜂业还是蜂产品加工行业，其发展都面临着很多的挑战，完成从数量型向效益型的转型升级任重道远。

蜂产品是蜜蜂在生殖繁衍过程中形成的有益物质，包括蜂蜜、蜂王浆、蜂花粉、蜂胶、蜂蜡等。其中，蜂胶仅限用于保健食品，作为食品消费的主要有蜂蜜、蜂王浆和蜂花粉。近年来，我国蜂产品产量、出口量一直稳居世界前列。2018 年，我国蜂蜜的年产量约 54.25 万吨；蜂王浆的年产量约 2800 吨；蜂花粉的年产量约 4100 吨。据海关统计，2017 年，我国蜂产品（蜂蜜、蜂王浆、蜂花粉）的出口总额为 3.3 亿美元，其中，蜂蜜的出口总额最多，约 2.7 亿美元。

【b. 蜂产品生产及出口情况】

1. 蜂蜜

2018 年，全国蜂蜜除南方的荔枝蜜和龙眼蜜大丰收以外，其他主要商品蜂蜜都是欠收。油菜蜜在我国出口的各商品蜜种中产量最大。2018 年，油菜蜜的产量好于 2017 年，属于欠收年。四川、湖北欠收，安徽、江苏属于平年；下半年内蒙古和青海产量欠收。油菜蜜市场收购消极，收购价格下降，在 7500–10000 元/吨。

2018 年，我国洋槐蜜源地气候异常，大面积出现霜冻现象，洋槐蜜生产总量下降幅度较大，属正欠收年，有些地方属于绝收。收购价格上涨，收购价在 16000–25000 元 / 吨之间，高质量洋槐蜜不多，质量下降。

2018 年，荔枝蜜和龙眼蜜产量属于大丰收之年，南方主要产区都出现了丰收。收购价格下降，荔枝蜜在 9000–13000 元 / 吨，龙眼蜜在 11000–15000 元 / 吨。

2018 年，枣花蜂蜜产量属于欠收年，主产区山西、陕西产量都有所下降。收购价格与往年持平在 14000–16000 元 / 吨。荆条蜜同样属于欠收年，下降幅度较大，主要原因在于采蜜前期出现干旱，后期出现多雨，收购价格与 2017 年持平在 12000–13000 元 / 吨。椴树蜜产量与 2017 年持平，东北地区产量有增有减，总量属于持平。质量一般，收购价格在 13000–15000 元 / 吨。

据海关统计，2018 年，我国蜂蜜出口 12.35 万吨，同比下降 4.34%，出口金额为 2.49 亿美元，同比下降 8.11%。我国蜂蜜出口英国最多，为 3.63 万吨，约占全年出口总量的 29.39%；其次是日本和西班牙，分别占全年出口总量的 24.28% 和 6.87%（表 1）。

表 1　2018 年我国蜂蜜出口国家及地区统计

国家或地区	数量（kg）	金额（美元）
英国	36284531	65, 796, 171
日本	29980722	69, 504, 981
西班牙	8478780	16, 051, 703
比利时	7345120	14, 738, 000
波兰	6959014	12, 834, 971
德国	4379750	8, 908, 745
澳大利亚	4188141	8, 683, 711

国家或地区	数量（kg）	金额（美元）
葡萄牙	3227700	6, 555, 947
荷兰	3003146	5, 945, 889
南非	2888941	5, 562, 917
意大利	1847350	3, 371, 372
爱尔兰	1766100	3, 733, 725
新加坡	1626601	3, 698, 385
马来西亚	1341868	2, 939, 022
沙特阿拉伯	1324338	2, 421, 560
阿联酋	1040500	1, 862, 180
香港	886994	2, 592, 528
阿曼	736868	1, 487, 431
保加利亚	727320	1, 264, 871
摩洛哥	629602	1, 202, 255
泰国	623117	1, 213, 023
克罗地亚	566370	1, 043, 081
罗马尼亚	527800	962, 364
希腊	452461	833, 579
立陶宛	446600	883, 474
瑞典	231130	515, 431
科威特	226613	541, 021
法国	203006	619, 312
伊拉克	173553	415, 059
尼日利亚	161055	320, 666

2. 蜂王浆

我国是蜂王浆生产和出口大国，蜂王浆总产量占世界的 90%。然而，我国蜂王浆的经济价值却不乐观，不论是内销价格还是出口价格均处于全球最低位。

（1）蜂王浆生产 我国蜂王浆生产仍为手工作业，属劳动密集型。近几年，随着国内劳动力及生产资料成本不断上涨，蜂场雇工难。此外由于养蜂人员结构老化，手工生产蜂王浆的人员越来越少，许多生产蜂王浆蜂场开始缩减蜂王浆生产，转型生产蜂蜜，导致总产量在不断下降。青海地区这几年花粉价格高，蜂农以脱粉为主，多数不生产蜂王浆，预计青海地区蜂王浆产量不超过 20 吨，与以往比少多半。2018 年我国蜂王浆产量不足 3000 吨，低于 2017 年。

（2）蜂王浆国内市场 2018 年，蜂王浆收购价格与 2017 年基本相同，起伏不大相对平稳，春浆收购价在 140 元 / 公斤左右，年中、年末基本维持在 130 元 / 公斤左右。国内蜂王浆销售市场依然需求不振，持续乏力。受国内经济形势及保健品行业大环境不利影响，销售费用攀升等因素影响，蜂王浆生产经营企业利润空间被进一步压缩。传统营销商超及专卖店等继续疲软乏力。相反，网络营销、旅游营销和蜂场直销等模式不断升级，部分蜂农不再完全依靠经销商和企业收购蜂王浆，转而选择自主销售，减少了集中销售，使得 2018 年蜂王浆价格相对稳定。

（3）蜂王浆国际市场 2018 年，蜂王浆出口 1449 吨，出口额 5159 万美元，平均价格 35.63 美元 / 公斤，同比出口量增长 18.1%，出口额同比增长 19.66%，出口均价增长 1.32%，取得了量价齐增的可喜成绩。据海关统计，2018 年，我国出口鲜蜂王浆 812.67 吨，同比增长 1.28%，出口额 2009.69 万美元，同比增长 7.6%，平均出口价格 27.86 美元 /kg，单价同比增长 4.7%，其中，日本仍然是最大的出口国，出口总量 297.29 吨，占出口总数的 36.58%，出口金额 961.3 万美元。其余出口国按照出口量排名分别为：西班牙、法国、泰国、比利时、美国、德国、土耳其、意大利和韩国等（表 2）。出口蜂王浆冻干粉 283.382 吨，同比增长 18.25%，出口额 2548.98 万美元，同比增长 20.94%，出口价格 89.9 美元 /kg，单价同比增长 0.22%（表 3）。蜂王浆制剂出口贸易增速最为显著，势头强劲，出口量 351.9 吨，出口额 364.12 万美元，出口均价 9.84 美元 / 公斤。同比分别增长 52.31%，78.87% 和 17.43%（表 4）。2018 年，蜂王浆产品出口是近几年最好的一年，不仅出口量和出口额增幅同步增长，同时主要的出口市场也表现活跃，出口规模进一步扩大，从出口数据可以看出，我国蜂王浆产品出口对新兴市场的开拓效果明显，以前蜂王浆产品出口对日本市场依存度高，风险过于集中。而现在蜂王浆产品出口贸易已经覆盖六大洲，尤其对新兴市场非洲的出口高速增长，为产业进一步走向国际市场注入了活力。

表 2 2018 年我国鲜蜂王浆出口国家及地区统计

国家或地区	数量（kg）	金额（美元）
日本	297294	9, 613, 081

国家或地区	数量（kg）	金额（美元）
西班牙	114941	2,759,665
法国	96860	2,462,448
泰国	72566	1,576,783
比利时	54702	1,533,778
美国	45002	1,293,196
德国	23500	618,581
沙特阿拉伯	19500	468,000
土耳其	18600	396,060
意大利	15500	388,918
韩国	14760	413,106
乌拉圭	8030	170,370
澳大利亚	6726	205,069
阿根廷	4000	102,845
伊拉克	3710	90,165
荷兰	2200	59,431
加拿大	2200	60,770
奥地利	2010	79,600
阿联酋	1836	66,311
黎巴嫩	1600	43,819
马来西亚	1530	41,264
科威特	1250	51,908
以色列	800	29,345
保加利亚	800	27,352
巴基斯坦	500	12,580

表 3 2018 年我国蜂王浆冻干粉出口国家及地区统计

国家或地区	数量（kg）	金额（美元）
日本	90301	9,557,824
澳大利亚	66655	5,941,973
美国	29120	2,236,806
新西兰	17850	1,573,819
西班牙	15017	1,077,270
埃及	10600	965,724
韩国	10014	870,024
印度尼西亚	9755	608,300
加拿大	4805	383,602
法国	4800	397,869
荷兰	4200	333,307
德国	3435	257,800
比利时	2840	253,173
意大利	2800	206,111
沙特阿拉伯	2000	110,000
土耳其	1890	134,643
泰国	1577	131,309
英国	1225	90,061
伊拉克	1000	23,697
马来西亚	775	76,882
香港	500	47,200
新加坡	420	31,453
克罗地亚	332	35,190
巴西	240	18,745

表 4 2018 年我国蜂王浆制剂出口国家及地区统计

国家或地区	数量（kg）	金额（美元）
墨西哥	60200	752,550
哥伦比亚	59992	459,957
美国	44901	348,572
罗马尼亚	32014	167,977
巴拿马	17382	133,629
斯洛伐克	17254	162,837
危地马拉	17054	153,608
匈牙利	15379	177,158
加拿大	13067	103,140
洪都拉斯	11148	90,091
印度尼西亚	10230	108,262
哥斯达黎加	9855	72,306
萨尔瓦多	9777	82,167
多米尼加共和国	9318	42,997
德国	2658	26,017
科特迪瓦	2250	9,844
荷兰	2160	35,978
澳大利亚	1710	37,141
秘鲁	1564	15,000
香港	1249	282,928
约旦	1222	12,358
英国	1098	11,100
意大利	1065	12,150
瑞士	1000	14,704

3. 蜂花粉

我国蜂花粉生产主要以大宗油菜花粉、茶花粉和杂花粉为主，荷花、玉米、柳树、荞麦、五味子等为辅。油菜花粉主要产区有江西、安徽、湖北、四川、辽宁、青海、甘肃、新疆和内蒙古等地；茶花粉主要产区有四川、江西、安徽、浙江、江苏等地。

（1）蜂花粉生产

2018 年，由于气候原因，蜂蜜欠收，作为收入替代品蜂花粉的生产相对以往受到蜂农更多关注。据市场反馈，蜂花粉同比增收 20–30% 的产量，约增收 1000 吨。总产量约 5500 吨，其中，油菜粉和杂油菜粉占总产量 60–70%。

（2）蜂花粉国内市场

2018 年，蜂花粉产量增加单只其价格同比下降 20–30%。油菜花粉与蜂农收购价为 28–33 元 / 公斤，同比下降 25%；茶花花粉收购价为 32–35 元 / 公斤，同比下降 20%；杂花花粉价格为 22–28 元 / 公斤。

（3）蜂花粉国际市场

2018 年，我国蜂花粉国际市场形势良好，主要出口韩国、美国、墨西哥、日本、沙特阿拉伯、加拿大、阿曼、泰国、土耳其、比利时、黎巴嫩、澳大利亚、马来西亚、希腊、阿根廷、乌拉圭、罗马尼亚、阿联酋、叙利亚、波兰、菲律宾等国家（表 5）。据海关统计 2018 年，我国蜂花粉出口 2500 吨，同比稍有下降；创汇约 1489 万美元，平均单价为 5.9 美元 / 公斤。韩国仍为我国花粉出口主市场，2018 年，出口 1374 吨，占出口总量的 54%；美国为我国蜂花粉出口第 2 大市场，2018 年，出口 519 吨；我国蜂花粉出口第 ,3 大市场为墨西哥，出口 106 吨。

（4）蜂花粉制品

我国蜂花粉制品品种繁多，主要有蜂宝素、花粉蜜、花粉片、花粉晶、花粉冲剂、花粉口服液、破壁花粉及花粉饮品、药品、化妆品等百余种，主市场为国内消费。

表 5 2018 年我国蜂花粉出口国家及地区统计

国家或地区	数量（kg）	金额（美元）
韩国	1374925	8, 270, 913
美国	519804	3, 098, 540
墨西哥	106725	579, 744
日本	84414	563, 533
沙特阿拉伯	50500	278, 300
加拿大	48520	242, 590
阿曼	48000	287, 987
泰国	35902	185, 247
土耳其	30000	143, 403
比利时	22675	140, 903
黎巴嫩	22200	94, 290
澳大利亚	17971	121, 665
马来西亚	17450	193, 534
希腊	16500	80, 850
乌拉圭	15210	88, 111
罗马尼亚	12000	79, 200
阿联酋	11000	55, 650
叙利亚	8000	32, 300
波兰	8000	41, 600
菲律宾	6860	74, 106

（5）蜂胶

2018 年，全国范围蜂蜜减产，严重影响了蜂农的养蜂积极性。受连带影响，2018 年，统计毛胶产量比上年呈现出下滑的态势，同比下降约 20–30%。

2018 年，毛胶价格呈持续上涨的趋势。毛胶价格为 287 ~ 650 元 / 公斤，每个胶含量百分点的价格约 12 元。由于有相当数量质量相对比较好的沙盖胶和块胶，以 600 元 / 公斤以上的价格通过电商、微商平台直接零卖，加大了毛胶的供货缺口，毛胶价格上涨。使提纯蜂胶的原料成本持续增长，加上加工成本的上涨，提纯蜂胶的供货价格在 1000 ~ 2000 元 / 公斤，平均在 1600 元 / 公斤左右，同比平均增长 6.7%。

据调查 15 家企业，产品销售同比增加的有 2 家，同比增长 10% 左右，销售同比持平的有 2 家，产品销售同比下滑的有 12 家，同比下降 10–50%。

（6）蜂蜡

我国蜂蜡主要以出口为主，德国、美国和法国仍然是我国蜂蜡出口的 3 大主市场。据海关统计，2018 年，我国出口蜂蜡 9685 吨，同比增长 5.8%，出口总额 5752 万美元。其中，出口德国 2052 吨，占出口总量的 21.18%，出口金额 1318 万美元，占出口总额的 22.91%；出口美国 1856 吨，占出口总量的 19.17%，出口金额 1272 万美元，占出口总额的 23.83%；出口法国 744 吨，占出口总量的 7.68%，出口金额 476 万美元，占出口总额的 8.27%。位居出口前 20 的国家还有阿尔及利亚、希腊、西班牙、意大利、土耳其、英国、澳大利亚、塞尔维亚、突尼斯、荷兰、阿尔巴尼亚、日本、韩国、黎巴嫩、叙利亚、加拿大、俄罗斯联邦（表 6）。

表 6 2018 年我国蜂蜡出口国家及地区统计

国家或地区	数量（kg）	金额（美元）
德国	2051637	13, 184, 968
美国	1856759	12, 719, 766
法国	744001	4, 762, 805
阿尔及利亚	671716	1, 578, 484
希腊	617901	2, 437, 205
西班牙	597303	2, 778, 201
意大利	413161	2, 711, 559
土耳其	393135	1, 533, 763
英国	388697	2, 494, 521
澳大利亚	318433	2, 369, 393
塞尔维亚	214000	856, 510
突尼斯	166270	420, 642
荷兰	152004	1, 003, 208
阿尔巴尼亚	134286	324, 985
日本	110502	688, 021
韩国	70940	405, 410
黎巴嫩	57805	169, 675
叙利亚	57460	149, 855
加拿大	54713	403, 097
俄罗斯联邦	51000	281, 336

陈黎红　乔江涛

中国海洋食品名城—荣成

WELCOME TO RONGCHENG

荣成 RONG CHENG 自由呼吸 自在荣成

中国食品名镇——茶山镇

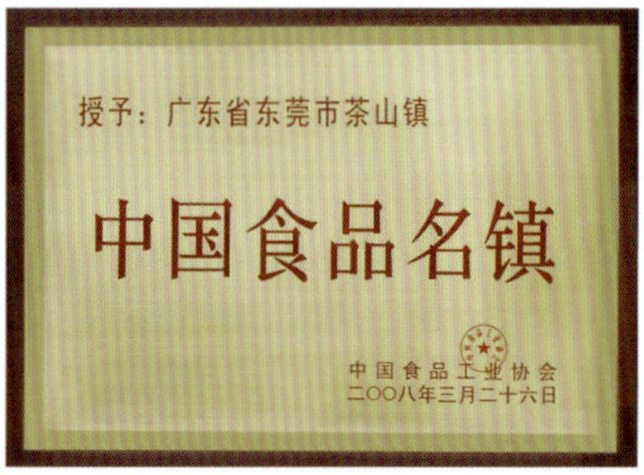

食品名镇

茶山全景

茶山镇政府

茶山镇综合服务中心

茶山镇生产力促进中心

一、茶山镇概况

茶山镇位于东莞市中北部，坐落于东江支流寒溪河畔，面积45.4平方公里，下辖16个自然村和2个社区，常住人口约15.75万人，其中本地户籍人口4.57万人。2015年，茶山镇被纳入东莞市中心组团，成为市中心的一部分，境内有东莞火车站、轨道交通2号线，形成惠莞深三地"半小时生活圈"，区位优势日益凸显。改革开放以来，茶山紧抓发展机遇，扎实推进工业化和城市化，迅速跻身全国综合实力千强镇，社会经济快速发展。今天的茶山，人气聚集旺盛，商贸蓬勃发展，是投资兴业和创造财富的热土。

二、茶山镇食品产业发展概况

（一）产业规模化

食品产业是茶山镇特色产业，我镇先后被评为"中国食品名镇"、"广东省技术创新专业镇（食品类）"。近年来，我镇食品行业实现快速增长，产业规模快速扩大。全镇现有食品及相关配套企业200多家，食品行业产品涉及糖果、饼干、点心、调味品等15个大类2000多个品种，食品行业从业人员3万多人。

（二）知名品牌汇聚

我镇食品企业共获得国内名牌名标15个，其中中国驰名商标1个，广东省著名商标3个，绿色食品11个。既有世界知名的雀巢美极、嘉顿等国际品牌企业，也有土生土长的华美、新盟等国内知名企业。

（三）产业配套完善

经过多年培育，我镇初步形成了以制造、销售及其他产业配套为一体的食品产业集群。以华美、新盟、雀巢美极、嘉顿等为主的食品龙头制造企业，以茶叶交易市场、茶园购物商场等为主的食品流通企业，以华源、富荣、汉和，等为代表的食品包装企业，以茶山国际生态食品城和泽景果品物流城为主体的食品专业交易市场，形成了以食品制造业为主，食品包装、食品物流等为副，食品行业公共服务体系完善，具有强大整体竞争力的食品产业经济格局。

三、扶持食品产业发展的工作措施（服务）

（一）拓宽企业销售市场

积极组织镇内食品企业参加规模大、专业性强、层次高的展览会，帮助企业开拓市场。2018年我镇组织多家食品企业参展了全国春、秋季糖酒会、中国国际焙烤展览会、中国国际食品和饮料展等食品行业专业展会，帮助参展企业达成销售协议金额达15000万元，镇财政对全镇食品企业参展补贴达83.09万元。

（二）完善生产力促进中心建设

我镇投资 5700 多万元建设茶山生产力促进中心，建筑面积超 10000 ㎡，引入东莞市冠诚知识产权代理服务有限公司、东莞市冠诚检测技术服务有限公司、东莞市鼎缘仪器设备发展有限公司、东莞市茶山发明家科技创新有限公司等服务机构进驻促进中心，不断完善促进中心各服务平台建设，推动食品检测平台、食品研发与培训平台、企业综合服务平台的运营，为全镇及周边食品提供食品检测、食品研发、项目申报、知识产权政策、专利申请、商标注册、管理咨询等综合性服务，推动食品产业转型升级。

（三）强化服务水平

贯彻落实国家、省、市各级扶持奖励政策，推动食品企业积极实施科技创新、技改技创、“机器换人”，协助食品企业申报省市扶持资金。2015 年以来，我镇协助东莞市华美食品有限公司、广东新盟食品有限公司等食品企业申报“技术改造专题”、“机器换人”、“工业化、信息化‘两化融合’”、“清洁生产审核”、“电机能效提升”、“科技茶山”等 20 多个扶持项目，累计获得国家、省、市财政资助 802 万元。同时，我镇积极实施“科技茶山”工程，2018 年我镇食品企业获得上级配套奖励扶持资金 146.4 万元。

（四）增强招商引资力度

我镇积极开展招商引资工作，通过抱团外出参展、以商引商等方式借力宣传、推荐茶山投资环境，吸引全国各地客商前来茶山，招商效果显著。新盟食品公司、百利食品公司、永富食品公司、泽景果品物流城、茶山（国际）生态食品城等亿元投资项目相继建成、投产；汉和、康美臣、夏令饮、食滋源、奕客、秀峰香、乐盟等大批中小型食品企业亦在茶山落地生根。我镇通过引进、促成食品项目落户，引导、鼓励企业增资扩产，进一步完善食品产业链，增强食品产业发展后劲。

（五）优化产业环境

我镇以打造“中国食品名镇”和“广东省食品专业镇”为契机，不断优化食品产业发展环境。制定了《茶山镇扶持食品企业发展若干意见》，为食品企业在用地、用电、用水、税收等方面提供优惠；协调工商、税务、劳动、社保、城建等部门，建立镇食品行业办事绿色通道，为食品行业提供便利，同时，要求各村、各部门多服务、少干预，多帮忙、少添乱，多设路标、少设障碍，为食品产业集群提供一个公平、公正、宽松、高效的环境；对省或国际知名的食品行业前来投资且投资额在 1000 万以上的，都将予以政策奖励。

雀巢

新盟

嘉顿

华美

茶山镇伟建工业园

中国（三水）国际水都饮料食品基地

一、佛山市三水区简介

佛山市三水区位于广东省中部、佛山市西北部，因西江、北江、绥江三江汇流境内而得名。全区总面积827.69平方公里。现辖西南街道、云东海街道、白坭镇、乐平镇、芦苞镇、大塘镇、南山镇等7个镇（街道），总人口约71万，是著名的“中国饮料之都”，也是广佛肇经济圈绿芯。2018年，三水区地区生产总值1227.96亿元，规模以上工业总产值3263.3亿元。作为"中国首个富裕型长寿之乡""中国饮料之都"，三水位列全国市辖区综合实力百强区第34位、中国工业百强区第11位。

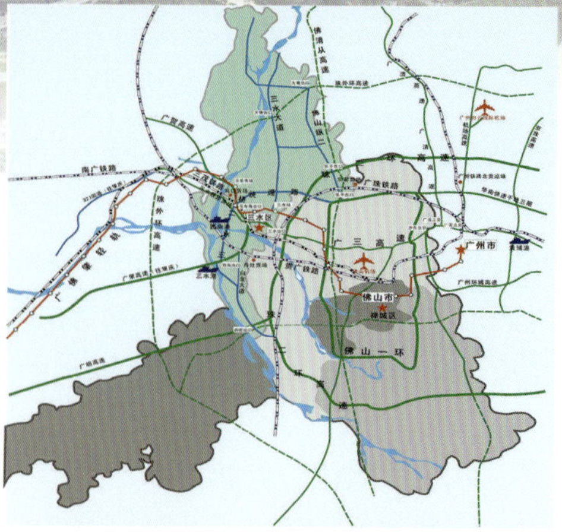

二、三水区西南街道简介

西南街道是三水区的中心城区及区政府所在地，为全区的政治、经济、文化、商业中心。西南辖区面积151平方公里，常住人口约40万。2018年，西南街道实现地区生产总值420亿元，同比增长7.5%，工业总产值748.53亿元，同比增长6%。目前中共佛山市三水区委十三届九次全体会议提出全面参与粤港澳大湾区建设，进一步推动城市三水高质量发展。西南街道将找准产业定位，精心打造中国（三水）国际水都饮料食品基地、北江新区、北江科技创新园、西南旧城区等4大片区，成为“城产人文”四位一体融合发展的典范，并充分挖掘产业特色、人文底蕴和生态禀赋，打造“产、城、人、文”四位一体的“小而美”的水都特色小镇。

三、交通优势

得益于天赋的地理位置，西南街道水、陆、空交通便捷。公路方面，二广高速、广肇高速、珠二环高速、珠外环高速、佛清从高速、佛山一环高速及建设中的一环西拓、广明高速等7条高速纵横链接。铁路方面，已有4条铁路贯通，分别是广三铁路、三茂铁路、贵广高铁、广佛肇城际轻轨，且贵广高铁在辖区范围内设有三水南站。地铁方面，佛山4号线规划延长至三水。航空方面，距离佛山机场仅40分钟车程，经珠二环或二广高速40分钟左右可达到广州新白云国际机场。海运方面，辖区范围内拥有5000吨级的三水港和1000吨级的西南港。

三水港码头

四、产业基础、产业发展及未来规划

1、产业基础

早在明朝年间，三水已“酿出”酒业第一联营社，即现时的三水酒厂，后分支出中国魔水“健力宝”和“强力啤酒”。随着“中国魔水”健力宝的诞生，食品饮料行业在西南扎根发展势头不减，涌现出一批知名食品饮料企业及上下游配套企业，如隐雪、强力、波尔、金盛等。历经30多年，西南街道的食品饮料业拥有坚实的市场基础、运营基础及人才基础，食品饮料业已成为西南街道的支柱产业之一。2008年，西南街道更获得中国食品工业协会授予“中国饮料名镇”称号，为西南街道的产业发展提供明确的方向和前进动力。

2、产业发展载体—中国（三水）国际水都饮料食品基地

健力宝

益力多第三工厂

红牛公司

根据三水区的产业发展布局，凭借优良的产业基础、丰富的水资源优势，西南街道于 2008 年开始规划打造“中国（三水）国际水都饮料食品基地”（以下简称“水都基地”）产业载体。水都基地是以食品饮料为主导产业的专业园区，位于三水区南部、西江边上，地处广佛肇核心区域，辐射华南地区和西南地区，规划面积 1.2 万亩，计划南北扩容 1.2 万亩。水都拥有优质水资源、完善的公共配套设施、优质的跟进服务，目前已吸引百威、红牛、可口可乐、健力宝、亨氏、益力多、石湾酒厂、三全食品、联东 U 谷、港中旅等 40 多家国内外知名食品饮料及其配套企业争相进驻，食品饮料产业聚集效应凸显。

百威啤酒

水都基地的快速发展离不开完善的基础设施配套。工业配套方面，水都基地已采取集中供应蒸汽、天然气，集中污水处理厂（日处理量 4 万吨）已建成，基地路网、供水、供电、污水、通讯等管网设施配套已覆盖整个园区，广东省质量监督饮料及食品添加剂检验站也已经建成。容器包装、纸包装，物流等一批上下游企业为水都基地食品饮料企业提供零距离配套服务。生活配套方面，员工生活区配套有小区公共服务设施、开放式广场、运动场、休闲绿道、滨水文化广场等。高级员工社区一期 332 套公寓已投入使用，二期 373 套建设中，预计 2019 年完工。

3、进驻企业

百威（佛山）啤酒有限公司：百威啤酒集团在中国的首家酿酒厂，于 2007 年落户水都基地，也是第一家进驻水都基地的世界 500 强企业。该企业至今经历了 4 次增资扩产，合计产能达 160 万吨，是百威啤酒目前全国最大的单品牌生产基地。

广东红牛维他命有限公司：该企业是第一家进驻水都基地的功能性饮料企业，于 2010 年投产运营，年产能达 30 万吨，已经发展成为红牛集团在中国最大的生产基地。

可口可乐装瓶商生产（佛山）有限公司：该企业是由可口可乐装瓶商生产控股有限公司独资经营的外商投资项目，占地面积约 139 亩。该项目主要生产果汁饮料、奶类饮料、茶饮料及可口可乐系列产品，2009 年 11 月 18 日破土动工，2010 年 9 月建成投产，成为可口可乐在国内最大的非碳酸生产基地。

广东健力宝集团公司：2016 年 8 月迁入水都基地，新建约 24 万平方米的厂房。目前的健力宝华南生产基地，除保留原有亚洲最大的碳酸产能外，还新增 30 万吨的热灌及无菌灌装产能，塑瓶线全部与灌装线连线，最大限度减少生产环节的物流成本。

益力多第三工厂项目：2015 年益力多第三工厂项目落户中国（三水）国际水都饮料食品基地，项目投资总额 5 亿元人民币，2019 年 9 月正式投产，产能可达 280 万支 / 天。

除了以上大型企业之外，水都基地还聚集了可口可乐瓶装商（佛山）有限公司、亨氏联合有限公司、三全食品华南生产基地等一系列国际国内知名食品饮料企业和隐雪食品有限公司、石湾酒厂等本土明星企业，在食品饮料行业中形成了“航母级”的企业集聚。目前，水都基地新引入了巴克斯酒业开拓了预调鸡尾酒等新的细分产业门类。

4、未来规划——水都小镇

2017 年 8 月，佛山市全面启动市级特色小镇创建工作。作为首批入选的 15 个特色小镇之一的水都小镇，以“中国（三水）国际水都饮料食品基地”为核心，深入发掘和整合水都小镇的水乡文化、龙舟运动文化、工匠文化、品牌文化，建立水都小镇“体验水都韵律，享受健康生活”的品牌形象，整合政府、社会和村民等各方力量，共同建设一座宜创、宜业、宜游、宜居的特色小镇。同时，还有创新孵化服务、酒店服务、餐饮服务、会展服务等产业作为“健康产业”的外延和配套。

总面积 9.96 平方公里的水都小镇北接 G80 广肇高速公路，西至西江岸边，东至樵北涌等水系边界，南与三水区白坭镇接壤。小镇的运营管理以政府为主导，企业为主体，政府负责顶层设计、制度建设和公共服务，企业以市场机制为准则参与小镇具体产业项目和相关服务项目的运营。西南街道计划于 2017-2020 年间共投入超百亿元，用于交通和基础设施建设、产业项目建设及人文宜居环境提升的改造等。

联系人：陈先生　林小姐　电话：0757- 87618997

水都检测中心

石景墙

水都园区

中国食品工业强县——河南汤阴

一、汤阴县总体概况

汤阴县地处豫北平原，晋、冀、豫、鲁四省交界，总面积 646 平方公里，辖 1 乡 9 镇，298 个行政村，总人口 53 万。区位优越，交通便利。自古汤阴就是南北通衢要道，境内京广铁路、京港澳高速、晋豫鲁铁路成“双十字”交汇，京港澳高速公路、107 国道、302 省道纵横交织，豫东北机场加快建设，形成“铁路公路航空”立体式交通格局。历史悠久，人杰地灵。汤阴是中华群经之源《周易》发祥地、民族英雄岳飞故里、神医扁鹊悬壶济世之地，素有“三圣文化之乡”的美誉。民风淳厚朴实，被著名历史学家史式称为“讲道义、守诚信、重然诺、轻生死”的忠义之乡。智慧文化都、生态幸福城。汤阴县大力弘扬“汤阴精神”，唱响“五风”主旋律，坚持“开放招商、项目带动、创新驱动”战略，突出“培训、培育、提升”路径，聚力转型发展“五项举措”，着力打造中国主食工业化生产基地，强力推进食品医药产业转型升级，逐步成为一座“功能完善、特色鲜明、生态宜居、文明有序”的智慧文化都、生态幸福城“新都市区”。

食品产业园区全景图

2019 年 4 月 27 日，汤阴县 2019 年食品安全年度工作会召开

二、汤阴县食品工业发展情况

近年来，汤阴县立足实际、着眼民生，大力发展以农产品为原料的食品工业，实现了由传统农业县向食品工业强县的跨越。先后荣获“国家新型工业化示范基地”、“国家食品安全示范县”、“国家农产品加工业示范基地”、“中国食用菌行业标准化生产示范县”等称号。汤阴县连续六届十二年被评为“全国食品工业强县”，并被中国食品工业协会命名为全国首个“中国食品工业名县”，“京津食品产业园”成功落户汤阴。目前，我县食品产业发展呈现出集聚程度高、产品种类全、产业链条优、食品监管严、带动效应强五大特色。

（一）集聚程度高。全县食品工业企业达 170 余家，其中规模以上食品企业达 50 余家。益海嘉里、濠吉六粮方便面、川辣妹、博大面业、永达清真食品、众品食业、今麦郎面粉、今麦郎饮品、嘉士利饼干、丹尼斯克甜味剂等一大批国内外知名食品企业入驻食品产业集聚区。拥有益海嘉里“香满园”面粉、“永达”肉鸡、阳光油脂“奥利福”食用油等八大中国名牌。

（二）产品种类全。汤阴县食品产业主要包括小麦及面制品加工、油脂类加工、畜禽肉制品加工及啤酒饮品、调味料和食品添加剂、休闲食品、高档保健品等多个领域，含 590 多个系列产品。其中，众品食业荣获“中国肉类食品产业最具价值品牌”，“江顺”饼干、“甲家”面粉、“永达”肉鸡、“众品”冷鲜肉等产品被评为“中国名牌”，“火龙岗”小杂粮等被评为省级优质农产品。

（三）产业链条优。汤阴县紧密结合食品产业发展需求，深入研究产业的上下游产品，绘制产业链图谱，同时注重企业对上下游产业的带动作用，培育发展了小麦、玉米、大豆、肉鸡、生猪、肉奶牛、食用菌、蔬菜等 9 条食品产业链条。在培育桥接，找准着力点进行“建链”，围绕现有产业链条的缺失环节进行“补链”，对现有 9 条优势产业链，从科技、金融、信息化方面提升以及品牌引领入手进行“强链”。深入挖掘现有企业潜能，推进骨干企业与省企、央企联姻，通过“战略重组”、“强强联合”，打造具有特色和优势的产业集群。

（四）综合配套完善。高标准实施产业集聚区基础配套设施建设。加快推进投资 12 亿元的安阳机场、轻轨及口岸综

汤阴智慧食药监信息追溯平台

中国食品安全体验馆

各乡镇开放式食品安全快检室陆续投入运营

合保税区等公铁空海“四港联动、多式联运”战略支撑项目建设；投资 1.3 亿元启动食品检验检测中心主体建设；建成联接“西气东输”主干线的 65 公里供气管网。严格落实四级分包项目建设和企业发展兜底服务机制，成立企业服务中心，实现审批“一站通”；统筹运作建投、文投、弘达等金融平台，为 32 家企业提供资金服务 5.9 亿元。

近年以来，汤阴县始终把招商引资作为“一举应多变，一招求多效”的战略举措，紧紧围绕健康食品、生物医药、高端制造等主导产业，更加注重选商引资，更加注重项目质量，更加注重项目落地，更加注重真抓实干，招商引资工作保持了好的趋势、好的态势和好的气势，推动全县经济社会实现了又好又快发展。

汤阴县重点食品工业企业商标汇总

三、汤阴县食品安全监管情况

汤阴县委、县政府审时度势，自我加压，继续实施“五条路径”，发动全民参与，创建食品安全县。建立“从农田到餐桌”的全程可追溯食品安全保障体系，把汤阴打造为餐桌最安全、食品最放心的“中国食品名县”。

（一）“领跑”体制改革。为强化政府监管责任，以市场监管体制改革为契机，组建综合执法队伍，综合运用《食品安全法》《反不正当竞争法》等法律法规，一支队伍管市场，避免以往食品安全监管中多部门职能不清的尴尬局面。创新运行机制，实现综合执法由“物理整合”到“化学融合”，让新的市场监管系统运行更为高效，保障更为有力，形成 1+1 ＞ 2 的效果，释放改革红利。

（二）“创新”智慧溯源。进一步完善食品全程追溯信息平台，开通食品生产经营者、监管部门和消费者“三大信息终端”。设置绿色农田、放心菜市场、食品生产、食品销售、餐饮服务等“五大透明板块”，达到食品生产经营全产业链、全过程、全要素的透明公开和智慧追溯。利用“福码”追溯体系，打造“智慧食品”。创建“食安易源”微商城，利用“互联网＋”技术，“打包”本地企业产品及文化，向全国推广“汤阴放心食品”。

（三）“完善”诚信保险。汤阴发扬“岳飞故里、忠义之乡”传统，打造“放心食品，诚信汤阴”品牌。建立信用档案，将全县食品企业纳入征信体系，对守信单位进行金融培育。广泛推行守信承诺，强化企业主体责任意识。施行“红黑榜”制度，奖励“红榜”，惩处“黑榜”。连续三年推行食品安全责任保险，逐步完善保险制度。如因汤阴食品发生安全问题，消费者可通过保险体系立即得到赔偿，最大限度、最快速度保障消费者权益。

（四）“倡行”科普宣传。食品安全，人人有责。汤阴不断加大食品安全科普宣传力度。打造我国首个规模性安全食品体验馆，打造政府、企业、媒体和公众共享共建的互动体验平台。建立食品药品宣传教育中心，对食品生产加工从业人员、社会公众、中小学生开展食品安全法律和食品安全知识普及宣传教育活动。拍摄食品安全微电影《苏雅的春天》，引领食品安全正能量。受邀参加全国食品安全宣传周“双安双创”成果展并布展，“汤阴经验”多次在国家级食品安全论坛上得到推介。开展轰轰烈烈的食品安全宣传周暨假冒伪劣食品集中销毁仪式，营造社会共治氛围。

（五）“优化”生态保障。安全的食品来自安全的生产要素。制定长远规划，对水、土壤、空气等生产要素逐步进行改良。鼓励企业引进纯水制作、废水净化工艺。扩建、新建 3 个污水处理厂，确保县域内地表水符合国家标准。同时，投资 1.5 亿元实施安全饮水工程，让在汤居民都能喝上安全放心水。大力推广配方施肥、测土施肥技术等无公害种植技术，减量农药化肥使用量，降低全县土壤污染和农药残留。汤阴建设 3 条 30 米宽的环县域、环县城、环集聚区防护林，加快汤河湿地公园建设，安装自动监控设备，综合治理大气污染，确保县域内空气质量达标。

2019 年 11 月，汤阴县在第十七届中国食品安全年会上作经验推介

2019 年 11 月，汤阴县在第十七届中国食品安全年会上推介汤阴名优产品

汤阴县参加 2019 第六届中国国际食品安全与创新技术展览会推介汤阴名优产品

创新发展食品工业 打造国家食品产业基地

—— 相山经济开发区发展纪实

相山经济开发区于 2009 年 5 月经省政府批准设立，2017 年进入中国开发区审核名录。先后被授予“国家农业科技园区”、“国家农村产业融合发展示范园区”、“国家农业产业化示范基地”、“全国农产品加工示范基地”、“安徽省谷物食品专业商标品牌基地”、“安徽省新型工业化产业示范基地”等称号。

为加快推进开发区高质量发展，相山开发区根据省政府办公厅《关于促进全省开发区规范管理的通知》(皖政办〔2019〕30 号)文件精神，积极推动主导产业调整工作，产业发展规划和产业规划环评已分别通过省发改委和省生态环境厅评审，主导产业调整已于 2019 年 12 月 12 日获省政府批复，主导产业由粮油加工、肉制品加工和饮料调整为食品制造和信息产业两大主导产业。

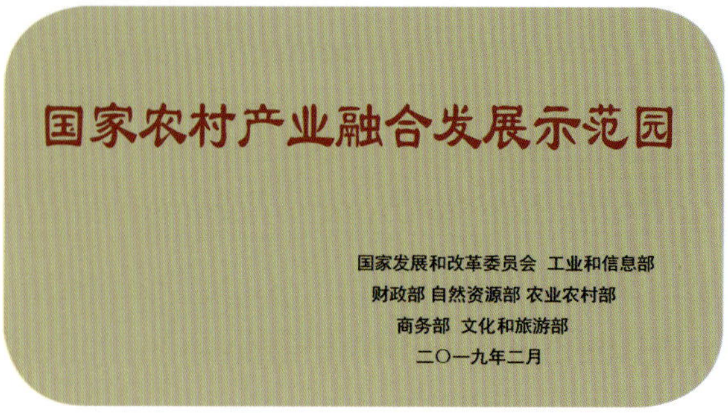

国家农村产业融合发展示范园区

一、党的建设得到不断加强

积极推进开发区行政管理与干部人事制度改革，公开招聘 11 名人员，充实优化干部队伍，明确岗位具体职责。对照“守初心、担使命，找差距、抓落实”总要求，在党工委和 87 个基层党组织积极推进“不忘初心 牢记使命”主题教育向纵深发展。深入学习贯彻党的十九大精神，共培训基层党支部书记 130 人次，党员 320 人次。新组建苏太太食品、合众机械、溪龙包装 3 个单独党支部。实行非公企业党组织书记目标责任制考核，为 12 家 A 类企业、22 家 B 类 2 企业进行了授牌。建立非公企业党支部示范类与成长类结对帮扶对子 10 个。完成对第三批共 65 名党建指导员的考核。在党群服务中心建成市级党建指导站。建成科创大厦诚信广场、王店社区广场两个远程教育站点。建设开发区“党建示范带”，培育果力智能“阳光果成长记”、金冠玻璃“最亮金冠”等非公党建品牌，提升徽香昱原“温馨徽香 心系相淮”、曦强牛奶“党旗下奉献”、真棒“爱在快乐行”等非公党建品牌，为园区企业发展打造“红色引擎”。迎接市、区两级巡察，巡察问题反馈后，高度重视，迅疾成立组织、制定方案、细化措施、明确责任，深挖问题根源，坚持即知即改，整改工作取得明显成效。同时以巡察为契机，不断加大执纪监督力度，全面落实从严治党要求，充分运用监督执纪“第一种形态”，对 40 人余次进行“红脸出汗”谈话提醒，对 5 名社区干部进行立案处理，7 名社区干部、10 名机关工作人员进行谈话提醒。对涉嫌违纪的 20 名党员予以立案审查，处理党员 13 人，其中给予诫勉谈话 1 人，党内警告 9 人，严重警告 1 人，开除党籍 2 人。

二、各项经济指标得到明显提升

规模工业总产值完成 44.58 亿元，同比增长 15%。战略性新兴产业产值完成 11.49 亿元，同比增长 26.5 %。高新技术产业产值完成 4.38 亿元 ，同比增长 18.9%。社会消费品零售额同比增长 11.8%。完成固定资产投资 16 亿元，同比增长 112.7%，其中工业投资完成 16 亿元，同比增长 290.6%。技改投资完成 5100 万元，同比增长 47%。税收总收入实际完成 8454.4 万元，同比增长 10%。入规工业企业 2 个、服务业企业 3 个、批零企业 3 个。重点支持合众机械、昊佳饮品、思朗食品、金冠玻璃等 16 家企业开展技术改造，成功申报 5 家高新技术企业，拨付园区各级奖补资金近 2000 万元。

三、招商引资卓有成效

树牢招商第一生命线意识，不断加大招商力度。积极走出去，先后赴上海、东莞、合肥等地参加食品添加剂展览会、电子信息博览会，并在粤港澳大湾区创新食品博览会上进行推介开发区，成功签订意向投资企业 7 家。成功举办第八届淮北食品博览会，共邀请黑龙江乾润食品、温州优传食品等 50 余家企业来淮参加，召开洽（座）谈会 10 场次，会上签约项目 8 个，留存招商线索 60 余条，与中科院研究所、深圳清华大学研究院、中关村科技园区管理委员会等科研院所初步达成合作意向。高端院校、孵化器项目入驻将助力园区产业提升和快速发展。成功签约今麦郎集团、梅州多成电子、上海乐相等 18 个项目，总投资近 8.6 亿元。企业强强联合成效凸显，思朗食品与港交所上市企业嘉士利重组后，产值税收“双翻番”；快乐真棒与上交所上市企业家家悦实现重组。加大“腾笼换鸟”力度，对“三高一低”企业，加快处置和盘活速度。盘活中易物流、天

阜邦生物科技

今麦郎在建工地

瑞生态科技、优乐食品、顶味食品、通和食品等 5 家僵尸企业，共盘活土地面积 311.8 亩，释放了发展空间。

四、重点项目建设稳步推进

苏太太食品、月亮湾食品、德兰和创生物科技、盛美诺生物科技、阜邦生物科技、溪龙包装、奇扬智能科技已建成投产。完美生物科技土建工程基本完工，正在进行配套设施建设。源创客小微企业加速器基本完成土建和水电安装工程。淮北生物科技孵化基地研发楼正在装修，中试工厂已建成。今麦郎食品产业园生产设备已预定加工完成。

2019 年 9 月 24 日，相山经济开发区管委会举行庆祝中华人民共和国成立 70 周年庆祝活动

五、基础设施建设不断完善

完成凤谐路道路改造工程。凤竹路开发区段已征收完成清表，仪凤路以西雨、污水管网已铺设完成。凤贤路、相凤路、鸾凤路、来凤路四条路施工单位已进场，相凤路南段约 280 米已开工建设。维修栖凤路南段路灯 66 盏，安装凤巢路新路灯 8 盏。凤城路污水管网项目已经开工建设，完成了 4 道拉管施工 :DN500 一道约 60 米的，DN400 三道约 150 米。三期标准化厂、2# 泵站、温州工业园新建污水管网项目设计、施工招标代理公司已确定。

六、保障能力日益提升

全面巡查园区涉水企业污水处理设施运行情况，累计巡查 300 余人次。推进园区重点污染源企业在线监测“三个全覆盖”工作，园区 19 家应安装在线监测设备全部安装并投入使用，中控系统已建成并投入使用。加大日常环境监管及环境执法工作，共下达责令整改决定书 20 起，责令停产整治 2 起，立案调查 7 起，查封扣押 2 起，行政处罚 2 起，罚款总额 30000 元。处理信访案件 16 件，结案率 100%。始终坚持“安全第一、预防为主”的方针，与园区企业及社会事务服务中心签订了《2019 年度安全生产目标管理责任书》。进一步深化重点行业（领域）的专项整治，检查针对有限空间作业、粉尘涉爆食品生产等企业 21 家，下达隐患整改通知书 11 份，并全部整改完毕。27 家企业安装监控系统。注重安全培训和宣传，共制作宣传板报 8 块，发放宣传资料 3000 余份，发送安全生产预防警示短信 600 余条。联合第三方机构在 3 家劳动密集型企业开展职工安全培训教育工作，500 余名企业员工参加培训。精心组织开展安全生产大检查，严厉打击安全生产领域非法、违法行为，重特大火灾事故为 0，重特大安全事故为 0，园区安全生产形势平稳。

七、不断提升服务企业水平

强化“四送一服”活动领导机构，认真落实“四送一服”活动包保机制，明确包保单位、包保责任人，全面开展走访调研活动。举办召开各类政策宣讲会、座谈会 10 次，参与企业 460 余家次。四是开展“大走访”活动。2019 年，走访调研企业 600 余次，发放《相山区支持新型工业化若干政策》、《淮北市高新技术企业专题培训材料汇编》等资料 240 余份。收集企业发展中存在的发展、用工、项目建设、周边环境等问题 62 件，办结 57 件。建立了企业联系员制度，推进企业服务常态化，每个企业明确一名联系员，主动走访企业，开展“一对一”服务，了解企业发展经营情况，向企业宣传有关政策。掌握企业在发展中的需求，认真倾听、广泛收集企业的意见和建议，每周例会通报服务企业情况，优化企业服务，改善企业发展环境。

八、社会事业统筹发展

按照分类管理、包保责任、督查落实等方法，有序推进征地、信访、扶贫等工作。先后启动任庄村庄搬迁第一、二批签约工作、嘉士利、科技小镇、原九福来、今麦朗、完美西围墙土地征收工作，完成相凤路、凤贤路丈量、清表工作。实行信访案件领导包案制度和来访登记制度。包保重点案件 3 件，成功化解一件，初步达成化解意见一件。登记接待来访群众 76 人次，下访 30 余次，梳理归类信访事件 19 件，妥善解决信访案件 28 件，努力将矛盾控制在中心层面。继续在教育、医疗、养老、危房改造、产业扶贫等方面加强工作职能。完成特色种养殖项目收益涉及 13 户 7.7 万余元，资产收益扶贫项目涉及 119 户 226 人享受资金 8.7 万余元，67 名在校贫困生得到资助。危房改造 11 户，年底将完成 6 户 18 人的脱贫任务。不断提升在计生、社会保障等方面的工作服务水平。完成基本公共卫生服务“两卡制”9962 人，流动人口服务管理率达 100%。完成农村低保户 155 户、256 人，城镇低保 183 户、274 人。完成城乡居民养老保险人下达参保人数 95% 以上。加快推进土地确权目标任务，完成土地确权总面积为 9900.25 亩，打证率达 90% 以上。以建国七十周年为契机，开展形式多样的宣传活动，悬挂核心主义价值观和公益广告 300 多幅，张贴文明公约 56 份，发放资料 4000 余份。组织 1 千人次、开展清理垃圾专项整治活动，清理秸秆、河道垃圾、生活垃圾等 100 余车。圆满完成夏季秸秆禁烧、997 户卫生厕所改造，农村公路 5.5 公里扩面延伸等工作，人居环境不断提升。

溪龙科技

曦强乳业

思朗食品（淮北）有限公司

隆尧·东方食品城

——全国食品产业区域品牌建设试点地区 中国食品工业创新发展基地

东方食品城位于河北省隆尧县东南部，成立于2003年11月，规划面积16.6平方公里，目前建成区面积8平方公里，人口近5万人。东方食品城的发展是与中国方便食品知名企业今麦郎公司同步兴起的，始发于1994年春天。历经二十余年的艰苦创业，成功地走出了一条“以龙头企业带动主导产业，以主导产业拉动相关产业，以相关产业激活区域经济，以区域经济促进小城镇建设”的发展路子。东方食品城先后获得“全国农产品加工示范基地”、首批“农业产业化示范基地”、“全国食品产业集群区域品牌试点单位”、“全国食品工业创新发展基地”、“首批省级工业聚集区”、“省级经济开发区”、“新型工业化产业示范基地”、“河北省中小企业示范产业集群”和“循环经济示范园区”等殊荣；食品城所在地莲子镇镇被确定为“首批中国特色小镇”；隆尧县被评为“中国食品工业强县”、“全国食品产业集群区域品牌试点县”、“全国食品工业十大发展特色县”。东方食品城是隆尧县经济重要增长极，各项经济指标始终占全县重要比重，财政贡献率常年占1/3强。2018年，东方食品城实现工业总产值109.73亿元，完成税收2.65亿元，固定资产投资25.67亿元。2019年1-11月东方食品城完成主营业务收入110.61亿元，税收3.04亿元，同比增长高达30%。

区位优势独特，交通快捷便利。这里位于中原经济区和京津冀经济圈的交汇处，距北京、天津、郑州、太原、济南、石家庄均在350公里以内，周围有3亿人口的庞大消费市场；对外交通一小时到石家庄机场、邯郸机场，十分钟即可上邢衡高速进入全程高速，连接青银高速、邢汾高速、京港澳高速，是承东启西、沟通南北的重要通道，是经略中原、辐射全国的理想立足点。

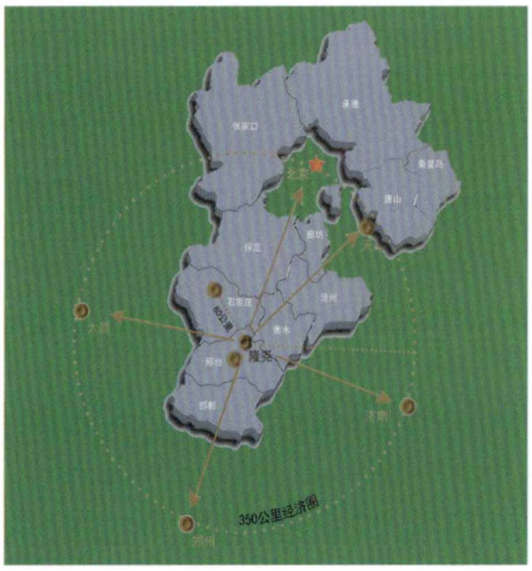

产业特色鲜明，配套优势明显。始终坚持发展食品产业的指导思想不动摇、不错位，现已拥有各类食品加工及配套企业90余家，形成了以方便面、饮品为主导，兼有面粉、挂面、粉丝、泡菜、卤蛋、冰糖、干果、食品馅料等系列产品和与之相配套的调味品、添加剂、食品容器、彩印包装等食品产业集群；先后吸引来香港远东集团、杭州南大集团、北京万容公司等十几家国内外知名企业前来投资兴业；拥有中国名牌产品1个、中国驰名商标2件，省名牌产品12个、省著名商标20件。东方食品城是中国北方知名的食品专业制造基地。

今麦郎

华龙

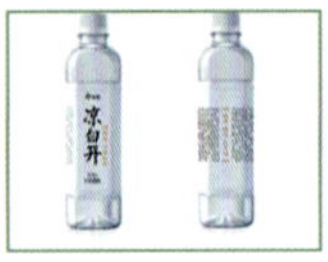

遠東

VARY万容

基础设施完善，服务功能齐全。已经建成五纵十横的路网格局，每家企业都是双向临路。拥有日处理 4 万吨的污水处理厂、日供水 4 万吨的南水北调水厂、日处理 150 吨的垃圾填埋场、日供汽 4000 吨的热电厂、日供气 30 万立方米的管道天然气门站和 3 座 3.5 万变电站、1 座 11 万变电站，已经达到省级开发区“十一通一平”的标准。与此同时，坚持以产为基、以业兴城、产城互动，医院、学校、金融、商业、住宅和食品产业研究院、食品药品检测中心、专业化产业园等公共服务、生活服务设施建设齐头并进，绿化、亮化、美化、生态水系建设同步跟进，为产业集聚、城市发展提供了新平台，增加了新优势，一个宜居、宜业、生态、休闲产业新城正在快速兴起。

今麦郎总部大楼

红帽子

龙大包装

远东食品配料公司

东方食品城鸟瞰图

热电厂

莲花苑小区

垃圾填埋场

污水处理厂

投资政策优惠，发展前景广阔。为进一步扩大食品产业优势、做大做强园区经济，邢台市委、市政府借鉴京津冀协同发展模式，把东方食品城周边的两个县的两个镇，一并划入了园区规划，实行“三镇融合”发展战略，并上升到省级战略层面，成立了邢台高新技术产业开发区。获得省委省政府的大力支持。在项目用地上，实行土地规模、土地指标单列，每年安排 1000 亩土地指标保证建设用地。在资金支持上，每年拨付专项资金用于园区基础设施建设。在政策支持上，对入驻东方食品城的企业，根据投资强度、亩均税收，享受优惠地价。并根据年纳税额，给予一定资金支持项目发展。对重点项目实行“一事一议、特事特办”，全力打造“建设零干扰、服务全程办、发展有保障”的外部环境，保证让每一位客商在食品城投资安心、放心、舒心。

东方食品城鸟瞰图

东方食品城的发展正处于一个重要的机遇期，隆尧县被确定为“中国食品工业创新发展基地”，“隆尧食品”被确定为“全国产业集群区域品牌建设试点”，东方食品城所在地莲子镇镇被确定为“首批中国特色小镇”。着眼未来的发展与竞争，东方食品城将进一步解放思想、抢抓机遇，发挥比较优势，强化资源整合，在规模扩张中提升产业档次、在不断创新中增强竞争实力，致力建设“中国食品城”，努力打造适合中国人口味的食品研发基地、中国人喜爱的食品生产基地、食品界的达沃斯，在振兴中国食品工业、促进人类科学饮食、健康进步这一伟大事业中做出新的更大的贡献。

贵州省生态特色食品产业

贵州生态特色食品产业作为省委省政府重点推进的十大千亿级工业产业之一，是现代工业体系中的支柱产业，是“接一连二带三”的重要产业，是助力脱贫攻坚、推动乡村振兴、服务高质量发展、创造高品质生活的民生产业。

一、生态绿色—贵州食品产业的天然基因

茶山

贵州食品产业，绿色、生态、可持续，不以生态赤字为代价，真正把“金山银山”和“绿水青山”画上了等号，实现百姓富、生态美的有机统一。

贵州食品产业生态绿色发展的底气，主要体现在以下几个方面：

一是良好的生态为食品产业发展创造了干净的自然环境。贵州省坚定实施“大生态”战略，坚持生态优先、绿色发展，多彩贵州、秀丽山水、清新空气已成贵州名片，全省县城以上城市空气质量优良天数比率保持97%以上，森林覆盖率达57%，主要河流出境断面水质优良率保持100%，为食品生产及加工创造了干净无污染的环境。

二是独特的气候为食品发酵提供了道法自然的工艺基础。贵州地处云贵高原，平均海拔1100米，是中国五大高原中唯一兼具高海拔、低纬度、寡日照的地方，年平均温度15℃左右，具有“奇妙的纬度、错落的高度、有利的温度、适宜的湿度、宝贵的绿度”这种说法，非常有利于食品发酵。不可复制的生态自然资源环境，道法自然工匠精神，匠心独运的发酵工艺，成就了贵州特色的发酵食品。贵州酱香酒、晒醋、豆豉、酸汤等就是最好的例子。

三是富集的生物资源为食品生产提供了天然充足的原料。得益于贵州得天独厚的资源和生态环境，贵州生物资源种类繁多，全省野生植物3800多种，食用野生植物500多种，工业用野生植物600多种。农村产业革命开展以来，十二大农村产业种植规模迅速扩大，2018年12大农村产业种养殖面积5033.4万亩，为生态特色食品提供了丰富的天然原料。

二、产业现状—对贵州人民富饶美好生活的反映

经过多年的发展，贵州生态特色食品由初级产品、粗加工逐步向精深加工、系列加工

食用菌菌棚

酸汤发酵现场

延伸，形成了以辣椒、茶叶、粮油及豆制品、肉类、乳制品及饮料、天然饮用水等特色优势产业。

酸汤发酵现场

2019 全年，预计全省 4385 家生态特色食品企业共完成产值超过千亿，龙头企业老干妈综合产值超过 50 亿元，龙头作用凸显。加工环节直接就业人员 6.41 万人，直接或间接拉动一产、三产就业人员超 100 万人。通过“企业 + 基地 + 农户”的产业化经营模式，开展订单生产，保底价收购，带动脱贫攻坚赢。

三、提质增效—贵州传统工业改革的新方向

近年来来，贵州致力于从传统“老三会”的会修路、会架桥、会盖楼将经济发展重心转变为“十大千亿级工业振兴”、“十二大农村产业革命振兴”，生态特色食品逐渐成为贵州工业的发展之基，腾飞之冀。

为大力发展生态特色食品产业，我们通过主体发力、政策鼓劲、资金支撑的带动，打造新型产业集群和工业企业提质增效，如开始筹划实施以“优质、生态、健康”为内涵的“多彩贵州水”品牌培育推广工作。为引进有志于打造生态绿色的食品及加工企业，我们在省级层面的优惠政策上具有 11 个用地政策、10 个其他要素保障政策、11 个财税政策、7 个金融政策、5 个人才政策，地方层面的优惠政策更是广泛、多样，全方位多层次推进贵州成为一片投资宝地。

河北邱县

一、邱县概况

邱县隶属河北省邯郸市，地处冀、鲁、豫三省交界区域，面积 455 平方公里，辖 5 镇 2 乡 1 个街道办事处、217 个行政村、8 个居委会，人口 26 万。近年来，邱县先后荣获中国民间文化艺术之乡、国家级园林县城、全国绿化工作先进县、全国科技示范县、全国文明示范县、中国民间文化艺术之乡、全国食品工业强县、全国纺织产业转移试点园区、全国最佳环保示范县城、“四好农村路”全国示范县等多项国家级荣誉。

邱县区位优势独特。地处环渤海、京津冀和中原经济区三大经济圈交汇区，属于全国主体功能区的重点开发区域。交通条件便利，大广高速、106 国道、514 国道纵横穿越县境。三小时可达京、津，是邯郸市到北京、天津最便捷的县；距天津港 380 公里、黄骅港 320 公里、青岛港 560 公里，邯黄铁路建成通车后，打通了邯郸直接出海口。周边消费市场巨大，1 小时经济圈覆盖中原协作区 13 个城市 6000 万人口；400 公里半径内覆盖北京、天津和石家庄、太原、济南、郑州等大型城市，人口近 4 亿，为企业开拓市场、抢占商机提供了便利。

二、开发区简介

河北邱县经济开发区始建于 2005 年，2011 年被省政府批准为省级经济开发区，2013 年被列为“省级循环经济示范区”，2017 年成功争创“全国食品工业强县”， 2018 年被列为“全国纺织产业转移试点园区”，并在全省省级开发区综合发展水平考核评价中进入三十强。

开发区紧邻县城西侧，规划总面积 20 平方公里，目前建成区面积为 9 平方公里，已经建成“八纵八横”路网格局，热电厂、南水北调水厂、污水处理厂、220 千伏变电站、天然气门站均已建成投运，园区基础设施建设高标准达到了“九通一平”标准，园区承载能力得到日益提升。累计入区企业 221 家，

其中规上企业 47 家。现已形成以食品加工、纺织服装、装备制造等三大优势产业为主，电子信息、生物医药、新材料、新技术为辅的“3+X”特色产业集群。规划建设食品加工、装备制造、纺织服装 3 个“千亩百亿产业园”，建成京津食品产业转移首选承接地、装备制造产业基地和冀南地区重要纺织服装产业基地，正在谋划建设电子信息产业园，产业布局日趋完善，产业竞争力日益凸显。

三、发展环境优越

“六个一”帮办：即开发区项目实行明确一个项目、一名县级领导、一个推进班子、一套倒计时推进方案、扭住一个目标、一抓到底；实现“问题清单”“集中办公”等推进措施，每周收集整理项目问题，拉出问题清单，召开“集中办公会”，对存在问题、议定事项分解到部门，责任到人，限期完成。

项目承诺制：以企业投资项目报建审批事项改革为突破口，瞄准项目建设“先批后建”项目落地慢，建设周期长影响项目建设速度的这一痛点、堵点，探索实施项目建设“承诺制”改革，变“先批后建”为“先建后验”，推进管理重心由事前审批向事中事后全过程监管服务转变，探索建立“政府政策引导、企业信用承诺、监管服务并重”的投资审批管理模式，极大地压缩了项目建设周期，降低了企业时间成本，走出了一条可复制、可推广的提速项目建设的新路子。

制定 22 条优惠政策：为进一步优化营商环境，制定了《邱县支持民营经济发展 22 条政策措施》，全力解决民营企业在人才、资金、技术、土地和市场等各方面的需求，有效促进民营企业转型升级和科技创新。

全国食品工业强县—潢川县

一、基本县情

潢川县位于河南省东南部，辖 17 个乡镇、4 个办事处和 1 个国营农场，总人口 85 万人，面积 1666 平方公里。先后被评为全国交通枢纽城市、全国食品工业强县、全国肉类生产百强县、全国出口鸭肉质量安全示范区、全国科技进步先进县、全国生态建设示范县、全国粮食生产大县、全国优质糯米粉产业之乡、全国渔业养殖示范县、全国花木之乡、全国产茶业基地县、全国生猪调出大县、省卫生、园林、文明城市、省外商投资十佳城市等称号。

潢川区位优势十分独特。“一个中心，三个枢纽”逐步形成。一个中心，就是区域性中心城市正在形成。国务院把潢川列为大别山扶贫片区重点建设的区域性中心城市来发展，河南省把潢川作为 6 个中等城市之一来建设，信阳市把潢川作为副中心城市来培育。三个枢纽：一是交通枢纽。312、106 两条国道，大广、沪陕两条高速，京九、宁西两条铁路在我县形成三个“十”字交叉，使潢川成为全国 44 个枢纽城市中唯一的一个县级城市。二是商贸物流枢纽。潢川历来有“小苏州”、“小上海”、“小汉口”之称，商贸物流辐射周边地区。三是电力能源枢纽。拥有 500 千伏、220 千伏等各类变电站 16 座，西气东输两条支线交汇潢川，中石油、中石化、中储粮、中储棉在潢川设有直属库，能为产业发展提供充沛的物质能源需求。高铁、机场建设项目正在立项选址，必将进一步强化潢川区位优势。

潢川发展环境宜居宜业。生态环境优美，气候宜人，是中国著名的花木之乡，素有“江南北国，北国江南”之美誉。城市建成区面积达到 40 平方公里，城镇化率达到 44.3%，水、电、路、气、通信网络等基础和公共设施配套完善，在城东和城西分别建有两个产业集聚区，产业承载能力较强。近年来，潢川对客商实行联审联批、零阻碍、零打扰服务，对项目建设实行“六位一体”责任制，潢川人民开放、包容、诚信，全县上下营造了“尊商、富商、亲商、安商”的氛围。

二、食品工业发展现状

近年来，潢川县充分依托农产品资源优势，率先推行“龙头企业 + 基地 + 农户”的模式，大力发展食品工业，2018 年，该县食品工业企业发展到 91 家，占全县工业企业的 40%；其中规模以上食品工业企业发展到 31 家，占全县规模工业的 32.9%；食品工业总产值 37.29 亿元，占全部工业的 41%，出口创汇 4297 万美元，占全部工业的 0.87%，形成了畜禽、水产、粮油、糯米粉、饮品五大食品产业集群竞相发展的格局，辐射带动农户 8.3 万多户，从业人员达 24.9 万人。

我县食品企业拥有“中国驰名商标”两个：河南华英农业发展股份有限公司和河南黄国粮业有限公司。拥有河南省著名商标 12 个：（河南省潢川县光州名茶精制加工厂、河南省淮河酒业有限公司、河南明业食品有限公司、河南友利粮业有限公司、潢川县仁和粮油购销有限责任公司、河南忠兴粮油有限公司、潢川县裕丰粮业有限责任公司、潢川县豫川粮业有限公司、潢川大丰

收农贸科技有限公司、潢川九龙春天农业科技有限公司、潢川县众腾特种水产专业合作社、河南华英农业发展股份有限公司）；拥有国家地理标志保护产品 2 个 2012 年度潢川甲鱼、2013 年潢川空心贡面，拥有国家地理标志产品证明商标 1 个：潢川甲鱼。

全县食品企业主板上市企业 1 家即河南华英农业发展股份有限公司，新三板上市企业 1 家即河南黄国粮业股份有限公司。区域性股权交易市场挂牌企业 16 家，其中明业生物和友利粮业挂牌交易板。（另外 14 家分别是潢川道财农业开发有限公司、河南瑞达酒业有限公司、潢川变地金粮油有限公司、潢川九龙春天农业科技有限公司、河南省宝树水产有限公司、潢川县富商源粮油贸易有限责任公司、潢川县光州茶业有限责任公司、河南旺鑫食品有限公司、潢川县上油岗文尧水产有限公司、潢川县鹏升畜产品有限公司、潢川县梅瑰庄园农业发展有限公司、信阳多栗多绿色食品有限公司、河南澳嘉食品有限公司）。

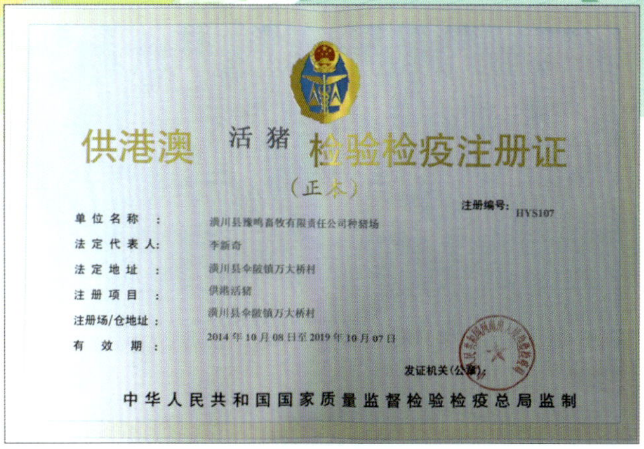
供港澳 活猪 检验检疫注册证
（正本）
注册编号：HYS107
单位名称：潢川县豫鸣畜牧有限责任公司种猪场
法定代表人：李新奇
法定地址：潢川县伞陂镇万大桥村
注册项目：供港活猪
注册场/仓地址：潢川县伞陂镇万大桥村
有效期：2014 年 10 月 08 日至 2019 年 10 月 07 日
发证机关（公章）：
中华人民共和国国家质量监督检验检疫总局监制

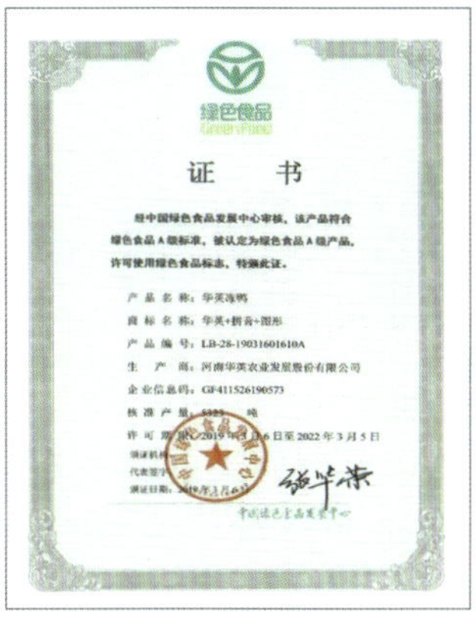
绿色食品
证 书
经中国绿色食品发展中心审核，该产品符合绿色食品 A 级标准，被认定为绿色食品 A 级产品，许可使用绿色食品标志，特颁此证。
产品名称：华英海鸭
商标名称：华英+拼音+图形
产品编号：LB-28-19031601610A
生产商：河南华英农业发展股份有限公司
企业信息码：GF411526190573
许可期限：2019 年 3 月 6 日至 2022 年 3 月 5 日
中国绿色食品发展中心

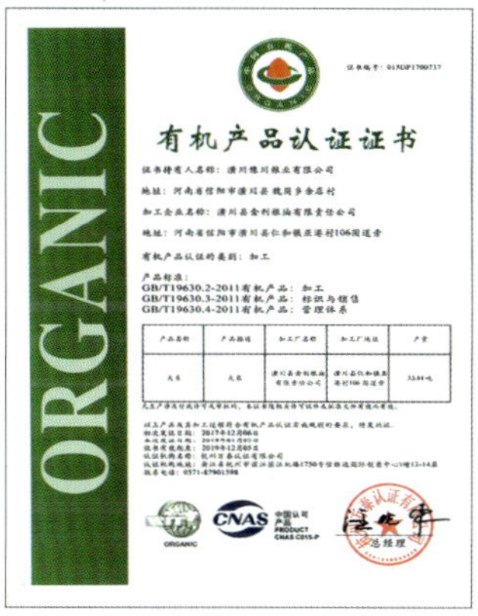
ORGANIC
有机产品认证证书
证书持有人名称：潢川豫川粮业有限公司
加工企业名称：潢川县金利粮油有限责任公司
有机产品认证的类别：加工
产品标准：
GB/T19630.2-2011 有机产品：加工
GB/T19630.3-2011 有机产品：标识与销售
GB/T19630.4-2011 有机产品：管理体系
CNAS
总经理

全县食品企业拥有高新技术企业（1 家）明业生物科技有限公司；国家级产业技术创新战略联盟（1 家）国家稻米精深加工产业技术创新战略联盟（黄国粮业）；国家级工程技术研究中心（1 家）国家淡水渔业工程技术研究中心（武汉）稻渔综合种养分中心（黄国粮业）；省级产业技术创新战略联盟（1 家）河南省稻米精深加工产业技术创新战略联盟（黄国粮业）；省级工程技术研究中心（6 家）河南省糯米制品工程技术研究中心（黄国粮业）、河南省稻渔综合种养工程技术研究中心（兴禾生物）、河南省家禽安全饲养及加工工程技术研究中心（华英禽业）、河南省复合糯米饭制品工程技术研究中心（裕丰粮业）、河南省抗性淀粉及制品工程技术研究中心（明业食品）、河南省食用菌工厂化周年生产工程技术研究中心（九龙春天）；省级院士工作站（2 家）河南省糯米制品院士工作站（黄国粮业）、河南省兴禾稻渔综合种养院士工作站（兴禾生物）；省级科技创新团队（1 家）河南省稻米精深加工科技创新团队；省级节能减排科技创新示范企业（6 家）河南黄国粮业股份有限公司、河南华英农业发展股份有限公司、潢川县裕丰粮业股份有限公司、河南明业食品有限责任公司、潢川县九龙春天农业科技有限公司、潢川县遍地金粮油食品有限公司；省级重创空间（1 家）豫东南食品专业化重创空间（华英农业）；省级星创天地（1 家）河南省生态农业星创天地（鑫永生）。特别是 2018 年组建的河南稻渔综合种养院士工作站及工程技术研究中心，极大地推动了我县的稻渔综合种养产业发展，对于我县脱贫攻坚，带动更多的群众走上致富道路，有着巨大的助推作用。

全县备案科技型中小企业已完成 16 家（名单）国家级科技型中小企业、39 家河南省科技型中小企备案，截至 2018 年 10 月份全县申请专利 174 项，授权专利 74 项，主要集中在食品企业。全县共有 5 家外贸自营进出口食品企业，分别是：河南华英樱桃谷食品有限公司、河南华英农业发展股份有限公司、河南黄国粮业股份有限公司、河南省宝树水产有限公司、潢川县裕丰粮业有限责任公司。

自由呼吸 自在荣成

WELCOME TO RONGCHENG

『山东荣成海洋食品博览中心』

博览中心总面积3万平米，建有海洋食品主题区、展示区、体验区及海洋科技馆等功能区，是集展览展示、旅游观光、休闲购物和产业对接为一体的海洋主题博览馆。

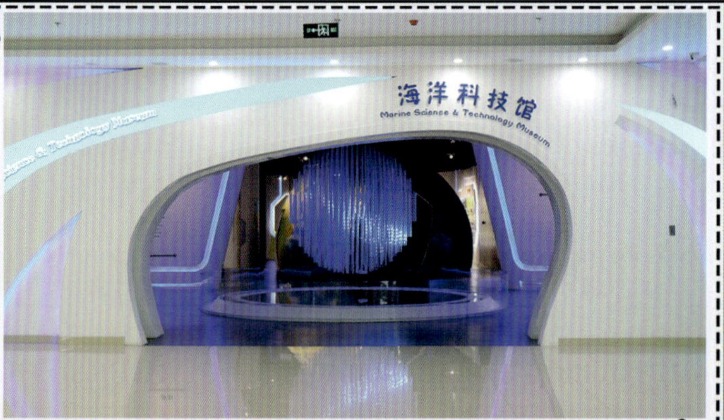

『海域环境』

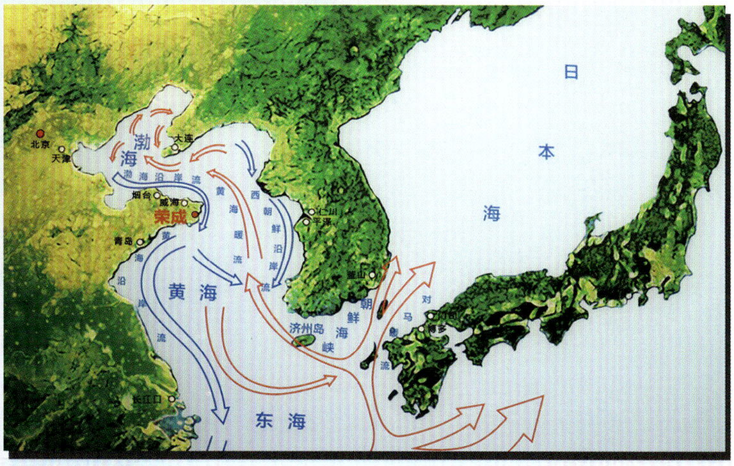

『生态养殖』

西太平洋洋流与黄渤海沿岸流在荣成海域交汇，形成强大的气旋流和动力场，使荣成海域具有水流活、水质清、水动力大、净化能力和光合作用强等显著特点，荣成近海海域是我国重要的种质资源保护区。

『大洋渔业』

金枪钓船

『精深加工』

全封闭无菌加工车间

『优势产品』

冷冻调理水产食品

荣成是全国最大的冷冻调理水产品出口生产基地，产量占全国30%，被农业部授予全国农产品加工示范基地称号。主要产品有鱼、虾、贝、鱿鱼、鱼糜制品5大类300多个品种。

海产罐头食品

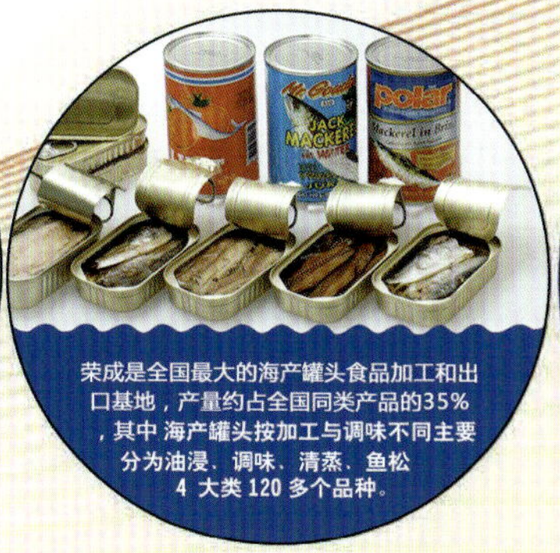

荣成是全国最大的海产罐头食品加工和出口基地，产量约占全国同类产品的35%，其中 海产罐头按加工与调味不同主要分为油浸、调味、清蒸、鱼松 4 大类 120 多个品种。

海藻食品

荣成海藻食品以海带为主，形成系列海藻佳品。海带被誉为海洋中的“冬虫夏草”，荣成海带以藻体宽大、叶片丰厚、营养成分高而著称。产品包括淡干类、盐渍类、熟干类、即食类、海带面食等类6大类共200多个品种。

海洋保健食品

荣成在发展海洋基础食品产业的同时，致力于研发海洋生物保健品、海洋医药等高端海洋产品。产品包括胶囊类、功能性食品、生物技术制品3大类230多个品种。

即食休闲食品

荣成海参

荣成鲍鱼

海珍品

对虾

荣成海胆

中国食品名城－福建漳州

漳州拥有诸多“城市名片”，其中，“中国食品名城”称得上一个沉甸甸的金字招牌。食品工业对漳州来说，是“有根”的产业，漳州的食品产业在全国乃至世界都有举足轻重的地位。这是新中国成立 70 年以来，一代代食品人紧扣时代脉搏，锐意进取的结果。

一、食品产业基本情况

至 2018 年底，全市食品规模工业企业 591 家，占全市 2227 家规模工业企业的 26.5%，实现规模工业产值 1572 亿元，比增 9.5%，占全市规模工业产值的 28%，占全省食品工业的三分之一；实现规模工业增加值 412 亿元，比增 9.3%。主要有六个特点：

一是行业门类全。主要包括农副食品加工业、食品制造业、酒、饮料和精制茶制造业三大行业，涵盖 16 个大类、40 多个小类，拥有以水产品加工、果蔬食用菌加工、休闲食品制造、粮油饲料加工、罐头制造、肉制品加工、饮料、精制茶等为主要内容的食品产业体系。部分行业、产品居全国、全省首位，如罐头产业集群链条完整，享有“中国罐头之都”美誉,2018 年全市罐头产量 140 万吨，约占全国总量的 1/10，出口量连续 35 年居全国第一；龙海市 2017 年获评“中国休闲食品名城”，休闲食品工业规模约占全市四成，涌现了泡吧、卡尔顿、好运来、童城、新乐福、正鸿富等一大批新兴代表企业，其中以糕点、饼干为主的焙烤食品制造业规模位居国内前列。

二是骨干企业多。全市 3000 多家食品企业中，规模以上企业 591 家；年产值亿元以上企业近 381 家（10 亿元以上约 25 家），占食品工业规模企业数近六成。一大批食品企业逐步壮大、质量效益快速增长，截至 2018 年，全市食品工业共有省、市级龙头企业 19 家（如大闽食品、傲农生物、绿宝食品、天福茶业、海新食品等），省、市级高成长企业 38 家（如康之味食品、顶津食品、紫山集团、新华东食品、同发食品、绿新食品等）。

三是产业聚集度高。各县区依托当地资源优势，培育了一批具有典型区域特色的食品产业基地，形成产业集群，吸引带动了包装印刷、纸制品、专用机械、空罐、物流、原料基地等配套完整的食品上下游相关产业链的发展，推动整个食品产业可持续发展。如沿海水产品加工产业集群，主要集中在环东山湾区域及漳浦、龙海等沿海地区；果蔬食用菌加工产业集群，主要集中在龙海、台投区、南靖、龙文等沿九龙江流域以及漳浦等地；休闲食品制造产业集群，主要集中在龙海、龙文、芗城、南靖等地；以华安铁观音、白芽奇兰、南靖红茶、八仙茶等为代表的茶叶加工产业集群，主要集中在华安、平和、南靖、诏安等区域；粮油饲料加工产业集群，依托港口及高速公路、铁路运输优势，主要集中在漳州开发区、龙海、龙文、芗城等。

四是企业品牌响。结合国内外重点展会，开展“漳州味”系列展销活动，帮扶企业开拓市场，有力提升漳州“中国食品名城”品牌影响力。截至 2018 年，全市食品企业拥有天福、紫山、泡吧、海魁、含羞草、信华、大闽、Q3、盈丰、白玉兰等中国驰名商标 26 件；中国罐头十大品牌评选中，我市紫山集团、同发食品、海魁水产占据榜单三席；紫山集团、同发食品、绿宝食品、港昌工贸成功入选 2016 年“中国罐头出口十强企业”；绿新食品、紫山集团、海新食品、东山腾新食品等 44 家企业先后通过“国家食品工业企业诚信管理体系”评价，被授予“食品工业企业诚信体系建设示范企业”称号。

五是漳台合作好。通过台商投资区、台湾农民创业园、海峡两岸水产品加工集聚基地等对台合作平台，引进台湾优质农产品及种植技术、先进食品生产设备、精深加工技术和管理理念，有效促进漳台食品产业深度合作，提升漳州食品产业发展层次和水平。目前，全市拥有天福茶叶、信华食品、泰山食品等一批知名台资食品企业约 500 家。

六是社会贡献大。用工就业方面，全市食品工业年可安排用工（包括季节性用工）约 13 万个，约占全市规模企业用工的三分之一。效益贡献方面，2018 年全市食品工业实现利税总额 217 亿元，约占全市规模工业企业利税总额的近三成；出口创汇方面，2018 年，全市食品出口交货值 384.6 亿元，占全市各行业出口交货总值的 45.8%；其中，水产品出口交货值 229.9 亿元，约占全省水产品加工出口总量的一半，位居全国设区市前列。

二、发展重点

以龙头企业为带动，不断延伸食品产业链，大力发展食品精深加工，扩大罐头、速冻（脱水）果蔬、冻干、水产加工品、食用油、食用菌、果蔬饮料等生产，鼓励食品龙头企业建立果、蔬、茶、菌等无公害原料基地，强化原料保障。以绿色食品、方便食品、功能食品、保健食品、休闲食品为重点，加强漳台食品产业深度对接，做大做强漳州速冻保鲜蔬菜、果蔬罐头、肉制品、水产加工、茶叶精加工等产业，把漳州打造成全国重要的优质绿色食品供应基地。

① 绿色果蔬加工。重点加快果蔬精深加工和新产品品种更新换代步伐，发展营养保健类果蔬原汁饮料、特色罐头、调理食品、速冻（冻干）食品等适宜国内外市场需求的新型产品。

② 水产品加工。重点开发水产罐头、鱼浆制品、藻类食品、海洋休闲食品新品种，推进海洋产品资源综合开发，积极开发海洋保健食品、海洋功能食品和海洋药物，扩大对海水、淡水鱼类、海藻类和水产废弃物的精深加工和综合利用。

③ 休闲食品制造。突出休闲、旅游、营养、健康需求，结合我市绿色农业资源，大力开发新型烘培食品、蜜饯、糖果、膨化食品、方便食品、功能食品等，促进休闲食品的规模化生产；鼓励传统食品继承和发扬传统特色，引进先进工艺、技术设备和管理制度，扩大生产规模，推进传统食品加工现代化。

④ 肉制品加工。鼓励发展精细分割冷却肉、包装肉；积极开发中西式低温肉制品、速冻中式菜肴；开发特色家畜、家禽产品；优化肉类食品结构，加强肉、蛋制品的精深加工，促进资源的综合利用。

⑤ 茶叶加工。重点培育龙头企业，强化资源整合、兼并重组，由分散向集中发展，形成较完整的产业链。注重自主品牌提升和产品质量管理，改进升级名优或特色茶品的生产工艺，提高茶叶深加工产品的占比；注重产品系列开发，推动铁观音、奇兰茶、红茶、八仙茶制作向品质化、品牌化、多样化方向发展。

三、发展展望

在这一轮的产业结构调整和企业转型升级变革中，漳州市委、市政府主动作为，通过“制定一套科学规划、出台一套扶持政策、打造一套品牌营销体系”，从产业布局规划、政策措施扶持和营销体系建设三个方面着力推动食品产业转型升级。漳州食品企业也积极谋变，引进先进设备和管理人才，不断创新产品，提升品牌，展现出了强劲的竞争优势。

“漳州食品产业不但有基础，而且有优势。”漳州市委书记邵玉龙在食品企业家座谈会上表示，漳州虽然没有“航母型”食品企业，但“舰队”众多，发展势头良好，而且资产结构优良，新时代呼唤着“中国食品名城”的升级版，相信锐意进取的漳州食品人将不负众望，续写漳州食品工业发展新篇章。

宿迁及经济开发区欢迎您

一、宿迁市概况

宿迁市位于江苏省北部，长三角北翼。1996 年 7 月经国务院批准设立，下辖沭阳县、泗阳县、泗洪县、宿豫区、宿城区。面积 8555 平方公里、总人口 592 万，分别列全省第 4 位和第 6 位。先后荣获国家文明城市、国家卫生城市、中国人居环境奖城市、环保节能新型示范城市、中国优秀旅游城市、国家园林城市、全国双拥模范城等称号，并成功当选首批 12 个社会信用体系建设示范城市。2018 年，全市共实现地区生产总值 2750.72 亿元、增长 6.8%。

食品产业作为宿迁市第一主导产业，拥有规上企业 378 家，也是江苏省最大、特色鲜明的食品饮料生产基地。2018 年食品饮料产业总产值超过 700 亿元，荣获“中国食品产业园”、“中国（宿迁）白酒之都”等称号。以“苏酒集团、青岛百威”为代表的酿酒业、以“娃哈哈饮料、汇源果汁、蒙牛乳业”为代表的乳饮业、以“海天调味品、福达坊食用油”为代表的调味品行业、以“达利园、西麦、自嗨锅”为代表的休闲食品业、以“正大食品、益客食品”为代表的肉禽加工业已成为食品产业的“五驾马车”，显示出宿迁食品产业发展的强大生命力。

二、宿迁经开区与中国宿迁食品产业园概况

宿迁经济技术开发区（以下简称宿迁经开区）成立于 1998 年 11 月，2013 年 1 月升格为国家级开发区，是宿迁市首家国家级开发区，是宿迁市最重要的政策、资本、技术和人才高地，被评为“中国最佳投资环境开发区”。

中国宿迁食品产业园于 2008 年获批为“省级食品产园”，2011 年 11 月，获批国家级“中国食品产业园”，成为江苏省唯一的特色食品园区。

三、宿迁经开区发展食品产业的条件

（一）适宜的地理区位

宿迁位于江苏北部，地处江苏、安徽、山东三省之通衢，是长三角和淮海经济区的交汇地带。宿迁也是华东沿海地区向中原腹地过渡的必经之地。

（二）优越的交通条件

机场：宿迁紧靠连云港白塔埠机场、淮安涟水机场、徐州观音国际机场，距离宿迁均在 1 小时车程左右。

高铁：两条高铁穿境而过，“京沪高铁第二通道”徐宿淮盐高铁将于已经正式运营，合青高铁即将开工建设。高铁宿迁站就设在宿迁经开区境内，可直达北京、上海、温州、广州、重庆、青岛等地，届时 2 小时到上海，3 小时到北京。

水运：集装箱可由宿迁运河中心港进行运输，通过南京港、太仓港中转，可通航国内 27 个港口，北到辽宁营口、南到海南海口、东到浙江宁波、西到重庆宜宾。同时，借助连云港港口可通航 160 多个国家、1000 多个港口，宿迁距港口仅 80 分钟车程，借港出海非常方便。

（三）优质的生态环境

洪泽湖和骆马湖南北相望，大运河和古黄河穿城而过，享有绿色家园、生态氧吧的美誉，被联合国环境规划署授予“环保节能新型示范城市”。

（四）广阔的消费市场

宿迁面对总面积 21.17 万平方公里、总人口 1.5 亿的长三角经济圈，同时背靠总面积 17.8 万平方公里、总人口 1.3 亿、年居民消费总量超过 5000 亿元的淮海经济区。以宿迁为圆心，宿迁可辐射苏鲁豫皖 20 个地级市，1 小时可辐射淮海经济区核心区 5328 万人口，2 小时可达整个淮海经济区及周边地区，辐射 1.2 亿人口。同时，宿迁也是华东沿海地区向中原腹地过渡的必经之地，市场空间巨大。

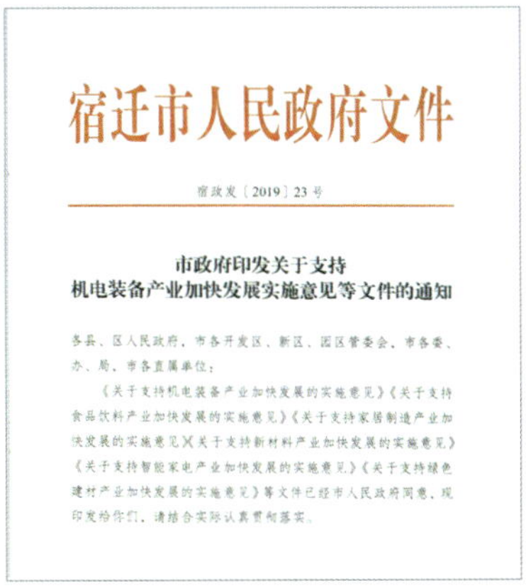

宿迁市人民政府文件

宿政发〔2019〕23 号

市政府印发关于支持
机电装备产业加快发展实施意见等文件的通知

各县、区人民政府，市各开发区、新区、园区管委会，市各委、办、局，市各直属单位：

《关于支持机电装备产业加快发展的实施意见》《关于支持食品饮料产业加快发展的实施意见》《关于支持家居制造产业加快发展的实施意见》《关于支持新材料产业加快发展的实施意见》《关于支持智能家电产业加快发展的实施意见》《关于支持绿色建材产业加快发展的实施意见》等文件已经市人民政府同意，现印发给你们，请结合实际认真贯彻落实。

（五）优良的营商环境

宿迁是全国行政审批精简力度最大、保留项目最少的地级市之一，全国首张“一证一号”营业执照在宿迁诞生；深入实施“亲商、安商、扶商、富商”的理念，得到了来宿投资创业的海内外客商的一致好评，多次获批“浙商最佳投资开发区”。同时，宿迁是江苏治安环境最好的地区，连续多年被评为“江苏省社会治安安全市”，群众安全感和对社会治安满意度位居江苏第一。

（六）充足的要素保障

水、电、气、热等资源要素供应充足，200 多万劳动力保障用工不缺，20 多所职业院校可与企业开展联合教学培训，技能提升有保障，工人工资约为上海、苏南地区的三分之二。

（七）完备的载体平台

海关、商检进区运行，物流集散方便快捷，高标准建设了生活广场、人才公寓、活动中心等综合配套设施，服务产业发展水平显著提升。同时，建有标准厂房 90 万平方米，企业可“拎包入驻”。与东南大学、江南大学、南京工业大学、河海大学、西安交大等高校共建苏北工业技术研究院，为园区企业提供产业技术研发、技术培训、成果转化和高技术企业孵化等工作，同江南大学共建食品产业研究生科研流动站和现代化食品产业研发中心，推动园区内食品产业升级。

电商巨头—京东集团在宿迁设立了全国呼叫中心、京东物流仓储中心，可为落户宿迁的企业提供经济、便捷、高效的营销服务和物流配送方案。

伴随龙头食品企业的快速发展，宿迁食品产业园已成为江苏省范围内生态环境最优良、品牌企业最集聚、发展最具潜力的现代化食品特色园区。

来自沂蒙山的绿色食品基地

——山东省沂水县

山东隆科特酶制剂公司

山东省鲁洲食品集团有限公司研发中心

山东诺好佳食品有限公司

青援食品有限公司厂区

沂水大地玉米开发有限公司厂区

山东鼎邦健康食品有限公司厂区

一、基本县情

沂水县位于鲁中南地区、沂蒙山腹地，总面积 2434.8 平方公里，在全省县级行政区划面积中列第二位，现辖 18 个乡镇（街道）、1 个经济开发区，359 个农村社区、1040 个行政村，人口 115 万。沂水历史悠久，秦代即在此置县，隋开皇 16 年（公元 596 年）定名为沂水县。沂水有光荣的革命传统，是中共山东分局诞生地、《大众日报》创刊地、“红嫂”故里、沂蒙精神发祥地之一。2014 年沂水县被民政部确认为中国地名文化遗产“千年古县”。交通条件优越，东红、沂博、兖石、泰薛、沂邳、韩莱 6 条省道与县乡公路联网，东临青岛港、日照港、岚山港三大口岸，胶新铁路、瓦日铁路经过沂水并设立县级站，青莱高速公路在县内设有两个出入口，长深高速公路在县内设三个出入口。自然资源丰富，现已探明矿产资源 43 种，优势资源主要有铁矿、石英砂岩、水泥用石灰岩、页岩、白云岩、玄武岩、长石、瓷石等。沂水县素有“百库千塘”之称，全县可利用水资源 8.16 亿立方米，建有大中小型水库 151 座，其中全省第三大水库跋山水库容量达 5 亿立方米。

二、食品产业发展情况

近年来，沂水县围绕“品种多样化、生产规模化、经营国际化、加工自动化、产品品牌化”的发展要求，积极引导食品产业从中低档产品向高档食品、焙烤食品、淀粉糖转变，加快由传统向先进、由低端向高端发展，食品产业已成为全县经济发展的支柱产业。

品牌悠久。食品产业作为沂水县的传统产业，起源于上世纪 80 年代，经过三十余年的发展，沂水县已成为闻名全国的食品城。沂水县先后被评为“中国食品城”、“全国食品工业强县”、“中国优质饼干加工示范基地”、“全国食品安全示范县”、“国家火炬计划功能性生物糖特色生产基地”、“山东省新型工业化示范基地（焙烤食品和淀粉糖）”、“省级产业集群（沂水县食品产业集群）”。

实力雄厚。全县获证食品企业已发展到 300 余家，固定资产达到 60 余亿元，从业人员 5 万余人。年加工各类食品 400 余万吨，主要有玉米淀粉及淀粉糖、饼干、糖果、方便食品、休闲食品等，畅销全国各地并远销 30 多个国家和地区。

定位高端。青援、鼎福、正航等 5 个商标被认定为“中国弛名商标”，青援食品公司的小麦粉、饼干、方便面和辣酱、鲁洲食品集团的食用植物油、沂蒙山酒业公司的浓香型白酒等 9 种产品被评为“山东名牌产品”，鼎福、青援、康柏、雪婷、沂蒙山、大仓等 13 个商标被认定为“山东省著名商标”。青援食品公司、鲁洲食品集团等企业先后被评为“全国食品工业优秀龙头食品企业”。

行业领先。目前全县食品行业拥有国家级企业技术中心 2 个，省级 3 个，市级 6 个；省级重点实验室 2 个；省级工程技术研究中心 1 个，市级 2 个；国家级工程研究中心 1 个；博士后科研工作站 2 个；院士工作站 1 个。鲁洲食品集团参与和主持制定了食用葡萄糖、低聚异麦芽糖、果葡糖浆、麦芽糖、麦芽糊精、葡萄糖浆等国家行业标准，隆科特酶制剂公司先后参与制定了 7 项酶制剂国家标准、4 项行业标准和一项酶制剂企业生产规范。

青援® 鲁洲 DFFD 鼎福食品 隆大 Ldzymes 世纪春 CENTURY SPRING 乐福记 LuckGem 大仓牌 DACANGPAI® 健柏

正航 正航，为健康领航 沂蒙山® Xiao Dou Guan 小豆馆 蒙山龙雾® JieShiLi 杰士利® 一品庄园 THE BEST MANOR™ 邹师傅 MasterZou

荣成海鲜
RONGCHENG SEAFOOD

来自中国海洋食品名城的饕餮盛宴

荣成拥有现代海水养殖、海参、海带产业技术创新战略联盟；荣成海带、荣成海参、荣成鲍鱼、荣成裙带菜、荣成海胆、荣成魁蚶、荣成牡蛎等是全国农产品地理标志产品；有海洋珍品、冷冻调理食品、海藻食品、海产罐头食品、即食海洋食品等十大类产品；在此基础上今后重点发展现代生物医药和保健品、鱿鱼产品、金枪鱼加工、冷链物流及海洋食品电子商务服务业等十大类重点产业项目。

潮州——中国食品名城

潮州，一座美丽静谧儒雅的古城，又是广东经济后发区域，特色产业优势突出，充满了活力。东邻福建，濒临南海，是广东的“东大门”。潮州是“潮文化”发祥地，素有“岭海名邦”、“海滨邹鲁”之美誉，成为“海丝文化重镇、潮人精神家园”。拥有“国家历史文化名城”、“中国优秀旅游城市”、“中国著名侨乡”、“国家园林城市”、“中国瓷都”、“潮州菜之乡”、“中国婚纱晚礼服名城”、“国家重点工艺美术城市”、“中国工艺美术之都”、“中国第一食品名镇”、“中国不锈钢制品之乡”、“中国盐焗鸡之乡”、“中国民间工艺传承之都”等城市名片。

一、饮食历史悠久，文化底蕴深厚。潮州是具有悠久饮食历史的地区。潮州是“潮州菜之乡”，其形成可追溯至汉代。唐代大文豪韩愈曾发出“其馀数十种，莫不可叹惊”的感慨。“潮州菜”和“潮州小食”因其用料丰富，制作精妙、美味可口而闻名遐迩，享誉中外，成就了“潮州凉果”、“潮州小吃”、“潮式卤水”、“潮州肉脯”、“潮州牛肉丸”、“潮州咸菜”等享誉国内外的美食；特别是“潮州菜”、“潮州功夫茶”作为潮文化的代表，在国内外享有盛名。

二、优势产业集群，品牌发展突出。潮州农业特色产品和海产资源丰富，拥有一批优质的地方特色产品，极具产业发展特色。形成门类齐全、名牌品种多、质量和效益较好的食品产业体系。据不完全统计，潮州市食品产业拥有中国驰名商标 3 件，广东省著名商标 30 件；获国家地理标志认定 7 项；国家级名牌产品 2 个，省级名牌产品 72 个（其中农业类名牌产品 37 个）。庵埠镇被授予“中国食品第一名镇”，是全国首家被授予国家级称号的食品生产基地；以茶叶种植为主的凤凰镇和铁铺镇茶叶基地被授予“中国名茶（乌龙茶）之乡”；以盐焗系列产品为主的饶平县钱东镇肉类食品加工基地被授予“中国盐焗鸡之乡”。

三、全产业链完备，产业带动力强。潮州食品产业的强劲发展带动了地方农副产品、食品添加剂等原辅材料产业的发展和日用陶瓷、印刷包装、食品机械等配套产业的发展，促进了潮州食品产业链的形成和完备。如以休闲食品为主的潮安区带动包装印刷行业成为粤东乃至全国包装材料规模最全、品种最多、价格最优的集散市场，庵埠镇被授予“中国包装印刷第一镇”；带动了日用陶瓷制品和不锈钢制品生产企业在生产工艺和生产方式上进行创新，有效提升了产品的附加值；促进了潮州旅游市场的开拓和发展，扩大了潮州文化产业的传播，形成了影响广东省乃至全国的“大食品”产业大链条的强大经济驱动力。潮州已成为世界上最大的以餐饮用具类日用瓷的生产和出口基地。这些龙头企业眼光长远，创新能力、品牌意识强，企业文化氛围浓郁，持续引领和支持着潮州市食品产业向前发展。

四、产品品质优良，食品市场广阔。随着改革开放，潮州菜的发展拥有了得天独厚的社会环境。在中国众多菜系中，潮州菜脱颖而出，走俏祖国大江南北，东南亚欧美等国家，成为名甲天下，誉满全球的名贵菜，深受海内外人士好评。随着潮州市食品产业的发展，一大批优质食品在国内外市场享有一定的地位。以餐饮用具为主的潮州日用陶瓷的出口量占全国同类产品出口量的 35% 以上。潮州已成为中国最主要的休闲食品生产基地和出口基地，出口量占广东省糖果三分之一，列广东省首位，居全国前列。庵埠镇是广式凉果最大的生产基地，产量占全国市场半壁江山。饶平县钱东镇盐焗鸡产业迅速发展，系列品种达到上百种，销量占据全国 90% 以上市场份额。雅士利奶粉、佳宝酸枣糕、笑咪咪奶糖、展翠凉果、康辉卤制品、无穷盐焗鸡、济公喉宝、真美肉脯、潮盛橄榄菜、双雄菜脯、高堂一卜萝卜干、凤凰单枞茶、铁铺乌龙茶……都是国内消费者耳闻目染，食品超市常见的商品。潮汕牛肉丸成为我国食品产品出口“三强”之一。

五、诚信体系建设取得新突破。潮州市重视食品企业诚信建设，认真推进食品工业企业诚信管理体系建设，鼓励食品企业建立诚信管理体系，争创诚信示范企业。全市共有 40 家规模以上食品企业 226 人参加诚信管理体系培训，占规模以上企业数的 41.7%，超过广东省食品安全示范城市评审细则规定指标 20 多个百分点，33 人通过内审员考评，4 人通过评价人员考评。在共建活动中通过诚信管理体系建设评价认定的企业 24 家，成为全国最多企业通过国家食品工业企业诚信管理体系认定的地级市，为我省 2018 年通过评价企业数走在全国前列作出了突出贡献。

六、实施“三品”战略取得新成果。在建设“中国食品名城”活动中，潮州市食品企业获得认证的优秀新产品 14 个、科学技术奖 7 项、行业名牌产品 52 个、岭南特色食品 22 个。全市食品产业获广东省食品行业实施“三品”成果是 2018 年推荐入选《广东消费品供给指南》（食品类）产品最多的地区。为潮州食品产业持久发展和中国食品产业的创新发展提供了新经验。

笑咪咪棒棒糖

真美牛肉脯

潮州牛肉丸

潮州凤凰茶

佳宝西梅

扬帆腐乳饼

无穷盐焗鸡

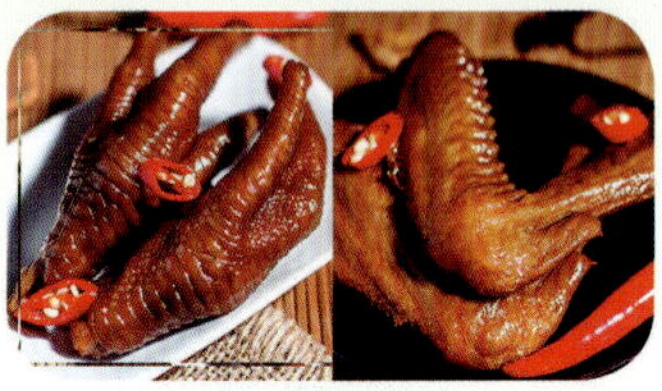
正一品潮式卤味

中国生态食品名城——福建光泽

肉鸡加工二厂

在“国家级生态县”、“中国生态食品名城”、森林覆盖率78.85%的秀美光泽，孕育出三十七年专注生产一羽鸡的圣农集团，造就出年产值占光泽“1 + 3（水饮品、淡水鱼、中药材）”生态食品产业集群总值九成以上的圣农白羽肉鸡食品产业。

肉鸡养殖加工厂分布图

圣农集团通过实施农业养殖4.0体系后，2018年的养殖规模突破5亿羽，年产值再超百亿、同比增长27%，成为当今世界唯一、亚洲最大的白羽肉鸡全产业链集团企业。仅上市的福建圣农发展股份有限公司，2018年营收超115.47亿元、利润总额超15.98亿元。

2018年度，圣农集团上榜中国民营企业500强、连续8届荣获“中国食品安全10强企业”、荣获“麦当劳中国杰出品质领导力A级供应商”和百胜中国“最佳上游安全绩效奖”、荣获“2017年度南平市突出贡献企业”称号，承担的福建省科技厅《白羽肉鸡主要疾病防控关键技术研究及应用（编号：2014NZ0002-4）》重大专项也通过验收。同时，集团创始人傅光明董事长荣获“改革开放40年百名杰出民营企业家”称号，并再次当选中国白羽肉鸡联盟主席；新任圣农发展总裁傅芬芳女士，荣获“中华慈善奖”。

圣农集团久久为功、化羽成蝶，强势迈入蓬勃发展新时代！

圣农集团总部

中国单班产量最大的圣农饲料三厂

凯圣鸡粪发电厂

圣农肉鸡系列食品进超市

圣农肉鸡食品加工

福建省霞浦县——中国食品工业强县

霞浦滩涂风光

霞浦县地处福建省东北部、台湾海峡西北岸，现有常住人口 56 万余人，下辖 12 个乡镇 2 个街道办事处，属闽浙要冲，具有历史悠久、资源丰富、交通便捷、滩涂景观独特等县情特点，是中国“紫菜之乡”、“海带之乡”。近年来我县食品产业集群效益不断凸显，有效提升了我县食品产业发展层次和水平。创建全国食品工业强县取得新成效，推动食品加工业转型升级的主要措施：

1、立足资源禀赋，明确发展目标。充分发挥本县资源优势，瞄准国际国内两大市场，配套物流电商市场，提升质量品牌，全面推进我县以水产品精深加工业为主导，茶、果、蔬、粮等精深加工相互促进的食品加工产业持续、高效的发展。到 2020 年，将建成以台水中心、经济开发区为主导的食品加工产业基地，建成国内外闻名的“全国食品工业强县”，为发展食品加工产业明确了战略目标方向。

福建钦龙食品有限公司加工车间

2、科学规划布局，建好产业基地。我县有天然海洋鱼类 700 多种，滩涂生物 200 余种，水产品总量在 40 万吨，位居全省前列。主要产品有海带、紫菜、海参、鲍鱼，大黄鱼、石斑鱼、对虾、牡蛎、蛏贝等。下一阶段将逐步建设“霞浦台湾水产品集散中心”、“霞浦经济开发区”和“东关工业桃园”3 个食品精深加工产业园区。

福建钦龙食品有限公司加工车间

3、提升服务质量，打造品牌效应。多年来，我县先后与上海海洋大学、东海水产研究所、集美大学等科研高校建立合作关系，推动了产学研更紧密结合，先后已获得“中洋”、“闽松”、“龙首”、“目海”、“元宵”、“世纪农源”、“丛绿”等省级名牌品牌产品 14 个，拥有省著名商标 22 个，中国驰名商标 1 个（钦龙食品“KLF”商标）。并获得“中国海带之乡”、“中国紫菜之乡”称号和“霞浦海带”、“霞浦紫菜”、“霞浦元宵茶”地理标志证明商标。

美丽的霞浦真诚欢迎海内外宾客。

海参仓储中心

益康集团 YIKANG GROUP　克明面业　思念　徐福記　燕京啤酒 YANJING BEER　今麦郎

遂平县食品工业发展状况

遂平县位于河南省中南部，总面积 1080 平方公里，总人口 55 万，辖 3 乡 8 镇 3 个街道办事处、2 个景区管委会、1 个产业集聚区和 1 个新区，201 个村（居委会）。遂平县区位优越，交通便利，农副产品资源丰富，种植养殖基础较好，是全国商品粮生产基地县、全国食品工业强县、全国食品工业十大发展特色县、全国食品安全示范县。

遂平县现有食品企业 120 家，其中规模以上企业 61 家，食品工业成为推动遂平县经济社会快速发展的一个重要增长点。

遂平名牌食品企业成为亮点。近几年来，先后引进了英联饲料、众品食业、徐福记食品、燕京啤酒、扬翔饲料、益康面粉、思念冷冻食品、克明面业、今麦郎、五得利等一批国内外名牌食品加工企业，成为遂平县食品工业的骨干；食品产业链条不断延伸。遂平县食品工业初步形成了面粉、挂面、糕点、速冻食品、肉制品、啤酒饮料等门类齐全的食品工业体系。

遂平资源充足价廉，遂平县位于国家粮食生产核心区，粮食和畜产品产量大、质量优。劳动力资源丰富，用工、用地都比较廉价，工业用电供应充足；市场占有广泛，徐福记食品、克明挂面已覆盖全国大中型连锁超市，益康面粉为统一集团、康师傅方便面全国唯一定点供应产品，一加一面粉已占据河南市场，众品食业生鲜肉已覆盖长三角、珠三角、闽三角、华中及环渤海等 18 个省（市）肉制品企业、连锁餐饮业的上链供应等高端市场；创新能力较强。遂平县有 6 家省级研发中心、3 家市级企业研发中心；龙头企业迅速成长。年销售收入 10 亿元以上的企业 2 家、5 亿元以上的企业 9 家、亿元以上的企业 11 家。

遂平健全监管网络，建立了从产品设计到售后服务的工业品全过程监管链条，从种植养殖到餐饮消费的食品全过程监管链条；建立产品质量和食品安全质量追溯体系和责任追究体系，严格落实食品进货索证、标识标签管理、市场检验检测、食品经营实名登记、卫生监督公示等制度；推行标准化生产，深入开展"无公害农产品生产基地"建设和产品认证、产地认定等工作。无公害产品、绿色食品、有机食品认证达到 46 个，国家地理标志农产品 2 个，省名优产品、知名商标、放心面粉、省免检产品和著名商标产品等 20 余项。

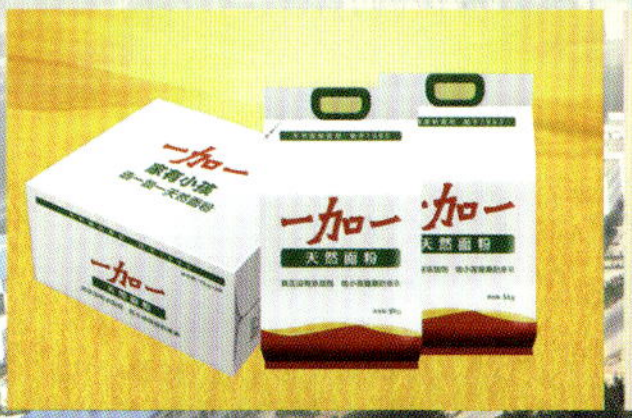

地址：遂平县建设路中段　**电话**：0396-4926953　**邮编**：463100　**邮箱**：spxxmb@126.com　**网址**：www.spzsyz.com

中国面筋食品之乡（挤压糕点）——湖南 平江

平江，地处湖南省东北部、湘鄂赣三省交界处，北邻武汉城市群，南邻长株潭“两型”社会核心试验区，东接鄱阳湖经济圈，辖24个乡镇，地域面积4125平方公里，总人口110万人，素有“汨水之源、将军故里”的美名。平江县是全国著名的革命老区，也属于国家重点扶持县，享受国家财政部、省财政厅驻县扶贫以及国扶县系列优惠政策。平江县先后获批国家卫生县城、国家第五批生态建设示范试点县、联合国工发组织认定的绿色产业示范区、国家环保部确定的生态产业示范区、国家科技部确认的井冈山地区科技开发重点县、全国红色旅游先进县、国家新型工业化产业示范基地、全国农品加工示范基地、中国最佳投资环境工业园区、中国最具发展潜力工业园区、中国面筋食品之乡、中国食品工业强县、中国休闲食品文化节永久主办地、省级文明县城、省级园林县城、全省平安县城、湖南省最具投资潜力园区等多项荣誉，2018年授予2018年“中国天然氧吧”创建地区称号，城乡环境宜居、宜业、宜游、宜商。

目前，我县食品产业以较快的速度持续稳定发展，已逐步形成规模化、集群化、科技化的趋势，成为拉动全县工业经济增长的中坚力量。全县食品企业拥有“飞旺”、“玉峰”、“山润”、“九狮寨”、“食为先”5件中国驰名商标，“劲仔”等22件湖南省著名商标，“双仔”等12个省名牌产品，“麻辣王子面筋”等4个省名优特产品，“玉峰”等6家6个产品获湖南省（国际）食博会、农博会金奖，2家国家高新技术企业，1家国家林业重点龙头企业，1家省林业产业化龙头企业，1家全国油茶产业重点企业，5家省农业产业化龙头企业，3家省质量信用AAA级企业，2家省工程技术研究中心，1家省认定企业技术中心，玉峰食品荣获省首批“绿色工厂”称号，“玉峰”、“山润”、“九狮寨”的产品获中国国际有机食品博览会、湖南省（国际）食博会、农博会金奖。平江籍乡友创造的卫龙、君仔、佳龙等品牌叫响国内外。各大龙头企业销售覆盖全国34省市，已形成完整而成熟的生产销售体系，绿色休闲食品知名度和国内市场占有率不断提高。

如今，平江人民紧紧围绕县委“344”发展战略，以促进产业转型升级为核心，以产业园区为载体，充分发挥我县休闲食品传统产业资源优势，通过增强创新能力，加快技术改造，推进兼并重组，提升信息化水平，实施质量和品牌战略，培育和壮大一批具有竞争力的龙头企业和知名品牌，做强做优休闲食品产业，跻身食品工业名县行列。

嘉善杨庙雪菜产业管理协会情况简介

一、协会发展简况

协会成立于 2005 年，拥有 6000 无公害蔬菜生产基地和 516 亩核心示范区。现有高级农艺师 1 人，助理农技师 3 人，技术员 12 人。几年来以农业增效、农民增收为目的。形成了以雪菜协会 + 加工企业 + 示范基地 + 农户的产业化新路子。

自 2007 年 4 月 21 日获得证明商标至今，证明商标带动地方经济的快速发展。目前全镇从事雪菜种植的农户有 1000 多户，常年雪菜种植面积一万多亩，年产雪菜总量 5 万多吨，雪菜加工企业有 10 家，通过深加工产品的附加值大大提高，年总产值达 1.2 亿元。产品畅销江浙沪，远销全国各地，部份产品已走出国门。

2019 年 7 月 20 日中华品博会金奖

第十六届农交会金奖

二、“嘉善杨庙雪菜”证明商标运行情况

几年来，协会已受权四家企业使用该商标，并坚持搭建展示平台，每年组织受权企业参加部级、省级、市级的各类农展会、农博会，已连续组织参加第二届至第十六届中国国际农产品交易会，组织参加泰国、韩国、马来西亚、美国等国际会展。拓宽销售渠道，打造“嘉善杨庙雪菜”品牌。加强产品质量监督管理工作，制订“嘉善杨庙雪菜”证明商标品牌使用各项管理制度。

三、“嘉善杨庙雪菜”商标产品质量和市场信誉度

自注册“嘉善杨庙雪菜”地理标志证明商标以来， 2015 年荣获浙江省著名商标；荣获中国国际农产品交易会金奖六个、中国国际品牌博览会金奖二个。品牌知名度不断提升，经济效益和社会效益进一步提高，使嘉善杨庙雪菜产业得到了科学发展，达到了农业增效，农民增收的目的，为乡村振兴作出了贡献。

2012 年第十届农交会上协会会长与农业部水产协会秘书长崔和、省政府副秘书长陈龙、省农业厅厅长史济锡合影。

与国家工商局领导合影

与省工商局领导合影

2019 年嘉善杨庙雪菜参加泰国亚洲世界食品博览会

参加 2019 年中华国际品牌博览会

参加 2016 年韩国国际品博览会

中国休闲食品之都—临颍

临颍

临颍县隶属中国食品名城漯河市，全县辖11镇4乡，367个行政村，人口76万，面积821平方公里，耕地面积88万亩，属典型的平原农业县。近年来，临颍县依托农副产品和农产品深加工的资源优势，把休闲食品产业作为全县的主导性产业致力培育、精心打造，县域经济实现持续快速发展，先后荣获全国食品工业强县、全国食品安全示范县、全国科技进步先进县、河南省对外开放先进县等荣誉称号，并被中国食品工业协会命名为“中国休闲食品产业基地”。休闲食品产业在临颍规模化、特色化、集群化发展，已成为临颍县最具支撑作用的产业

- 首批国家级农业产业化示范基地
- 中国休闲食品产业基地
- 国家火炬休闲食品特色产业基地
- 全国粮食生产先进县
- 全国生猪调出大县
- 全国食品工业强县
- 全国食品安全示范县
- 全国科技进步先进县
- 全国依法治理百强县
- 全国农业标准化示范县

○发展现状

近年来，临颍县始终坚持做大做强做优休闲食品主导产业不动摇，强化创新驱动，着力提升功能食品、绿色健康食品、高附加值食品比重，加快传统休闲食品产业向高端化转型升级，倾力打造更具竞争力的中国休闲食品产业基地。

通过多年来的精心培育，临颍县食品产业形成了一定的规模竞争优势和区域特色。

- 全县食品产业实现主营业务收入330亿元，占全县规模企业比重达到66.4%
- 实现税收4.8亿元，占全部工业税收的73.8%
- 培育出南街村、亲亲、盼盼、联泰、养元、嘉美等税收千万元以上食品企业11家，其中养元公司纳税超过3亿元

休闲食品产业发展层次和质量效益显著提升，为县域经济快速发展提供了核心支撑，主要呈现以下几个特点：

- 一、产业集聚 横向成群
- 二、产业配套 纵向成链
- 三、名企荟萃 名牌聚集
- 四、龙头带动 集群发展
- 五、注重创新 以研促产
- 六、监管有力 品质可靠
- 七、快速增长 势头强劲

○产业集聚 横向发展

全县休闲食品集聚特色明显，拥有各类规模以上休闲食品企业100多家，其中60%集中在产业集聚区，从业人员5万多人，年加工小麦130万吨、加工玉米100万吨。

产品包括烘焙、膨化、糖果、果冻果脯、功能饮料等8大类2000多个品种，其中薯片、虾条、法式小面包、果冻、巧克力棒等拳头产品日产量全国最大，国内市场占有率30%以上

○名企荟萃 名牌聚集

临颍县先后培育引进知名休闲食品企业50多家，主要有：

- 世界500强——美国嘉吉
- 国内最大的蛋白饮料生产企业——河北养元智汇饮品
- 最大的法式面包生产企业——福建盼盼
- 最大的糖果生产企业——福建雅客
- 果冻行业前三强——福建亲亲
- 肉制品加工龙头企业——南京雨润
- 天然色素行业标准制定企业——河南中大生物
- 凉茶饮料领导者——加多宝
- 罐装行业领军企业——奥瑞金公司和中国食品包装公司
- 全国最大工业化营养膳食企业——伍氏美食公司
- 亚洲最大生物秸秆提取低聚木糖企业——河南路得生物科技

拥有中国驰名商标16个（南街村、上好佳、加多宝、盼盼、亲亲、雅客、养元、中大、雨润、喜盈盈、万事兴等），省级著名商标32个（巧巧、巧玲珑、香当当、功夫道、琅琅脆、漯宝、颍旺、恒源、鱼得水等）

龙海市食品工业简介

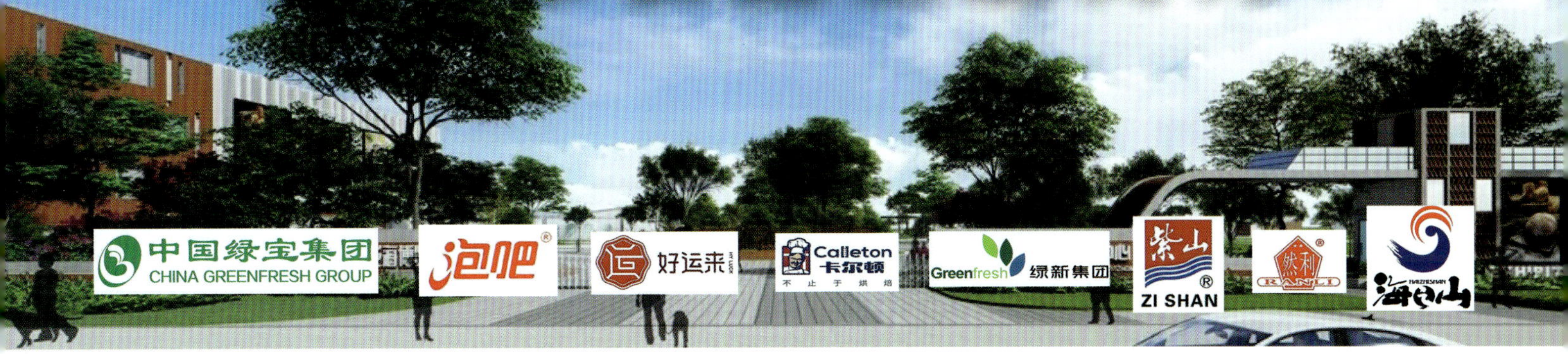

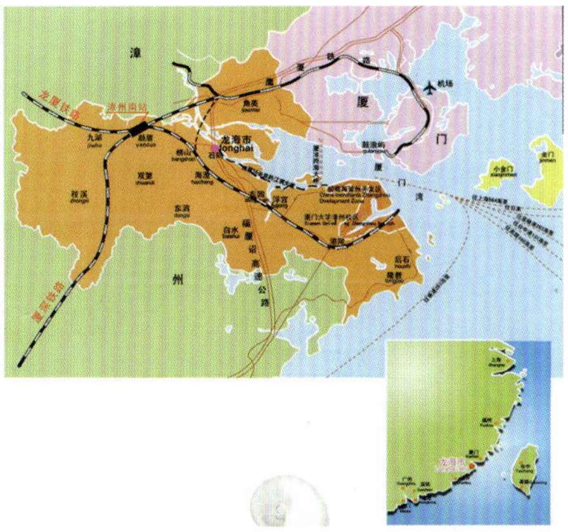

龙海市地处厦门湾南岸，海岸线290多公里，境内铁路、公路、水路兼备，市区距厦门国际机场50公里，交通四通八达、方便快捷，是“海上丝绸之路”的始发地，“龙江精神”的发祥地。1985年被国家确定为沿海首批开放县，1993年撤县设市。现全市总面积1117.17平方公里（不含台商投资区、漳州开发区，下同），辖15个乡（镇）场，户籍总人口70.86万人。荣获首批国家食品工业百强县，国家食品安全示范县，2017年获得“中国休闲食品名城”称号。是全国最大的蘑菇生产县，全国重要的粮食生产基地，盛产水仙花、杨梅、菠萝。重点培育食品加工、汽车汽配、电力能源“三大主导产业”。2018年全市规模工业企业总产值721.7亿元，食品规模以上企业154家，产值409.5亿，占全市规模总产值的56.74%，目前有SC认证食品企业579家，紫山、海新、绿宝等食品龙头企业加速转型升级。龙海食品工业产品日益丰富，涵盖水果、水产、蔬菜、罐头、冷冻冷藏食品、肉制品、饼干、糕点、面包、粮油、糖酒、蜜饯、饮料、调味品及茶叶、副食品，涵盖食品加工制造各种类。一大批在国内外市场打得开、叫得响的产品和品牌脱颖而出，拥有中国驰名商标4件、福建省著名商标35件、福建省名牌产品36件，“紫山”、“海新”、“绿鲜”、“厨师”、“丹夫”、“鸿一”、“泡吧”、“海之山”“格林氏”、“海得”、“嘉昌”、“雅佳福”、“文鸿”等食品品牌以及海澄双糕润、白水贡糖、“常常满”石码五香、“石码”肉制品、浮宫杨梅、浮宫土笋冻、紫泥红鲟、紫泥金定鸭、程溪菠萝、江东鲈鱼等名小吃和传统特色产品享誉国内外、畅销世界120多个国家和地区。龙海食品工业百花齐放，以生态文明建设保障食品工业发展环境，以政策资金扶持推动企业引进先进技术转型升级，以搭建市场营销平台、组团参加全国糖酒商品交易会、广交会、漳州味（名优产品）展销与订货会、厦门（国际）食品博览会以及国内外大型知名食品会展，拓展市场空间，以调整充实食品工业协会增进政企互动、企业交流、信息共享、优势互补、共赢发展，加快建设龙海食品博览园、交易中心，全力打造福建省龙海市——“中国休闲食品名城”这张城市“名片”。正在建设的龙海食品博览城将全面集中展示龙海食品名优产品，推动食品产业健康持续发展。目前龙海市县域基本竞争力持续位居全国“百强”，经济综合实力保持福建省“十强”，荣获中国中小城市综合实力、最具投资潜力、最具区域带动力“百强县（市）”称号。

食品名城　魅力漯河

中国食品名城—漯河，位于河南省中南部，交通发达，以食品产业作为主导产业，是全国首家中国食品名城、全国食品安全信用体系和保证体系建设双试点市。自 2003 年我市连续成功举办了十七届中国（漯河）食品博览会，充分发挥食品产业特色优势，加速食品产业优势资源向漯河集聚，不断为全市食品工业发展注入新的活力。

近年来，漯河的食品工业持续稳健发展，培育了一大批龙头骨干企业，实现了食品工业的原料基地化、产品系列化、加工多元化、销售网络化、企业集团化。肉类加工、粮食加工、饮料加工、果蔬加工等四大食品企业群体已成为全市经济的“中流砥柱”。2018 年，全市规模以上食品工业总产值达 1800 亿元，占全市工业总产值的 48.6%；增加值同比增长 11.5%，占规模以上工业增加值的 49.4%；主营业务收入同比增长 2.9%，占全市工业主营业务收入的 55.4%，占全省食品工业主营业务收入的 1/6，占全国的 1/60。

双汇集团成功入围首批“CCTV 中国品牌榜”和全球快消品牌百强，“电商网红”平平食品跻身天猫休闲食品销售前十名，是继老干妈辣酱后第二种荣登美国断货排行榜的“奢侈食品”。双汇史密斯菲尔德套装、赵合盈牛肉、富平春中原味道白酒等成功入选“漯河礼物”旅游商品。双汇集团与京东生鲜联手推出“筷乐亿家”电商平台，卫龙商贸和三剑客农业被确定为省级电子商务示范企业。三剑客农业在 2018 中国奶业大会上被评为乳品加工企业科技创新大奖；中大恒源生物科技成功创建“国家绿色工厂”；恒瑞淀粉科技 2016 在“新三板”挂牌，成为中国改性淀粉企业第一股，并在同年被评为国家级高新企业；贾湖酒业被评为“河南省十大名酒”和全省白酒行业“五朵银花”，“贾湖”商标入选中国驰名商标。

漯河工业发展中，涌现了一大批知名企业和品牌，使漯河更具活力和生命力。

双汇集团　南街村集团　北徐集团　联泰食品　双汇食品

中大恒源　平平食品　三剑客奶业　恒瑞淀粉科技　恒达食品

源隆生物　高旗生物　叮当牛乳业　贾湖酒业　豪峰食品

雪健面粉　铭诚油脂　石磨坊面业　东有食品　赵合盈牛肉

南京市溧水区

溧水位于南京市中南部，是百里秦淮的源头、南京新副城之一，2013年撤县设区，区域面积1067平方公里，常住人口约53万人，户籍人口43万人，下辖5个街道、3个镇，1个省级开发区、 1个国家级农业高新技术产业示范区、1个国家影视文化创意产业园。溧水区位交通优越，是华东地区鲜有的集空港、铁路、轻轨、公路、水路于一体的立体枢纽城市，先后荣获国家园林城、国家卫生城、国家生态区、国家生态文明建设示范区、全国综合实力百强区、全国投资潜力百强区、全国绿色发展百强区、全国科技创新百强区、全国新型城镇化质量百强区等称号。2019年，全区实现地区生产总值850亿元，同比增长8.6%；一般公共财政预算收入70.5亿元，同比增长11.8%。

溧水区食品产业集群优势明显，现有南京喜之郎食品有限公司、南京小洋人生物科技发展有限公司、南京果果食品有限公司等食品工业企业125家 ，白马国家级农业高新技术产业示范区现已集聚中饮巴比食品智能化早餐制造中心、杭州大希地牛排、海鲜等生鲜食品加工等项目，全区2019年食品工业实现总产值365.3亿元，同比增长15.3%，占全区工业总产值比重达28.1%。溧水区2005-2006年度、2007-2008年度、2010-2011年度、2012-2013年度、2014-2015年度、2016-2017年度、2018-2019年度连续七次被中国食品工业协会评为全国食品工业强县（区）。

邵阳县油茶产业发展情况

邵阳县油茶产业振兴模式被列为 2018 年湖南省委党校、湖南行政学院乡村振兴战略专题研讨班的教学案例

2018 年 9 月 22 日，中共邵阳县委书记蒋伟受邀出席“绿水青山就是金山银山有效实现途径”研讨会。

2018 年 10 月 15 日，中共邵阳县委书记蒋伟受邀出席《邵阳油茶国家气候标志评估报告》专家论证会。

邵阳油茶优质气候品质

邵阳国家油茶产业示范园

2018 年，全县油茶产业发展工作在县委县政府的坚强领导下，紧紧围绕打造“中国油茶产业第一县”的奋斗目标，按照“强管理、提水平、增效益”的总要求，突出抓基地、夯基础，抓加工、补短板，抓园区、强弱项，抓项目、提水平，抓宣传、扩影响，着力推进全县油茶产业高质量发展。嫁接培育油茶良种苗木 520 万株，栽植良种油茶苗木 450 万株，完成油茶造林 3.1 万亩，兑付油茶产业政策性奖补资金 3533 万元。持续推进邵阳县油茶标准化示范区建设、国家油茶种植标准化示范区建设、国家重点研发计划课题“低效经济林提质增效关键技术研究与示范”等油茶项目和邵阳县油茶气候适宜性评价和气候品质认证及产品溯源工作。成功引进新三板挂牌企业--北京中天金谷科技股份有限公司签约并启动湖南一代伟仁邵阳油茶项目建设。邵阳国家油茶产业示范园完成了五栋大楼的后续工程建设和邵阳县农村电商公共服务、孵化、后勤中心等建设工作。完成邵阳县油茶产业发展主题歌--《油茶花开茶子红》M T V 摄制。捧回了农业部、中央农村工作领导小组办公室、国家发展改革委、财政部等九部委授予的邵阳油茶中国特色农产品优势区匾牌，争创了“全国经济林产业区域特色品牌建设试点县”“邵阳油茶优质气候品质”等 2 个国字号品牌。到 2018 年底，全县累计新造油茶林 23.2 万亩，油茶林面积发展到 68.4 万亩，茶油年产量 1.96 万吨，产业年产值 22.5 亿元。

全国“绿水青山就是金山银山有效实现途径”研讨会、省委农村工作会议、全省营造林工作现场会、全省林业产业工作会议、中国林业产业联合会第一届第四次会员代表大会、全省林业科技创新大会、全市林业工作会议等大型会议推介了邵阳县油茶产业发展工作的成功经验。特别是我县油茶产业振兴模式被列为 2018 年湖南省委党校、湖南行政学院乡村振兴战略专题研讨班的教学案例，60 万人观看了省政协云“聚焦产业扶贫、助力乡村振兴”首场直播我县油茶产业扶贫，引起了社会各界的广泛关注。

塘坪示范基地

中国食品工业强区—宜宾市南溪区

九龙片区用地布局规划图

南溪区滨江新城

四川南溪徽记食品有限公司拥有“好巴食”中国驰名商标，宜宾市首个市级重点实验室“豆类加工实验室”。

宜宾六尺巷酒业有限公司采用五粮浓香型白酒工艺，通过机械化、自动化、信息化、智能化设备进行白酒酿造生产。

宜宾市南溪区孝善坊食品有限公司（中国南溪豆腐干博览馆）

一、南溪区经济社会发展基本情况

南溪区位于四川南部，地处宜宾、泸州、自贡三市交汇腹心地带，幅员面积677平方公里，户籍人口41万人，辖3个街道、8个镇。2011年撤县设区，成为宜宾百万人口大市的中心城区。南溪历史悠久、人文荟萃，拥有1500多年的建城史，孕育了书法家包弼臣、五粮液鼻祖邓子均、革命家孙炳文等历史名人，开国元勋朱德曾在南溪战斗生活了7年。南溪是全国无公害蔬菜生产基地县、全国无公害农产品整体认定基地县、四川特色蔬菜基地生产示范县、四川省无公害农产品整体认定基地县，大豆、榨菜、生姜、辣椒通过了农业部绿色食品原料基地验收，是宜宾市生态白酒原酒核心产地之一。“南溪豆腐干”获国家级地理标志，被誉为中国豆腐干文化之乡、四川白鹅之乡。

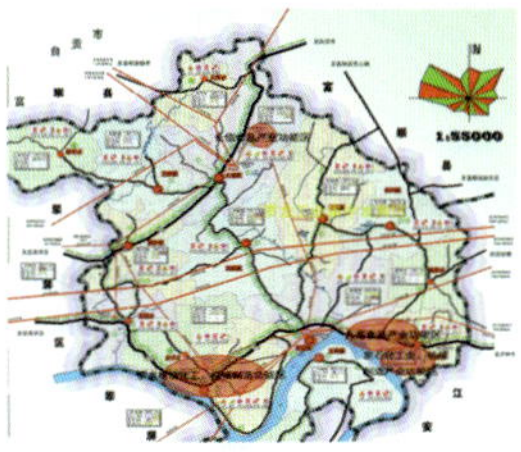

南溪区工业园区发展区空间布局图

南溪素有“万里长江第一县”之称，长江穿城而过，拥有39公里黄金水道，属长江三级航道；成贵高速铁路，成宜泸渝高速公路穿境而过，到重庆1小时、成都1.5小时、贵阳2小时，处于成渝经济带的次区域中心；属于国家四大主体功能区的优先发展区，是川南经济发展区的核心区域，是“中国白酒金三角”核心区域，具有典型的区位优势特征，区域内经济发展形势较好。

二、绿色食品产业基本情况

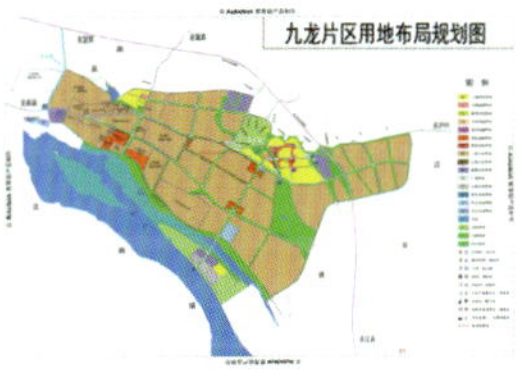

九龙片区用地布局规划图

绿色食品产业是南溪区头号产业。近年来，区委区政府始终坚持围绕食品产业引进培育上下游及关联产业，不断提升南溪食品产业吸附性和聚集性，已初步形成了豆腐干、白酒、畜禽加工三大特色产品。

南溪豆腐干：南溪是“中国豆腐干产业县”，南溪豆腐干具有悠久的历史文化，距今已有1800多年的历史，发源于三国，发展于清道光年间，二十世纪中叶已从原来的小作坊手工制作发展为手工与工厂生产并存，生产初具规模并日新益盛。初步形成了五香、麻辣、金钩、烧烤、泡椒、牛汁、口蘑等数36种风味60余个品种，产品销往全国各大中城市，以及美国、加拿大、韩国、新加坡等10多个国家和地区。形成了“好巴食”、“庶人坊”、“某玉林”、“採铃”、“选清”、“孝善坊”等品牌，其中“好巴食”、“庶人坊”荣获中国驰名商标，“孝善坊”获得首届“中国特色旅游商品”金奖。南溪豆腐干先后成功申报“四川省非物质文化遗产”、中国地理标志保护产品、“世界最大豆腐干”、“世界最大豆腐干招待会”和“世界最大豆腐干拼图”三项吉尼斯纪录，以85.79亿元的品牌价值荣登“2016年中国品牌价值评价排行榜”，是宜宾市唯一入选该榜单的品牌。

南溪白酒：南溪地处北纬北纬28°41′-29°3′、东经104°43′-105°53′之间，处于地球上最佳酿酒带，位于同纬度上最适合酿造优质纯正蒸馏酒的生态区。我区植被茂密，森林覆盖率达46.1%；土壤为保水性较强的粘土，含有利于酒分子形成的微量元素；气候温暖潮湿，常年温差和昼夜温差小；水量充沛，日照短，湿度大，有利于微生物生长，具有独特的适合白酒酿造的微生物菌群和最佳适生环境条件。位于“白酒金三角”中心，是五粮液鼻祖邓子均的故乡，具有独特的酿造工艺和悠久的酿造历史，酒质优良。初步形成了“今酿造”、“南福”、“天寨春”、“金喜来”、“六尺巷”等系列品牌酒。长兴酒业、金南福酒业、今良造酿酒被中国白酒文化节组委会授予“中国白酒之都——小金花企业”称号，“天寨春”、“金喜来”荣获布鲁塞尔国际烈性酒大赛金奖。金南福酒业的“南福牌曲酒”被评为“第十届四川名牌”，“南福及图”被认定为“四川省著名商标”；今良造酿酒有限公司被评为2018年全省优秀民营企业，天成酒业和金喜来两家企业被认定为省级企业技术中心，金南福和长兴酒业两企业技术中心被认定为市级企业技术中心，天成酒业有限公司范方勇成为国家级白酒评酒委员。

畜禽加工（南溪白鹅）：南溪是四川白鹅之乡，南溪白鹅是国家地理标志产品。初步形成了“娥天歌”系列休闲食品。“娥天歌”品牌获得川南名特优“消费者喜爱食品奖”、“蜀源及图”四川著名商标等荣誉称号。

南溪经开区九龙食品园区：规划面积10平方公里，辐射裴石、留宾、仙临、长兴、南溪街道等乡镇100平方公里。园区主要依托“白酒金三角”核心优势，培育发展南溪白酒产业，成功引进劲牌集团、白云边集团等知名酒企入驻园区，打造南溪酒类食品园区；依托“南溪豆腐干”地理标识品牌，形成以徽记食品为核心的休闲豆制品产业；依托“南溪白鹅”鹅种优势以及地理标识品牌，形成以娥天歌食品为代表的畜禽加工产业。现已建成面积近5平方公里，入驻118户企业，食品企业83户，其余为食品产业相关配套企业，先后被评为国家级服务业标准化示范试点园区、中国特色食品工业基地、西部优秀工业园区、全省首批500亿重点培育产业园区、四川省第一批特色产业（绿色食品产业）基地、省级农产品加工示范园区。

三、绿色食品产业发展措施

1. **加大营销力度，扩大市场份额**。在稳定川南片区市场的基础上，利用各种博览会平台，积极拓展北京、上海、杭州、广东等大中城市，将南溪食品打入国外市场；充分利用互联网的平台优势，发展电子商务，大力推进网上营销业务，增大网络销售量。

2. **延伸产业链条，打造产业集群**。建立大豆、高粱等种植基地；促进包装企业与食品企业配套合作，形成产业链条发展；促进食品研发成果转化；加大招商引资力度，引进绿色食品下游关联产业新项目落户南溪；鼓励区内企业强强联合，共御市场风险，打造中国浓香型白酒核心产区，争创国家生态文明建设示范区。

3. **掘文化内涵，提升品牌价值**。挖掘、整理南溪豆腐干、宜宾酒悠久的文化和传统制作技艺，让宗传下来的遗产到更好的保护和有序传承；对南溪豆腐生产遗址进行保留和妥善维护，进一步完善南溪豆腐干历史博物馆；组织办好南溪豆腐干文化节，并将当地的民俗文化、民间传说、自然风景等融入豆腐干文化节，增加文化节的内涵。

4. **建设人才队伍，构建支撑体系**。建立重点产业国内专家资源库和高层次人才需求信息库，定期开展高层次人才供需对接活动。对带科研课题、技术团队、知识产权、发明专利、股权资金、创新产品来南溪从事科技成果转化的创新创业人才提供创新创业基金，在自主创业方面给予优先供地或厂房免租等政策支持；大力实施食品人才培养工程，充分发挥四川大学等市内外院校及有关职业技术培训平台作用，打造“研发—推广—应用”完整的绿色食品产业人才支撑链；定期举办园区人才评选评优大会，在全区评选特殊人才、拔尖人才、创新创业人才，给予专项奖励。不断加大对当地及其周边地区农民的技能培训，为园区提供大批熟练的一般技术工人。

5. **完善相关优惠政策，扶持产业壮大**。深入研究在新时代、新形势下产业发展的新情况和新问题，力争在鼓励新项目尽快投产、企业做强做大、企业创品创优等方面制定和出台优惠政策。同时，积极争取市委市政府和市级相关部门给予南溪建设发展过程中工业项目用地指标、扶贫贴息贷款资金和增值税前三年全额返还等方面的支持和更多的政策优惠。

南溪豆腐干

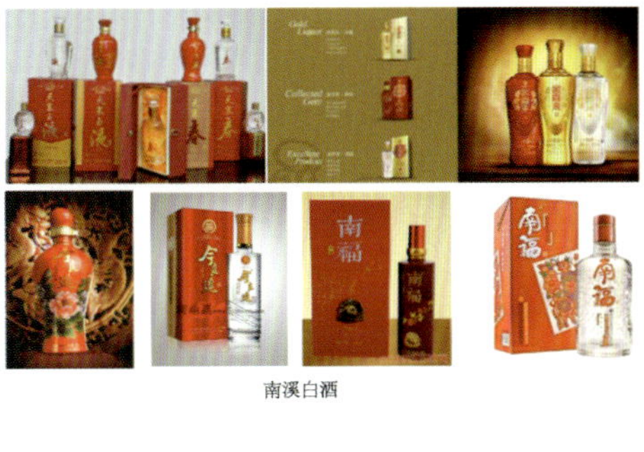

南溪白酒

鹅肉干、金丝牛肉

武冈市特色产业开发办公室

武冈位于湖南省西南部，雪峰山东麓，市境属祁如丘陵区，东西南三面环山，南高北低，中部为连牌溪谷平原，境内有资水和夫夷水两大水系，大小溪流 150 条，属中亚热带季风湿润气候。武冈境内水质含镁离子丰富，非常利于豆腐蛋白凝固。优越的地理环境，造就了武冈境内最适中的阳光、雨水、气候、土壤，非常适合武冈豆腐的原材料武冈湘春大豆（蛋白质含量 45% 以上、脂肪含量 22% 以上）的生长，造就了武冈豆腐的复杂而多元，风格也独树一帜。

武冈豆腐是湖南省武冈市的传统地方特产。相传，武冈最早的豆腐是公元前 124 年汉武帝的儿子刘遂将“宫廷豆腐制作技术”带到武冈法新村并推广至武冈全境，形成了独特的“武冈豆腐制作技术”，它采用石磨工艺、豆腐原浆水经过发酵加工再制作成豆腐，通俗讲就是醋水豆腐，没有任何的添加剂，是真正的绿色食品。其特点是“石磨成浆，原浆点卤”。豆腐品种主要有水豆腐、烘干豆腐、油炸豆腐、卤豆腐、盐豆腐、麻辣豆腐、休闲豆干等 20 多种，而武冈豆腐尤以卤豆腐和盐水豆腐最为出名。

武冈豆腐色泽乳黄，口感细腻，味道香醇，富有弹性，将其弯于手中，折而不裂，它香甜，细腻嫩滑，柔韧无比。武冈豆腐可以压成皮，切成丝，搓成一条豆腐绳，进行拔河、荡秋千，韧而不断，具有超强的韧性，极佳的口感。经过多年努力，武冈豆腐形成了完整的产业链，2018 年产值达 20 亿元。中央电视台 CCTV4 “满城尽飘卤香”和 CCTV10“舌尖上的中国”等栏目对武冈卤菜、武冈豆腐深厚的历史文化底蕴、独特的制作工艺及产业发展进行了专题报道。

联系人：武冈市特色产业开发办公室 王先生

电 话：13357396838

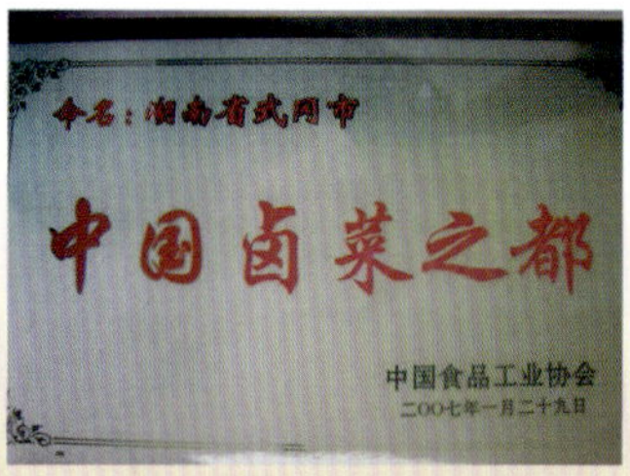

诸城市食品行业基本情况

得利斯集团公司全景 高档肉制品——帕珞斯火腿

外贸公司院景

佳士博公司全景

惠发总部

东晓生物公司

诸城地处山东半岛东南部，东临青岛，南靠日照，西接临沂，是潍坊市下辖的县级市，总面积 2183 平方公里，辖 13 处镇街、1 个省级经济开发区，常住人口 110 万。因"三皇五帝"之一的舜帝诞生于此，又因出土了世界上规模最大的恐龙化石群，被誉为中国龙城•舜帝故里"。改革开放以来，探索创造了商品经济大合唱、贸工农一体化、农业产业化、中小企业产权制度改革、农村社区化等在全省乃至全国有一定影响的经验。先后荣获国家卫生城市、国家园林城市、国家新型工业化产业示范基地、首批国家农业产业化示范基地、全国农村一二三产业融合发展试点市、国家新型城镇化综合试点市、中国优秀旅游城市等一系列荣誉称号。

诸城食品产业是全市工业第二大支柱产业，发展迅速，优势突出。近年来，持续推动新旧动能转换，加大供给侧结构性改革力度，保持了健康快速稳定发展。形成了肉食品、粮油、蔬菜、茶叶等 4 大系列，分割肉、冷却肉、低温肉制品、速冻食品、调理食品、糕点、罐头、饮料酒、豆制品、淀粉、调味品、保鲜蔬菜、烟草等 20 多个大类 400 多个品种的食品工业体系。2018 年全市规模以上食品企业发展到 103 家，全行业实现主营业务收入 158 亿元、利税 3.2 亿元。先后被认定为全国食品工业强市、全国食品工业产业集群示范区、国家新型工业化产业示范基地（食品）、山东省高端食品安全示范基地，是全国最大的禽类屠宰设备制造基地及肉鸡淀粉生产基地。

（一）农业基础条件好，原材料供应充足。改革开放以来，诸城先后创造了贸工农一体化、农业产业化、农业标准化等影响全国的"农"字号"诸城经验。近年来，又围绕加快农业产业化发展，探索出"龙头企业 + 农民专业合作社 + 农户"和"农民专业合作社 + 农户"等产业化经营新模式。先后被评为全国粮食生产先进县、全国农业标准化示范区和"生猪调出大县"。

（二）骨干企业快速成长，支撑带动作用突出。诸城外贸、得利斯集团、山东惠发、山东佳士博等一批骨干龙头企业相继出现并不断成长壮大，成为带动整个行业平稳健康发展的中坚力量。目前全市拥有潍坊市级以上食品龙头企业 97 家，其中国家级 3 家，省级 9 家。

（三）创新动能不断增强，品牌建设效果显著。坚持把创新作为第一推动力，积极开展产学研合作，加快各类创新平台建设。全行业拥有潍坊市级以上研发机构 59 家，其中省级 19 家、国家级 2 家，先后申请新型速冻食品及其制作方法等专利 680 项；制修订了淀粉、低温肉制品等国际标准、行业标准 25 项，其中惠发食品公司与得利斯、佳士博等企业，联合制定了省内首个食品企业联盟标准——诸城速冻乳化肉制品联盟标准。

（四）营销模式不断创新，市场开拓卓有成效。各企业不断加大宣传投入，充分利用电视、广播、网络、平面、终端等传播媒介，开展全方位、立体式宣传，效果明显。得利斯牌低温肉制品国内市场占有率达 9%，同行业第一，连续十六年摘得"全国市场同类产品销量第一名"的桂冠。惠发公司生产的肉丸产品占全国市场的 30% 左右，成为全国最大的速冻肉丸生产基地之一。佳士博公司研制的功能性肉制品，销售网络涵盖了国内主要城市，拥有 200 多家直销商、300 多家经销代理商、10000 多家营业网点。

（五）关联产业同步发展，配套体系逐步成熟。随着食品产业的发展壮大，食品机械、冷链物流等配套关联产业迅速膨胀。食品机械行业在发展中逐步形成了食品包装设备、杀菌设备和屠宰设备 3 大优势产业，产品涵盖真空包装机、杀菌设备、屠宰流水线、风淋室等，其中小康机械的全自动真空包装机市场占有率全国第一。目前全市拥有食品机械制造企业 200 多家，其中规模以上企业 28 家，成为全国最大的食品机械生产基地、杀菌锅制造基地和禽类屠宰设备制造基地。冷链物流业快速兴起，山东惠发、山东佳士博、山东杨春等企业先后建设了一批跨区域冷链物流配送中心，全市年冷链物流配送额 300 亿元。

“辣条”行业的发展之路

辣条,论情怀,它是80后、90后记忆中最为经典的零食;论名气,它已经走出学校小卖部,打入高校食堂内部,雄赳赳气昂昂地步入了国际舞台,风光无限;论地位,它俨然成为微博段子手中的座上宾,微信表情包里的常客,打开手机,满屏尽是辣条君，最重要的是，它统一的国家标准即将公布实施。

“辣条”，作为休闲食品的后起之秀，年销售额达500多亿元，现经过将近二十年的发展，不但形成一个新的休闲食品门类，也成为中国食品工业发展的一部分。

消费升级驱动行业不断提升

中国消费市场整体增长前景广阔，同时结构性变化也成为各消费产业发展的重要特征，其中，消费升级伴随着中国经济水平的增长和人们消费观念的变化，成为驱动行业变革的核心因素之一。对于辣条产业来说，消费升级同样带来了消费者产品诉求的多元化、品质及服务需求的提升以及消费渠道的变迁。

1）工业化水平明显提升。辣条行业目前全部（在河南）建设洁净车间（在全国属于首创），基本形成包装成品半自动化或者全自动化。部分优秀企业甚至采用电脑程控。2）产品向健康化发展。目前产品中的添加剂种类越来越少。甜味剂减少到3种；防腐剂减少到1种；色素全部改用天然色素。食品安全有效提升。3）产品品质附加值不断提升。产品价格从“五毛产品”向2元-15元发展，平均价格在三元以上，产品不断向高质化、品牌化延伸。4）消费群体有所变化。随着消费模式逐渐从生存型向享受型转变，消费者对休闲食品的需求也从过去纯粹追求口感逐步向多元化方向发展，消费者开始更加关注个性化需求的表达，辣条的受众也逐渐从儿童和青少年向更广阔的群体发展，市场不断细分。5）行业市场规模不断扩大。辣条企业主要分布在河南和湖南，行业虽然起步较晚但发展快速。2016年辣条行业的年生产总值从2009年的不足百亿元增至330亿元，市场销售额从170多亿元增至510亿元。8年间，行业的生产总值增长230%，销售额增长200%。预计，2020年中国辣条市场规模有望突破千亿元。

产品营养健康化是未来发展方向

营养健康是食业未来发展的方向，这在“健康中国”的大背景下已成为业内共识。辣条行业产品通常为大家所诟病的高油、高糖、高盐问题，企业正在着手做，并且也取得了一定的成果，这符合了健康需求。“要让辣条行业长青，仅靠抓住消费者的味蕾是远远不够的，关键是要契合未来食业营养健康这一大趋势。”

辣条已站上“风口”，待国家标准出台，将进入爆发期，加上多渠道拓展，品牌化发展，未来辣条企业发展值得期待!

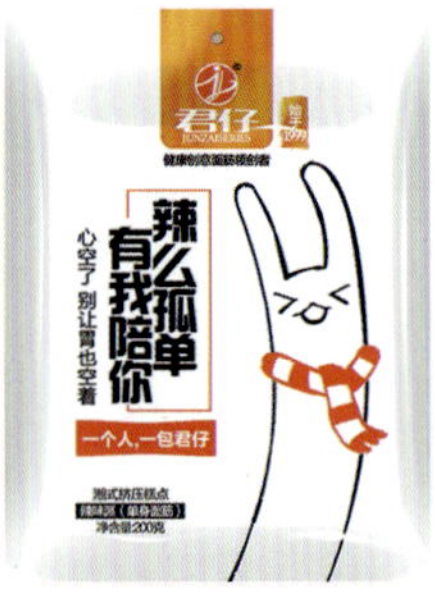

地址：郑州市二七区大学路与航海路交叉口二七万达广场12B 2446—2448
电话：0371—68752899　传真：0371—68752899　邮编：450015
商会QQ群：66720147　商会党支部QQ群：125582271
E-mail：zzpjsh@126.com
Http：//www.zzpjsh.com
郑州市平江商会

中国食品工业强区——哈尔滨市双城区

双城于清嘉庆19年（公元1814年）建城设治，因境内有金代达禾、布达二古城而得名，1988年撤县设市，2014年撤市设区。幅员面积3112平方公里，辖10个街道、17个乡镇、246个行政村、1个省级经济开发区、1个省级生态农业开发区，总人口83万。双城区位优越，交通便捷。三条铁路，一条高速公路，三条国道、省道，一条水运航道穿境而过，紧邻哈尔滨太平国际机场，形成了水、陆、空立体交通网络。双城资源丰富，环境优良。地处北纬45度的世界“黄金奶道”和全球玉米“黄金带”上，350万亩耕地处在地球上仅有的三块有机黑土带上，平畴沃野，物产丰富。以玉米、大豆、水稻为主的粮食作物总产量常年稳定在40亿斤左右，以8个大型现代农业示范园区、10个大型设施蔬菜基地、230万亩的绿色种植基地、172个大中型畜禽养殖场（小区）为主体框架的现代农牧业生产基地，为食品产业发展提供了丰富优质的原材料。双城区委、区政府坚持以“粮头食尾”“农头工尾”为抓手，大力实施“现代农业兴区、食品产业强区”两大战略，倾力打造全国“食品工业之都”。雀巢、娃哈哈、汇源、旺旺等一大批国际国内五百强食品企业入驻双城，老村长酒业、龙江家园酒业、岗子峪米业等本土粮食加工企业异军突起，形成了乳制品、肉制品、饮品、调味品、休闲食品、白酒、禽蛋、绿色果蔬八大食品产业集群，食品企业1400多户，主要农产品就地转化率达到75%以上，食品工业产值占哈尔滨市食品工业产值四分之一。年加工鲜奶80万吨、肉制品30万吨、蛋品30万吨、果蔬30万吨、白酒25万吨、饮品100万吨、休闲食品10万吨、调味品3万吨。由食品工业园、现代物流园、装备制造配套园以及电子商务产业园组成的双城经济开发区为投资企业提供了配套完善、服务优良的平台载体。食品产业的飞速发展使双城区连续六年荣膺全国食品工业强区称号！先后荣获全国奶牛生产第一县、粮食生产先进县、食品工业百强县、食品工业十大发展特色县、国家新型工业化食品示范基地、全国十大魅力城区、全国区域最具竞争活力县（市）等多项殊荣。

双城食品是源自黑土地的良心食品。

哈尔滨双城瑞麦食品有限公司

黑龙江省龙江家园酒业有限公司

哈尔滨双城娃哈哈工业园

武汉临空港经济技术开发区
——东西湖区

武汉临空港经济技术开发区 • 东西湖区位于武汉西北部面积近 500 平方公里，常住人口约 52.7 万，是武汉三大国家级开发区之一，武汉建设的四大国家级产业基地之一，国家长江经济带和新丝绸之路“一带一路”战略的交汇点，中欧国际货运专列汉欧国际大通道的始发站。

历经 30 年的发展，现已聚集 200 多家世界和国内知名品牌食品企业，“东西湖食品”满誉全国。在核心园区——武汉食品工业加工区，已累计签约落户了可口可乐、百事食品、周黑鸭和良品铺子等 60 多家国内外知名食品以及配套企业，其中世界 500 强企业 6 家。园区已形成了涵盖肉制品、休闲食品、饮料、果蔬深加工以及配套印刷包装等项目的全国知名食品品牌聚集程度最高的食品加工产业集群。

武汉临空港经济技术开开区（东西湖区）连续多年被中国食品工业协会认定为“全国食品工业强区”，2014 年被工信部评定为“国家新型工业化（食品）产业示范基地”。武汉食品工业加工区 2016 年被武汉市工商行政管理局授予“武汉市商标品牌集群示范园区”称号，2017 年被工信部确定为“休闲食品产业集群区域品牌建设试点单位”，目前正在推进武汉市“现代产业园”、“智慧园区”和“循环化改造”试点园区建设。

养元®

河北养元智汇饮品股份有限公司始建于1997年，专注植物蛋白饮料核桃乳的研发、生产和销售业务。在河北衡水、安徽滁州、江西鹰潭、河南漯河、四川简阳设有生产加工基地，是国内产销规模领先的核桃乳企业。

公司自成立以来，心怀“专注于提供优质的健脑核桃饮品，致力于提高人生智慧”的企业使命，秉持“先机而作、创新品类”的发展战略，二十余年如一日专注核桃乳饮料的产品研发、市场培育和消费引导，通过技术创新、品牌创新及产业链协同建设实现了跨越发展，并推动核桃乳由风味型边缘饮料变身成为“南北通喝、全国同饮”主流饮料。2018年2月，养元饮品在上海证券交易所挂牌上市，成功登陆A股资本市场，品牌价值及影响力得到进一步提升。

公司科研和技术实力雄厚。主导、参与起草了核桃乳行业标准和国家标准，通过了ISO 22000食品安全管理体系认证和ISO9001质量管理体系认证，获得了诚信管理体系认证、欧盟“BRC食品安全全球标准”A级认证。公司拥有中国轻工业核桃饮品重点实验室、院士工作站、博士后科研工作站、河北省植物蛋白饮品发酵工程实验室、河北省核桃饮品工程技术研究中心等多个技术创新平台，公司检测中心通过了CNAS国家实验室认可，具备国际互认资质。

“六个核桃”核桃乳作为公司的主导产品，采用独创的【5·3·28】生产工艺、创新的全核桃CET冷萃技术，在完美解决核桃乳“涩、腻”口感的同时，最大程度地保留了核桃仁的营养，连续多年在核桃乳饮料全国市场销量领先。

面向未来，公司将继续秉持“以核桃饮品为主业”的发展战略，恪守“憨厚、务实、创新、自强”的核心价值观，全心致力于技术、产品、品牌及行业的提质升级，在引领核桃乳饮料稳健发展的同时，打造卓越民族品牌。

麻辣王子麻辣条

辣条源自平江

地地道道麻辣味

独立小包好分享

辣条，起源于湖南平江，平江人叫麻辣，
因为辣条一开始就是麻辣味，麻辣才地道。

第三部分

地方篇

3.1 北京市

【a. 概况】

2018年，北京市制造业厂家3055家，食品工业294家，其中，农副食品加工业122家，食品制造业129家，酒、饮料和精制茶42家，烟草制品业1家；工业总产值133608217元，其中，农副食品加工业2780028元，食品制造业3213154元，酒、饮料和精制茶2686935元；销售额130239523元，其中，农副食品加工业2791229元，食品制造业3254364元，酒、饮料和精制茶2672732元，出口交货值12001839元，其中，农副食品加工业51993元，食品制造业124168元，酒、饮料和精制茶23597元；营业收入158038893元，其中，农副食品加工业3823923元，食品制造业5980858元，酒、饮料和精制茶2972995元；主营业务收入153327167元，其中，农副食品加工业3773849元，食品制造业5842806元，酒、饮料和精制茶2880418元；利润总额11183111元，其中，农副食品加工业122407元，食品制造业386169元，酒、饮料和精制茶319521元。

【b. 主要工作】

2018年，北京食品协会继续坚持章程规定的宗旨，认真履行协会的职能，积极落实协会的工作，配合主管部门和协调会员企业努力为促进首都食品行业改革发展做出新的贡献。

1. 做好政府食品行业管理机构和协会主管部门的参谋，重点开展搜集信息和提出发展建议的工作，协会作为项目提案人参加市发改委召开“食品过度包装”座谈会，与市商务委、市经信委、市技术监督局、市包装技术协会相关领导及市政协委员共同研究具体事宜。

2. 加大服务会员企业力度，参与落实京津冀协同发展战略和会员企业对外合作的各项活动，在承办由北京市经济和信息化局与河北省邯郸市主办的“京邯食品行业合作对接会“中，组织了50家会员企业参加；召集协会30家会员企业参加河北省玉田县招商现场会；组织10家会员企业参加烟台食品展销会；为会员企业北京义利食品公司与苏宁e购的合作牵线搭桥。

3. 利用召开例会研究部署协会工作，检查落实情况，积极推动协会人员开展工作的主动性积极性。组织学习国家和北京市政府制定的各项食品工业的法律法规，尤其重视宣传食品安全方面的产业政策要求，把“最严谨的标准、最严格的监管、最严厉的处罚、最严肃的问责“作为检查会员企业的基础标准，把握行业发展和会员中的典型案例，推广好的，严管差的。

4. 围绕北京市委、市政府2017年12月对北京首都农业集团有限公司、北京粮食集团有限责任公司和北京二商集团有限公司实施联合重组的举措，为充分发挥国有骨干企业参与办行业社团的作用，及时协调北京首农食品集团有限公司（三家企业重组后由北京首都农业集团有限公司更名）就协会换届的领导人选事宜作出了安排。为推进换届工作创造了基础条件。

5. 参加北京工业经济联合会、北京食品学会等常规性会议。顺利通过北京市民政局的年检。撤销了协会诚信分会。

周以秋

3.2 天津市

【a. 概况】

2018年是我国实施“十三五”发展规划的重要一年，也是国家推进供给侧结构性改革和体制改革的深化之年。天津市食品工业协会按照全年工作安排，全面贯彻落实党的十九大会议精神和中央及市委经济工作会议精神，牢固树立和贯彻落实开拓创新、绿色环保、合作共赢、协调发展的新理念，主动适应经济发展新常态，坚定食业强市战略目标，以推进供给侧结构性改革为主线，坚持稳中求进、求好、求快工作总基调，结合天津食品行业工作实际，在调结构、转方式、促转型，提质增效等方面做了大量工作，取得了令人瞩目的成就，为天津食品行业健康持续发展做出了积极的贡献。

1.2018年全行业经济运行呈现出以下特点：

（1）抓好全年工作计划落实，全行业实现平稳健康发展

2018年，天津市食品工业264家规模以上企业实现主营业务收入同比增长5.5%，较上半年增速提升3个百分点；实现工业增加值同比增长6.3%，较上半年增速提升4.1个百分点；食品行业实现工业增加值占全市工业的5.7%，较上半年提升1.2个百分点；其中，农副产品加工业工业增加值同比增长19.1%，食品制造业工业增加值同比下降4.3%，酒、饮料和精制茶制造业工业增加值同比增长1.6%。

（2）受经济大环境影响，全市各行业稳中有变

外部受全球经济放缓、中美贸易战等影响，资本纷纷看空全球经济，导致大宗商品价格下跌。内部受供给侧改革、结构性去杠杆、房地产传导等因素影响，居民部门负债高启，家庭高消费能力下降，从而使低附加值的农副食品加工业实现了工业增加值同比18.8%的增长，利税同比30%增长。反观代表高附加值消费的食品制造业工业增加值同比下降5.6%，利税同比增长2.5%；酒饮料精制茶制造业工业增加值同比基本持平且利税下降26.9%。这一现象充分说明我国家庭消费以满足基本生活需求为主，减少非必须的享受型消费。而拼多多上市及国内小贷公司业务的极速扩张等足能印证以上观点。众所周知拼多多商品以低价满足基本需要为主，据统计我国90后整体负债已达881亿人民币。

另据财报显示京东、阿里、百度、360等大型互联网公司主要盈利部门全部为京东白条、蚂蚁金服、360金融、百度有钱花等金融借贷部门。以上情况说明了我国居民部门高负债对市场负面效应已传至实体产业，使消费形态发生变化、终端产品价格降低、进而降低了市场信心。

2. 食品行业在改革中前行，结构调整继续凸显成效。

2018年，虽然天津市食品行业中农副食品加工业占主体，但其利润率仅为1.6%，百元成本高达93.7元。而食品制造业利润率为11.3%，百元成本为70.6元，呈持续走低态势，创近年来最好水平，结构调整成效凸显。

3. 主要行业保持稳定，取得良好的经济效益。

因统计口径调整，各重点行业体量变化较多，但总体发展保持稳定。2018年，食用植物油加工实现主收占全行业的35.9%，位居各行业首位，实现主收同

比增长 15%，利税同比增长 153.7%；屠宰及肉制品加工业实现主收同比下降 8.3%；方便食品制造业实现主收同比增长 14.5%，利税同比增长 24.3%；乳制品制造业实现主收同比增长 6.7%，利税同比增长 12.2%；保健食品制造业实现主收同比增长 6.1%。

【b. 主要工作】

1. 搞好食品行业转型升级，促进食品企业健康发展

（1）加快调整行业产品结构，满足市场消费不同需求

2018 年，天津食品工业以高于全国的平均速度，保持健康持续的发展。在“十三五”规划期间，在确保质量安全的前提下，天津食品行业着重提升企业的工艺、技术、装备水平，提高企业规模化、工业化、标准化、信息化程度，根据全市社会发展以及人们对食品消费的需求，加快调整产品结构，使更多安全、美味、营养、健康的食品投放市场。

（2）加强食品行业宏观指导，实现稳中有进良好态势

2018 年，全市食品行业以“开拓创新、深化改革、优化结构、提质增效、食安为先、防范风险”为先导，坚持科学、健康、创新、持续发展的工作总基调，结合行业生产经营工作实际，加强宏观指导，面对全市经济下行压力大、原材辅料涨价、用工成本升高和市场竞争加剧的不利形势，行业上下凝心聚力、迎难而上，实现经济运行稳中有进的良好态势。

（3）收获转型升级改革红利，实现经济效益稳步增长

2018 年，面对异常复杂严峻的国内外环境，天津食品产业坚持以提高质量和效益为中心，在传统产业优化升级、科技创新、绿色发展等方面都取得了较好成绩，食品制造业等相关产业表现良好，食品工业延续总体平稳、稳中向好的发展态势，企业效益稳步增长，供给侧结构性改革成效明显。

2. 发挥桥梁作用，加强战略合作，促进共赢发展

2018 年，市食协跟勤劳合作，与努力为伴，跟拼搏交友，与收获握手，努力发挥食品协会桥梁作用，增强服务意识，为企业牵线搭桥，加强与各省市食品行业进行战略合作，积极组织开展食品项目合作交流对接会、洽谈会、推广会等各项活动，为我市食品企业做好服务工作，取得了积极成效。

（1）加强食品行业合作对接，促进企业健康持续发展

2018 年，在天津津利华召开的长春食品及土特产推广会上，市食协积极组织我市相关食品企业参会；组织参加了桂发祥与百事可乐战略合作签约仪式；参加了由保健品协会组织的保健品企业联谊会；为赛誉食品有限公司和山海关豆制品、利好公司牵线搭桥，促进三家企业联营合作；接待燕京啤酒有限公司领导，与协会合作事宜进行洽谈；接待并洽谈韩国商贸项目；陪同阿尔发食品有限公司到凤宝食品有限公司就双方合作事宜进行牵线搭桥；接待中德双创中心一行，就协助我市食品企业开拓国内外市场进行合作洽谈；为凯涛奇、利金粮油与伊启棒、十八街麻花与津汇超市、冠生园代加工生产糕点等事宜进行牵线搭桥，促成彼此合作；为皮糖张和豆制品企业、食品进出口公司与杂粮企业进行对接和牵线搭桥；为凯涛奇食品有限公司与京瓷公司就光伏发电事宜进行牵线搭桥；为咖啡代理企业与实发科工贸企业就双方合作事项进行牵线搭桥；给聚龙企业找加工企业进行牵线搭桥；为吉隆商贸公司和长福贸易公司产品进入华润超市进行牵线搭桥，并达成合作意向；接待全国糖酒招商团队，并签订战略合作协议，共同组织 2019 年秋季天津糖酒会；加强食品行业合作对接及多边合作，促进企业健康持续发展。

（2）加强各省市合作交流，抓好招商引资服务工作

2018 年，市食协组织渤轻集团、桂顺斋、食品进出口公司、活力源等 8 家企业参加在金皇大酒店举办的图门招商会，取得一定成效；参加重庆市食品工业协会组织的部分省市食品协会联盟会议，加强与各省市食品工业协会合作交流；接待哈尔滨招商局驻津办事处人员就我市食品企业在哈尔滨建立经销商、代理商、合作伙伴事宜进行沟通洽谈；接待江苏省招商局和安徽省淮北区招商局代表团，并组织食品企业进行招商引资和对接洽谈活动；接待山东省乐陵招商局代表团，就举办枣博会进行对接洽谈；应轻工联合会的邀请，参加了在天津宾馆召开的云南红河招商引资洽

谈会，食品协会组织近 10 家企业参会；组织天津部分食品企业参加在津利华举办的宁夏招商引资洽谈会，并陪同宁夏招商局一行到致美斋食品有限公司就牛肉合作事宜进行洽谈，为天津食品企业走出去合作建厂取得积极进展；接待百度企商、京东、金蝶软件、如常等来访的服务型公司；与吉林蛟河市、江苏省兴化市、黑龙江齐齐哈尔市政府及企业为开发天津市场进行洽谈合作；和黑龙江齐齐哈尔市政府共同组织召开了“齐齐哈尔－天津经贸合作交流会”共邀请我市 20 多家食品企业代表参会，会上我市食品企业与齐齐哈尔市政府代表就农业资源、人才合作、招商引资等议题进行深入洽谈，进一步加强天津食品行业与各省市的合作交流，取得了积极成效。

（3）发挥市食协桥梁作用，做好接待参观考察工作

接待河北省邱县政府领导，进行合作洽谈，并到冠生园和江南食品有限公司进行参观考察；组织完善 8 家食品企业参加了由 CEC 之家举办的渠道合作洽谈会，并与多家企业达成合作意向；接待了江苏省兴化市经贸考察团一行，陪同考察团走访了我市康美林食品、龙康食品、渤轻集团以及兴达和平等食品企业参观考察；接待河南汤阴县领导，与食品企业商谈冠方可乐多方位合作事宜；接待宁河区潘庄招商局一行，就招商引资事宜进行洽谈，并陪同中英保健食品有限公司领导一起到潘庄工业区就中英企业在开发区建厂事宜进行洽谈，达成购买土地建厂意向；接待中食协企业发展部沈主任和江苏省兴化市沈副市长及福建食品协会林秘书长等领导，到天立独流老醋和利民调料公司进行参观考察，进一步增进各省市与天津食品企业相互了解与合作，为企业进一步拓宽经营工作思路，扩大市场营销渠道夯实了基础。

（4）走访服务全市食品企业，协助解决企业各种需求

2018 年，食品协会走访了道本科技、聚龙嘉华、天安数码城、康师傅、利达、桂发祥、桂顺斋、现代学院、中安华典、巨能粮油、宝迪、康美林、龙康、兴达和平、渤海轻工集团、食品集团、西青商务委和天津桃李食品有限公司、利民调料、天立独流老醋、水产集团、老茂生、盐务局、芦台春酒业有限公司、天津市汉沽长芦盐场有限公司等 30 多家食品集团公司和食品工业企业，收集了解企业的发展历史及现状，积极协助企业解决各种问题，提高协会工作效率和服务水平。

针对企业知识产权、商标、申请政府补贴等需求，协会与众志天成签订战略合作协议，并吸纳为理事单位。在双方的合作下，先后与全味食品、兴达和平、虎豹、东宇顺等企业达成项目申报协议，为企业申报国家级高新技术企业、专精特新产品、区级专利试点、实用新型专利等政府项目。

2018 年，完成 6 家企业的签约。签约申报项目合计 11 项，预计能为企业申请专项资金 170 万元左右。协会还将通过此平台，积极组织食品行业专项会议及相关活动，进一步了解挖掘企业需求，从营销策划、知识产权、法律服务、人力资源、企业财税咨询、企业管理咨询等多方面进行专业服务。

在美可高特被查产品不合格且勒令召回事件中，经查明，是检测标准存在问题。为此，食品协会积极协助企业向国家有关部委反映情况，并配合天津市场委稽查总队核实国家部委回馈情况，使问题得到基本解决，为企业挽回损失。为凝胶生产企业联系宝迪公司厂房租赁并陪同实地勘察，联系河北邱县考察，确定合作意向，为企业排忧解难。

（5）组建食品行业产教联盟，促进了京津冀合作发展

市食协会天津现代职业技术学院联合京冀两地的食品协会（学会）及职业院校共同发起，成立了京津冀食品行业产教联盟。经召开研讨会，取得“三地”协会（学会）共识后，于 12 月 21 日在现代学院召开产教联盟成立大会。经大会决定，天津市食品工业协会名誉理事长赵国瑞任首届联盟理事长，天津现代职业技术学院院长褚建伟为常务副理事长，“三地”协会共 11 家院校及企业代表为副理事长单位，现代学院生物学院院长王芃为秘书长，39 家“三地”食品工业企业、院校及科研院所为理事单位，开创京津冀合作新局面，为京津冀食品行业产教联盟合作发展夯实基础。

（6）搞好《中国工业史·食品工业卷》编纂工作

《中国工业史》是国家组织编写的第一部全面反

映中国工业史的鸿篇巨著，它将记述从远古到当代我国工业的发展过程，并着力从产品、设备、装备和工业门类发展进步的角度记录中国工业文明发展历程，重点阐述改革开放以来我国工业发展的历程，总结创业经验，弘扬取得的辉煌成就。编纂《中国工业史》既是党中央、国务院交给我们的重要任务，又是填补中国工业史空白的伟大工程。因此，编纂工作具有重大的现实意义和深远的历史意义。它将昭示后人，坚定自信，实现工业强国的中国梦，将对实施《中国制造2025》和贯彻落实“一带一路”国家战略起到积极的推动和促进作用。

市食协编委会已经完成《中国工业史·食品工业卷》地方篇天津市食品工业发展史编纂提纲上册综合篇：远古时期－1840年天津食品手工业的相关篇章内容的编纂工作任务。目前正在进行近代天津食品工业史1840年－1949年;当代天津食品工业史1949年－1978年和现代天津食品工业史1978年－2018年天津食品工业史相关内容的编纂工作任务，计划2019年6月完成初稿并上报中国食品协会。

3.努力抓好市食协各项工作，提升协会科学管理水平

（1）抓好对外宣传报道工作，提高协会宣传工作水平

根据市工信局下发的关于编撰《辉煌礼赞－改革开放四十年中国食品产业大典》向各省人民政府约稿的函以及工信局《关于提供改革开放四十年天津食品产业资料的通知》精神，食品协会撰写宣传稿件，并上报市工信局和《中国名牌》杂志社，现已出版发行，为搞好对外宣传做出了积极贡献。

市食协年初在天立独流老醋组织召开首届天津市营养健康食品研讨会，通过企业和专家的宣讲、媒体报道，积极引导全民健康消费意识，宣传企业品牌，并授予天立老醋、利达面粉、桂发祥等单位“营养健康食品示范企业”。

市食协与天津电台天天美食栏目联合开展“食品安全面对面，放心食品来体验”活动，先后组织消费者200余人次，参观了康师傅方便面、康师傅饮品、利达面粉工厂和利达主食大厨房以及桂发祥十八街麻花展览馆。通过此次体验活动，积极引导全民健康消费意识，使广大市民看着舒心、吃着放心，进一步提高了企业的知名度、诚信度和美誉度。

根据中国食协的要求，市食协为中国食协年鉴撰写稿件，提供2017年年鉴素材稿件。同时，推荐报送赵国瑞为中国食协年鉴风云人物人选，并撰写填报相关宣传报道材料。

完成市食协网站域名重新备案工作，为进一步提高市食协对外宣传工作效率以及市食协办公网站访问速度夯实基础。

（2）加强信息统计管理工作，提高经济运行分析水平

市食协认真收集全市食品行业发展信息和数据，为市工信局消费品处、市场委生产处等有关单位提供全市食品行业发展的有关情况和相关数据，为市相关部门做好服务工作。

配合市工信局对我市逐渐清出产业清单进行调研，针对盐、油、水产、肉制品等大企业进行调研，了解天津市食品行业发展现状，并形成市食协意见上报市工信局。

（3）成功举办2018中国天津环渤海国际食品交易会

由市食协、国展中心联合共同主办的2018中国天津（环渤海）国际食品交易会于2018年11月1日—11月5日在天津国展中心成功举办。这是天津地区食品行业规模最大的一次高端食品交易会，来自全国多个省市200余家食品企业携数万种特色、绿色美食亮相交易会，吸引广大市民踊跃参加，购买心仪的特色食品，呈现出火热的食文化氛围。

2018年环渤海交易会可谓是大牌林立，不仅有天津食品集团、天津渤海轻工投资集团旗下的知名企业和著名品牌桂顺斋糕点、王朝葡萄酒、利民调味品、迎宾肉类食品、海河乳业、起士林食品、山海关食品、利达面粉、津酒还有著名的桂发祥麻花、天立独流老醋、芦花海盐、义聚永、芦台春、泰达酒业等中华老字号、津门老字号产品以及嘉里粮油、利好食品、黑金刚食品、强源食品、海鸥表业集团、郁美净集团、实发科工贸等知名企业参展，为交易会增添活力和色彩。

（4）认真贯彻《食品安全法》，落实食品安全追溯

体系

市食协认真贯彻落实《食品安全法》，按照习近平主席“四个最严”指示精神，严格执行国家和本市出台的有关法律法规及文件精神，加强食品安全宣传活动，积极组织开展了食品安全相关工作，对营造全市“民以食为天，食以安为先”的食品安全氛围起到了积极的宣传推动作用。

（5）抓好市食协脱钩改制，解决市食协历史遗留问题

在2018年市食协脱钩改制初期，被安置人员忧心忡忡、人心惶惶，不知所措，工作和生活受到了一定影响。为完成市食协脱钩改制以及相关部门人员安置调出工作任务，市食协秘书长安俊华不辞辛苦、敢于担当、勇于作为，针对市食协脱钩改制遇到的各种困难和相关问题进行深入了解，并根据相关政策与市工信局进行反复沟通协商，得到了市工信局尹继辉局长和谷云彪副局长的大力支持，及时协调、积极解决市食协脱钩改制工作出现的各种问题，为市食协原事业编人员进行合理安置，解决好被安置人员及离退休老干部工资待遇以及归属转档等诸多问题，解决他们的后顾之忧，确保市食协平稳过度，人心稳定，使市食协各项工作有条不紊的进行。

市食协以此为契机，不辜负市政府工信局领导对市食协工作的期望，努力工作，开拓创新，为天津食品工业做出更大的贡献；同时根据市食协工作实际，调整完善市食协各部门相关工作职能及各部门人员工作职责，进一步提高工作效率，圆满顺利完成市食协脱钩改制任务，取得了积极成效。

（6）组织开展学习参观培训，提高管理人员专业水平

2018年，市食协组织食品企业到利金粮油进行参观学习活动；组织我市56家食品企业82人参加在喜来登举办的新零售论坛活动；组织我市食品企业16人参加在远洋宾馆举办的飞行检查培训；组织我市食品企业参加CEC俱乐部的渠道合作培训会；组织协会各部门人员参加由工信局组织的赴陕西省延安革命圣地学习培训活动；参加市社团局组织的天津市属社会团体《领军人物高级研修班》培训；组织我市食品企业在华测公司举办的培训活动；协助北京组织我市食品企业参加学习论坛活动，进一步提高管理人员专业水平。

（7）加强市食协自身建设，提升行业服务管理水平

根据社团组织改革创新形势的要求，市食协在搞好为食品行业、企业服务的同时，加强自身建设，不断提高干部的政治素养和业务素质，进一步提升服务水平和管理能力。

2018年2月，市食协组织召开了“天津市食品工业协会第七届四次理事长工作会议”；完成市食协年审工作；完成2018年度市食协代表大会组织工作；完成2018年度会费通知的发送和收缴工作；完成社团局关于开展行业协会收费信息集中公示的上报工作；完成市食协注册公司的食品经营许可证的办理以及开户许可证的办理，国地税等手续的办理以及协会平时开票、税务等相关工作；完成了市财政征收局、国家审计署、市工信局以及市社团局审查市食协票据使用情况并提供所需材料；参加上海国际食品展和国展中心举办的蔬菜节活动；参加了由长城质量认证中心组织的天津市两化融合贯标大会；完成全国轻工行业先进集体和劳动模范申报工作任务，推荐、审核、修改全国轻工行业先进集体天立独流老醋公司销售部和劳动模范长芦汉沽盐场董绍森先进事迹材料，并上报轻工行业联合会；按照市委组织部的要求，完成规范整理食品协会人事档案，对在职人员档案进行整改，补充部分档案材料，进行“三龄、两历、一身份”的确认和审定工作，进一步提升协会服务和管理水平。

（8）加强市食协党建工作，提高全体党员政治素质

2018年，完成党建云平台信息编辑和上传工作；认真落实“三会一课”制度，全年组织召开12次支委会、4次党员大会、2次党课；按照学习计划，组织集中学习12次，要求党员结合工作实际撰写心得体会；组织12次党日活动，集中学习党的方针政策、重大决议和习近平“新时代中国特色社会主义思想”专题学习，提高党员政治理论水平和业务素质。

（9）完善市食协基础管理工作，提高科学管理水平

认真抓好市食协办公室、财务人事部及各部门日常管理工作。进一步规范市食协各项规章制度，认真做好公文处理，机要文件、档案管理和公文印章管理；完成市食协每个月例会组织工作和市食协工会工作、财务管理工作、离退休老干部管理工作、信访工作、人力资源管理和社会保险、行政后勤、内保、消防安全等管理工作，确保市食协日常工作正常运转。

通过大家的共同努力，2018 年，全市食品行业持续健康发展，协会各方面工作取得一定成绩，市食协自身建设和服务水平有所提高。但按照高标准要求，还存在一定差距，在认真总结好全年工作的基础上，安排好 2019 年工作，确保全行业又好又快发展，为天津食品行业发展再做新的贡献。

【c. 天津市食品工业协会简介】

天津市食品工业协会成立于 1981 年，是天津市食品行业管理服务组织，食品协会各项工作由理事会领导，理事会设立理事长、副理事长、常务理事、理事共四个层次，理事会日常工作由秘书长负责，理事长秘书长及内设机构如下：

张庆新任理事长；安俊华任秘书长；王天玮任党支部书记；李建中任办公室主任；李金华财务人事管理部部长；王天玮合作交流规划部部长；姚春鹏食品行业管理部长。

天津市食品工业协会下设五个专业委员会：专家委员会、标准化技术委员会、蜂产品专业委员会、糖果巧克力专业委员会、山楂食品专业委员会。市食品协会承担行业指导、会员管理、协会主要工作、行业信息服务、金融服务、科技服务、人才服务、法律服务等各项服务平台相关工作职责。

办公地址：天津市和平区山西路 117 号。邮编：300020

联系电话：86-22-23328785 86-22-23328786

邮箱：tjsspgyxh@126.com

3.3 河北省

【a. 概况】

2018 年，河北省规模以上食品工业企业 1363 家，工业增加值同比增长 4.4%。其中：农副食品加工业同比增长 0.9%；食品制造业同比增长 5.6%；酒、饮料和精制茶制造业同比增长 4.9%；烟草制品业同比增长 9.5%。（见图）

图、2018年食品工业工业增加值

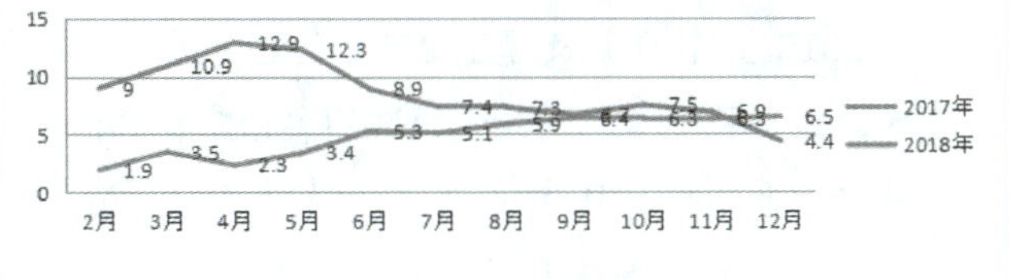

实现主营业务收入 2800.52 亿元，同比下降 3.6%（见表 1），占全省工业主营业务收入的 7.4%；实现利润总额 135.16 亿元，同比下降 3.2%，占全省利润总额 6.11%。

其中：农副食品加工业主营业务收入 1491.16 亿元，同比下降 5.1%；利润总额 48.1 亿元，同比下降 4.3%。

食品制造业主营业务收入 754.86 亿元，同比下降 4.4%；利润总额 48.2 亿元，同比增长 23.1%。

酒、饮料和精制茶制造业主营业务收入 373.92 亿元，同比下降 5%；利润总额 48.84 亿元，同比下降 0.5%。

烟草制品业主营业务收入 180.58 亿元，同比增长 19.2%；利润总额 –9.98 亿元，同比下降 963.5%。

表 1、2018 年全省食品工业主要经济指标完成情况

单位：亿元

指标 / 行业	资产合计		主营业务收入		利润总额	
	累计完成	同比增长%	累计完成	同比增长%	累计完成	同比增长%
食品工业总计	2559.71	0.90	2800.52	-3.6	135.16	-3.2
农副食品加工业	1087.69	-6.2	1491.16	-5.1	48.10	-4.3
食品制造业	716.17	6.2	754.86	-4.4	48.20	23.1
酒、饮料和精制茶制造业	613.29	10.2	393.49	-5.0	48.84	-0.5
烟草制品业	142.55	-1.5	180.58	19.2	-9.98	-963.5

2018 年，食品工业产销率 99.9%，其中：农副食品加工业产销率 99.5%，食品制造业 96.6%，酒、饮料和精制茶制造业 96.6%，烟草制品业 101.6%。

2018 年，规模以上食品工业 2018 年出口交货值同比下降 13%，其中：农副食品加工业出口交货值同比增长 5.8%；食品制造业出口交货值同比下降 45.3%；酒、饮料和精制茶制造业出口交货值同比增长 7.9%。

【b. 主要产品产量】

在入统的 32 种产品中，有 21 种产品为正增长，占统计品种的 65.63%，食醋、速冻米面食品、精制食用植物油、食品添加剂、糖果、成品糖、婴幼儿配方乳粉、碳酸饮料、包装饮用水、蛋白饮料、果酒及配制酒、白酒 12 产品产量增长都在 10% 以上，占到全部产品的 37.5%；熟肉制品、冷冻水产品、罐头、膨化食品、葡萄酒、酱油、冷冻饮品、冷冻蔬菜、乳粉、鲜冷藏肉、卷烟均为负增长。（见表 2）

表 2　2018 年主要产品产量

产品名称	计量单位	本月产量	同比增长%	累计产量	累计增长%
冷冻水产品	万吨	1.07	45.9	10.35	57.3
味精	万吨	0.39	216	2.25	32.4
冻肉	万吨	1.14	33.4	13.05	31.8
食醋	万吨	0.31	-25.0	6.19	25.8
膨化食品	万吨	0.06	98.5	0.73	24.9
糖果	万吨	6.67	-12.6	11.31	21.8

产品名称	计量单位	本月产量	同比增长%	累计产量	累计增长%
鲜、冷藏肉	万吨	11.02	20.0	116.70	20.0
熟肉制品	万吨	0.38	27.6	3.55	18.1
冷冻饮品	万吨	0.12	6.0	5.60	12.1
大米	万吨	3.72	71.2	22.42	12.1
饮料酒	万吨	12.44	9.1	188.69	7.5
其中：白酒（65 度商品量）	万吨	1.98	9.9	16.12	-1.8
啤酒	万吨	9.53	8.5	166.76	8.4
葡萄酒	万吨	0.91	14.8	5.53	9.4
果酒及配制酒	万吨	0.005	-35.4	0.06	3.0
乳制品	万吨	34.62	11.1	365.29	6.4
液体乳	万吨	33.99	10.7	357.42	6.3
固体及半固体乳制品	万吨	0.63	39.3	7.88	11.9
其中：婴幼儿配方乳粉	万吨	0.20	49.3	1.85	43.8
乳粉	万吨	0.38	40.4	4.99	-1.2
小麦粉	万吨	91.34	-7.3	1018.54	4.7
精制食用植物油	万吨	23.10	-30.1	289.09	3.9
饮料	万吨	37.57	6.4	540.88	3.3
其中：碳酸型饮料	万千升	4.11	-23.6	37.57	-35.0
包装饮用水	万千升	7.70	146.9	207.10	46.5
果汁和蔬菜汁类饮料	万千升	3.14	-38.3	63.15	-10.3
蛋白饮料	万千升	2.52	-44.9	29.81	-5.3
发酵酒精（折96度，商品量）	万千升	1.38	-6.4	15.72	2.7
卷烟	亿支	30.0	-48.7	762.0	1.4
酱油	万吨	0.41	-3.4	4.32	-3.3
冷冻蔬菜	万吨	0.79	89.0	6.78	-5.9
焙烤松脆食品	万吨	0.11	-27.3	0.93	-11.0
成品糖	万吨	5.53	-13.5	31.23	-14.8
食品添加剂	万吨	2.78	-51.6	32.90	-20.8
方便面	万吨	2.58	-11.5	28.93	-21.5
罐头	万吨	1.82	-34.8	16.13	-44.9
速冻食品	万吨	1.81	-56.6	26.86	-45.1
速冻米面食品	万吨	1.11	-68.4	20.25	9.0

【c. 食品工业存在的主要问题】

1. 源头污染问题突出

部分食用农产品存在超标使用农兽药和滥用添加剂现象，食品冷链物流建设滞后，食品生产加工销售过程的质量安全问题时有发生，食品质量安全隐患依然存在。

2. 科技创新能力不强

食品工业基础研究薄弱，加工技术储备不足，自主研发水平较低。且循环经济发展水平较低，部分行业副产物综合利用率不高，部分产品单位能耗、水耗和污染物排放仍然较高，节能减排压力加大。

3. 质量管理手段滞后

还有相当的企业质量管理手段滞后，例如ISO9001、HACCP、ISO22000等的认证企业占的比例低。

4. 企业的经营理念扭曲，诚信缺失，假冒伪劣品多，扰乱了市场，打假任务繁重。

【d. 大事记】

2月6日，河北省工业和信息化厅龚晓峰厅长到省食协调研，听取了省食品工业协会、省石化行业协会工作和相关产业发展情况汇报。龚晓峰厅长听取了省食协工作和全省食品产业发展情况汇报后，对协会工作给予了充分肯定，对全省食品产业的下一步发展提出了指导性意见。

3月，完成河北省食品工业发展报告。报告分为食品工业的经济运行情况分析、科技创新、品牌建设、食品安全、优势企业、发展趋势等六大部分。

4月26日，河北省食协在邯郸邱县召开五届五次理事会，省食协会长、副会长、常务理事、理事及邱县食品生产企业等近100人参加会议。省食协秘书长汇报了2017工作情况及提出2018年工作思路；省食协技术服务部部长夏卫东进行食品行业团体标准、生产许可等方面讲座；中国防伪溯源认证中心秦立华工程师做食品行业追溯体系建设讲座；姚奎章会长做食品产业发展趋势讲话。

6月，河北省食协为省政府谋划食品工业万企转型思路。

7月26日，参加中国工业史食品卷编纂工作会议。该史书的食品工业卷由中国食品工业协会组织编纂。

7月，河北省食品工业协会经过河北省民政厅党委批准于7月成立正式党支部。吴龙妹为党支部书记。

10月，受河北省食品药品监督管理局委托，河北食协继续为河北省食品和食用农产品集中交易市场评价验收工作，省食协组织了食品工业、食品市场及大专院校教授专家组成的市场评价专家队伍，分6个组对全省98个食品和食用农产品集中交易市场进行现场评价验收工作。验收人员以饱满的工作热情、认真的工作态度做好这次评价验收工作。人人作为党和政府的法律法规宣传员，把国家和省领导对食品安全的高度重视、对民生的关注和关怀一并带入评价工作中。

进一步增强了市场管理者食品安全主体责任意识，提高了经销者索票索证的自律性，完善了各项管理制度，积极创造整洁购物环境的自觉性，充分认识了保障食品安全，提高人民生活水平的责任与担当。

12月21日，由天津市食品工业协会、河北省食品工业协会、北京市食品学会和天津现代职业技术学院经多次研讨，在天津现代职业技术学院召开京津冀食品行业产教联盟成立大会，推选出天津食协赵国瑞为联盟会主席，天津食协、天津现代职业技术学院、河北食协为秘书长单位。联盟的成立为有效的满足中小企业在员工培训、技术帮扶等方面的实际需求，对京津冀三地的食品产业发展有积极的推动作用。

12月，受河北省工信厅委托，河北省食协承担河北省十大领军品牌、河北省十大特色食品品牌评选工作。该项目是落实河北省制造强省建设领导小组办公室下发的《河北省食品工业高质量发展三年行动计划》提出的培育品牌，壮大特色产业集群的目标。从制定标准、审核书面材料、邀请国家、省级食品专家评审，做了一系列工作，评审出河北省十大领军品牌、河北省十大特色食品品牌。并编辑了改革开放四十年河北省领军品牌和河北省特色食品品牌荟萃宣传册。

2018年，全年做好河北省食品工业经济运行分析和预测预警工作。河北省食协当好政府的参谋助手，在每月食品工业经济运行分析和预测预警工作中，全面反映产业发展状态，为政府制定政策提供依据。。

【e. 科技创新】

6月，组织申报中国食品工业强县及龙头企业。其中强县3家，（邱县、隆尧县、昌黎县）；龙头企业有今麦郎面品有限公司、三河汇福粮油集团有限公司、五得利面粉集团有限公司、河北邯郸丛台酒业股份有限公司、唐山蓝猫饮品集团有限公司等13家。

7月，制定河北省食品工业协会团体标准管理办法。按照河北省标准化委员会办公室转发的质监总局、国家标准委、民政部关于印发《团体标准管理规定（试行）的通知》要求，省食协通过申请程序通过了制定团体标准的资质并制订了《河北省食品工业协会团体标准管理办法》。

9月，制定《天然泉水》团体标准。由河北省食品工业协会、河北省矿泉水产品质量监督检验站、河北冠卓检测科技股份有限公司、石家庄吉时雨山泉水有限公司、秦皇岛开发区英洋水业有限公司、秦皇岛市旭亨饮品有限公司等单位起草的《天然泉水》团体标准历经立项、实地调研、文本征求意见形成送审稿，于9月经过专家论证、发布、实施。

9月，向省工信厅申报食品行业研发的新产品、新技术有：昌黎地王酿酒有限公司研发的地王冰酒（配制酒）研发及其相关技术应用的研究等7个项目。河北承德露露股份有限公司申报的工业设计“331”行动企业产品1项。

9月，向中国食协推荐2018年河北省食品行业食品科技项目7个，其中有石家庄君乐宝乳业有限公司的自主知识产权益生菌N1115开发与产业化等项目、科技创新领军人物5名，其中有石家庄君乐宝乳业有限公司朱宏、河北邯郸丛台酒业股份有限公司的李鹏亮、河北养元智汇饮品股份有限公司的夏君霞、十里香股份公司崔海灏、河北泽华生物科技有限公司的于凯、杰出人才8名，其中有河北衡水老白干酿酒（集团）有限公司的张煜行、河北邯郸丛台酒业股份有限公司的杨军山等、科技竞争力评价企业2个，其中有河北新希望天香乳业有限公司、河北泽华生物科技有限公司。

2018年，河北省企业技术中心达到50家，新增河北冠卓检测科技有限公司、秦皇岛长胜营养健康科技有限公司。

【f. 职业培训】

8月6日至9日，河北省食协在河北兴台酒业集团举办省级白酒品评技术培训会。培训班在提升全省白酒行业品质，塑造品牌，实现高质量发展起到积极作用。为更好地凝聚行业力量，提升冀酒在全国乃至全世界酒业中的地位，大家精诚合作，携手并进，用坚定的信念、优良的品质打造冀酒、振兴冀酒，共创白酒行业新辉煌！

【g. 食品安全情况】

从河北省市场监督管理局获悉：2018年，全省食品药品监管部门共完成食品安全监督抽检220825批次（不含市县食用农产品专项，以下同），抽样范围覆盖11个设区市及所辖全部县（市、区），辛集、定州两个省直管县，样品品种涉及33大类食品。

检验结果显示，全部样品中，合格217192批次，总体合格率为98.35%。其中，保健食品、婴幼儿配方食品等4类食品监督抽检合格率达到100%，较全省总体合格率高1.65个百分点，28类食品合格率在96%以上。

根据抽检结果，结合日常监管、投诉举报、案件查办等情况分析，2018年全年，河北省食品安全形势持续稳定，食品生产经营秩序进一步好转，主要品种质量安全保持较高水平。

【h. 开拓市场】

组织食品企业参加2018京津冀（石家庄）国际餐饮食材供应博览会，食品行业20家领军企业参展。

【i. 名优食品和企业】

河北省食品领军品牌名单

序号	企业名称	品牌名称	产品名称
1	石家庄君乐宝乳业有限公司	君乐宝	奶粉、低温发酵乳制品
2	晨光生物科技集团股份有限公司	晨光	辣椒红、辣椒油树脂、叶黄素
3	河北衡水老白干酒业股份有限公司	衡水	白酒
4	河北养元智汇饮品股份有限公司	六个核桃	植物蛋白饮料
5	玉锋实业集团有限公司	玉星	淀粉、葡萄糖（淀粉及淀粉制品制造）
6	今麦郎面品有限公司	今麦郎	方便面
7	河北金沙河面业集团有限责任公司	金沙河	面粉、挂面
8	三河汇福粮油集团有限公司	汇福	食用油、豆粕
9	五得利面粉集团有限公司	五得利	小麦粉

河北省特色食品品牌名单

序号	企业名称	品牌名称	产品名称
1	中国长城葡萄酒有限公司	长城	葡萄酒
2	石家庄洛杉奇食品有限公司	金凤	金凤扒鸡
3	河北栗源食品有限公司	栗源	甘栗仁
4	河北承德露露股份有限公司	露露	杏仁露饮料
5	河北新希望天香乳业有限公司	天香	活润果粒风味酸牛奶
6	秦皇岛骊骅淀粉股份有限公司	骊骅	玉米淀粉、葡萄糖、麦芽糊精、山梨醇
7	河北邯郸丛台酒业股份有限公司	丛台	白酒
8	唐山蓝猫饮品集团有限公司	蓝猫	野生酸枣汁饮料
9	河北双鸽食品股份有限公司	双鸽	冷鲜肉、熟肉制品
10	石家庄市米莎贝尔饮食食品有限公司	米莎贝尔	烘烤食品

领军企业：

石家庄君乐宝乳业有限公司成立于1995年，在河北、河南、江苏、吉林等地建有17个生产工厂，10个现代化大型牧场。业务范围涵盖婴幼儿奶粉、低温酸奶、常温液态奶、牧业四大板块，建立起涵盖奶业全产业链的运营布局，销售市场覆盖全国。2017年集团销售额达到102亿，在全国居第四位，增长率连续多年在全行业领先。

君乐宝公司不断调整产品结构，发力高端乳制品市场，同时大力发展婴幼儿奶粉业务，努力推动奶业高质量发展，坚持做到四个“最”：即质量最优、品牌最强、社会最放心、消费者最满意，生产让人民群众放心、满意的婴幼儿奶粉。

为了实现高质量发展、生产世界级的好奶粉，君乐宝公司首创了两个模式：一是在全球率先推出全产业链模式。即牧草种植、奶牛养殖、生产加工全产业链一体化生产经营模式，确保产品的安全放心；二是首创了“四个世界级”模式。自建现代化牧场，原奶指标优于欧盟、美国、日本标准；优选全球顶级供应商，与爱尔兰KERRY、荷兰皇家帝斯曼、以色列领先油脂等战略合作；建设全球领先的工厂，用国际一流的工艺设备做婴幼儿奶粉；引进了食品安全全球标准BRC和国际食品安全标准IFS双重管理体系。

针对我国缺少母乳数据资源的核心问题，开展母乳成分分析研究，以及乳蛋白脱敏等关键技术研究，开发适合中国宝宝的婴幼儿配方奶粉。打造了“四个世界级”模式开发婴幼儿配方奶粉，成功销售至香港、澳门市场，2018年婴幼儿奶粉销售50亿元，每天有150万婴幼儿食用君乐宝奶粉，为国产奶粉崛起最重要的代表品牌之一。

率先开发了红枣、沙棘酸奶等系列养生产品，开创了国内养生酸奶的先河；开发出国内首款功能性活性乳酸菌饮料“每日活菌”；自主研发的“酪爵庄园”欧式酸奶酪是我国首次开发的新鲜奶酪产品，与自主研发的斯浓布丁两款产品，均在有食品界“奥斯卡”之称的 SIAL China 国际食品与饮料展览会上被授予“最佳特别奖”。

2017 年 1 月 24 日，习近平总书记到君乐宝公司投资组建的旗帜乳业考察时指出：要下决心把乳业做强做优，打造出具有国际竞争力的乳业产业，培育出具有世界知名度的乳业品牌；要让祖国的下一代喝上好奶粉。2018 年 5 月 23 日，李克强总理在主持召开国务院常务会议上特别强调，“力争 3 年内显著提升国产婴幼儿配方乳粉的品质和美誉度，重建国产乳品信心，提升民族奶业竞争力”。

参与国际竞争，充分证明国产奶粉的国际品质，重振消费者对国产奶粉品牌的信心。2016 年 8 月，君乐宝奶粉通过香港食环署 397 项严格审核成功登陆香港，接受来自国际市场的考验，一年后又成功打开澳门市场，并通过“同线同标同质”——“三同”认证，成为国内首家获得“三同”认证的婴幼儿奶粉。

2015 年，君乐宝婴幼儿奶粉在全球奶粉行业第一家通过了食品安全全球标准 BRC A+ 顶级认证；2018 年年初，作为国产乳粉品牌在香港通过了第三方独立检测机构“小鱼亲测”的检测，获得了最高级别安全评级；旗帜奶粉连续两年斩获世界食品品质评鉴大会特别金奖；君乐宝乳业集团还在国际权威质量评定组织 B.I.D 举办的 2018 年度 IQS 质量峰会上，荣获“国际质量管理卓越和创新钻石奖”，这些荣誉都充分证明了国产奶粉的品质与实力。

君乐宝公司加强品牌推广力度，不断提升品牌竞争力。近年来，君乐宝公司联合全球领先的战略咨询公司埃森哲、普华永道及全球一流的品牌咨询公司罗兰贝格、里斯，对企业品牌战略进行了系统、科学的规划，并持续开展了大规模的品牌形象宣传活动，使企业知名度和社会影响力迅速提升。

通过实施品牌战略，君乐宝公司实现了品牌影响力的快速提升，完成了由区域品牌向全国品牌转型的跨越。公司已连续三年与华为、格力、京东等顶级品牌一起入选“CCTV 国家品牌计划”，并获得“中国自主品牌 100 佳”等多项国内外大奖。从整体行业来看，君乐宝品牌在核心四省知名度达到 88%，在主销 10 省达到 87%。

【j. 河北省食品工业协会】

河北省食品工业协会是于 1982 年 6 月经河北省人民政府批准成立，在河北省民政厅登记注册的社团组织。协会会员以食品生产企业为主体，吸收大专院校、专家教授等组成。设会长 1 人，副会长 45 人（包括生产企业副会长单位），秘书长 1 人。会员队伍近 300 家，副会长单位均为各行业领军企业。省食协是河北省民政厅授予的“中国社会组织评估‘AAAAA’级协会”。曾荣获“河北省先进行业协会”、“河北省社会组织诚信建设先进单位、专项调研先进协会、对标先进单位”等荣誉称号。

省食协下设五个分支机构：河北省食品安全技术专家咨询委员会；河北省食协饮料专业委员会；河北省食协淀粉及淀粉制品专业委员会；河北省食协蜂产品专业委员会；河北省食协包装技术协作委员会。

协会宗旨：服务为本，科学发展。

食协理念；塑形象、提素质、重绩效、强团队。

食品工业协会设四部一处，即：行业发展部、科技质量部、经济信息部、技术服务部、秘书处。

会长：姚奎章

党支部书记：吴龙妹

秘书长：李峰

办公地点：河北省石家庄市兴凯路 152 号

邮编：050051

联系电话：0311-88616684

3.4 上海市

【a. 概况】

2018 年，本市全面贯彻落实党的十八大、十八届历次全会和十九大精神，认真学习贯彻习近平新时代中国特色社会主义思想，以供给侧结构性改革为主线，推动结构优化、动力转换和质量提升。全市食品工业发展总体平稳、稳中向好，经济转型升级成效进一步显现。

上海市规模以上食品工业企业 372 家，完成总产值 1964.78 亿元，同比增长 4.0%，占全市工业 5.6 %；完成主营业务收入 2192.32 亿元，同比增长 1.8%；完成出口交货值 61.0 亿元，同比增长 0.4%；实现利润 320.77 亿元，同比下降 2.6%。

1. 生产平稳增长

2018 年，本市食品工业企业生产基本保持平稳小幅增长，同比增长幅度逐月减小的主因是受到烟草制造业影响。

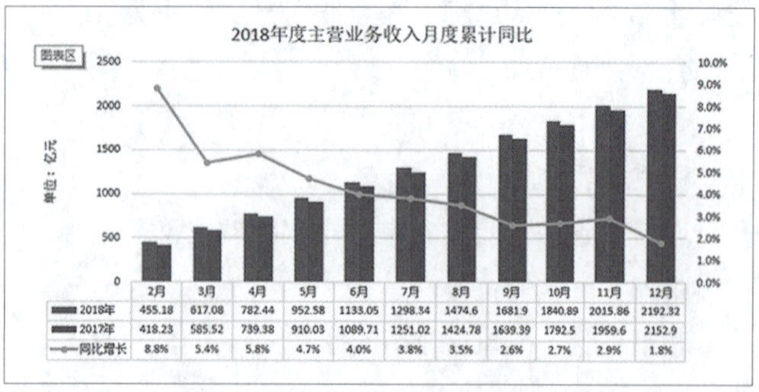

从表中可以看出，2018 年全年食品工业产值同比增长幅度逐月减小，至 12 月又开始回升，符合以往先扬后抑的增长特点。

分行业看，农副食品加工业受近两年环保要求越来越严的影响，规上企业逐渐减少，产值全年呈下降趋势；食品制造业趋于稳定，全年保持小幅增长。其中，焙烤食品制造业及其他食品制造业增长较快，同比分别增长 11% 和 13%；饮料、酒和精制茶制造业中，酒的制造业及精制茶加工业全年呈下降趋势，同比分别下降 11.5% 及 10.0%

2. 营收小幅增长

2018 年，上海食品工业完成主营业务收入 2192.32 亿元，同比增长 1.8%。完成产销率 99.7%，产销基本平衡。

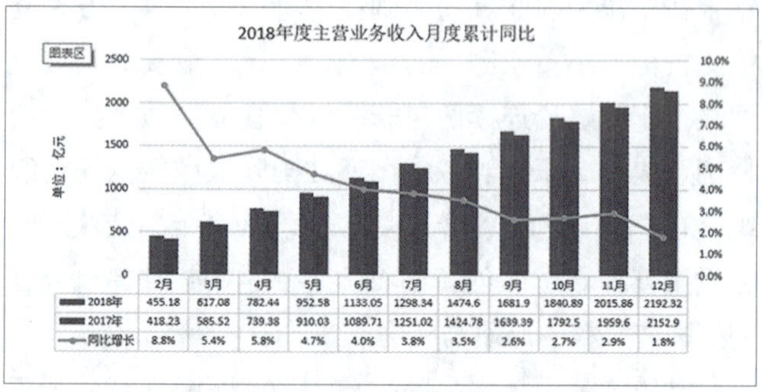

从四个分类行业看，虽然食品制造业与饮料。酒和精制茶制造业均有小幅增长，受农副食品加工业下降幅度较大的影响，使食品工业总体增长较小，几乎与 2017 年持平。

子行业中，其他食品制造业增速较快，仍保持 11.0% 的较快增长。调味品、饮料制造及焙烤食品制造业也保持较快增长，分别增长 8.2%、7.7% 及 7.6%；跌幅较大的子行业为精制茶加工及酒的制造业，分别下跌 12.1% 及 10.9%。

3. 利润下跌

2018年，实现利润320.77亿元，同比下降2.6%。企业亏损面占22.0%，同比增加1.7个百分点。

利润全年保持稳定增长，至四季度逐渐增长放缓至年底同比下降，主要受到烟草制品行业四季度利润逐月减少以及其他三个分行业二季度开始利润增长率大幅减少影响。

撇开烟草制品行业，其他三个分行业1月利润增长达到36.3%，至12月增长率已收窄至1.7%。

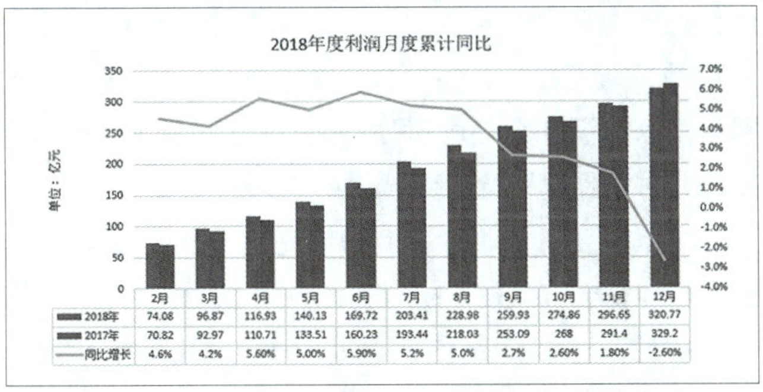

受到几方面因素影响，一是食品制造业中几大主要子行业增速都大幅度放缓，其他食品制造业的增速大幅放缓，从三季度开始，增速大幅回落，较上半年回落23个百分点；下半年乳制品制造业的利润大幅下降，同比下降41.7%。其他利润下降较多的子行业还有糖果、巧克力及蜜饯制造业，同比下降27.9%。虽然方便食品制造业及罐头食品制造业2018年增长迅速，同比分别增长60.9%及238%，但是相比其他子行业体量较小，难以拉动食品制造业整体增长。二是饮料、酒和精制茶制造业的大幅下叠，尤其饮料制造业的下跌，进一步拉低了食品工业利润增速，同比下降26.7%，其他两个子行业中，精制茶加工业转为亏损。

食品全行业主营业务收入利润率为14.6%，同比下降0.6个百分点。若除去烟草制品业，食品工业主营业务收入利润率为7.0%，同比增加0.1个百分点。

2018年主营业务收入利润率　（%）

	主营业务收入利润率%	
	2018年	2017年
食品工业总计	14.6	15.2
其中：农副食品加工业	4.1	3.2
食品制造业	9.3	9.3
饮料、酒和精制茶制造业	3.3	6.0
烟草制品业	24.9	27.0

实现利税1090.3亿元，同比上涨0.8%，烟草制品业仍是食品工业利税的主要来源，占全部食品工业的93%，同比增加4个百分点。

4. 月饼市场百花齐放

近几年中秋，本市月饼市场逐步转冷，产量及销量逐年下降，2018年本市月饼生产量为1.9万吨，同比下降8%，产值16.0亿元，同比下降9%。尽管连几年不断推出各类新口味月饼，仍然难以带动市场热度，简装平价月饼更受消费者的热爱，礼盒装月饼销量大幅下滑。

5. 企业转型升级步伐加快

2018年，本市规模以上工业企业372家，同比减少12家。食品工业企业两级分化继续加剧，行业平均员工数量同比下降8.5%，同比增加5.5个百分点。资产总计同比增长8.3%。食品生产企业生产基地外移现象加剧。

6. 严抓严管，构建市民满意的食品安全城市

2018年，在上海市委、市政府的坚强领导和市人大、市政协的关心支持下，按照国务院食安委的总体工作部署，上海各相关部门和各区认真贯彻党的十九大关于“实施食品安全战略，让人民吃得放心”的战略部署和中央关于食品安全“四个最严”的工作要求，坚持深化改革、优化营商环境、净化消费市场，以全面创建国家食品安全示范城市和建设市民满意的食品安全城市为目标，坚持把群众反映的突出问题作为工作重点，把群众对食品安全的美好愿望作为努力方向，以更高的标准、更严的要求完善食品安全现代治理体系，强化食品安全全程监管，严厉打击食品安全违法犯罪行为，牢牢守住食品安全底线，构建共治共享的食品安全格局。

2018年，上海共监督抽检各类食品样品136054件，合格率为98.4%，同比下降0.4%；快速检测138万项次，同比增长4.5%，快速检测筛检阳性率为0.76%，同比增加0.03个百分点。合格率呈逐年增长的趋势。

2018年，上海市市民对食品安全满意度为80.7分，

同比增加4.6分。其中，93.2%的市民认为上海2018年的食品安全总体状况“很安全”或“比较安全”，同比增加5.3个百分点。对于“未来一年内上海市食品安全形势”，94.5%的市民认为会“很好”或“较好”。此外，还有93.3%的市民比较认可各级政府对食品安全的重视，在上海市建设市民满意的食品安全城市这项工作上，市民支持度高达99.5分。

7. 持续开展诚信体系建设，树立食品企业诚信观念

为贯彻实施工信部关于在食品工业企业开展诚信管理体系建设的要求，上海持续开展推进食品工业企业建立诚信管理体系的工作。

至2018年底，本市已有54家食品工业企业建立诚信管理体系，并通过了第三方评价。

【b. 协会工作】

1. 选送冠生园、百诺、拾六盏等企业的10余款产品参加全国旅游食品（四川乐山）评选。上海参赛的冠生园大白兔奶糖获金奖；拾六盏法式牛轧糖，石库门海上繁华系列伴手礼，老城隍庙梨膏露获银奖。

2. 推荐会员企业15款伴手礼产品，参加由上海市消费者权益保护委员会组织评测的上海优选特色产品（伴手礼）。国际饭店蝴蝶酥伴手礼（铁盒装）、大白兔魅力上海/魔都上海/欢乐上海/经典原味四款礼盒装奶糖、杏花楼广式豆沙月饼、石库门海上繁华系列黄酒、功德林鲜花酥饼、元祖蛋黄酥名列榜单。

3. 积极参与2018年度长江三角洲地区名优食品的评选工作，经过评选，上海14家食品企业的24款产品，被评为2018年度长江三角洲地区名优食品。

4. 组织26家上海特色旅游食品企业，携带众多特色旅游食品，亮相在上海展览中心举办的“2018上海世界旅游博览会 & 第二十届上海旅游商品博览会”。

5. 组织10多家食品品牌企业，参加“2018上海国际时尚消费品博览会”，其中会员企业五芳斋、立丰的产品，经组委会和消费者评选，获得“消费者最佳产品满意奖”，上海市食品协会获得“最佳组织奖”。

6. 组织47家食品企业以“上海团”的名义参加2018中国（上海）国际食品博览会，与来自国内其它省、市、区的老字号、新字号和特字号们，同场竞技，共同解读食品行业这一“永不落幕的朝阳产业”的发展秘笈。用新口味、新包装和新的营销理念，展示上海食品行业新风采。

7. 协会与徐汇区职业技能竞赛办公室联合举办“2018年中国技能大赛——上海市食品行业 & 上海市徐汇区‘金禧悦杯’月饼制作技术比武”，来自上海杏花楼、功德林、玉佛寺、新雅食品、静安面包房、牛奶棚、海融食品科技、上海市商贸旅游学校、澳莉嘉食品、新麦食品、生巧食品和浙江资溪面包、五味和等多家江浙知名品牌食品制造企业、职业院校的30多位月饼制作高手同台竞技比武。

8. 组织会员企业参加上海市商业联合会等本市10多家行业协会开展的3•15消费者维权活动，听取消费者的意见；在市商务委指导下，与虹口区商务委联合主办食品安全月主题活动。

9. 组织会员企业参观首届进博会，与新加坡制造商总会及数个国家的参展商进行了交流。并组织会员企业参加由上海市现代服务业协会等单位举办的《食品安全论坛》等进博会活动。

10. 应印尼食品协会邀请，组织部分会员企业赴印尼，与当地食品生产企业进行战略合作和业务对接。

11. 受市经信委委托，承担《上海食品工业发展三年规划》课题撰写任务，通过深入企业实地调研，完成了课题报告，并通过评审。

【c. 主要数据】

主要经济指标

指标	单位	食品工业合计		其中：农副食品加工业		食品制造业		饮料制造业		烟草制品业	
			同比增长%	2018年	同比增长%	2018年	同比增长%	2018年	同比增长%	2018年	同比增长%
工业总产值	亿元	1964.78	4.0%	296.5	-8.9%	643.5	5.1%	98.7	-9.3%	926.1	5.3%
销售产值	亿元	1923.34	0.2%	321.4	-2.2%	602.2	2.3%	104.5	5.3%	895.3	-1.0%
主营业务收入	亿元	2192.3	1.8%	382.1	-8.6%	733.3	4.8%	145.1	3.6%	931.7	4.1%
出口交货值	亿元	61.0	0.4%	11.3	0.4%	32.6	1.9%	5.6	-6.5%	11.4	0.0%
利润	亿元	320.77	-2.6%	15.7	16.2%	68.3	4.3%	4.8	-42.2%	232.0	-4.1%
利税合计	亿元	1090.3	0.8%	20.5	-4.3%	101.8	0.1%	14.4	20.0%	953.6	1.4%

指标	单位	食品工业合计		其中：农副食品加工业		食品制造业		饮料制造业		烟草制品业	
			同比增长%	2018年	同比增长%	2018年	同比增长%	2018年	同比增长%	2018年	同比增长%
资产总计	亿元	2663.9	8.3%	311.6	5.8%	720.5	7.1%	166.9	5.3%	1464.9	9.9%
企业数	个	372	-3.1%	121	-8.3%	212	-0.5%	35	0.0%	4	100.0%
平均从业人员	万人	11.06	1.8%	2.65	1.1%	6.92	2.2%	1.09	0.9%	0.40	2.6%

注：1、本文数据为规模以上食品工业企业 2、工业总产值与同比增长率。

部分食品市场占有率

序号	产品	第一名		第二名		第三名		第四名		第五名	
		品牌	占有率%	品牌	占有率%	品牌	占有率%	品牌	占有率%	品牌	占有率%
1	食用油	金龙鱼	20.4	海狮	20.3	多力	17.4	鲁花	9.2	融氏	6.0
2	中国烟	中华	38.0	红双喜	14.5	利群	12.6	玉溪	8.1	牡丹	3.8
3	黄酒	和酒	17.7	古越龙山	13.1	石库门	12.5	金色年华	10.4	金枫	5.7
4	啤酒	三得利	25.7	青岛	17.3	百威	14.1	雪花	12.7	哈尔滨	5.1
5	酱油	海天	41.4	欣和六月鲜	27.7	千禾	12.3	李锦记	10.0	鲁花	3.3
6	醋	恒顺	27.4	宝鼎	27.3	金山寺	12.3	东湖	9.9	鼎丰	4.0
7	包装大米	光明米业	35.8	乐惠	25.7	香满园	4.7	五丰	3.0	福临门	2.9
8	巧克力	德芙	37.4	费列罗	20.5	健达	13.2	士力架	5.5	好时	4.4
9	糖果	大白兔	32.8	徐福记	7.8	阿尔卑斯	7.2	彩虹糖	5.6	上好佳	4.2
10	挂面	陈克明	29.8	顶味	10.3	金龙鱼	8.5	中裕	6.4	味都	5.8
11	膨化食品	乐事	45.7	旺旺	18.8	上好佳	13.8	好丽友	7.0	多力多滋	1.4
12	饼干	奥利奥	20.4	百奇	9.8	闲趣	9.2	茱蒂丝	5.7	太平	5.4
13	八宝粥	银鹭	44.6	娃哈哈	38.9	真的	14.1	达利园	1.1	亲亲	0.7
14	肉（鱼）罐头	梅林	66.6	世棒	10.0	甘竹	4.9	鹰金钱	4.6	小胖子	2.3
15	冷鲜肉	金锣	9.2	五丰上食	7.5	苏食	7.4	雨润	7.2	中粮家佳康	6.6
16	冷饮	和路雪	28.1	梦龙	16.9	八喜	13.1	光明	11.9	伊利	11.5
17	奶粉	雀巢	36.0	荷兰乳牛	15.9	伊利	15.5	光明	15.0	安怡	6.8
18	国产液体奶	光明乳业	60.5	蒙牛	20.4	伊利	16.4	明治	1.2	科迪	0.7
19	饮用水	农夫山泉	36.1	景田百岁山	20.0	怡宝	13.8	雀巢	8.9	统一爱夸	5.0
20	南北货	闽龙达	27.1	禾煜	26.9	雄峰	5.2	燕之坊	2.5	塞翁福	2.0
21	瓜子	洽洽	45.8	张二嘎	13.5	华味亨	12.5	恒康	8.0	天喔茶庄	2.9
22	坚果	天喔	31.3	华味亨	17.4	恒康	6.1	洽洽	5.4	沃隆	3.3
23	休闲鱼（肉）制品	立丰	14.1	新东阳	7.4	天喔	6.8	太仓	5.9	小辣椒	4.1
24	蜂制品	冠生园	64.4	采蜂农	7.3	妙语	4.9	同仁堂	3.6	琅尼斯	3.1
25	麻油	三添	39.5	龙溪一滴香	31.8	金龙鱼	11.3	李锦记	3.3	鲁花	3.3

序号	产品	第一名		第二名		第三名		第四名		第五名	
		品牌	占有率%	品牌	占有率%	品牌	占有率%	品牌	占有率%	品牌	占有率%
26	鸡精	太太乐	69.8	家乐	16.0	佛手	6.5	味美思	4.2	唯合家家乐	0.9
27	味精	佛手	46.7	双桥	38.2	太太乐	7.9	家乐	2.7	天厨	1.9
28	调味粉	味好美	55.6	太太乐	16.5	唯加	4.8	王守义	4.3	冠生园素易鲜	4.1
29	速冻调理品	湾仔码头	30.8	三全	13.1	海霸王	11.0	桂冠	8.2	思念	7.4
30	豆奶（浆）	维维	48.7	永和	34.1	九阳豆坊	6.5	智力	5.7	华精	1.8
31	果冻布丁	喜之郎	41.2	旺旺	14.8	巧妈妈	10.5	可康牌	8.8	台尚	7.8
32	沙琪玛	台尚	52.7	徐福记	26.8	日清	6.2	壹格	5.5	名沙	4.6
33	冲调饮料	香飘飘	30.1	立顿	13.6	福牌	12.4	阿华田	11.3	果珍	9.3
34	酸奶	光明莫斯利安	45.2	伊利安慕希	37.3	蒙牛纯甄	15.5	伊利QQ星	0.9	维维天山雪	0.4
35	威化	雀巢	26.5	爱时乐	19.2	嘉顿	14.8	丽芝士	8.1	钙芝	7.7
36	派	好丽友	78.2	光明	5.2	盼盼	2.4	三辉	1.3	桃李	1.0
37	蜜饯	华味享	36.0	天喔	10.0	万顺昌	8.3	益民	5.9	德兴园	3.4
38	婴幼儿奶粉	雅培	31.1	惠氏	28.4	美赞臣	7.4	贝因美	6.1	爱他美	5.4
39	茶饮料	康师傅	19.8	维他	17.2	统一	15.5	三得利	13.3	统一阿萨姆	7.1
40	功能糖果	绿箭	28.0	荷氏	19.7	京都念慈菴	8.1	金嗓子喉宝	6.9	天明	6.6

施伟俊

3.5 江苏省

【a. 概况】

2018 年，全省食品工业坚持稳中求进总基调，落实党中央国务院和省委省政府工作部署，围绕省工信厅(经信委)工作重点，坚持新发展理念，坚持推动高质量发展，积极推进“增品种、提品质、创品牌”，行业延续总体平稳、稳中有进发展态势。

2018 年，全省规模以上食品工业企业 2049 家，完成主营业务收入 5612.99 亿元，同比增长 1.76%。在全国排山东、河南、四川、广东、湖北、福建之后，位列第 7。

1. 产业五大类主营情况

食品行业的五大类的产品都有。其中：农副食品加工业完成主营业务收入 3010.16 亿元，同比下降 1.12%；食品制造业完成主营业务收入 859.06 亿元，同比增长 2.76%；酒、饮料和精制茶制造业完成主营业务收入 1118.49 亿元，同比增长 6.98%；烟草制品业完成主营业务收入 594.24 亿元，同比增长 5.70%，采盐业完成主营业务收入 31.04 亿元，同比增长 11.10%。

2. 产品产量刚性需求

2018 年，全省主要食品工业产品产量稳定，粮、油、肉、乳、蛋、糖、茶等日常生活主要食品供需平衡，食品工业依托刚需，全省主要食品产量居全国前 10 位的有：原盐 939.06 万吨，同比增长 6.13%、发酵酒精 75.67 万千升，同比下降 14.89%、白酒 69.19 万千升，同比增长 1.52%、液体乳 155.19 万吨，同比增长 2.69%、啤酒 173.11 万千升，同比下降 3.52%、卷烟 1031.02 亿只，同比下降 1.06%。市场消费向营养、安全、便捷、休闲性发展。

3. 经济效益增幅偏低

2018 年，全省规模以上食品企业完成主营业务收入 5612.99 亿元，同比增长 1.76%，增幅比全省工业低 5.57 个百分点，占全省工业 4.38%；实现利润总额 494.08 亿元，同比增长 4.99%，增幅比全省工业低 4.39 个百分点，占全省工业 5.81%。

【b. 大事记】

1. 3 月 10 日，在南京召开了食品工业企业诚信管理体系评价专家会议，组织专家对新标准评价审核工作技术指南和评价审核记录表进行研讨，规范评价尺度。

2. 3 月 23–25 日，组织省内 10 家企业 20 人赴广州参观了 2018Sino–Pack 第 25 届中国国际包装工业展览会，

3. 5 月 8 日，在南京召开了省白酒评委专家组会议，总结了 2017 年度江苏省白酒评委专家组工作；各单位交流了新品开发、技术创新、市场营销等情况；研究探讨了 2018 年度白酒行业的工作重点。

4. 7 月 16 日，组织部分食品企业 60 人赴上海参观“2018 第二十四届上海国际加工包装展览会”。

5. 8 月 1 日，在昆明召开 2018 年白酒国家评委年会期间组织召开了黄淮白酒核心产区企业领袖峰会筹备会议。中国食品工业协会副秘书长马勇，山东省、河南省、安徽省食品行业协会领导以及四省白酒骨干企业相关负责人参加了会议。对 2018 黄淮白酒核心产区企业领袖峰会商定了初步工作方案。

6. 8 月 18 日，联合省产业技术研究院，先后在靖江、

兴化两地，组织实施“江苏省食品工业科技成果转化暨精准技术支持”系列活动。

7. 11月8–10日，由中国食协白酒专业委员、苏鲁豫皖四省食品工业协会主办，苏酒集团承办的黄淮流域白酒核心产区领袖企业峰会在酒都宿迁召开，江苏省工信厅副厅长李强，宿迁市副市长马爱平，山东省工信厅副厅长高方，工信部消费司食品处处长陆安静，国家市场监管总局食品监管司司长马纯良等领导出席了会议，与会行业专家学者和企业代表200多人，相聚酒都，畅所欲言，建言献策，共同探讨挖掘黄淮名酒带的“新价值”。

7. 12月4–6日，在淮安举办了食品工业企业诚信管理（GB/T33300–2016）新标准宣贯培训班。班上对2018年新建获证的7家企业进行了表彰，在全省诚信管理体系新标准宣贯培训班上颁发荣誉证书，授予食品行业诚信管理体系建设示范企业称号(第六批)铜牌推荐南京卫岗乳业有限公司代表已建企业，在全省诚信管理体系新标准宣贯培训班上作典型经验分享。

【c. 行业管理】

2018年，协会紧紧围绕省工信厅(经信委)工作中心，坚持以服务大局、服务企业、服务行业为宗旨，根据行业和企业的需求，不忘初心，牢记使命，在产业、企业、产品三个层面，坚持以提高产品质量和企业竞争力为重点，坚持创新行业服务工作方法，在增品种、提品质、创品牌上下功夫，做好各项服务工作，全力促进全省食品行业健康发展。

1. 加大诚信体系国标宣贯，建立保障食品安全长效机制

2018年，我们以贯彻实施GB/T33300–2016《食品工业企业诚信管理体系》国家标准为重点，加大宣贯力度，引导企业建立诚信管理制度，强化企业食品安全主体责任，规范企业诚信管理，预防企业失信风险，确保诚信管理体系有效运行，进一步推进食品工业企业诚信管理体系建设工作，推动食品产业转型升级，建立保障食品安全长效机制。

（1）开展了诚信管理体系新标准的宣贯。《食品工业企业诚信管理体系》（GB/T33300–2016），由行业标准上升为国家标准，为此在淮安市举办了食品工业企业诚信管理体系标准宣贯培训班。全省共计250人参加。省工信厅消费品工业处俞兵华处长作了开班动员，邀请3位专家进行了诚信管理体系“企业为何要建、新标准解析、文件化体系主要内容、体系实操应用、体系评价工作程序”等内容授课培训，进行了答疑互动，对内审员进行了考试检验学习效果。

（2）表彰了2018年新建诚信管理体系企业。对2018年新建获证的7家企业进行了表彰，在全省诚信管理体系新标准宣贯培训班上颁发荣誉证书，授予食品行业诚信管理体系建设示范企业称号(第六批)铜牌，鼓励再接再励，发挥带动作用。

（3）分享了诚信管理体系建设工作经验。推荐南京卫岗乳业有限公司代表已建企业，在全省诚信管理体系新标准宣贯培训班上作典型经验分享，起到示范引领作用。

（4）在信用中国（江苏）服务平台上“行业信用”栏目中增设“食品”窗口做好宣传工作。食品工业企业开展诚信管理体系建设是社会信用体系建设的重要组成部分。为了提高社会对开展诚信管理体系建设工作的认知度，提高获证企业的品牌美誉度，提升食品质量安全水平，在信用中国（江苏）服务平台上“行业信用”栏目中增设“食品”窗口，进一步做好诚信管理体系建设宣传工作。

（5）发挥评价机构职能做好2018年度的评价工作。省食品工业协会作为工信部委托的22家评价机构之一，严格按照工信部评价机构工作规则和评价工作程序的要求，认真组织专家开展评价，全年共评价了47家企业(其中：初次评价9家、监督评价28家、再评价10家)，累计全省共有已建过诚信管理体系企业73家。

2. 召开黄淮流域白酒核心产区领袖企业峰会，引导区域产业高质量发展

黄淮流域是中华文明的摇篮，而地处流域中下游的苏、鲁、豫、皖四省也是黄淮流域白酒的核心产区，其产业规模和产品品质均位居我国白酒主要产区前列，具有鲜明的区域特色和发展优势。为推进本区域内骨

干白酒生产企业通力协作，建立本区域协调发展机制联动发展，加强区域发展理念的协同性、包容性和统一性，推进区域发展实践的协同，形成多层次的区域协同发展局面，提升区域的整体实力和竞争力，把握传统消费向健康、理性消费转变，加快产业转型，突出本区域户品的品质和特色，打造在国际、全国具有重要影响力的引领性产区。我们组织召开了2018黄淮流域白酒核心产区领袖企业峰会。面对经济新常态与新的产业环境，四省白酒企业能否继续上演传奇，让以“苏鲁豫皖”四省为核心的东部白酒可持续发展？

（1）举办产区产业发展战略企业领袖峰会。企业领袖相聚酒都，畅所欲言，建言献策，共同探讨挖掘黄淮名酒带的“新价值”，共同构建竞合关系，促进抱团发展，发挥黄淮名酒核心产区企业集群、品牌集群的巨大发展优势，对我国白酒发展前景、行业分析、生产工艺、产品技术等方面做了全面提炼和展望，对今后进一步实现白酒产业更高的战略目标和超前战略思想提出了更好的思路。峰会还发布了黄淮流域白酒核心产区领袖企业宣言。

（2）举办产区特色传承和创新发展论坛。围绕黄淮流域产区特色传承和创新发展，对黄淮流域产区特色传承和创新发展进行研讨和畅想，领导和专家为苏鲁豫皖四省白酒的生产工艺进步、白酒品质的提升如何发挥重要作用，与会领导和专家进行了全面的分析与总结，也为未来四省白酒产业的特色传承和创新发展指明了方向和目标。

（3）举办产区品牌与营销创新分享会。围绕品牌与营销主题，与会专家和企业代表共同交流了品牌与营销经验，分享了品牌与营销成果，研究探讨了如何更加做好品牌与营销，如何创新营销新模式、新途径、新方法来实现新的高质量发展。

（4）举办产区典型风格产品品评鉴评。与会专家和白酒国家评委对四省向峰会推荐的本省代表性的白酒产品进行了感官质量品评鉴评。根据感官质量品评鉴评结果，16个产品获得了“2018年度中国黄淮流域白酒核心产区标志产品奖”，8个产品获得了“2018年度中国黄淮流域白酒核心产区风格特色奖”。峰会上还收集编印了论文集，以供黄淮流域白酒的核心产区内企业相互学习交流借鉴，进一步指导黄淮流域白酒的核心产区内企业技术提高，进一步提高企业的高质量发展。

3. 开展科技奖项目申报和对接服务，为行业提供创新驱动智力支撑

为了进一步推动我省食品工业企业科技进步与自主创新全面发展，更好地发挥科技创新对供给侧结构性改革的支撑和引领作用，加快我省食品产业转型升级和结构调整，推动实施创新驱动发展，促进科技成果转化为现实生产力，我们整合省内各高校和科研机构及龙头骨干企业的科技和人才资源，加强“产学研”紧密合作，推动科研成果的转化对接，服务于企业，为行业提供创新驱动支撑。

(1) 开展中国食品工业协会科学技术奖项目和个人推荐活动。我们下发了“关于开展2018年中国食品工业协会科学技术奖评审活动的通知”，对照评审条件，将符合奖励项目、个人及科技竞争力强的企业上报中国食协，共推荐优秀项目8个，科技竞争力优秀企业2个，科技创新领军人物1人。

(2) 举办江苏食品行业企业家私董会“苏技汇”活动。发挥我们协会桥梁作用，与江苏省产业技术研究院智能制造技术研究所合作，分别在南京和苏州两地区举办了2018江苏食品行业企业家私董会“苏技汇”活动，让企业家了解智能制造对企业发展的作用和意义，引导我省食品工业企业在智能制造方面，做好转型升级的准备工作，争取走在全行业的前列。

(3) 开展科技成果转化暨精准技术对接活动。联合省产业技术研究院，先后在靖江、兴化两地，组织实施“江苏省食品工业科技成果转化暨精准技术支持”系列活动。重点对靖江市肉制品、兴化市脱水蔬菜等加工企业提供精准服务。

4. 开展2018年度长三角名优食品认定，提升食品品牌知名度

为推进实施消费品“三品”战略，促进消费品工业向中高端发展，落实推动长三角更高质量一体化发展的目标和路径，构筑长江三角洲地区（以下简称长

三角地区）品牌战略平台，增品种、提品质、创品牌、调结构、促消费、惠民生，引导区域食品产业高质量发展。2018年长江三角洲地区名优食品认定，由浙江省食品工业协会、江苏省食品工业协会、上海市食品协会、安徽省食品行业协会根据《长江三角洲地区名优食品认定办法（2018修订版）》，经企业自愿申请，各设区（城市）食品（工业）协会、行业主管部门初审推荐，省级食品工业协会审核，长三角名优食品评审委员会评审，并经网络公示，予以最终确认。长三角名优食品上榜单的132家企业的166个产品都是获得省级以上名牌产品或著名商标或同时获得地区（地级市）名牌产品和知名商标的产品，产品质量在长三角地区达到同行业先进水平，市场占有率名列前茅。我省共有61家企业72个产品荣获殊荣。三年有效期内我省共有长三角名优食品173个。

5. 加强人才队伍建设，提高行业管理水平

为适应经济社会发展的需要，培养培训技能型人才，满足食品行业转型升级的要求，协会继续加强培训工作力度，推动全省食品行业人才队伍建设。

(1) 加强了省白酒专家队伍建设。根据行业自身特点，依据江苏省白酒专家组成员评选办法和评选条件，经企业推荐，申报人对照评选条件申报，省食品工业协会组织省白酒专家组进行评审和投票，同意3位新增聘任为省白酒专家组成员。

(2) 加强了诚信管理体系三支队伍建设。全省诚信管理体系建设工作有三支队伍：一支是咨询服务机构的咨询员，一支是企业内部的审核员，一支是评价机构的评价专家。我们充分利用召开全省诚信管理体系建设工作会议、举办GB/T33300–2016国家标准宣贯暨内审员继续教育培训班、召开相关工作座谈会、参加工信部评价人员培训班等形式，加强三支队伍建设，全年累计共培训1500人次。

6. 开展行业交流服务，为重点行业和企业提供个性化服务

个性化服务是协会的一项基本功，也是协会依托省工信厅（经信委）开展相应服务的一个优势。我们发挥优势，做好有针对性的服务工作。

（1）组织开展行业交流服务。3月，组织省内10家企业20人赴广州参观了“2018Sino–Pack第25届中国国际包装工业展览会”。4月，组织行业企业参加由淮安市政府主办的“2018中国（淮安）国际食品博览会”。7月组织部分食品行业人员参观在上海举办的“2018上海国际加工包装博览会”。11月组织餐饮企业负责人参观在上海举办的“第22届上海国际食饮料及餐饮博览会”。通过组织行业企业参加各种行业交流活动，既使企业有关人员开拓了眼界，又增强了协会在行业中的凝聚力。

（2）选派省白酒专家到成长型企业精准对接服务。我们选派省白酒专家组4位专家到江苏桃林酒业，深入酿造车间、灌装车间地下酒库等多个生产场所现场检查指导，召开座谈研讨会，实施精准对接服务，得到了企业好评。

（3）在企业申报省名牌产品、国家驰名商标时提供行业服务。为南京中科集团申报中国弛名商标和甘汁园糖业等4家企业申报省著名商标省名牌产品做好相关服务工作。

（4）在企业申报产业政策符合性认证时提供行业服务。参加了2018年全省食盐定点生产企业和批发企业许可证审核，参加南京市、徐州市、盐城市、泰州市共计29家批发企业的审核工作。参加了江苏君乐宝乳业公司年产30万吨乳制品及饮料技术改造项目（二期）符合国家产业政策和无锡马山奶业公司增加设备项目符合国家产业政策符合性专家认证会。

（5）参加政府、行业、企业相关服务活动。做好了中国食品工业2018年年鉴（江苏分述）资料收集撰写上报工作。做好了推荐我省5名专家为江西省食品工业协会 “双千计划”项目评审专家。参加了中国食协白酒专业委员会在广东惠州举办的第二届中国白酒大师论坛，论坛主题是研究探讨中国白酒技术与文化营销。参加了苏酒集团主办的2018中国酒源头双沟珍宝坊封藏大典活动。参加了第四届中国（徐州）红喜蛋文化节暨淮海经济区品牌农业发展峰会。参加了扬州市扬大康源乳业有限公司百年庆典暨区域型乳业新发展高峰论坛。参加了江苏省品牌评价标准化技术委

员会成立会议暨第一次全体委员会议。参加了在重庆召开的全国部分省市食品工业协会联盟会议。参加了2018江苏乾隆江南“品味绵芝”第一届粉丝节。参加了2018江苏御珍酒战略合作论坛暨中国酒商联盟成立仪式相关活动。参加了中国食协白酒专业委员会在昆明召开的2018年白酒国家评委年会。参加了中国食协在淮北市召开的《中国工业史・食品卷》地方篇编纂工作培训会议。参加了在武汉召开的中国泛长三角健康食品协会联席会议第十四次会议。

【d. 长三角名优食品】

根据《长江三角洲地区名优食品认定办法》的认定程序，经企业自愿申请，各地区（城市）食品（工业）协会、行业主管部门初审推荐、省级食品行业协会审核，长三角名优食品评审委员会评审。长江三角洲地区（城市）食品（工业）协会联席会审议确定，2018年度江苏省被认定长江三角洲地区名优食品72个（见下表）：

序号	单位	产品名称	商标名称
1	南京樱桃鸭业有限公司	官礼贡鸭	图案（三只小鸭）
2	南京九蜂堂蜂产品有限公司	蜂蜜	九峰堂
3	南京沙塘庵粮油实业有限公司	大米	湫湖
4	南京虹园食品有限公司	炒货食品	夫子庙
5	南京冠生园食品厂集团有限公司	月饼	园
6	南京朝中食品有限责任公司	炒货食品	朝中
7	南京天环食品（集团）有限公司	天环香肚	天环
8	南京依泽瑞丝食品有限公司	糕点	维利康
9	南京远望富硒农产品有限责任公司	富硒大米	远望
10	江苏沛公酒业有限责任公司	沛公酒（白酒）	沛公
11	徐州丰泉酒业有限公司	泥池酒（白酒）	丰泉
12	徐州鑫珂食品有限公司	白条鸭	鑫珂
13	江苏云台山食品发展有限公司	香菇	云台山
14	江苏云台山食品发展有限公司	木耳	云台山
15	维维乳业有限公司	液体乳	天山雪
16	维维乳业有限公司	含乳饮料	天山雪
17	徐州绿健乳品饮料有限公司	花生核桃牛奶	绿健
18	徐州黎明食品有限公司	黑蒜	好蒜道
19	新沂众客食品有限公司	冰鲜分割鸡	益客
20	邳州市天源蒜业有限公司	白蒜	宿羊山天源
21	徐州恒顺万通食品酿造有限公司	酿造酱油	万通
22	徐州恒顺万通食品酿造有限公司	食醋	万通
23	金坛市江南制粉有限公司	水磨糯米粉	沁雪
24	江苏松岭头生态茶业有限公司	天目湖白茶	松岭头
25	江苏五香居食品有限公司	酱卤肉制品	五香居
26	溧阳市天目湖肉类制品有限公司	香肠	天目湖
27	苏州长发食品有限责任公司	苏式鲜肉月饼	津津长发
28	苏州长发食品有限责任公司	苏式水晶百果月饼	津津长发
29	苏州口水娃食品有限公司	子弹肠	口水娃
30	苏州口水娃食品有限公司	面包	口水娃
31	苏州市味知香食品股份有限公司	速冻调制食品	馔玉及图
32	苏州采芝斋食品有限公司	苏式月饼	采芝斋及图
33	苏州金记食品有限公司	豆制品	老相食
34	苏州金记食品有限公司	植物蛋白饮料	老相食
35	常熟市圣百合食品有限责任公司	八宝饭	圣百合
36	新希望双喜乳业（苏州）有限公司	酸牛奶	双喜
37	金利油脂（苏州）有限公司	食用植物油	金利图
38	江苏中洋生态鱼类股份有限公司	速冻调制品	中洋
39	海安县兰波实业有限公司	紫菜系列	南黄海
40	南通丁布儿海苔食品有限公司	海苔	丁布儿
41	江苏新中酿造有限责任公司	腐乳（乳腐）	新中
42	南通五山酿造有限公司	酱油	五山
43	南通五山酿造有限公司	醋	五山
44	南通五山酿造有限公司	麻油	五山
45	江苏润通食品有限公司	水产品（河蚬系列）	润通
46	江苏喜利达食品有限公司	果冻	小町当
47	江苏白玫糖业有限公司	绵白糖	白玫
48	江苏苏美食品有限公司	酱油	苏美
49	江苏苏美食品有限公司	食醋	苏美
50	江苏凯德亚食品有限公司	烘烤类糕点	喜利达
51	江苏凯德亚食品有限公司	月饼	喜利达
52	盐城市怡美食品有限公司	梭子蟹	鲜怡
53	江苏省农垦麦芽有限公司	啤酒麦芽	苏垦
54	盐城市黄沙港恒大水产有限公司	冻黄鱼	鲜噜噜
55	高邮市万嘉面粉有限公司	小麦粉	富嘉旺
56	扬州维扬豆制食品有限公司	豆制品	维扬
57	高邮市邮星食品有限公司	麻鸭咸鸭蛋	邮星
58	高邮市红心旺食品有限公司	咸鸭蛋	红菱
59	中储粮镇江粮油有限公司	食用植物油	金鼎
60	江苏恒顺醋业股份有限公司	香醋六年陈	恒顺
61	江苏恒顺醋业股份有限公司	金优香醋	恒顺
62	江苏恒顺醋业股份有限公司	香醋三年陈	恒顺
63	江苏味巴哥食品股份有限公司	蜜汁肉脯	味巴哥及图
64	江苏尚香食品有限公司	蟹黄汤包	孙尚香
65	靖江市津津食品有限公司	猪肉脯	福至
66	江苏双鱼食品有限公司	牛肉干	双鱼
67	江苏双沟酒业股份有限公司	白酒	苏
68	江苏洋河酒厂股份有限公司	洋河•梦之蓝白酒	梦之蓝
69	江苏御珍酒业有限公司	原酒系列（白酒）	御珍
70	江苏龙嫂绿色食品有限公司	方便米线	龙嫂
71	江苏益客食品集团股分有限公司	冰鲜、速冻分割鸡肉	益客图
72	江苏分金亭酒业有限公司	分金亭金酒（白酒）	分金亭

【e. 诚信管理体系】

2018年，按照国务院食品安全委员会第一次全体会议精神和省政府2018年全省食品安全重点工作安排的有关要求，以贯彻实施GB/T33300-2016《食品工业企业诚信管理体系》国家标准为重点，加大宣贯力度，引导企业建立诚信管理制度，强化企业食品安全主体责任，规范企业诚信管理，预防企业失信风险，确保诚信管理体系有效运行，建立了保障食品安全长效机制，进一步推进食品工业企业诚信管理体系建设工作，推动食品产业转型升级。省食品工业协会作为国家工信部委托的22家评价机构之一，2018年全年共评价了47家企业(其中：初次评价9家、监督评价28家、再评价10家)，全省通过评价获证企业达74家，在证书有效期内正常运行企业52家，获证企业和评价企业数位列全国前列。

附件：

2018年食品工业诚信管理体系获证有效期内企业名单

序号	企业名称	证书号码	证书有效期
	南京市		
1	江苏雨润肉食品有限公司	11-AJFI（苏）18-0004	有效期至2021-06-30
2	南京卫岗乳业有限公司	11-AJFI（苏）19-0007	有效期至2021-12-28
3	南京桂花鸭（集团）有限公司	11-AJFI（苏）16-0012	有效期至2019-04-18
4	南京甘汁园糖业有限公司	11-AJFI（苏）16-0016	有效期至2019-12-27
5	南京光明乳品有限公司	11-AJFI（苏）17-0003	有效期至2020-01-19
6	南京天环食品（集团）有限公司	11-AJFI（苏）17-0009	有效期至2020-07-30
7	南京大旺食品有限公司	11-AJFI（苏）17-0011	有效期至2020-05-25
8	江苏三鸿食品有限公司	11-AJFI（苏）18-0011	有效期至2021-11-04
	无锡市		
9	江苏美天奶业有限公司	11-AJFI（苏）19-0002	有效期至2021-12-28
10	无锡市马山牛奶有限公司	11-AJFI（苏）16-0011	有效期至2019-04-18
11	无锡天资乳业有限公司	11-AJFI（苏）16-0017	有效期至2019-12-24
12	无锡市振太酒业有限公司	11-AJFI（苏）17-0002	有效期至2019-12-24
13	无锡市玉祁酒业有限公司	11-AJFI（苏）18-0005	有效期至2021-07-08
	徐州市		
14	维维乳业有限公司	11-AJFI（苏）18-0006	有效期至2021-07-26
15	江苏君乐宝乳业有限公司	11-AJFI（苏）16-0014	有效期至2019-02-07
16	徐州绿健乳品饮料有限公司	11-AJFI（苏）17-0007	有效期至2020-05-25
17	徐州卫岗乳品有限公司	11-AJFI（苏）17-0013	有效期至2020-12-08
	常州市		
18	常州红梅乳业有限公司	11-AJFI（苏）16-0015	有效期至2019-04-18
19	常州优蕾营养乳品有限公司	11-AJFI（苏）17-0006	有效期至2020-03-29
	苏州市		
20	新希望双喜乳业（苏州）有限公司	11-AJFI（苏）16-0007	有效期至2019-03-20
21	东洋饮料（常熟）有限公司	11-AJFI（苏）16-0018	有效期至2019-12-24
22	江苏张家港酿酒有限公司	11-AJFI（苏）17-0004	有效期至2020-01-19
23	伊利苏州乳业有限责任公司	11-AJFI（苏）18-0002	有效期至2021-06-10
24	明治乳业（苏州）有限公司	11-AJFI（苏）18-0003	有效期至2021-06-23
25	惠氏营养品（中国）有限公司	005-CDIA（苏）2017-0072	有效期至2020-06-15
	南通市		
26	南通红梅乳业有限公司	11-AJFI（苏）16-0010	有效期至2019-03-20
	连云港市		
27	江苏三元双宝乳业有限公司	11-AJFI（苏）16-0006	有效期至2019-02-08
28	江苏万千食品投资有限公司	11-AJFI（苏）18-0001	有效期至2021-02-24
29	江苏桃林酒业有限公司	11-AJFI（苏）18-0012	有效期至2021-10-21
	淮安市		
30	盱眙国盛矿工业发展有限公司	11-AJFI（苏）16-0013	有效期至2019-08-25
	盐城市		
31	盐城市费氏食品有限公司	11-AJFI（苏）17-0012	有效期至2020-09-02
32	益海（盐城）粮油工业有限公司	11-AJFI（苏）18-0014	有效期至2021-10-25
33	中粮肉食(江苏)有限公司	11-AJFI（苏）19-0004	有效期至2022-01-25
	扬州市		
34	扬州仪扬茶社食品有限公司	11-AJFI（苏）15-0015	有效期至2018-11-29
35	扬州市扬大康源乳业有限公司	11-AJFI（苏）19-0011	有效期至2022-03-20
	镇江市		
36	江苏省丹阳酒厂有限公司	11-AJFI（苏）18-0015	有效期至2021-05-14
37	镇江金莲食品有限公司	11-AJFI（苏）15-0008	有效期至2019-03-25
38	丹阳市亭亭食品有限公司	11-AJFI（苏）16-0003	有效期至2019-02-21
39	江苏恒顺醋业股份有限公司	11-AJFI（苏）16-0008	有效期至2019-06-19
40	中储粮镇江粮油有限公司	11-AJFI（苏）17-0005	有效期至2020-01-09
41	镇江宴春酒楼有限公司	11-AJFI（苏）17-0014	有效期至2020-06-18
42	江苏源春食品科技发展有限公司	11-AJFI（苏）18-0009	有效期至2021-07-19
	泰州市		
43	江苏幸福门粮油有限公司	11-AJFI（苏）18-0008	有效期至2021-07-14
44	江苏双鱼食品有限公司	11-AJFI（苏）16-0004	有效期至2019-02-07
45	泰州卫岗乳品有限公司	11-AJFI（苏）16-0005	有效期至2019-02-07
46	江苏汇福油脂科技有限公司	11-AJFI（苏）18-0007	有效期至2021-08-02
47	江苏兴野食品有限公司	11-AJFI（苏）18-0010	有效期至2021-09-25
48	泰州统实企业有限公司	11-AJFI（苏）19-0001	有效期至2022-01-08
	宿迁市		
49	蒙牛乳业宿迁有限公司	11-AJFI（苏）17-0001	有效期至2020-03-04
50	江苏御珍实业股份有限公司	11-AJFI（苏）17-0008	有效期至2020-05-25
51	江苏乾隆江南酒业股份有限公司	11-AJFI（苏）17-0010	有效期至2020-03-04
52	江苏洋河酒厂股份有限公司	11-AJFI（苏）19-0012	有效期至2022-04-14

【f. 主要经济数据】

1. 2018年江苏省主要食品产量

单位：万吨、万千升

产品名称	产量	同比增长%	全国位次	产品名称	产量	同比增长%	全国位次
原盐	939.06	6.13		酱油			
大米				发酵酒精	75.67	-14.89	
小麦粉				白酒	69.19	1.52	
食用植物油	526.80			啤酒	173.11	-3.52	
糖果				饮料	632.30		
速冻米面							
方便面				卷烟（亿支）	1031.02	-1.06	
乳制品	155.19	2.69					

2. 2018年江苏省规模以上食品工业企业主要经济指标

单位：亿元

项 目	农副食品加工业	食品制造业	酒、饮料和精制茶制造业	烟草制品业	合计
企业单位数(个)	1453	416	166	6	2041
资产总计	1731.90	798.43	1219.53	733.66	4483.52
流动资产合计	1051.18	409.00	721.40	587.80	2769.38
应收帐款	190.76	105.02	63.88	16.90	376.56
存货	311.01	90.91	275.53	284.32	961.77
库存产品	119.92	36.88	51.48	17.26	225.54
负债合计	1055.30	367.03	446.20	131.28	1999.81
主营业务收入	3010.16	859.06	1118.49	594.24	5581.96
主营业务成本	2747.22	609.91	747.35	115.79	4220.27
销售费用	63.80	111.08	60.19	8.00	243.07
管理费用	61.57	47.01	50.64	23.48	182.70
财务费用	18.34	6.51	14.13	-3.61	35.37
利润总额	118.30	77.86	204.84	90.24	491.24
平均用工人数（万人）	14.36	8.05	7.06	0.59	30.06

3. 2018 年江苏省国有控股食品工业企业主要经济指标

单位：亿元

项 目	农副食品加工业	食品制造业	酒、饮料和精制茶制造业	烟草制品业	合计
企业单位数(个)	32	17	13	6	68
资产总计	81.22	84.25	624.87	733.66	1524.00
流动资产合计	54.08	32.72	406.81	587.80	1081.41
应收帐款	4.60	8.24	9.36	16.90	39.10
存货	26.05	7.76	190.08	284.32	598.21
库存产品	5.13	2.48	24.26	17.26	49.13
负债合计	61.16	40.84	201.12	131.28	434.40
主营业务收入	134.44	99.02	330.05	594.24	1157.75
主营业务成本	125.24	70.70	109.61	115.79	421.34
销售费用	3.31	8.62	25.31	8.00	45.24
管理费用	2.31	5.34	22.89	23.48	54.02
财务费用	0.34	1.67	0.43	-3.61	-1.17
利润总额	4.19	13.00	140.55	90.24	247.98
平均用工人数（万人）	0.29	0.66	2.18	0.59	3.72

4. 2018 年江苏省私营食品工业企业主要经济指标

单位：亿元

项 目	农副食品加工业	食品制造业	酒、饮料和精制茶制造业	合计	合计
企业单位数(个)	1056	220	73	1349	68
资产总计	778.78	210.96	101.97	1091.71	1524.00
流动资产合计	447.97	108.83	45.64	602.44	1081.41
应收帐款	91.79	22.23	9.89	123.91	39.10
存货	133.15	33.29	13.69	180.13	598.21
库存产品	57.07	13.02	5.97	76.06	49.13
负债合计	434.32	113.39	52.53	600.24	434.40
主营业务收入	1434.58	231.73	157.70	1824.01	1157.75
主营业务成本	1292.67	192.87	135.69	1621.23	421.34
销售费用	29.11	8.90	4.55	42.56	45.24
管理费用	34.36	11.18	5.09	50.63	54.02
财务费用	11.77	2.04	1.36	15.17	-1.17
利润总额	64.54	17.11	10.42	92.07	247.98
平均用工人数（万人）	8.55	3.12	1.05	12.72	3.72

5. 2018 年江苏省外商投资和港澳台商投资食品工业企业主要经济指标

单位：亿元

项 目	农副食品加工业	食品制造业	酒、饮料和精制茶制造业	烟草制品业	合计
企业单位数(个)	159	101	52	312	68
资产总计	583.15	417.45	197.70	1198.30	1524.00
流动资产合计	390.07	216.24	90.02	696.33	1081.41
应收帐款	50.10	63.05	21.21	134.36	39.10
存货	106.98	39.00	23.28	169.26	598.21
库存产品	42.09	17.81	8.02	67.92	49.13
负债合计	349.37	170.41	92.63	612.41	434.40
主营业务收入	968.25	424.62	218.56	1611.43	1157.75
主营业务成本	899.59	259.12	165.98	1324.69	421.34
销售费用	22.20	85.38	14.74	122.32	45.24
管理费用	15.05	25.75	7.38	48.18	54.02
财务费用	3.35	3.07	1.72	8.14	-1.17
利润总额	28.07	43.28	24.71	96.06	247.98
平均用工人数（万人）	3.25	2.86	1.28	7.39	3.72

6. 2018 年江苏省大中型食品工业企业主要经济指标

单位：亿元

项 目	农副食品加工业	食品制造业	酒、饮料和精制茶制造业	烟草制品业	合计
企业单位数(个)	115	72	39	4	230
资产总计	629.74	460.37	1016.32	718.77	2625.31
流动资产合计	386.52	231.49	630.76	582.85	1831.62
应收帐款	57.20	46.25	48.16	15.71	167.32
存货	104.70	45.31	242.21	283.81	676.03
库存产品	40.62	17.92	38.31	17.14	113.99
负债合计	393.13	205.70	346.87	127.51	1073.21
主营业务收入	986.45	519.93	927.11	590.74	3024.23
主营业务成本	902.08	334.02	586.56	113.98	1936.64
销售费用	24.51	94.91	52.55	7.98	179.95
管理费用	17.52	27.76	41.66	22.37	109.31
财务费用	2.87	3.86	12.10	-3.56	15.27
利润总额	40.61	53.12	193.96	89.74	377.43
平均用工人数（万人）	4.91	4.54	5.69	0.55	15.69

唐建泽

3.6 浙江省

【a. 概况】

2018年，浙江省全省食品工业共有规模以上企业1252家，从业人员17.20万人。全年实现工业增加值799.1亿元，同比增长3.1%，位居全省各工业行业第8位。

1. 工业增加值稳步增长

2018年，浙江省食品工业完成工业增加值799.1亿元，同比增长3.1%，比全省工业低4.2个百分点。其中，农副产品加工业完成工业增加值95.8亿元，同比持平；食品制造业完成工业增加值136.0亿元，同比增长3.2%；饮料制造业完成工业增加值115.4亿元，同比增长5.2%；烟草制品业完成工业增加值451.9亿元，同比增长3.2%。

2. 主要产品产量增长

列入统计的33种主要产品，有18种产品产量实现增长，其中，8种产品产量同比增长达10%以上，精制食用植物油增长10.3%，鲜、冷藏肉增长22.3%，速冻米面食品增长12.3%，婴幼儿配方乳粉增长21.2%，食醋增长25.5%，食品添加剂增长10.4%，蛋白饮料增长27.2%，小麦粉增长17.1%；14种产品产量同比下降，其中，大米、熟肉制品、方便面、酱油、精制茶、果酒及配制酒和营养、保健食品下降幅度均超过10%。

3. 产销率有所提高

2018年，浙江省食品工业实现销售产值2212.66亿元，同比增长3.20%；全行业产销率为96.96%，同比增加0.22个百分点，比全省工业低0.82个百分点。其中，农副食品加工业产销率为97.34%，同比下降0.62个百分点；食品制造业产销率为97.81%，同比增加0.91个百分点；饮料制造业产销率为96.28%，同比下降0.15个百分点；烟草制品业产销率为96.42%，同比增加0.73个百分点。

4. 出口持续稳定增长

2018年，浙江省食品工业完成出口交货值256.98亿元，同比增长7.28%。从分行业情况看，农副食品加工业完成出口交货值138.80亿元，同比增长3.18%；食品制造业完成出口交货值83.70亿元，同比增长12.35%；饮料制造业完成出口交货值30.57亿元，同比增长12.25%；烟草制品业完成出口交货值3.90亿元，同比增长19.51%。

5. 经济效益水平大幅提升

2018年，浙江省食品工业行业实现利税总额623.25亿元，同比增长6.65%，比全省工业3.9%的增幅高。其中，实现利润总额165.94亿元，同比增长18.27%，同样比全省工业5.3%的增幅水平高。从分行业看，除食品制造业利润总额增长5.6%外，其他三大行业均保持同比快速增长，其中，农副食品加工业增长16.8%，烟草制品业增长19.9%，饮料制造业增长高达32.6%。

6. 创新投入不足

2018年，浙江省规模以上食品工业新产品产值为329.21亿元，同比增长3.07%，比全省工业17.57%的增速低。全省规模以上食品工业企业科技活动经费为仅有18.46亿元，同比增长15.9%，但仅占行业主营业务收入的0.8%，比全省工业工业企业科技活动经费29.2%的增幅低。

【b. 大事记】

2月1日，浙江省食安委召开2018年第一次全体会议。会议回顾总结了2017年全省食品安全工作，审议了《2018年浙江省食品安全工作要点》《浙江省2018年度食品安全工作目标管理责任书》等及2017年度食品安全工作评议考核结果，研究部署了2018年重点工作任务。

2月23日，台州市中级人民法院联合市法制办和台州市市场监管局发文出台《关于食品安全行政处罚法律适用的若干意见》。该《意见》是浙江省首个就食品安全执法达成的法律适用意见，明确了在食品安全执法实践中，要结合违法行为的事实、性质、情节及社会危害程度等情形，认真执行《食品安全法》和《行政处罚法》的相关规定，切实做到处罚法定、过罚相当、处罚与教育相结合，有助于统一执法尺度，避免畸轻畸重。

4月25日，浙江省总工会公布了2018年“浙江工匠”名单，共100人上榜。来自杭州娃哈哈集团有限公司的吕民华、浙江塔牌绍兴酒有限公司的潘兴祥、浙江五味和食品有限公司的冯纬、丽水市鱼跃酿造食品有限公司的陈旭东、安吉溪龙菊龙茶场的陈达有、武义熟溪酒厂的傅建茂等6位食品行业人员入选。

5月14日，浙江省卫生计生委发布食品安全地方标准《食品小作坊通用卫生规范》。该标准于2018年11月1日正式实施。标准填补了浙江省食品小作坊管理规范的空白，着重对食品小作坊生产加工过程中原料采购、加工、包装、贮存和运输等环节的场所、设施、人员的基本要求和管理准则进行统一规范。

5月18日–22日，第二届中国国际茶叶博览会在杭州国际博览中心举行，来自30多个国家和地区的1540家知名企业参展，近4000家专业采购商参会。会展期间，“中国茶产业（杭州）指数”首次发布。首期发布的“杭州指数”由全国“茶青价格指数”、“茶青交易活跃度指数”、“干茶（产地）批发价格指数”和“干茶（产地）批发交易活跃度指数”四大指数组成，通过以指数形式描述和反映茶产业发展态势及市场变化趋势，为相关政府部门提供决策依据，为茶产业的生产、销售、上下游相关企业提供科学、量化的市场信息服务，对茶产业发展具有重要的现实意义。

7月17日–29日，浙江省食安办等23部门联合在全省范围内开展2018年食品安全宣传周活动。2018年全省食品安全宣传周以“尚德守法　食品安全让生活更美好”为活动主题，旨在推动各级党委政府不断增强责任意识，推动各级食品安全监管部门不断提升监管执法能力和水平，不断满足人民日益增长的对美好生活的需要。

9月27日，浙江省食安委召开2018年第二次全体会议。会上审议通过了《关于全面推进食品安全金融征信体系建设的指导意见》。该意见是在总结省内各地试点经验的基础上，根据国家信用体系建设有关文件精神，结合“政府数字化转型”“食品安全示范省”“信用浙江”相关要求而形成。

10月9日，“2018全国主流媒体看浙江乳业”大型主题宣传活动正式启动，包括新华网、中国新闻网、浙江日报、浙江在线等在内的全国20余家重点主流媒体人员深入探访浙江乳企的创新发展之路。活动希望通过全国重点媒体、多维度、多手段、多渠道的创新传播，让更多消费者感受浙江省乳制品企业取得的成绩，增强国人放心选用“浙产乳制品”的信心，传递行业正能量。

10月24日，浙江省市场监督管理局揭牌成立。根据《浙江省机构改革方案》，浙江将省工商行政管理局、省质量技术监督局、省食品药品监督管理局的职责，以及省物价局的价格监督检查与反垄断相关职责，省科学技术厅（省知识产权局）的知识产权保护协调和专利行政执法指导职责，省商务厅的打击侵犯知识产权和假冒伪劣商品以及反垄断等相关职责整合，组建省市场监督管理局，作为省政府直属机构，加挂省知识产权局牌子。

11月7日–10日，第24届绍兴黄酒节暨首届中国（国际）黄酒产业博览会在绍兴召开。第24届绍兴黄酒节暨首届中国（国际）黄酒产业博览会由中国酒业协会、绍兴市人民政府主办，中国绍兴黄酒集团承办，以“中国黄酒之都，启航一带一路”为主题，包括开幕式、首届中国（国际）黄酒产业博览会、中国（国际）黄酒产业高峰论坛三大主体活动和“醉在江南”绍兴音乐节、黄酒与生活艺术十城联展两大配套活动。

12月20–21日，以“品牌聚力，携手共赢”为主题的2018年长三名优食品品牌峰会在杭州召开，浙江、江苏、上海、安徽四省（市）食品行业主管部门、行业协会、高等院校、行业媒体同食品企业相关人员共研长三角地区食品品牌建设。峰会由浙江省食品工业协会、江苏省食品工业协会、上海市食品协会、安徽省食品行业协会共同主办，旨在在食品行业积极践行“长三角区域一体化”这一国家战略和“增品种、提品质、创品牌”的“三品”战略，进一步推进长江三角洲地区企业品牌发展，增强区域互动及企业交流。来自三省一市132家企业的166个产品获认定，其中来自浙江的五芳斋、杭州豆制食品、杭州新希望双峰乳业等企业的40个产品成功获认定。

【c. 政策和法规】

2月23日，台州市中级人民法院联合市法制办和台州市市场监管局发文出台《关于食品安全行政处罚法律适用的若干意见》。

5月14日，浙江省卫生计生委发布食品安全地方标准《食品小作坊通用卫生规范》。

8月8日，浙江省农业厅发布《浙江省农业厅关于进一步加强生鲜乳质量安全管理的通知》

9月27日，浙江省食安委召开2018年第二次全体会议审议通过了《关于全面推进食品安全金融征信体系建设的指导意见》。

【d.2018年主要经济指标】

1. 2018年全省食品工业分行业工业产值表

	工业产值（亿元）	同比±%
全省工业	68913.81	11.32
全省食品工业合计	2280.20	3.08
农副食品加工业	829.02	2.81
食品制造业	508.02	2.59
饮料制造业	416.17	4.43
烟草制品业	526.99	2.93

2. 2018年浙江省食品工业主要经济效益指标

		全省工业		食品工业	
	单位	2018年	同比+%	2018年	同比+%
企业个数	家	40586	/	1252	/
亏损企业个数	家	6430	20.0	278	14.4
亏损企业亏损额	亿元	436.14	26.7	12.87	-10.9
新产品产值	亿元	25049.86	14.5	329.21	3.1
从业人数	万人	652.66	-0.9	17.20	-3.3
主营业务收入	亿元	68653.8	10.2	2331.24	4.1
科技活动经费支出	亿元	51479.74	29.2	18.46	15.9

3. 2018年浙江省食品工业分行业经济效益表

	利税总额（亿元）	同比±%	利润总额（亿元）	同比±%
全省工业	7328.31	3.9	4452.07	5.3
全省食品工业合计	623.25	6.65	165.94	18.27
农副食品加工业	42.08	10.0	29.67	16.8
食品制造业	66.54	2.3	44.55	5.6
饮料制造业	77.33	16.7	47.37	32.6
烟草制品业	437.30	5.8	44.35	19.9

4. 2018年浙江食品工业分行业出口交货产值表

	出口交货产值（亿元）	同比±%
全省工业	11698.21	8.60
全省食品工业合计	256.98	7.28
农副食品加工业	138.80	3.18
食品制造业	83.70	12.35
饮料制造业	30.57	12.25
烟草制品业	3.90	19.51

【e.2018年主要产品产量】

指标名称	计量单位	企业数	产品产量	同比累计增长%
小麦粉	吨	5	688142.0	17.1
大米	吨	33	533120.3	-12.1
精制食用植物油	吨	16	552699.7	10.3
鲜、冷藏肉	吨	18	434850.9	22.3
熟肉制品	吨	4	5041.0	-20.6
冷冻水产品	吨	186	919009.0	-1.8
冷冻蔬菜	吨	4	18396.4	1.8
膨化食品	吨	4	41037.7	2.3
糖果	吨	11	25127.7	-1.1
速冻食品	吨	18	149146.3	3.4
其中：速冻米面食品	吨	10	119030.9	12.3
方便面	吨	7	219332.0	-15.2
乳制品	吨	21	667393.9	0.6
其中：液体乳	吨	18	617188.0	0.4
固体及半固体乳制品	吨	7	50206.0	2.8
乳粉	吨	4	17247.0	-15.0
婴幼儿配方乳粉	吨	1	10260.0	21.2
罐头	吨	47	452283.8	0.8
味精（谷氨酸钠）	吨	3	14679.9	-4.3
酱油	吨	10	54491.1	-28.2
食醋	吨	3	10908.0	25.5

指标名称	计量单位	企业数	产品产量	同比累计增长%
营养、保健食品	吨	8	7299.0	-15.7
冷冻饮品	吨	6	86334.3	9.6
食品添加剂	吨	32	732155.9	10.4
饮料酒	千升	63	2969681.7	0.4
其中：白酒（折65度，商品量）	千升	17	13574.5	6.0
啤酒	千升	21	2373135.5	-0.6
黄酒	千升	34	573354.1	6.5
果酒及配制酒	千升	4	25.7	-91.8
软饮料	吨	54	7590614.8	-1.0
其中：碳酸饮料类（汽水）	吨	5	619425.0	4.9
包装饮用水类	吨	19	4077285.8	0.6
果汁和蔬菜汁饮料类	吨	28	1153400.5	-7.6
蛋白饮料	吨	6	270283.2	27.2
精制茶	吨	101	234990.3	-13.6
卷烟	万支	2	9394690.0	-1.8

【f.2018 年名优产品】

1. 2018 年新增及复评浙江名牌产品名单（部分）

序号	产品名称	申报企业	商标
1	系列饮料罐头食品	杭州娃哈哈集团有限公司	娃哈哈
2	豆制品	祖名豆制品股份有限公司	祖名
3	食品用香精	浙江绿晶香精有限公司	绿晶香精
4	鲜猪肉	浙江华统肉制品股份有限公司	华统
5	酱油	湖州老恒和酿造有限公司	老恒和
6	米醋	湖州老恒和酿造有限公司	老恒和
7	牛奶	浙江一鸣食品股份有限公司	一鸣（图标）
8	烤炸海鲜制品	浙江香海食品股份有限公司	香海（图标）
9	大米	浙江中兴粮油有限公司	中兴
10	腐乳	浦江万方工贸有限公司	万方
11	鱼糜制品	瑞安市华忠水产食品有限公司	华辉（图标）
12	华带鱼段	瑞安市华忠水产食品有限公司	华辉（图标）
13	压榨山茶油	浙江老树根油茶开发股份有限公司	老树根
14	龙游发糕	龙游县食品工业行业协会	龙游发糕
15	实用植物油	衢州刘家香食品有限公司	刘家香
16	辣椒酱、黄豆酱	浙江海螺万家调味品有限公司	海螺万家
17	黄酒	浙江同康酒业有限公司	同康（图标）
18	鱼粉	宁波远大海洋生物科技有限公司	LANGBAO
19	蜂王浆	长兴意蜂蜂业科技有限公司	蜂状元
20	千岛银针茶	浙江千岛银针农业开发有限公司	千岛银针（图标）

2. 2018 年浙江省长江三角洲名优食品名单

序号	单 位	产品名称	商标名称
1	杭州豆制食品有限公司	豆制品	鸿光浪花
2	杭州玫隆食品有限公司	蜜儿蛋糕	玫隆
3	杭州翠沁斋食品股份有限公司	月饼	翠沁斋
4	杭州翠沁斋食品股份有限公司	糕点	翠沁斋
5	浙江致中和实业有限公司	五加皮酒	致中和
6	祖名豆制品股份有限公司	腐乳	祖名
7	杭州姚生记食品有限公司	山核桃	姚生记
8	杭州新希望双峰乳业有限公司	巴氏杀菌乳	双峰
9	浙江老汤火腿食品有限公司	中式火腿	老汤及图
10	浙江田歌实业股份有限公司	酱鸭	田歌
11	浙江东阳东龙酒业有限公司	乌金酒（黄酒）	东阳江
12	浙江五芳斋实业股份有限公司	糕点	五芳斋
13	浙江粮午斋食品有限公司	粽子	粮午斋
14	海宁市维亨食品有限公司	牛肉	维亨
15	嘉兴市真真老老食品有限公司	八宝饭	真真老老
16	嘉兴市美丽家食品有限责任公司	烘烤类糕点	美儷家族
17	嘉兴三珍斋食品有限公司	酱卤肉制品	三珍斋
18	嘉兴三珍斋食品有限公司	粽子	三珍斋
19	嘉兴市犇腾餐饮管理有限公司	牛排	犇腾
20	浙江大好大食品有限公司	奶茶	香约
21	浙江顶味食品有限公司	鸡精调味料	尚味
22	温州丁源兴食品股份有限公司	月饼	丁源兴
23	浙江天关山酒业有限公司	瓯南春（白酒）	瓯南春
24	浙江天关山酒业有限公司	青梅酒	天关山
25	浙江味海食品配料有限公司	烤虾粉	味滋海
26	浙江古越龙山绍兴酒股份有限公司	木盒十年陈花雕酒	古越龙山
27	浙江古越龙山绍兴酒股份有限公司	古越龙山中央库藏金5年花雕酒	金五年
28	浙江塔牌绍兴酒有限公司	黄九鲜（黄酒）	塔牌
29	浙江塔牌绍兴酒有限公司	本酒（黄酒）	塔牌本
30	绍兴白塔酿酒有限公司	珍藏十年黄酒	白塔
31	浙江越王台绍兴酒有限公司	黄酒	越王台
32	浙江一景乳业股份有限公司	鲜牛奶	一景乳业
33	浙江一景乳业股份有限公司	酸牛奶	一景乳业
34	浙江圣塔绍兴酒有限公司	黄酒	圣塔
35	浙江圣塔绍兴酒有限公司	黄酒	绍牌
36	绍兴仁昌酱园有限公司	酱窝油（酿造酱油）	仁昌记
37	绍兴仁昌酱园有限公司	玫瑰醋（酿造食醋）	仁昌记
38	浙江雨中雨水产有限公司	调味风鳗	雨中雨
39	浙江雨中雨水产有限公司	南美白对虾	雨中雨
40	浙江雨中雨水产有限公司	脱脂黄鱼	雨中雨

【g. 科技进步和科研成果】

1. 浙江省农业科学院（食品科学研究所）主持完成的《干坚果贮藏与加工保质关键技术及产业化》项目获 2018 年国家科学技术进步奖二等奖；浙江大学参与的《优质蜂产品安全生产加工及质量控制技术》项目获 2018 年国家技术发明奖二等奖；古越龙山绍兴酒股份有限公司、会稽山绍兴酒股份有限公司 2 企业人员参与的《黄酒绿色酿造关键技术与智能化装备的创制及应用》项目获 2018 年国家技术发明奖二等奖；浙江兴业集团有限公司、浙江海洋大学参与的《鱿鱼贮藏加工与质量安全控制关键技术及应用》项目获 2018

年国家科学技术进步奖二等奖。

2. 浙江工商大学、杭州娃哈哈集团有限公司、浙江大学完成的《功能性乳酸菌（产细菌素、B族维生素等）在乳制品产业化中的应用》获2017年浙江省科学技术进步奖一等奖；浙江古越龙山绍兴酒股份有限公司参与完成的《优质高效安全绍兴黄酒酿造酵母选育及产业化应用》项目获2017年浙江省科学技术进步奖二等奖

3. 农夫山泉股份有限公司《茶饮料的研究与开发》获2018年浙江省优秀工业新产品（新技术）项目二等奖；绍兴女儿红酿酒有限公司《管道输送、大罐储存、微氧呼吸工艺生产女儿红特型黄酒（半干型、半甜型）》获2018年浙江省优秀工业新产品（新技术）项目三等奖。

安圣康

3.7 福建省

【a. 概况】

2018年，福建省规模以上食品工业企业个数达2396个，规模以上食品工业企业主营业务收入达6018.59亿元，同比增长10.1%，增速回落1.5个百分点；其中，农副食品加工业达3080.91亿元，同比增长8.7%，增速回落2.9个百分点；食品制造业达1656.08亿元，同比增长12.8%，增速回落0.6个百分点；酒、饮料和精制茶制造业达1026.89亿元，同比增长11.5%，增速上涨2.9个百分点；烟草制品业达254.71亿元，同比增长5.2%。

1. 销售产值

全省规模以上食品工业（不计烟草制品业）达6530.81亿元，同比增长9.8%，增速回落2.2个百分点，产销率97.99%；其中，农副食品加工业达3607.72亿元，同比增长8.8%，增速回落3.2个百分点，产销率97.64%；食品制造业达1840.04亿元，同比增长11.9%，增速回落2.8个百分点，产销率98.22%；酒、饮料和精制茶制造业达1083.04亿元，同比增长9.4%，增速上涨1.5个百分点，产销率98.78%。

2. 出口交货值

全省规模以上食品工业（不计烟草制品业）达967.78亿元，同比增长8.1%，增速上涨0.4个百分点；其中，农副食品加工业达719.55亿元，同比增长8%，增速回落0.1个百分点；食品制造业达227.54亿元，同比增长8.8%，增速上涨1.3个百分点；酒、饮料和精制茶制造业达20.69亿元，同比增长4%，增速上涨5.1个百分点。

3. 主要加工食品的产量

原盐23万吨，同比增长1.74%；小麦粉151.66万吨，同比增长5.64%；大米191.50万吨，同比增长1.4%；饲料1322.13万吨，同比下降3.84%；其中，配合饲料818.73万吨，同比下降11.82%，混合饲料82.13万吨，同比增长24.98%；精制食用植物油211.24万吨，同比增长9.13%；鲜、冷藏肉104.35万吨，同比下降3.07%；冷冻水产品161.81万吨，同比增长4.82%；糖果84.94万吨，同比增长5.7%；速冻米面食品3.77万吨，同比增长25.71%；方便面14.20万吨，同比增长11.19%；乳制品18.45万吨，同比下降18.45%；其中，液体乳17.47万吨，同比增长19.19%；乳粉6700吨，同比下降84.27%；罐头316.18万吨，同比增长7.27%；酱油12.74万吨，同比增长26.52%；冷冻饮品7900吨，同比下降11.51%；食品添加剂20.80万吨，同比增长30.82%；饮料酒176.54万千升，同比下降1.7%；白酒（折65度，商品量）6.27万千升，同比增长13.37%；啤酒150.27万千升，同比下降3.77%；软饮料655.86万吨，同比增长12.56%；其中，碳酸饮料类（汽水）64.60万吨，同比增长5.31%；包装饮用水类272.02万吨，同比增长2.05%；果汁和蔬菜汁饮料类119.70万吨，同比增长18.08%；精制茶29.08万吨，同比增长6.53%。

在列入统计的27种主要食品中，有20种产品产量有增长，占比74%；其中，增长达到10%以上的有9种，占比33%。福建省产量在全国省市中均位居前10的分别是：糖果、罐头第1位；冷冻水产品第2位；果汁和蔬菜汁饮料类、精制茶第3位；酱油、配合饲料第6位；软饮料第7位；鲜、冷藏肉、饲料第8位；精制食用植物油第9位；包装饮用水、小麦粉、速冻米面食品第10位。

【b. 获奖企业】

福建达利食品集团有限公司、福建省圣农实业有限公司、福建省海新集团公司等19家企业入选“2018农业产业化龙头企业500强”；福建省聚元食品股份有限公司、回头客食品集团股份有限公司、福建省建瓯黄华山酿酒有限公司等30家企业入选2018年科技小巨人领军企业培育发展库；福建佳客来食品股份有限公司、雅客（中国）有限公司、金冠（中国）食品有限公司、达利食品集团有限公司、福建圣农食品有限公司、武夷星茶业有限公司、福建久久王食品工业有限公司等7家企业入选“2018中国品牌价值评价5亿元榜单”；福建元成豆业有限公司、泉州福海粮油工业有限公司、福建圣农控股集团有限公司等24家企业入选“2018年福建省工业和信息化省级龙头企业”；达利食品集团有限公司、福建圣农控股有限公司入选2018中国民企500强榜单；中国食协开展“致敬四十年 迈进新时代”——福建省改革开放40年食品工业系列评选表彰活动。最后共评选出“达利食品集团有限公司、大闽食品（漳州）有限公司、福建安井食品股份有限公司等36家企业为“福建省改革开放40年食品工业突出贡献企业”。

【c. 主要工作】

3月1日起，福建省人民政府第119次常务会议通过的《福建省食品安全信息追溯管理办法》，正式施行。

3月27日，福建省食品药品监督管理局组织召开2018年全省食盐质量安全监管工作视频会议，会议详细通报了福建省级、市级食盐体制改革完成情况以及县级相关工作开展情况，认真分析了现阶段福建省食盐监管存在的问题，并对下阶段福建省食盐安全监管工作任务作出安排部署。

5月18日，首届中国燕窝产业发展高峰论坛在厦门召开。

5月30日，福建省人民政府制定《福建省新一轮促进工业和信息化龙头企业改造升级行动计划（2018－2020年）》；为贯彻落实该办法的精神，福建省工业和信息化厅牵头制定了《福建省工业和信息化省级龙头企业评价管理暂行办法》以加快推进“百千万支撑工程”，推动龙头企业改造升级、持续做大做优做强，进一步促进经济稳定增长、实现产业高质量发展，加快建设先进制造业大省。

7月20日，在泉州联合中国国际贸易促进委员会台港澳企业服务中心、海峡两岸经贸交流协会、闽台经济合作促进委员会等单位共同主办第二届海峡两岸食品交易会暨第五届闽台（泉州）食品交易会。

8月2日，福建省食品药品监督管理局会同福建省公安厅、福建省高级人民法院、福建省人民检察院、福建省食品安全委员会办公室联合印发《福建省食品药品行政执法与刑事司法衔接工作实施细则（试行）》，以进一步健全福建省食品药品行政执法与刑事司法衔接工作机制，有效提升对食品药品领域违法犯罪行为的打击合力。

9月6日，福建省人民政府制定《福建省人民政府关于进一步支持全省中小企业发展十条措施的通知》，贯彻落实《中华人民共和国中小企业促进法》和《福建省促进中小企业发展条例》，营造有利于中小企业发展的良好环境，促进我省中小企业实现高质量发展，持续为我省经济发展注入新活力。

11月14日，中国生态食品产业发展之路研讨会在光泽召开。

11月14日，由中国食品工业协会、南平市人民政府、福建省食品工业协会、福建省农业产业化龙头企业协会、福建省绿色食品协会联合主办，以“生态食品 品味光泽”为主题的第二届中国（武夷）生态食品博览会在光泽县隆重开幕。

11月23日，由福建省食品工业协会主办，青岛蓝博国际会展有限公司承办的以“绿色、健康、安全”为主题的2018首届福建食品博览会在福州隆重开幕。

11月18日，首届“海峡两岸食品功能分子科学高峰论坛”暨闽台健康食品产业对接会在福建农林大学召开。

11月25日，首届“中国中式菜肴产业发展高峰论坛”在莆田市召开。

12月7日，在沙县举办2018年中国沙县小吃食品产业发展论坛。

【d. 标准和科技成果】

省食协制定《福建省食品工业协会团体标准管理办法（试行）》，开展制定福建省食品工业协会团体标准工作。2018年先后制定了福建省食品工业协会团体标准《生态食品评定通则》（标准号：T/FJSP0004–2018）、《红曲酿造料酒》（标准号：T/FJSP0005–2018）。

省食协作为国家工信部认定的“食品工业企业诚信管理体系委托评价机构”，2018年积极发挥评价机构作用，为20多家食品工业企业提供建立诚信管理体系咨询与辅导服务，经企业自愿申请并认真完成材料编写、体系运行、评价、整改、公示，福建省长汀盼盼食品有限公司、福建省晋江福源食品有限公司、达利食品集团有限公司、武夷星茶业有限公司等4家企业通过了食品工业企业通过诚信体系评价并获得证书。

在省科技厅大力支持下，中国食协成立“福建省食品工业协会科技成果评审办公室”，制订了福建省食品行业科技成果评审管理办法，完善协会专家库，开展科技成果评审。“葡萄酒澄清专用型卡拉胶的开发与应用”、“生化琼脂制品的研究与开发”、“即食米饭加工关键技术的研发与应用”、“肉鸡加工副产物的高值化利用关键技术与产业化”等4个项目通过评审。其中，福建农林大学、福建绿田股份有限公司、湖南粒粒珍湘莲有限公司、福建文鑫莲业股份有限公司、江西致纯食品股份有限公司联合完成的“莲子精深加工关键技术的创新与应用”成果被福建省人民政府授予福建省科学技术进步奖一等奖，福州大学、福建莆田市海一百食品有限公司联合完成的“食品源抗氧化肽制备关键技术及产业化应用”成果被授予福建省科学技术进步奖二等奖，福建师范大学、福建胜华农业科技发展有限公司联合完成的“油茶籽加工及高值化利用关键技术的研究与产业化”项目、福建农林大学、福州大世界橄榄有限公司、泉州新源兴农业发展有限公司联合完成的“太阳能辅助热泵干燥设备的开发及其在福建特色农产品干制中的应用”成果被授予福建省科学技术进步奖三等奖。福建省食品工业协会会长、福建农林大学副校长郑宝东教授负责的《基于多方协同育人模式下的食品产业人才培养的探索与实践》项目入选教育部首批“新工科”研究与实践项目。

2018年，省协会成立福建省食品工业协会会员企业技术诊断工作委员会，开展企业技术诊断、食品安全标准维权工作，已处理福建省诏安四海食品有限公司“黄金興”牛肉饼防腐剂超标问题、福建省亚明食品有限公司超范围非法添加食品添加剂亚硝酸盐问题、福建亲亲股份有限公司虾条虾片菌落总数超标问题等数起企业疑难杂症。

协会举办并组织食品企业参展，增加企业品牌知名度，开拓市场。

（1）协会联合中国国际贸易促进委员会台港澳企业服务中心、海峡两岸经贸交流协会、闽台经济合作促进委员会等单位共同主办第二届海峡两岸食品交易会暨第五届闽台（泉州）食品交易会，于7月20日在泉州开幕。

（2）11月14日，由中国食品工业协会、南平市人民政府、福建省食品工业协会、福建省农业产业化龙头企业协会、福建省绿色食品协会联合主办，以“生态食品 品味光泽”为主题的第二届中国（武夷）生态食品博览会在光泽县隆重开幕。

（3）11月23日，由福建省食品工业协会主办，青岛蓝博国际会展有限公司承办的以“绿色、健康、安全”为主题的2018首届福建食品博览会在福州隆重开幕。

省协会举办“沙县小吃杯”第五届福建省大学生食品创新创意大赛。吸引了福建农林大学，福州大学，福建师范大学，福建中医药大学，集美大学，闽南师范大学，武夷学院，泉州师范学院，宁德师范学院，福建师范大学福清分校，闽南科技学院等多所高校广泛参与。按照评选要求，2018年12月1日，从参赛队伍中共评选出一等奖20项，二等奖41项，三等奖40项，优秀奖123项，共发放近10万元奖金。

省协会联合福建省餐饮食品行业职业教育指导委员会和6•18协同创新院食品产业技术分院共同举办

"亚明杯"第二届海峡两岸职业教育食品创新创意大赛。大赛由泉州轻工职业学院、福建省亚明食品有限公司具体承办，按照评选要求和程序，于2018年12月23日从参赛队伍中共评选出一等奖8项，二等奖11项，三等奖17项，优秀奖56项，优秀指导老师17位，共发放奖金近10万元。

林辉

3.8 山东省

【a. 概况】

山东省是食品工业大省，产业规模连续26年居全国首位。截止2018年底，全省规模以上食品工业企业5302家，从业人数85.6万人，同比下降4.46%。实现主营业务收入9516.7亿元（不含烟草加工业，下同），同比增长1.2%，占全国食品工业主营业务收入的11.74%；实现利润439.3亿元，同比增长1.71%，占全国食品工业利润的7.59%。资产总计7776亿元，同比增长6.3%，占全国食品工业资产的11.99%。占全省规模以上工业企业主营业务收入的10.27%。全省食品工业主营业务收入为全省GDP的贡献率为12.44%，全省食品工业主营业务收入、利润额指标均保持全国前列。

截止2018年底，全省食品行业有201个产品获山东名牌产品称号，11家企业获省长质量奖称号，80件商标被认定为中国驰名商标（含法院判定数量），207件商标被认定为山东省著名商标（2018年这项工作已停止），8个食品品牌入选2018年中国500最具价值榜单。2018年末，食品行业有26家企业被认定为国家级企业技术中心，200家企业被认定为山东省企业技术中心，31家企业建立了院士工作站。

【b. 主要成就】

1. 农业持续稳定发展

我省是农业大省，粮食、蔬菜、水果、水产品总量居全国前列。2018年，山东粮食总产量达到5319.5万吨、蔬菜及食用菌产量8192.0万吨、水果2788.8万吨、水产品总产量（不含远洋渔业产量）816.6万吨。我省主要食用农产品产量稳定增长，绿色无公害产品数量不断增加，无公害农产品、绿色食品、有机农产品和农产品地理标志获证企业3879家，同比增加318家；产品8214个，同比增加706个；为食品工业发展提供了可靠的原料保障。

2. 产业优势凸显

经过30多年的持续发展，我省食品工业门类较齐全，基础较雄厚。原盐产量占全国原盐产量的19.17%；鲜、冷藏肉占全国鲜、冷藏肉产量的29.13%；食品添加剂占全国食品添加剂产量的23.88%；啤酒占全国啤酒产量的12.38%；葡萄酒占全国葡萄酒产量的41%，该五大产业实现产量居全国首位。小麦粉占全国小麦粉产量的13.58%；饲料（其中：配合饲料）占全国饲料产量的10.87%；精制食用植物油占全国精制食用植物油的10.88%；酱油占全国酱油产量的8.04%；饮料酒占全国饮料酒产量的10.99%，该五大产业实现产量居全国第2位；罐头产业实现产量居全国第3位，占全国罐头产业的10.52%。

3. 创新驱动能力加强

我省高度重视食品工业技术进步工作，持续增加技改和研发资金投入，不断加大企业技术改造和技术（装备）引进消化吸收，新建扩建了一大批技术工艺和装备水平先进的项目，培育发展了一批具备国际、国内先进水平的示范企业，为我省食品工业的持续发展奠定了坚实的基础。目前，啤酒、葡萄酒、淀粉糖（功能糖、醇）、冷冻干燥食品等行业的骨干企业技术装备达到国际先进水平；食用植物油、乳制品、畜禽肉制品、冷冻调理食品等行业的骨干企业技术装备达到国内先进水平。食品行业不断加快技术创新体系和激励机制建设，发挥国家及省级企业技术中心、行业技术中心等创新平台的作用，攻克了一批制约产业化转型升级的关键技术，多项科技成果获国家及省科技进步奖，有力的推动了企业生产技术水平的提升和技术装备水平的提高。食品新技术、新装备的推广应用，为加快产业和产品结构的调整，提升市场竞争能力提供了强大科技支撑。

4. 品牌引领发展加快

截止2018年底，全省主营业务收入过10亿元的食品工业企业（集团）达到200多家。其中，六和、金锣、西王、青岛啤酒、渤海实业、香驰控股、诸城外贸、得利斯、张裕、鲁花、龙大、阜丰等12家企业主营业务收入过100亿元。青岛啤酒、得利斯2家企业入选2018年中国制造业500强，西王、金锣、鲁花、诸城外贸、山东三星、瑞星、龙大、得利斯等8家企业入选2018年山东民营企业100强。在抓好龙头骨干企业和重点行业的同时，以骨干企业（集团）为龙头，以园区为依托，积极培育发展产业集群。

5. 政策环境不断优化

发展食品工业是解决“三农”问题的重要途径，是解决农民增收、农业增效和农业结构调整的主要出路之一。我省各级政府不断出台扶持农业和农产品加工业发展的政策，有力推动当地食品工业发展。近年，省委省政府就食品工业领域相继出台了《中共山东省委 山东省人民政府关于在新旧动能转换中支持非公有制经济健康发展的十条意见》（鲁发〔2017〕21号）、《山东省人民政府办公厅关于“食安山东”品牌建设的实施意见》（鲁政办发〔2017〕35号）、《山东省人民政府办公厅关于进一步提升消费品标准和质量水平的意见》（鲁政办发〔2017〕47号）、《山东省人民政府办公厅印发关于加快发展冷链物流保障食品安全促进消费升级实施方案的通知》（鲁政办发〔2018〕6号）、《山东省人民政府关于支持民营经济高质量发展的若干意见》（鲁政发〔2018〕26号）、《山东省人民政府办公厅转发省经济和信息化委关于加快培育白酒骨干企业和知名品牌的指导意见的通知》（鲁政办字〔2018〕97号）、《山东省人民政府办公厅关于做好全省食品安全工作的通知》（鲁政办字〔2018〕116号）等文件。

【c. 发展重点及建议措施】

食品工业作为制造业中传统产业，是供给侧改革的主战场，我省食品工业的规模、总量均居全国同行业第一，因此，作为山东省传统优势产业，积极推进新旧动能转换，对促进全省工业转型发展具有重要意义。

1. 实施技术改造旧动能提升行动

（1）技术创新驱动食品产业转型升级。落实企业主体责任和创新优惠政策，切实将研发费用加计扣除政策落实到企业。充分发挥企业和科研院所、高校等技术创新平台作用，加大研发投入，加强产学研合作创新，加大人才培养力度，提高企业创新能力水平，在产品开发、技术工艺、生产装备、食品安全、资源利用、节能减排、“两化融合”、“互联网+”等重点环节，加快推进食品行业向安全、优质、健康、营养、方便化、功能化、工业化方向发展，研发生产绿色食品、有机食品、新资源食品、营养强化食品。重点培植水产品、焙烤及方便食品、畜禽屠宰及肉类加工产品、果蔬加工及饮料制品等领域产品；改造提升以小麦、玉米等大宗产品为原料的粮食加工产品和以花生油、大豆油、玉米油、调和油等为主的食用植物油等领域；规范发展巴氏杀菌乳、灭菌乳、发酵乳和配方乳粉、全脂乳粉、脱脂乳粉等多风味高附加值的乳制品，以及白酒、啤酒、葡萄酒等酒类产品等领域。

（2）新兴产业带动食品产业转型升级。加大技术改造投入，落实技术改造贴息政策，加快新兴产业发展，带动食品产业转型发展。瞄准国内外市场发展新趋势，把握我省食品行业发展新特征，围绕加快新旧动能转换新任务，实施高端高质高效新战略，抢占发展新材料、新一代信息技术、海洋开发新高地，运用新兴产业改造提升食品产业，提高新资源食品开发利用，推动智能化工厂建设，提高生产效率和质量可靠性。运用互联网、云计算、大数据等先进技术，提升管理水平和食品质量安全追溯水平，全面实现改造提升旧动能新要求、新目标。

2. 实施新业态新模式激发新动能提升行动

新业态服务食品产业转型升级。紧抓实施“中国制造2025”和“互联网+”行动计划的机遇，培育壮大信息技术、研发设计、现代物流、融资租赁、节能环保、检验检测认证、电子商务、商务咨询、人力资源等生产性服务业，促进服务业与食品制造业在更高水平上有机融合，促进服务要素对食品产业链的嵌入和提升，催生新技术、新业态、新空间，创新完善服务型制造业新体系。鼓励将数字技术和智能制造技术广泛应用于产品设计和制造过程。鼓励食品企业开展全流程解决方案和产品全生命周期服务，逐步实现由单纯生产型向价值链高端的个性化制造服务型转变。推进面向产业集群和中小微企业的专业化公共服务平台建设，开展基础工艺、基础材料以及生产、电子商务、现代物流、融资众筹、检测、计量等服务。通过生产性服务业的发展壮大，培养发展服务型制造业，激发新活力，增加新动力，补短板、去不足，实现我省食品产业结构优化升级、提质增效新跨越。

3. 实施品牌引领新旧动能转换提升行动

质量品牌引领食品产业转型升级。实施质量强省战略、品牌战略和标准化战略，积极构建政府监管、市场调节、企业主体、行业自律、社会参与的产业发展格局。实施品牌基础建设工程、供给结构提升工程、需求结构升级工程和消费品工业“三品”专项行动，提高自主品牌拥有量和社会认知度、知名度，加强外树形象、内强素质管理，落实企业主体责任，强化自主知识产权保护和运用管理意识，创造做好行业试点项目。

4. 实施标准支撑新旧动能转换提升行动

认真贯彻落实《国家食品安全法》《标准化法》，积极参与国际标准、行业标准等标准制修订工作，做好新标准的宣贯工作。结合行业发展实际，按照创新需求和市场需求，组织制订团体标准，加强行业自律，规范生产营销行为，加快专业人材培养，不断推动行业技术进步，改善产品质量，提高社会经济效益，全面推进食品行业高质量发展。

【d. 统计资料】

1.2018 年主要产品产量

产品名称	地区	单位	累计	累计增幅%
原盐	山东	吨	11187631.82	-14.55
小麦粉	山东	吨	12051362.64	-10.75
大米	山东	吨	171297.53	31.06
饲料	山东	吨	22898866.01	-1.21
其中:配合饲料	山东	吨	14691448.4	-2.99
混合饲料	山东	吨	2551898.49	-13.42
精制食用植物油	山东	吨	5509378.55	15.57
成品糖	山东	吨	0	0
鲜、冷藏肉	山东	吨	7951436.2	4.36
冷冻水产品	山东	吨	367804.23	-13.38
糖果	山东	吨	80276	-4.83
速冻米面食品	山东	吨	27170.24	5
方便面	山东	吨	238849	-8.42
乳制品	山东	吨	2043652.1	-6.37
其中:液体乳	山东	吨	1972261.67	-6.52
乳粉	山东	吨	39164.29	-23.36
罐头	山东	吨	1081033.87	6.99
酱油	山东	吨	462900.1	-8.52
冷冻饮品	山东	吨	69697	1.26
食品添加剂	山东	吨	1643055.46	-1.63
发酵酒精(折96度，商品量)	山东	千升	198943.56	-35.18
饮料酒	山东	千升	5479563.55	2.67
白酒（折65度，商品量）	山东	千升	405811.93	-16.95
啤酒	山东	千升	4718988.91	5.49
葡萄酒	山东	千升	257931.82	-11.47
软饮料	山东	吨	3425745.42	-3.48
其中:碳酸饮料类(汽水)	山东	吨	702162	-8.24
包装饮用水类	山东	吨	1211628.28	-3.36
果汁和蔬菜汁饮料类	山东	吨	592863.1	-31.75
精制茶	山东	吨	6674.2	2.4

2.2018 年度山东名牌产品（食品）

序号	行政区划	单位名称	产品名称	品牌
1	泰安市	泰安泰山亚细亚食品有限公司	有机面粉	九洲丰园
2	滨州市	滨州中裕食品有限公司	有机小麦粉	中裕
3	滨州市	山东玉杰面粉有限公司	原味小麦粉	玉杰
4	菏泽市	山东银香大地乳业有限公司	小麦粉（有机）	归一
5	德州市	山东昌润生态农业有限公司	有机食品(杂粮)	秋日春阳
6	青岛市	青岛悦海湾海洋产业发展有限公司	有机食品淡干海参、有机食品即食海参	悦海湾
7	青岛市	青岛大桥盐业有限公司	有机干海参	壹海里
8	烟台市	山东蓝色海洋科技股份有限公司	海参	六十里
9	烟台市	烟台东宇海珍品有限公司	野生有机海参	东宇
10	威海市	山东好当家海洋发展股份有限公司	有机食品（冻干海参）、有机食品（盐渍海参）	好当家

【e. 协会主要工作】

3月，根据省经信委的工作布署，郭友武会长、王宏进副秘书长编制完成了《山东省食品产业转型升级实施方案》推进落实情况报告。

3月20日，我会在四川成都市举行山东省白酒品牌培育发展联盟成立大会。

3月–10月，郭友武会长、王宏进副秘书长先后参加了海南省工业厅、四川省经信委、云南省经信委等外省来鲁参观考察团交流会。接待了重庆市经信委、重庆市食品工业协会赴鲁食品学习考察团。

4月，组织我省中国白酒大师、白酒工艺大师、白酒评酒大师及部分白酒国家评委23人参加中食协白酒专业在广东惠州市召开的“第二届中国白酒大师论坛”。

4月，受省经信委的委托，编制了《山东百年品牌发展报告（食品行业篇）》。

5月8日，借助中国品牌日活动，我会在济南召开“山东省白酒品牌培育发展联盟新闻发布会暨鲁酒品牌发展高层论坛”，并推出了“山东省白酒企业综合实力30强”。

5月，组织2018年度山东省食品行业齐鲁首席技师选拔认定和齐鲁首席技师推荐工作。

5月20日–22日，在济南国际会展中心举办“2018第十二届全国食品博览会”。

5月24日，召开全省调味品专业委员会会长会议，并赴东营开展盐业调研对接活动。

6月12日，受省经信委委托，郭友武会长和王宏进副秘书长起草了《关于培育鲁酒骨干企业和知名品牌促进产业转型升级工作方案》《关于加快山东白酒骨干企业和知名品牌的指导意见》。山东省人民政府办公厅转发省经济和信息化委员会《关于加快培育白酒骨干企业和知名品牌的指导意见》的通知（鲁政办字〔2018〕97号）。

6月19–24日，郭友武会长带队，组织7个地市15个白酒企业、3个调味品企业26人主要负责人到湖北稻花酒业有限公司、劲牌有限公司和安琪酵母有限公司等参观考察。

7月17日，成立山东省白酒行业发展战略委员会。

7月22日–26日，带队赴黑龙江九三集团学习考察。

8月，组织2018年山东省食品行业“齐鲁工匠”选拔推荐工作。

8月28日–30日，召开“2018年山东省白酒行业评委年会暨产品感官质量评价会。

9月3日–4日，召开“2018年山东省食品行业品牌企业评价暨产品（焙烤食品、调味品、乳制品、粮油制品、肉制品、调理食品）感官质量评价会”。

9月25日，组织开展《中国工业史・食品工业卷》山东篇编纂工作。

9月27日，在济南召开全省食协（行办）负责人会议。

9月–12月，编辑发行《继往开来–改革开放四十周年山东省食品工业》纪念册。

11月13日，组织申报《团体标准》项目计划。

12月14日，在济南举办“山东省食品工业改革开放40周年纪念活动新闻发布会”。

【f.2018年山东省白酒感官质量特别大奖名单】

1. 扳倒井牌52%vol国6酒
山东扳倒井股份有限公司
2. 景芝牌53%vol一品景芝芝香20年酒
山东景芝酒业股份有限公司
3. 泰山牌52%vol五岳独尊酒
泰山酒业集团股份有限公司
4. 古贝元牌53%vol古贝元十五年酒
古贝春集团有限公司
5. 兰陵牌38%vol百年兰陵王酒
山东兰陵美酒股份有限公司
6. 冠群芳牌41.9%vol冠群芳储15酒
花冠集团酿酒股份有限公司
7. 琅琊台牌52%vol琅琊台海派庆典酒
青岛琅琊台集团股份有限公司
8. 天地缘牌52%vol天地缘十年洞藏酒
山东天地缘酒业有限公司
9. 百脉泉牌52%vol泉城壹号酒

山东百脉泉酒业有限公司

10. 趵突泉牌 52%vol 趵突泉特酿酒

济南趵突泉酿酒有限责任公司

【g.2018 年山东省白酒感官质量金奖、银奖名单】

1. 浓香型白酒

金奖：25 家；银奖：13 家。

2. 芝麻香型白酒

金奖：4 家；银奖：

3. 酱香型白酒

金奖：8 家；银奖：

4. 其他香型白酒

金奖：6 家；银奖：1 家。

【h.2018 年山东省白酒感官质量创新奖名单】

1. 扳倒井牌 35%vol 人生酒

山东扳倒井股份有限公司

2. 贵人道牌 48%vol 贵人道酒（兼香）

山东沂蒙老区酒业有限公司

3. 百脉泉牌 54%vol 百脉泉齐鲁壹号酒（兼香）

山东百脉泉酒业有限公司

【i.2018 年山东省食品行业产品感官质量金奖、银奖名单】

1. 焙烤食品、馅料及配料

金奖：26 家。

2. 调味品类

金奖：60 家；银奖 12 家。

3. 肉制品类

金奖：5 家。

4. 速冻食品类

金奖：3 家。

5. 乳制品类

金奖：6 家。

6. 其他类

金奖：2 家。

【j.2018 年山东省食品行业产品感官质量、创新奖名单】

1. 灯塔牌糯米甜醋、五福米醋

青岛灯塔味业有限公司

刘如唯

3.9 广东省

【a. 概况】

2018 年，广东省食品工业以党建工作为引领，注重实施“增品种、提品质、创品牌”专项行动和食品工业企业诚信体系建设，助推产业发展，保证了市场供应充足，盈利稳定提高，主营业务收入居全国前列，食品安全形势总体向好，实现平稳发展。

1. 工业生产

全省规模以上生产企业资产总额 4809.96 亿元。食品工业总产值 6395.62 亿元，主营业务收入 6266.35 亿元，工业增加值 1633.11 亿元。

2. 市场销售

全省规模以上食品工业企业实现销售产值 6110.29 亿元，产销率为 95.5%；其中农副食品加工业，食品制造业，酒、饮料和精制茶制造业，烟草制品业产销率分别为 100.6%、82.9%、95.8% 和 117.4%。

3. 利润总额

全省规模以上食品工业企业实现利润总额 475.38 亿元，其中，农副食品加工业 132.46 亿元，同比增长 4.0%；食品制造业 190.12 亿元，同比增长 11.9%；酒、饮料和精制茶制造业 103.22 亿元，同比增长 29.5%，烟草制品业 49.58 亿元，同比增长 11.0%。

4. 出口交货

全省规模以上食品工业出口交货值 375.23 亿元；其中，农副食品加工业 244.20 亿元，食品制造业 119.80 亿元，酒、饮料和精制茶制造业 9.90 亿元，烟草制品业 1.33 亿元，分别同比增长 10.6%、4.7%、3.5% 和 –16.4%。

5. 食品安全

全省食品安全形势稳中向好。落实食品检验量“每年每千人 4 批次”，全省完成食品抽检 55 万批次，合格率 97.6%，其中粮、肉、乳、蛋、盐等大宗日常消费品的样品合格率均高于平均水平。

6. 发展特点

（1）工业生产平稳增长。分行业看，农副食品加工业，食品制造业，酒、饮料和精制茶制造业，烟草制品业工业增加值同比分别增长 5.1%、8.3%、2.4% 和 0.8%。

（2）食品消费平稳增长。食品工业产销率同比持平。65% 的主要食品产量增长，35% 的产品达到 2 位数增长，其中，产量增长最快的是成品糖、精制食用植物油、糖果、速冻食品、乳制品、液体乳、酱油。

（3）利润保持较高增长。其中，食品制造业，酒、饮料和精制茶制造业，烟草制品业 2 位数增长，比全国平均水平高。

（4）主营业务成本增加，平均用工人数减少，固定资产投资 547.18 亿元，同比下降 16.6%，增速同比维持较低水平。

【b. 大事记】

1 月 21 日，广东省食品行业协会和广东省医药行业协会在广州三寓宾馆召开 2017 年度广东省食品医药行业实施“三品”战略成果发布会暨广东省食品工业企业诚信管理体系建设成果发布会。400人参会，国家、省有关部门领导出席并讲话。

2月1日，潮州市食品行业协会成立大会。时任中国食品工业协会副会长、广东省食品（医药）行业协会党委书记张俊修和潮州市委书记刘小涛等领导出席，广东康辉集团有限公司董事长郭卓钊担任首任会长。

3月10日，由省食协、省医药协主办，食经杂志社承办的“食品药品智能包装应用前景研讨会”在广州琶洲中国进出口商品交易会展馆A区2.2馆举行。200余家企业代表参会。

3月26日，广东省食品行业协会完成并上报广东省食品安全委员会办公室委托开展的《广东省食品行业现况调查报告》。

3月27日，广东省社会组织党委副书记、省社会组织管理局局长庄侃等3人到省食品（医药）行业协会党委进行调研。协会党委书记张俊修，副书记兼纪工委书记、协会机关党委书记周世明及协会秘书处全体党员、职工参与此次调研活动。

4月13日，由汶川县政府和广东省商务厅主办，广东省发改委、广东省民政厅、广东省文化厅、广东省旅游局协办的粤汶经贸文化纵深合作交流活动在广东大厦举行。广东省食品（医药）行业协会党委副书记、广东省食品行业协会秘书长刘荔琛出席并作为参会100多家商协会代表在大会发言。

4月25日，省社会组织管理局组织召开广东省社会组织工会工作委员会换届选举大会，省社会组织工会工作委员会首届主席、协会党委书记张俊修出席会议并作报告。协会副秘书长傅兴玲当选工联会副主席。“广东省社会组织工会工作委员会”更名为“广东省社会组织工会联合会”。

5月8日，《文化和旅游部关于公布第五批国家级非物质文化遗产代表性项目代表性传承人的通知》（文旅非遗发〔2018〕8号）发布。广东省食品行业协会会长、广州市香雪制药股份有限公司董事长、总经理王永辉入选第五批国家级非物质文化遗产——凉茶项目国家级代表性传承人。

5月8日，燕塘乳业广州开发区旗舰工厂落成暨国际战略合作签约仪式在广东燕隆乳业科技有限公司举行。省农业厅副厅长郑惠典及广东省食品（医药）行业协会党委书记张俊修，党委副书记、省食协秘书长刘荔琛等领导出席。

5月11日，中国食品工业协会副会长、广东省食品（医药）行业协会党委书记张俊修赴潮州调研，与潮州市委副书记、市长殷昭举，市有关部门负责人、潮州市食品行业协会会长郭卓钊及潮州食协会长单位代表座谈交流。张俊修提出在潮州市食品行业中推行诚信体系的建议，支持潮州市打造中国食品名城活动；殷昭举市长代表市委、市政府表示全力以赴促进潮州食品产业发展和食品诚信体系建设，推动潮州市打造中国食品名城各项工作开展。

5月11日，由广东省食品行业协会主办的广东省糖果凉果评委培训、考核暨聘用会在潮州市庵埠镇举行。协会聘任吴焕生等21人为糖果行业评委，陈阮钊等14人为凉果行业评委。

5月12日，广东省食品行业协会申报的潮汕手打牛肉丸制作技艺被广东省人民政府批准为广东省第七批省级非物质文化遗产代表性项目。

5月15日，由中国食品工业协会、广东省食品行业协会主办的第九届中国（道滘）美食文化节暨名优食品展组委会在道滘召开美食文化节新闻发布会，中国食品工业协会副会长、广东省食品（医药）行业协会党委书记张俊修等有关领导，新闻媒体记者，执行单位、参展企业等单位代表参加了发布会。

6月5日，根据人社厅《关于做好2018年度职称评审工作的通知》（粤人社发〔2018〕86号）文件，原“广东省食品工程专业高中初专业技术资格评审委员会”，更名为“广东省工程系列食品工程专业高级职称评审评委会”，并进一步承担全省正高级食品工程职称的评审工作。

6月9日，广东省食品行业协会凉茶分会在汕头市文化馆召开“凉茶文化传承和发展经验交流会暨落实习近平总书记关于凉茶发展指示十周年座谈会”。

6月14日，由广东省食品行业协会、东莞市食品行业协会、东莞市食品安全促进会主办，东莞市道滘食品协会承办，广州市名花香料有限公司、广东美味鲜调味食品有限公司、东莞市冠诚检测技术服务有限公司、《食经》杂志社协办的“实施健康中国战略、食品安全战略——广东食品产业再出发高层论坛”在东莞市道滘镇举行。

6月15日–19日，由中国食品工业协会、广东省食品行业协会主办，东莞市道滘食品协会承办的第九届中国(道滘)美食文化节暨名优食品展在道滘镇举行，中国食品工业协会副会长、广东省食品（医药）行业协会党委书记张俊修出席“第九届中国（道滘）美食文化节暨名优食品展”并宣布美食节开幕。

6月29日，中国共产党广东省食品（医药）行业协会第二次代表大会在广州市三寓宾馆召开，55名代表出席，会议审议通过了第一届党委工作报告。选举产生了以张俊修为书记的新一届党委，并任命了以周世明为书记的新一届纪工委。

7月2日，广东省社会组织党委组织召开的“七一”表彰大会。中共广东省食品（医药）行业协会委员会获得2018年全省性社会组织先进党组织荣誉称号。

7月4日，广东省食品（医药）行业协会直属机关党委改选，通过选举产生新一届直属机关党委组成人员。分别是书记：刘荔琛；党委委员：曾初欢、钱曼、钟华、曾祥云。

7月19日，由广东省食品安全委员会办公室等单位主办的“2018年广东省食品安全宣传周活动”启动仪式在广州举行，副省长陈良贤出席并讲话；广东省食品安全委员会办公室主任、广东省食品药品监管局局长骆文智介绍食品安全宣传周活动安排和要求。

7月26日，广东省南方食品医药行业评估中心参加2018年食品工业企业诚信管理体系评价机构座谈会暨评价人员能力提升培训班。评估中心在座谈会上介绍2017年工作开展情况，评价工作得到工信部的肯定。

7月31日，广东省南方食品医药行业评估中心应邀参加东莞市食品工业企业诚信体系建设专题培训讲座暨食品安全案例分析会，并作诚信管理体系培训，培训人次达200人。

8月4号，由广东食品行业协会支持、潮州市食品行业协会主办，广东铭康食品香精香料有限公司承办的第一届潮州食品产业发展交流论坛在饶平绿岛山庄举行。

8月17日，省食品行业协会委托广东省南方食品医药行业评估中心组织专家对2018年第一批广东省食品行业科学技术奖进行评审。6个项目分别被推荐为特等奖、一等奖和标杆单位，3人被评为“广东省食品行业科技创新发展卓越领导者”。

8月22日，广东省食品（医药）行业协会党委受省社会组织党委委托，负责对口帮扶无业务主管单位的食品医药相关行业全省性社会组织开展党建工作，组织召开了“广东省食品医药相关行业无业务主管单位的全省性社会组织党建工作‘牵手帮扶’专项行动座谈会”，协会党委书记张俊修、副书记周世明出席。

9月20日，食品安全示范试点城市诚信体系工作座谈会在广州召开。省经济和信息化委员会、省食品药品监督管理局、广州、深圳、珠海、中山、江门、云浮郁南县、梅州丰顺县等食品安全示范试点城市和示范县经信部门和食药监部门代表出席会议，与省食品行业协会和省南方食品医药行业评估中心共同探讨如何推动我省食品安全示范城市食品工业企业诚信体系建设工作。

10月17日上，广东省食品行业协会、潮州市人民政府联合召开共建“中国食品名城”动员会，对相关工作进行部署。中国食品工业协会副会长、广东省食品（医药）行业协会党委书记张俊修、潮州市委常委、常务副市长张传胜和广东省食品（医药）行业协会党委副书记周世明、冯惠钊出席，潮州市政府副秘书长余庆斌主持会议，市经信局局长黄晓晖介绍共建“中国食品名城”前期工作。动员会上，张俊修、张传胜对共建“中国食品名城”进行指导和动员。会议初步确定全市20多家建立食品诚信体系食品企业名单。

11月6日–9日，受江门市食品药品监督管理局委托，广东省食品行业协会为江门市创建“食品安全示范城市”自评工作开展前期自评工作测试，依据《广东省食品安全示范城市标准及评价细则》，以新会区进行自评工作测试。

11月21日，中共广东省食品（医药）行业协会委员会召开学习宣传贯彻习近平总书记视察广东重要讲话精神，推进“广东粮•珠江水•岭南药”再出发动员大会。

11月27日–12月7日，广东省食品行业协会以指导小组名义与潮州市有关部门对共建成果材料进行汇总。

11月23日–24日，“2018年度广东省工程系列食品工程专业职称评审会”在协会会议室举行，会上对通过评委会办公室资格审查的职称申报人员进行了评审。正高级评审通过率50%；副高级职称评审通过率70%；中级职称评审通过率84%；初级职称评审通过率100%。

12月15日–17日，广东省食品行业协会赴潮州庵埠镇对全省“三品”评价，其中评出2018年度广东省食品行业名牌产品93个，岭南特色食品29个，新产品26个，科技项目7项、先进个人5人。

12月20日，省科技厅对2018年度申请省科学技术奖提名资格的学会、行业协会（联合会）申请材料进行了审核，确定授予广东省食品行业协会等12个学会、行业协会（联合会）及社会力量设奖机构2018年度省科学技术奖提名资格。

12月22日，广东省食品行业协会委托广东省南方食品医药行业评估中心，组织评价专家组，对潮州市“中国食品名城”建设成果进行省级评价。根据评价意见，广东省食品行业协会发布《关于认定潮州市为“广东省食品名城”的通告》（粤食协〔2018〕70号），认定潮州市为“广东省食品名城”。

12月25日–27日，受中国食品工业协会委托，广东省南方食品医药行业评估中心组织5人为评价专家组和3人监督组，对潮州市“中国食品名城”建设成果进行国家级评价。评价组经现场巡查、听取汇报、质询交流和成果材料评价，一致认为，潮州市的“中国食品名城”建设成果显著，评价结果符合“中国食品名城”规则要求。根据评价意见，中国食品工业协会发布《关于认定潮州市为“中国食品名城”的通告》（中食协〔2018〕40号），认定潮州市为“中国食品名城”。潮州成为广东省内唯一获得此殊荣的城市，也是全国第六个“中国食品名城”。

12月26日，潮州市委副书记、市长殷昭举与“中国食品名城”国家级专家评价组一行座谈交流。双方围绕创建“中国食品名城”这一主题，就潮州食品产业如何发挥优势、做强特色，加快推动高质量发展进行了深入交流。

2018年，全省共有27家食品工业企业通过国家食品工业企业诚信管理体系评价认定。通过评价企业数在全国名列前茅。

【c. 经济指标（数据）】

1. 2018年广东省食品工业主要经济指标

单位：亿元

行业	生产总值	主营业务收入	同比增长（%）
农副食品加工业	2965.47	3166.47	7.0
食品制造业	1973.74	1690.80	10.6
酒、饮料和精制茶制造业	1013.59	976.30	6.3
烟草制品业	442.82	432.78	4.3

资料来源：广东省统计局

2. 2018年广东食品工业增加值

单位：万元

行业	工业增加值	同比增长（%）
农副食品加工业	3648417	5.1
食品制造业	6516858	8.3
酒、饮料和精制茶制造业	2832143	2.4
烟草制品业	3334088	0.8

资料来源：广东省统计局

3. 2018年广东省食品工业规模以上企业和平均用工人数

单位：万人

行业	平均用工人数	同比增长（%）
农副食品加工业	14.58	-4.2
食品制造业	15.92	-5.3
酒、饮料和精制茶制造业	7.22	-6.4
烟草制品业	0.70	-2.9

4. 2018年广东省食品工业利润总额及增长速度

单位：亿元

行业	利润总额	同比增长（%）
农副食品加工业	132.46	4.0

行业	利润总额	同比增长（%）
食品制造业	190.12	11.9
酒、饮料和精制茶制造业	103.22	29.5
烟草制品业	49.58	11.0

5. 2018年广东食品工业销售产值

单位：万元

行业	工业销售产值	同比增长（%）
农副食品加工业	29839801	7.0
食品制造业	16357146	8.2
酒、饮料和精制茶制造业	9706904	6.0
烟草制品业	5199113	3.5

6. 2018年广东省食品工业出口交货值

单位：万元

行业	出口总额	同比增长（%）
农副食品加工业	2441984	10.6
食品制造业	1197959	4.7
酒、饮料和精制茶制造业	98907	3.5
烟草制品业	13301	-16.4

7. 2018年广东省食品工业主要产品产值

单位：千元

行业	工业总产值	工业增加值
农副食品加工业	296546762	36484169
谷物磨制	21017312	2328718
饲料加工	126502874	15180345
植物油加工	55100057	3206823
制糖业	8265299	1198468
屠宰及肉类加工	25858150	3938196
水产品加工	35047816	5744337
蔬菜、菌类、水果和坚果加工	15646448	3190311
其他农副食品加工	9108806	1696971
食品制造业	197374261	65168580
焙烤食品制造	17307513	4473992
糖果、巧克力及蜜饯制造	31230984	10862136
方便食品制造	18426443	4881165
乳制品制造	16023155	4130769
罐头食品制造	10614028	2612112
调味品、发酵制品制造	36403298	11638134
其他食品制造	67368840	26570271
酒、饮料和精制茶制造业	101358634	28321428
酒的制造	17732809	6137325
饮料制造	81788154	21763828
精制茶加工	1837671	420275
烟草制品业	44282034	33340878
烟叶复烤	180937	131885
卷烟制造	43042643	32974969
其他烟草制品制造	1058454	234024

8. 2018年居民食品消费价格分类指数

指 标	价格指数(上年=100)	同比涨跌幅度（%）
食品烟酒	102.1	2.1
其中：粮食	102.1	2.1
食用油	99.8	-0.2
鲜菜	105.6	5.6
畜肉类	96.3	-3.7
禽肉类	104.6	4.6
水产品	104.9	4.9
蛋类	108.5	8.5

来源：2018年广东国民经济和社会发展统计公报

【d. 主要产品产量】

从全省20种主要食品产量看，13种增长，7种下降。产量增长超过10%的有7种。产量居全国前六位的产品有10种，列首位的6种。

1. 2018年广东食品工业主要产品产量

单位：吨

产品名称	产量	同比增长%	全国排位
小麦粉	2838138	0	8
大米	1290665	-7	
精制食用植物油	6594932	20	1
成品糖	954042	33	3
糖果	732867	12	2
速冻食品	105635	10	
其中：速冻米面食品	96339	7	
方便面	466251	-3	4
乳制品	917206	13	12
液体乳	625597	10	
罐头	389875	-6	9
味精（谷氨酸钠）	42659	-2	
酱油	3378797	10	1
冷冻饮品	483780	-8	1
饮料	29604328	7	1
其中：碳酸型饮料（汽水）	3891195	8	1
包装饮用水	15852205	7	1
果汁和蔬菜汁类饮料	840643	1	6
蛋白饮料	717826	-13	
精制茶	11045	-13	

根据《关于组织申报广东省2018年高新技术产品认定的通知》（粤高企协〔2018〕7号）的要求，经企业申报、专家评审、公示、申诉处理等规定程序，全省38823项产品被认定为广东省2018年高新技术产品，其中食品类产品约占1%。

2019年1月3日，广东省工业和信息化厅认定由广东省食品行业协会评审的32项食品行业新产品新技术，列入《广东消费品供给指南》（第一批）。

2.2018年度广东省消费品（食品行业）新产品新技术供给指南（第一批）

序号	新产品名称	新品种企业
1	金昭胶囊	无限极（中国）有限公司
2	虫草饮	广州王老吉药业股份有限公司
3	芦荟王浆矿物片	完美（中国）有限公司
4	希腊风味酸酪乳	广东燕塘乳业股份有限公司
5	凉茶植物饮料（无糖）	广州王老吉大健康产业有限公司
6	凉茶植物饮料（王老吉尊萃）	广州王老吉药业股份有限公司
7	罗汉果植物饮料（臻饮）	广州王老吉药业股份有限公司
8	合家欢大盆菜	广州酒家集团利口福食品有限公司
9	石湾玉冰烧酒.六埕藏酒	广东石湾酒厂集团有限公司
10	牧林蛋糕	东莞市华美食品有限公司
11	纯酿酱油（厨邦）	广东美味鲜调味食品有限公司
12	语泰片	完美（中国）有限公司
13	高钙高蛋白鸡肉粉（恒兴）	广东富农生物科技股份有限公司
14	100%一级初榨山茶油（六千岁）	保仪生态科技（广东）有限公司
15	榴芒诱惑冰皮月饼（利口福）	广州酒家集团利口福食品有限公司
16	核桃包(一个核桃包)	广州酒家集团利口福食品有限公司
17	凉茶植物饮料（低糖）	广州王老吉大健康产业有限公司
18	润喉糖（乌梅味）	广州王老吉药业股份有限公司
19	润喉糖（柠檬味）	广州王老吉药业股份有限公司
20	藕汁饮料（好世吉）	广州王老吉药业股份有限公司
21	无糖口香糖（步瑞思客）	广州王老吉药业股份有限公司
22	枸杞饮料（大红杞）	广州王老吉药业股份有限公司
23	龟苓膏	广州王老吉药业股份有限公司
24	黑蒜（如丰）	广州市如丰果子调味食品有限公司
25	橄榄水（多润）	广州市东鹏饮料有限公司
26	陈皮特饮	广州市东鹏饮料有限公司
27	老广州风味发酵乳	广东燕塘乳业股份有限公司
28	燕麦蓝莓谷物酸奶	广东燕塘乳业股份有限公司
29	33%vol石湾玉冰烧.鸿运当头	广东石湾酒厂集团有限公司
30	谷物脆食品	广东一家人食品有限公司
31	婴幼儿辅食营养包	广东一家人食品有限公司
32	胶原肽芦荟咀嚼片	完美（中国）有限公司

【e.重点行业和重点企业】

1.重点行业

(1)凉茶饮料

中国品牌评级的权威机构Chnbrand发布了第八届2018年中国品牌力指数（C–BPI®）的品牌排名和分析报告。王老吉连续两年获得凉茶饮料品牌排行榜第1名。

表 Chnbrand2018年中国品牌力指数SM（C-BPI®）

凉茶品牌排行榜

（基于1000分制） 品牌上榜条件是“未提示提及率 ≥ 7%”

品牌	2018年C-BPI得分	排名	变化
王老吉	608.4	1	—
加多宝	586.0	2	—
黄振龙	255.9	4	+1
邓老	225.5	6	—
徐其修	210.7	7	+3

资料来源：Chnbrand 2018年中国品牌力指数SM（C–BPI®）

2018年3月21日，加多宝官方发布了《2018–2020年中期发展规划》，提出集团战略目标：二次创业，开源节流，整合优势资源，三年内实现公司成功上市。

白云山发布2018年年度报告，其大健康板块（主要产品为王老吉凉茶）营业收入为94.87亿，同比增长10.7%。据王老吉透露，其市场份额已经达到了70%。2018年，王老吉已持续研发出白云山矿泉水新装、椰柔椰汁、王老吉茉莉风味凉茶、爆冰凉茶等新产品，线下门店——王老吉现泡凉茶店累计开店已达26家。在2018 GBIS全球品牌创新峰会上，王老吉荣获来自于消费者评价的荣获年度品牌力、顾客推荐度、顾客满意度三大指数任意指数排名第一的品牌——“全明星品牌”大奖。在中国质量协会发布的《2017年中国质量消费体验研究成果》中，王老吉在中国国家顾客推荐度指数（CNCRI）茶饮料行业测评中被消费者评为推荐品牌，这也是王老吉连续5年在该测评获得第一。在中国企业评价协会举办的“中国品牌满意100行动”中，王老吉获得“中国满意品牌”称号。

（2）焙烤食品制造

中国焙烤食品糖制品工业协会发布“2018年中国月饼行业发展趋势”报告指出，2018年，广东月饼依旧是过中秋节倍受欢迎的佳品，广式月饼的占比有所上升。艾媒金榜权威发布了《2018中秋节月饼品牌排行榜TOP10》榜单，结合企业实力指数、媒体热度指数、用户口碑指数、分析师评价指数等多个维度针对品牌进行了综合评价与排名。在2018中秋节月饼品牌排行榜前5中，广东三大月饼品牌元朗荣华、广州酒家、华美携手上榜，分别居第 2、3、4 名，在月饼市场占有较大优势。在 Chnbrand2018 年中国品牌力指数 SM（C–BPI®）饼干 / 威化品牌排行榜中，徐福记和嘉士利分别以 388.4 和 261.4 列第 3 和第 10 位。东莞徐记食品有限公司、广东嘉士利食品集团有限公司等广东企业被授予“中国轻工业焙烤食品糖制品行业(饼干)十强企业”。

广东省食品药品监督管理局开展了节前食品专项监督抽检，覆盖生产环节、流通环节及餐饮环节，流通环节包括超市、商场等，餐饮环节主要为较大型酒店、酒楼等。共抽检被抽样单位 83 家，其中包括餐饮服务企业 54 家，食品生产经营企业 29 家，涉及生产企业共 87 家。共抽检月饼 245 批次，未检验出不合格产品，合格率为 100%。

由中国轻工业联合会与中国焙烤食品糖制品工业协会组织的专家组，对茂名市申请共建“中国月饼名都”进行考察评审。专家组认为，茂名月饼历史悠久，富有地方特色，政府重视支持，产业基础好。同意茂名通过“中国月饼名城”评审。

（3）调味品、发酵制品制造

2018 年，全国酱油产量为 589.04 万吨，同比增长 4.3%；广东省酱油产量为 337.88 万吨，同比增长 10%，广东省酱油产量占全国比重的 57.4%，具有很高的市场份额和品牌优势。Chnbrand2018 年中国品牌力指数 SM（C–BPI®）酱油品牌排行榜中，广东品牌占列入排名酱油品牌的 53.3%。

Chnbrand2018 年中国品牌力指数 SM（C–BPI®）酱油品牌排行榜

品牌上榜条件是 " 未提示提及≥率 7%"　（基本 1000 分制）

品牌	2018年C-BPI得分	排名	变化
海天	628.3	1	–
李锦记	457.6	2	–
美味鲜	310.7	5	+2
厨邦	281.5	7	+1
味事达	275.7	8	+3
东古	262.3	9	–2
致美斋	251.3	11	new
珠江桥	199.9	13	new

资料来源：Chnbrand 2018 年中国品牌力指数 SM（C–BP®）

Chnbrand2018 年中国品牌力指数 SM（C–BPI®）食醋品牌排行榜

品牌上榜条件是 " 未提示提及≥率 7%"　（基本 1000 分制）

品牌	2018年C-BPI得分	排名	变化
海天	570.4	1	–

Chnbrand2018 年中国品牌力指数 SM（C–BPI®）酱料品牌排行榜

品牌上榜条件是 " 未提示提及≥率 7%"　（基本 1000 分制）

品牌	2018年C-BPI得分	排名	变化
李锦记	596.9.3	1	–
海天	532.5	2	–
茂德公	241.9	10	+1

2018 年，佛山市海天调味食品股份有限公司实现营业收入 170.34 亿元，同比增长 16.80%，海天味业的三大核心产品，酱油、酱、蚝油均保持了稳定的发展。其中，酱油营业收入突破百亿，同比增长 15.9%，蚝油增长 26.0%，酱增长 2.6%。在优化产品质量的同时，海天继续深耕销售渠道，布局营销网络，促进了销量的持续提升。目前海天的网络已 100% 覆盖了中国地级及以上城市，在中国内陆省份中，90% 的省份销售过亿，通过多年的精耕，覆盖率逐年提升，覆盖范围与销值增长基本同步。

在 2018 年中国品牌价值百强榜中，海天品牌价值超过 200 亿，成为调味品行业唯一上榜企业；在凯度消费指数发布的《2018 年全球品牌足迹报告》中，海天再入选“中国消费者首选十大品牌”并排名第 4，是中国消费者选择最多的调味品品牌，也是唯一进入全国快消品榜单前十的调味品品牌，品牌触及 4.99 亿消费者，渗透率达 71.4%。以强大的品牌影响力，助推海天实现进一步发展。2018 年，海天味业入围《福布斯》2018 年度亚洲最佳上市公司 50 强，成为榜单上唯一的调味品企业。

李锦记（新会）食品有限公司秉承“100–1=0”的品质管理理念，实施“从田间到餐桌”的全程严密控制，生产过程有30多道工序、200多个质量监控点，从种植采购、原料运输、食品加工到分销物流，每个环节都记录在案，实现可追溯管理，确保产品的品质及安全。一年来，获得多个大奖。李锦记新会工厂成功入选工业和信息化部公布第三批“国家绿色工厂”。荣获“2018年度企业社会责任典范奖”。以596.9分的高分，获得2018年中国品牌力指数酱料行业第一品牌，斩获“全明星品牌”大奖。荣获“2018新传播年度大奖——品牌传播奖”。

广东美味鲜调味食品有限公司主要从事酱油、鸡精鸡粉、食用油等各类调味品的生产和销售，业务规模连续多年位列行业前茅。2018年整体生产量54.72万吨，其中酱油产量41.25万吨，同比增长10.56%；营业收入38.17亿元，同比增长10.56%。其中酱油的销售额占业务总收入的67.8%，鸡精鸡粉占比11.6%，食用油占比8.4%，其他调味品占比12.2%；公司采取经销商为主，直销为辅的营销模式，产品75%左右用于家庭消费；目前，公司正加大餐饮市场的开拓力度，餐饮渠道的消费比例正在逐步提升。产品开发方面，持续优化产品结构、提升单品竞争力，完善多品类均衡发展布局。2018年重点围绕酱油、鸡精粉两大核心品类进行产品结构优化。完成低盐、健康、风味型酱油产品的重新定位和研发，开发了二梯队鸡精鸡粉产品，实现鸡精粉全国均衡发展的产品储备。

表 广东调味品生产企业

单位：亿元

	营业收入	同比增长（%）	净利润	同比增长（%）	备注
海天味业（603288）	170.34	16.80	43.65	23.6	
中炬高新（600872）	38.52	10.3	6.36	12.4	美味鲜数据
佳隆股份（002495）	3.19	11.12	0.38	77	
百味佳（833936）	3.80	21.2	0.47	13.4	新三板上市

来源：根据企业公开年报整理。

（4）饮料制造

2018年，广东省饮料产量为2979.04万吨，同比下降1.45%。软饮料及碳酸饮料（汽水）、包装饮用水产量位居全国总产量第1，果汁和蔬菜汁饮料第6位。

单位：万吨

	软饮料	碳酸饮料（汽水）	包装饮用水	果汁和蔬菜汁饮料
全国产量		1744.56	8282.19	1589.22
广东产量	2960.43	389.12	1585.22	84.06
广东占比（%）	18.9	22.3	19.1	5.3

来源：中商情报网

华润怡宝饮料（中国）有限公司在官网披露的《社会责任报告2018》中显示，2018年，华润怡宝营业额超过137亿元，同比增长8.8%。尼尔森报告也显示，截至2018年底，怡宝包装水终端销量同比增长超过10%，市场占有率超过22%，稳居全国第2位。

东鹏饮料（集团）股份有限公司作为国内第1款瓶装维生素功能饮料的生产商，2018年，达到50亿的年销售额，市场份额约占全国功能饮料的11%，年复合增长率近30%，拥有28条生产线，100万吨年产能，东鹏特饮行业第,2的地位已经逐步稳固下来。

天地壹号饮料股份有限公司年度营收21.17亿元，同比增长23.76%，其中，在北方市场已成功布点湖北、湖南、江西、安徽、山东、河南、福建、江苏、浙江等9省300余县。2018年，北拓外省收入同比增长59.05%。

根据尼尔森数据显示，2018年，深圳动景田食品饮料有限公司居娃哈哈、怡宝后列中国瓶装水产量的第3位，百岁山连续9年成为中国销量最高的矿泉水品牌，成为中国瓶装水出口最多的品牌，远销加拿大、新加坡、美国、俄罗斯、菲律宾、南非等国家和地区，并成为中国第,1个走出国门办厂的水企业。

（5）乳制品制造

2018年8月30日，由广东省农农业厅编制《广东省农产品加工业发展规划（2018—2025年）》正式出台。作为地方农业领域纲领性文件规划的出台，为广东省今后八年农产品加工业发展举旗定向。其中“做大做强燕塘乳业、广州风行牛奶、南海水牛奶、晨光乳业、温氏乳业、广州香满楼等一批知名乳制品加工企业，提升品牌影响力和市场占有率"被纳入规划。

2018年，广东燕塘乳业股份有限公司紧密围绕“产业升级、再接再厉”的经营思路，深入打造并推动工牧一体化的全产业链升级，晋身为华南唯一一家中国奶业 20 强（D20）企业。通过市场精耕拓展、品牌内涵提升、产品创新扩容、奶源优化升级等有力措施，进一步夯实优势资源基础，巩固了区域乳业龙头地位，实现了销量、收入的稳定增长。2018 年，公司成为华南地区首批通过国家优质乳工程验收的企业，被评为“优质乳工程示范工厂”及“国家乳制品加工技术研发专业中心”、“博士后科研工作站”。2018 年，燕隆乳业与湛江燕塘先后通过中国学生饮用奶生产企业注册认证，阳江牧场和澳新牧业被广东省农业厅评为省“菜篮子”基地。在第九届中国奶业大会上，公司荣获“2018 年优秀乳品加工企业——最具影响力品牌企业”。

6 月 27 日 –29 日，由中国奶业协会主办的第九届全国奶业大会暨 2018 年奶业展览会上，广州风行牛奶有限公司作为广东乳业“科技创新企业”唯一代表，获颁 2018 年优秀乳品加工企业。风行乳业 2018 年 4 月完成奶源、生产加工、冷链的优化改进，建立完善的供应链体系，成为华南地区首批通过优质乳工程验收的企业。

（6）保健食品

2018 年，中国保健食品市场份额排名分析：无限极、完美、汤臣倍健分列全国市场份额排名第 1、3、5 位，约占全国市场的 13%。。

5 月 14 日，由广东省食品药品监督管理局组织、各市食品药品监管部门协办的 2018 年全省保健食品科普知识进社区进农村宣传项目正式启动。项目列入省食品药品监管局 2018 年宣传工作计划的重要组成部分，首次采取省局组织、商会承办、市局协办、企业参与、社区保障、公众培训的模式进行，多方共同推进完成，营造共同参与、合力打击食品、保健食品欺诈和虚假宣传违法违规行为的社会共治氛围。

根据《关于印发广东省 2018 年保健食品监督抽检工作计划的通知》（粤食药监办稽〔2018〕85 号）的要求，原广东省食品药品监督管理局组织开展了 2018 年保健食品监督抽检工作。除已发布的专项保健食品抽检信息外，2018 年全省还对 2183 批次保健食品（含国家保健食品监督抽检任务 255 批次）进行了抽检，其中合格产品 2167 批次，不合格产品 16 批次。

2018 年是无限极（中国）有限公司不平凡的一年，无限极以 301 亿的业绩稳居中国直销第一，从 2017 年全球直销公司排名第五，上升排名全球直销第二。其中无限极采用“零增地”发展模式，投资 3.55 亿元，对新会生产基地 1 号生产大楼升级改造。项目投产后，新产能将是原产能的 4 倍，年产值将超 50 亿元。9 月无限极荣膺“中华慈善奖”，11 月 20 日，荣获“2018 年最佳可持续发展企业”奖。

（7）屠宰及肉类加工

全年广东省猪牛羊禽肉产量 440.81 万吨，同比增长 1.2%。其中，猪肉产量 281.52 万吨，同比上年增长 1.3%；禽肉产量 153.25 万吨，增长 1.0%；禽蛋产量 39.24 万吨，增长 1.9%；羊肉产量 1.97 万吨，增长 0.3%。水产品产量稳步增长，全年水产品产量 847.71 万吨，比上年增长 1.7%。其中：海水产品 451.70 万吨，增幅与上年基本持平；淡水产品 396.01 万吨，增长 3.7%。

在中国腊味肉制品中，广式腊味占全国腊味市场的 50%–60%，广东市场比例更达到 80% 左右，据不完全统计，广东省正规腊味生产企业上千家，年产值 100 余亿人民币。黄圃镇是全国最大的广式腊味生产基地，目前聚集了超过 200 家腊味生产企业及配套厂家，其中腊味生产企业就有 96 家，并形成了千腊村、得福、泰和、创格、荣业、今荣、银华等一批黄圃腊味品牌，广式腊味生产厂家和产量都在全国排名前列。

2018 年，广州皇上皇集团股份有限公司孵化了新品类自热腊肠煲仔饭，在速食领域抢占了先机，并获得不错的销量与口碑。一上市就受到消费者，特别是白领、学生等年轻消费群体的热捧，日销量近万盒。京东超市 2018 年货数据显示，皇上皇成为最受全国人民喜爱的肉制品老字号品牌。

资料显示，皇上皇在主流电商平台长期位居同品类销售前茅，从 2015 年到 2018 年销售增长 226%。目前，在连续三年的“双十一”期间，皇上皇天猫旗舰店的销售额均位居“香肠 / 腊肠类”全国排名第 1。从 2018 年的经营数据来看，皇上皇电商发展势头依然不减，全年销售同比增长超过40%。随着皇上皇线上业务的蓬勃发展，皇上皇在广东省以外销售迅速升温，华东、华北地区的销售连续三年都保持了双位数增长。依托线上线下融合发展的新模式，皇上皇品牌产品已覆盖全国主流消费渠道，销售网点近3000个，经销合作客户近6000个。

（8）糖果巧克力

2018年，广东省糖果产量为73.29万吨，占全国比重的25.4%，位居福建省后列全国第2名。京东超市2018年货数据显示，广东省在糖果巧克力消费上占比全国第1，成功入选中国最“甜蜜”省市。虽然近年来糖果高端市场被外资品牌占据，本土糖果企业承压颇重。但国内糖果技术专家在引进、合作、自主独创方面取得了佳绩，未来糖果进口数量将持续降低。

Chnbrand2018年中国品牌力指数SM（C–BPI®）巧克力品牌排行榜

品牌上榜条件是"未提示提及≥率7%"　（基本1000分制）

品牌	2018年C-BPI得分	排名	变化
金帝	357.7	4	-1
徐福记	334.6	5	-

Chnbrand2018年中国品牌力指数SM（C–BPI®）润喉糖品牌排行榜

品牌上榜条件是"未提示提及≥率7%"　（基本1000分制）

品牌	2018年C-BPI得分	排名	变化
王老吉	379.5	3	new

（9）食品添加剂

2018年，广州名花香料有限公司获中国轻工业百强企业专项能力榜单，并获由中国食品添加剂和配料协会组织申报的2017年度中国食品添加剂和配料行业十强企业。广州百花香料股份有限公司获中国香料香精化妆品行业“社会责任奖”、“最具影响力原料供应商”、“关联企业”和“改革开放四十年特别奖”。

（10）其它

广州珠江啤酒集团有展公司坚持以创新为发展抓手，巩固和发挥各方面创新资源优势，不断向高端化、智能化转型升级，跻身先进制造业行列。在2018广东省经济学家企业家年会暨广东发展论坛上，珠江啤酒充分发挥国企创新引领作用，凭借雄厚的高科技人才力量、丰硕的发明专利著作权、较高的科技成果转化能力和研发水平等创新能力，从2万多家高新技术企业脱颖而出，荣登广东企业创新能力500强榜单，彰显创新实力。

2. 重点企业

表　2018年中国企业500强广东省食品企业（含食品类）

500强排名	企业	2017年营业收入（万元）
165	广州医药集团有限公司	10,210,515
291	广东温氏食品集团股份有限公司	5,565,716
344	广州轻出工贸集团有限公司	4,511,235

数据来源：中国企业联合会、中商产业研究院整理

表　2018年广东企业500强食品企业（含食品类）

序号	公司名称	2017年营业收入（万元）
21	广州医药集团有限公司	10,210,515
33	广东温氏食品集团股份有限公司	5,565,716
60	广东海大集团股份有限公司	3,255,663
109	佛山市海天调味食品股份有限公司	
117	广州岭南国际企业集团有限公司	
157	广州轻出集团股份有限公司	
175	益海（广州）粮油工业股份有限公司	
176	东凌控股集团有限公司	
191	深圳市天健（集团）股份有限公司	
207	广东天禾农资股份有限公司	
239	南海油脂工（赤湾）有限公司	
240	广东恒兴饲料实业股份有限公司	
271	湛江国联水产开发股份有限公司	
286	广州珠江啤酒股份有限公司	
291	中炬高新技术实业（集团）股份有限公司	
296	广东三元麦当劳食品有限公司	
321	汤臣倍健股份有限公司	
349	广东太古可口可乐有限公司	
358	广州风行发展集团有限公司	
359	福达（中国）投资有限公司	
383	深圳市农产品股份有限公司	
390	广东广弘控股股份有限公司	
394	雅士利国际控股有限公司	
396	广东省食品进出口集团有限公司	
401	广州酒家集团股份有限公司	
465	广东燕塘乳业股份有限公司	
483	广东鹰唛食品有限公司	
484	深圳南顺油脂有限公司	
487	广东石湾酒厂集团有限公司	

表　2018 年广东民营企业 100 强食品企业（含食品类）

序号	公司名称	2017年营业收入（万元）
12	广东温氏食品集团股份有限公司	10，210，515
44	东凌控股集团有限公司	5，565，716
94	广东鹰唛食品有限公司	3，255，663

表　2018 年广东制造业 100 强食品企业（含食品类）

序号	公司名称	2017年营业收入（万元）
8	广州医药集团有限公司	10，210，515
18	广东海大集团股份有限公司	5，565，716
34	佛山市海天调味食品股份有限公司	3，255，663
48	广州王老吉大健康产业有限公司	
49	东凌控股集团有限公司	
58	南海油脂工（赤湾）有限公司	
62	广州珠江啤酒股份有限公司	
70	广东太古可口可乐有限公司	
86	广东燕塘乳业股份有限公司	
90	广东鹰唛食品有限公司	
91	深圳南顺油脂有限公司	
93	广东石湾酒厂集团有限公司	
96	广东温氏大华农生物科技有限公司	
99	广州风行乳业股份有限公司	

2018 年食品行业 A 股最赚钱上市企业 30 强排行榜（广东企业）

排名	股票代码	股票简称	公司名称	2017年净利（万元）
2	603288	海天味业	佛山市海天调味食品股份有限公司	353143.69
5	300146	汤臣倍健	汤臣倍健股份有限公司	76625.56
8	600872	中炬高新	中炬高新技术实业（集团）股份有限公司	45326.33
10	603043	广州酒家	广州酒家集团股份有限公司	34037.11
21	000529	广弘控股	广东广弘控股股份有限公司	15532.27

表 中国轻工业食品行业五十强企业的广东食品企业

名次	企业名称	所属行业
10	佛山市海天调味食品股份有限公司	发酵
18	广州王老吉大健康产业有限公司	饮料
27	华润怡宝饮料（中国）有限公司	饮料
36	广州珠江啤酒集团有限公司	酿酒

2018 年广东省企业 500 强（食品类及含食品类的综合类企业）

排名	公司名称	行业类别	地区	2017年营业收入（万元）
3	华润（集团）有限公司	综合类	深圳	55，532，551
21	广州医药集团有限公司	制造业	广州	10，210，515
27	广东省广新控股集团）有限公司	服务业	广州	7，473，371
33	广东温氏食品集团股份有限公司	制造业	云浮	5，565，716
60	广东海大集团股份有限公司	制造业	广州	3，255，663
109	佛山市海天调味食品股份有限公司	制造业	佛山	
117	广州岭南国际企业集团有限公司	服务业	广州	
118	深圳广田集团股份有限公司	服务业	深圳	
127	深圳市粮食集团有限公司	流通业	深圳	
157	广州轻出集团股份有限公司	服务业	广州	
175	益海（广州）粮油工业有限公司	制造业	广州	
176	东凌控股集团有限公司	制造业	广州	
191	深圳市天健（集团）股份有限公司	服务业	深圳	
207	广东天禾农资股份有限公司	服务业	广州	
210	深圳市鑫荣懋农产品股份有限公司 流	流通业	深圳	
239	南海油脂工业（赤湾）有限公司	制造业	深圳	
240	广东恒兴饲料实业股份有限公司	制造业	湛江	
271	湛江国联水产开发股份有限公司	制造业	湛江	
286	广州珠江啤酒股份有限公司	制造业	广州	
291	中炬高新技术实业（集团）股份有限公司	综合类	中山	
296	广东三元麦当劳食品有限公司	服务业	广州	
321	汤臣倍健股份有限公司	制造业	珠海	
349	广东太古可口可乐有限公司	制造业	广州	
358	广州风行发展集团有限公司	服务业	广州	
359	福达（中国）投资有限公司	服务业	广州	
383	深圳市农产品股份有限公司	流通业	深圳	
390	广东广弘控股股份有限公司	服务业	广州	
394	雅士利国际控股有限公司	制造业	潮州	
395	广东省食品进出口集团有限公司	流通业	广州	
401	广州酒家集团股份有限公司	服务业	广州	
402	广州市香雪制药股份有限公司	制造业	广州	
436	广东省轻工进出口股份有限公司	流通业	广州	
465	广东燕塘乳业股份有限公司	制造业	广州	
483	广东鹰唛食品有限公司	制造业	中山	
484	深圳南顺油脂有限公司	制造业	深圳	
487	广东石湾酒厂集团有限公司	制造业	佛山	

2018 年广东省民营企业 100 强（食品类）

排名	公司名称	行业类别	地区	2017年净利（万元）
12	广东温氏食品集团股份有限公司	制造业	云浮	353143.69
40	东莞市富之源饲料蛋白开发有限公司	制造业	东莞	76625.56
44	东凌控股集团有限公司	制造业	广州	45326.33
94	广东鹰唛食品有限公司	制造业	中山	34037.11

2018 年广东省制造业 100 强（食品类）

序号	公司名称	地区
8	广州医药集团有限公司	广州
18	广东海大集团股份有限公司	广州
34	佛山市海天调味食品股份有限公司	佛山
47	东莞市富之源饲料蛋白开发有限公司	东莞
48	广州王老吉大健康产业有限公司	广州
49	东凌控股集团有限公司	广州
58	南海油脂工业（赤湾）有限公司	深圳
62	广州珠江啤酒股份有限公司	广州

序号	公司名称	地区
70	广东太古可口可乐有限公司	广州
86	广东燕塘乳业股份有限公司	广州
90	广东鹰唛食品有限公司	中山
93	广东石湾酒厂集团有限公司	佛山
96	广东温氏大华农生物科技有限公司	云浮
99	广州风行乳业股份有限公司	广州

广东省2018年第一批高新技术企业名单（食品类）
（发证日期：2018年11月28日）

企业名称	证书编号	地市
澳华达香精（广州）有限公司	GR201844002729	广州市
德乐满香精香料（广州）有限公司	GR201844001632	广州市
高培（广州）乳业有限公司	GR201844001381	广州市
广州爱伯馨香料有限公司	GR201844001908	广州市
广州联丰香料科技有限公司	GR201844005674	广州市
广州龙凤食品有限公司	GR201844004890	广州市
广州市恒裕香料有限公司	GR201844002164	广州市
广州市凯闻食品发展有限公司	GR201844004209	广州市
广州市珠江饼业食品有限公司	GR201844005087	广州市
广州市珠江莲蓉食品有限公司	GR201844001375	广州市
珠海雅富兴源食品工业有限公司	GR201844001117	珠海市
海霸王（汕头）食品有限公司	GR201844003261	汕头市
汕头市潮庭食品股份有限公司	GR201844000519	汕头市
广东甘竹罐头有限公司	GR201844000168	佛山市
广东霸王花食品有限公司	GR201844004492	河源市
广东聪明人集团有限公司	GR201844004297	河源市
广东穗丰食品有限公司	GR201844004161	梅州市
梅州金柚康健康科技有限公司	GR201844000687	梅州市
东莞市华美食品有限公司	GR201844005786	东莞市
东莞市华琪生物科技有限公司	GR201844004028	东莞市
广东广中皇食品有限公司	GR201844003221	江门市
广东粤师傅调味食品有限公司	GR201844004201	江门市
江门市新会区普惠水产饲料有限公司	GR201844005594	江门市
天地壹号饮料股份有限公司	GR201844000934	江门市
广东国美水产食品有限公司	GR201844005165	湛江市
广东绿百多生物开发有限公司	GR201844003820	湛江市
广东茂德公食品集团有限公司	GR201844003131	湛江市
广东茗皇茶业有限公司	GR201844005415	湛江市
广东壹号食品股份有限公司	GR201844003549	湛江市
广东粤海饲料集团股份有限公司	GR201844000722	湛江市
湛江市绿海生物工程有限公司	GR201844005199	湛江市
湛江市农海科技有限公司	GR201844000892	湛江市
湛江珠江啤酒有限公司	GR201844002100	湛江市
广东鼎峰生态农业开发有限公司	GR201844002053	肇庆市
广东省肇庆香料厂有限公司	GR201844002461	肇庆市
广东聿津食品有限公司	GR201844000465	肇庆市
广宁县惠骏食品有限公司	GR201844000275	肇庆市
广东好味来食品有限公司	GR201844001357	潮州市
广东亨盛维嘉食品工业有限公司	GR201844002360	潮州市

企业名称	证书编号	地市
广东济公保健食品有限公司	GR201844004605	潮州市
广东佳业食品股份有限公司	GR201844004773	潮州市
广东一味鲜食品有限公司	GR201844004204	潮州市
广东东泰乳业有限公司	GR201844002181	揭阳市
广东佳隆食品股份有限公司	GR201844002236	揭阳市
揭阳市港荣食品发展有限公司	GR201844000571	揭阳市
普宁市梅乡食品有限公司	GR201844003206	揭阳市
广东粤海饲料集团股份有限公司	GR201844000722	湛江市
湛江市绿海生物工程有限公司	GR201844005199	湛江市
湛江市农海科技有限公司	GR201844000892	湛江市
湛江珠江啤酒有限公司	GR201844002100	湛江市
广东鼎峰生态农业开发有限公司	GR201844002053	肇庆市
广东省肇庆香料厂有限公司	GR201844002461	肇庆市
广东聿津食品有限公司	GR201844000465	肇庆市
广宁县惠骏食品有限公司	GR201844000275	肇庆市
广东好味来食品有限公司	GR201844001357	潮州市
广东亨盛维嘉食品工业有限公司	GR201844002360	潮州市
广东济公保健食品有限公司	GR201844004605	潮州市
广东佳业食品股份有限公司	GR201844004773	潮州市
广东一味鲜食品有限公司	GR201844004204	潮州市
广东东泰乳业有限公司	GR201844002181	揭阳市
广东佳隆食品股份有限公司	GR201844002236	揭阳市
揭阳市港荣食品发展有限公司	GR201844000571	揭阳市
普宁市梅乡食品有限公司	GR201844003206	揭阳市

广东省2018年第二批高新技术企业名单（食品类）
（发证日期：2018年11月28日）

企业名称	证书编号	地市
广东达元绿洲食品安全科技股份有限公司	GR201844010970	广州市
广东省盐业集团广州有限公司	GR201844007808	广州市
广州从化珠江啤酒分装有限公司	GR201844007860	广州市
广州市康有唯食品科技有限公司	GR201844006646	广州市
广州市长寿村饮品（连锁）有限公司	GR201844008091	广州市
广东皇麦世家食品有限公司	GR201844008444	汕头市
广东老中医保健食品有限公司	GR201844009301	汕头市
广东桑醇酒业有限公司	GR201844006149	汕头市
广东添利食品有限公司	GR201844010887	汕头市
广东维思奇食品有限公司	GR201844008302	汕头市
广东一家亲营养科技有限公司	GR201844010603	汕头市
汕头市宝花食品饮料有限公司	GR201844010939	汕头市
汕头市东升食品有限公司	GR201844006841	汕头市
汕头市冠海水产科技有限公司	GR201844010418	汕头市
汕头市食品厂有限公司	GR201844008761	汕头市
汕头市双捷金雀食品实业有限公司	GR201844011224	汕头市
广东燕京啤酒有限公司	GR201844010401	佛山市
邦世迪（广东）医用食品股份有限公司	GR201844009316	韶关市
广东友丰油茶科技有限公司	GR201844007207	韶关市
广东竹稻农业科技有限公司	GR201844008519	韶关市

企业名称	证书编号	地市
广东美丽康保健品有限公司	GR201844010952	河源市
惠州市海燕水产养殖科技有限公司	GR201844007560	惠州市
汕尾市国泰食品有限公司	GR201844008971	汕尾市
汕尾雅泰隆食品有限公司	GR201844011111	汕尾市
东莞市傻二哥食品有限公司	GR201844008307	东莞市
广东天保参茸有限公司	GR201844009445	中山市
味氏（广东）生物科技股份有限公司	GR201844006761	中山市
中山美斯佳食品有限公司	GR201844009121	中山市
广东汇海农牧科技集团有限公司	GR201844009554	江门市
江门市绿诚农副产品有限公司	GR201844006705	江门市
江门市明富粮油食品有限公司	GR201844009109	江门市
江门市山海堂虫草有限公司	GR201844007769	江门市
江门市新会区燕和油脂有限公司	GR201844007732	江门市
台山市合众食品企业有限公司	GR201844006659	江门市
台山市河东禽业有限公司	GR201844008977	江门市
广东省阳春酒厂有限公司	GR201844008800	阳江市
广东旺通食品有限公司	GR201844007210	阳江市
广东阳帆食品有限公司	GR201844010218	阳江市
阳江市永昊水产有限公司	GR201844005868	阳江市
广东虹宝水产开发股份有限公司	GR201844008850	湛江市
雷州市恒业水产有限公司	GR201844006106	湛江市
吴川市粤发农业科技有限公司	GR201844007512	湛江市
湛江博康海洋生物有限公司	GR201844010147	湛江市
湛江市粤水渔业有限公司	GR201844007717	湛江市
湛江粤华水产饲料有限公司	GR201844008514	湛江市
高州市客多多农产品开发有限公司	GR201844007744	茂名市
肇庆奇乐之仁堂饮料食品有限公司	GR201844011194	肇庆市
肇庆湘大骆驼饲料有限公司	GR201844006257	肇庆市
广东爱健康生物科技有限公司	GR201844009814	清远市
广东顺大食品调料有限公司	GR201844009948	潮州市
广东无尽食品有限公司	GR201844010897	潮州市
广东新乐食品有限公司	GR201844009129	潮州市
广东展翠食品股份有限公司	GR201844010481	潮州市
广东优越鲜农业科技有限公司	GR201844006390	云浮市

2018 年 6 月 20 日，根据《广东省经济和信息化委印发高成长中小企业遴选办法的通知》（粤经信规字〔2017〕10 号），经企业自愿申报，各地级以上市中小企业行政主管部门初审推荐，专家评审，网上公示等程序，广东省经济和信息化委通告遴选的 178 家企业为“2018 年广东省高成长中小企业”。

2018 年广东省高成长中小企业（食品类）

市别	企业名称
汕头	广东一家人食品有限公司
汕头	汕头市潮庭食品股份有限公司
东莞	广东新盟食品有限公司
江门	江门丽宫国际食品股份有限公司
阳江	广东和盈冷鲜食品有限公司

【f. 食品安全】

2018 年，广东省食品安全形势稳中向好。全省共检查生产经营主体 70.8 万家次，查处办结食品（含保健食品）案件 1.8 万件，涉案货值 4.1 亿元，罚没 3.6 亿元。全省排查非洲猪瘟病毒核酸阳性生猪产品 7 起，无害化处理 111.1 吨。全省 2095 家农贸市场开展快检食用农产品 698.4 万批次，落实食品检验量“每年每千人 4 批次”，全省完成食品抽检 55 万批次，合格率 97.6%。其中粮、肉、乳、蛋、盐等大宗日常消费品的样品合格率均比平均水平高。

【g. 诚信建设】

为贯彻落实广东省食安办、省经信委、省食药监局等部门联合印发《关于推进食品工业企业诚信管理体系建设及评价工作的通知》（粤食安办食产〔2017〕108 号）文件及协会 2018 年工作部署，广东省食品行业协会、广东省南方食品医药行业评估中心制定《2018 年广东省食品工业企业诚信管理体系建设及评价工作方案》。

在工信部、省食安办、省经信委（现为省工信厅）、省食药局的统一部署下，广东省食品行业协会、广东省南方食品医药行业评估中心制定《2018 年广东省食品工业企业诚信管理体系建设及评价工作方案》，积极开展食品工业企业诚信管理体系宣传推广、培训、咨询、评价以及诚信信息的征集和上报等工作，开展了多次诚信管理体系标准宣贯和培训，积累了丰富的诚信体系咨询和评价经验。7 月 26 日，工业和信息化部消费品工业司组织 22 家评价机构负责人召开座谈会，广东省南方食品医药行业评估中心在座谈会上介绍了评估中心 2017 年工作开展情况，得到工信部有关部门领导的肯定。

为贯彻落实“共建中国食品名城”工作部署，推进潮州市食品企业诚信管理体系工作进展，广东省食品行业协会和潮州市食品行业协会于 10 月 26–27 日，联合举办 2018 年广东省食品工业企业诚信管理体系培训班。培训内容包括：食品工业企业诚信体系建设背景、

GB/T33300–2016《食品工业企业诚信管理体系》国家标准条款释义、食品工业企业诚信管理体系文件编制、食品工业企业诚信管理体系评价工作规则及评价要点。2018年，广东省食品工业企业通过诚信管理体系建设评价企业数为27家，在全国名列前茅。

【h. 实施“三品”战略】

为落实习近平总书记“要大力培育食品品牌，用品牌保证人们对产品质量的信心”重要指示以及国家和省“三品”战略工作部署，大力培育一批“品质好、美誉度高、市场竞争力强”优势名牌产品，进一步推进实施广东省食品行业名牌发展战略，广东省食品行业协会2018年继续开展广东省食品行业名牌产品推荐工作。协会根据《广东省食品行业名牌产品评价办法（试行）》，委托广东省南方食品医药行业评估中心组织专家对企业自愿申报的产品进行综合评价，并经社会公示无异议，评选出“燕塘老广州风味发酵乳”等94个产品为“2018年度广东省食品行业名牌产品”，予以发布。

为贯彻落实习近平总书记“要大力培育食品品牌，用品牌保证人们对产品质量的信心”重要指示以及国家和省“三品”战略工作部署，按照《广东省经济和信息化委员会关于支持行业协会开展消费品“增品种”工作的指导性意见》（粤经信消费函〔2017〕71号）要求，广东省食品行业协会根据《广东省食品行业新产品认定工作办法》，委托广东省南方食品医药行业评估中心组织专家对企业自愿申报的产品进行评价，决定认定“利口福芝士流沙奶黄月饼”等26个产品为“2018年广东省食品行业新产品”；并对新产品创新性、质量水平和市场前景等方面进行进一步综合评价，决定推荐“9.8° P珠江0度精品啤酒”为“2018年度广东省食品行业优秀新产品”之一、二、三等奖。评价结果经社会公示无异议，发布并编入《广东食品行业消费品供给指南》（第二批）。6月20日，以“创新如何革新全球品牌”为主题，世界品牌实验室（World Brand Lab）在北京发布了2018年（第十五届）《中国500最具价值品牌》排行榜。

食品饮料行业品牌排行榜

排名	品牌名称	品牌拥有机构	品牌价值（亿元人民币）
153	金龙鱼	益海嘉里食品营销有限公司	318.79
316	合生元	广州市合生元生物品有限公司	145.27
345	海天	佛山市海天调味食品股份有限公司	116.95
372	喜之郎	广东喜之郎集团有限公司	101.95

为了充分发挥品牌的引领作用，大力改善供给结构、提高供给质量，为经济发展提供持续动力，发挥品牌示范引领作用，推动广东省产业转型升级，广东省企业联合会、广东省企业家协会面向社会发布2018年广东省最佳自主品牌、广东省品牌培育贡献奖及广东省优秀自主品牌名单。

2018年广东省最佳自主品牌（食品类）

品牌名称	企业名称
广州轻工	广州轻工工贸集团有限公司
王老吉	广州王老吉药业股份有限公司
晨光	深圳市晨光乳业有限公司
陶陶居	广州陶陶居食品有限公司
风行牌、风行牛奶	广州风行乳业股份有限公司
光明鸽	深圳市光明集团有限公司光明鸽饮食发展有限公司

2018年广东省品牌培育贡献奖

品牌培育贡献奖	企业名称及职务
陈巧燕	深圳市晨光乳业有限公司副总经理
洪　浩	深圳市光明集团有限公司光明鸽饮食发展有限公司副总经理

2018年广东省优秀自主品牌

品牌名称	企业名称
大华农	广东温氏大华农生物科技有限公司
鹰金钱	广州鹰金钱企业集团公司

为贯彻落实省委、省政府关于推进乡村振兴战略和实施名牌带动战略的重要部署，深入推进“粤字号”品牌强农，不断提升广东省农产品质量和市场竞争力，根据《广东省名牌带动战略实施方案》和《广东省名牌产品（农业类）管理办法》，广东省农业农村厅牵头广东省南方名牌农产品推进中心组织专家评审，并经广东省名牌产品（农业类）推进委员会审核，共评出2018年广东省名牌产品（农业类）567个，其中初评产品266个，到期复审产品301个。全省有效期内（2016年–2018年）的广东省名牌产品（农业类）达到1400个。其中种植类521个，畜禽类115个，海洋渔业类176个，林业类32个，加工品238个，投入品318个。

【i.食品科技】

2018年，国家自然科学基金项目发布，食品及相关学科类项目共有5项上榜，其中华南农业大学“食品安全快速检测技术”（项目负责人徐振林）列入。

2018年度广东省科学技术奖获奖名单

项目编号	项目名称	主要完成人	主要完成单位	提名单位/提名专家
一等奖				
J011-1-01	果蔬冷链控制关键技术与装备创制及应用	孙大文、何勇、朱志伟、蒲洪彬、何建国、付浩华、成军虎、韩忠、刘贵珊、李宪光、潘洪准、莫朝庆、陈海洋、刘江、张洪	华南理工大学、浙江大学、宁夏大学、唐人神集团股份有限公司、广州市粤联水产制冷工程有限公司、东莞市科美斯科技实业有限公司、深圳市德捷力冷冻科技有限公司、广州一衣口田有机农业有限公司、泽达易盛（天津）科技股份有限公司	省教育厅
J03-1-02	蛋白乳浊体系稳定化及高品质乳制品产业化关键技术	赵强忠、赵谋明、周雪松、冯立科、汪勇、谢秉锵、郑卫平、江虹锐、周非白、邓欣伦、张多敏	华南理工大学、广州合诚实业有限公司、广东燕塘乳业股份有限公司、立高食品股份有限公司、皇氏集团华南乳品有限公司、暨南大学、广西大学、广州市稳邦生物科技有限公司	省教育厅
二等奖				
J03-2-04	家蚕食用品质评价与加工新技术研发	邹宇晓、穆利霞、廖森泰、肖更生、刘军、施英、刘子放、王思远、吴肖、庄沛锐	广东省农业科学院蚕业与农产品加工研究所、广东汇香源生物科技股份有限公司、成都世煌生物科技有限责任公司、广东宝桑园健康食品有限公司、广东真美食品股份有限公司、咀香园健康食品（中山）有限公司、鑫缘茧丝绸集团股份有限公司、成都市裕邑丝绸有限责任公司	省农科院
J03-2-05	进出口酒类品质安全控制及检测技术研发与应用	李志勇、刘青、钟其顶、李建军、庞世琦	广东出入境检验检疫局检验检疫技术中心、中国食品发酵工业研究院有限公司、国家质量监督检验检疫总局国际检验检疫标准与技术法规研究中心	海关总署广东分署
J03-2-06	广式凉果安全生产及其提质增效关键技术与产业化	曾晓房、白卫东、杨宝、冯卫华、张鹰、张宏康、杨婉如、李学莉、林海滨、叶绍环	仲恺农业工程学院、中国科学院华南植物园、广东佳宝集团有限公司、广州市东鹏食品饮料有限公司、广东殿羽田食品有限公司、紫金华丰国际食品企业有限公司	省教育厅
J03-2-07	蜂产品加工关键技术研究及应用	刘功良、赵晓娟、赵文红、李南薇、赖秋萍、谭东山、杨进辉、邓开野、何家全、蔡金鑫	仲恺农业工程学院、广东桂岭蜂业科技股份公司、广州市谭山蜂业有限公司、广州市蜂唛蜂业有限公司、广州市宝生园股份有限公司、安徽盼盼食品有限公司	省教育厅
J03-2-08	含果糖基天然益生元功效分析、生产关键技术研究及产业化应用	钟先锋、黄桂东、彭喜春、马淑凤、杨新球、张毅、郑元锋、张宇博、王阿利、罗剑鸣	佛山科学技术学院、量子高科(中国)生物股份有限公司、暨南大学、江南大学、佛山市金城速冻食品有限公司、华南理工大学	佛山市

近年来，广东省食品行业协会积极引领广东省食品企业深入践行习近平总书记“创新是引领发展的第一动力”的重要指示精神，不断占领科技创新制高点，成果丰硕，涌现出一批勇于开拓、不断创新的企业和科技创新先进个人。他们重视科技创新能力建设，研发出一批新技术、新装备和新产品，提高了食品生产技术水平，强化了食品安全保障，优化了产品结构，创造了显著的经济效益和社会效益。2018年，为进一步调动全省广大食品企业、科技工作者的科技创新积极性和创造性，协会根据《广东省食品行业科学技术奖奖励办法（试行）》，经企业自愿申报，委托广东省南方食品医药行业评估中心组织专家评价，并经社会公示无异议，予以发布。

项目名称	申报单位	项目完成人	获奖等次
婴幼儿配方食品质量安全检测及技术法规的研究与应用	广州检验检测认证集团有限公司、国家加工食品质量检验中心（广东）	蔡玮红、曾绮莹、林森煜、黄景晟、李秀英、莫锡乾、张斯、黄伟乾、黄婵媛、曾颖、蒋宇明、黄金凤、袁洁、陈瑞敏、周思	特等
一种醋酸杆菌发酵苹果醋技术的研究及开发	天地壹号饮料股份有限公司	熊贤平、曾彬、雷智、朱展兴、麦玉芬、周英柯、毛银光	特等
酒中致癌物氨基甲酸乙酯快速检测及试剂盒研究与开发应用	广州市食品检验所、华南理工大学	黄秋婷、黄惠华、朱安华、彭程、毛新武、戚平、王成龙、王浩、邱佩丽、王宇、易云婷、刘丽斌、张佳佳、彭名军、陈羽中	一等
基于新食品原料枇杷叶的川贝枇杷糖质量安全控制及产业化应用	广州市潘高寿天然保健品有限公司、广州理和健康产品科技有限公司、广东省疾病预防控制中心	杨东升、卢其福、李羽、黄俊明、张胜宜、随晶晶、周立、王素丽	一等
调味品用新型变性淀粉创制关键技术	广东美味鲜调味食品有限公司	陈穗、陈玲、杨明泉、李晓玺、别平平、王聪、寇灵梅、尹文军、徐婷、刘占	一等
大豆营养辅助食品精深加工关键共性技术的研究及产业化	广东一家人食品有限公司	袁如英、韩飞、黄旭民、张广钊、林玉惠、王漫、杨克儿、何志勇、杨少华	一等
腐竹生产新工艺研究和质量安全控制及产业化应用	鹤山市农产品质量监督检验测试中心	白卫东、李国富、赵文红、胡嘉敏、郑乐涛、曾晓房、李琰、李春林、钟仕钜、赵迎春、李海军	一等
乳酸菌胞外多糖发酵技术及应用的研究	东莞石龙津威饮料食品有限公司	刘秉杰、杨炳坤、陈志球、何智强、江秋梅、杨益衡、李桂全、黄钜源、廖绍波、余德民、谭钊雄、张鹤松、吴伟秀、杨嘉敏、杜伟锐	一等
果蔬中菊酯类农药残留现场快速检测产品开发	广州市食品检验所、广东达元绿洲食品安全科技股份有限公司	黄秋婷、刘冬豪、谢俊平、宋安华、卢新、毛新武、陈桂云、梁科、肖剑、黄智永、刘佳、江程明、王莹莹、曾游、姚子升	二等
广式腊肠中热泵抽湿节能技术的研究与应用	广州酒家集团利口福食品有限公司	郑明坤、陈曦、何润伟、贺辉、徐俊源、卢俊裕、左敏儿、吴超华、高洪祯、肖立平、周永强、潘振辉	二等
智能高效、节能环保技术与装备在乳品企业中的应用	广东燕塘乳业股份有限公司	冯立科、余保宁、李旭斌、刘楚强、赵东阳、嵇海涛、余树周、杨爱君、张伟、左正定、何利雄、刘小文	二等

项目名称	申报单位	项目完成人	获奖等次
使用补料发酵法酿造无需添加防腐剂的酱油	广东美味鲜调味食品有限公司	梁亮、贾爱娟、陈穗、扈圆舒、符姜燕、刘占、易九龙、滑欢欢、伍加文	二等
乌龙茶及茶饮料质量安全控制技术研发及应用	华南农业大学、广州茗丰茶业有限公司	张媛媛、陈忠正、胡文、林晓蓉、李斌、杨德垣	二等
威士雅®氨基葡萄糖硫酸软骨素钙片	广东威士雅保健品有限公司	梁德昌、林润奎	二等
一种半固态糖果及其加工工艺	广东百盛食品有限公司	郭广壮、郭广河、郭广钊、林楚宽、郭广彬、郭锐浩	二等
功能性凉果产品研制及产业化推广	广东同享食品有限公司	吴巨贤、张增榜、陈汇航、张国列、曾初欢、黄宝龙	二等
特色佛手果产业化发展技术攻关	广东展翠食品股份有限公司	陈树喜、郑珠红、黄凯信、郭嘉玲、汪华灯、陈彦珊、萧植准	二等

2018 年度广东省食品行业科技创新标杆单位

获奖单位：广州酒家集团利口福食品有限公司

2018 年度广东省食品行业科技创新发展卓越领导者

姓名	单位	职务/职称
郑明坤	广州酒家集团利口福食品有限公司	副总经理、中式面点高级技师
蔡玮红	广州检验检测认证集团有限公司、广检质量检测研究院、国家加工食品质量检验中心（广东）	副院长、高级工程师
杨启财	广东济公保健食品有限公司	总经理/高级工程师
郭和利	广东笑咪咪食品有限公司	董事长/中级工程师
黄旭民	广东一家人食品有限公司	董事长

2018 年度广东省食品行业科技创新发展卓越工作者

姓名	单位	职务/职称
何润伟	广州酒家集团利口福食品有限公司	经理、高级烹饪技师
林世纲	广州酒家集团利口福食品有限公司	副经理、中式面点高级技师
曾绮莹	广州检验检测认证集团有限公司、国家加工食品质量检验中心（广东）	部长、高级工程师
林森煜	广州检验检测认证集团有限公司、国家加工食品质量检验中心（广东）	副部长、高级工程师
黄景晟	广州检验检测认证集团有限公司、国家加工食品质量检验中心（广东）	高级工程师
黄秋婷	广州市食品检验所	副部长/高级工程师
黄凯信	广东展翠食品股份有限公司	总监/工程师
蔡舜炀	广东济公保健食品有限公司	研发中心主任/助理工程师
袁如英	广东一家人食品有限公司	综合部主任

【j. 标准化建设】

3 月 22 日，根据《中华人民共和国食品安全法》及有关规定，广东省卫生和计划生育委员会发布《关于公开征集 2018 年广东省食品安全地方标准制修订立项建议的通告》（粤卫通〔2018〕4 号），在全省范围内公开征集 2018 年广东省食品安全地方标准制修订立项建议。

8 月 28 日，广东省卫生计生委根据《中华人民共和国食品安全法》及有关规定，组织开展了 2018 年食品安全地方标准制修订立项建议征集工作，形成了 2018 年广东省食品安全地方标准制修订立项计划（征求意见稿），向省直有关单位征求 2018 年广东省食品安全地方标准制修订立项计划意见，并向社会公开征求意见。

2018 年广东省食品安全地方标准制修订立项计划（征求意见稿）

序号	建议标准项目名称	制定/修订	建议牵头起草单位
1	红葱粉	制定	广东省食品安全学会
2	鸡蛋花	制定	广东省食品学会
3	九制陈皮	制定	广东省食品安全学会
4	客家炒绿茶	制定	华南农业大学园艺学院
5	橄榄菜	制定	广东省食品安全学会
6	牛、羊组织及尿液中β-受体激动剂的检测高效液相色谱-质谱法	制定	广东省农产品质量安全中心
7	白木香叶	制定	东莞市莞香园艺科技有限公司 广东省疾病预防控制中心

2018 年 11 月 1 日，根据《食品安全法》等有关规定，经广东省食品安全标准专家委员会审查通过，广东省卫生健康委以粤卫通〔2018〕12 号文，发布《广东省食品安全地方标准 簕菜及干制品》（DBS 44/009-2018）、《广东省食品安全地方标准 新会柑皮含茶制品》（DBS 44/010-2018）和《广东省食品安全地方标准 白木香叶》（DBS 44/011-2018）的通告。

8 月 1 日，由广州珠江啤酒股份有限公司负责，中国食品发酵工业研究院等参与的行业首个团体标准 T/CBJ3101《纯生啤酒》正式发布，并于 2019 年 1 月 1 日实施。标准的制定，将行业专利和科技成果融入标准，为《啤酒》国家标准在纯生啤酒质量管控方面提供了有力的补充，进一步提升了行业产品和服务的全球竞争力。

为保证脱氧剂质量稳定与使用安全，广东广益科技实业有限公司会同商业联合会标准部、广州、湖南、江苏相关质检部门、各省市龙头食品企业、脱氧剂生产企业等单位，共同起草团体标准，经反复讨论修改，于 2018 年发布实施了团体标准《食品用脱氧剂》（T/CGCC 18-2018），该标准对脱氧剂的材料选用、生产环境、卫生指标进行了约定，提高了从业门槛。

【k. 行业管理】

1. 政府监督管理

按照国务院“放管服”改革工作要求，省食品药品监管局把保障人民群众饮食用药安全放在首位，以优化服务为核心，全面深化行政审批制度改革，强化互联网思维，深度融合线上线下，使审批流程扁平化，不断深化“网上申报、网上受理、网上审评、网上审批、网上发证”的“互联网 + 行政许可服务”，同时构建“五位一体”阳光公开体系，走出一条“五个网上零跑动，五位一体全公开”的新时代审批路径。所有事项均进驻省政府网上办事大厅，“网上全流程办理率”“上网办理率”“网上办结率”三项指标均实现 100%；承诺办理时限比法定时限整体缩短 50%，已办结业务平均提速 70%。

2. 行业自律管理

5 月 18 日，广东省食品行业协会第五届第一次会员代表大会暨换届选举大会在广州召开。会议选举省政协委员、香雪有限公司董事长王永辉连任会长，并审议通过了协会章程和工作报告。会议决定：在新一届理事会的带领下，坚持以习近平新时代中国特色社会主义思想为指引，全力推进“党建+”模式；坚持以“健康中国战略”和“三品战略”为突破口，加快产业转型升级，确保食品安全；坚持做好行业服务工作，打造共建共治共享的行业治理格局；坚持和强化协会秘书处自身队伍建设，规范和完善协会运作。

3. 企业质量管理

2018 年，海天以智能制造为核心，推动企业转型升级。面对制造业新一轮的升级挑战，海天积极创新求变，加快公司信息化升级建设，加快推动企业向数字化、人工智能、智能制造方向转型，加快新技术与业务的融合应用，极大提高公司的竞争层次。海天持续推动精品建设，以精品领航企业发展，倡导和践行工匠精神，打造海天精品，对产品一直追求精益求精，不断提高海天产品在消费者中心目中的认同度和良好口碑，海天的生产装备水平、清洁的卫生生产环境、生产的流程标准、工艺技术水平等都为市场继续提供有竞争力的精品奠定了非常良好的基础和底气。通过科研、新设备、新工艺等持续推动产品升级，海天持续加强技改和装备的更新和转化，稳步提升产品质量，核心产品继续保持良好发展势头。

燕塘乳业始终坚持以“市场导向、科技领先、质量第一、顾客至上”为经营方针，实现对乳制品全方位的质量控制，高品质已成为公司的“金字招牌”，充分满足了广大消费者对牛奶“新鲜、安全”的质量诉求。2018 年，公司获评广东年度经济风云榜“风云企业”，并成为华南地区首批通过国家优质乳工程验收的企业，还被评为“优质乳工程示范工厂”及“国家乳制品加工技术研发专业中心”、“博士后科研工作站”。在第九届中国奶业大会上，公司荣获“2018 年优秀乳品加工企业—最具影响力品牌企业”。在 2018 年 8 月召开的中国乳制品工业协会第二十四次年会上，公司获得“食品安全质量管理优秀企业”荣誉称号，并于 2018 年 8 月从国内 600 多家乳企中脱颖而出，进入 D20 企业联盟，跻身中国奶业 20 强，品牌影响力进一步扩大。

利口福公司始终坚持“创新是第一动力”理念，坚持企业的创新主体地位，提升企业的发展内涵，推动企业实现高质量发展。公司从原材料采购开始严把质量关，保证原材料的质量符合要求。加工过程的每一道工序，均采取严格的工艺控制，保证产品的质量稳定。2018 年，公司通过继续巩固和深化与高校、科研机构产学研合作，加大了针对月饼系列产品、速冻、西点、腊味等新产品开发的力度，多款新品已投入终端销售。利口福公司广式焙烤食品加工工程技术研究开发中心顺利验收；广州市博士后创新实践基地正式落成；中国轻工业工程技术研究中心成功获批。利口福公司荣获“2018 年度广东省食品行业科学技术奖科技创新标杆单位”，公司多名研发人员获得 2018 年度广东省食品行业科学技术奖科技创新发展卓越领导者、卓越工作者称号。2018 年，“广式点心速冻产业化及加工关键技术研究”获得广东省食品行业科学技术奖特等奖。

【l. 专题资料】

1. 潮州市获“中国食品名城”称号

12 月 25 日至 27 日，中国食品工业协会组织全国知名专家组成的评价组，对潮州市“中国食品名城”建设成果进行评价。通过现场考查、核查资料、听取汇报和质询等形式，评价专家组一致同意认定潮州市为“中国食品名城”。

近年来，潮州市深入贯彻习近平总书记重要讲话精神，立足食品产业基础优势、特色优势和资源优势，通过出台专项扶持政策，积极推进重大项目落地建设，全力促进食品产业优化结构、提质升级，把食品产业培育发展成有特色、有规模、有竞争力的支柱产业和全国食品行业的领先者，为潮州实现高质量发展提供有力支撑。特别是 2018 年，潮州市人民政府与中国食品工业协会、广东省食品行业协会签订战略合作框架协议，三方携手合作共建“中国食品名城”，实现地方政府和行业协会优势互补，致力把潮州市建设成为全球有影响的优质食品加工制造基地、出口基地、创新基地，各项重点工作成效显著，走在了全国食品行业的前列。

2. 潮汕手打牛肉丸制作技艺大赛

6 月 8 日，由广东省社会组织工会联合会、广东省食品医药行业工会联合会和广东省食品行业协会联合主办的“潮汕手打牛肉丸制作技艺大赛决赛”完美收官。来自省内各地的打丸高手、餐饮界代表、美食达人等出席本次活动，共同见证了潮汕手打牛肉丸制作技艺大赛决赛的精彩赛况。

潮汕手打牛肉丸制作技艺大赛自 2018 年 5 月起公开征集报名，6 月 8 日圆满落幕，历时一个多月。经过激烈角逐，60 位选手进入决赛。决赛得到了广东省非物质文化遗产保护中心、汕头市文化广电新闻出版局、汕头市食品药品监督管理局、汕头市农业局和汕头市总工会大力支持，得到了汕头牛肉丸产业同业公会、潮庭食品、八记食品、真美食品和食经杂志社的鼎力相助。

【m. 政策法规】

1. 广东省人民政府办公厅关于印发 2018 年广东省食品安全重点工作安排的通知（粤府办〔2018〕21 号）

核心提示：为全面贯彻党的十九大精神，以习近平新时代中国特色社会主义思想为指导，深入贯彻习近平总书记重要讲话精神，根据省食品安全委员会第五次全体会议部署要求，广东省人民政府制定广东省人民政府办公厅关于印发 2018 年广东省食品安全重点工作安排的通知，就 2018 年我省食品安全重点工作进行安排。

2. 广东省食品安全委员会办公室 广东省食品药品监督管理局关于延长《广东省保健食品非法会议营销专项治理行动举报违法行为线索奖励实施方案》有效期的通知

核心提示：为继续深入推进我省食品、保健食品欺诈和虚假宣传整治工作，结合《广东省食品、保健食品欺诈和虚假宣传整治工作实施方案》（粤食安办健〔2017〕106 号）进度安排和具体要求，省食安办、省食品药品监督管理局决定将《广东省保健食品非法会议营销专项治理行动举报违法行为线索奖励实施方案》（粤食安办健〔2017〕56 号）的有效期延长至 2018 年 6 月 30 日。请认真贯彻实施。

3.2018 年广东省食品安全抽检计划

核心提示：为深入贯彻党的十九大精神，落实党中央国务院和省政府关于食品安全监管的决策部署，依法、科学、规范做好食品安全抽检工作，根据《中华人民共和国食品安全法》《“十三五”国家食品安全规划》和《总局关于印发 2018 年食品安全抽检计划的通知》（食药监食监三〔2018〕1 号），结合食品安全抽检工作实际，制定 2018 年广东省食品安全抽检计划。

4. 广东省质监局关于 2018 年餐具洗涤剂等 18 种食品相关产品省级监督抽查实施细则的公告

核心提示：按照 2018 年广东省质监局食品相关产品省级监督抽查计划安排，根据《产品质量法》和《广东省质量技术监督局关于产品质量监督抽查的管理办法》等要求，将 18 种食品相关产品省级监督抽查实施细则予以公布。

5. 广东省食品药品监督管理局“双随机一公

开”监管工作实施细则

核心提示：根据《关于印发<广东省食品药品监督管理局关于全面推行“双随机一公开”监管工作实施方案>的通知》（粤食药监局办〔2016〕175号）有关要求，广东省食品药品监督管理局制定广东省食品药品监督管理局“双随机一公开”监管工作实施细则，现将广东省食品药品监督管理局本级有关工作实施细则明确如下。

6. 广东省食品药品监督管理局关于50㎡（含50㎡）以下小餐饮审批改备案试点工作规定

核心提示：为贯彻落实《国务院关于在更大范围推进“证照分离”改革试点工作的意见》（国发〔2017〕45号）和《关于印发〈中国（广东）自由贸易试验区开展“证照分离”改革试点方案〉和〈广东省复制推广“证照分离”改革试点具体做法的工作方案〉的通知》（粤机编办发〔2017〕186号）工作部署，确保在中国（广东）自由贸易试验区（以下简称广东自贸试验区）和复制推广“证照分离”改革试点具体做法的区域，对50㎡（含50㎡）以下小餐饮服务提供者（以下简称小餐饮）准入由审批改为备案制度工作有序推进，现就广东小餐饮备案及监管工作作出有关规定。

7. 广东省食品药品监督管理局关于启用特殊食品类电子食品生产许可决定书及品种明细表的通告(2018年第178号)

核心提示：为贯彻深化“放管服”改革工作要求，切实为行政相对人提供更加高效便捷的服务，按照广东省政府关于电子证照有关工作部署，广东省食品药品监督管理局发布广东省食品药品监督管理局关于启用特殊食品类电子食品生产许可决定书及品种明细表的通告，决定于近期启用特殊食品范围的电子食品生产许可决定书及品种明细表。

8. 关于印发《广东省畜禽养殖废弃物资源化利用工作考核办法（试行）》的通知（粤农〔2018〕160号）

核心提示：广东省农业厅与广东省环境保护厅联合印发《广东省畜禽养殖废弃物资源化利用工作考核办法（试行）》。

9. 广东省食品药品监督管理局关于对部分行政审批事项实施告知承诺制审批的通告(2018年第187号)

核心提示：为贯彻落实党中央、国务院决策部署，深入推进“减政放权、放管结合、优化服务”改革，以及按照《广东省人民政府办公厅关于印发广东省推进“证照分离”改革总体方案的通知》（粤府办[2017]9号）要求，提升政府治理能力，提高审批效率，明确申请企业（人）承担的主体责任，广东省食品药品监督管理局发布广东省食品药品监督管理局关于对部分行政审批事项实施告知承诺制审批的通告，将对部分行政审批事项实施告知承诺制审批。

10. 广东省人民政府办公厅关于印发广东省推进电子商务与快递物流协同发展实施方案的通知（粤府办〔2018〕35号）

核心提示：为全面贯彻落实习近平新时代中国特色社会主义思想和党的十九大精神，落实新发展理念，深入实施“互联网+流通”行动计划，提高我省电子商务与快递物流协同发展水平，根据《国务院办公厅关于推进电子商务与快递物流协同发展的意见》（国办发〔2018〕1号）精神，结合广东省实际，广东省人民政府发布广东省人民政府办公厅关于印发广东省推进电子商务与快递物流协同发展实施方案的通知，制定广东省推进电子商务与快递物流协同发展实施方案。

11. 广东省农产品加工业发展规划（2018–2025年）（粤农〔2018〕195号）

核心提示：广东省农业厅2018年8月30日印发广东省农产品加工业发展规划（2018–2025年），对农产品发展形势分析、总体要求和发展目标、主要任务、发展重点和区域布局等进行说明。

12. 关于加强非洲猪瘟等重大动物疫情应急管理工作的通知（粤牧〔2018〕97号）

核心提示：当前，非洲猪瘟等动物疫病防控形势严峻，为了做好疫情报告管理相关工作，现就有关事项通知如下。

13. 广东省质监局关于征集2019年风险监测项目的通知（粤质监风险函〔2018〕787号）

核心提示：为保障消费者的合法权益，强化质量安全风险管理，充分发挥质检机构的积极性，现公开征集2019年风险监测项目。

14. 广东省人民政府办公厅关于成立广东省防控重大动物疫病应急指挥部的通知（粤办函〔2018〕331号）

核心提示：为统筹协调做好广东省动物疫病防控工作，省人民政府决定成立广东省防控重大动物疫病应急指挥部，对非洲猪瘟等重大动物疫病的防控和处置工作实行集中统一指挥。

15. 广东省市场监督管理局关于实施工业产品生产许可省级发证“一企一证”制度的通告（2018年第43号）

核心提示：为贯彻落实国务院推进简政放权、放管结合、优化服务改革的精神，我局决定在全省范围内实施工业产品生产许可省级发证“一企一证”制度，广东省市场监督管理局发布关于实施工业产品生产许可省级发证“一企一证”制度的通告，将有关事项进行通告。

张俊修、钟华

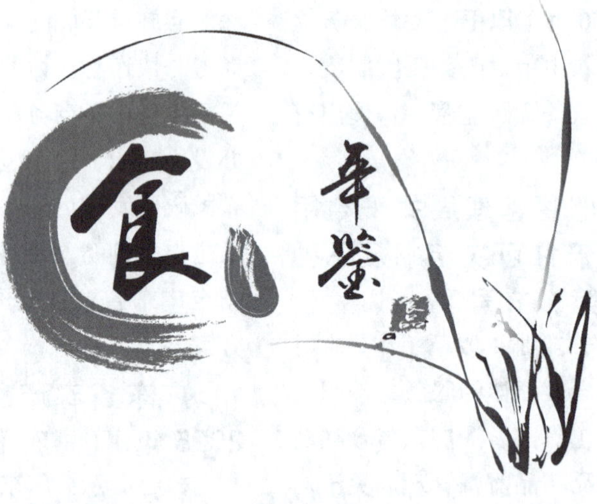

3.10 海南省

【a. 概况】

2018年，农副食品加工业产值154.9亿元，同比增长5.2%。成品糖同比增长25.1%，罐头同比下降18.4%，卷烟同比下降2.1%，软饮料同比下降1.7%。

【b. 行业分析】

1. 制盐业

2018年，海南省盐业总公司销售食盐3.15万吨，其中，小包装食盐销量1.54万吨，实现销售收入0.53亿元。集团营业收入1.02亿元，同比增长22.8%，实现利润总额0.27亿元，同比增长31.3%。2018年，东方盐场生产原盐1.98万吨，同比增长34.4%。

2. 食品饮料加工业

2018年，海南省规模以上食品饮料加工业企业87家，产值215.31亿元，同比增长2.7%。其中，农副食品加工业51家，主要分布在海口、文昌、澄迈、儋州、万宁、琼海、临高和白沙等8个市县，产值154.93亿元，增长5.2%；食品制造业16家，主要分布在海口、文昌、定安和万宁等4个市县，产值31.38亿元，下降5.3%；酒、饮料和精制茶制造业20家，主要分布在海口、澄迈、定安、白沙、万宁、儋州、琼海等7个市县，产值28.99亿元，同比下降1.0%。初步形成了以果蔬、热作产品、畜禽产品、水产品、林产品为主导的农产品加工产业格局，形成了本地热作椰子、槟榔等资源精深加工特色产业。企业市场竞争力日渐增强，涌现出椰树、春光、南国、海南口味王、瑞今、远生、翔泰等一批规模较大的农产品加工龙头企业。

4. 卷烟工业

2018年，全省规模以上卷烟制造企业1家，即海南红塔卷烟有限责任公司，生产卷烟23.5万箱，产值29.88亿，同比增长6.9%，实现销售产值29.16亿元，同比增长5.7%。全年销售三沙卷烟1.28万箱，同比增长136.6%，已覆盖全国19个省区76个重点城市。

5. 制糖业

2018年，全省规模以上制糖企业8家，产值7.61亿元，同比增长13.9%。主要产品为国家标准一级白砂糖，另外，有少量的二级白砂糖、赤砂糖。2018/2019榨季共加工甘蔗136.36万吨，同比减少6.84万吨，同比下降4.8%；产成品糖17.02万吨，同比减少0.20万吨，同比下降1.2%；甘蔗混合产糖率12.5%，同比增长0.45%。

曾金

3.11 山西省

【a. 概况】

"十二五"以来，食品工业作为山西省委、省政府重点培育的新兴产业，以"调结构、扩规模、强特色、抓龙头、树品牌、保安全"为抓手，在生产成本上升、消费市场乏力、整体经济进入新常态等不利因素的影响下，全省食品产业坚持以科学发展观为统领，保持了稳定的发展。为调整山西重化工经济结构，转变经济发展方式和全面建成小康社会产生了积极作用。

截止 2018 年 12 月底，山西省食品工业规模以上企业共 300 家，规模以上企业共完成主营业务收入 579.7 亿元，同比下降 6.5%；利润总额 38.9 亿元，同比增长 22.3%；利税总额 105.5 亿元，同比增长 22.7%。

【b. 重点行业运行情况】

1. 农副食品加工业

2018 年，全省规模以上企业 159 户，实现主营业务收入 219.6 亿元，同比下降 4.2%；利润总额 3.3 亿元，同比下降 5.7%；利税总额 3.6 亿元，同比下降 7.7%。其中，淀粉及淀粉制品制造主营业务收入 6.7 亿元，同比增长 123.3%；肉制品加工完成主营业务收入同比下降 8.9%，利润总额同比下降 55.6%；食用植物油加工和食用菌加工下降尤为明显，主营业务收入分别较同期下降 95.5% 和 50.0%。

2. 食品制造业

2018 年，全省 78 家规模以上企业，实现主营业务收入 113.7 亿元，同比下降 2.2%；利润总额 7.9 亿元，同比持平；利税总额 10.3 亿元，同比增长 3.0%。

从数据表明，罐头食品制造发展明显回落，全年共完成主营业务收入 16.6 亿元，同比下降 14.0%；发酵制品制造和保健食品制造下降尤为明显，主营业务收入分别同比下降 50.0%，50.0%。

3. 酒、饮料和精制茶制造业

2018 年，全省实现主营业务收入 203.1 亿元，同比下降 12.7%；利润总额 24.3 亿元，同比增长 50.0%；利税总额 64.1 亿元，同比增长 41.5%。其中，白酒制造业总体发展平稳，累计完成主营业务收入 150.5 亿元，同比下降 13.7%，利润总额同比增长 75.2%，利税总额同比增长 54.0%。在饮料制造中，果蔬汁饮料制造规模企业 27 家，主营业务收入较同期下降 15.2%，利润总额同比下降 45.5%。

4. 烟草制造业

2018 年，完成主营业务收入 43.2 亿元，同比增长 3.6%；利润总额 3.6 亿元，同比增长 4.3%；利税总额 27.6 亿元，同比增长 2.2%。

【c. 大记事】

1 月 6 日，2018 山西万国进口葡萄酒博览会暨第二届山西万国红酒节在太原武宿综合保税区举行。

1 月 23 日，山西省人民政府办公厅关于印发山西省功能食品产业发展规划（2018–2020 年）。

3 月 7 日，2018 年，山西省将继续实施"放心粮油"示范工程，建设完成 80 个示范销售店、300 个示范经销点，打造便民利民的民生工程。

3 月 13 日，山西省农业厅制定了《2018 年全省农产品质量安全工作要点》，深入推进"农业质量年"活动，切实做好农产品质量安全工作。

3 月 30 日 – 4 月 1 日，山西品牌丝路行（东盟站）

首次“登陆”2018 中国 – 东盟博览会柬埔寨展，26 家晋企、千余种名优特产品亮相展会受热捧。

5 月 30 日，省经信委发布《山西省食品工业 2018 年行动计划》。将加快实施增品种、提品质、创品牌“三品”专项行动，着力推进 15 个以上的食品工业领域重大项目建设，推进 5 大类产业聚集区建设。

6 月 31 日，有山西省食品工业协会主办的 2018 年“六味斋杯”消费者喜爱的山西食品品牌评选活动正式结束，此次共评选出二十家食品企业获得消费者喜爱的食品品牌。此次活动，全省共有 114 家食品企业经过自主报名和行业协会推荐积极参与。

7 月 17 日，山西省食品药品监督管理局联合太原市局及万柏林区局举办了以“尚德守法 食品安全让生活更美好”为主题的 2018 年食品安全宣传周启动仪式暨主场宣传活动。

7 月 18 日，2018 全国食品安全宣传周（山西）——“食品安全进企业”活动在晋中市开发区汇通产业园山西梁汾醋业举行，省内 17 家食醋酿造企业共同签署并宣读了《山西省食品行业诚信自律公约》，向全社会承诺协同推进诚信体系建设，弘扬食品产业的诚信文化和工匠精神，承担起开展企业道德诚信宣传的社会责任。

8 月 24 日，2018 中国山西食品餐饮博览会暨中国大同面食文化节隆重启幕。

8 月 31 日 –9 月 2 日，2018 第 13 届中国（山西）酒饮食品产业博览会中国煤炭博物馆举行，展会期间由山西省食品工业协会主办的“六味斋杯”2018 消费者喜爱的山西食品品牌活动成果展将同期举行。

9 月 19 日，第二届世界酒文化博览会在山西省汾阳市杏花村经济技术开发区中国汾酒城盛大开幕。世界十大烈酒产区名酒和中国 17 大名酒齐聚汾阳。

11 月 1 日，为期 6 天的第三届山西（运城）国际果品交易博览会在运城市农业会展中心开幕。副省长曲孝丽出席开幕式。

【d. 重点企业】

汾酒篇

1 月 31 日，在太原召开的山西省十三届人大一次会议第五次全体会议中，汾酒集团党委书记、董事长李秋喜高票当选第十三届全国人大代表。

4 月 29 日，第九届中美企业峰会在洛杉矶举办，青花汾酒成为本次峰会官方指定用酒，同时，汾酒荣膺“2018 中美企业峰会最具价值中国国家品牌名片”，汾酒品牌国际化发展迎来新的历史时刻。

5 月 21 日，“改革开放 40 年中国酒业功勋企业、功勋人物”颁奖盛典在北京中国大饭店盛大开幕。汾酒集团党委书记、董事长李秋喜领取“中国酒业改革开放 40 年功勋人物”奖，代表汾酒集团领取“中国酒业改革开放 40 年功勋企业”奖项！

5 月 25 日，2018 世界制造业大会在安徽合肥滨湖国际会展中心盛大启幕。汾酒集团被联合国工业发展组织咨商机构列为 2018 世界制造业大会全球中小企业联盟指定合作单位。

6 月 2 日，“2018 汾酒全球品质行•俄罗斯站”，青花汾酒惊艳莫斯科。

9 月 19 日，“以产区引领下的中国白酒国际化之——018 中国名酒杏花村论坛”在山西省汾阳市贾家庄召开。

9 月 29 日，2018 年汾酒集团在一年一度的封藏大典上，30 年头锅原浆汾酒再拍高价，由酒仙网电子商务股份有限公司董事长郝鸿峰以 500 万元的天价竞得。

12 月 17 日 –21 日，第二届中国国际名酒文化节在四川宜宾举办。汾酒集团党委书记、董事长李秋喜，茅台集团党委书记、董事长李保芳，五粮液集团党委书记、董事长李曙光在宜宾聚首同框，行业热议已久的“三香三甲”现象被瞬间定格，三家企业互相站台、互为“助攻”，对于白酒行业大发展是一种极好的趋势。

【e. 协会工作】

3 月 5 日，山西省食品药品监督管理局委托山西省国际招标有限公司，通过政府采购的形式，确定山西省食品工业协会承担《山西省食品产业发展现状与监管对策研究报告》项目。

3 月 25 日，省食品工业协会五次四届会议在太原龙城国际饭店召开。会上太原六味斋实业有限公司等 20 家企业获得“紫林杯 2017 消费者喜爱的食品品牌”。

山西维尔生物乳制品有限公司等15家企业的食品品牌获得“紫林杯2017消费者喜爱的食品品牌专家提名奖”，山西紫林醋业股份有限公司获得此次活动的特别贡献奖。山西杏花村汾酒厂质量检测中心主任王凤仙等15人荣获“2017年度山西食品工业科技创新奖（个人）。

4月1日，“六味斋杯”2018消费者喜爱的山西食品品牌评选活动在山西省食品工业协会微信公众号正式开启投票窗口，截止4月30日，共获得消费者投票240866次，同比去年的128616次，增长47%；访问人数达95424人，同比去年的73535人，增长23%。

5月19日，山西省食品工业协会召开了“六味斋杯”2018消费者喜爱的山西食品品牌评选活动专家终审会。会议全程由山西国晋律师事务所的工作人员进行唱票、票数统计和结果宣读，保证了评选结果的公平公正。同时，协会将推荐11家企业品牌到中国食品工业协会作为山西的区域品牌参与中食协的活动。

6月26日–29日，山西省食品工业协会在侯马市举办“食品检验工（化验员）技能提高培训班”，培训内容包括理论学习和实际操作，学员学成经考核通过后，由山西省食品工业协会颁发培训合格证书。

9月16日，山西省食品工业协会参加了由中国工业经济联合会举办的《中国工业史·食品工业卷》编纂工作培训会议，会议在安徽省淮北市召开。

10月15日，山西省食品工业协会喜迁新址，入驻太原市小店区慧谷产业园区。

“2018消费者喜爱的食品品牌”评选活动名单：

1、蓝顿旭美食品有限公司
2、山西天赐绿珍农业科技有限公司
3、山西厦普赛尔食品饮料股份有限公司
4、山西古城乳业集团有限公司
5、山西海玉园食品有限公司
6、山西省平遥牛肉集团有限公司
7、山西尧都泉酿造有限公司
8、山西金绛食品有限公司
9、山西九牛牧业股份有限公司
10、太原六味斋实业有限公司
11、大同市华建油脂有限责任公司
12、山西源源醋业有限公司
13、山西塞北红食品有限公司
14、晋城市古陵山食品有限公司
15、山西智康食品有限公司
16、平遥步升牛肉有限公司
17、太原酒厂有限责任公司
18、山西晋保汇农业科技有限责任公司
19、山西五台山天域农业开发有限公司
20、吕梁野山坡食品有限责任公司
（排名不分先后）

“2018消费者喜爱的食品品牌”区域品牌（山西）名单：

1、山西杏花村汾酒集团有限责任公司
2、山西汾阳王酒业有限责任公司
3、山西水塔醋业股份有限公司
4、山西老陈醋集团有限公司
5、山西紫林醋业股份有限公司
6、太原市宁化府益源庆醋业有限公司
7、山西厦普赛尔食品饮料股份有限公司
8、山西梨花春酿酒集团有限公司
9、山西沁州黄小米（集团）有限公司
10、山西梁汾醋业有限公司
11、山西康禾农业有限责任公司
（排名不分先后）

“2018消费者喜爱的食品品牌”专家提名奖名单：

1、山西杏花村汾酒集团有限责任公司（汾牌）
2、山西杏花村汾酒集团有限责任公司（竹叶青）
3、山西沁州檀山皇小米发展有限公司
4、晋城市伊健食品有限公司
5、山西世龙食品有限公司
6、山西老陈壹号生物科技有限公司
7、山西清泉醋业有限公司
8、运城市格瑞特酒业有限公司
9、山西智泽食品有限公司
10、山西奇人傅山调味品有限公司
（排名不分先后）

【f.2018 年山西糖酒会】

8 月 29–9 月 2 日，第 13 届中国（山西）酒饮食品产业博览会在中国（山西）煤炭博物馆举办。作为华北地区乃至中西部地区具有影响力的糖酒类专业品牌展会，山西糖酒会已成功举办 12 届，是糖酒食品行业生产、流通、营销、包装、商务协作全产业链专业展会，具有强大的行业引导和市场促进作用，是山西唯一的酒饮食品招商专业品牌展会，届时将有来自山西、北京、上海、深圳、天津、广州、河北、河南、山东等二十多个省市的企业及经销商莅临本届展会。

本次糖酒会由山西省食品工业协会主办的“六味斋杯”2018 消费者喜爱的山西食品品牌活动成果展也同期举行，有来自省内三十余家获奖优秀品牌集体亮相展会现场。另外，首届山西葡萄酒盲品大赛、产销对接洽谈会、白酒文化论坛、葡萄酒知识讲座等主题活动助力本届糖酒会。

【g. 主要经济数据】

2018 年山西省食品工业主要效益指标（分地区）

单位：亿元

指标代码	企业单位数	主营业务收入		利润总额		利税总额	
		总量（亿）	同比增长%	总量（亿）	同比增长%	总量（亿）	同比增长%
山西	300	579.7	-6.5	38.9	22.3	105.5	22.7
太原	34	108.8	1.2	7.6	-16.5	34.1	0.3
大同	20	10.2	-27.1	0.5	150	0.6	0
阳泉	4	2.3	21.1	0	0	0	0
长治	25	46.9	5.4	-0.2	-112.5	0.2	-89.5
晋城	12	13.3	18.8	0.4	100	0.1	-50.0
朔州	17	15.9	-12.6	0.5	-50	1.1	-26.7
晋中	48	76.7	2.5	1.3	-35	3.4	-17.1
运城	55	49.4	-29.4	2	-31	2.7	-25.0
忻州	22	9.1	5.8	0.5	0	0.8	0
临汾	13	9.4	-9.6	-0.1	0	0	0
吕梁	50	237.7	-8.2	26.3	81.4	62.3	58.1

2018 年山西省主要产品产量及其增长速度

产品名称	计量单位	总产量	同比增长（%）
粮食	万吨	1380.4	1.9
其中：玉米	万吨	981.6	0.4
小麦	万吨	228.6	-1.6
谷子	万吨	47.3	13.7
豆类	万吨	35.6	25.8
薯类（折粮）	万吨	51.6	10.3
油料	万吨	15.5	2.8
蔬菜及食用菌	万吨	821.9	1.9
水果	万吨	750.5	-11.1
其中：瓜果类	万吨	53.0	13.9
园林水果	万吨	697.6	-12.5
食用坚果	万吨	12.5	-41.6
其中：核桃	万吨	12.0	-42.1
精制食用植物油	万吨	1.9	-300
鲜、冷藏肉	万吨	68.1	-3.9
其中：猪肉	万吨	62.5	-0.3
牛肉	万吨	6.5	10
羊肉	万吨	8.1	-5.0
禽、蛋	万吨	102.6	0.7
水产品	万吨	4.8	-9.9
方便面	万吨	1.9	-23.6
小麦粉	万吨	9.2	-32.1
乳制品	万吨	45.8	-12.0
液体乳	万吨	45.2	-3.7
罐头	万吨	1.0	5.0
糖果	万吨	0.32	0
白酒（折65度商品量）	万千升	16.7	17.7
啤酒	万千升	17.6	-49.2
饮料酒	万千升	35.3	-22.4
软饮料	万吨	106.9	-16.0
其中：碳酸饮料类	万吨	18.2	7.1
包装饮用水	万吨	32.6	14.0
果汁和蔬菜汁饮料	万吨	18.3	-53.5
卷烟	亿支	159	-0.7

2018 年山西限额以上单位商品零售额及其增长速度

单位：亿元

指 标	绝对数	同比增长（%）
粮油、食品类	208.3	1.3
饮料类	25.7	2.2
烟酒类	82.1	12.8

王彬

3.12 安徽省

【a. 概况】

“民以食为天”，食品工业是民生工程、基础工程，与人民生活休戚相关，关乎广大人民群众的健康安全。食品产业既是“为耕者谋利、为食者造福”的传统民生产业，又是关乎五大发展理念，关乎供给侧结构性改革的关键性现代朝阳产业。

1. 产业规模不断扩大

2018 年，全省规上食品工业企业数 2608 家，实现主营业务收入 3554.6 亿元，同比增长 5.9%，总量居全国第 10 位，占全省规上工业的 9.0%；实现利润 238.7 亿元，同比增长 33.5%，利润增幅比全省平均水平高 5.7 个百分点，比全国高 22.7 点。其中，农副食品加工业、食品制造业、酒、饮料和精制茶制造业利润均保持快速增长，分别高于全省工业 7.1、3.7、4.9 个百分点。

2. 主要产品稳定增长

2018 年，全省原盐产量 139 万吨，大米产量 1448 万吨，精制食用油产量 101.4 万吨，饮料产量 396.8 万吨，大米产量 1448.2 万吨，白酒产量 43.1 万千升，主要产品均保持稳定增长。

3. 智能引领产业升级

为满足消费升级需求，一大批食品企业加大技改投资，在引导食品企业加大投资的同时，我省加速推进食品工业从传统生产方式向自动化、数字化、智能化制造转变，极大的提高了产品质量和生产效率、降低了生产成本。洽洽食品、蒙牛乳业、联河股份等 7 家食品企业获评省智能工厂，占全省智能工厂近 1/6。

4. 行业结构逐渐优化

近年来，全省食品种类不断丰富，形成了 34 大类、22 种类、57 小类共 3 万余种食品。技改投资速度的加快，促进了产品结构优化和行业结构优化。2018 年，全省农副食品初加工占食品工业比重 65.2%，较 2017 年下降了 1.9 个百分点，食品精深加工比重为 34.8%，比 2017 年提高 1.9 个百分点。初级农产品加工比例逐年下降，食品精细化程度逐步提高，食品行业结构逐步优化，产业链进一步延长。

5. 重点行业贡献加大

近年来，全省白酒企业积极开拓新市场，缩减低端产品，聚焦中高端产品，提高单品价格，向价值链上游攀升。2018 年我省白酒产量 43.1 万千升，居全国第 5 位，白酒行业拥有 4 家上市公司，数量居全国第 1。2018 年，全省白酒行业实现主营业务收入 255.1 亿元，增长 18.9%；实现利润 56.7 亿元，增长 39%。古井集团 2018 年实现主营业务收入 101.9 亿元，成为我省第 1 家超过百亿企业俱乐部的食品企业。

6. 品牌影响持续增强

截止 2018 年底，全省食品类拥有近 80 件“中国驰名商标”，省既有古井、口子、洽洽、溜溜果园、同福碗粥等本土驰名商标企业，此外，双汇、蒙牛、伊利、旺旺、养元（六个核桃）等外来中国驰名商标企业也已纷纷在安徽投资布局。三只松鼠作为我省第一家纯互联网食品公司，品牌开拓与文娱产业创新结合，已成为中国销售规模最大的食品电商企业。

【b. 存在的问题】

1. 从产业规模看，总量小

2018 年，全省食品工业实现主营业务收入 3554.6

亿元，总量位列全国第 10 位，中部第 4 位，与位列第 1 的山东相比，我省收入是山东的 22%，河南的 29%，湖北的 58%，福建的 65%，湖南的 72%，与发达省份比差距巨大，与周边及中部省份比，差距也在进一步扩大。

2. 从发展速度看，增长缓

2018 年，全省规模以上食品工业主营业务收入增长 5.9%，虽比全国快 0.6 个百分点，但比全省平均水平低 3.7 个点。与湖北比，收入增长速度比湖北（8.3%）慢 2.4 个百分点。

3. 从产业结构看，结构不优

2018 年，全省食品工业主要以米、面、油等粮食粗加工为主，精深加工不足，产业链条短。我省农副食品加工业主营业务收入占全省食品工业的比重 65.2%，其中，米面油粮食初（粗）加工占全省食品工业的比重达 40%。

4. 从重点产品看，位次低

2018 年，全省饮料产量 396.8 万吨，居全国第 14 位，产量是全国最高的广东省的 13%、湖北的 43%、河南的 48%、江苏的 62%、湖南的 74%；白酒产量 43.1 万千升，与白酒发达省份比，我省白酒产量是四川的 12%、江苏的 62%、湖北的 77%。

【b. 下一步重点工作】

1. 抓白酒产业发展

通过优化白酒产业布局，引导要素资源向优势产区集聚，打造产业基地集群；整合省内白酒资源，鼓励跨省兼并重组，培育一批龙头企业；引导企业传承和创新酿酒工艺，提升产品品质。

2. 抓产业转型升级

强化科技支撑，鼓励食品企业加大新产品及功能性产品研发力度，推出一批市场有需求、消费者有认可、企业有效益的有机、绿色、方便食品。推行循环生产方式，推进资源高效循环利用，创建绿色工厂。加大企业智能化改造力度，开展生产线数字化、网络化改造，建设数字化车间。

3. 抓行业运行分析

收集汇总整理国家、省外食品工业发展情况，关注国际最前沿食品行业动态，深刻把握国家最新产业政策，找准行业发展中存在的问题，提出对策建议。按月分析食品行业运行情况，编制食品行业月度、季度和年度发展报告。

4. 抓食盐行业管理

完善食盐定点企业资质管理，规范食盐定点企业生产经营行为，及时向社会公布食盐定点生产、批发企业名单；落实食盐储备和应急管理，发生突发事件时协调、保障食盐供应；加强部门协作配合，推进食盐专营执法和食盐质量安全执法联动。

5. 抓诚信体系建设

增强诚信意识，营造行业诚信氛围，引导企业诚实守信；鼓励企业建立标准化管理体系，制定高于国家的企业和产品标准；履行食品安全委员会成员职责，开展食品工业企业诚信管理体系培训，支持企业开展企业诚信体系评价活动；充分发挥行业协会作用，支持行业自律。

季敏　陈海洋

3.13 江西省

【a 概况】

截止 2018 年底，江西省规模以上食品工业企业 900 家（不含烟草制品业，下同）。工业总产值 2357.71 亿元，同比增长 6.2%。主营业务收入 2334.14 亿元，同比增长 6.0%；利润总额 182.42 亿元，同比增长 4.4%；资产总计 1541.50 亿元，同比增长 14.1%；产成品存货 82.63 亿元，同比增长 8.7%；工业出口交货值 57.54 亿元，同比增长 10.6%。

【b 大事记】

1.4 月 11 日，以“创新与共享发展”为主题的江西省食品工业协会第四次会长联席会在江西林恩茶业有限公司召开。

2.4 月 15 日，全国首家地衣类院士工作站、江西省食品行业第一家院士工作站——江西仙客来生物科技有限公司院士工作站在仙客来公司授牌成立。

3.6 月 8 日，江西省政府办公厅印发了《江西省食品产业优化升级实施方案（2018–2020）年》。

4.7 月 8 日—14 日，江西省 30 家酿酒企业领导、管理人员和技术人员赴河南省白酒企业进行学习考察。

5.7 月 22 日，2018 年江西省食品安全宣传周主场活动在南昌市举行。

6.7 月 29 日，四特酒有限责任公司实验室成功通过了中国合格评定国家认可委员会（下称 CNAS）的审核，并获得实验室认可证书，CNAS 注册号为 11353。

7.8 月 21 日，全国白酒标准化技术委员会特香型白酒分技术委员会换届暨第二届第一次全体委员大会在南昌市举行。

8.10 月 20 日，江西煌上煌集团食品股份有限公司与中国工程院院士、国家海洋食品工程技术研究中心主任朱蓓薇签署合作协议共建院士工作站，成为酱卤食品领域率先建立院士工作站的企业。

9.11 月 15 日，工业和信息化部公布第二批国家工业遗产名单，进贤县李渡烧酒作坊遗址成功入选，这是此次江西省唯一获认定的工业遗产项目。

10.11 月 30 日，以“新时代、新跨越、新崛起”为主题的江西省食品工业协会第五次会长联席会在江中药谷国际交流中心召开。

11.12 月 11 日 --12 日，江西省食品工业企业诚信管理体系培训会在南昌市召开。

12.12 月 28 日，煌上煌酱卤博物馆揭幕仪式盛大举行，标志着国内以酱卤文化为主题的博物馆正式开馆。

【c. 行业发展主要特点】

2018 年，伴随着供给侧结构性改革深入推进，改革开放力度加大，江西省食品工业经济运行保持在合理区间，发展主要预期目标较好完成，呈现总体平稳、稳中有进态势。

1. 总量保持增长，增速小幅回升

2018 年，江西省 900 户规模以上食品工业企业实现主营业务收入 2334.1 亿元，同比增长 6.0%；增速同比提高 0.9 个半分点，比全国食品工业高平均水平 0.7 个百分点，比全省工业增速低 6.0 个百分点。

分行业中，农副食品加工业 556 户规上企业实现主营业务收入 1730.0 亿元，同比增长 4.2%；食品制造业 212 户规上企业实现主营业务收入 328.0 亿元，同比增长14.6%；酒、饮料和精制茶制造业132户规上企业实现主营业务收入276.2亿元，同比增长7.9%。

2. 效益稳中有升，饮料和精制茶制造业增速较快

2018年，江西省食品工业实现利润总额182.4亿元，同比增长4.4%；比全国食品工业平均水平低6.4个百分点。其中，饮料和精制茶制造业增速较快，实现利润总额44.6亿元，同比增长31.1%；食品制造业实现利润总额30.1亿元，同比增长22.9%；农副食品加工业实现利润总额107.8亿元，同比下降7.4%。

3. 主要产品产量增速放缓

2018年，全省12种主要食品工业产品中五增七降，其中，软饮料427.19万吨，同比增长23.4%；包装饮用水181.61万吨，同比增长11.3%；冷冻饮品10.29万吨，同比增长10.6%；精制茶8.87万吨，同比增长8.5%；啤酒83.62万千升，同比增长1.7%。大米442.47万吨，同比下降1.1%；液体乳17.17万吨，同比下降1.7%；乳制品17.49万吨，同比下降2.7%；卷烟638.01万千支，同比下降3.1%；白酒11.16万千升，同比下降6.2%；罐头12.42万吨，同比下降7.4%；精制食用油164.26万吨，同比下降15.5%。

4. 产销两旺，食品价格温和上涨

2018年，江西省食品工业实现工业总产值2357.71亿元，同比增长6.2%；工业销售产值2358.1亿元，产品销售率达100.0%。

2018年，江西省居民消费价格指数（CPI）同比上涨2.1%，涨幅比2017回落0.1个百分点。食品价格上涨0.6%，影响CPI上涨约0.12个百分点；全年早晚籼米、桶装食用油价格走势平稳；生猪收购价、鲜猪肉价格同比下跌；活禽、禽蛋价格同比上涨；饲料价格同比小幅上涨。

5. 外贸出口稳定增长

2018年，江西省规模以上食品工业完成出口交货值57.54亿元，同比增长10.6%。其中，精制茶加工完成出口交货值37.76万元，增速回升，同比增长33.3%。农副食品加工业完成出口交货值14.76亿元，同比增长9.8%；食品制造业完成出口交货值39.01亿元，同比增长9.0%。

6. 绿色有机农产品数量位居全国前列

截至2018年底，江西省共有“三品一标”产品5335个，其中绿色食品647个、有机食品1825个，绿色有机农产品数量位居全国前列；创建省级绿色有机农产品示范县38个，国家农产品质量安全县市10个；认证绿色食品原料基地和绿色有机产品面积达1695.34万亩，占全省耕地面积的38.6%。

7. 科技创新引领产业转型升级

8月31日，《江西省人民政府关于2017年度江西省科学技术奖励的决定》发布，江西省食品行业斩获多项奖项，其中南昌大学“食源性功能多糖的结构解析及其免疫调节作用机制”获自然科学奖一等奖，为该奖项唯一获奖项目；南昌大学“食品安全快速检测关键技术的研究与应用”获科学技术进步奖一等奖；四特酒有限责任公司“利用酒糟生产特香型调味酒的研究与开发”获科学技术进步奖二等奖；江西金农生物科技有限公司、江南大学“淀粉糖米渣组合排杂法生产大米蛋白”获科学技术进步奖三等奖。

【d. 协会主要工作】

1. 深入学习宣传贯彻党的十九大和“两会”精神

（1）为深入学习宣传贯彻党的十九大和“两会”精神、全面贯彻落实习近平新时代中国特色社会主义思想，切实把思想和行动统一到党的十九大精神上来，4月11日组织召开了第四次会长联席会议，到会同志认真学习了全国“两会”精神，坚持用新发展理念引领发展行动，坚持把共享发展理念落到实处，向改革开放要动力，向创新创业要活力，向特定优势要竞争力。

（2）为纪念改革开放40周年，全面贯彻落实习近平新时代中国特色社会主义思想和党的十九大精神，讴歌改革开放伟大成就，回顾改革开放带来的江西省食品工业发展方面的巨大变化和深远影响，11月30日组织召开了第五次会长联席会暨纪念改革开放40周年座谈会。会议主题是：新时代、新跨越、新崛起。与会代表纷纷发言，大家聚焦改革、畅谈变化、展望未来，进行了深入的沟通交流，深刻感受到改革开放

40周年来江西食品工业的快速发展和翻天覆地变化。

2. 积极为行业和企业发展服务

（1）积极为企业搭建交流平台

7月8日—14日，组织江西省30家酿酒企业领导、管理人员和技术人员赴河南省白酒企业进行了学习考察。学习考察团一行50人先后学习考察了河南仰韶酒业有限公司、洛阳杜康控股有限公司、河南宝丰酒业有限公司、赊店老酒股份有限公司、河南省宋河酒业股份有限公司。双方并就当前白酒行业发展态势、企业管理、生产技术、质量安全、产品营销等方面进行了交流。9月13日组织部分企业赴长沙2018年中国国际食品餐饮博览会观摩交流。

（2）积极推进企业技术进步

为解决企业研发、生产中遇到的技术难题，帮助企业借力外部智力资源，开展与高校、科研院所的产学研合作，促进科技成果加快转化，江西省食品工业协会与江西省食品发酵研究所签署了合作协议，与江西省食品工业办公室、江西省食品科学技术学会联合在全省食品工业企业中开展技术创新需求征集暨对接服务活动。征集内容包括：企业在研发、生产过程中急需解决的一些重大技术问题，特别是阻碍企业发展的技术“瓶颈”和关键难题攻关的需求信息；企业在生产技术改造、产品升级换代、新产品研发、节能降耗等方面的技术需求信息；企业拟寻求产学研合作，准备与有关高校、科研院所共建协同创新综合体、产业研究院、制造业创新中心等创新平台的需求信息。

（3）积极开展调研和服务

全年先后深入九江市、吉安市、抚州市、崇仁县、樟树市、永丰县、进贤县、新干县、乐平市、余干县、彭泽县等地调研，与当地行业主管部门和食品生产企业负责人座谈，了解企业生产经营情况和存在问题，对企业争取国家政策扶持，帮助自身发展提出意见和建议。帮助企业做好国家食品药品监管总局2018年重点抽检食品生产企业迎检工作。帮助指导并参与江西皇五爷酒业有限公司举办“关爱老人·情暖初冬”慈善活动。

3. 编纂《中国工业史·食品工业卷》“江西篇”

受中国食品工业协会委托，江面省食品工业协会承担《中国工业史·食品工业卷》“江西篇”的编纂工作。目前这项工作正在有序进行，初稿已编纂完成。

【e. 统计数据】

1. 江西省规模以上食品工业主要经济指标

单位：万元

分类	2018年	同比增长（%）
主营业务收入	23341382	6.0
利润总额	1824217	4.4
产成品存货	826272	8.7
资产总计	15414954	14.1

2. 江西省规模以上食品工业产值表

单位：万元

分类	2018年	同比增长（%）
食品工业合计	23577084	6.2
农副食品加工业	17396414	4.2
食品制造业	3376108	14.8
酒、饮料和精制茶制造业	2804562	9.1

3. 江西省食品工业主要产品产量

产品名称	单位	1-12月	同比增长（%）
软饮料	吨	4271928	23.4
包装饮用水	吨	1816070	11.3
冷冻饮品	吨	102884	10.6
精制茶	吨	88691	8.5
啤酒	千升	836176	1.7
大米	吨	4424862	-1.1
液体乳	吨	171686	-1.7
乳制品	吨	174936	-2.7
卷烟	万支	6380149	-3.1
白酒	千升	111649	-6.2
罐头	吨	124193	-7.4
精制食用油	吨	1642604	-15.5

3.14 河南省

【a. 概况】

1. 主要经济指标

行业名称	主营业务收入同比增长%	利润总额同比增长%
农副食品加工业	4.00	16.40
食品制造业	8.10	2.90
酒、饮料和精制茶制造业	9.80	31.40
烟草制品业	8.70	-34.00
食品产业	6.00	8.40
食品产业占全省工业的比重	14.8% 全省第一位	17.9% 全省第一位

2. 主要产品产量

产品名称	计量单位	年产量	同比增长%
小麦粉	万吨	2692.50	-3.40
大米	万吨	296.70	-26.90
饲料	万吨	1274.60	5.90
精制食用植物油	万吨	196.80	-6.80
鲜冷藏肉	万吨	336.90	10.30
冻肉	万吨	7.60	-2.40
畜肉制品	万吨	120.10	0.00
冷冻蔬菜	万吨	75643.20	32.00
速冻米面食品	万吨	203.20	6.60
方便面	万吨	204.70	9.40
乳制品	万吨	251.60	4.30
味精（谷氨酸钠）	万吨	23.40	4.60
发酵酒精（90度）	万千升	54.20	23.40
白酒（65度）	万千升	42.90	-7.00
啤酒	万千升	256.10	9.80
饮料	万吨	824.50	12.20
精制茶	吨	28500.00	8.80
卷烟	亿支	1525.40	0.60

【b. 主要工作】

1. 开展纯粮固态发酵白酒酿造生产示范企业认定工作 树立我省“酿好酒、产好酒”标杆企业

根据河南省豫酒振兴领导小组工作安排，按照河南省人民政府办公厅下发的“河南省酒业转型发展行动计划（豫政办【2017】119号）”中大力发展原酒基地的要求，贯彻落实在白酒生产企业中开展原酒基地认证的工作任务，我协会与河南省工信委食品工业办公室，共同组织安排省豫酒转型发展专家委员会专家和省食协白酒技术专家委员会专家组成认定工作审核组，依据豫食协【2015】02号《河南省纯粮固态发酵白酒酿造生产示范企业认定评审细则》，从自愿申报的白酒生产企业中，择优选择对赊店老酒股份有限公司等十家白酒生产企业的纯粮固态发酵白酒酿造生产现场进行了认真的评审，审核结果是：赊店酒业、仰韶酒业等十家白酒生产企业均符合《河南省纯粮固态发酵白酒酿造生产生产示范企业认定评审细则》的标准和要求，被认定为河南省纯粮固态发酵白酒酿造生产示范企业。在2018年9月17日漯河市金都大酒店召开的河南省食协白酒技术专家委员会第二届第五次（扩大）会议上，对赊店老酒股份有限公司等十家被认定的白酒生产企业，进行了表彰颁发了奖牌和证书。

2. 虞城县食品产业集群调研

多年来，虞城县的领导高度重视食品产业的发展，4月19日应虞城县人民政府的邀请，河南省食品工业协会首席专家、省工信委原副巡视员陈振杰，在省食协副秘书长万保建等领导的陪同下，到虞城县食品产业集聚区、科迪集团、通宝食品等单位，深入现场调研分析食品产业集聚区和食品企业的发展情况，召开座谈会，与虞城县政府主要领导、食品行业的企业家面对面互动交流，在肯定成绩的同时，对虞城县食品

产业发展定位、发展方向、发展目标等方面，提出了重要的指导意见和建议。虞城县领导表示，按照省食协首席专家陈振杰同志指导意见，认真领会精神，抓紧落实，力争虞城县食品工业再上一个新台阶。

3. 承办 2018 鹤壁食品产业开放合作洽谈会

河南省食品工业协会与鹤壁市工信委共同承办的2018鹤壁食品产业开放合作洽谈会，于2018年6月21日在鹤壁市迎宾馆举行，来自省内外有关部门负责人，专家学者，企业界人士齐聚鹤壁，宣讲产业政策，展示技术成果，交流创新经验，共谋食品产业合作发展大计。

4. 支持漯河平平食品有限公司的标准化建设

2018年年初，河南省食品工业协会在漯河平平食品有限公司的标准化建设上，给予了有力的支持和帮助。该公司生产的卫龙牌辣条，由于味美价好，市场发展非常快，但是，由于是新开发产品，标准有点滞后，市场一度受点影响。在省食协的协调帮助下，该公司的标准化体系得到了进一步完善和提升，通过做工作促成了新的《调味面制品》国家标准（该标准2018年10月已向社会公示）的出台，解决了卫龙牌辣条在市场上正常销售问题。目前漯河平平食品有限公司已走上健康发展的快车道，为丰富人民群众的饮食生活，给国家创造更大的经济效益和社会效益，将会做出新的更大的贡献。

5. 省食协与漯河市人民政府等单位共同承办“2018 第十六届中国（漯河）食品博览会”

河南省食品工业协会作为承办单位之一，与漯河省人民政府、省商务厅、省工信委共同承办了“2018第十六届中国（漯河）食品博览会”，本届食品博览会于2018年5月16–18日在漯河国际会展中心举办，展会采取“优质买家资源，精准供需配对”、“互联网＋食品，线上线下联动一体”、“对接国际资源，共享中国市场”、“ 精准定制活动，满足各方需求”等形式，吸引了多个国家和地区参会参展。

6. 大力做好豫酒振兴相关工作，积极开展白酒行业活动

2019年9月17日，河南省食品工业协会在漯河金都大酒店召开了省食协白酒技术专家委员会第二届第五次（扩大）会议，会议上表彰了一批河南省食品工业白酒行业科技创新先进个人，同时对荣获河南白酒大师的人员颁发了荣誉证书。

组织河南省重点白酒生产企业，参加2018年11月9日至11日在江苏省宿迁市恒力国际大酒店召开的“2018黄淮流域白酒核心产区领袖企业峰会议”，此次峰会由中国食品工业协会、江苏省食品工业协会、山东省食品工业协会、河南省食品工业协会、安徽省食品行业协会主办,江苏洋河酒业股份有限公司承办。会上开展了技术、营销、企业管理等方面交流活动，对苏鲁豫皖四省送的白酒产品进行了质量鉴评。我省宋河，仰韶、赊店、杜康、五谷春、贾湖、宝丰、皇沟、寿酒集团等白酒生产企业的领导参加了会议。

7. 省食协与永城市人民政府共同承办 2018 第九届中国（永城）面粉食品博览会

河南省食品工业协会与永城市人民政府共同承办的2018第九届中国（永城）面粉食品博览会，于2018年11月19日在永城市国际会展中心成功举办。本届面博会以“务实、创新、创作共赢”为主题，以打造全国面粉食品行业知名交流平台为核心，突出展示国务院面粉食品产业转型升级永城试点的成就成果，坚持企业主导、政府支持、社会参与、市场化运作的办会原则，努力把第九届中国（永城）面粉食品博览会办成有效促进全国面粉食品产业高质量发展，影响广泛而深远的专业盛会。

8. 省食协与中国食品工业协会联合举办“首届中国休闲面制品高峰论坛”

在2018第九届中国（永城）面粉食品博览会期间，9月19日下午，在永城汉宫中州华鼎饭店，河南省食品工业协会与中国食品工业协会联合举办了“首届中国休闲面制品高峰论坛”，论坛上中国食品工业协会刘治常务副会长、中国焙烤食品糖制品工业协会副理事长兼秘书长张九魁高级工程师、河南工业大学粮油学院副院长赵仁勇教授、河南省工信委原副巡视员河南省食品工业协会首席专家陈振杰高级工程师，分别做了《中国食品工业运行趋势分析》、《中国焙烤食

品行业概况及发展》、《焙烤食品的研究与开发》和《中国休闲面制品发展方向简析》专题报告，全面阐述了食品工业发展趋势、焙烤食品发展的现状与展望和休闲面制品的现状分析和发展方向，对我省休闲面制品发展特别是永城休闲面制品发展将起到重要的推动作用。

9. 支持指导 2018 第五届中国 • 商丘食博会

河南省食品工业协会作为主要支持单位之一参与了 2018 第五届中国 • 商丘食博会的指导工作，2018 第五届中国 • 商丘食品博览会于 2018 年 12 月 28–30 日在商丘农产品中心批发市场举办。本届食博会，大约有国内 20 个省市自治区的 1000 多家投资商参展商参会，活动规模空前，展览品种丰富，地方特色明显。通过加强交流、寻找商机、项目对接、合作共赢等形式，促进了商丘市食品产业的发展。

10. 开展河南省食品工业强县和河南省食品工业优秀龙头食品的认定工作

2018 年 12 月，开展了河南省食品工业强县和河南省食品工业优秀龙头食品的认定工作。根据“关于开展 2017 年度河南省食品工业优秀龙头企业、食品工业强县（市、区）认定的通知”（豫食 [2017]08 号）的要求，有关单次自愿申报，相关直辖市食品工业协会（食品办）推荐，通过认证审核，对 2016–2017 年度表现突出的永城市等 18 个县（市、区）授予“河南省食品工业强县”荣誉称号，授予河南双汇投资发展股份有限公司等 50 家食品企业为“河南省食品工业优秀龙头食品企业”荣誉称号。

11. 支持指导有关地市食品工业协会开展工作

有关地市食品工业协会，在开展为各级政府食品行业发展、食品企业优化产品结构提升管理水平的服务工作中，在技术交流、技术咨询、技术指导等方面，得到了省食协的大力支持和帮助，针对食品产业转型发展、集群发展和食品企业高质量发展等方面的问题，省食协提出许多重要的指导意见和建议，得到了有关地市政府领导的高度评价和认可，这些有益有效的服务工作，促进了有关地市食品工业协会服务水平和影响力的提升。

【c.2018 年河南省民营食品类百强企业】

1. 河南省漯河市双汇实业有限责任公司
2. 河南众品食业股份有限公司
3. 食品牧原股份有限公司
4. 郑州思念食品有限公司
5. 雏鹰农牧集团股份有限公司
6. 三全食品股份有限公司
7. 好想你健康食品股份有限公司
8. 河南伊赛牛肉股份有限公司
9. 河南永达美基食品股份有限公司
10. 河南中鹤现代农业开发集团有限公司
11. 河南大用实业有限公司
12. 驻马店市王守义十三香调味品集团有限公司

【d. 河南省纯粮固态发酵白酒酿造生产示范企业名单】

1. 赊店老酒股份有限公司
2. 河南仰韶酒业有限公司
3. 河南省宋河酒业股份有限公司
4. 河南五谷春酒业股份有限公司
5. 洛阳杜康控股有限公司
6. 河南皇沟酒业有限责任公司
7. 河南省张弓酒业有限公司
8. 宝丰酒业有限公司
9. 贾湖酒业集团有限责任公司
10. 河南张弓老酒酒业有限公司

【e. 河南杰出人物和优秀企业】

1. 河南白酒科技创新领军人物 15 名
2. 河南白酒优秀酒体设计师 7 名
3. 河南白酒行业优秀科技工作者 7 名单
4. 河南白酒大师 9 名
5. 河南白酒酿造大师 10 名
6. 河南白酒酒体设计大师 6 名
7. 河南白酒优秀青年专家 10 名
8. 河南白酒科技创新杰出企业家 7 名
9. 2018 年河南省第三批国家级绿色食品工厂 4 家
10. 河南省 2018 年省级绿色食品工厂 3 家

【f. 中国黄淮流域白酒核心产区标志产品奖

品率】

获奖单位名称	获奖产品 名称	香型	酒精度%vol
河南五谷春酒业有限公司	金谷春	浓香型	52
河南仰韶酒业有限公司	彩陶坊天时	陶（融）香型	53
河南省宋河酒业股份有限公司	宋河国字 九号	浓香型	50
宝丰酒业有限公司	国色清香	清香型	50

【g. 中国黄淮流域白酒核心产区风格特色奖名单】

获奖单位名称	获奖产品 名称	香型	酒精度%vol
赊店老酒股份有限公司	赊店元青花	浓香型	52
洛阳杜康控股有限公司	酒祖杜康	浓香型	52
河南省宋河酒业股份有限公司	宋河国字 九号	浓香型	50
宝丰酒业有限公司	国色清香	清香型	50

【h.2016－2017年度河南省食品工业强县】

（共18家：3市，13县，2区）

万保建

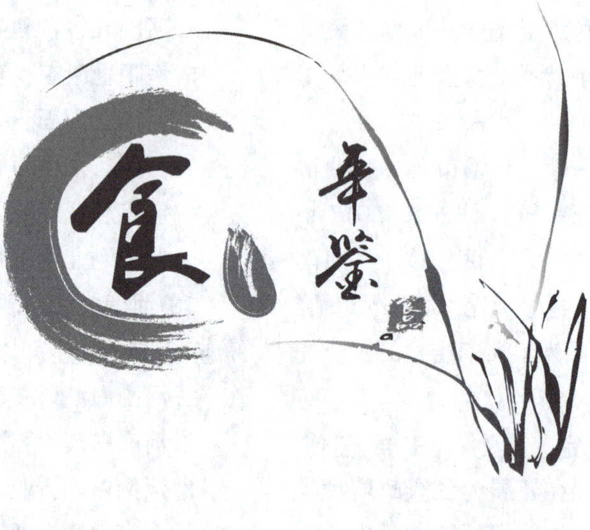

3.15 湖北省

【a. 概况】

2018 年，在省委省政府坚强领导下，全省食品工业坚持稳中求进工作总基调，牢牢把握高质量发展这个根本要求，加快供给侧结构性改革，加快新旧动能转换，全省食品产业呈现高质量发展的良好态势。

【b. 行业分析】

1. 食品产业运行驶入高质量发展轨道

（1）生产保持较快增长

2018 年，全省规模以上食品工业企业完成工业增加值同比增长 7.6%，一改近两年徘徊不前的态势，增速同比加快 3 个百分点，比全省工业增加值增速高 0.5 个百分点；分子行业看，农副食品加工业同比增长 8.6%，食品制造业同比增长 7.9%，酒、饮料和精制茶制造业同比增长 9.5%，同比增加 5.4 个百分点，烟草制造业同比增长 4.2%。

（2）经济效益稳步提升

2018 年，实现主营业务收入 6165 亿元，同比增长 8.3%，实现利润 443 亿元，同比增长 21.3%，其中：农副食品加工业实现利润 182 亿元，同比增长 28.4%，食品制造业实现利润 68 亿元，同比增长 17.2%，酒、饮料和精制茶制造业实现利润 106 亿元，同比增长 30.9%。

（3）重点企业竞争力进一步增强

2018 年，劲酒集团实现产值 116 亿元，同比增长 11.62%，上交税金 27 亿元，连续 13 年位居全国保健酒第 1；福娃集团有限公司、湖北神丹健康食品有限公司、武汉仟吉食品有限公司等 11 家企业被评为省级细分领域隐形冠军示范企业，湖北小胡鸭食品有限公司、湖北萧氏茶业有限公司等 24 家企业被评为省级科技小巨人。

2. 供给侧结构性改革助推食品产业高质量发展

（1）智能制造引领产业高质量发展

2018 年，全省食品企业智能化改造不断加强，促进产业高质量发展。湖北黄冈伊利乳业有限责任公司总投资 2.2 亿元，建成 7 条日产 416 吨乳制品智能化产业升级及配套能力提升项目，项目建设完成达产后，年新增销售收入 8.3 亿元，净利润 8220 万元，税收 8163 万元。湖北龙王恨渔具集团有限公司投资 2 亿元，建成 500 万吨鱼饵智能制造项目，项目实施流程型鱼饵生产智能化生产车间、智能检测和监控及自动仓储建设，是国内唯一全自动化、智能化、信息化、数字化的鱼饵生产线。湖北萧氏茶业集团有限公司投资 1.1 亿元建设洁净水洗智能化茶叶生产线改造升级项目，该项目集成了应用传感检测、自动控制、智能监测、工业互联、新型装备和新兴技术，对由传统粗放的半人半机械的加工过程进行智能化的优化改造，提高茶叶生产效率，促进茶产业转型升级。2018 年，湖北黄冈伊利乳业有限责任公司、武汉仟吉食品有限公司、湖北枫林酒业酿造有限公司、湖北裕国菇业股份有限公司、湖北龙王恨渔具集团有限公司等 5 家食品企业被评为省级智能制造试点示范。

（2）“三品”战略促进产业量升质提

2018 年，全省食品工业大力实施“三品”战略，促进产业高质量发展。增品种、提品质、创品牌取得可喜成效。“增品种”方面，企业围绕粮、油、畜、禽、茶、水产品、水果、蔬菜、等优势资源，大力发展特色食品、绿色食品。湖北馥雅食品科技有限公司投入2600万元，不断推出新品种，品种达90余种，主导产品有益元八珍、固元膏、桃仁阿胶糕、植物益生元、魔芋代摊粥等休闲食品。“提品质”方面，安琪酵母公司组织实施《安琪制造2025》，持续进行工艺和技术改造，发酵总产量达到23.7万吨，增长13%，一次合格率提高4.1个百分点，公司荣获第三届中国质量奖提名。“创品牌”方面，恩施州坚持“品牌引领、抱团发展”的思路，大力推进茶产业发展，全力推进区域品牌整合，初步形成了以“恩施硒茶”州域公用品牌为“母品牌”、以恩施玉露、利川红、来凤藤茶等为“子品牌”的品牌体系，恩施茶叶的知名度、美誉度和影响力不断攀升。

【c.新旧动能转换加快食品产业高质量发展】

（1）新一代互联网+食品营销模式创新

一大批食品生产企业创新营销模式，加速产业高质量发展。湖北集优农副食品发展有限公司运用新一代互联网、电子商务等现代营销手段，打造理念超前、规模较大、设备现代、技术先进，辐射带动能力强大的电子商务示范平台，将鹤峰葛仙米、龙福珍稀白茶、土王、侯哥、鑫益佳、翠泉等优质绿色食品、有机食品进行网络直播销售。“走马红”茶业、雀语春茶业、峰鹤农业等公司微信网销平台销售效果良好。本土电商平台“土家购”已上线，平台入驻企业136家，产品上线528款；且平台PC端、移动端、微信商城、淘宝鹤峰馆、1号网店也已建设完成。2018年鹤峰县食品企业项目建设20个，总投资5.2亿元。宜城楚大鸭业公司年销售收入增长30%以上，电商销售超过50%。二阳锅巴、卧龙锅巴、贺记锅巴等一批中小企业在电商营销中崛起，仅锅巴这一单品在“拼多多”上做到第一，成为襄阳又一名片，襄阳市锅巴、山药片、麻花等休闲食品年销售收入突破20亿元。

（2）技术创新不断优化产业结构

一大批食品生产企业加大科技投入，创新驱动产业高质量发展。稻花香酒业加强酿酒中心、酒体研究中心、健康酒研究中心“三大中心”建设，全年设计研发各种酒体，做稻花香小样194个，储备稻花香新产品配方12个，调整老产品配方8个；新产品研发完成率达到100%。全年设计研发新产品配方6个；上市新产品3个，产品口感得到消费者一致好评。福娃、白云边、中兴能源（湖北）等企业与武汉大学、华中农业大学、武汉工业学院、长江大学等高等院校都建立了产学研合作关系。福娃集团依托武汉轻工大学成立了“湖北省稻谷加工工程技术研究中心”，依托华中农业大学成立了“福娃集团技术研究中心”。

（3）重点项目建设推动产业迈上新台阶

一大批食品生产企业加强技术改造，有力支撑产业高质量发展。武汉市食品行业共有湖北中烟、光明乳业、维他奶、双汇、中粮科技等9个重大技改项目，总投资43.6亿元，其中，湖北中烟东西湖异地技改项目10月竣工投产，该项目达产后，设计产能150万箱/年，其新产业园成为亚洲技术设施最先进，产能最大的单体产业园区。劲酒集团总投资100亿元，分别在黄石建设20万吨健康白酒产业园项目、劲酒循环利用项目已完成投资16亿元；正大食品（襄阳）有限公司总投资16亿元建设年产10万吨冷冻熟食加工项目、武汉欢乐家食品有限公司投资7亿元新建鲜榨果汁生产线已建成达产；襄阳鲁花浓香花生油有限公司投资8亿元建设日产150吨香油生产线、湖北安井食品有限公司投资10.5亿元建设年产15万吨速冻食品项目正在抓紧建设之中。据统计，2018年，全省农副食品加工业完成固定资产投资同比增长6.5%，食品制造业同比增长9.3%。

【d.“一带一路”合作开启产业高质量发展新征程】

安琪公司积极响应和践行习近平主席提出的“一带一路”倡议，加快全球化经营的步伐。先后赴埃及、俄罗斯投资新建海外工厂，该公司在埃及投资年产1.5万吨高活性干酵母项目和年产1.2万吨酵母抽提物项目；在俄罗斯投资6.79亿元建设年产2万吨酵母生产线仅投产运行一年，就成为了全俄罗斯最先进的酵母工厂，并荣获“中俄地区合作年度金龙奖”，安琪公司海外市场销售收入同比增长9%。赤壁青砖茶、罗田甜柿饼、利川有机山药、恩施绿色莼菜系列产品借助国家“一带一路”战略，迅速走进国际市场。

2018年，全省食品产业也存在一些困难和问题。一是市场竞争加剧，产品创新压力加大；二是受湖北中烟实施异地搬迁的影响，行业经济效益增速回落；三是投资增速明显放缓，企业发展后劲不足，2018年全省食品工业完成固定资产投资同比仅增长2.7%，大大低于全省工业投资增速，制约了行业科技投入，影响行业持续健康发展。

2019年，面对更为复杂严峻的外部经济环境和更大的经济下行压力，全省食品行业将认真落实省委省政府决策部署，坚持突出产业特色，以推进供给侧结构性改革为主线，以创新为动力，进一步推进全省食品产业高质量发展。

彭桥玲

3.16 湖南省

【a. 概况】

1. 行业运行保持增长

2018年，全省食品规模以上企业2585家，同比增加158家；全省规模食品工业（不含烟草）增加值同比增长7.1%，增速同比低2.3个百分点，比全省规模工业低0.3个百分点。全省规模食品工业完成主营业务收入4952.6亿元，同比增长7%，增速同比低5.6个百分点，比全省规模工业低1.1个百分点；实现利润总额219.3亿元，同比增长9%，增速同比低3.4个百分点，比全省规模工业低0.3个百分点。

2. 大部分行业、市州实现增长

除调味品制造，全省其它13个重点子行业均保持平稳增长，其中，果蔬加工、焙烤食品制造、方便食品制造、乳制品制造、罐头食品制造、精制茶加工等6个子行业增速高于全省食品工业平均水平。全省有13个市州规模食品工业生产保持平稳增长，其中，长沙、株洲、湘潭、衡阳、张家界、娄底等6个市州规模食品工业增加值增速超过全省平均水平，且实现两位数增长。

3. 产业集聚逐步形成

产业集聚排全省前4位的岳阳、常德、长沙、益阳规模食品工业全年共实现主营业务收入2848亿元，占全省总额的57.5%，分别实现主营业务收入1040.2亿元、606.6亿元、601亿元、600.2亿元。重点园区食品工业增长强劲，宁乡经开区、平江工业园、西洞庭食品工业园、安化黑茶产业园等一批食品产业特色园区快速发展，带动区域食品产业集群化发展。

4. 项目建设稳步推进

一批食品重点项目建设稳步推进，总投资18亿元的插旗菜业华容芥菜产业园完成528亩土地平整，5000亩芥菜标准化生产基地已竣工；投资6亿元的汇美农业朝鲜蓟精深加工和综合利用研究与应用项目已建成洋蓟素提取生产线、种苗研发基地、智能温控大棚；洞口县亿丰农林牧年产5000吨茶油精深加工生产线项目已试机并投产；绥宁县新湘茂2万吨预制菜食材加工项目已投产；占地285.5亩、投资4.5亿元的广州酒家利口福湖南基地签约落户湘潭天易经开区。

5. 产销对接成效突出

成功举办2018年湖南省预制菜产业产销合作对接会，促进形成湖南预制菜产业新业态。33家省内重点预制菜加工企业、36家省内外预制菜经销商及餐饮企业代表共140余人参加活动，共达成各类合作意向30个，签订投资、代理或经销协议20个。会同省商务厅等单位共同承办“2018中国（长沙）国际食品餐饮博览会”，组织30余家湖南食品企业参展参会；组织23家企业组团参加山东烟台第十三届东亚国际食品交易博览会，促进本省食品企业不断拓展国内外消费市场。

6. 质量安全管理不断加强

食品工业企业诚信管理体系建设不断推进，5家食品企业通过诚信管理体系评价，全省累计通过诚信评价企业总数达到48家。全省食品工业企业诚信管理体系国家标准宣贯培训班成功举办，各市州、重点食品企业代表共146人参加培训。湖南省食品测试分析中心获评工信部“食品企业质量安全检测技术示范中心”。着力推动乳制品、食用植物油、白酒等领域重点企业产品质量安全追溯体系建设，澳优乳业等一批骨干企业建立了产品追溯体系。组织召开全省重点乳制品企业质量安全工作座谈会，澳优乳业等9家省内重点乳制品企业负责人参加座谈交流，进一步提升了我省乳制品企业质量安全生产意识，促进乳制品行业持续健康发展。

【b.2019年工作重点】

1. 强化运行协调服务

按照厅年度重点工作部署和要求，坚持月调度和季分析相结合，加强食品行业相关指标数据监测。强化对食品产业重点市州、重点子行业、重点园区、重点企业的联系和指导，努力争取2019年全省规模食品工业增速不低于6%。组织企业参加中国食品餐饮博览会、中国国际中小企业博览会等相关行业展会。围绕振兴湘酒、湘茶、一二三产业融合发展等重点领域进行深入研究，为行业稳增长制定切实可行的对策措施。

2. 突出发展重点子行业

围绕我省农产品资源优势，引导鼓励具有资源、技术、市场等优势的食品子行业加速发展，重点发展粮食加工、畜禽肉类加工、食用植物油加工、果蔬加工、酿酒业、精制茶加工、方便食品制造、调味品制造等8个重点子行业。

3. 推进重点项目建设

持续推进产业项目年活动，加强食品行业重点项目调度和协调。引导和鼓励龙头骨干企业运用新技术、新业态、新模式，加大技改投入，促进食品行业转型升级。以“100个重大产品创新项目”为引领，突出扶持一批投资大、示范带动作用强的食品行业重点建设项目，树立项目建设标杆。

4. 培育行业龙头企业

坚持以市场为导向，引导生产要素向龙头骨干企业聚集。做好龙头骨干企业精准帮扶，支持其做大做强，突出集聚带动效应。鼓励我省优势企业与省外优势资源和市场对接，投资建设加工基地和营销网络。加快引进高端型、龙头型、基地型食品项目，推动与国内外行业龙头企业的战略合作。

5. 不断壮大产业集群

依托宁乡经开区、平江工业园、西洞庭食品工业园、安化黑茶产业园等产业园区，重点发展长沙粮油乳茶加工、岳阳粮油调味品茶加工、常德粮油水产品加工、益阳一县一品特色食品等产业集群。引导和支持中小企业向园区（基地）集聚，不断优化产业集群内部专业化分工，形成大型骨干企业和中小企业协调发展、共同推动壮大产业集群的崭新格局。

6. 保障食品质量安全

大力实施食品安全战略，密切关注行业重大事件对产业发展的影响。协助相关部门严厉打击制售假冒伪劣产品特别是食品制造领域的失信行为，积极推进婴幼儿配方乳粉等重点产品追溯体系建设。落实国家食品诚信管理体系建设要求，组织全省食品企业诚信管理体系建设培训，全年再推动一批食品企业通过诚信管理体系评价。

陈赛

3.17 广西壮族自治区

【a. 概况】

2018 年，广西食品工业经济运行总体呈现“生产回升、规模扩大、效益提高、结构改善”的态势，并培育出了具有广西特色的食品产业，如，桂茶、桂酒、桂水、长寿之乡食品等。

【b. 行业分析】

2018 年，广西食品工业增速提高到 6.2%，其中，农副产品加工业同比增长 7.4%，食品制造业同比增长 13.6%，酒、饮料和精制茶同比增长 5.6%。各年份的食品工业增加值增速比同期的全区规上工业增加值增速低 0.2–3.1 个百分点，形成“V”字型运行轨迹，与全区规上工业经济运行呈现的“线性下滑”轨迹相比，广西食品工业相对于总体发展相对滞后，但已显现较强的回升态势。

2018 年，广西食品工业企业数 906 家，约占全部规上工业企业数的 16.9%，实现总产值超过 50 亿元的食品工业企业有 9 家，占全部规模以上食品工业总产值的 19.1%。

广西食品工业在工业经济中居重要地位。从全区看，2018 年，广西食品工业增加值占全区规上工业的比重为 18.1%，继续稳座广西 7 大支柱产业首位。2018 年，广西食品工业对全区工业增长贡献率为 14.6%，跃居广西 7 大支柱产业之首。

黄永燕

3.18 重庆市

【a. 概况】

2018年，重庆市食品行业在艰难中前行，增速减缓，受大的经济环境的影响，食品行业同其他行业一样，过去存在的困难越发严重，除了原材料价格猛涨、用工成本居高不下、市场同质化产品产能严重过剩，竞争更加激烈。同时，国家加大去杠杆力度，银行一刀切抽贷，贷款企业普遍资金短缺，生产经营难以为继。全市规上食品工业企业783家，从业人员11.2万人，完成工业总产值同比增长1.1%。其中，农副食品加工业产值同比下降1.3%；食品制造业产值同比下降0.7%；酒、饮料和精制茶制造业产值同比增长7%；烟草制造业产值同比增长11.5%。主营业务收入同比增长2%，利润同比增长2.7%。农副食品加工业、食品制造业、酒饮料和精制茶、烟草制造业全年增加值增速同比分别为−0.7%、1.7%、5.7%、11.1%。重点子行业中饲料加工、植物油加工、屠宰及肉类加工、果蔬加工、其他农副食品加工、卷烟制造等规模超过百亿元。

【b. 大事记】

反映《食品安全国家标准 消毒剂》过氧化氢的使用问题。2月5日，由重庆市食品工业协会牵头与重庆市食品药品检验检测研究院、市食品研究所、有友食品就有关过氧化氢执行标准一事，专程到北京向国家食品安全风险评估中心，向该中心递交“关于过氧化氢使用问题意见反馈的报告”，就GB2760–2018征求意见稿提出了意见和建议并附有检测的详细数据、有关文件等。泡肉制品特别是泡椒凤爪（翅），是由重庆市有友公司开创、富有浓郁地方特色的休闲食品，同时也是重庆市休闲类食品企业中的主打产品，生产企业除我市数十家企业外，还包括四川、贵州、广西、陕西、云南等省市约200家企业，销售额约200亿。过氧化氢作为广谱的安全加工助济和消毒剂，在全球被广泛应用。而泡椒凤爪（翅）加工的特殊工艺，过氧化氢的使用具有不可替代的作用，如果国家《食品安全国家标准 消毒剂》2018版GB2760标准正式颁布实施，过氧化氢不被许可使用，将对泡椒凤爪（翅）产业和加工企业带来沉重打击，给我市食品产业造成巨大损失。

为了广泛收集重庆市泡椒凤爪（翅）加工企业使用过氧化氢的情况，争取更多企业反馈意见诉求，6月22日，重庆市食品工业协会又组织专门会议，26个相关企业、共40余人参加会议。参会企业对这个问题感同身受，纷纷表示协会做了件大好事，要积极主动配合协会反映意见的工作。

同时，通过全国各省市食品工业协会，调研和收集过氧化氢在各省市食品行业的使用情况。为了征集更多省市食品工业协会对使用过氧化氢的意见和建议，形成强大的舆论声音，6月12–15日，协会主动提议在渝召开全国省市食品工业协会联盟第五次会议，来自天津、河北、湖南等20多个省市食品工业协会的会长、秘书长等共40多人出席会议。会上，协会专家就氧化氢在加工中的使用问题进行了专题讲解，得到与会的同志的理解、支持和肯定，并对重庆食协代表各省市食品行业反映过氧化氢使用的意见和建议给予高度赞扬，认为“这是重庆食协为全国食品行业做了一件功德无量的事”。

这两次会议后，协会在深入调研和收集情况后，进一步修改和完善了《关于过氧化氢使用问题意见反馈的报告》并重新提交给国家食品安全风险评估中心。

这份报告，除我市相关的26家企业签名盖章，而且，参加全国食品工业协会联盟会议的各省市食协全部签名并加盖公章，使这份报告代表的不仅是重庆食协的意见，而是全国20多个省市食协的意见。

协会反映的《关于过氧化氢使用问题意见反馈的报告》得到国家卫计委和国家食品安全风险评估中心的高度重视，国家食品安全风险评估中心在8月31日举行的《食品安全国家标准 消毒剂》GB14930.2–2012）标准的第三次标准修订研讨会议，专门邀请我会和市食品质检院和有友公司参会。本次会议，我会是唯一受邀参会的地方协会，会上，协会秘书长、市食品质检院负责人和协会专家作了专门发言，积极反映了泡椒凤爪（翅）加工企业的合理诉求，受到与会领导和专家的高度重视。会议要求协会进一步完善资料和报告，待国家食品安全风险评估中心专家组的实地考察后，再作结论。

2月6日，由重庆广电集团网络电视台主办，重庆市食品工业协会、重庆市商联会等协会协办的“百万网民点赞重庆放心年货”大型网络宣传推介活动在南坪盛汇广场举行了颁奖仪式，会上，对网民评选出的8家“市民最喜爱的人气年货”、8家“市民最喜爱的特色年货”、10家“市民最喜爱的十大年货”的企业颁发了奖牌、证书，获奖企业代表发表了获奖感言。

4月12–13日，接待川调商会秘书长刘君贵率领的一行150余人赴重庆参观团，参观团到重庆有友食品、凯扬农业、金桥工业园区、德庄进行了参观考察，并同企业进行了座谈交流，双方都对这次参访活动给予积极的评价，认为，川渝食品企业应多交流互访，互相学习，取长补短，共同推进川渝两地的食品行业发展。

4月29日–5月5日重庆市食品工业协会与我市部分食品行业协会组织企业前往韩国首尔参加2018首尔国际食品产业大展，并与韩国同行进行了交流。

5月15日，在重庆维博动力科技有限公司召开重庆市桶（瓶）装水企业工作会，研究启动制定团体标准和桶装水团体标准工作。新的《中华人民共和国标准化法》自2018年1月1日起开始在全国实施，明确规定，团体标准是依法成立的社会团体为满足市场和创新需求、协调相关市场主体共同制定的标准。因此，由行业协会牵头制定行业团体标准，规范企业行为，确保行业健康稳定发展，是行业协会拓展服务领域的应尽职责。目前，该项工作正在各地陆续开展起来。我们通过与万标科技公司合作，起草制定了《重庆市食品工业协会团体标准管理办法（试行）》，在《重庆食品》网和全国团体标准网公示通过，并经2018年6月29日协会四届六次常务理事、理事会议审议通过，2018年7月16日以渝食协（2018）17号文向全体会员发布。

我们从重庆市桶装水行业入手，希望通过制定桶装水生产技术操作规范标准，发挥行业自律，推动桶装水行业整体提档升级。较长时间以来，桶装水市场受到一些小作坊水厂、小区净化水装置的冲击，这不仅影响了重庆市规范企业的利益，也给饮用水安全埋下隐患，水企业反映非常强烈。今年7月25日、10月11日，我们组织重庆市桶装水企业和专家先后两次召开桶装水生产技术团体标准工作会议，讨论研究桶装水生产技术操作规范问题，与会企业对标准的起草、发布、实施、监督提出了多项建议。目前，该项工作正在制定中。

5月16日，协会组织40余家企业参加重庆市卫计委卫生计生监督执法局组织的2018年食品安全标准宣贯培训会议，会议主要培训内容：（一）食品安全国家标准清理整合情况、食品安全地方标准发布情况及食品安全企业标准备案要求介绍。（二）食品安全国家标准《预包装食品标签通则GB7718–2011》、《预包装食品营养标签通则GB28050–2011》解读。（三）食品安全标准咨询函回复情况介绍。

6月20日，“重庆区域产品升级与质量风险管控交流会”在重庆皓速科技有限公司举行，重庆市食品工业协会秘书长曾宪林参加，此次会议，吸引了30余家方便自热食品及上下游相关产业的企业参加，成都市食品工业协会执行会长任伟、重庆皓速科技有限公司总经理高文中、重庆雷檬香精香料有限公司总经理孙德富、重庆市质量技术监督研究院原总工李沿飞、西南大学食品学院教授、博士生导师钟耕、重庆西部食品产业技术研究院院长、重庆市科学技术研究院检测中心主任杜渝、重庆工商大学屠大伟博士等领导和嘉宾也到场参与此次活动。分别从方便自热火锅中的蔬菜包的开发及加热包的新技术进行了分享。通过几位嘉宾的分享和交流，参会者对方便自热食品的未来发展有了更加清晰的认识和了解，对于整个产业的发展有了更多的信息和期待。

8月2日–3日，重庆市食品工业协会带领重庆22家企业55人赴四川参观考察，先后参观了黄老五食品股份有限公司、四川天味食品集团股份有限公司、四川省成都红灯笼食品有限公司。川调商会刘秘书长、三家企业的负责人亲临现场欢迎重庆食品行业的同仁。重庆市食品企业考察团重点考察了三家企业的文化展厅、智能化生产区域及成品展示区。认真听取了企业转型升级、智能化设备引入企业发展近况的讲解。期间考察团对企业的现阶段发展情况进行充分的了解，并对企业引进数据化管控等核心管理技术的做法给予了赞赏。考察团还表示，此次旨在交流学习。希望大家能够多多交流，互相学习，能够让传统行业加快发展步伐。期间在企业参观通道进行生产区域全景参观，三家企业对生产工艺流程、设备运行情况、企业未来的规划及年产值逐一进行介绍。考察团成员们也对企业生产情况及设备使用情况逐一进行了咨询。

参观完毕，考察团一行还与企业开展了座谈会。川调商会刘秘书长对本次参观进行了总结，肯定了休闲食品、调味品行业的发展前景，期待川渝企业不断交流及合作，共同成长，让我们的休闲食品、调味品不仅在国内发展更能走出国门，闻名中外。

重庆食品企业代表们逐一发言，对本次参观考察的所见所闻谈了他们的感受。特别是对红灯笼企业厂区布局建设规划、30亩的厂区范围布局合理，生产、办公、职工宿舍、绿化等设施井井有条，连垃圾桶都表明了可回收和不可回收垃圾，非常人性化。其智能化设备及数据化管控等核心技术令人敬佩，一条生产线只有几人操作，企业年产值达6个亿，并且企业监控覆盖全厂区，不留死角，其智能化、信息化管理水平之高让人称道。大家希望未来能和四川的食品企业进行进一步的交流沟通、借鉴学习，也希望四川的企业经常到重庆传经送宝。

座谈会最后，重庆市食品工业协会秘书长曾宪林对于本次重庆市食品工业协会考察团在四川所受到的热情接待表示衷心的感谢，感谢川调商会刘秘书长、感谢各位企业领导在百忙之中对重庆市食品企业参观考察团的盛情接待，川渝山水相连、风俗习惯相近、语言相通，希望大家今后能够多多进行交流学习，多走动，为川、渝两地食品工业的发展共同努力。

9月12日，重庆市食品工业协会联合阿里钉钉（中国）信息技术有限公司举办新零售、企业办公新形式讲座，分别由阿里钉钉新零售行业总监司飞、资深客户经理何永吉主讲。食品企业如何玩转“新零售”，新零售是以消费者体验为中心的数据驱动的零售形态，时代变迁持续推动企业变革与升级，阿里巴巴新零售解决方案为企业赋能，进行资源整合，体系化支撑“新零售”，实行线上线下“新零售”模式，全域营销，打破空间，全渠道模式。企业办公新形式，通过钉钉办公软件，帮助企业形成一个融合、高效的工作方式，形成智能办公电话、智能审批、签到、智能人事等一系列智能化的办公新形式。讲座吸引了50余家企业，70余人参加。

9月19日召开了部分泡卤花生企业的工作会，2018年7月，重庆市食品工业协会接到渝西10余家企业申诉，他们生产的山椒花生因添加山梨酸钾、脱氢乙酸钠被判不合格，并将受到行政处罚，而在此之前，在近三年来遭遇的同样问题的投诉中，当地食药部门均判企业产品符合标准要求。对此，他们反映激烈。

事实上，早在2015年7月7日，市食药局就发布《关于明确熟制花生（仁）生产许可类别的通知》，将泡卤花生、泡花生、泡椒花生等熟制花生纳入坚果制品类别，这意味着，泡卤熟制花生不能添加任何添加剂。当时，我们意识到，酱腌菜或蔬菜类的泡卤花生和坚果是两个不同属性的制品，二者归类在一起，不利于我市这一独特风味产品的生产，当时即与市豆制品协会联名，向市食药局反映了企业和行业的诉求，但未得到应有回应。

这些年来，在贯彻执行市食药局《通知》的过程中，一些企业根据《通知》要求对工艺进行了调整和改变，但有些企业食品生产许可证仍在有效期内，按照2018年2月2日《重庆市食药局关于明确部分食品生产许可问题的通知》第三条的要求，原卤花生、泡椒花生按酱腌菜发证的企业，在申请食品生产许可证延续或变更时，一律按炒货食品及坚果制品申报。在执行这条要求时，不知是当地食药部门解释有错，还是企业理解有误，有些企业并未改变原有工艺，仍按酱腌菜类别作添加，而且，在近三年来遭遇的同样问题的投诉中，当地食药部门均判企业产品符合标准要求，这更加深了企业的误解。但是，既然2015年7月市食药局已发布《关于明确熟制花生（仁）生产许可类别的通知》，企业未按类别要求生产，肯定违规，但是，违规并非企业故意，当地食药部门解释存在的问题以及后来判定的前后不一，也给企业一定程度的误导。特别是被判不合格后，随之而来的行政处罚、将对企业的银行征信、政府专项支持等带来很大的负面影响。这次被判产品不合格涉及企业10余家，为了协调处理好这一问题，争取减少和降低企业由此而带来的损失和影响，协会带领相关企业与市食药局和市质检院进行沟通，反映企业合理正当诉求，争取政府部门的理解和支持，同时，在召开的部分泡卤花生企业的工作会上，邀请了市卫计委、市质量计量检测院、食品研究所部分专家参加会议，商议解决问题的办法。会后的第二天，市食药局召集相关区县食药局及当事企业交换意见，进行沟通协调，使这一问题得到较为妥善处理。

与此同时，协会向国家食品风险评估中心领导反映把泡卤花生划到坚果类，不符合当地企业生产的实际情况，不利于各地生产具有地方风味的产品，特别是具有重庆独特风味的山椒花生生产。食品风险评估中心领导希望各地收集企业意见并积极向他们反馈。

9月25日，为深入贯彻落实我国品牌发展战略，推动我国食品产业品牌全面发展，推进食品行业老字号品牌的保护和振兴发展，加强对传统生产工艺和文化的挖掘和保护，中国食品工业协会品牌战略工作委员会与中国国家品牌网将联合举办“食品行业百年传承品牌甄选活动”。我市及时通知了永川豆豉、忠州腐乳、江津酒厂、黄花园、白市驿板鸭等百年老字号企业。企业正在积极申报材料中。向中食协推荐了永川豆豉、玫瑰米花糖、忠州腐乳、江津酒厂、黄花园、白市驿板鸭、同德福桃片、缙云食品等八家企业。

11月8日，重庆市食品工业协会在重庆德感科技创业投资有限公司召开了重庆市食品工业协会专家委员会工作会，会议通过了专家委员会专家名单，调整出专家委员会6人，新增专家14人，调整后，专家委员会共有44名专家，同时对《重庆市食品工业协会专家委员会工作性质和任务》和《重庆市食品工业协会专家委员会专家开展服务活动管理办法》，提交专家讨论。大家认为两个文件对发挥好专家委员会作用，规范专家委员会活动、方式及服务收费标准都作了明确的说明。会议决定在重庆西部食谷设立“重庆市食品工业协会专家委员会秘书处”，由协会秘书长兼任专家委员会秘书长。秘书处的日常工作由重庆西部食品产业技术研究院承担。

2018年11月14日，重庆市食品工业协会召集周君记、三五火锅、德庄、聚慧等部分火锅底料、调料加工企业，并邀请了市检测院专家李沿飞、检测院食品一室副主任赵博参加会议，听取企业对塑化剂问题的意见反映，并形成由协会牵头、专家专题调研形成报告，联合川渝两地企业署名，向国家风险评估中心反馈报告的意见。协会希望通过积极的反映企业诉求，争取国家明确定义塑化剂指标，对火锅底料、调料中的塑化剂残留物指标作适当提高。

塑化剂问题，近些年来因台湾某饮料造成的恶果被闹得沸沸扬扬，成为社会和消费者关注的焦点。殊不知，这一问题在我市食品行业也被发现。国家卫生部办公厅【2011】551号函规定，塑化剂指标为0.3mg/kg，但是，在国家和地方的抽检中，近些年来我市一些火锅底料和调料生产企业被检出超标。

火锅底料和各类调料是我市食品行业的支柱产业，也是川渝两地最重要的产业之一。塑化剂超标问题，目前尽管国家并不给予处罚，只是要求企业召回和整改，但是即便是召回，给企业造成的损失也是巨大的。更为严重的是，国家规定的 DEHP 和 DBP 最大残留量分别 1.5mg/kg 和 0.3mg/kg 这一指标过低，极易被超标，给行业埋下重大隐患。

其实，这些被检出塑化剂超标的企业对这一问题是非常小心、重视的。为找出超标原因，有的企业每批次产品都送检，仅检测费就几十万；有的企业进行专项技改，更换了所有可能产生塑化剂的管道、接头、器皿，尽管如此，产品中仍时不时的被检出。后来，经多次测试发现，企业主要的原料辣椒及香辛料原辅，由于在种植过程中使用薄膜、滴灌等塑料，在购进时本身就自带。而这，却是加工企业难以控制的。

问题的另一个方面是，国家 551 号定 1.5mg/kg 和 0.3mg/kg 仅是作为排查违法添加所作的规定，并不是在政策层面作为食品安全标准。2014 年，台湾塑化剂事件后，国家风险评估中心在收集分析了相关数据，经评估后认为，就白酒中的 DEHP 和 DBP 的含量不超过 5.0mg/kg 和 1.0mg/kg ，对饮酒者的健康风险处于可接受的水平，因而建议白酒中的 DEHP 和 DBP 的含量不超过 5.0mg/kg 和 1.0mg/kg。但是，在实际执行中，地方政府往往把这个指标作为判定的标准，一方面强调这不是食品安全标准，仅用作排查违反添加，另一方面超标了曝光，很快按限量定义。可见，这个指标在定义上本身是模糊不清的，在实际操作中企业难以把控。

鉴于这样的实际情况，我们认为，1.5mg/kg 和 0.3mg/kg 的指标的确过低，既然国家风险评估中心建议酒中的 DEHP 和 DBP 不超过 5.0mg/kg 和 1.0mg/kg，那么，适当提高火锅底料、调料中的塑化剂残留物指标的诉求，应当是合情合理、有科学依据的。

12 月 25 日，联合重庆市相关行业协会、商会，向重庆市政府反映“应对职业索赔、营造良好营商环境”的建议。相当长时期以来，我市乃至全国营销市场发展的不稳定因素增多，特别是以职业索赔为主要表现形式的私益性职业打假呈现团伙化、专业化、规模化、程式化的特征和趋势。尤其食品行业成为了重灾区，在食品领域“夹带”“掉包”“造假”后再索赔或举报的情况时有发生，有的已涉嫌构成违法犯罪，我市食品各行业的企业深受其害，企业要用相当的人力、物力、财力、精力来应付“职业打假人”，企业普遍反映极为强烈，这不仅严重而长期困扰企业、影响营商环境，而且滥用投诉举报、信息公开、复议诉讼等权利，大量挤占有限的行政资源和司法资源。

2018 年 10 月，为有效应对“以打假为名，行牟利之实”的职业索赔、职业举报行为，维护良好的营商环境、市场环境、促进社会诚信建设，上海市工商行政管理局等 7 部门，联合发布“关于有效应对职业索赔职业举报行为维护营商环境的指导意见”。除此之外，广东、深圳、福州、淮南等省市针对职业索赔、职业欺诈等行为纳入涉黑职业打假团伙等也出台了相应的应对举措，有效的打击和震慑了“以打假为名、行牟利之实”的职业索赔、职业举报行为。

为了借鉴上海等省市“应对职业索赔、营造良好营商环境”的经验，由重庆市食品工业协会牵头发起，联合重庆市各有关食品加工和商贸流通协会联名签章，赶在 2019 年 1 月重庆市“两会”前，以书面形式分别向市人民政府办公厅、市人大办公厅、市政协办公厅报送《关于应对职业索赔、营造良好营商环境的建议报告》（同时附上海市七部门关于“有效应对职业索赔职业举报行为维护营商环境的指导意见”、部分省市应对职业索赔措施、重庆食品企业遭遇职业索赔部分案例）。与此同时，委托食品行业的市人大代表、市政协委员在“两会”上提交议案。目前市政协已将此问题列为本次会议提按。

【c. 政策、法规】

2018 年 5 月 2 日，重庆市卫生和计划生育委员会、重庆市食品药品监督管理局以渝卫函（2018）215 号联合行文《关于印发重庆市 2018 年食品安全标准跟踪评价工作方案的通知》。

注：重庆市食品工业协会地址：重庆市江北区五里店北滨一路珠江国际 B4-12-4，邮编：400023

邹世云

3.19 四川省

【a. 概况】

2018年，全省食品工业规模以上企业有2445家，实现主营业收入6600.7亿元，实现利润总额592.3亿元，其中，农副食品加工业企业有1239家，实现主营业务收入2400亿元，同比增长8.4%；实现利润总额113.4亿元，同比增长17.3%；食品制造企业有521家，实现主营业务收入1101.9亿元，同比增长8.4%；实现利润总额84.4亿元，同比增长21.8%。酒、饮料和精制茶企业有685家，实现主营业务收入3098.8亿元，同比增长8.4%；实现利润总额394.5亿元，同比增长32.2%，为5年来最快增速，对打造食品饮料万亿产业贡献突出。

【b. 重点产业】

1. 饮料产业

2018年，食品饮料产业是四川省重要的民生产业和传统优势产业，总量居全国前列。四川省食品饮料产业紧紧围绕国务院关于开展消费品工业“三品”专项行动方案，以高质量发展为目标，以产业转型升级为主攻方向，通过引导产业聚集、支持企业实施技术改造、鼓励科技创新、壮大培育龙头企业、持续深入拓展市场.2018年，全省2448家规模以上食品饮料企业实现主营业务收入6855.9亿元，同比增长12.6%。

2. 特色产业

四川着力加大特色优势产业培育，重点打造优质白酒、精制川茶、川调味品、林竹产品和包装饮用水等特色优势产业，形成了优质白酒、粮油加工和肉制品加工3个1000亿产业，培育了以泡菜和川菜复合调味品、茶叶、核桃、花椒、林竹加工等一批初具规模的产业集群，全行业持续呈现稳定发展态势，同时，积极引导四川省白酒优质资源向重点产区、产业整合平台聚集，相继成立了川酒集团、川发展纯粮原酒股权投资基金、宜宾酒股份公司等整合平台，进一步推动行业集聚发展，提升资源利用效率。着力打造成都、德阳、泸州、宜宾“四大主产区”，推动成立“四川原酒产业联盟”，制定《四川名优白酒联盟筹建工作方案》。配合“优质粮食工程”、“天府菜油”等行动，举办四川健康饮用水产业发展论坛暨“四川好水”品牌推广活动。

【c. 主要工作】

1. 机制建设

按照四川省委、省政府加快构建“5+1”现代产业体系的统一安排部署，聚焦打造食品饮料万亿支柱产业，重点围绕农产品精深加工、优质白酒、精制川茶等领域，分别建立由省领导联系指导、各相关单位联合协作的产业工作机制，制定了相关工作规则和产业培育方案，明确产业发展思路和目标、发展重点与主要任务、推进措施。

2. 政策引领

按照四川省《关于大力推动农产品加工园区发展的意见》（川府发〔2018〕34号），以创新发展、特色发展、绿色发展、集聚发展和融合发展为原则，以农产品加工园区为平台，积极引导农产品加工企业向各地农产品加工园区集聚。全力推进乡村振兴战略实施，推动农业供给侧结构性改革，促进农产品加工业转型升级、农业提质增效、农民就业增收、农村产业融合和构建新型工农城乡关系，助推脱贫攻坚。

3. 重点项目建设

深入开展“项目年”活动，以稳增长、调结构、促转型为导向，通过支持企业技术改造、技术研发、智能制造等促进食品饮料产业转型升级，全年重点推动 100 余个项目建设，拿出省级工业发展专项资金予以支持，涉及粮油、调味品、肉制品、食用菌、饲料、核桃、花椒等重点及特色行业。支持成都市高品质液态奶智能制造新模式应用工厂项目建设，通过全流程工艺仿真及车间布局仿真优化和安全可控的核心技术装备设计开发，实现工厂资源最大利用；支持眉山市新建食醋车间、精制车间、包装车间、包装材料库房、智能立体库等厂房，组建自动化生产线，提升酿造工艺效率。

4. 创新发展

注重科技成果转化，以技术创新为突破口，组织实施一批粮薯豆、肉蛋奶、果蔬茶等优势特色农业精深加工共性关键技术攻关，攻克了一批贮运保鲜、鲜切加工、高效灭菌、活性物质提取、冷链物流及质量安全等瓶颈技术。依托农业科技成果转化示范基地、“星创天地”、科技特派站点等平台支持创新成果中试熟化与产业化示范，增强企业技术创新和成果转化能力，2018 年，四川省食品饮料产业转化示范重点新产品、新技术、新工艺 100 项以上。

5. 市场开拓

组织企业开拓全国市场，开展品牌推广。先后举办“全国糖酒商品交易会”“中国国际酒业博览会”“中国国际名酒文化节”等 3 个酒类专业展示平台活动，组织开展“川酒全国行”活动，加强了川酒与国际、国内主要酒类产区的交流合作，提升了川酒的影响力。组织百户龙头企业参加第十三届东亚食品博览会和第二十一届农产品加工业投资贸易洽谈会，签订意向合同金额近亿元。

6. 食品安全

召开经信系统食品安全现场会，组织企业参观食品安全标杆企业，全面提升全行业对食品安全工作的重视程度。印发了四川省经信系统《2018 年食品安全工作要点》，明确了四川省食品工业领域安全工作重点、主要任务和保障措施，有力推进四川省食品安全工作稳定有序开展。举办食品工业企业诚信体系建设培训班，组织重点食品工业企业和市（州）主管部门负责人开展培训，引导食品工业企业建立运行诚信体系路径及评价机制，加快四川省食品工业企业诚信体系的建立推广，提升管理人员的管理技能和水平。举办了第二期贫困地区农产品加工培训班，为贫困地区食品企业培养了食品安全、管理人才。

何斌 朱旭

3.20 贵州省

【a. 概况】

食品工业作为贵州工业经济的第一大重要支柱产业，一直以来广受社会各界关怀。2018 年，全省食品工业战线的同志们，紧密团结在习近平同志为核心的党中央周围，在省委省政府的坚强领导下，在各级政府部门的支持帮助下，持续推进供给侧结构性改革，面对下行压力，团结一致坚定信心奋发向上，食品工业呈现出稳中有进，产销基本平衡、转型加快、质量提升、效益显著的良好态势。2018 年全省工业总产值、工业增加值、主营业务收入、实现利润、上缴税收均保持平稳。

2018 年，全省规模以上食品工业总产值完成 2036.97 亿元，现价增速 14.7%；完成工业增加值占全省比重 36.9%，可比价同比增长 13.4%；完成主营业务收入 1935.98 亿元，现价同比增长 11.3%；实现利润 603.38 亿元，现价同比增长 25.6%；税收 522.39 亿元，现价同比增速 19.3%。

1. 完成工业总产值见表 1

表 1

	企业单位数（个）	绝对数（亿元）	现价增速（%）
食品工业合计	1034	2036.97	14.7
农副食品加工业	376	291.52	-3.6
食品制造业	151	184.38	6.2
酒、饮料和精制茶制造业	504	1189.80	24.1
其中：酒的制造	191	975.66	28.6
烟草制品业	3	371.27	8.8

注：酒的制造包含白酒、啤酒、黄酒、葡萄酒、果露酒五大酒钟（下同）。

2. 完成工业增加值见表 2

表 2

	企业单位数（个）	绝对数（亿元）	现价增速（%）
食品工业合计	1034	36.9%	10.12
农副食品加工业	376	1.4%	11.8
食品制造业	151	1.3%	9.9
酒、饮料和精制茶制造业	504	26%	13.5
其中：酒的制造	191	24.2%	12.9
烟草制品业	3	8.2%	2.0

3. 完成工业主营业务收入见表 3

表 3

	企业单位数（个）	绝对数（亿元）	现价增速（%）
食品工业合计	1034	1935.98	11.
农副食品加工业	376	260.96	-11.3
食品制造业	151	133.26	-1.3
酒、饮料和精制茶制造业	504	1169.43	19.8
其中：酒的制造	191	981.34	23.6
烟草制品业	3	372.33	11.2

4. 实现利润见表 4

表 4

	企业单位数（个）	绝对数（亿元）	现价增速（%）
食品工业合计	1034	603.38	25.6
农副食品加工业	376	10.02	-22.6
食品制造业	151	14.07	-9.4
酒、饮料和精制茶制造业	504	547.99	29.1
其中：酒的制造	191	536.42	30.03
烟草制品业	3	31.30	13.2

5. 税金总额见表 5

表 5

	企业单位数（个）	绝对数（亿元）	现价增速（%）
食品工业合计	1034	522.39	19.3
农副食品加工业	376	3.89	-20.6
食品制造业	151	4.46	-11.2
酒、饮料和精制茶制造业	504	264.64	29.5
其中：酒的制造	191	260.69	31.1
烟草制品业	3	249.40	11.5

【b. 全省食品工业经济运行解析】

1. 综合上述各产业的经济运行数据分析，食品工业总产值仍然实现了两位数增长的目标，从绝对数看食品工业仍是我省各工业经济产业门类中的第一大产业，是我省工业生产的主力。但是，作为食品工业中的农副食品加工业首次出现负增长；食品制造业继续缓慢增长；酒、饮料和精制茶制造业增长幅度较大，特别是酒的制造现价增速 28.6%，初步展现了生产的复苏，成为上行牵引的动力；烟草制品业虽然是个位数增长，同比增长幅度较大。

2018 年，规模以上食品工业企业为 1034 家，同比增加 4 家。其中，农副食品加工业同比减少 4 家；食品制造业同比增加 2 家；酒、饮料和精制茶制造业同比增加 5 家， 酒的制造企业同比持平，新增企业为饮料和精制茶制造业；烟草制品业企业同比增加 1 家。平均每家食品生产企业完成食品工业总产值1.97 亿元，其中，农副食品加工业企业完成 0.77 亿元；酒的制造企业完成 5.11 亿元；烟草制品企业完成 123.76 亿元，居全省各产业之最。

2. 全省食品工业 2018 年实现的增加值增幅不大，但仍为我省各工业经济产业门类中贡献第 1 的大产业，占全省实现增加值的 1/3 以上，是我省国民经济发展的主力军。从各产业的情况看，酒、饮料和精制茶制造业占全省比重达 26%，超过 1/4, 其中，酒的制造 24.2%，接近 1/4；食品制造业最低，仅为 1.3%。从各产业的增幅看农副食品加工业企业、酒、饮料和精制茶制造业实现了两位数增长，食品制造业和烟草制品业是增幅不大的个位数增长，而烟草制品业呈现的是跨越式增长。

3. 全省食品工业完成主营业务收入仍然保持两位数的增长，但增速同比低，呈现增速减缓，在今后的增长中将会成为常态，2018 年，现价总产销率 95.04%，产销基本平衡。 从各产业的情况看，农副食品加工业和食品制造业完成主营业务收入现价增速为负数，是我省食品工业中首次出现负增长的产业，农副食品加工业产销率达 89.52%，食品制造业产销率达 74.42%；酒、饮料和精制茶制造业完成主营业务收入同比增速低，产销率 98.29%，其中，酒的制造销略大于产，酒的制造完成主营业务收入 981.34 亿元，产销率 100.58%，销略大于产，饮料和精制茶制造业完成主营业务收入 188.09 亿元，产销率 87.83%；烟草制品业产销率达 100.29%，销略也大于产。

4. 全省食品工业食品工业实现利润保持两位数的增长，但各产业发展不一。农副食品加工业和食品制造业现价增速为负，酒、饮料和精制茶制造业和烟草制品业实现利润均有增长，其中饮料和精制茶制造业实现利润 11.57 亿元。全省食品工业产值利润率为 29.62%，主营业务收入利润率达到 31.17%，同比分别高年 6.86% 和 6.03%。但各产业发展不尽使然。农副食品加工业工业产值利润率和主营业务收入利润率同比分别为 3.44%、3.84%；食品制造业产值利润率和主营业务收入利润率同比分别为 7.63%、10.56%；酒、饮料和精制茶制造业产值利润率和主营业务收入利润率同比分别为 46.06%、46.86%。

5. 全省食品工业食品工业上缴税金保持两位数的增长，现价增速 25.6%。但各产业情况不同。农副食品加工业和食品制造业现价增速为负，酒、饮料和精制茶制造业和烟草制品业上缴税金均有增长，但低于 2017 年 10% 左右，现价增速有所减缓。酒、饮料和精制茶制造业上缴税金占全省食品工业的 50.66%，超过一半，其中仅酒的制造就占 49.90%；烟草制品业上缴税金占全省食品工业的 47.74%。农副食品加工业上缴税金占全省食品工业的 0.74%；食品制造业上缴税金占全省食品工业的 0.85%。农副食品加工业和食品制造业上缴税金仅为全食品工业行业的 1.59%，其中有受惠于国家税收减免的影响，更主要是生产经营上的问题。

【c. 全省食品工业经济运行特点】

1. 从上述简述看出，我省食品工业的结构仍以酒、烟为主，从生产角度和效益角度看，产销两旺、生产经营持续发力，拉动了全省食品工业乃至全省工业经济平稳发展。而对民生和就业带动较大的农副食品加工业、食品制造业的发展依然缓慢，产业布局滞后，产业缺门较多，发展极不平衡，食品工业产业结构的调整仍是今后一个时期重要的任务。

2. 在全省大力实施“双千工程”、深入推进供给侧结构性改革、支持科技创新发展、开展营商环境整治、扶持小微企业增长，工业经济新旧动能加快转换中，对拉动全省食品工业和经济发展发挥了主力军作用的仍然是规模以上的食品制造业和规模以上食品生产企业。

3. 从各产业的产销情况看，销略大于产。特别在酒的制造产业中白酒的生产尤为突出，我省白酒 2018 年的产量仅为 30.87 万千升，但销大于产消耗掉的是大量的库存酒。我省白酒的生产是以酱香型白酒为主，其生产技术每年需要适量的库存酒，以确保酱香白酒品质勾兑的需要，如果任其产销率继续无限制扩大，将会对以后若干年的市场销售带来难以弥补的技术工艺质量问题，我省白酒产品的品质信誉度面临重大的市场考验，这对下一步经济迈入高质量发展阶段将产生负面影响。

4. 我省食品工业各产业门类所实现的利润中，白酒的贡献超过了 90%。而其他产业门类由于受到原材料成本和劳动力价格上涨、市场销售下滑因素的影响，利润微薄，成为了大部分中小企业缺乏自身进行创新发展的动力原因之一。

5. 食品制造业加快调整步伐，尤其是我省食品制造业中的调味品优势行业，以酸汤调味料为代表的行业发展迅速。

传统的红酸汤、白酸汤、黄酸汤、鱼酱酸、固体酸汤调料等各种复合酸汤调味料，工业产值超过 5 亿元，增幅较 2017 年超过 50%。

【d. 食品安全形势】

1. 为强化各级党委、政府要将食品安全作为“一把手工程”的建设，推动食品生产经营者落实主体责任，引导依法诚信从业，贵州省食品药品局颁发了《贵州省食品药品安全信用分级分类管理办法(试行)》(以下简称《办法》)，该《办法》自 2018 年 5 月 1 日起施行，确保了我省食品安全形势总体平稳并持续向好。

2.2018 年，我省切实加强市场安全监管，持续加食品监管力度，深入开展和推进重点食品行业、重点食品生产企业和领域市场监管，强化消费维权水平。2018 年抽检合格率 97.86%，人民群众满意度不断提升，全省食品安全形势稳中向好。2018 年，我省检查食品生产经营户 31.1 万户次，查处食品案件 3459 件。完成国家转移地方食品安全抽检监测任务 6577 批次、省级食品安全抽检监测任务 2.05 万批次。查处食盐违法案件 37 起，涉案食盐 738 吨。其中对食品生产加工环节监督抽检合格率为 96.74%，主要问题涉及 5 类：饮料等产品超范围或超量使用食品添加剂及微生物污染；调味品等产品中的防腐剂混合使用比例之和超标，铅超标，氨基酸态氮不达标；酒类等产品中的酒精度等理化指标不合格；粮食加工品等产品菌落超标、镉不合格，脱氧雪腐镰刀菌烯醇超标；蔬菜制品等二氧化硫超标，苯甲酸、山梨酸不合格。

在各类例行抽检的 29 类食品样品中，罐头、冷冻饮品、乳制品、食品添加剂、食糖、水产制品、特殊膳食等 7 类食品抽检合格率 100%；茶叶及相关制品、速冻食品、食用农产品、蜂产品、豆制品、炒货食品及坚果制品、食用油、油脂及其制品、淀粉及淀粉制品、饼干、粮食加工品、糖果制品、肉制品、餐饮食品、调味品、酒类、蛋制品、水果制品、糕点、蔬菜制品、薯类和膨化食品等 21 类食品抽检合格率大于 95%；饮料和方便食品抽检合格率低于 95%，方便食品合格率最低，为 92.86%。

3. 为配合各级政府食品安全作为“一把手工程”的建设，充分发挥行业协会在行业内，开展食品安全宣传和行业内自律的作用，协会致力于标准对行业生产、经营食品安全的规范，引领行业食品安全工作的建设。加大了因相关食品安全标准缺失和不完善的团体标准制修订力度，2018 年共制定发布各项食品贵州省食品工业协会团体标准 13 项，解决了在我省食品行业企业北风产品，可能因标准缺失，影响和制约行业发展的矛盾。为我省食品生产企业食品安全工作的落实，起到了重要的保障作用。

【e. 食品工业大事记】

1 月 3 日，中国酿酒网发布“2017 中国酒业百强”生产企业，我省贵州茅台酒厂(集团)有限责任公司名列首榜，贵州茅台酒厂（集团）白金酒有限责任公司、贵州茅台酒厂（集团）习酒有限责任公司、贵州金沙回沙酒业有限公司、贵州国台酒业有限公司、贵州董酒股份有限公司、贵州云峰酒业有限公司名列其中。

1月17日，对DBS52/012-2016《食品安全地方标准 发酵辣椒制品》修订一事，向省卫生和计划生育委员会提出请示。

1月18日，我会王遵、杨世尧、董曙、寻思颖被贵州省卫生和计划生育委员会娉为贵州省食品安全地方标准审查委员会委员，娉期4年。

1月23日，由我会组织起草的《红糖》中国食品工业协会团体标准在兴义通过中国食品工业协会组织的专家初审。

1月27日，启动“休闲腊肉”、“盐菜肉”、“贵州酸汤调味料”三个贵州省食品工业协会团体标准制定工作。

1月29日，贵州省质监局发布公告，确认“贵茶红宝石”红茶、“山花”纯牛奶等食品类共计122个产品，为2017年贵州省名牌产品。其中农产品、肉、蛋有23个，副食品及其他有11个，调味品有29个，水、奶、饮料有16个，米面油有18个，茶有15个，白酒有10个。食品名牌产品占2017年全省名牌产品数的48.4%。

2月11日，协助贞丰县糯产办、工科局制定贞丰县发展糯食产业事宜。

2月12日，召开《腌腊熟肉制品》《盐菜肉》团标（讨论稿）征求意见会。

2月26日，王遵、杨世尧参加由茅台集团等30余家政府部门、知名酒企业和新闻媒体参与的“贵州白酒企业发展圆桌会议”。

3月9日，召开“贵州酸汤调味料”、“贵州盐菜”、“腌腊熟肉制品”、“盐菜肉”团体标准专家审定会会。

3月10日，参与举办2018年中国（贵阳）畜产品博览会。

3月14日，协会领导到贞丰糯食小镇调研。

3月27日，参与贵州省食品安全地方标准“贵州发酵辣椒制品”修订。

3月27日，协会发布《奋进2017——全省食品工业运行报告》黄皮书。

4月10日正式发布“贵州酸汤调味料”、“贵州盐菜”、“腌腊熟肉制品”、“盐菜肉”团体标准。

4月27日，第十四届中国粽子文化节在湖南桑植县举办。

5月21日，马来西亚棕榈油委员会上海代表处 黄霍辉首席代表到访协会。

5月28日，贵州省食品工业协会关于《贵州白茶》团体标准立项。

6月28日，遵义大曲酱香型白酒团体标准发布。

6月30日，对《贞丰粽子》、《贞丰糯米饭》贵州省食品工业协会团体标准（征求意见稿）征求意见。

7月3日，启动2018年全省食品行业技术职务评定申报工作。

7月12日，2018贵阳国际生态农畜产品及食品工业展览会。

7月12日，参加2018年贵州省名牌产品评审。

7月26日，关于在我省食品行业开展跨境电子商务及二维码应用培训开班。

8月6日，全国酱香白酒行业首个院士工作站--茅台集团“陈坚院士工作站”在茅台集团正式挂牌。

8月7日-8日，2018年贵州质量发展大会举行，。

8月17日，茅台集团召开2018年中国文化名家茅台行——文化茅台论坛

8月18日，主题为“生态黔椒·香辣天下”的2018中国·贵州·遵义第三届国际辣椒博览会在遵义开幕。

8月20日，贵州省食品工业协会《贵州花香型白酒》团体标准通过立项审定。

8月22日，杨世尧、寻思颖参加贵州省卫生和计划生育委员会组织的贵州省食品安全地方标准立项审定会。

8月29日，贵州省食品工业协会组织省内有关白酒专家，在贵阳通过了由贵州珍酒酿酒有限责任公司和贵州大学食品与白酒工程学院共同承担的“珍酒特征风格的功能酵母研究及应用技术体系”鉴定。

8月30日，为规范我是食品企业参加各种社会评比活动，转发《社会组织评比达标表彰活动管理暂行

规定》的通知。

9月7日，贵州省食品工业协会在贵阳组织专家通过对《贞丰布依粽》、《贞丰糯米饭》、《粽叶》、《盘县火腿月饼》、《盘州牛干巴》、《盘州水拌酒》、《盘州菜肴 羊汤锅》团体标准发布稿的审定。

9月17日，杨世尧出席中食协淮北《中国工业史 食品卷》编撰培训会，贵州省食品工业协会承担贵州地方篇的编撰。

9月22日，由贵州省食品工业协会主办，贵州明洋食品有限公司承办的“2018首届中国酸汤标准化高峰论坛”在凯里举办。

10月15日，寻思颖代表贵州食品工业协会出席由省民政厅组织，为认真贯彻落实省委省政府关于广泛动员社会组织积极参与脱贫攻坚的指示要求，在晴隆县组织召开全省性社会组织助力脱贫攻坚工作座谈会。

10月16日，王遵 杨世尧参加茅台酒厂戊戌年祭水活动。

10月19日，通过《贵州火锅调味料》贵州省食品工业协会团体标准。10月23日，受贵州省贵阳市公安局花溪区分局委托，组织了在黔的中国食品工业协会调味品专家组成员、调味品国家评委邓盛毅，调味品国家评委罗沅、梁利、陈彦雄、陈宗禄、曾少红及协会法律顾问刘润生律师（贵州准据律师事务所执业律师），对“苗乡味” 牌水、干豆豉侵犯“美之选”牌水、干豆豉进行鉴定。

10月23日，由贵州省食品工业协会与威宁太给农业科技有限公司主办，太给学院承办的火腿切片师培训班开班。火腿切片师培训班的开班，为食品行业的就有开辟了新的就业职业培训。

10月26日，习酒公司加入茅台集团20年纪念大会。20年累计实现销售量22.03万吨，销售额250.99亿元，利润32.70亿元，上缴税金68.83亿元。20年来销售量增长约11倍，销售额增长约61倍，利润增长约169倍，上缴税金增长约238倍，企业总资产从4.63亿元增长到59.7亿元，增长11倍。

11月18日，《中国工业史 食品卷 贵州篇》编撰工作正式启动。

11月23日，参加中国食品工业协会粽子专业委员会2018年年会，通过竞争，贵州贞丰县获得2019年第十五届粽子文化节在贵州贞丰的举办权。

11月27日，贵州省行业协会商会与行政机关脱钩联合工作组文件（黔联组【2018】29号）“关于贵州省食品工业协会脱钩实施方案的批复”，批准省食协与原主管行政机关“贵州省工业和信息化厅（原贵州省经济和信息化委员会）”脱钩。

12月7日，贵州轻工职业技术学院办学三十五周年庆，由贵州省食品工业协会参与发起，经贵州省教育厅批准的“贵州省白酒职教联盟成立”同时成立。

12月21日，贵州省食品工业协会七届五次理事会暨会员代表大会在贵阳召开。会议通过协会与行政机关脱钩后的章程修改稿，协会正式宣布与元主管机关贵州省经济和信息厅脱钩。

12月26日–27日，组织相关专家，通过对铜仁市食品药品监督管理局等单位提出的:《江口豆腐干》、《江口豆腐干 加工技术规程》、《石阡黄水粑》、《石阡黄水粑 加工技术规程》、《铜仁花甜（田）粑》、《铜仁花甜（田）粑 加工技术规程》、《铜仁锅巴粉》、《铜仁锅巴粉 加工技术规程》、《铜仁红糖麦粑》、《铜仁红糖麦粑 加工技术规程》、《铜仁绿豆粉》、《铜仁绿豆粉 加工技术规程》、《铜仁米豆腐》、《铜仁米豆腐 加工技术规程》、《腌渍辣椒制品》15项贵州省食品工业协会团体标准审定。

12月28日，组织对贵州省分析测试研究院、德江县市场监管局、德江凤窝麻糖厂、安龙县绿宇农特产农民专业合作社、贵州云上刺梨花科技有限公司、贵州省流通环节食品安全检验中心等单位提出的《铜仁麻糖水酒》、《饵块粑》、《刺梨果酒》3项团体标准进行立项审定。

【f. 政策、法规】

1.《贵州省2018年餐饮食品安全监管工作要点》贵州省食品药品监督管理局 黔食药监办发〔2018〕5号。

2.《贵州省食品药品安全信用分级分类管理办法（试行）》贵州省食品药品监督管理局 2018年04月

24日发布。

【g.2018年主要食品产品的产量】

名称	计量单位	本月止累计	累计增长%
小麦粉	吨	16519.0	19.8
大米	万吨	67.30	-8.24
薏仁米(省级产品)	吨	190256.2	18.8
饲料	万吨	151.98	12.63
其中：配合饲料	万吨	110.53	8.66
混合饲料	万吨	15.07	-10.03
精制食用植物油	万吨	17.13	-19.20
成品糖	吨	29601.2	62.8
鲜、冷藏肉	万吨	10.27	-13.70
熟肉制品	吨	15678.9	-6.1
冷冻蔬菜	吨	24024.7	-22.4
魔芋粉(省级产品)	吨	12820.0	-11.0
焙烤松脆食品	吨	1038.0	-9.2
糖果	吨	12758.5	-31.0
面条(省级产品)	吨	28582.2	135.1
方便面	吨	63447.9	31.4
乳制品	吨	112642.5	5.4
液体乳	吨	112642.5	5.4
罐头	吨	2510.0	-70.4
味精（谷氨酸钠）	吨	12585.0	89.3
酱油	吨	39491.9	-2.0
食醋	吨	13852.1	0.6
辣椒制品(省级产品)	吨	520787.7	11.3
营养、保健食品	吨	6711.1	-10.3
冷冻饮品	吨	26724.0	-20.6
食品添加剂	吨	1249.6	-5.1
饲料添加剂	吨	52763.0	-3.3
饮料酒	万千升	127.51	17.84
其中：白酒（折65度，商品量）	万千升	30.87	-3.80
啤酒	万千升	95.60	27.55
黄酒	千升	1299.3	17.1
葡萄酒	千升	282.7	-19.0
果酒及配制酒	千升	7502.3	4.3
饮料	万吨	600.93	-0.37
其中：碳酸型饮料（汽水）	万吨	16.17	15.75
包装饮用水	万吨	537.71	-1.53
果汁和蔬菜汁类饮料	万吨	16.06	11.37
蛋白饮料	万吨	22.38	-10.30
精制茶	吨	47899.3	0.3
卷烟	亿支	1075.79	-0.02

注：按2000万以上规模企业统计（数据来源：贵州省统计局、中国知网）。

【h.先进企业、先进个人和名优产品】

1.2018年荣获各类先进企业及个人

（1）先进单位：

①2018年贵州省五一劳动奖状单位：

贵州岩博酒业有限公司

贵州阳光食品有限公司

劲牌茅台镇酒业有限公司

②2018年贵州省工人先锋号班组

贵州董酒股份有限公司包装二车间一班

贵州湄潭盛兴茶业有限公司生产车间

贵州香腾绿色食品加工有限公司生产车间

贵州中烟工业有限责任公司铜仁卷烟厂二车间

贵州光秀生态食品有限责任公司精加工车间

贵州国台酒业有限公司制酒车间13班

中国贵州茅台酒厂（集团）有限责任公司制曲五车间2班

贵州中烟工业公司技术中心玉液珠工业化项目研发组

（2）先进个人：

2018年贵州省五一劳动奖章

李金生 贵阳娃哈哈饮料有限公司八宝车间

吴贵元（布依族） 贵州中烟工业有限责任公司遵义卷烟厂二车间

谢咏梅（苗族） 普定县绿源茶叶专业合作社

黄叶强 贵州茅台（集团）生态农业产业发展有限公司

王晓娟 仁怀市香慈茶叶种植专业合作社

吴学巧 贵州省烟草公司毕节市公司烟叶生产收购科

王刚 茅台酒股份有限公司酒库车间勾调中心

唐建龙 贵州中烟工业有限责任公司贵阳卷烟厂一车间

田竞 贵州中烟工业有限责任公司市场营销中心

（3）名优产品

贵州省省长质量奖

贵阳南明老干妈风味食品有限责任公司

贵州国台酒业有限公司

贵州茅台酒厂集团习酒有限责任公司

杨世尧

3.21 云南省

【a. 概况】

2018 年，在中国共产党“十九精神”的鼓舞下，认真贯彻执行稳增长，促发展方针，通过深化实施供给侧结构改革，去产能、去杠杆，创新发展，全省食品工业在经济下行压力增大的不利环境下，经全行业不懈努力，克服各种困难，取得稳步发展和较好的经济效益，为全省经济的持续发展做出了重要的贡献。

2018 年，注定是不平凡的一年，与全国食品工业稳中趋缓增长的形势一样，全省食品工业增长速度从高增长逐年放缓，但仍然保持平稳增长的态式。实现工业增加值同比增长 7.5%；比全国食品工业增加值高 1.2%，主营业收入 1469 亿元，同比增长 10.12 %。比全国食品工业高 4.83%。

1. 食品运行数据

根据统计数字显示 2018 年规模以上增加值同比增长 7.5%，比全省工业增加值低 4.3%，比全国食品工业增加值高 1.2%。其中，农副食品加工同比增长 10.1%，食品制造业同比增长 2.9%，酒 . 饮料和茶同比增长 6.1%，主营业收入达到 1469 亿元，同比增长 10.12%，其中，农副食品加工 829.56 亿元，同比增长 8.44%，食品制造业 262.98 亿元，同比增长 11.07%，酒 . 饮料和茶制造 376.89 亿元，同比增长 13.3%。主营业收入增幅比全省工业销售收入低 4.48%。比全国食品工业销售收入高 4.83%。

2018 年全省食品工业经济数据统计

单位：亿元

	2017增加值增幅%	2018增加值增幅%	同比增长%	2017主营业收入	2018主营业收入	增长率 %
规模食品工业	8.74	7.2	-1.54	1334.36	1469.44	10.12
农副食品加工业	10.58	9.6	-1.0	798.67	829.56	8.44
食品制造业	10.35	4.1	6.25	236.78	262.99	11.07
酒、饮料、茶制造业	5.36	5.1	0.26	378.72	376.89	13.3

2018 年食品工业增加值月度统计表

	2	3	4	5	6	7	8	9	10	11	12
规模食品工业	9.0	11.4	10.0	8.3	8.0	7.5	7.7	7.4	7.1	7.2	7.5
农副食品加工业	11.1	12.8	12.3	10.3	10.0	10.1	10.4	10.2	9.5	9.6	10.1
食品制造业	14.0	10.8	11.2	9.6	7.5	5.6	5.2	4.5	3.9	4.1	2.9
酒、饮料、茶叶制造业	1.8	8.7	3.7	3.3	4.5	4.0	4.6	4.7	5.3	5.1	6.1

2018 年主营业收入月度增幅统计

单位：月 . %

	2	3	4	5	6	7	8	9	10	11	12
农副食品加工业	10.6	13.8	16.0	14.5	13.4	14.2	13.2	11.3	9.4	6.9	8.1
酒、饮料茶制造业	4.2	8.6	6.9	7.0	7.8	7.7	8.5	8.4	9.2	8.7	11.2

2. 产品产量

2018 年，食品工业主要产品产量增长不理想，糖、茶、乳制品为个位数增长，粮油及制品、饮料、饲料、饮料酒为负增长。统计的 17 个产品产量中有 11 个负增长，6 个正增长。

2018 年食品工业产品产量统计

产品名称	产量/万吨/万升	增长率%	产品名称	产量/万吨/万升	增长率%
成品糖	244.98	7.9	酒精	15.92	-16.9
精制茶叶	14.26	10.5	原盐	160.13	7.8
白酒折65 度	9.64	-14.9	葡萄酒	2.73	-1.1
啤酒	72.8	-25.7	饮料	437.15	-22.5
罐头	3.82	26.7	乳制品	67.3	6.5
糖果	1.85	12.3	酱油	2.19	-28.7
大米	1.6	-4.9	小麦粉	20.0	-11.0
食用植物油	46.45	-15.3	方便面	3.12	-26.2
饲料	394.0	-1.1			

3. 经济效益

2018年，全省规模以上企业实现利税147.4万元，同比增长23.25%，其中，农副食品加工业实现利税61.68亿元，增长12.41%，食品制造利税30.46亿元，增长27.93%，酒、饮料和茶业实现利税55.26亿元，增长35.08%；

2018年，全省食品工业实现利润103.28亿元，同比增长20.42%，其中，农副食品加工实现利润45.34亿元，增长8.94%，食品制造利润22.75亿元，增长27.24%，酒、饮料和茶实现利润35.18亿元，增长33.96%。

4. 运行特点

（1）增加值增幅7.5%，主营业收入增幅10.12%，同比下降1.24%和0.4%，比全省工业平均值低，但比全国食品工业增加值和主营业收入增幅高。虽然营业收入增幅是2015年以来最低的一年，但是10.12%的增幅还是比较乐观的。

（2）从17个统计品种的产量看，有11个品种产量为负增长，占65%。主要产品粮油及其制品、饮料、饮料酒、饲料为负增长。蔗糖、乳制品、精制茶为个位数增长。产量增长下滑是经济数据增幅较低的一个重要原因。

（3）经济效益较好，利税增长达23.25%，利润增长20.42%。效益增长远高于营业收入的增长，说明产品结构调整有成效。经济效益增长较好主要是食品制造拉动的。

（4）亏损面和亏损额加大，间接影响全行业经济效益。数据统计，2018年，全省食品工业亏损额9.06亿元，同比增加3.11亿元，同比增长52.3%；亏损面12.5%，同比增长1.37%。农副食品加工企业，酒、饮料和精制茶制造企业亏损是主要原因，分别占亏损额的51.4%和40.9%。

（5）全行业产销率93%，同比略有增加，比全省工业低4.3%，比全国食品工业低5.3%。说明销售不足，产品有积压。这是经济增长不佳原因之一。

（6）2018年，全省食品工业形成投资32.29亿元，同比增长60.1%，农副食品加工和酒、饮料和茶产业投资增幅为100%和35.3%。食品制造和酒、饮料和茶是拉动的主要原因，分别占投资的32.2%和46.9%。相比前几年，新投产大型企业和技术改造投产项目减少，投资不足。

（7）去产能、去杠杆的结构调整，传统产品生产能力减少，新产品研发创新又跟不上，加上大环境不佳的影响，销售困难，营销收入下降，也是影响全行业低速增长原因。

【b. 食品工业大事记】

1.2018年，云南省委和省政府把发展“绿色食品”作为云南省跨越式发展的战略决策；

2. 云南省委、省政府重奖“云南省绿色食品10强企业和20佳创新企业”，农副产品“10大名品”企业；

3. 云南省工信委发布“云南省加快绿色食品加工业发展意见”；

4. 云南农业大学公布90种野生菌全基因组序列；

5. 云南省工信厅制定新一轮蔗糖业提质3年行动计划；

3. 根据中央和省文件规定，2018年云南省食品行业协会完成脱钩工作；

【c. 协会工作】

1. 按照中国食品工业协会的统一部署与安排，组织我省食品工业方面的企业、科研院校专家、学者，撰写《中国工业史－食品篇》（云南食品篇）。目前正在按照所制定的《撰写大纲》要求、分13项专题进行编写，现阶段近半数专题已经编写完成初稿，2019年底全面完成成册。

2. 完成省工信厅交办的年度《云南省食品工业发展报告》编写工作。报告分综合篇、行业篇、地区篇，共计12万多字。在各位编写人员、专家、老师的共同努力下，全面高质量完成了编写任务，受到省工信厅的赞许。

3. 根据中国食品工业协会《关于开展<中国传统食品标志性产品名

录和中国传统食品工艺大师档案>工作通知》要求，积极组织协会会员单位进行自愿申报工作。最后有9个企业申报《中国传统食品标志性产品》和21个人申报《中国传统食品工艺大师》，申报资料已上报中国食品工业协会，等待审定。

4. 遵照省工信厅的“脱勾”要求，协会积极牵头，经申报省民政厅社会组织党委批准，组织成立了由省糖业协会、省包装协会、省塑料协会、省家具协会和省食品行业协会5家单位组成的“中国共产党云南省食品行业协会联合支部委员会”，并定期组织党员学习和开展活动。

5. 积极配合省工信厅开展“评选2018年云南省绿色食品10强企业及20佳创新企业”工作。

6. 完成省政府交办的，省工信厅协调安排的，第27届（武汉）世界食品博览会组织企业参展工作，13家企业参展。

7. 完成中国质量协会交办的《生产企业质量调查》工作，这是一项常年工作，有难度，但是还要做。

8. 参与省工信厅、工商部门食品安全宣传组织活动事宜。

9. 认真组织企业参加技术职称申报、评审工作。

10. 继续编印《云南食品》刊物和办好行业微信群。《云南食品》调整内容，增添新栏目和地区信息，提高政策性、研究性、科学性知识内容。利用微信群信息快捷的特点，加强与企业的沟通和联系。

11.2018年是我们国家改革开放40年，协会专题撰文《光辉四十年－跳跃式发展》，用可靠数据，展示我省40年来食品工业的发展历程和改革开放取得的成就。协会召开新闻媒体介绍会。通过新闻媒体宣传我省食品工业《光辉四十年－跳跃式发展》的成就。

12. 深入企业进行实地调查，了解企业在生产经营过程中遇到的问题和情况，鼎力帮助他们协调解决。一年时间里协会先后走访了粮油加工、罐头、肉类制品加工、饮料、乳制品、焙烤等行业企业调研。

13. 积极参与“一带一路”经济建设活动，先后参加“孟、中、印、缅经济走廊论坛”；

14. 与春城晚报联合开展“匠心集成”评比活动；

15. 访问昆明市保税区，了解企业进区相关政策。

16. 配合省委、省政府发展绿色产业，与中国食品工业协会筹划云南省“绿色发展论坛”等活动。

17. 为促进地区性食品工业的发展，与云、贵、川、渝四省市食品协会组织开展“西南地区名优食品”评选工作，，这项工作仍在努力之中。

18. 计划举办“全国部分省市食品联盟组织”会议，增强与“全国部分省市食品联盟组织”的联络，

19. 根据中央和省政府协会脱钩文件要求，协会在2018年完成与政府机构脱钩所有工作事宜和程序，协会建设进入新时期。

郭福生

3.22 陕西省

【a. 概况】

2018年,陕西食品工业围绕实现"两个百年"目标、全面建成小康社会、助力精准扶贫、供给侧改革创新和产学研融合，开展了一系列富有成效的工作。推进了全省食品安全形势总体向好，促进了食品产业持续健康发展，推动了陕西经济社会的文明与进步。

1. 食品工业继续发挥支柱产业作用

2018年，陕西规模以上食品企业1254家，完成主营业务收入2547.52亿元、利润179.36亿元，按全省17大重点行业排序，食品工业主营收入列煤炭、石油之后居第3位，利润列煤炭、石油和化工之后居第4位。全年食品工业向上拉动陕西经济社会1.68个百分点，贡献力同比增长6.25%。全国行业排序，陕西食品工业主营收入位居第15位，利润位居16位。

2. 全省食品安全总体形势不断向好

2018年，在省委省政府正确领导下，政府各部门和行业协会加大食品安全的监管、宣传和食品安全生产的力度，坚持诚信守法，自觉建设和维护良好的食品安全社会环境，承担食品企业应负责任。国家食品安全监督抽检，陕西样品平均合格率为97.6%。消费环境总指数为81.57，安全放心指数82.49，维权放心指数74.98,分别同比增加2.51、3.25和5.44个百分点。

3. "产学研"平台优化了行业发展环境

2018年，陕西学前师范学院牵头省内多家大专院校和食品企事业单位，适时组建了陕西省高校产教联盟；西北大学成功组建了陕西宇航食品研究院及陕西神飞宇航食品专家委员会；陕西食品科学技术学会、营养协会和食品协会，组织西农大、陕师大和功能食品研发中心,联合发布了150余项食品适用专利技术,为食品企业提高产品质量、加快转型升级搭建服务平台。

【b. 大事记】

3月，成功召开了"陕西省食品协会三届二次理事会暨大荔县食品工业发展研讨会"，常青山会长代表协会做了"强化供给侧改革创新、支撑行业高品质发展"的工作报告。

3月，协会商陕科大食品学院组织了专业编写团队，按中食协要求及时编辑了《中国工业史.食品工业卷》"三级大纲"、"大事记"和"综合篇"初稿呈报了中食协。

4月，协会和陕西振华国际会展公司在西安曲江国际会展中心主办了《中国西安第十届国际食品博览会暨名优新推介会》。参展食品企业700余家，展出面积2.5万平方米。

5月至8月，协会配合省政府参事室开展了陕西省酒产业加快发展的调研。形成了《陕西省酒产业发展调研报告》呈交省政府。时任主管省长批示省工信厅，依据《报告》建议，尽快制定出台指导意见，倾斜抓好陕西本土酒产业加快发展落实工作。

8月，协会配合省工信厅，积极组织了地方特色食品企业参加了省政府在江苏举办的《陕西名特产品（南京）展销会暨陕苏产业扶贫协作发展洽谈会》。

11月，协会与西安旭峰会展公司在曲江国际会展中心合作承办了《第十届中国(西安)糖酒食品交易会》。总面积3.5万平方米。

协会会同省科学院微生物所举办了"陕西省药食

同源产业发展研讨会”。

组织春和方公司与陕科大食品学院签订了技术合作开发合同和组织陕科大、省学前师范学院和省微生物所为延川红枣深加工提供技术服务；邀请陕科大、师大多位教授，考察指导了吴起县小杂粮、荞麦面品质提升与野山杏资源的综合开发利用。

协同西安中粮研究院为吴起县黄芥油品质提升提供了技术咨询和协助陕西康健生物科技有限公司考察了渭南酵素城，介绍省微生物所为该公司研发了拐枣酵素相关产品。

认真评审了工信厅“工业产业扶贫调研报告”及“2018年各市区工业发展情况调研报告”和出席国家市场监管总局在陕举办的食品安全座谈会并代表陕西专题做了报告。

编辑上报了《2017年陕西食品工业年鉴》。

会同中国食协企业发展部实地考察了陈仓区、大荔县强县建设工作和修订报送了《中食协专家咨询委员会筹备方案》。

协助福建食协组织开展了食品安全师培训工作和组织企业参加了撒马尔汉州与西安港务区举办的“一带一路”经济合作经验交流会。

协作支持了旭峰20年、海星30年庆典，珍爱桑叶提取，恒口产业园集中开工、泸康3万吨白酒技改，锦泰“信行天下、长安启航”等活动。

【c. 主要经济指标】

2018年，全省规上食品企业实现产值增速14.15%，增加值同比增长8.87%，产值增速比全省工业高0.15个百分点，增加值增速比全省工业低0.33个百分点。完成主营收入2547.52亿元，利润179.36亿元，同比增长11.51%和2.28%，分别占全省工业11.05%和7.36%，分别比全省工业低0.49和14.82个百分点。大类食品中，农副食品加工业完成主营收入1245.52亿元，食品制造业完成527.83亿元，酒、饮料和精制茶制造业完成575.12亿元，烟草制品业完成199.25亿元。同比增长9.9%、14.4%、15.4%和4.5%。大类食品中，增加值增速为农副食品加工业10.6%；食品制造业10.4%，酒、饮料和精制茶制造业12.8%，分别比全省同指标高1.4、1.2和3.6个百分点。

【d. 主要产品产量】

指标名称	计量单位	生产量	同比增长%
小麦粉	万吨	584.92	14.5
饲料	万吨	385.73	-6.9
精制食用植物油	万吨	190.51	14.8
乳制品	万吨	106.78	5.6
白酒	万千升	15.75	1.3
啤酒	万千升	93.06	3.5
软饮料	万吨	705.30	4.5
卷烟	亿支	794.39	-3.1

【e. 全国食品工业风云人物】

12月6日，中国食品工业协会在河南郑州组织召开了“致敬改革开放40周年—2018中国食品产业发展年会”；由陕西省食品协会报送并经中食协认定陕西石羊集团股份有限公司董事长魏存成、西安银桥乳业集团董事长刘华国，在大会上分别获得了“中国食品工业改革开放40年功勋企业家”荣誉奖殊荣。

12月24日，陕西省召开促进民营经济高质量发展暨表彰会，陕西石羊集团股份有限公司董事长魏存成、西安银桥乳业集团党委书记、董事长刘华国被中共陕西省委、陕西省人民政府授予“陕西省优秀民营企业家”荣誉称号。石羊集团、银桥乳业即使陕西食品行业的标尺又是名片。董事长魏存成、刘华国两位优秀企业家是陕西食品行业的时代楷模，引领着食品工业发展方向。

【f. 管理创新企业】

陕西石羊集团创建于1992年，立足于现代农业和食品领域，致力于一二三产有机融合，集团内部举办“食品安全师培训班”，建立起全球供应链体系和全程食品安全可追溯体系，打造从农场到餐桌食品质量安全产业链模式。集团业务领域涵盖油菜籽种植、种猪繁育、养殖，食用油、饲料、猪肉和鸡肉制品的生产加工、销售和物流配送。

长安花粮油股份有限公司是陕西石羊集团的核心企业，2018年，长安花携手阿里巴巴建成了食品安全及品质可追溯系统，实现了一瓶一码的全程可追溯。制订《浓香菜籽油》团体标准填补了国家标准和行业标准的空白。用“最严谨标准”做好食品安全技术支撑，明确主体，夯实责任，增强产品竞争力，实现企业社会效益和经济效益的全面提升。

【g. 优秀投资区域】

1997年7月29日，杨凌成为全国第一个“国字号”农业高新区，被赋予“国家使命”，是我国唯一的国家级农业高新技术产业示范区。

2018年10月26日，《国务院关于进一步支持杨凌农业高新技术产业示范区发展若干政策的批复》正式下发，明确了推动杨凌示范区实现高质量发展的目标定位，从5个方面提出了35项支持政策，让杨凌再次迎来一轮崭新的发展机遇。

杨凌是我国农耕文化的发祥地，地理位置优越，交通条件便利，总人口14万，总面积94平方公里，新建区规划面积22.12平方公里。这里农林水牧科技实力雄厚，聚集着70多个学科的5000多名科教人才。示范区实行“省部共建、以省为主”的领导和管理模式。这21年，杨凌从关中腹地的一个西北农业小镇，一跃成为具有国际影响力的农科新城。近年来，杨凌先后与全球60多个国家建立了合作关系，30余个“一带一路”沿线国家开展合作，20多个丝绸之路沿线国家签订有关协议，300余项国家交流合作活动不断开展；面向安哥拉、莫桑比克、吉尔吉斯斯坦等112个发展中国家，累计开展援外培训101期，培养2500多名官员和技术人员，积极推动“一带一路”国际农业交流与合作，为世界农业注入“杨凌基因”，初步形成了多形式、深层次的对外开放格局。

【h. 科技创新企业】

由西北大学、北京神飞航天应用技术研究院主办，西北大学食品科学与工程学院、陕西神飞宇航食品研究院承办的2018神飞航天国际产业融合发展对接交流会暨陕西神飞宇航食品研究院专家委员会成立仪式近日在陕西西安举行。

西北大学食品学院教授岳田利作为专家委员会主任提出，食品安全健康新科技、新产业、新业态、新世界的构想，西北大学食品科学与工程学院将与陕西神飞宇航食品研究院响应国家食品安全战略，坚持军民融合，通过“军转民”“航天转民用”“民参军”等不同方式，以产业化的模式推进航天科技成果民用化，助力民用食品产业全面升级，让安全营养的航天食品走进寻常百姓家，为本地食品企业的产品升级提供技术支持、信息支持。

贾超英

3.23 西藏自治区

【a. 概况】

2018 年，全区食品工业保持平稳健康发展，从总体上看，具有生产平稳增长，流通市场稳定，主要产品产量持续增长，整体经济效益较好等特点，在经济下行压力加大的背景下，充分发挥了保增长、惠民生、促和谐的作用。

【b. 主要经济指标】

2018 年，全区食品工业规模以上企业 23 家，实现主营业务收入为 26.5 亿元，同比下降 3.5%；实现增加值为 9.9 亿元，同比下降 15.5%；实现利润总额为 5.01 亿元，同比增长 14.4%。

次顿

3.24 青海省

【a. 概况】

2018年，全省规模以上食品工业完成总产值200.39亿元，同比增长25%。其中，农副食品加工业完成工业总产值74.36亿元，累计工业增加值同比增长3.3%；食品制造业完成工业总产值67.29亿元，累计完成工业增加值同比增长50.2%；酒、饮料和精制茶制造业完成工业总产值58.74亿元，累计完成工业增加值同比增长39.8%.

2018年青海省规模以上食品工业增加值表

表1 单位：亿元

分类别	2018年（总产值）	累计（工业增加值）增长（%）
食品工业产值	197.8	17
农副食品加工业	72.16	-20.3
食品制造业	69.20	21.7
酒、饮料和精制茶制造业	56.40	-27.8

表2 单位：亿元

分类别	2018年主营业务收入	累计增长（%）
食品工业	136.05	14
农副食品加工业	70.05	4.1
食品制造业	31	51
酒、饮料和精制茶制造业	35	10.2

【b. 相关产业】

2018年，全省农作物总播种面积557.25千公顷，同比增加1.93千公顷。粮食作物播种面积281.26千公顷，同比减少1.29千公顷，其中，小麦111.60千公顷，减少0.82千公顷；青稞48.68千公顷，减少1.09千公顷；玉米18.45千公顷，减少0.44千公顷；豆类12.76千公顷，减少0.48千公顷；薯类88.27千公顷，增加1.44千公顷。经济作物播种面积191.99千公顷，同比减少1.25千公顷，其中，油料147.91千公顷，减少7.40千公顷；药材44.06千公顷，增加6.14千公顷。在药材中，枸杞35.53千公顷，增加2.00千公顷。蔬菜及食用菌播种面积43.96千公顷，同比增加0.85千公顷。全年粮食产量103.06万吨，同比增产0.51万吨。

2018年，全省牛存栏514.33万头，同比下降5.9%；羊存栏1336.07万只，同比下降3.7%；生猪存栏78.18万头，同比下降5.4%；家禽存栏305.74万只，同比下降3.7%。全年全省牛出栏135.59万头，同比增长2.6%；羊出栏748.10万只，同比增长3.0%；生猪出栏116.47万头，同比增长5.3%；家禽出栏494.06万只，同比下降5.1%。全省肉类总产量36.53万吨，同比增长3.5%。

【c. 主要产品产量】

青海省20种主要食品工业产品实现了不同程度的增长，其中牛肉13.18万吨，同比增长2.5%; 羊肉13.12万吨、同比增长3.5%; 猪肉9.15万吨、同比增长5.5%; 牛奶32.57万吨，同比增长0.4%; 枸杞8.56万吨，同比增长8.8%; 蔬菜及食用菌150.26，同比增长1.5%; 马铃薯36.22万吨，同比增长4.1%; 青稞9.52万吨，同比下降5.6%；油料28.47万吨，同比下降6.0%。

【d. 主要工作】

1. 引导企业提质增效

前3季度先后走访了26家农副产品加工和食品制造企业，督促企业围绕提高产品质量，提高有效供给，加强产品结构优化，增强在转型升级中实现快速增长的能力。

2. 成功举办行业协会年度工作会议

按照务实节俭的原则，会同包装和食品工业协会，组织包装食品企业 80 多家，召开 2018 年包装和食品工业协会年度工作会议，总结去年以来的工作，对 2018 年的工作进行安排部署，安排协会专家、会员企业进行了座谈交流，增加了 4 家食品工业企业，充实了协会的力量。

3. 较好完成担负的“青洽会”工作任务

根据执委会的统一安排，第二十届青洽会，我办督促西宁市政府、省交通厅（省高管局）、西部机场青海公司、青藏铁路公司分别完成了西宁市区重点部位、青洽会主场馆周边、西宁机场内外、机场至城南新区、西宁火车站候车厅和出站口、长途汽车站的氛围营造工作，用公益广告、电子屏宣传片播放、气球、彩旗、拱门等多种手段烘托了青洽会气氛。抽调精干力量参与接待工作，圆满完成担负的接待任务。根据委领导的要求，完成会议期间食品工业项目推介交流组织工作。

4. 组织参加 2018 年全国食品安全宣传周活动

6 月下旬，按照省政府办公厅的工作部署，落实委领导的批示要求，制作横幅、6 块展板等宣传工具，印制宣传资料，代表省工信厅参加全省在市中心广场统一举办的食品安全宣传周活动，以加强诚信体系建设，强化食品安全监督为主题，开展了食品安全宣传工作。

5. 加强重点企业调查研究与跟踪服务

组织单位、协会工作人员，以加强食品安全工作、开展诚信体系、支持扶贫攻坚为重点，先后对全省 15 家重点食品企业进行了调研，了解了企业的生产经营情况、发展思路及对我办工作的诉求，增进了与企业的沟通与交流。落实中包联组织的业内专家到优势产业中的冬虫夏草、枸杞、青稞酒、牛羊肉及其加工制品等产品生产与包装企业进行实地考察，对这些产品在包装上的技术研发提出了建议。

【e. 名优企业及产品】

企业名称：	品牌产品
青海互助青稞酒股份有限公司	天佑德　青稞酒
青藏高原特色资源开发有限责任公司	七里寺　矿泉水
昆仑山矿泉水有限公司	昆仑山　矿泉水
青海可可西里肉食品有限公司	可可西里　牛肉干
青海青海湖乳业有限责任公司	圣湖　乳制品
湟中弘大农副产品购销有限公司	弘大　菜籽油
青海天露乳业有限责任公司情况介绍	天露　乳制品
青海小西牛生物乳业股份有限公司	小西牛　乳制品
青海绿草原食品有限公司	绿草原　肉制品
青海康普生物科技有限公司	康普　沙棘 枸杞
青海三江雪食品集团有限公司	三江雪　枸杞
青海合杰工贸有限责任公司	合小白　蛋白粉饮品
青海康健生物科技有限公司	高原一号　白刺果
青海仙红辣椒有限公司	仙红　辣椒酱

白建喜

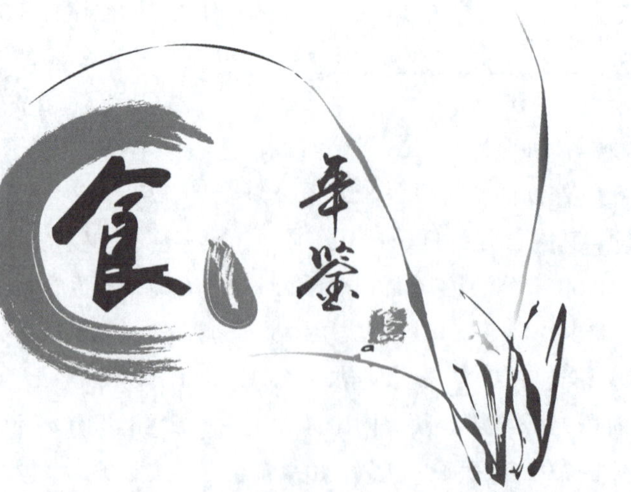

3.25 宁夏回族自治区

2018年是贯彻党的十九大精神的开局之年，是决胜全面建成小康社会、落实宁夏自治区十二次党代会精神的关键一年。面对错综复杂的经济形势，按照自治区党委、政府的工作部署，以供给侧结构性改革为主线，以行业对标提升为抓手，坚持创新驱动、提升产业链水平，着力促进食品工业转型升级，努力推动食品行业高质量发展。

【a. 概况】

截止2018年底，全区共有各类食品生产经营单位118538家。其中，食品生产加工单位（含小作坊）6315家，占5.33%；保健食品生产经营单位7356家，占6.21%；食品销售单位74830家，占63.13%；餐饮服务单位30037家，占25.34%。粮油、乳制品、葡萄酒、枸杞、调味品、糕点、淀粉、清真肉制品加工等是宁夏食品行业的主导产品。

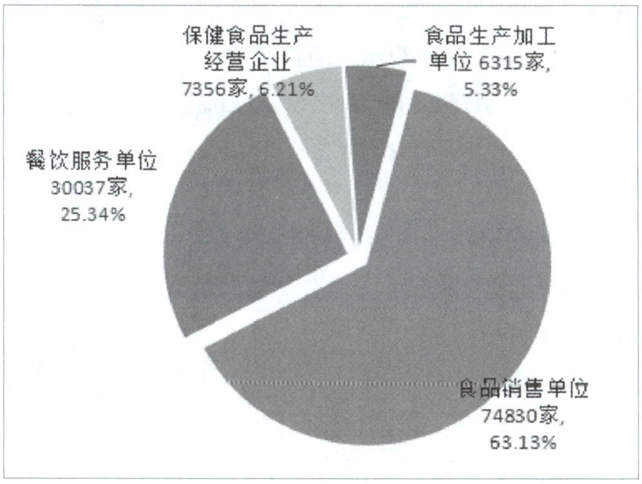

图1　全区食品生产经营单位构成情况

【b. 企业情况】

1. 从企业数看

2018年，规模以上食品生产企业217家，其中：农副食品加工业生产企业138家，食品制造业生产企业46家，酒、饮料和精制茶制造业生产企业33家。

2. 从主营业务收入看

规模以上食品生产企业实现主营业务收入267.7亿元，其中：农副食品加工业主营业务收入实现主营业务收入92亿元，食品制造业实现主营业务收入150.7亿元，酒、饮料和精制茶制造业实现主营业务收入25亿元。食品制造业占食品行业的56.3%，占居食品行业的半壁江山，农副食品加工企业主要以大米、小麦粉、食用油等传统食品加工为主，占食品行业的34.4%，酒、饮料和精制茶制造业仅占食品行业的9.3%。

3. 从实现利润看

规模以上食品工业企业实现利润总额9.8亿元，其中，农副食品加工业实现利润3.1亿元，同比增长6.1%，食品制造业实现利润4.8亿元，同比下降53.4%，酒、饮料和精制茶制造业实现利润1.9亿元，同比下降26%。

4. 从产量情况看

规模以上食品工业主要产品中，大米产量40.5万吨，同比下降17.5%；小麦粉产量25.3万吨，同比下降18.9%；精制食用植物油产量7.1万吨，同比下降11.3%；葡萄酒、啤酒产量分别达到1.5万千升、20.8万千升，分别同比下降34.8%和11.1%；鲜、冷藏肉1.1万吨，同比下降35.3%；乳制品117.4万吨，同比增长22.4%，其中，液体乳109.9万吨，同比增长21.8%；果汁及蔬菜汁类饮料3.6万吨，同比下降50.0%。

表1 2018年全区规模以上食品工业主要产品产量

产品名称	单位	本年累计	同比增长%
大米	万吨	40.5	-17.5
小麦粉	万吨	25.3	-18.9
精制食用植物油	万吨	7.1	-11.3
乳制品	万吨	117.4	22.4
其中：液体乳	万吨	109.9	21.8
葡萄酒	万千升	1.5	-34.8
啤酒	万千升	20.8	-11.1
鲜、冷藏肉	万吨	1.1	-35.3
果汁及蔬菜汁类饮料	万吨	3.6	-50.0

【c.特色产业情况】

立足我区农业资源禀赋，结合我区的发展实际，支持贺兰山东麓葡萄酒、中宁枸杞、宁夏牛奶等优势特色产业发展，打造宁夏“红”、“白”、“紫”三张特色名片。

1.枸杞产业】

宁夏已成为全国枸杞产业基础最好、生产要素最全、品牌优势最为突出的核心产区。宁杞系列品种培育已达到10号，全国种植的枸杞品种95%以上以宁夏枸杞为主；中宁枸杞交易中心上升为全国枸杞集散中心，宁夏枸杞供求关系成为全国枸杞市场的价格风向标；相继建成国家农业部枸杞工程技术中心等5个国家级研发中心和13个宁夏枸杞产业人才高地工作站，先后有宁夏农科院、宁夏红等7家科研院所和企业建立了院士工作站和国家重点实验室；已发布的枸杞产业国家、行业、地方标准132部中，由宁夏起草制定的为67部，占总数的54%；宁夏枸杞品质已被全国消费者普遍认同，“药食同源”得到进一步继承发扬，涌现出“中宁枸杞”“宁夏红”“百瑞源”等5个中国驰名商标，“中宁枸杞”品牌价值升至172.88亿元。全区枸杞产业“企业+基地+合作社”发展思路逐渐清晰，“鲜果+干果+深加工”产品链条接续发力，一二三产融合发展模式稳步推进。全区在册枸杞种植面积近100万亩，枸杞干果产量18万吨，实现综合产值150亿元以上，标准化基地种植面积占比超过60%，枸杞加工转化率达到25%。“一核二带”（中宁为核心，清水河流域和银川北部为两翼）产业格局初具雏形。枸杞产业已完成了从传统分散向规模化种植、标准化生产、现代化营销蜕变转型，获得“专精特新”认证的深加工企业达14户，插上“互联网+”的翅膀让宁夏枸杞产业迅速“蹿红”全世界，枸杞及其制品漂洋过海远销40多个国家和地区。

2.乳制品产业

据协会统计，2018年全区乳制品工业总产值104.3亿元，同比增长23%，远远高于全国平均增长率；其中伊利、蒙牛、夏进三家骨干企业贡献率为89%，作为宁夏食品工业重要分支的乳制品工业，成为首个突破百亿元的产业。全区乳制品工业主营业务总收入85.75亿元，同比增长17%，其中伊利、蒙牛、夏进三家骨干企业贡献率87%。全区乳制品总产量121.95万吨，同比增长22.3%，其中伊利、蒙牛、夏进三家骨干企业贡献率90.9%；全区液体乳产量占乳制品总量94.2%，蛋白类、奶油类等其他乳产品占4.7%，乳粉占比很少。

3.葡萄酒产业

我区葡萄酒产业经过30多年发展，特别是近10年快速成长，从无到有，从小到大，从鲜为人知到有了一定名气，已形成了一定规模，成为宁夏的“紫色名片”。贺兰山东麓地理条件得天独厚，土壤、光照、温度、降水、海拔、水热系数等条件与酿酒葡萄完美匹配，是业界公认的酿酒葡萄生产的“黄金地带”。现建立了4个试验示范区（贺兰金山、银广夏老基地、青铜峡鸽子山、红寺堡肖家窑），设立了宁夏大学葡萄酒学院和宁夏葡萄酒与防沙治沙职业技术学院。目前，我区酿酒葡萄种植面积57万亩，是中国酿酒葡萄集中连片最大的产区；建成酒庄86家，在建酒庄113家，年产葡萄酒近10万吨，综合产值230亿元，宁夏葡萄酒在国内外各类顶级大赛中获得奖项700多个。

【d.行业管理】

1.开展对标工作

开展对标工作。指导食品协会开展乳制品行业对标工作，今年夏进乳业被评为乳制品行业标杆企业，奖励资金50万元。

2.认真做好食品安全工作

组织参加2018年食品安全宣传周活动，围绕“食品工业诚信管理体系建设”和“食用合格碘盐”开展主题宣传，组织开展食品企业召开诚信管理体系培训班，树立企业的诚信意识。

3. 推动枸杞产业发展

印发《自治区枸杞产业扶持壮大龙头企业2018年工作方案》，明确2018年发展枸杞产业工作要点，开展全区枸杞产业开展专题调研，完成全区枸杞产业发展现状与对策分析调研报告。

4. 推进“三品”战略实施

紧紧围绕“增品种、提品质、创品牌”主线，加快宁夏消费品工业转型升级，促进产业结构调整，鼓励研发新品种，提高产品品质，创造自主品牌。2018年组织各责任单位召开全区消费品工业“三品”战略专项行动座谈会，了解工作进展情况，明确下一步工作重点，并形成工作总结报工信部。

王巍

3.26 辽 宁 省

【a. 概况】

2018 年，面对错综复杂的国内外发展环境和经济下行压力，辽宁食品工业主动适应新常态，突出供给侧结构性改革主线，通过大力整治营商环境激发市场主体活力，着眼于经济总量的稳定、产业结构的协调、发展新动能的布局、高质量的有效供给，辽宁省食品工业运行明显好转，行业总量指标企稳回升，效益指标实现较快增长，出口态势表现平稳。

2018 年，辽宁省规模以上食品企业 903 户，完成工业总产值 1932.9 亿元，同比增长 4.2%；实现主营业务收入 1955.2 亿元，同比增长 3.9%；实现利润 59.6 亿元，同比增长 34.2%；税金总额 74.4 亿元，同比增长 9.7%；资产总计 1917 亿元，同比下降 1.7%，资产负债率 66.9%，剔除烟草行业后为 66.1%。

表 1：2018 年食品工业主要经济指标

单位：户、亿元

指标 分类	企业数	主营收入	同比%	利润总额	同比%	税金总额	同比%
农副食品加工业	696	1537.0	3.7	37.4	35.5	5.7	418.2
食品制造业	142	201.3	9.6	10.5	150.0	7.8	5.4
茶、饮料制造业	61	143.7	-1.6	11.6	-18.9	15.0	-5..1
烟草加工业	4	73.2	3.8	0.1	-	45.9	5.5
食品工业合计	903	1955.2	3.9	59.6	34.2	74.4	9.7

【b. 行业分析】

1. 从产销情况看

2018 年，辽宁省食品工业产销率 98.1%，比辽宁省规模以上工业低 0.1 个百分点，比全国食品工业低 0.2 个百分点，产销平衡，衔接水平较好。

2. 从分行业看

2018 年，农副食品加工业产销率为 98.2%，食品制造业 96.2%，酒饮料精制茶制造业 100.4%。食品工业产销衔接良好，与居民消费能力增加有直接关系：全年人均可支配收入增长 6.7%，比辽宁省 GDP 增幅高；另外，消费升级持续推进，对经济增长的拉动作用进一步增强，成为经济增长的第一驱动力，如：全年粮油、食品类零售额增长 5.7%，饮料类零售额增长 8.9%，餐饮消费增长 7.3%，都有力地支撑了辽宁省食品工业的恢复性增长。

3. 从重点企业看

2018 年，龙头骨干企业继续保持良好的发展态势，产值增幅好于行业总体水平，对行业带动作用明显。因原材料涨价、市场需求旺盛等因素，企业产品产量、出厂价格皆增长，其中：禾丰牧业产值同比增长 13.2%，饲料产量同比增长 4%，占辽宁省饲料产量 21.4%；阜新鲁花浓香花生油有限公司产值同比增长 22.8%，产量同比增长 35.2%；华润雪花啤酒产值同比增长 12.9%，产量同比增长 2.9%，产量占辽宁省啤酒产量的40.3%; 红塔营口卷烟厂产值同比增长4%，产量同比基本持平。与全国食品工业情况对比，2018 年，辽宁省规模以上食品企业 903 户，占全国规模以上食品企业数量的 2.2%；实现主营业务收入 1955.2 亿元，占全国比重 2.2 %，增幅低于全国水平 1.4 个百分点；实现利润 59.6 亿元，占全国比重 0.9%，增幅高于全国水平 25.8 个百分点。

4. 从主要产品产量看

2018 年，12 种重点监测产品降多增少，其中：植物油产量下降幅度较大，系受中美贸易摩擦影响，大豆进口量下降，导致企业产量萎缩；冷冻水产品下降，是受到环保禁养叠加禁渔政策趋严等因素影响；罐头、果蔬汁产量下降，是受2018年异常气候影响，国内主要产地苹果大幅减产、价格高启，进而带动其它水果价格上涨，导致成本抬高，推升终端价格，影响消费。

表2：2018年主要产品产量表

产品名称	单位	产量	同比%	全国占比%
饲　料	万吨	1215.0	4.2	-
精制食用植物油	万吨	128.8	-18.3	2.5%
鲜、冷藏肉	万吨	199.4	8.2	7.3%
冷冻水产品	万吨	40.4	-22.2	6.1%
方 便 面	万吨	15.4	0.6	2.2%
乳 制 品	万吨	75.0	4.2	2.8%
其中：液体乳	万吨	73.0	4.3	2.9%
罐　头	万吨	14.0	-10.8	1.4%
白　酒	千升	9671	-16.9	0.1%
啤　酒	万千升	213.3	-2.4	5.6%
碳酸饮料	万吨	69.4	8.9	4.0%
包装饮用水类	万吨	73.7	-16.4	0.9%
果汁和蔬菜汁饮料	万吨	6.96	-34.3	4.4%

5. 从出口情况看

2018年，辽宁省食品工业出口交货值180.9亿元，占辽宁省食品工业主营收入的9.3%，占辽宁省出口总额的5.6%。受经济增长放缓、贸易摩擦不断等影响，出口形势遇冷，特别是出口占比最大的冷冻水产品加工业明显减少，全年完成出口交货值117.2亿元，同比下降3.7%，对食品工业整体出口形成拖累。但食品制造业出口交货值同比增长较大，达17.4%，包装食品、蔬菜水果等行业出口增长稳定，形成了较强的正向拉动合力，从而对冲了由冷冻水产品出口下滑造成的负面影响，辽宁省食品工业出口仅出现0.8%的微幅下降，基本保持了平稳运行。

表3：主要产品出口

单位：亿元（RMB）

行业类别	出口交货值	占出口食品比重
冷冻水产品	117.2	64.8%
预包装食品	12.8	7.1%
蔬菜、水果和坚果	9.2	5.1%
豆制品	5.4	3.0%
禽类制品	10.1	5.6%
饮料	6.4	3.5%

6. 从价格指数看

2018年，多个行业产品生产者价格指数（PPI）同比出现不同程度的上涨，其中：食品制造业、酒饮料精制茶制造业、农副食品加工业分别同比增长1.6%、1.6%、0.3%。而全年食品烟酒类价格（CPI）同比上涨2.2%，CPI涨幅比PPI涨幅高，较好地促进了行业效益指标的快速回升。

7. 从相关先行指标看

2018年，农副食品加工业累计用电28.9亿度，同比增长4.7%；食品制造业累计用电10.7亿度，同比增长9.5%；食品工业保持了良好的产能利用率。

【c. 经济运行特点】

1. 经济总量指标摆脱低迷运行态势

2018年，辽宁省食品工业规模以上工业产值、增加值摆脱了上年下降的局面，整体呈稳定增长态势。月度累计产值和增加值增速从年初转为正增长后，全年基本在正向增长区间波动。从产值增幅看，食品制造业、烟草制品业产值增幅达到两位数，分别同比增长10.8%、10.8%；农副食品加工业、酒饮料制造业运行平稳，同比分别增长3.3%、1.7%。从增加值增速看，食品制造业、酒饮料制造业、烟草制品业继续平稳增长，分别同比增长5.9%、2.6%、9.2%；农副食品加工业同比下降0.5%。

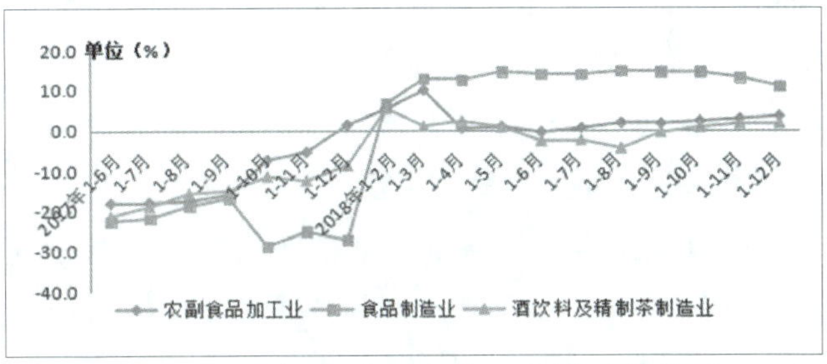

图4：2018年主要行产值同比增速趋势图

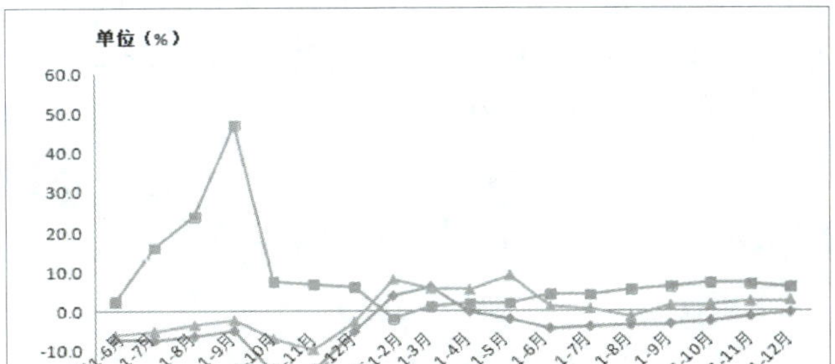

图5：2018年主要行业增加值同比增速趋势图

2. 效益情况明显好转

2018年，辽宁省食品工业实现利润同比增长34.2%，比主营业务收入和利税的增幅高，也比全国平均增幅高，主要是农副食品加工业运行质量明显转好，利润水平和上缴税金都大幅提高。农副食品加工业实现利润绝对值占辽宁省食品工业比重较大，达到62.8%，因此，其35.5%的增幅对整个食品工业的利润增幅拉动作用明显；农副食品加工业上缴税金同比增幅418.2%，加上烟草加工保持稳定增长，合力促进辽宁省食品工业上缴税金增幅达到9.7%。但盈利能力与全国食品工业平均水平仍有差距，2018年，辽宁省食品工业主营业务利润率为3.0%，比全国平均低4.4个百分点，其中：农副食品加工业主营利润率2.4%、食品制造业为5.2%、酒饮料制造业为8.1%，分别比全国平均水平低2.1、3.3、5.6个百分点。

【d. 重点行业情况】

1. 农副食品加工业运行平稳。2018年，农副食品加工业实现产值1494.1亿元、同比增长3.3%，增加值143.8亿元、同比下降0.5%。农副食品加工业产值占整个轻工业比例从年初58.1%下降为56.7%。因豆粕和植物油供应趋紧，饲料与植物油加工业利润向好，带动了整体利润增长。行业利润同比增长35.5%，绝对值增加9.8亿元。

（1）饲料加工业、屠宰加工业

饲料加工业、屠宰加工业，产值、产量保持双增。饲料加工业累计实现产值394亿元、同比增长8.6%，产量1214.9万吨、同比增长4.2%，屠宰加工业实现产值436.8亿元、同比增长18%，产量199.4万吨、同比增长8.2%；其中：牲畜屠宰因非洲猪瘟疫情，仅12月当月，产值同比减少1.4亿元、同比下降15.8%；随着市场对肉类需求的转换，禽类屠宰12月当月产值同比增加8.1亿元，同比增长32.4%。

（2）植物油加工业、水产品加工业

植物油加工业、水产品加工业产值、产量持续双降。受国际贸易形势影响，4季度大豆原料供应趋紧，大豆企业压榨量有所下降；植物油加工业实现产值217.4亿元、同比下降16.5%，产量128.8万吨、同比下降18.3%。

（3）水产品加工业

水产品加工业实现产值189.8亿元、同比下降13.6%，产量40.4万吨，同比下降22.2%。

2. 食品制造业增长态势良好

2018年，食品制造业实现产值206.7亿元、同比增长10.8%，增加值49.9亿元、同比增长5.9%。因产品出厂价格不断走高，食品制造业产值始终保持两位数增长。行业利润同比增长1.5倍，绝对值增加6.3亿元，对全行业拉动作用日趋明显。主要子行业中，焙烤食品、方便食品、乳制品、营养保健品制造业产值分别同比增长17.5%、9.4%、18.9%和38.4%，方便面、乳制品的产量分别同比增长0.6%、4.2%。食品制造业占轻工业的比例增长到7.8%，食品制造业与农副食品加工业的产值增长至0.14，结构调整效果初显。

3. 酒、饮料和精制茶制造业保持增长

2018年，酒、饮料和精制茶制造业实现产值156.3亿元，同比增长1.7%。主要子行业中，啤酒制造业实现产值98.3亿元、同比增长6.8%，占子行业的62.9%，产量213.3万千升、同比下降2.4%；软饮料制造业实现产值52.2亿元、占行业33.4%、同比下降6.4%，其中：瓶装饮用水、果蔬汁产值及产量下降幅度较大，产值分别同比下降51.2%、35.1%，产量分别同比下降16.4%、34.3%。

【e. 机构改革】

2018年6月，辽宁省公布辽宁省事业单位优化整合方案，启动事业单位优化改革，辽宁省食品工业办公室划转到新组建的辽宁省国家新型原材料基地建设工程中心。作为辽宁省食品行业管理部门的省食品工业办公室原有的相关行业管理职能除少部分撤销外，其余全部划转至辽宁省工业和信息化委员会和辽宁省市场监督管理局。至此，诞生于随着改革开放之初，从1982年以辽宁省食品工业协会开展食品工业行业统筹协调工作，1993年加挂辽宁省食品工业办公室牌子，伴随着辽宁食品工业的发展，成为辽宁省唯一食品工业综合管理机构，为辽宁食品产业发展发挥积极推动作用，推动食品工业砥砺前行36余载的辽宁省食品工业办公室退出辽宁食品工业行业管理序列。

【f. 品牌建设】

品牌建设稳步发展，品牌影响力和品牌质量水平明显提高。辽宁省名牌战略推进委员会认定2018年（2017年度）辽宁重点品牌产品20项，其中：食品类产品4项，占20%；认定辽宁名牌产品212项，其中：食品类产品42项，占19.8%。

2019年6月，中国轻工业联合会发布了2018年度中国轻工业百强名单，辽宁禾丰牧业排名40位，同比前进4位。

啤酒行业

2018年，辽宁省啤酒行业总体格局有所收窄，受宏观经济、消费环境和天气因素影响，啤酒产销量延续下行态势，同时受综合成本抬升影响，效益水平有所下滑。辽宁省规模以上啤酒企业数量为18家，同比减少1家；总产量为213.3万千升，同比下降2.7%；工业总产值为98.3亿元，同比增长6.8%；主营业务收入80.8亿元，同比增长1.8%；实现利润总额9.8亿元，同比下降18.3%；上缴税金总额11.7亿元，同比下降4.9%。

根据行业统计数据计算，啤酒产量超过10万千升的有6家，同比持平，合计产量151.3万千升，占辽宁省产量的70.9%。完成产量较高的企业为：华润雪花啤酒（沈阳）有限公司81.2万千升；产量最高的品牌为华润雪花，在辽宁省共有10户企业，总产量153.9万千升，占辽宁省总产量72.2%；地方品牌有2户，合计产量21.5万千升，占辽宁省总产量10.1%。完成利税总额前三位的是：华润雪花啤酒（沈阳）、华润雪花啤酒（大连）、辽宁天湖啤酒。人均利税完成较好的企业：华润雪花啤酒、百威英博（锦州）、本溪龙山泉啤酒、华润雪花啤酒（丹东）、华润雪花啤酒（铁岭）。每千升利税完成好的企业：华润雪花啤酒（沈阳）、华润雪花啤酒（盘锦）、辽宁天湖啤酒、本溪龙山泉啤酒、华润雪花啤酒（丹东）。

表6：2018年辽宁省重点啤酒企业五项消耗指标表

分类 \ 指标	最高	最低	平均	同比
总损失率%	3.98	1.73	3.01	0.41%
耗粮（kg/kl）	156.46	139.01	148.58	-0.36%
耗煤（kg/kl）	77	18.33	34.6	6.13%
耗电（度/kl）	85.78	44.57	59.74	9.98%
耗水（m^3/kl）	7.6	2.41	3.32	12.63%

【g. 小资料】

1. 2018年辽宁重点名牌产品名单

序号	产品	商标	公司名称
1	冷冻饮品	中街	沈阳中街冰点城食品有限公司
2	调味料	金葵	大连金达调味品有限公司
3	啤酒	龙山泉	本溪龙山泉啤酒有限公司
4	大豆油	富虹	富虹集团有限公司

2. 2018年辽宁名牌产品名单

序号	产品	商标	公司名称
1	面包、糕点、月饼、烙饼	康福	辽宁康福食品有限责任公司
2	白酒	老龙口	沈阳天江老龙口酿造有限公司
3	面包、糕点	盼盼	沈阳市新民福源食品有限公司
4	冷鲜肉	图形	辽宁千喜鹤食品有限公司
5	糕点	味享良品	沈阳新南洋食品有限公司
6	禽饲料	禾丰	沈阳农大禾丰饲料有限公司
7	大米	福临门	中粮米业（沈阳）有限公司
8	肉制品	重工	沈阳重工食品有限公司
9	酱卤鸡肉系列食品	图形	沈阳阿雷食品有限公司
10	海参	同仁堂	北京同仁堂健康（大连）海洋食品有限公司
11	糕点	麦花	大连麦花食品集团有限公司
12	禽类饲料	图形	海城腾达饲料有限公司
13	速冻调制食品	六和美食	鞍山六和嘉好食品有限公司
14	熟肉制品	信利	鞍山市上海信利熏腊店
15	食用菌菌种	福顺三友	辽宁三友农业生物科技有限公司
16	白酒	满红亭	辽宁红山酒业有限公司
17	白酒	铁刹山	辽宁铁刹山酒业（集团）有限公司
18	杂色蛤制品	渔家福	辽宁安德食品有限公司
19	调味制品（酱菜、水产品）	香辛苑（图形）	丹东高荣食品有限公司
20	白酒	道光	辽宁道光廿五集团满族酿酒有限责任公司
21	熏鸡猪蹄	尹家	辽宁沟帮子熏鸡集团有限公司
22	杂粮	晶超	锦州晶超食品米业有限公司
23	饲料	特尔佳	辽宁鑫祥跃生物科技有限公司
24	食用植物油	金龙鱼	嘉里粮油（营口）有限公司
25	速冻食品	小东北	阜新小东北食品有限公司
26	白酒	千山	辽宁千山酒业集团有限公司
27	饮品（饮用水、果汁）	马氏神泉	辽宁玉龙饮品有限公司
28	饲料	明瑞	辽宁明瑞农牧科技有限公司
29	鹿鞭	鹿源	辽宁鹿源参茸饮片有限公司

序号	产品	商标	公司名称
30	食用鹿胶	路宝堂	铁岭鹿宝堂药业有限公司
31	膨化食品	小王子	辽宁小王子食品有限公司
32	调制红糖	有维	沈阳有为食品有限公司
33	杏仁露	喜加喜	凌源喜加喜饮品科技有限公司
34	食用植物油	龙鸟	辽宁龙鸟古果有机保健食品开发有限公司
35	杂粮	燕湖园	北票一品田园农产品开发有限公司
36	玉米谷物米	盖老大	朝阳华兴粮食开发有限公司
37	大米	金龙鱼	益海嘉里（盘锦）粮油工业有限公司
38	畜禽饲料	意生	盘锦意丰饲料有限公司
39	大米	粳冠	盘锦鼎翔米业有限公司
40	酱卤肉制品	图形	盘山阿妙食品有限公司
41	水果罐头	名门	辽宁嘉伦食品有限公司
42	饺子、汤圆、馄饨	菊花女	葫芦岛市菊花女食品加工有限公司

庄长君 鲁凌志 郭建国 许智超 杨晓蕾

3.27 吉林省

【a. 概况】

全省规模以上食品工业企业1661户，同比增加28户，占全省规上企业总户数27.9%。涵盖农副食品加工业、食品制造业、酒、饮料精制茶制造业和烟草制品业4大类。

1. 传统产业加快优化升级

瞄准国际同行业标杆，全面提高产品技术、工艺装备水平，推动企业加快“绿色+智能”升级改造。正大榆树1亿只鸡项目，采用国际最先进技术装备，建成世界首家集屠宰车间、调理车间、熟食车间为一体的封闭式集成化工厂。四平君乐宝20万吨酸乳饮品项目有7条生产线达到智能制造水平，并率先在行业内使用乳制品电子追溯系统。两个项目自2017年底投产以来，生产运行良好，2018年实现产值11.9亿元，效果明显。宏宝莱公司引入全自动CIP清洗系统，节约用水量19.8%。

2. 新动能快速积蓄

中粮、嘉吉等跨国公司扩大玉米产业布局，中成套公司、梅花集团等一批央企和大型民企集聚落户我省。嘉吉生化200万吨玉米扩能改造项目进展顺利，梅花集团300万吨玉米深加工一期40万吨赖氨酸项目落户白城，实现当年建设当年投产。国家能源局批复我省210万吨燃料乙醇指标（90万吨新建、120万吨技术改造），一批改建和新建项目止在前期筹备。

3. 品牌质量不断提升

强化品牌引领作用，皓月产品在全国同行业中品牌影响、生产规模、出口创汇均居首位，皓月集团已成为我国最大的牛肉产品生产加工及出口基地。吉林农嫂荣获2017年度全国鲜食玉米产业加工30强称号，产品远销日本、韩国、澳大利亚、中东地区等地区。

【b. 重点行业】

1. 玉米全产业链开发创新突破

通过实施定制化、绿色化、集聚化、鲜食化、牧区化发展战略，玉米产业转型升级取得突出成效。全省玉米深加工企业累计加工玉米1315.9万吨，同比增长14.7%；完成产值301.4亿元，同比增长23.7%。生物基新材料及产品开发取得新进展。中粮集团3万吨/年聚乳酸原料一期1万吨生产线建成投产，项目全部建成后将成为全国最大的聚乳酸原料基地；3万吨/年聚乳酸制品生产线已开发膜袋、仿瓷餐具、发泡产品等，同时，中天生物首创聚乳酸长丝技术，开发出无缝内衣、婴儿服等多种纺织产品。

2. 烟草产业发展质量稳步提高

烟草产业发展质量持续提升，长白山品牌研发持续投入，不断扩大品牌合作，行业发展持续向好。全年累计实现产值140.5亿元，同比增长2.3%（首次实现正增长）；全省累计实现卷烟商业销售90.61万箱，同比增长0.33%，其中销售“长白山”品牌24.49万箱，同比增长12.7%，省内市场占有率由2016年的20%提高到27.03%。卷烟商业库存持续保持合理区间。全省卷烟商业库存6.56万箱，同比减少0.37万箱，同比下降5.3%。

【c. 创新发展】

1. 协同创新能力不断提升

推动互联网、大数据和实体经济深度融合，加快创新平台建设，不断提升实体经济创新力和生产力。

统筹中粮集团等优势资源，建设的吉林省玉米深加工产业研发管理技术创新服务平台已试运行并进行二次开发。长春大成与中科院长春应化所共同研究氨基酸基抗菌剂应用。

2. 技术创新取得新突破

玉米深加工业技术创新进入新阶段，核心竞争优势实现跨越。中粮集团建成了国内最大聚乳酸基地，3万吨/年聚乳酸制品项目、1万吨/年聚乳酸原料项目已建成投产；美禾科技率先在国际建成千吨级植物基乙二醇中试平台，上海凯赛生物聚酰胺（尼龙）56项目与松原市开展对接，中天生物首创聚乳酸长丝技术，应用于纺织领域。同时，山葡萄酿造干型酒技术研发成功，改写我国本土酿酒葡萄不能酿制干酒的历史。

3. 新业态、新模式逐步形成

一二三产业融合发展，从田间到餐桌可追溯新模式加快构建。以中粮生化、皓月集团、吉林正大、金翼蛋品等为代表的企业已实现三个产业的连接，产业向上下游跨界发展，形成了三产促二产、二产带一产、农民得到更多收益的闭环式产业价值链。军民融合发展初步形成，中新食品区军民融合特膳食品创新基地实施方案已编制完成，与吉林大学共同创建的特膳食品军民融合创新平台正在积极筹建。初步探索“项目+扶贫”发展模式，通榆吉运农牧50万亩种养加旅游一体化生态小镇项目通过土地流转、养殖合作社、扶贫资金利息、就业、土地直补等五种方式，推动产业扶贫。

4. 食品企业质量安全控制及安全生产水平

积极推进全省食品溯源工业互联网建设。金塔集团、金翼蛋品、金刚山食品建立全面高效质量控制体系，确保从原料、生产到销售全供应链质量控制。吉林宇丰米业等33户稻米加工企业通过可追溯体系建设纳入国家食品（产品）安全追溯平台；华正、金锣等生猪屠宰企业加入全省“拱e拱”生猪追溯系统，确保肉源安全。省人参研究院获批国家食品企业质量安全检测技术示范中心，提升我省食品质量安全检测能力，保障食品质量安全。加强企业安全生产指导，在全省重点食品企业中推广四平君乐宝乳业杜邦安全生产管理体系和嘉吉生化安全生产管理模式，提高全省食品行业安全管理水平。

同时，全省食品工业仍存在诸多问题。区域发展不平衡，中部相对发展较快，东部和西部发展相对滞后。大型企业比重小，制约了食品行业生产集中度的提高。产品结构不合理，结构老化、“同质化”。创新能力仍不足，科技成果转化慢，高端产品少，影响了食品产业升级发展。

【d. 一二产融合辅助材料】

吉林雏鹰400万头生猪一体化项目，成立合作社152个，吸纳农户310户；吉林金塔拥有辣椒种植基地20万亩，采取与农民签订“保底价”回收辣椒合同的方式，带动吉林、辽宁、黑龙江、内蒙四省区、21个县（市、区）的5万多户农民增收致富；康大牧业建有7个牧业小区，带动养殖农户4000多人；大山合香菇产业园实行“公司+合作社+标准化基地带农户”的生产模式，建有标准化香菇出菇棚330栋，培养棚30栋，带动农户500人以上，实现人均增收3万元。

皓月集团不断优化与广大农民的利益联结机制，形成了牢固的农企命运共同体。已累计带动了以长春地区为中轴、覆盖吉林省、辐射黑龙江、辽宁、内蒙东部等210多个乡镇、21.5万农户、近百万农民从事养牛业，每年“过腹转化”粮食与秸秆750余万吨，农民养牛增收20亿多元，使农民不离村、不离乡，就能增收致富奔小康。形成了集畜牧养殖业、食品加工业、饲料加工业、制革业、生化制品业、有机肥加工业等6大板块的肉牛屠宰深加工企业，实现了“从农场到餐桌”全过程质量控制，已成为我国最大的牛肉产品生产加工及出口基地。吉林正大建成了集种鸡养殖、肉鸡饲养、饲料工业、食品加工为一体的农牧工商一体化、产供销“一条龙”肉鸡产业化项目，同时也是目前世界首家集屠宰车间、调理车间、熟食车间为一体的封闭式集成化食品加工厂。吉林华正围绕“互联网+”推动互联网与各业务板块的深度融合，不断拓展新型营销渠道，生鲜产品已实现互联网+模式。正在开展“利用秸秆发酵饲料生产无公害优质安全猪肉攻关项目”、“华正生鲜优选连锁店及O2O平台建设项目”、“冷链仓储物流物联网技术集成应用示范项目”。

1. 构建从田间到餐桌可追溯新模式

膳良壹品以省农业产业化重点龙头企业、农民专业合作社、吉林大米产业联盟企业组建的品牌联盟为依托，围绕我省优势名牌农产品资源，以市场需求为导向，整合品牌联盟以及跨境电商企业旗下自营种植、生产、经销的农特产品、快消品等源头商品，搭载O2O社区化消费配送综合平台，打造垂直供应链，中央厨房项目正在建设中。

2. 推动全循环产业链式发展

金翼蛋品行业中率先实现了包括农产品种植、饲料加工、蛋鸡养殖、蛋品深加工全循环产业链式生产。年加工鲜蛋15万吨（日加工500吨），加工能力位居世界首位，蛋鸡养殖500万只。吉林雏鹰发展全产业链生产、全链条开发利用的循环经济模式，正在建设的年出栏400万头生猪一体化项目，包括饲料加工、生猪养殖、污粪处理、有机肥生产及新能源沼气开发利用、生猪屠宰、熟食加工、光伏电站和物流配送八个子项目覆盖一二三产业。

3. 推动发展酒庄经济

以汇源龙韵酒庄、通天酒庄为代表的山葡萄酒庄，正在全力打造山葡萄酒与山葡萄种植、生产、文化、旅游、观光于一体的融合发展产业。

张迎新

3.28 黑龙江省

【a. 概况】

食品工业是全省国民经济中最具成长活力的产业之一，规模以上企业主营业务收入规模居工业“四大支柱”产业之首，对全省工业经济增长形成有力拉动。2018 年，全省食品工业规模以上企业发展到 1341 户，总产值规模占全省工业的 21%，增加值增速 12.8%，比全省工业高 10 个百分点。全省农产品加工产能发展到 1.3 亿吨，全省农产品实际加工量 5500 万吨，主要农产品加工综合转化率提升到 53%，其中，粮食加工转化率达到 59%。

【b. 主要产业】

1. 绿色食品产业

截至 2018 年底，全省绿色食品种植面积 8046.7 万亩，同比增长 5.4%；绿色食品认证个数 2700 个，同比增长 5.5%；绿色食品产业牵动农户 131 万户。绿色食品加工企业产品产量 1790 万吨，同比增长 2.9%；实现产值 1650 亿元，同比增长 2.2%；实现利税 98.9 亿元，同比增长 0.4%。从绿色农产品追溯体系上，对绿色农产品实行“全程可追溯”，大力完善农产品质量追溯平台，推进质量安全智慧化监管，推动已认证或登记的绿色、有机、地理标志产品全部实现入网追溯，构建起“源头可追溯、流向可追踪、信息可查询、责任可追究”的农产品质量安全追溯体系，黑龙江省农产品国检总体合格率达 98.78%。从品牌建设上，推进品牌规划布局、标准制定和评选认定，已形成一套切实可行的绿色农产品品牌建设机制。2018 年，黑龙江开展农产品 10 大区域公用品牌和 10 大企业品牌评选活动，“五常大米”品牌价值达 677.93 亿元，位列区域品牌（地理标志产品）综合排名第 6 位，中国大米类第 1 位。

2. 乳制品工业

截至 2018 年底，全省乳制品规模以上企业共有 53 家，主要分布在哈尔滨、齐齐哈尔、大庆、绥化、牡丹江、黑河等地，初步形成了龙头带动、品牌集中、品类齐全的加工体系。2018 年，全省乳制品规模以上企业实现营业收入 356 亿元，占全国的 10.82%，仅次于内蒙居国内第 2 位；全省婴幼儿配方乳粉企业年营业收入规模 260 亿元左右，是乳制品产业的重要支柱。2018 年，全省生鲜乳产量 456 万吨，乳制品加工年产能保持在 370 万吨左右，对省内生鲜乳转化率近 100%。全省乳制品产量 172.3 万吨，其中液态乳产量 118 万吨，同比增长 21.5%；固体及半固体乳制品产量 37.3 万吨，同比增长 2.4%；婴幼儿配方乳粉产量乳粉产量 17 万吨，同比增长 16.3%。我省乳制品企业已开始布局海外，加快融入和参与国际市场竞争步伐。飞鹤乳业在加拿大金士顿投资 3.33 亿加元（17.2 亿元人民币），建设日处理 1000 吨鲜奶的婴幼儿配方粉项目，预计 2019 年底项目竣工投产；宜品乳业集团在韩国光阳市以及西班牙卢戈市建设 2 个国外原料基地。目前，我省乳制品产业已发展成为全国优质乳制品生产基地。我省日处理鲜奶能力 2.5 万吨，占全国比重 13.4%，居全国第 1 位。乳制品产量约占全国的 6.4%，居国内第 6 位；其中液态乳产量约占全国的 4.7%，居国内第 6 位；乳粉产量约占全国的 55.9%，居国内第 1 位。我省婴幼儿配方粉约占国内消费市场份额的 16.5%。乳制品企业在数字化（智能）方面具有典型的示范作用，我省乳制品企业(车间)被认定了12个省级数字化(智能)示范车间,和1个国家智能制造示范项目(飞鹤乳业),占全省示范项目的30%。

3. 肉产业

截止2018年底,全省猪、肉牛、活家禽出栏量分别达到1964万头、270万头、24633万只,猪肉、牛肉、羊肉、禽肉的产量分别为150万吨、43万吨、12万吨和41万吨。2018年,全省规模以上屠宰及肉类加工业实现营业收入272.4亿元、利润10.9亿元,分别占全省食品工业的20.5%和29.2,占全国肉类加工业的4%和2%。全省规模以上牲畜屠宰企业、禽类屠宰企业、肉制品及副产品加工企业加工企业分别发展到45户、17户、32户。省内已形成以绥化、哈尔滨、齐齐哈尔为重点的猪肉加工产业集群,代表企业为望奎双汇、齐齐哈尔丰源、巴彦金锣;以齐齐哈尔、哈尔滨、绥化为重点,已形成牛、羊肉加工产业集群,代表企业为讷河恒阳、大庄园、龙江元盛;以哈尔滨、佳木斯为重点,已形成鸡肉加工产业集群,代表企业为正大、新曙光。

4. 酒产业

黑龙江省辽阔肥沃的黑土地、丰富的水资源、充足优质的粮食、酿酒的独特风味也是我省酒类制造产业可持续发展的特有优势。我省有着悠久的酿酒历史和酒文化,从金代开始就有蒸馏酒(白酒)生产的记录,距今已近千年。我省是中国啤酒工业和酒精工业开先河者。富裕、北大仓、玉泉、宾州、花园等7个品牌先后获“中华老字号”,哈尔滨牌啤酒获得中国名牌产品,富裕、龙江龙、龙江家园等10个品牌获“中国驰名商标”。我省是为数不多的能同时生产浓香、酱香、清香、兼香等多种香型白酒的生产大省。2018年,全省酒类制造业规模以上企业发展到84户,实现营业收入153.1亿元,占规模以上食品工业的11.5%。其中:白酒规模以上企业41户,产量15.31万千升,同比下降5.6%%;实现营业收入25.2亿元,占全国的1.24%,同比下降13.4%;实现利润1.6亿元,占全国0.44%,同比下降15.8%。酒精制造规模以上企业14户,产量144.65万千升,同比上升28%;实现营业收入79.2亿元,占全国的8.08%,同比增长41.9%。啤酒制造规模以上企业18户,产量185.01万千升,同比上升0.9%,实现营业收入45.8亿元,占全国的2.67%,同比增长4.1%。

【c. 重点企业推介】

1. 九三粮油工业集团有限公司

九三粮油工业集团有限公司是北大荒集团的全资子公司,首批国家级农业产业化重点龙头企业,也是拥有集种植、收储、物流、加工、营销全线资源的中国农业产业化领军企业。九三集团年加工大豆总能力1200万吨,销售收入超过450亿元,进出口贸易总额超过60亿美元。九三集团以大豆加工为主营业务,大豆和油脂加工总量位居全国前列,连续多次入围中国企业500强和中国制造业500强,被授予“大豆系列国家标准制修订基地”“中国工业行业排头兵企业”“国家级文明单位”“中国粮油最受尊敬企业”“中国食品企业社会责任金鼎奖”。“九三”品牌连续9次入围“中国500最具价值品牌”排行榜,品牌价值超过317亿元,被评为“中国十佳粮油品牌特别奖”“极具传承价值品牌”“最具市场竞争力品牌”“中国食用油领袖品牌”。

2. 黑龙江飞鹤乳业

黑龙江飞鹤乳业始建于1962年,迄今已有57年专业乳品制造历史。作为中国最早的奶粉生产企业之一,飞鹤乳业打造了一条从奶源到终端,完全自主掌控的全产业链,成为我国唯一拥有全产业链的婴幼儿奶粉企业。历经多年的发展,旗下现有克东、甘南、龙江等5家核心工厂;8个专属牛牧场,奶牛存栏量达6万余头;农业总种植面积达30万亩。飞鹤一直专注于中国宝宝体质和母乳营养研究,引领行业开创多种提升奶粉对中国宝宝体质适应性的技术、配方与工艺。飞鹤以极具前瞻性的眼光决定从源头——奶源开始布局专属产业集群,把控奶粉生产全程。飞鹤不惜成本用了10余年时间,在北纬47°世界黄金奶源带上打造了中国婴幼儿奶粉行业第一条婴幼儿配方奶粉专属产业集群,实现了从源头牧草种植、规模化奶牛饲养,到生产加工、售后服务各个环节的全程可控。

3. 大庄园实业集团：

大庄园实业集团始建于 1982 年，是一家集进出口贸易、现代生态农业、生态牧业、食品精深加工、农牧业旅游等于一体的大型民营企业。注册资金 9.9 亿元，年产值 39.9 亿元。秉承“食泽天下，业润社会”的梦想，大庄园先后在国内建设了两座大型食品工业园区，其中黑龙江大庄园食品工业园区总投资 19 亿元，年生产加工能力 20 万吨，建成了符合欧盟标准的现代化牛、羊屠宰分割、加工生产线；锡林郭勒盟大庄园生态牛羊肉产业示范园总投资 20 亿元，项目涵盖“四个基地”和“一个研究院”，大庄园于 1996 年起走出国门与全球行业顶尖行业开展合作：从 2000 年成为世界最大羊肉出口企业新西兰阿兰茨集团的中国总代理商至今，已经连续 17 年羊肉进口量全国第一；同时是世界最大牛肉生产企业 JBS 公司、世界最大活畜出口企业之一 Landmark 公司、澳大利亚百年企业威韦华氏公司等世界知名企业的重要合作伙伴。

4. 完达山乳业股份有限公司

黑龙江省完达山乳业股份有限公司是伴随着 1958 年王震将军开发建设北大荒而诞生的，注册资本 7.43 亿元，公司现有员工 1.2 万人，资产总额 36.8 亿元，品牌价值 328.69 亿元，下辖 20 家分、子公司，年加工鲜奶能力 100 余万吨，可生产奶粉、液态奶、饮料、豆制品、米麦制品及保健食品等，销售网络遍及全国。完达山是黑龙江省第一枚“中国驰名商标”，乳品行业唯一的“中国绿色食品荣誉企业”，全国诚信体系建设首批首家乳制品试点评价通过单位，首批全国农业产业化重点龙头企业。公司始终坚持在黑土地养健康牛，做诚信人产放心奶，取得了有机产品认证，生鲜乳标准比肩欧盟标准。公司引进国际先进的管理方法，建立质量、环境、危害分析与关键控制点、职业健康安全等五大管理体系。率先完成了婴幼儿配方奶粉质量安全可追溯系统建设。加强市场终端建设，建立客户诚信评价体系及客服中心信息服务系统，提升售后服务质量，努力为广大消费者奉献了绿色、新鲜、营养、健康、安全的产品。

5. 穆棱市凯飞食品有限责任公司：

穆棱市凯飞食品有限责任公司位于穆棱镇西岗工业园区，始建于 2008 年，占地 26000 平方米，公司现有固定员工 135 人，资产总额 9650 万元。公司是集有机种植、产品开发、生产加工、销售经营于一体，具有对外贸易经营权的出口创汇型的现代民营科技企业。公司以一二三产业融合发展为导向，生产大豆蛋白粉、有机大豆面等自主研发的 50 多种有机产品，产品除销往我省及山东、内蒙古等地外，还出口美国、英国、德国、荷兰等 12 个欧美国家。公司通过了国际质量体系、食品安全管理体系、中国有机、美国有机、欧盟有机、社会责任体系等相关认证，被农业部评为农业产业化国家重点龙头企业、全国主食加工示范企业、黑龙江省著名商标、名牌产品。公司的加工基地被认定为国家级标准化生产基地，种植基地被评为全省有机大豆种植示范基地。公司有机大豆的质量安全追溯体系，有效的提高了农产品质量安全水平，保障了食品安全和消费安全。

凌宇

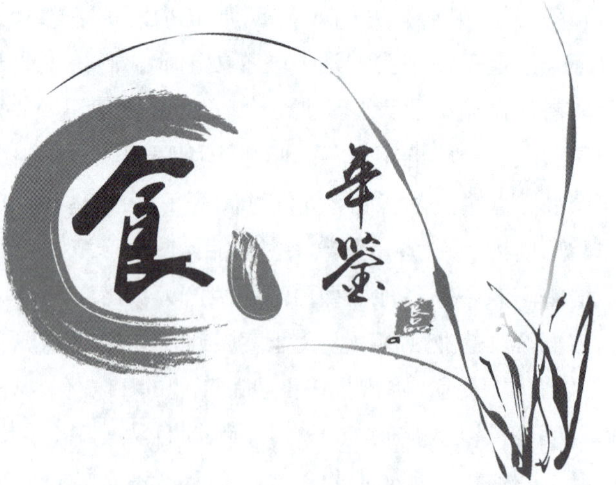

第四部分

统计篇

数据来源于国家统计局中国经济景气监测中心
中国食品工业协会

4.1 各省、直辖市、自治区食品工业情况排名表（2017 年）

（单位：家、亿元、%）

名次	规模企业数	主营业务收入	增长率（%）
1山东省（2017年排名1）	5290	16342	0.059
2河南省（2017年排名2）	3700	12446.15	7.8
3四川省（2017年排名5）↑	2448	6855.9	12.6
4广东省（2017年排名6）↑	2057	6266.35	7.1
5湖北省（2017年排名3）↓	2472	6165	7
6福建省（2017年排名7）↑	2396	6018.59（不含烟草）	10.1
7江苏省（2017年排名4）↓	2049	5612.99	9.74
8吉林省（2017年排名9）↑	1661	4982.7	6.4
9湖南省（2017年排名8）↓	2585	4952	12.6
10安徽省（2017年排名10）	2608	3554.6	5.9
11广西（2017年排名13）↑	800	3245.63	6.84
12内蒙古（2017年排名15）↑	840	3047.9	5.92
13云南省（2017年排名23）↑	1084	2935.98	18
14江西省（2017年排名14）	899	2858.32	5.09
15河北省（2017年排名11）↓	1363	2800.52	8.8
16陕西省（2017年排名18）↑	1222	2547.5	9.53
17浙江省（2017年排名17）	1380	2435.98	0.85
18上海市（2017年排名20）↑	369	2152.95	1.9
19黑龙江省（2017年排名12）↓	1341	1951.6（产值）	0.007
20贵州省（2017年排名21）↑	1034	1935.98	20
21辽宁省（2017年排名19）↓	1162	1888.5	-7.3
22重庆市（2017年排名22）	760	1730.4	12
24北京市（2017年排名24）	312	1154.26（不含烟草）	5.59
25新疆（2017年排名25）	601	896.3	11.9
26甘肃省（2017年排名27）↑	479	648.28	0.88
27山西省（2017年排名26）↓	300	580	-1.5
28天津市（2017年排名16）↓	364	562.15	5.5
29宁夏（2017年排名28）↓	232	307.9	-2.3
30海南省（2017年排名29）↓	88	218.54	8.4
31青海省（2017年排名30）↓	96	119.46（总产值）	7.7
32西藏（2017年排名31）↓	42	28	15.43
合计			

4.2 数说食品工业 70 年

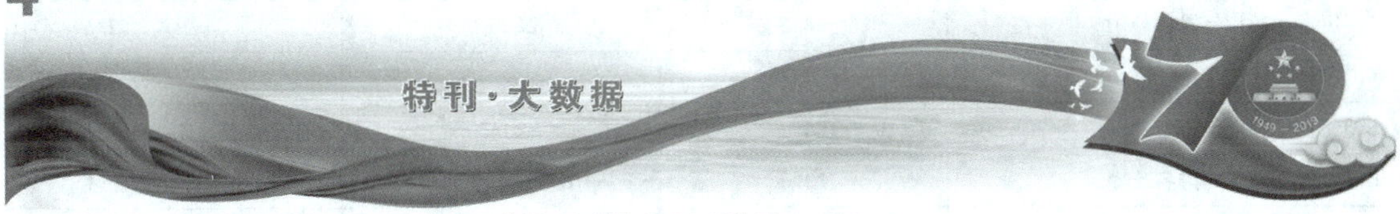

数说食业 70 年

70 年沧桑巨变，70 年砥砺前行，在中国共产党的领导下，经过几代人艰苦创业和艰难探索，我国食品工业从传统民生产业发展到国民经济支柱产业，践行着"中国制造向中国创造转变、中国速度向中国质量转变、中国产品向中国品牌转变"，满足城乡居民对于安全、多样、健康、营养、方便的不断增长的消费需求。

70 年来，我国食品工业的面貌发生了翻天覆地的变化，沿着时间轴线，一组组详实的数据显示，我国食品工业在五大阶段的发展历程中乘风破浪、精准发力。进入新时代，食品工业以"让人民生活更美好"为使命，开启发展新阶段。

1949—1978 年　新中国社会主义改造和初级建设阶段

1949 年

在中华人民共和国成立初期，中国食品工业基础非常薄弱，起点低、发展缓慢，技术严重依赖进口，以设备引进为主，技术消化吸收水平低。当时全国食品消费仍以自给自足的小农经济为主，主要集中在初级农产品消费上，食品消费比例非常低。

1952 年

中国食品工业总产值仅有 82.8 亿元，全国工业总产值 349 亿元，食品工业总产值占全国工业总产值的 23.72%，体现出当时非常明显的农业国特征。

1978 年

中国食品工业总产值 473 亿元，全国工业总产值 1607 亿元，食品工业总产值占全国工业总产值的 29.43%。这一阶段，我国开始比较系统且稳定地发展食品工业，但由于原有基础薄弱，增长速度平稳缓慢。

1978—1991 年　改革开放的启动和目标探索阶段

1984 年

党的十二届三中全会确定社会主义经济是"公有制基础上的有计划的商品经济"。改革开放后，伴随着中国社会快速工业化、城市化发展的历史进程，中国的现代食品工业加大技术装备引进和吸引投资，得到了迅猛发展。

1991 年

中国食品工业总产值达到 2665.1 亿元。

1992—2002 年　社会主义市场经济体制框架初步建立阶段

1992 年

邓小平南巡讲话，将中国改革开放的大潮进一步推向高潮。

1993 年

党的十四届三中全会确立了社会主义市场经济的改革方向和基本内容。

1997 年

党的十五大确立了"公有制为主体、多种所有制经济共同发展"的基本经济制度，进一步放开了竞争性商品和服务的价格，民营经济迅猛发展。

2000 年

中国食品工业总产值接近 1 万亿元大关，年均增速 19.63%，总量和质量均超过了前 38 年的总和。

2002 年

中国食品工业总产值首次跨过万亿元大关，中国食品工业发展成为门类比较齐全的现代产业。

2003—2012 年　新世纪：社会主义市场经济体制的初步完善阶段

2005 年

中国食品工业总产值超过两万亿元。

2010 年

中国食品工业总产值超过 5 万亿元。

2013 年至今　新时代：全面深化改革的新阶段

2013 年

党的十八届三中全会审议通过了《中共中央关于全面深化改革若干重大问题的决定》。中国食品工业总产值突破 10 万亿元。

2015 年

中国食品工业增加值同比增长 6.5%，与当年 GDP 增速基本持平。中国规模以上食品工业企业 39647 家，实现主营业务收入 11.35 万亿元，占全国工业总收入的 10.3%；食品工业总产值与农业总产值的比例达到 1.1:1。食品工业已经成为国民经济基础性、战略性支柱产业。

2018 年

我国食品工业规模以上企业主营业务收入 8.09 万亿元，同比增长 5.3%；实现利润总额 5771 亿元，同比增长 10.8%。在这一时期，食品工业增速趋于平缓，结构调整和产业升级成为主题，开启了由数量向质量转变的发展新阶段。

（刘鑫淼　宫晓晨　郎法亚）

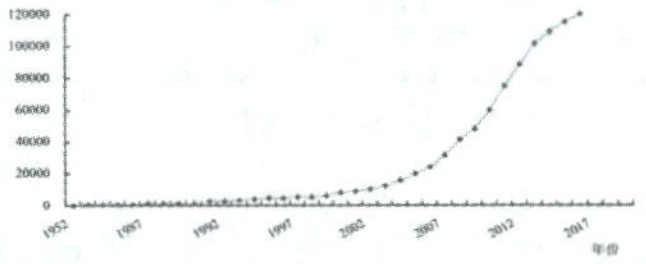

1952—2017 年中国食品工业总产值(单位:亿元)

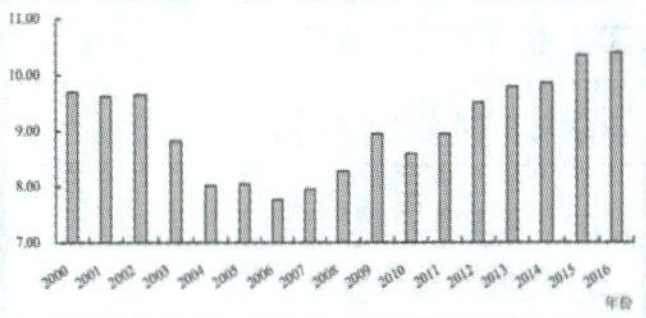

中国食品工业占全国工业总产值的比重

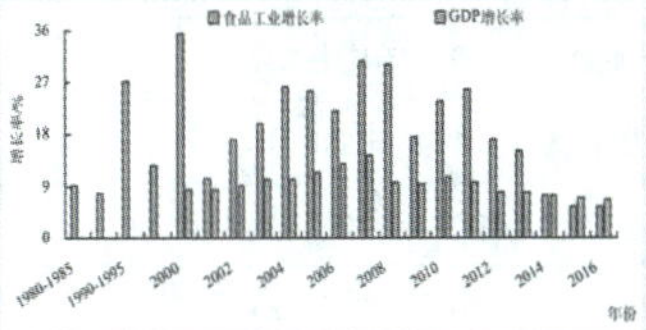

中国食品工业总产值和 GDP 增长率

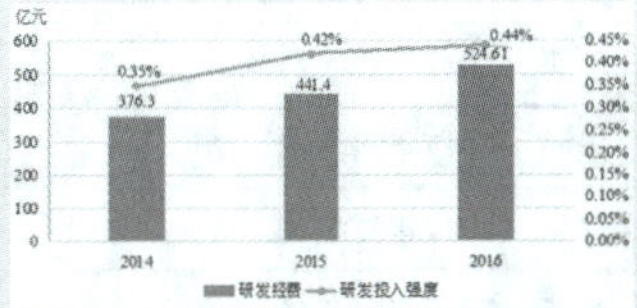

2014—2016 年规模以上食品工业企业研发经费与研发投入强度

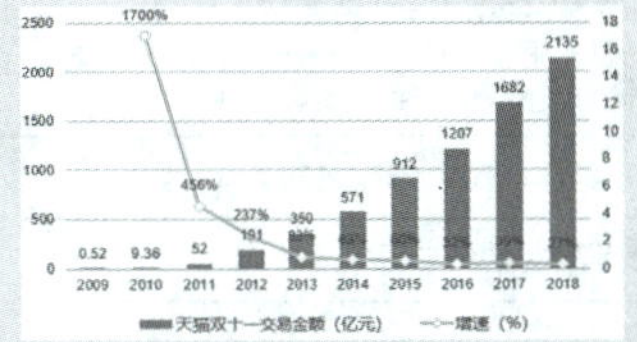

2009—2018 年天猫双十一交易金额及增速

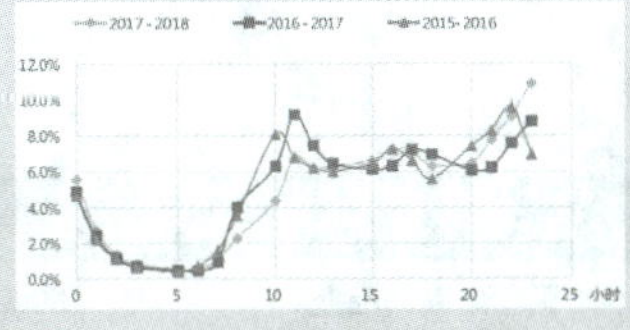

网购时间及人群比例

以上图表根据《中国食品工业年鉴》《中国统计年鉴》数据绘制

4.3 各省区直辖市食品工业排名参考表（2018 年）

（单位：家、亿元、%）

名次	规模企业数	主营业务收入	增长率（%）
1山东省（2017年排名1）	5290	16342	0.059
2河南省（2017年排名2）	3700	12446.15	7.8
3四川省（2017年排名5）↑	2448	6855.9	12.6
4广东省（2017年排名6）↑	2057	6266.35	7.1
5湖北省（2017年排名3）↓	2472	6165	7
6福建省（2017年排名7）↑	2396	6018.59（不含烟草）	10.1
7江苏省（2017年排名4）↓	2049	5612.99	9.74
8吉林省（2017年排名9）↑	1661	4982.7	6.4
9湖南省（2017年排名8）↓	2585	4952	12.6
10安徽省（2017年排名10）	2608	3554.6	5.9
11广西（2017年排名13）↑	800	3245.63	6.84
12内蒙古（2017年排名15）↑	840	3047.9	5.92
13云南省（2017年排名23）↑	1084	2935.98	18
14江西省（2017年排名14）	899	2858.32	5.09
15河北省（2017年排名11）↓	1363	2800.52	8.8
16陕西省（2017年排名18）↑	1222	2547.5	9.53
17浙江省（2017年排名17）	1380	2435.98	0.85
18上海市（2017年排名20）↑	369	2152.95	1.9
19黑龙江省（2017年排名12）↓	1341	1951.6（产值）	0.007
20贵州省（2017年排名21）↑	1034	1935.98	20
21辽宁省（2017年排名19）↓	1162	1888.5	-7.3
22重庆市（2017年排名22）	760	1730.4	12
24北京市（2017年排名24）	312	1154.26（不含烟草）	5.59
25新疆（2017年排名25）	601	896.3	11.9
26甘肃省（2017年排名27）↑	479	648.28	0.88
27山西省（2017年排名26）↓	300	580	-1.5
28天津市（2017年排名16）↓	364	562.15	5.5
29宁夏（2017年排名28）↓	232	307.9	-2.3
30海南省（2017年排名29）↓	88	218.54	8.4
31青海省（2017年排名30）↓	96	119.46（总产值）	7.7
32西藏（2017年排名31）↓	42	28	15.43
合计			

4.4 食品工业各行业构成情况表（2018 年）

行业	主营业务收入/亿元	同比增长/%	占比/%	利润总额/亿元	同比增长/%	占比/%
食品工业总计（不含烟草制品业）	80903.1	5.3	100	5770.9	10.8	100.0
农副食品加工业	47263.1	3.6	58.4	2124.4	5.6	36.8
稻谷加工	5460.0	3.5	6.7	243.3	11.3	4.2

行业	主营业务收入/亿元	同比增长/%	占比/%	利润总额/亿元	同比增长/%	占比/%
小麦加工	2751.9	0.7	3.4	130.8	10.3	2.3
玉米加工	74.3	46.4	0.1	3.6	66.8	0.1
杂粮加工	122.0	-0.1	0.2	5.4	-6.2	0.1
其他谷物磨制	276.9	7.1	0.3	8.2	-12.5	0.1
宠物饲料加工	671.0	7.3	0.8	44.1	24.5	0.8
其他饲料加工	8734.2	4.2	10.8	397.7	4.5	6.9
食用植物油加工	7279.6	-0.6	9.0	250.4	21.1	4.3
非食用植物油加工	160.6	1.1	0.2	4.2	-12.2	0.1
制糖业	1150.7	6.5	1.4	55.7	-49.9	1.0
牲畜屠宰	3434.3	4.6	4.2	132.2	10.9	2.3
禽类屠宰	2236.8	11.1	2.8	58.8	26.4	1.0
肉制品及副产品加工	3718.8	5.3	4.6	224.5	10.4	3.9
水产品冷冻加工	2433.5	0.7	3.0	116.2	4.7	2.0
鱼糜制品及水产品干腌制加工	580.9	7.5	0.7	27.6	-2.8	0.5
鱼油提取及制品制造	35.0	-2.0	0.0	1.6	6.6	0.0
其他水产品加工	155.8	9.6	0.2	9.8	9.9	0.2
蔬菜加工	2340.8	1.9	2.9	138.1	3.0	2.4
食用菌加工	401.3	14.3	0.5	22.7	-4.2	0.4
水果和坚果加工	1252.7	0.5	1.5	73.2	-8.6	1.3
淀粉及淀粉制品制造	1974.1	4.8	2.4	58.4	-0.3	1.0
豆制品制造	722.7	9.9	0.9	42.5	11.6	0.7
蛋品加工	258.8	12.9	0.3	13.5	9.3	0.2
其他未列明农副食品加工	1036.3	4.9	1.3	61.6	16.9	1.1
食品制造业	18348.2	7.3	22.7	1552.2	6.1	26.9
糕点、面包制造	1139.7	8.9	1.4	132.1	9.0	2.3
饼干及其他焙烤食品制造	1294.9	6.5	1.6	103.9	21.1	1.8
糖果、巧克力制造	1242.8	11.3	1.5	110.3	14.6	1.9
蜜饯制作	376.4	-8.0	0.5	31.0	-3.9	0.5
米、面制品制造	896.6	5.3	1.1	47.4	5.4	0.8
速冻食品制造	736.0	5.2	0.9	47.6	24.9	0.8
方便面制造	810.7	7.0	1.0	86.4	27.4	1.5
其他方便食品制造	496.7	2.1	0.6	32.6	-9.8	0.6
液体乳制造	2721.4	9.1	3.4	183.0	-7.9	3.2
乳粉制造	514.1	18.6	0.6	37.4	39.5	0.6
其他乳制品制造	163.4	14.3	0.2	10.1	23.6	0.2
肉、禽类罐头制造	285.4	7.7	0.4	17.0	26.0	0.3
水产品罐头制造	95.3	6.1	0.1	6.6	18.9	0.1
蔬菜、水果罐头制造	903.6	3.0	1.1	44.1	-7.8	0.8
其他罐头食品制造	104.8	11.2	0.1	9.3	21.9	0.2
味精制造	386.3	7.4	0.5	35.8	-7.9	0.6

行业	主营业务收入/亿元	同比增长/%	占比/%	利润总额/亿元	同比增长/%	占比/%
酱油、食醋及类似制品制造	725.1	5.2	0.9	99.8	12.3	1.7
其他调味品、发酵制品制造	1284.5	9.6	1.6	108.9	-3.4	1.9
营养食品制造	546.1	3.4	0.7	59.6	2.0	1.0
保健食品制造	787.5	9.1	1.0	139.0	10.5	2.4
冷冻饮品及食用冰制造	272.9	-1.7	0.3	16.7	6.9	0.3
盐加工	174.1	-0.4	0.2	15.0	8.8	0.3
食品及饲料添加剂制造	1543.0	5.3	1.9	104.9	-10.4	1.8
其他未列明食品制造	846.7	14.5	1.0	73.7	20.2	1.3
酒、饮料和精制茶制造业	15291.9	8.7	18.9	2094.3	20.8	36.3
酒精制造	512.8	13.6	0.6	10.8	-50.8	0.2
白酒制造	5363.8	12.9	6.6	1250.5	30.0	21.7
啤酒制造	1474.5	7.1	1.8	121.8	5.6	2.1
黄酒制造	167.5	5.4	0.2	17.2	-7.2	0.3
葡萄酒制造	288.5	-9.5	0.4	30.6	-9.5	0.5
其他酒制造	315.6	0.8	0.4	45.5	14.5	0.8
碳酸饮料制造	728.3	10.7	0.9	38.3	19.6	0.7
瓶（罐）装饮用水制造	1020.9	9.2	1.3	81.9	1.4	1.4
果菜汁及果菜汁饮料制造	788.3	6.3	1.0	55.4	7.5	1.0
含乳饮料和植物蛋白饮料制造	978.3	3.6	1.2	116.7	5.1	2.0
固体饮料制造	618.8	7.0	0.8	45.1	9.0	0.8
茶饮料及其他饮料制造	945.8	3.7	1.2	113.4	47.3	2.0
精制茶加工	2088.7	8.3	2.6	167.1	12.5	2.9

4.5 按工业行业分工业生产者出厂价格指数

行业	2015	2016	2017	2018
总指数	94.8	98.6	106.3	103.5
农副食品加工业	98.7	100.2	100.6	100.3
食品制造业	99.9	99.8	101.2	101.6
酒、饮料和精制茶制造业	99.7	99.1	100.3	101.6

4.6 按国际贸易标准分类分进出口商品金额（2018年）

商品分类	出口		进口	
	亿元人民币	亿美元	亿元人民币	亿美元
总额	164127.81	24866.82	140880.32	21357.34
初级产品	8897.16	1349.93	46306.64	7017.44
食品及活动物	4324.52	654.71	4274.08	648.01
活动物	35.91	5.44	27.17	4.12
肉及肉制品	186.60	28.30	731.13	110.90

商品分类	出口		进口	
乳品及蛋品	19.45	2.95	354.84	53.83
鱼、甲壳及软体类动物及其制品	1423.65	215.44	787.81	119.13
谷物及其制品	134.90	20.39	460.18	70.36
蔬菜及水果	1588.58	240.39	807.95	122.59
糖、糖制品及蜂蜜	155.06	23.48	99.61	15.14
咖啡、茶、可可、调味料及其制品	258.66	39.20	108.03	16.26
饲料(不包括未碾磨谷物)	205.15	31.20	286.33	43.46
杂项食品	316.54	47.93	611.03	92.23
饮料及烟类	245.38	37.13	504.18	76.65
饮料	151.81	23.05	389.84	59.06
烟草及其制品	93.57	14.09	114.34	17.59

4.7 按商品类章分进出口商品金额（2018年）

	出口		进口	
	亿元人民币	亿美元	亿元人民币	亿美元
总　额	164127.81	24866.82	140880.32	21357.34
活动物；动物产品	1174.30	177.89	1937.86	293.60
活动物	35.91	5.44	27.17	4.12
肉及食用杂碎	57.15	8.66	726.24	110.18
鱼、甲壳动物、软体动物及其他水生无脊椎动物	876.19	132.56	767.11	115.99
乳品；蛋品；天然蜂蜜；其他食用动物产品	38.90	5.90	369.36	56.01
其他动物产品	166.16	25.33	47.98	7.30
食品；饮料、酒及醋；烟草、烟草及烟草代用品的制品	2184.40	331.05	1712.23	259.25
肉、鱼、甲壳动物、软体动物及其他水生无脊椎动物的制品	676.97	102.52	26.17	3.94
糖及糖食	120.77	18.29	93.51	14.21
可可及可可制品	27.09	4.07	52.55	7.88
谷物、粮食粉、淀粉或乳的制品；糕饼点心	131.99	19.93	441.76	66.66
蔬菜、水果、坚果或植物其他部分的制品	530.48	80.50	92.80	14.02
杂项食品	242.63	36.79	215.86	32.66
饮料、酒及醋	155.97	23.69	424.53	64.34
食品工业的残渣及废料；配制的动物饲料	204.94	31.17	250.71	38.04
烟草及烟草代用品的制品	93.57	14.09	114.34	17.59

4.8. 进口主要货物数量和金额（2018 年）

品名		数量	金额	
			万元人民币	万美元
谷物及谷物粉	（万吨）	2047	3854240	591193
#小麦	（万吨）	310	560357	85826
稻谷和大米	（万吨）	308	1078798	163918
大豆	（万吨）	8804	25033327	3808702
食用植物油	（万吨）	629	3128025	472791
食糖	（万吨）	280	674833	102880

4.9 出口主要货物数量和金额（2018 年）

品名		数量	金额	
			万元人民币	万美元
活猪	（万头）	158	281943	42730
活家禽	（万只）	240	641	97
牛肉	（吨）	434	2106	320
猪肉	（吨）	41762	128634	19531
冻鸡	（吨）	109085	157088	23820
水海产品	（万吨）	425	14537758	2200136
鲜蛋	（百万个）	1177	73691	11175
谷物及谷物粉	（万吨）	249	706055	106590
#稻谷和大米	（万吨）	209	588314	88750
玉米	（吨）	12192	4020	599
蔬菜	（万吨）	948	8323665	1261504
#鲜或冷藏蔬菜	（万吨）	629	3066199	463716
橘、橙	（吨）	708817	654488	97254
苹果	（吨）	1118478	854650	129893
松子仁	（吨）	12750	122364	18483
大豆	（万吨）	13	65400	10002
花生及花生仁	（万吨）	20	184270	27858
食用植物油	（吨）	294727	202869	30701
食糖	（吨）	195747	66679	10059
天然蜂蜜	（吨）	123478	164556	24926
茶叶	（吨）	364742	1173890	177786
辣椒干	（吨）	77243	102081	15446
猪肉罐头	（吨）	50028	98784	15029
蘑菇罐头	（吨）	241694	379831	57590
啤酒	（万升）	38571	166428	25234
肠衣	（吨）	102856	890021	135646
烤烟	（吨）	127493	295907	44828

品 名		数 量	金 额	
			万元人民币	万美元
纸烟	(万条)	14332	481876	72104

4.10 按行业分规模以上工业企业主要指标(2018 年)

行 业	企业单位数(个)	资产总计	流动资产合计	应收账款	存货	#产成品	负债合计	营业收入	营业成本	销售费用	管理费用	财务费用	利润总额	平均用工人数(万人)
农副食品加工业	25007	30808.60	17130.30	2782.10	4948.30	2021.50	16845.90						2124.40	314.30
食品制造业	8981	15641.90	7842.00	1568.30	1742.40	747.30	7180.80						1552.20	179.40
酒、饮料和精制茶制造业	6805	17688.70	10158.90	1014.90	2766.00	920.00	7438.50	15534.90	10725.50	1271.30	734.90	98.30	2094.30	129.60
烟草制品业	116	10881.10	7750.70	467.90	4714.50	345.20	2619.60	10465.40	3748.50	163.60	498.20	-23.90	923.50	16.20

4.11 商品零售价格分类指数(2018 年)(上年 =100)

项目名称	全国	城市	农村
商品零售价格指数	101.9	101.9	102.1
食品	102.1	102.2	101.6
粮食	100.7	100.7	100.8
食用油	99.6	99.7	98.9
菜	107.0	107.0	106.4
畜肉类	96.4	96.7	95.0
禽肉类	105.4	105.3	106.5
水产品	102.2	102.2	102.6
蛋类	111.6	111.5	112.0
奶类	101.6	101.7	100.9
干鲜瓜果类	104.0	103.9	104.9
糖果糕点类	102.2	102.2	101.9
调味品	102.1	102.2	101.6
其他食品类	101.4	101.3	101.7
在外餐饮	102.4	102.4	102.2
饮料、烟酒	101.5	101.6	101.3
茶及饮料	101.9	101.9	101.6
酒类	103.1	103.1	102.6
服装、鞋帽	101.3	101.2	101.6
服装	101.6	101.5	101.9
鞋帽袜	100.4	100.3	100.8
纺织品	100.8	100.8	100.8
服装材料	101.7	101.6	102.4
床上用品	100.6	100.6	100.3
家用电器及音像器材	99.5	99.4	100.2

项目名称	全国	城市	农村
文化办公用品	100.0	99.9	100.9
日用品	101.1	101.1	101.4
日用百货	101.5	101.4	101.7
体育娱乐用品	100.8	100.8	100.8
交通、通信用品	98.6	98.6	98.7
家具	102.5	102.5	102.4
化妆品	101.0	101.0	101.2
金银饰品	97.9	97.8	98.4
中西药品及医疗保健用品	104.5	104.4	105.2
医疗卫生器具	100.7	100.8	99.8
中药	105.7	105.7	105.4
西药	105.1	105.0	106.1
书报杂志及电子出版物	103.5	103.6	103.1
燃料	109.7	109.7	109.9
建筑材料及五金电料	102.8	102.6	104.0
建筑装璜材料	103.1	102.8	104.5
五金水暖	101.9	101.8	102.3

4.12 工业产品产量

产品名称	2017	2018
原盐 （万吨）	6654.17	5836.17
精制食用植物油 （万吨）	6071.82	5066.00
成品糖 （万吨）	1472.04	1524.14
罐头 （万吨）	1314.31	1027.99
啤酒 （万千升）	4401.49	3812.24
卷烟 （亿支）	23448.25	23358.69

4.13 分地区工业产品产量

年份 地区	原盐（万吨）	成品糖（万吨）	啤酒（万千升）	卷烟（亿支）
1978	1953.00	227.00	40.00	1182.00
1980	1728.00	257.00	69.00	1520.00
1985	1479.00	451.00	310.00	2370.00
1990	2023.00	582.00	692.00	3298.00
1995	2977.72	558.64	1568.82	3485.02
2000	3128.00	700.00	2231.32	3397.00
2005	4661.06	912.37	3126.05	19389.08
2006	5663.13	949.07	3543.58	20218.13
2007	6166.97	1271.38	3954.07	21438.84

年份 地区	原盐（万吨）	成品糖（万吨）	啤酒（万千升）	卷烟（亿支）
2008	6664.43	1432.61	4156.91	22199.20
2009	6662.79	1338.35	4162.18	22901.50
2010	7037.76	1117.59	4490.16	23752.60
2011	6742.16	1187.43	4834.50	24474.00
2012	6911.78	1409.47	4778.58	25160.90
2013	7367.60	1592.76	4982.79	25603.86
2014	7049.71	1642.67	4936.29	26098.49
2015	6665.54	1474.11	4715.60	25890.70
2016	6620.10	1443.30	4506.44	23825.76
2017	6654.17	1472.04	4401.49	23448.25
2018	5836.17	1524.14	3812.24	23358.69
北 京			108.46	169.64
天 津	195.65		32.83	211.60
河 北	276.37	31.23	166.76	762.00
山 西			17.52	149.00
内蒙古	119.32	35.95	64.62	262.60
辽 宁	75.54	0.34	213.30	268.75
吉 林			92.17	516.28
黑龙江		7.66	185.01	379.50
上 海			49.96	892.70
江 苏	939.06	0.66	173.11	1031.02
浙 江		0.53	237.31	939.47
安 徽	139.00	0.30	52.84	1114.41
福 建	23.00		150.28	855.14
江 西	212.44	0.15	83.62	638.01
山 东	1118.76		471.90	1252.84
河 南	374.08	0.01	256.13	1525.36
湖 北	416.74	0.08	171.04	1275.84
湖 南	323.17	2.54	56.34	1635.56
广 东	1.60	102.44	387.29	1283.68
广 西		1016.68	155.60	700.05
海 南		13.93	3.45	120.00
重 庆	213.86	1.16	70.61	520.00
四 川	494.45	1.86	221.36	755.19
贵 州		3.25	95.60	1075.79
云 南	160.13	243.18	72.82	3501.52
西 藏			13.34	
陕 西	131.20		93.06	794.39
甘 肃	10.41	4.60	44.55	471.50
青 海	262.82		1.94	

年份 地区	原盐（万吨）	成品糖（万吨）	啤酒（万千升）	卷烟（亿支）
宁 夏	95.45		20.79	80.00
新 疆	253.13	57.59	48.63	176.85

4.14 主要农产品产量

（单位：万吨）

年份地区	粮食	谷物	稻谷	小麦	玉米	豆类	薯类	棉花	油类	花生	油菜籽	芝麻	甘蔗	甜菜	烟叶	烤烟	茶叶	水果	苹果	柑桔	梨	葡萄	香蕉
1978	30476.5		13693.0	5384.0	5594.5		3174.0	216.7	521.8	237.7	186.8	32.2	2111.6	270.2	124.2	105.2	26.8	657.0	227.5	38.3	151.7	10.4	8.5
1980	32055.5		13990.5	5520.5	6260.0		2872.5	270.7	769.1	360.0	238.4	25.9	2280.7	630.5	84.5	71.7	30.4	679.3	236.3	71.3	146.6	11.0	6.1
1985	37910.8		16856.9	8580.5	6382.6		2603.6	414.7	1578.4	666.4	560.7	69.1	5154.9	891.9	242.5	207.5	43.2	1163.9	361.4	180.8	213.7	36.1	63.1
1990	44624.3		18933.1	9822.9	9681.9		2743.3	450.8	1613.2	636.8	695.8	46.9	5762.0	1452.5	262.7	225.9	54.0	1874.4	431.9	485.5	235.3	85.9	145.6
1995	46661.8	41611.6	18522.6	10220.7	11198.6	1787.5	3262.6	476.8	2250.3	1023.5	977.7	58.3	6541.7	1398.4	231.4	207.2	58.8	4214.6	1400.8	822.5	494.2	174.2	312.5
2000	46217.5	40522.4	18790.8	9963.6	10600.0	2010.0	3685.2	441.7	2954.8	1443.7	1138.1	81.1	6828.0	807.3	255.2	223.8	68.3	6225.1	2043.1	878.3	841.2	328.2	494.1
2005	48402.2	42776.0	18058.8	9744.5	13936.5	2157.7	3468.5	571.4	3077.1	1434.2	1305.2	62.5	8663.8	788.1	268.3	243.5	93.5	16120.1	2401.1	1591.9	1132.4	579.4	651.8
2006	49804.2	45099.2	18171.8	10846.6	15160.3	2003.7	2701.3	753.3	2640.3	1288.7	1096.6	66.2	9709.2	750.8	245.6	225.5	102.8	17102.0	2605.9	1789.8	1198.6	627.1	690.1
2007	50413.9	45963.0	18638.1	10952.5	15512.3	1709.1	2741.8	759.7	2787.0	1381.5	1138.2	52.0	11179.4	902.9	242.2	224.9	101.0	16800.1	2734.7	1837.7	1222.8	644.0	764.0
2008	53434.3	48569.4	19261.2	11293.2	17212.0	2021.9	2843.0	723.2	3036.8	1463.5	1240.3	51.5	12152.1	853.9	275.9	258.2	125.5	18108.8	2899.5	2297.0	1296.4	698.2	748.4
2009	53940.9	49243.3	19619.7	11583.4	17325.9	1904.6	2792.9	623.6	3139.4	1460.4	1353.6	53.5	11200.4	546.5	296.2	275.0	135.1	19093.7	3047.5	2471.7	1343.6	764.9	829.6
2010	55911.3	51196.7	19722.6	11614.1	19075.2	1871.8	2842.7	577.0	3156.8	1513.6	1278.8	46.2	10598.2	705.1	283.2	261.2	146.2	20095.4	3164.9	2581.7	1409.5	813.5	884.1
2011	58849.3	54061.7	20288.3	11862.5	21131.6	1863.3	2924.3	651.9	3212.5	1530.2	1313.7	45.8	10867.4	795.8	299.8	278.6	160.8	21018.6	3367.3	2864.1	1448.6	857.7	946.1
2012	61222.6	56659.0	20653.2	12254.0	22955.9	1680.6	2883.0	660.8	3285.6	1579.2	1340.1	46.6	11574.6	877.2	324.6	302.3	176.1	22091.5	3581.4	3089.4	1550.4	1000.6	1036.0
2013	63048.2	58650.4	20628.6	12371.0	24845.3	1542.4	2855.4	628.2	3287.4	1608.2	1352.3	43.8	11926.4	628.7	322.0	304.0	188.7	22748.1	3629.8	3196.4	1544.4	1088.5	1103.0
2014	63964.8	59601.5	20960.9	12832.1	24976.4	1564.5	2798.8	629.9	3371.9	1590.1	1391.4	43.7	11578.8	509.9	284.7	269.7	204.9	23302.6	3735.4	3362.2	1581.9	1173.1	1062.2
2015	66060.3	61818.4	21214.2	13263.9	26499.2	1512.5	2729.3	590.7	3390.5	1596.1	1385.9	45.0	10706.4	508.8	267.7	249.5	227.7	24524.6	3889.9	3617.5	1652.7	1316.4	1062.7
2016	66043.5	61666.5	21109.4	13327.0	26361.3	1650.7	2726.3	534.3	3400.0	1636.1	1312.8	35.2	10321.5	854.5	257.4	244.5	231.3	24405.2	4039.3	3591.5	1596.3	1262.9	1094.0
2017	66160.7	61520.5	21267.6	13433.4	25907.1	1841.6	2798.6	565.3	3475.2	1709.2	1327.4	36.6	10440.4	938.4	239.1	227.9	246.0	25241.9	4139.0	3816.8	1641.0	1308.3	1117.0
2018	65789.2	61003.6	21212.9	13144.0	25717.4	1920.3	2865.4	610.3	3433.4	1733.2	1328.1	43.1	10809.7	1127.7	224.1	211.0	261.0	25688.4	3923.3	4138.1	1607.8	1366.7	1122.2
地区																							
北京	34.1	33.0	0.1	5.3	27.1	0.5	0.7	0.0	0.4	0.3	0.0	0.0			0.0	0.0		61.5	4.3		7.9	2.2	
天津	209.7	207.4	37.4	57.1	110.6	1.4	0.9	1.8	0.6	0.5	0.0	0.0	0.0					62.5	3.6		8.4	10.2	
河北	3700.9	3524.9	52.5	1450.7	1941.2	28.1	147.9	23.9	121.4	98.5	3.4	0.2		94.1	0.3	0.3	0.0	1347.9	220.1		329.7	113.4	
山西	1380.4	1293.2	0.6	228.6	981.6	35.6	51.6	0.4	15.5	1.3	2.4	0.2		0.1	0.4	0.4	0.0	750.5	376.5		63.7	28.4	
内蒙古	3553.3	3197.8	121.9	202.3	2700.0	205.7	149.8	0.0	201.5	7.7	39.8	0.1		515.9	0.6	0.4		264.2	13.6		7.0	6.1	
辽宁	2192.4	2131.6	418.0	1.4	1662.8	20.0	40.8	0.0	78.1	76.8	0.1	0.1		11.8	1.8	1.5		788.9	237.0		126.3	76.2	
吉林	3632.7	3533.8	646.3	0.0	2799.9	62.8	36.2		87.5	80.3	0.0	0.1		2.5	2.7	1.5		148.1	5.6		5.7	11.3	
黑龙江	7506.8	6747.6	2685.5	36.2	3982.2	678.5	80.7		11.2	5.1	0.2	0.1		53.0	3.4	3.3		170.8	13.8		4.3	8.7	
上海	103.7	103.2	88.0	13.0	1.3	0.2	0.4	0.0	0.7	0.2	0.5	0.0	0.2				0.0	54.3		10.7	3.8	6.6	
江苏	3660.3	3572.5	1958.0	1289.1	300.0	65.0	22.8	2.1	86.0	39.3	45.7	1.0	5.3	0.0			1.4	934.1	40.5	3.0	70.4	67.1	
浙江	599.1	535.7	477.4	35.8	20.6	28.2	35.2	0.8	29.4	4.7	23.3	0.9	40.6		0.1		17.5	743.6		183.7	38.3	76.8	
安徽	4007.3	3889.3	1681.2	1607.5	595.6	103.0	14.9	8.9	158.0	71.1	84.3	1.1	10.1		2.0	2.0	11.2	643.8	36.4	2.3	122.6	48.2	

年份地区	粮食	谷物	稻谷	小麦	玉米	豆类	薯类	棉花	油类	花生	油菜籽	芝麻	甘蔗	甜菜	烟叶	烤烟	茶叶	水果	苹果	柑桔	梨	葡萄	香蕉
福建	498.6	412.7	398.3	0.1	12.6	10.8	75.1	0.0	21.2	20.3	0.9	0.0	26.1		10.7	10.7	41.8	683.1		339.2	17.5	20.8	42.1
江西	2190.7	2112.2	2092.2	3.2	15.7	29.4	49.1	7.2	120.8	48.1	69.1	3.7	64.6		3.6	3.4	6.5	684.4		410.8	16.3	8.6	
山东	5319.5	5190.8	98.6	2471.7	2607.2	44.5	84.2	21.7	310.9	306.7	2.2	0.1			4.6	4.6	2.2	2788.8	952.2		101.1	109.4	
河南	6648.9	6483.4	501.4	3602.9	2351.4	101.7	63.8	3.8	631.0	572.4	39.0	18.8	15.4		25.3	25.0	6.3	2492.8	402.7	3.9	122.9	77.0	
湖北	2839.5	2704.0	1965.6	410.4	323.4	38.4	97.0	14.9	302.5	80.7	205.3	11.4	27.7	0.1	6.6	5.6	33.0	998.0	1.0	488.1	37.3	27.9	
湖南	3022.9	2891.5	2674.0	8.0	202.8	36.3	95.0	8.6	234.4	28.5	204.2	1.5	33.8		19.1	18.8	21.5	1016.8		528.6	19.7	18.5	
广东	1193.5	1087.5	1032.1	0.2	54.5	11.3	94.7		106.3	104.4	1.1	0.6	1412.7		4.3	3.8	10.0	1669.2		437.2	11.3		422.8
广西	1372.8	1295.9	1016.2	0.5	273.4	26.2	50.7	0.1	66.7	62.7	2.3	1.2	7292.8		1.8	1.4	7.5	2116.6		836.5	40.2	55.9	323.2
海南	147.1	130.7	130.7			1.9	14.6		8.4	8.3		0.1	132.5		0.0	0.0	0.1	430.4		7.0			121.6
重庆	1079.3	753.6	486.9	8.2	251.3	40.9	284.9		63.7	13.6	48.6	0.4	9.1		6.2	5.2	4.2	431.3	0.4	261.2	29.0	11.7	0.1
四川	3493.7	2830.9	1478.6	247.3	1066.3	121.5	541.3	0.4	362.5	67.7	292.2	0.2	36.2	0.2	16.2	14.0	30.1	1080.7	72.6	433.0	94.7	37.6	4.9
贵州	1059.7	739.2	420.7	33.2	259.0	29.3	291.2	0.1	112.6	11.5	86.2	0.1	62.5	0.0	25.1	22.8	18.0	369.5	9.1	47.9	35.9	31.3	4.0
云南	1860.5	1581.7	527.7	74.3	926.0	118.1	160.7	0.0	61.0	7.0	52.5	0.0	1640.1		84.5	82.3	42.3	813.4	51.9	98.1	57.6	101.3	203.5
西藏	104.4	101.5	0.5	19.5	3.4	2.2	0.6		5.9	0.0	5.8							0.3					
陕西	1226.0	1103.1	80.7	401.3	584.2	28.6	94.3	1.0	61.0	12.6	36.9	1.1	0.1	0.0	4.0	3.4	7.1	1835.1	1008.7	46.9	99.7	72.8	
甘肃	1151.4	918.5	2.5	280.5	590.0	30.6	202.3	3.5	70.4	0.2	35.5			25.2	0.6	0.6	0.1	609.3	291.5	0.1	19.0	25.3	
青海	103.1	64.0		42.6	11.5	2.9	36.2		28.5		28.1			0.0				3.5	0.4		0.4	0.0	
宁夏	392.6	353.4	66.6	41.6	234.6	2.8	36.4		7.3	0.0	0.6				0.1	0.1		197.2	18.2		0.9	19.9	
新疆	1504.2	1478.8	72.7	571.9	827.6	14.0	11.5	511.1	67.8	2.7	17.7	0.0		424.7	0.0			1497.8	163.3		116.2	293.5	

注：2003 年起水果产量包括瓜果类产量。

4.15 畜产品产量

（单位：万吨）

年份 地区	肉类	猪牛羊肉	猪肉	牛肉	羊肉	奶类	牛奶	禽蛋	蜂蜜
1996	4584.0	3694.7	3158.0	355.7	181.0	735.8	629.4	1965.2	18.3
2000	6013.9	4743.2	3966.0	513.1	264.1	919.1	827.4	2182.0	24.6
2005	6938.9	5473.5	4555.3	568.1	350.1	2864.8	2753.4	2438.1	29.3
2006	7099.9	5608.4	4650.3	590.3	367.7	3051.6	2944.6	2424.0	33.4
2007	6916.4	5319.8	4307.9	626.2	385.7	3055.2	2947.1	2546.7	38.0
2008	7370.9	5692.9	4682.0	617.7	393.2	3236.2	3010.6	2699.6	38.5
2009	7706.7	5958.5	4932.8	626.2	399.4	3153.9	2995.1	2751.9	39.7
2010	7993.6	6173.5	5138.4	629.1	406.0	3211.3	3038.9	2776.9	38.2
2011	8023.0	6140.3	5131.6	610.7	398.0	3262.8	3109.9	2830.4	41.2
2012	8471.1	6462.8	5443.5	614.7	404.5	3306.7	3174.9	2885.4	43.8
2013	8632.8	6641.6	5618.6	613.1	409.9	3118.9	3000.8	2905.5	43.7
2014	8817.9	6864.2	5820.8	615.7	427.6	3276.5	3159.9	2930.3	46.3
2015	8749.5	6702.2	5645.4	616.9	439.9	3295.5	3179.8	3046.1	47.3
2016	8628.3	6502.6	5425.5	616.9	460.3	3173.9	3064.0	3160.5	55.5
2017	8654.4	6557.5	5451.8	634.6	471.1	3148.6	3038.6	3096.3	54.3

年份 地区	肉 类	猪牛羊肉	猪 肉	牛 肉	羊 肉	奶 类	牛 奶	禽 蛋	蜂 蜜
2018	8624.6	6522.9	5403.7	644.1	475.1	3176.8	3074.6	3128.3	44.7
北 京	17.5	15.1	13.5	0.9	0.6	31.1	31.1	11.2	0.1
天 津	33.9	25.3	21.2	2.9	1.2	48.0	48.0	19.4	0.0
河 北	466.7	373.3	286.3	56.5	30.5	391.1	384.8	378.0	1.1
山 西	93.1	77.1	62.5	6.5	8.1	81.7	81.1	102.6	0.6
内蒙古	267.3	239.6	71.8	61.4	106.3	571.8	565.6	55.2	0.4
辽 宁	377.1	244.2	210.1	27.5	6.6	132.6	131.8	297.2	0.3
吉 林	253.6	172.3	127.0	40.7	4.6	39.0	38.8	117.1	1.1
黑龙江	247.5	204.9	149.9	42.6	12.5	458.5	455.9	108.5	1.9
上 海	13.5	11.6	11.3	0.0	0.3	33.4	33.4	3.2	0.1
江 苏	328.5	216.1	205.5	2.8	7.8	50.0	50.0	178.0	0.5
浙 江	104.6	77.5	74.0	1.2	2.3	15.8	15.7	31.5	6.6
安 徽	421.7	269.7	243.9	8.7	17.1	30.8	30.8	158.3	2.1
福 建	256.1	117.1	113.1	1.9	2.0	14.3	13.8	44.3	1.6
江 西	325.7	260.9	246.3	12.5	2.1	9.6	9.6	47.0	1.8
山 东	854.7	534.2	421.0	76.4	36.8	232.5	225.1	447.0	0.4
河 南	669.4	540.7	479.0	34.8	26.9	208.9	202.7	413.6	6.1
湖 北	430.9	358.8	333.2	15.8	9.7	12.8	12.8	171.5	2.3
湖 南	541.7	479.6	446.8	17.9	14.9	6.2	6.2	105.4	1.0
广 东	449.9	287.6	281.5	4.1	2.0	13.9	13.9	39.2	2.4
广 西	426.8	279.6	263.9	12.3	3.4	8.9	8.9	22.3	1.6
海 南	79.9	48.7	45.6	1.9	1.1	0.2	0.2	4.7	0.1
重 庆	182.3	146.1	132.2	7.2	6.8	4.9	4.9	41.5	2.2
四 川	664.7	542.0	481.2	34.5	26.3	64.3	64.2	148.8	5.4
贵 州	213.7	189.8	164.8	19.9	5.0	4.6	4.6	20.0	0.4
云 南	427.2	378.5	323.8	36.0	18.6	65.7	58.2	32.7	1.2
西 藏	28.4	27.8	1.0	20.9	5.9	40.8	36.4	0.5	0.0
陕 西	114.5	104.4	86.6	8.2	9.6	159.7	109.7	61.6	0.6
甘 肃	101.2	95.6	50.6	21.4	23.6	41.1	40.5	14.1	0.4
青 海	36.5	35.5	9.2	13.2	13.1	33.5	32.6	2.3	0.2
宁 夏	34.1	30.3	8.8	11.5	9.9	169.4	168.3	14.4	0.1
新 疆	162.0	139.4	38.1	42.0	59.4	201.7	194.9	37.3	2.0

4.16 水产品产量

（单位：万吨）

年份地区	水产品总产量	海水产品	天然生产	人工养殖	鱼 类	虾蟹类	贝 类	藻 类	其 他	淡水产品	天然生产	人工养殖	鱼 类	虾蟹类	贝 类	其他
1978	465.4	359.5	314.5	45.0	256.1	50.6	26.8	26.0		105.9	29.6	76.2	99.7	3.8	2.4	
1980	449.7	325.7	281.3	44.4	234.1	42.1	23.4	26.2		124.0	33.9	90.2	116.3	5.2	2.5	
1985	705.2	419.7	348.5	71.2	274.5	70.6	47.3	27.3		285.4	47.6	237.8	276.5	5.5	3.4	

年份地区	水产品总产量	海水产品	天然生产	人工养殖	鱼 类	虾蟹类	贝 类	藻 类	其 他	淡水产品	天然生产	人工养殖	鱼 类	虾蟹类	贝 类	其他
1990	1237.0	713.3	550.9	162.4	423.1	107.0	147.3	27.5	8.2	523.7	78.3	445.4	504.9	9.5	7.6	1.8
1995	2517.2	1439.1	1026.8	412.3	758.1	184.8	392.3	74.9	29.0	1078.1	137.3	940.8	1018.6	27.3	20.5	11.6
2000	3706.2	2203.9	1275.9	928.0	896.7	257.9	901.7	106.1	41.5	1502.3	193.4	1308.9	1358.4	76.3	40.0	27.7
2005	4419.9	2465.9	1255.1	1210.8	913.9	281.3	1008.1	133.9	128.6	1954.0	221.0	1733.0	1737.2	140.3	46.3	30.2
2006	4583.6	2509.6	1245.4	1264.2	892.1	299.4	1046.7	137.6	133.8	2074.0	220.4	1853.6	1822.5	167.8	50.9	32.8
2007	4747.5	2550.9	1243.6	1307.3	891.3	298.9	1068.2	138.8	153.7	2196.6	225.6	1971.0	1908.5	202.1	50.5	35.5
2008	4895.6	2598.3	1258.0	1340.3	864.3	288.8	1072.5	142.3	122.1	2297.3	224.8	2072.5	1998.5	210.1	50.1	38.7
2009	5116.4	2681.6	1276.3	1405.2	880.8	303.6	1120.0	148.4	131.0	2434.8	218.4	2216.5	2109.9	228.8	52.0	44.2
2010	5373.0	2797.5	1315.2	1482.3	906.3	310.4	1170.4	156.6	142.1	2575.5	228.9	2346.5	2225.6	248.1	53.8	47.9
2011	5603.2	2908.0	1356.7	1551.3	1075.2	321.8	1212.8	162.9	135.3	2695.2	223.2	2471.9	2343.7	248.8	53.9	48.8
2012	5502.1	2889.6	1314.4	1575.2	957.3	345.7	1264.8	179.0	142.8	2612.5	204.0	2408.5	2235.9	268.7	54.0	54.0
2013	5744.2	2992.4	1327.7	1664.7	972.8	362.6	1327.6	188.5	140.9	2751.9	204.2	2547.7	2366.5	277.0	52.8	55.5
2014	6001.9	3136.3	1403.9	1732.4	1042.5	382.9	1371.7	202.9	136.2	2865.7	202.5	2663.2	2470.7	288.7	51.4	54.8
2015	6211.0	3232.3	1435.7	1796.6	1078.0	386.3	1414.0	211.5	142.5	2978.7	199.3	2779.3	2571.9	300.2	51.6	54.9
2016	6379.5	3301.3	1386.0	1915.3	1063.1	396.1	1476.9	219.3	145.8	3078.2	200.3	2877.9	2653.8	316.1	52.5	55.8
2017	6445.3	3321.7	1321.0	2000.7	1115.8	370.7	1481.4	224.8	129.0	3123.6	218.3	2905.3	2702.6	320.8	46.7	53.6
2018	6457.7	3301.4	1270.2	2031.2	1091.5	368.2	1487.0	236.2	118.5	3156.2	196.4	2959.8	2691.4	369.7	40.8	54.4
北 京	3.0	0.2	0.2		0.2					2.8	0.2	2.6	2.8			
天 津	32.6	4.9	4.1	0.8	3.8	0.8	0.2		0.1	27.8	0.6	27.2	23.7	4.0	0.0	0.1
河 北	109.6	76.8	27.8	49.0	19.9	7.7	45.2	0.1	3.9	32.8	4.2	28.6	29.3	3.0	0.2	0.4
山 西	4.8									4.8	0.2	4.5	4.7	0.0		0.0
内蒙古	13.9									13.9	2.1	11.8	13.6	0.1		0.2
辽 宁	450.8	367.0	80.6	286.4	65.6	14.4	234.9	34.2	17.9	83.8	3.9	79.9	76.6	6.5	0.0	0.8
吉 林	23.4									23.4	1.9	21.5	23.0	0.4	0.0	
黑龙江	62.4									62.4	4.7	57.7	61.6	0.8	0.0	0.0
上 海	26.3	16.7	16.7		15.9	0.8	0.0		0.0	9.6	0.2	9.4	6.4	3.2		0.0
江 苏	494.8	140.8	49.0	91.8	35.7	25.4	70.8	4.3	4.6	354.0	28.7	325.3	252.5	89.4	9.0	3.2
浙 江	589.6	463.2	342.3	120.9	254.2	86.4	98.0	8.9	15.7	126.4	13.1	113.3	95.9	14.6	3.4	12.5
安 徽	225.0									225.0	25.9	199.0	169.8	42.5	8.0	4.7
福 建	783.9	696.8	218.0	478.8	210.8	50.7	306.6	112.0	16.7	87.1	7.0	80.1	71.9	8.4	4.8	2.0
江 西	255.9									255.9	22.4	233.5	222.7	18.8	6.5	7.9
山 东	861.4	736.1	215.0	521.1	172.1	38.9	429.3	66.7	29.2	125.3	8.3	117.1	112.3	12.0	0.4	0.7
河 南	98.4									98.4	10.8	87.5	92.2	5.3	0.2	0.7
湖 北	458.4									458.4	18.1	440.3	349.3	101.7	0.8	6.6
湖 南	246.9									246.9	9.0	238.0	213.7	26.9	1.7	4.7
广 东	842.4	449.2	132.4	316.7	155.7	79.4	194.2	7.9	11.9	393.3	11.5	381.7	357.6	27.1	3.6	5.0
广 西	332.0	194.4	58.1	136.3	39.2	43.9	103.2		8.1	137.6	9.3	128.3	132.6	1.0	1.4	2.6
海 南	175.8	137.8	108.4	29.4	100.9	19.9	4.6	2.0	10.4	38.0	1.3	36.7	37.4	0.3	0.1	0.3
重 庆	53.0									53.0	1.9	51.1	51.7	0.8	0.0	0.5

年份地区	水产品总产量	海水产品	天然生产	人工养殖	鱼 类	虾蟹类	贝 类	藻 类	其 他	淡水产品	天然生产	人工养殖	鱼 类	虾蟹类	贝 类	其他
四 川	153.5									153.5	4.5	148.9	150.4	1.9	0.3	0.9
贵 州	23.7									23.7	1.1	22.6	23.4	0.2	0.0	0.1
云 南	63.8									63.8	3.1	60.6	63.0	0.5	0.2	0.1
西 藏	0.0									0.0	0.0	0.0	0.0			0.0
陕 西	16.3									16.3	0.7	15.6	15.6	0.0	0.0	0.6
甘 肃	1.4									1.4		1.4	1.4	0.0		0.0
青 海	1.7									1.7		1.7	1.7	0.0		
宁 夏	17.7									17.7	0.0	17.7	17.6	0.1		0.0
新 疆	17.4									17.4	1.4	16.0	17.0	0.4	0.0	0.0
中农发集团	17.6	17.6	17.6		17.6											

注：1. 2012-2016 年水产品、海水产品、天然生产、人工养殖、鱼类等数据根据农业普查结果进行了修订，其他项未做修订。

2. 2013 年起中国水产总公司改名为中农发集团 (China National Agricultural Development Group Co.LTD，简称 CNADG)。

4.17 城镇居民人均主要食品消费量

（单位：千克）

指 标	2013	2014	2015	2016	2017	2018
粮食（原粮）	121.3	117.2	112.6	111.9	109.7	110.0
谷物	110.6	106.5	101.6	100.5	98.6	98.8
薯类	1.9	2.0	2.1	2.3	2.3	2.4
豆类	8.8	8.6	8.9	9.1	8.8	8.8
食用油	10.9	11.0	11.1	11.0	10.7	9.4
# 食用植物油	10.5	10.6	10.7	10.6	10.3	8.9
蔬菜及食用菌	103.8	104.0	104.4	107.5	106.7	103.1
# 鲜菜	100.1	100.1	100.2	103.2	102.5	99.0
肉类	28.5	28.4	28.9	29.0	29.2	31.2
# 猪肉	20.4	20.8	20.7	20.4	20.6	22.7
牛肉	2.2	2.2	2.4	2.5	2.6	2.7
羊肉	1.1	1.2	1.5	1.8	1.6	1.5
禽类	8.1	9.1	9.4	10.2	9.7	9.8
水产品	14.0	14.4	14.7	14.8	14.8	14.3
蛋类	9.4	9.8	10.5	10.7	10.9	10.8
奶类	17.1	18.1	17.1	16.5	16.5	16.5
干鲜瓜果类	51.1	52.9	55.1	58.1	59.9	62.0
# 鲜瓜果	47.6	48.1	49.9	52.6	54.3	56.4
坚果类	3.4	3.7	4.0	4.2	4.3	4.1

指 标	2013	2014	2015	2016	2017	2018
食糖	1.3	1.3	1.3	1.3	1.3	1.3

4.18 农村居民人均主要食品消费量

（单位：千克）

指 标	2013	2014	2015	2016	2017	2018
粮食（原粮）	178.5	167.6	159.5	157.2	154.6	148.5
谷物	169.8	159.1	150.2	147.1	144.8	137.9
薯类	2.7	2.4	2.7	2.9	2.8	3.0
豆类	6.0	6.2	6.6	7.3	7.1	7.7
食用油	10.3	9.8	10.1	10.2	10.1	9.9
#食用植物油	9.3	9.0	9.2	9.3	9.2	9.0
蔬菜及食用菌	90.6	88.9	90.3	91.5	90.2	87.5
#鲜菜	89.2	87.5	88.7	89.7	88.5	85.6
肉类	22.4	22.5	23.1	22.7	23.6	27.5
#猪肉	19.1	19.2	19.5	18.7	19.5	23.0
牛肉	0.8	0.8	0.8	0.9	0.9	1.1
羊肉	0.7	0.7	0.9	1.1	1.0	1.0
禽类	6.2	6.7	7.1	7.9	7.9	8.0
水产品	6.6	6.8	7.2	7.5	7.4	7.8
蛋类	7.0	7.2	8.3	8.5	8.9	8.4
奶类	5.7	6.4	6.3	6.6	6.9	6.9
干鲜瓜果类	29.5	30.3	32.3	36.8	38.4	39.9
#鲜瓜果	27.1	28.0	29.7	33.8	35.1	36.3
坚果类	2.5	1.9	2.1	2.4	2.6	2.8
食糖	1.2	1.3	1.3	1.4	1.4	1.3

4.19 居民消费价格分类指数（2018 年）

（上年 =100）

项目名称	全 国	城 市	农 村
居民消费价格总指数	102.1	102.1	102.1
食品烟酒	101.9	102.1	101.1
食品	101.8	102.1	101.0
粮食	100.8	100.8	100.8
薯类	107.1	107.8	105.7
豆类	100.9	101.1	100.6
食用油	99.2	99.6	98.3
菜	106.6	106.9	105.6
#鲜菜	107.1	107.5	106.0

项目名称	全 国	城 市	农 村
畜肉类	96.2	96.8	94.6
禽肉类	105.5	105.3	106.2
水产品	102.3	102.2	102.7
蛋类	112.0	111.7	112.7
奶类	101.4	101.6	100.8
干鲜瓜果类	104.1	104.0	104.5
#鲜瓜果	105.6	105.5	105.9
糖果糕点类	102.0	102.2	101.6
调味品	101.9	102.0	101.5
其他食品类	101.3	101.4	101.2
茶及饮料	101.7	101.8	101.5
烟酒	101.2	101.4	100.9
在外餐饮	102.4	102.4	102.3

4.20 农产品生产者价格指数

（上年=100）

指 标	2014	2015	2016	2017	2018
农产品生产者价格指数	99.8	101.7	103.4	96.5	99.1
种植业产品	101.8	99.2	97.0	99.5	101.2
谷物	102.7	98.7	92.2	100.5	102.3
#小麦	105.1	99.2	94.1	104.4	100.1
稻谷	102.2	101.6	98.8	100.7	99.7
玉米	101.7	96.5	86.8	97.1	105.1
大豆	101.8	99.0	97.6	97.7	97.9
油料	99.9	100.8	101.1	100.5	99.1
棉花	87.1	87.5	118.4	100.8	97.9
糖料	99.7	98.8	106.5	106.3	98.8
蔬菜	98.5	104.6	107.0	95.6	103.6
水果	106.4	99.7	92.5	104.8	101.1
林业产品	99.4	97.9	96.1	104.9	98.9
畜牧业产品	97.1	104.2	110.4	90.8	95.6
生猪	92.2	108.9	119.4	86.0	85.6
活牛	104.4	99.1	98.7	98.8	104.9
活羊	100.8	89.4	93.6	107.1	114.7
活家禽	104.4	101.3	99.6	96.7	107.7
禽蛋	105.7	96.9	94.3	92.8	117.6
生奶	107.9	92.2	96.2	100.0	101.3
渔业产品	103.1	102.5	103.4	104.9	102.6
海水养殖产品	101.9	101.0	104.1	107.9	101.4

指 标	2014	2015	2016	2017	2018
海水捕捞产品	103. 1	106. 0	106. 2	103. 1	104. 7
淡水养殖产品	103. 8	102. 1	102. 0	102. 4	102. 2

4. 21 全国居民人均主要食品消费量

（单位：千克）

指 标	2013	2014	2015	2016	2017	2018
粮食（原粮）	148. 7	141. 0	134. 5	132. 8	130. 1	127. 2
谷物	138. 9	131. 4	124. 3	122. 0	119. 6	116. 3
薯类	2. 3	2. 2	2. 4	2. 6	2. 5	2. 6
豆类	7. 5	7. 5	7. 8	8. 3	8. 0	8. 3
食用油	10. 6	10. 4	10. 6	10. 6	10. 4	9. 6
# 食用植物油	9. 9	9. 8	10. 0	10. 0	9. 8	8. 9
蔬菜及食用菌	97. 5	96. 9	97. 8	100. 1	99. 2	96. 1
# 鲜菜	94. 9	94. 1	94. 9	96. 9	96. 1	93. 0
肉类	25. 6	25. 6	26. 2	26. 1	26. 7	29. 5
# 猪肉	19. 8	20. 0	20. 1	19. 6	20. 1	22. 8
牛肉	1. 5	1. 5	1. 6	1. 8	1. 9	2. 0
羊肉	0. 9	1. 0	1. 2	1. 5	1. 3	1. 3
禽类	7. 2	8. 0	8. 4	9. 1	8. 9	9. 0
水产品	10. 4	10. 8	11. 2	11. 4	11. 5	11. 4
蛋类	8. 2	8. 6	9. 5	9. 7	10. 0	9. 7
奶类	11. 7	12. 6	12. 1	12. 0	12. 1	12. 2
干鲜瓜果类	40. 7	42. 2	44. 5	48. 3	50. 1	52. 1
# 鲜瓜果	37. 8	38. 6	40. 5	43. 9	45. 6	47. 4
坚果类	3. 0	2. 9	3. 1	3. 4	3. 5	3. 5
食糖	1. 2	1. 3	1. 3	1. 3	1. 3	1. 3

4. 22 分地区城镇居民人均消费支出（2018 年）

（单位：元）

地 区	消费支出	食品烟酒	衣着	居住	生活用品及服务	交通通信	教育文化娱乐	医疗保健	其他用品及服务
全 国	26112. 3	7239. 0	1808. 2	6255. 0	1629. 4	3473. 5	2974. 1	2045. 7	687. 4
北 京	42925. 6	8576. 9	2346. 1	15390. 6	2496. 2	5032. 6	4401. 6	3475. 8	1205. 9
天 津	32655. 1	9420. 8	2200. 7	7037. 6	1915. 7	4636. 7	3598. 1	2825. 1	1020. 4
河 北	22127. 4	5555. 6	1799. 0	5577. 1	1508. 0	2982. 0	2305. 0	1883. 7	517. 0
山 西	19789. 8	4702. 6	1821. 5	4246. 8	1219. 5	2497. 4	2638. 2	2138. 4	525. 4
内蒙古	24437. 1	6583. 5	2455. 8	4594. 4	1631. 0	3736. 4	2592. 1	2105. 7	738. 2
辽 宁	26447. 9	7081. 1	2121. 7	5146. 1	1610. 2	3551. 2	3410. 2	2626. 9	900. 4
吉 林	22393. 7	5563. 8	2023. 2	4417. 2	1301. 7	3057. 6	2830. 8	2469. 2	730. 2

地 区	消费支出	食品烟酒	衣着	居住	生活用品及服务	交通通信	教育文化娱乐	医疗保健	其他用品及服务
黑龙江	21035.5	5630.1	1920.2	4089.2	1173.2	2605.4	2472.9	2466.5	678.0
上 海	46015.2	11103.9	2139.4	15376.6	2204.6	5107.8	5490.9	3221.8	1370.2
江 苏	29461.9	7686.7	1925.8	8103.9	1785.8	3819.8	3129.0	2273.3	737.8
浙 江	34597.9	9370.7	2231.5	9154.0	1967.1	5010.5	3684.2	2286.6	893.4
安 徽	21522.7	6672.1	1661.1	4909.9	1321.3	2630.3	2372.4	1419.3	536.3
福 建	28145.1	9000.7	1554.1	7716.3	1516.2	3630.7	2727.6	1374.8	624.7
江 西	20760.0	6232.6	1628.8	4561.7	1493.7	2537.6	2490.5	1218.9	596.2
山 东	24798.4	6528.8	2008.4	5302.3	1901.2	3604.7	2902.7	1966.3	584.0
河 南	20989.2	5399.5	1705.0	5021.0	1489.4	2510.6	2429.9	1925.2	508.5
湖 北	23995.9	6737.5	1741.2	5392.0	1572.9	3103.2	2694.6	2162.8	591.5
湖 南	25064.2	6848.9	1823.5	5060.9	1635.6	3220.3	3924.5	2034.4	516.0
广 东	30924.3	9780.2	1415.3	8147.8	1726.2	4107.3	3335.7	1591.3	820.5
广 西	20159.4	6180.4	967.7	4235.9	1254.1	2902.8	2466.9	1699.3	452.2
海 南	22971.2	8184.7	938.4	5055.5	1086.0	2592.9	2855.7	1669.8	588.2
重 庆	24154.2	7597.5	2010.1	4325.4	1712.7	3248.3	2588.8	2054.5	616.9
四 川	23483.9	7571.0	1712.6	4390.7	1562.0	3365.5	2383.8	1832.2	666.2
贵 州	20787.9	5604.8	1588.2	3717.6	1344.7	3971.0	2413.5	1657.8	490.3
云 南	21626.4	5845.8	1392.1	4803.9	1293.0	3227.9	2664.1	1875.0	524.6
西 藏	23029.4	8975.0	2168.5	4726.5	1389.6	3123.9	1175.8	871.1	599.0
陕 西	21966.4	5928.7	1728.2	4300.9	1740.5	2752.7	2729.7	2233.4	552.4
甘 肃	22606.0	6491.3	1906.3	5060.8	1446.8	2448.9	2440.3	2207.4	604.2
青 海	22997.5	6351.2	2004.0	4235.4	1385.6	3611.9	2393.6	2371.1	644.6
宁 夏	21976.7	5374.4	1952.9	4032.2	1416.7	3528.6	2888.7	2152.0	631.1
新 疆	24191.4	6899.7	2233.1	4287.2	1641.8	3425.2	2651.4	2272.6	780.3

4.23 分地区城镇居民家庭人均主要食品消费量（2018 年）

（单位：千克）

地区	粮食（原粮）	谷物	食用油	食用植物油	蔬菜及食用菌	肉类	猪肉	牛肉	羊肉	禽类	水产品	蛋类	奶类	干鲜瓜果类	食糖
全 国	110.0	98.8	9.4	8.9	103.1	31.2	22.7	2.7	1.5	9.8	14.3	10.8	16.5	62.0	1.3
北 京	89.1	79.0	6.9	6.7	106.3	25.7	15.8	3.4	2.6	5.9	9.3	14.6	27.6	76.0	1.1
天 津	109.5	99.4	9.4	9.3	118.5	27.1	16.5	3.3	2.8	6.0	17.3	18.2	20.2	88.1	1.3
河 北	123.0	110.7	7.6	7.3	107.5	27.1	17.5	2.4	2.2	5.9	7.6	15.6	21.5	78.8	1.0
山 西	114.9	100.5	7.0	6.8	93.0	17.8	11.6	1.1	1.5	3.0	3.8	12.3	19.7	69.4	1.0
内蒙古	133.6	120.9	8.3	8.1	102.1	35.0	17.4	4.3	8.5	6.1	6.2	10.6	28.8	70.1	1.3
辽 宁	118.8	104.0	10.2	10.0	115.9	28.2	17.9	3.5	1.6	6.1	17.2	13.8	19.8	75.5	1.3
吉 林	116.5	103.8	10.7	10.6	96.9	24.5	16.3	3.4	1.0	4.9	10.0	10.8	14.1	67.1	1.3
黑龙江	124.7	111.7	12.0	11.9	107.2	27.3	17.6	2.9	1.6	5.5	11.0	12.5	14.3	73.6	1.7
上 海	106.2	93.6	7.8	7.2	104.0	30.5	21.4	3.1	1.1	12.1	24.5	11.9	21.7	64.2	1.5
江 苏	111.6	99.5	8.5	8.1	107.1	30.5	22.2	2.5	1.1	11.9	20.1	11.2	17.3	52.0	1.1

地区	粮食（原粮）	谷物	食用油	食用植物油	蔬菜及食用菌	肉类	猪肉	牛肉	羊肉	禽类	水产品	蛋类	奶类	干鲜瓜果类	食糖
浙 江	119.2	106.9	11.1	10.5	91.2	29.6	22.7	2.9	0.7	11.4	25.2	8.7	15.1	59.0	1.4
安 徽	118.3	105.3	8.7	7.9	96.5	29.9	22.5	2.9	1.1	12.5	13.2	11.9	14.3	58.5	1.0
福 建	100.2	91.3	8.7	7.9	86.2	34.7	28.0	2.5	0.8	10.7	26.0	8.8	14.5	52.1	1.4
江 西	121.2	109.6	14.4	13.7	107.0	34.5	27.4	3.3	0.6	10.4	16.0	8.4	15.7	54.1	1.2
山 东	106.8	96.4	7.5	7.3	102.3	26.7	17.0	1.8	1.3	6.5	16.0	17.1	21.0	85.1	0.9
河 南	121.7	109.6	8.9	8.8	101.0	21.9	14.3	1.9	1.6	7.0	5.6	14.6	19.3	68.0	1.3
湖 北	90.8	80.3	9.1	8.7	109.4	29.6	22.5	2.7	0.8	6.3	17.2	7.4	8.9	51.3	0.8
湖 南	109.0	99.4	11.6	9.2	102.3	36.8	30.1	2.7	0.8	10.9	14.5	7.8	10.1	67.8	1.3
广 东	93.9	86.3	8.2	7.8	98.5	40.7	33.1	2.5	0.8	19.8	23.1	7.6	10.8	45.1	1.4
广 西	97.1	89.5	7.6	6.8	92.8	38.3	31.6	2.9	0.9	19.8	12.9	6.5	9.2	50.9	1.4
海 南	83.3	77.3	9.0	8.2	98.9	35.8	29.7	2.7	1.3	19.4	29.4	5.6	7.1	38.0	1.2
重 庆	100.8	88.2	13.6	12.4	123.4	43.8	37.0	2.0	0.7	11.4	11.3	9.5	15.9	50.5	2.3
四 川	108.8	96.1	12.2	11.3	129.3	45.7	36.1	2.6	0.6	11.6	9.4	8.5	17.4	52.2	1.7
贵 州	100.9	89.5	8.3	6.9	79.5	33.5	28.7	1.7	0.3	6.8	3.6	4.7	8.0	46.9	0.8
云 南	95.8	86.0	8.4	7.0	96.5	30.2	22.7	3.2	0.5	7.2	5.3	4.9	9.3	46.0	1.3
西 藏	207.3	192.0	19.9	15.3	86.8	54.0	12.4	35.2	5.5	4.6	1.8	8.4	21.0	12.8	3.5
陕 西	120.0	105.9	10.5	10.2	98.4	19.3	13.0	1.6	1.3	4.0	4.7	10.1	20.3	65.5	1.2
甘 肃	137.8	125.2	11.2	11.0	103.7	24.3	15.5	2.1	2.7	6.0	4.5	12.6	24.2	79.0	1.9
青 海	90.0	84.4	8.7	8.6	61.8	25.5	10.2	8.5	5.0	3.4	2.9	5.3	22.9	34.9	1.0
宁 夏	88.8	82.4	6.4	6.3	92.8	17.3	7.3	3.9	4.7	5.9	3.6	7.1	18.0	84.7	1.3
新 疆	140.0	134.9	14.8	14.6	107.5	26.8	6.5	6.5	11.1	6.6	5.5	8.1	30.2	65.4	1.3

4.24 分地区居民家庭人均主要食品消费量（2018 年）

（单位：千克）

地区	粮食（原粮）	谷物	食用油	食用植物油	蔬菜及食用菌	肉类	猪肉	牛肉	羊肉	禽类	水产品	蛋类	奶类	干鲜瓜果类	食糖
全 国	127.2	116.3	9.6	8.9	96.1	29.5	22.8	2.0	1.3	9.0	11.4	9.7	12.2	52.1	1.3
北 京	91.9	81.7	7.2	7.1	106.3	25.9	16.3	3.3	2.7	5.8	8.9	14.6	26.0	74.7	1.1
天 津	118.3	107.9	9.9	9.8	116.8	26.9	16.8	2.9	2.7	5.7	16.7	17.7	18.6	86.2	1.4
河 北	130.8	119.6	7.6	7.3	95.5	23.0	15.8	1.5	1.4	4.9	5.9	13.7	14.4	66.8	1.1
山 西	137.6	121.3	7.5	7.2	83.7	15.3	10.8	0.7	1.1	2.4	2.6	11.3	15.7	55.9	1.0
内蒙古	153.0	140.0	7.6	7.4	94.0	34.3	20.0	3.3	7.5	5.6	5.2	9.2	22.2	58.0	1.4
辽 宁	127.8	113.3	10.3	10.1	107.7	27.0	19.0	2.6	1.3	5.1	13.7	12.1	14.9	61.8	1.2
吉 林	132.6	119.0	10.8	10.6	92.3	24.8	18.9	2.3	0.7	4.9	8.0	10.1	10.0	53.9	1.3
黑龙江	139.9	126.5	12.9	12.8	95.8	25.7	18.5	2.0	1.1	5.3	9.0	10.9	10.4	64.3	1.8
上 海	110.5	98.1	8.0	7.5	103.6	31.4	22.4	3.0	1.1	12.3	24.5	12.0	20.8	63.5	1.5
江 苏	121.9	108.9	9.1	8.8	100.1	28.6	21.2	2.1	0.9	10.7	17.8	10.5	15.1	45.1	1.1
浙 江	132.9	119.6	11.6	10.9	91.7	29.8	23.7	2.5	0.7	10.7	22.9	8.4	13.2	52.6	1.5
安 徽	139.5	126.1	9.5	8.5	95.3	28.3	22.1	2.2	0.9	12.0	12.0	11.3	11.7	52.6	1.0

地区	粮食（原粮）	谷物	食用油	食用植物油	蔬菜及食用菌	肉类	猪肉	牛肉	羊肉	禽类	水产品	蛋类	奶类	干鲜瓜果类	食糖
福 建	125.1	115.9	9.1	7.9	90.8	34.7	29.1	1.9	0.7	11.5	23.9	8.6	11.7	47.2	1.7
江 西	134.5	124.9	13.6	12.9	97.0	30.6	25.5	2.2	0.4	8.7	12.7	7.2	10.8	41.5	1.1
山 东	117.2	107.1	7.6	7.5	92.8	23.9	15.9	1.2	1.0	6.0	12.1	16.0	16.4	74.2	0.9
河 南	123.4	113.0	8.4	8.3	84.7	18.5	12.9	1.2	1.1	6.0	4.0	12.8	12.5	56.0	1.3
湖 北	110.9	100.3	10.5	10.1	111.4	28.4	22.9	1.9	0.6	5.6	15.4	7.1	6.8	43.7	0.8
湖 南	137.6	128.4	11.8	9.0	94.4	34.5	29.8	1.9	0.6	10.8	11.9	7.8	6.7	57.5	1.3
广 东	108.7	101.1	9.2	8.6	100.6	41.0	34.0	2.2	0.7	21.1	22.0	7.4	8.6	39.4	1.6
广 西	128.3	121.8	8.1	6.7	85.2	35.7	31.3	1.9	0.7	18.5	9.9	5.5	5.6	39.0	1.2
海 南	94.8	89.8	8.8	7.4	90.7	33.9	29.2	2.1	1.0	18.8	27.0	4.8	4.7	28.4	1.1
重 庆	135.7	121.2	13.8	11.7	132.0	43.9	38.8	1.3	0.6	10.0	9.9	9.8	12.6	43.7	2.8
四 川	146.6	134.2	12.1	10.8	120.7	45.4	38.9	1.7	0.5	10.4	7.2	8.4	12.5	40.6	1.9
贵 州	111.3	100.1	6.6	5.1	75.2	31.7	29.1	1.0	0.2	4.6	2.2	3.4	4.4	33.2	0.8
云 南	117.3	108.6	7.1	5.4	83.8	31.9	27.5	2.0	0.4	6.7	3.5	4.3	5.1	29.6	1.1
西 藏	208.9	201.7	15.9	9.9	42.7	29.5	6.7	17.9	4.5	1.5	0.5	3.6	14.3	6.0	4.3
陕 西	131.7	118.9	10.7	10.4	83.5	16.2	11.8	1.0	1.1	2.9	2.8	7.8	13.8	46.6	1.0
甘 肃	151.8	139.3	9.4	9.3	79.9	20.2	14.3	1.2	2.4	4.8	2.4	8.7	13.6	75.6	1.9
青 海	113.2	107.8	9.3	8.9	52.3	27.0	9.8	9.4	6.6	2.9	1.7	3.7	17.6	24.8	1.4
宁 夏	112.1	105.4	7.2	7.1	87.5	16.3	7.0	4.1	4.1	6.8	2.5	5.9	13.5	78.7	1.4
新 疆	156.2	153.1	14.1	13.8	91.8	24.4	3.7	5.1	14.0	4.9	2.9	5.6	19.9	52.3	1.2

4.25 分地区居民人均消费支出（2018 年）

（单位：元）

地 区	消费支出	食品烟酒	衣着	居住	生活用品及服务	交通通信	教育文化娱乐	医疗保健	其他用品及服务
全 国	19853.1	5631.1	1288.9	4646.6	1222.7	2675.4	2225.7	1685.2	477.5
北 京	39842.7	8064.9	2175.5	14110.3	2371.9	4767.4	3999.4	3274.5	1078.6
天 津	29902.9	8647.5	1990.0	6406.3	1818.4	4280.9	3186.6	2676.9	896.3
河 北	16722.0	4271.3	1257.4	4050.4	1138.7	2355.4	1734.5	1540.5	373.8
山 西	14810.1	3688.2	1261.0	3228.5	855.6	1845.2	1940.0	1635.1	356.4
内蒙古	19665.2	5324.3	1751.2	3680.0	1204.6	3074.3	2245.4	1847.5	537.9
辽 宁	21398.3	5727.8	1628.1	4169.5	1259.4	2968.2	2708.0	2257.1	680.2
吉 林	17200.4	4417.4	1397.0	3294.8	899.4	2479.7	2193.4	2012.0	506.7
黑龙江	16994.0	4573.2	1405.4	3176.3	886.4	2196.6	2030.3	2235.3	490.4
上 海	43351.3	10728.2	2036.8	14208.5	2095.5	4881.2	5049.4	3070.2	1281.5
江 苏	25007.4	6529.8	1541.0	6731.2	1493.3	3522.8	2582.6	2016.4	590.4
浙 江	29470.7	8198.3	1813.5	7721.2	1652.4	4302.0	3031.3	2059.4	692.6
安 徽	17044.6	5414.7	1137.4	3941.9	1041.2	2082.1	1810.4	1224.0	392.8
福 建	22996.0	7572.9	1212.1	6130.0	1223.1	2923.3	2194.0	1234.8	505.8
江 西	15792.0	4809.0	1074.1	3795.2	1047.7	1872.1	1813.0	1000.0	381.0
山 东	18779.8	5030.9	1391.8	3928.5	1394.3	2834.3	2174.4	1627.6	398.1

地 区	消费支出	食品烟酒	衣着	居住	生活用品及服务	交通通信	教育文化娱乐	医疗保健	其他用品及服务
河 南	15168.5	3959.8	1172.8	3512.0	1054.4	1838.0	1769.1	1541.5	321.0
湖 北	19537.8	5491.3	1316.2	4310.6	1253.2	2584.1	2187.5	1907.9	487.0
湖 南	18807.9	5260.0	1215.5	3976.1	1190.2	2322.9	2786.2	1705.5	351.5
广 东	26054.0	8480.8	1135.3	6643.3	1440.8	3423.9	2750.9	1520.8	658.2
广 西	14934.8	4545.7	616.7	3268.5	898.2	2150.1	1798.9	1364.6	291.9
海 南	17528.4	6552.2	655.9	3744.0	826.6	1919.0	2185.5	1236.1	409.2
重 庆	19248.5	6220.8	1454.5	3498.8	1338.9	2545.0	2087.8	1660.0	442.8
四 川	17663.6	5937.9	1173.8	3368.0	1182.2	2398.8	1599.7	1568.6	434.5
贵 州	13798.1	3792.9	934.7	2760.7	878.1	2408.0	1660.0	1083.5	280.1
云 南	14249.9	3983.4	789.1	3081.1	859.9	2212.8	1772.7	1267.7	283.2
西 藏	11520.2	4330.5	1285.2	2102.6	622.3	1847.7	609.3	460.1	262.6
陕 西	16159.7	4292.5	1141.1	3388.2	1200.8	2005.8	2008.8	1749.4	373.2
甘 肃	14624.0	4253.3	1111.5	3095.0	896.9	1640.7	1710.3	1573.9	342.4
青 海	16557.2	4671.6	1350.6	2990.0	932.0	2671.4	1655.6	1842.0	444.0
宁 夏	16715.1	4234.1	1388.2	3014.3	1067.1	2724.4	2139.5	1727.1	420.4
新 疆	16189.1	4691.6	1456.0	2894.3	1082.8	2274.4	1762.5	1592.6	434.9

4.26 分地区居民消费价格分类指数（2018 年）

（上年 =100）

地区	总指数	食品烟酒	食品	粮食	薯类	豆类	食用油	菜	鲜菜	畜肉类	禽肉类	水产品	蛋类	奶类	干鲜瓜果类	鲜瓜果	糖果糕点类	调味品	其他食品类	茶及饮料	烟酒	在外餐饮
全国	102.1	101.9	101.8	100.8	107.1	100.9	99.2	106.6	107.1	96.2	105.5	102.3	112.0	101.4	104.1	105.6	102.0	101.9	101.3	101.7	101.2	102.4
北京	102.5	103.1	102.9	101.4	106.7	100.6	100.6	111.9	112.8	99.2	103.0	100.6	115.8	100.8	102.7	104.6	101.7	101.4	102.6	101.3	101.9	103.9
天津	102.0	103.1	103.4	99.2	110.9	100.4	100.7	109.3	110.1	99.5	104.1	104.5	114.3	99.9	105.6	107.1	103.2	102.6	102.1	102.6	101.1	102.9
河北	102.4	102.0	102.2	99.9	110.2	101.0	99.5	108.5	109.3	95.9	103.9	103.2	112.9	100.6	106.3	108.9	102.2	102.6	102.4	102.5	100.4	101.9
山西	101.8	101.7	102.0	100.2	106.3	100.6	99.9	107.0	107.5	95.4	103.6	100.8	119.9	99.6	107.1	110.2	101.2	101.0	100.9	101.4	101.1	100.9
内蒙古	101.8	102.0	102.3	100.8	104.4	100.3	97.2	106.6	107.1	100.6	103.4	103.6	111.7	100.2	104.1	105.4	100.9	101.0	101.1	100.8	100.8	101.7
辽宁	102.5	102.2	102.3	100.5	106.6	100.0	99.7	106.5	107.1	96.2	105.0	104.8	111.5	101.3	107.0	108.9	101.3	100.5	101.3	103.3	101.8	101.9
吉林	102.1	101.4	101.2	101.1	111.1	99.6	99.7	106.7	107.4	94.6	103.6	101.6	111.8	102.7	102.8	103.3	103.2	102.0	100.8	102.7	101.1	101.8
黑龙江	102.0	100.9	100.7	101.3	106.9	98.9	98.9	106.3	107.0	92.2	102.7	101.2	110.7	101.9	105.3	107.2	101.4	101.9	100.9	102.1	102.0	101.1
上海	101.6	102.3	102.5	100.3	105.7	105.4	100.2	107.1	107.5	98.8	106.3	101.3	108.6	101.3	102.9	103.5	101.9	100.4	103.7	103.2	101.3	101.9
江苏	102.3	102.3	102.2	101.2	108.5	99.6	100.2	107.5	108.0	97.0	105.7	100.2	112.5	103.1	104.6	106.2	102.7	103.4	102.0	102.3	102.0	102.8
浙江	102.3	102.6	102.6	100.5	105.5	101.7	99.3	107.2	107.9	98.3	106.7	103.8	109.6	102.3	103.8	105.1	101.2	102.0	100.5	101.4	101.2	103.5
安徽	102.0	102.1	102.1	100.5	111.5	100.9	98.9	108.9	109.6	95.2	106.9	98.5	113.2	101.8	107.7	110.5	102.4	102.2	102.0	103.4	100.7	102.9
福建	101.5	101.7	101.7	100.8	104.6	101.8	99.3	107.8	108.6	95.0	108.5	102.7	110.1	100.8	103.4	104.1	101.9	101.8	103.2	101.8	100.6	102.4
江西	102.1	101.0	100.6	101.1	104.3	101.0	99.0	105.9	106.2	93.8	108.0	98.9	111.3	102.1	101.4	101.8	103.0	102.1	101.3	100.8	100.0	103.0
山东	102.5	102.3	102.4	100.4	112.8	101.2	100.2	110.0	110.7	95.7	107.0	102.7	112.2	101.0	104.9	107.1	103.2	102.5	101.2	100.7	101.7	102.7
河南	102.3	101.5	101.2	100.4	112.5	100.7	98.8	104.6	104.9	93.4	105.6	101.9	116.6	100.1	104.4	106.7	101.4	103.0	101.1	101.9	102.4	101.9
湖北	101.9	101.8	101.6	100.9	109.1	99.9	99.9	106.7	107.3	96.3	105.2	98.6	110.1	102.3	106.0	108.2	101.7	102.0	100.5	100.9	100.6	103.1
湖南	102.0	100.8	100.8	101.1	102.9	99.7	99.2	106.0	106.5	94.1	105.8	100.5	107.7	101.7	103.7	104.8	102.0	103.6	100.8	100.9	101.3	100.8

地区	总指数	食品烟酒	食品	粮食	薯类	豆类	食用油	菜	鲜菜	畜肉类	禽肉类	水产品	蛋类	奶类	干鲜瓜果类	鲜瓜果	糖果糕点类	调味品	其他食品类	茶及饮料	烟酒	在外餐饮
广东	102.2	102.1	101.8	102.1	103.7	101.2	99.8	105.1	105.6	96.3	104.6	104.9	108.5	101.8	103.0	103.5	102.4	101.7	100.8	101.6	101.8	103.1
广西	102.3	101.0	100.4	100.9	101.6	101.8	97.4	103.0	103.3	93.2	107.0	104.2	108.5	102.1	100.3	100.6	101.5	101.9	100.8	102.3	100.5	103.0
海南	102.5	101.2	100.9	100.9	104.6	101.3	98.8	103.9	104.1	97.8	104.8	101.4	108.3	104.5	95.9	95.1	100.8	101.2	101.3	100.2	100.0	102.6
重庆	102.0	101.4	101.4	98.2	104.3	100.8	98.6	106.4	107.0	96.5	105.8	101.1	115.8	100.3	101.2	103.1	99.9	101.1	100.9	101.9	99.7	101.8
四川	101.7	101.3	101.3	100.3	107.7	103.5	98.0	108.4	109.2	96.0	105.7	100.9	109.6	100.5	102.9	104.5	101.7	101.1	100.5	101.2	101.7	100.9
贵州	101.8	100.7	100.3	101.6	105.0	99.8	95.1	103.7	104.1	94.7	106.2	102.7	109.0	102.1	102.8	104.1	101.9	101.1	101.2	100.6	100.7	102.0
云南	101.6	100.5	100.2	102.1	102.2	100.7	96.3	104.3	104.6	93.6	103.8	102.6	107.9	101.5	104.5	106.1	100.9	102.3	100.5	101.5	100.2	101.5
西藏	101.7	102.3	101.7	102.4	102.9	103.2	99.4	102.9	103.0	100.2	101.2	104.3	102.9	102.6	101.3	100.8	102.0	101.5	102.2	100.7	100.7	105.1
陕西	102.1	102.0	101.9	100.9	105.9	99.9	100.5	105.0	105.4	96.6	103.7	99.5	115.1	102.4	104.5	105.9	103.5	100.1	100.6	101.1	100.4	103.1
甘肃	102.0	100.9	100.9	100.2	101.5	99.9	100.8	101.5	101.5	98.4	102.1	102.7	111.3	102.2	101.8	102.9	101.3	100.9	100.7	101.8	100.6	101.1
青海	102.5	102.7	103.3	101.5	105.1	103.3	99.9	103.2	103.2	106.4	103.6	100.1	112.5	100.6	100.9	102.0	101.4	102.1	100.9	100.0	100.1	102.2
宁夏	102.3	102.5	103.3	100.9	107.6	101.0	99.9	107.9	108.2	104.3	101.8	100.7	113.5	101.7	101.5	102.5	101.2	101.5	101.8	102.6	100.4	101.1
新疆	102.0	103.1	102.8	100.0	102.6	103.9	99.3	99.6	99.4	106.9	103.4	107.1	116.5	99.7	101.3	103.0	101.4	101.3	101.2	101.6	101.6	104.4

4.27 分地区农村居民家庭人均主要食品消费量（2018年）

（单位：千克）

地区	粮食（原粮）	谷物	食用油	食用植物油	蔬菜及食用菌	肉类	猪肉	牛肉	羊肉	禽类	水产品	蛋类	奶类	干鲜瓜果类	食糖
全 国	148.5	137.9	9.9	9.0	87.5	27.5	23.0	1.1	1.0	8.0	7.8	8.4	6.9	39.9	1.3
北 京	110.2	98.8	9.5	9.3	106.6	27.7	19.1	2.2	3.1	5.3	7.0	14.4	16.0	66.0	1.2
天 津	159.7	148.4	12.2	11.9	108.7	25.8	18.2	1.0	2.2	4.7	13.9	15.3	11.0	77.3	1.7
河 北	138.6	128.5	7.7	7.4	83.7	19.0	14.2	0.5	0.7	3.9	4.2	11.8	7.5	55.0	1.1
山 西	163.4	144.9	8.0	7.7	73.1	12.4	9.9	0.2	0.7	1.7	1.3	10.1	11.0	40.7	1.1
内蒙古	181.4	168.1	6.6	6.3	82.2	33.4	23.8	1.8	6.0	4.9	3.8	7.2	12.5	40.2	1.4
辽 宁	181.4	168.1	6.6	6.3	82.2	33.4	23.8	1.8	6.0	4.9	3.8	7.2	12.5	40.2	1.4
吉 林	152.4	137.6	10.9	10.7	86.6	25.1	22.0	0.9	0.3	4.9	5.5	9.2	5.0	37.7	1.3
黑龙江	160.8	146.8	14.0	13.9	80.0	23.5	19.7	0.8	0.5	5.1	6.3	8.6	4.9	51.6	1.8
上 海	148.5	137.2	10.4	9.8	99.9	39.2	30.8	1.9	1.0	14.8	24.8	12.6	12.8	57.5	1.8
江 苏	141.4	126.8	10.4	10.1	86.9	25.0	19.5	1.4	0.7	8.5	13.5	9.2	11.0	31.9	1.1
浙 江	158.9	143.8	12.5	11.7	92.8	30.0	25.4	1.6	0.6	9.4	18.5	8.0	9.5	40.4	1.8
安 徽	159.7	146.0	10.2	9.1	94.0	26.8	21.7	1.5	0.8	11.6	10.9	10.8	9.2	46.9	1.1
福 建	164.1	154.4	9.9	7.7	98.1	34.8	30.9	1.1	0.5	12.8	20.7	8.4	7.5	39.5	2.1
江 西	147.6	140.1	12.8	12.1	87.1	26.7	23.5	1.2	0.2	7.1	9.5	6.0	5.9	29.2	1.0
山 东	130.2	120.5	7.7	7.6	80.9	20.4	14.6	0.5	0.6	5.5	7.2	14.6	10.7	60.6	0.9
河 南	124.8	115.9	7.9	7.9	71.4	15.7	11.7	0.7	0.6	5.2	2.7	11.3	7.0	46.2	1.2
湖 北	136.1	125.3	12.3	11.9	113.8	26.8	23.4	1.0	0.4	4.7	13.1	6.6	4.2	34.0	0.7
湖 南	165.5	156.7	11.9	8.8	86.6	32.3	29.5	1.1	0.5	10.7	9.3	7.7	3.3	47.5	1.3
广 东	141.0	133.4	11.3	10.4	105.0	41.6	36.1	1.4	0.4	23.9	19.8	7.0	4.0	27.0	1.9
广 西	154.0	148.4	8.4	6.6	78.8	33.6	31.0	1.0	0.5	17.5	7.3	4.6	2.6	29.1	1.0

地区	粮食（原粮）	谷物	食用油	食用植物油	蔬菜及食用菌	肉类	猪肉	牛肉	羊肉	禽类	水产品	蛋类	奶类	干鲜瓜果类	食糖
海 南	108.8	105.0	8.6	6.4	80.8	31.7	28.7	1.3	0.6	18.0	24.1	3.9	1.7	16.7	0.9
重 庆	187.5	170.1	14.1	10.7	144.8	44.0	41.4	0.4	0.4	7.9	7.8	10.2	7.8	33.5	3.5
四 川	178.6	166.5	12.0	10.4	113.5	45.2	41.2	1.0	0.4	9.5	5.4	8.4	8.3	30.7	2.1
贵 州	118.1	107.2	5.6	4.0	72.4	30.6	29.3	0.6	0.2	3.2	1.3	2.5	2.0	24.1	0.8
云 南	132.2	124.3	6.2	4.3	75.1	33.1	30.9	1.2	0.4	6.4	2.3	3.9	2.2	18.3	1.0
西 藏	209.5	205.1	14.5	8.0	27.1	20.8	4.7	11.7	4.1	0.4	0.0	2.0	12.0	3.6	4.6
陕 西	143.9	132.6	10.8	10.6	68.0	13.0	10.6	0.3	1.0	1.7	0.8	5.4	6.9	26.9	0.9
甘 肃	161.6	149.1	8.2	8.0	63.4	17.3	13.4	0.6	2.1	4.0	1.0	5.9	6.3	73.2	1.9
青 海	135.5	130.4	9.8	9.2	43.2	28.4	9.5	10.2	8.2	2.5	0.6	2.2	12.5	15.1	1.9
宁 夏	138.3	131.3	8.2	8.0	81.6	15.0	6.6	4.4	3.5	7.7	1.4	4.6	8.5	72.0	1.6
新 疆	169.9	168.6	13.4	13.2	78.5	22.3	1.4	3.8	16.5	3.4	0.7	3.5	11.1	41.1	1.1

4.28 分地区农村居民人均消费支出（2018 年）

（单位：元）

地 区	消费支出	食品烟酒	衣着	居住	生活用品及服务	交通通信	教育文化娱乐	医疗保健	其他用品及服务
全 国	12124.3	3645.6	647.7	2660.6	720.5	1690.0	1301.6	1240.1	218.3
北 京	20195.3	4802.4	1088.3	5950.9	1580.3	3077.7	1436.2	1991.9	267.5
天 津	16863.3	4983.7	991.5	3415.4	1357.4	2595.2	1236.8	1974.9	308.5
河 北	11382.8	3002.7	722.5	2542.3	773.9	1736.5	1170.9	1201.6	232.4
山 西	9172.2	2539.8	626.4	2075.7	443.7	1106.9	1149.6	1065.2	165.0
内蒙古	12661.5	3476.2	717.1	2337.8	578.9	2102.5	1736.5	1468.5	244.0
辽 宁	11455.0	3063.0	656.2	2246.3	568.5	1820.1	1325.2	1529.1	246.5
吉 林	10826.2	3010.2	628.4	1917.2	405.6	1770.5	1411.0	1450.9	232.4
黑龙江	11416.8	3114.7	695.1	1916.5	490.8	1632.5	1419.4	1916.2	231.6
上 海	19964.7	7429.8	1135.9	3953.8	1137.2	2892.2	1173.3	1739.5	502.9
江 苏	16567.0	4337.7	811.9	4130.2	939.3	2959.9	1547.3	1529.6	311.1
浙 江	19706.8	5965.6	1017.6	4992.7	1053.2	2952.9	1787.9	1626.9	310.0
安 徽	12748.1	4208.3	635.0	3013.3	772.5	1556.1	1271.1	1036.7	255.2
福 建	14942.8	5339.8	677.1	3649.1	764.8	1817.1	1359.4	1015.8	319.8
江 西	10885.2	3403.0	526.1	3038.2	607.2	1214.7	1143.7	783.8	168.5
山 东	11270.1	3162.0	622.4	2214.3	761.9	1873.0	1265.6	1205.0	166.0
河 南	10392.0	2778.3	736.1	2273.7	697.5	1286.0	1226.8	1226.6	167.0
湖 北	13946.3	3928.2	783.1	2954.3	852.2	1933.1	1551.4	1588.0	356.0
湖 南	12720.5	3713.9	624.1	2920.6	756.8	1449.7	1678.6	1385.5	191.4
广 东	15411.3	5641.2	523.6	3355.8	817.0	1930.4	1473.0	1366.7	303.6
广 西	10617.0	3194.8	326.7	2469.1	604.1	1528.1	1246.9	1088.0	159.4
海 南	10955.8	4580.7	314.7	2160.4	513.2	1105.3	1376.0	712.4	193.0
重 庆	11976.8	4180.0	631.0	2273.5	784.8	1502.5	1345.2	1075.1	184.7
四 川	12723.2	4551.7	716.4	2500.0	859.8	1578.3	934.2	1344.8	237.9

地区	消费支出	食品烟酒	衣着	居住	生活用品及服务	交通通信	教育文化娱乐	医疗保健	其他用品及服务
贵州	9170.2	2593.3	502.1	2127.2	569.2	1373.1	1161.2	703.2	140.9
云南	9122.9	2688.9	370.0	1883.7	558.9	1507.3	1153.1	845.6	115.5
西藏	7452.1	2688.7	973.0	1175.1	351.1	1396.6	409.0	314.9	143.7
陕西	10070.8	2576.9	525.5	2431.2	634.7	1222.5	1252.9	1241.8	185.3
甘肃	9064.6	2694.5	557.9	1725.8	513.9	1077.9	1201.9	1132.6	160.1
青海	10352.4	3053.3	721.0	1790.1	495.0	1765.2	944.6	1332.3	250.8
宁夏	10789.6	2949.9	752.2	1867.8	673.5	1818.7	1295.8	1248.6	183.1
新疆	9421.3	2824.0	798.7	1716.3	610.0	1301.1	1010.7	1017.5	142.8

4.29 分地区商品零售价格分类指数（2018 年）

（上年 =100）

地区	总指数	食品	粮食	菜	畜肉	禽肉	水产品	蛋	干鲜瓜果	饮料烟酒
全国	101.9	102.1	100.7	107.0	96.4	105.4	102.2	111.6	104.0	101.5
北京	101.1	103.2	101.4	111.9	99.2	103.0	100.6	115.8	102.7	101.7
天津	101.6	103.2	99.7	109.3	99.5	104.1	104.6	114.3	105.6	101.4
河北	102.2	102.2	100.0	107.6	96.0	104.8	103.6	112.0	106.6	100.5
山西	101.7	101.7	100.2	106.9	95.8	103.4	100.7	119.6	106.4	101.4
内蒙古	101.6	102.5	100.8	106.5	102.0	102.8	102.2	111.3	103.5	100.5
辽宁	101.4	102.3	100.6	106.6	96.3	105.7	105.1	111.5	106.8	102.4
吉林	102.4	101.6	100.8	106.2	96.5	103.8	102.2	112.4	102.1	101.6
黑龙江	101.1	100.6	101.1	107.1	92.5	102.1	100.1	109.8	105.0	102.5
上海	101.6	102.3	100.3	107.1	98.8	106.3	101.3	108.6	102.9	101.6
江苏	102.6	102.4	101.3	107.9	97.3	105.5	100.2	112.6	104.4	102.1
浙江	102.1	102.9	100.6	107.1	98.3	106.5	103.7	109.4	103.5	101.3
安徽	101.9	102.4	100.6	109.9	95.4	107.0	98.6	113.3	107.5	101.6
福建	101.5	102.1	100.8	107.7	95.0	108.9	102.5	109.0	104.0	101.0
江西	101.0	101.1	101.0	106.3	94.7	109.5	97.8	111.3	101.0	100.4
山东	102.2	102.5	100.5	110.0	95.6	107.2	102.4	112.1	104.4	101.6
河南	102.9	101.6	100.3	104.9	94.0	105.3	101.7	115.4	104.2	102.6
湖北	101.2	101.9	100.7	106.2	96.4	104.6	99.0	110.2	106.5	101.0
湖南	102.3	101.7	100.9	108.4	95.1	105.2	100.6	108.7	104.4	101.5
广东	102.1	102.5	102.1	105.0	97.0	104.6	104.5	109.0	102.8	101.8
广西	101.6	101.0	101.2	103.4	93.7	107.5	103.5	107.7	99.6	101.5
海南	102.5	101.2	101.1	103.8	97.9	104.0	100.3	107.4	96.2	100.4
重庆	101.2	101.5	98.2	106.4	96.5	105.8	101.1	115.8	101.2	100.2
四川	101.4	101.5	100.2	110.1	96.4	104.6	100.2	108.4	102.1	101.6
贵州	101.8	100.8	101.6	103.5	95.0	105.4	102.6	109.7	102.2	101.0
云南	101.5	100.4	101.6	104.6	94.3	104.0	101.8	107.8	105.0	100.4
西藏	101.5	101.8	102.1	101.5	99.6	99.3	102.9	101.8	101.8	101.0

地 区	总指数	食 品	粮 食	菜	畜肉	禽肉	水产品	蛋	干鲜瓜果	饮料烟酒
陕 西	102.1	102.1	101.3	104.5	95.5	103.4	99.6	115.2	104.4	100.7
甘 肃	101.7	101.3	100.1	102.2	98.8	103.7	102.4	112.5	101.7	101.3
青 海	102.1	102.9	101.8	101.8	105.2	103.8	100.0	114.8	101.2	100.0
宁 夏	102.9	102.5	100.9	106.5	103.1	102.4	100.2	113.0	101.5	101.9
新 疆	100.9	102.7	100.6	99.0	106.4	103.6	105.4	114.9	101.3	102.4

第五部分

附录

5.1 行政区域的划分和一线城市

国家把行政区分为东部、中部、西部和东北四区。

东部 北京市、天津市、河北省、上海市、江苏省、浙江省、福建省、山东省 、广东省 、海南省。

中部 山西省、安徽省、江西省、河南省、湖北省 、湖南省。

西部 内蒙古自治区、广西壮族自治区 、重庆市 、四川省、贵州省、云南省、陕西省、西藏自治区、甘肃省、青海省、宁夏回族自治区、新疆维吾尔自治区 。

东北部 辽宁省、吉林省、黑龙江省。

一线城市（4 个）：

北京、上海、广州、深圳

新一线城市（15 个）：

成都、杭州、南京、武汉、福州、厦门、天津、西安、重庆、青岛、沈阳、长沙、大连、无锡、济南

二线城市（36 个）：

宁波、昆明、郑州、长春、合肥、哈尔滨、常州、烟台、南宁、温州、南昌、石家庄、太原、珠海、苏州、南通、扬州、贵阳、东莞、徐州、大庆、佛山、威海、洛阳、淮安、呼和浩特、镇江、潍坊、桂林、中山、临沂、咸阳、包头、嘉兴、惠州、泉州

三线城市（73 个）：

三亚、金华、泰安、榆林、新乡、舟山、赣州、慈溪、南阳、聊城、海口、东营、淄博、漳州、保定、沧州、丹东、宜兴、绍兴、唐山、湖州、揭阳、江阴、营口、衡阳、郴州、鄂尔多斯、泰州、义乌、汕头、宜昌、大同、鞍山、湘潭、盐城、马鞍山、襄阳、长治、日照、常熟、安庆、吉林、乌鲁木齐、兰州、天水、秦皇岛、德阳、肇庆、西宁、滨州、台州、廊坊、邢台、株洲、绵阳、双流、平顶山、龙岩、银川、芜湖、晋江、连云港、张家港、锦州、岳阳、长沙县、济宁、邯郸、江门、昆山、柳州、九江、绍兴县、运城

四线城市（76 个）：

衢州、太仓、张家口、湛江、眉山、常德、盘锦、枣庄、资阳、宜宾、赤峰、余姚、清远、蚌埠、宁德、德州、宝鸡、牡丹江、阜阳、莆田、诸暨、黄石、吉安、延安、拉萨、海宁、通辽、黄山、长乐、安阳、增城、桐乡、上虞、辽阳、遵义、韶关、泸州、南平、滁州、温岭、南充、景德镇、抚顺、乌海、荆门、阳江、曲靖、邵阳、宿迁、荆州、许昌、焦作、丹阳、丽水、延吉、延边朝鲜族自治州、茂名、梅州、渭南、葫芦岛、齐齐哈尔、娄底、滕州、上饶、富阳、内江、三明、淮南、孝感、溧阳、乐山、临汾、攀枝花、阳泉

五线城市（200 个）：

玉溪、铜陵、宿州、菏泽、锡林郭勒盟、大理白族自治州、益阳、衡水、梧州、汉中、嘉善县、宜春、莱芜、达州、海门、本溪、即墨、自贡、如皋、开封、永康、咸宁、凉山彝族自治州、玉林、新余、承德、临海、淮北、六安、商丘、酒泉、宁海县、永州、库

尔勒、亳州、寿光、阿克苏、周口、信阳、驻马店、宣城、潮州、通化、佳木斯、荣成、朝阳、河源、朔州、吕梁、克拉玛依、钦州、迁安、平湖、濮阳、金坛、启东、四平、三门峡、长兴县、十堰、萍乡、呼伦贝尔、平度、浏阳、靖江、神木县、海安县、东阳、德清县、如东县、遂宁、胶州、白山、胶南、怀化、黄冈、准格尔旗、福清、诸城、南昌县、巴彦淖尔、池州、新泰、漯河、红河哈尼族彝族自治州、随州、泰兴、青州、六盘水、龙口、兴化、莱州、宁乡县、招远、玉环县、肥城、绥化、铁岭、仪征、百色、恩施土家族苗族自治州、伊金霍洛旗、章丘、毕节地区、邹城、阜新、抚州、惠安县、郫县、安康、府谷县、姜堰、铜川、广安、龙海、海安、邹平县、忻州、鄂州、云浮、鸡西、东台、广元、高密、东港、雅安、楚雄彝族自治州、闵候县、三河、莱西、鹤壁、乌兰察布、鹰潭、贵港、汕尾、桓台县、辽源、兖州、济源、白城、大丰、邵通、肥西县、黔西南布依族苗族自治州、沭阳县、邳州、伊犁州、辽中县、庄河、海城、阿拉善盟、文山壮族苗族自治州、保山、白银、建湖县、张家界、武安、普洱、昌吉州、开原、永安、仙桃、文登、天水、黔东南苗族侗族自治州、安顺、商洛、庆阳、巴音郭楞、石嘴山、双鸭山、河池、大洼县、新郑、兴安盟、博罗县、沛县、铜仁地区、蓬莱、天门、潜江、新民、赣榆县、巩义、武威、吴忠、临沧、湘西土家族苗族自治州、孝义、巴中、平凉、张掖、黑河、七台河、调兵山、鹤岗、黔南布依族苗族自治州、新密

5.2 地方特色农副产品（食品）介绍

安乡农仓

安乡历史悠久，是一个典型的纯湖区农业大县，农产品资源十分丰富，俗有“安乡农仓”之美誉。安乡县于东汉建武16年（40年）建县，称为作唐，南北朝改称安乡，沿袭至今。早在新石器时代就有人类在此繁衍生息，境内发现的汤家岗新石器遗址已有7000多年历史，属全国罕见。由于安乡境内的居民主要从江西、湖北及长沙、益阳等地移民而来，形成了安乡独特的湖乡文化、堤垸文化和典型的移民文化、厚重的码头文化，拥有“安乡大鼓、安乡渔鼓、采莲船、莲花闹”非遗文化。东晋名士车胤、南北朝著名山水诗人阴铿、北宋大文豪范仲淹，中华民国时期革命家宋教仁，曾生活求学于安乡，都称赞安乡为农仓。老一辈无产阶级革命家毛泽东、彭德怀、贺龙等都到过安乡领导和进行革命实践工作。20世纪60年代“农业学大寨”时期，安乡开展了轰轰烈烈的“园田化”建设，筑堤修垸，被毛主席赞誉为“南有新田、北有安乡”。党和国家领导人江泽民、朱镕基、温家宝等都曾来过安乡视察工作。安乡生态优先，自然和谐。位于洞庭湖西北部，是湖南的北大门，县境南北长71千米，东西宽30千米，总面积为1087.032平方千米。盛产水稻、水果、药材、蔬菜、辣椒、小龙虾等农产品。有树种88科、106属、800余种，草类124种，野生药用植物557种。现有粮食面积80.9万亩，油料面积59.5万亩，棉花面积16万亩，养殖水面22.4万亩，蔬菜面积19万亩，是全国重要的粮、棉、油、鱼生产基地，是全国棉花、油料百强县，素有“鱼米之乡”的美誉。先后荣获了全国基本农田保护示范建设县、全国渔业健康养殖示范县、全国平安农机示范县、全省新农村建设先进县、全省农村电子商务试点县、全省农村人居环境整治先进县等称号。

洪江雪峰乌骨鸡

俗称药鸡，当地群众称此鸡为“乌骨鸡”。洪江雪峰乌骨鸡饲养历史悠久，民间饲养可追溯到数百年以前。据1874年（清同治13年）《重修黔阳县志》（注：原黔阳县即现雪峰山脉中心区–洪江）十八卷（物产.羽之属）中记载：“家鸡有数种，以毛白而皮肉与骨皆乌者为佳”。1984年4月原怀化地区及相关县市组织了该鸡的鉴定会，会议认为该鸡自古主产于雪峰山脉，故一致确定取名为“雪峰乌骨鸡”。洪江雪峰乌骨鸡体型中等，体质结实，身躯稍长呈月牙型，片羽，具有乌皮、乌肉、乌骨、乌喙、乌脚“五乌”特征，耳坠绿色，被毛以白羽和黄麻羽二种类型为主。自然繁殖中毛色有纯白色（占10%）、纯黑色（占20%）和麻色（民间称白黑为花，黄黑为麻，占60%）。

洪江雪峰乌骨鸡2015年列入中华药典，已正式入选职业医师指导手册配伍。2016年获得国家GAP认证，洪江雪峰乌骨鸡产业园成为湖南省现代农业省级示范园、洪江区洪江雪峰乌骨鸡原种场被评为国家级示范场。该产品获得无公害农产品认证，并先后荣获“2002中国湖南第四届（国际）农博会”金奖、“2003年湖南省新产品新技术展示交易会”科技创新金奖、2008年和2010年“湖南西部农博会金奖”等。洪江雪峰乌骨鸡具有耐粗饲、抗逆性强丁药用价值高、肉质细嫩、品味特佳等特点，为药肉兼用的湖南省地方良种鸡。

宜章茶油

油茶是宜章县的传统产业，早在南宋时期就开始大量人工栽培油茶林，曾为明代贡品，明清两朝就以民间种植油茶为俗，油茶栽培和茶油食用文化源远流长。宜章是湖南油茶生产区域布局重点区域之一，宜章县具备良好的油茶种植土壤和气候条件，自然条件优越，土地资源丰富。

宜章茶油是湖南优质茶油的代表，采用当地野生优质油茶籽，经传统压榨取油工艺而成，宜章茶油品质特征油体色泽金黄，澄清透明，气味芳香，口感爽滑，味道纯正，品质无杂。宜章茶油含有丰富的维生素和微量元素、植物甾醇，长期食用山茶油可有效改善心脑血管疾病；山茶油还具有凉血止血、清热化湿、杀虫解毒的功效，富含有益人体健康的营养成分，其中不饱和脂肪酸含量最高达 90.1% 以上，抗衰老益寿延年，是一种纯天然、绿色、健康的食用油。

宜章茶油的传统生产加工工艺主要为摘籽、干燥、去壳、碾碎、蒸炒、压榨、过滤等工序，每道工序都有严格的要求。摘籽须在寒露前后茶果完全成熟时统一采摘，干燥须在晒坪上自然晒干，以保证茶油的原料品质优良，采用纯物理压榨工艺取油，保证每滴茶油口味纯正、油香浓郁、营养丰富。

绥宁花猪

绥宁花猪系湖南省五大地方良种之一，也是全国地方良种遗传资源普查的对象之一。《湖南省家畜家禽品种志及品种图谱》载："大约在明朝 . 时期，由江西移民迁入这些地方，带入了外来猪种，并与当地的原有黑猪（群众俗称苗猪）配种繁殖，经长期选育而形成了适应当地自然条件和社会经济条件的猪种"。《绥宁县志》载："宋元佑年间 (1086–1093)，朝廷派兵抵绥宁镇压少数民族起义，随军商人带入种猪。外地猪与本地黑猪配种繁殖，经长期选育而成"。绥宁花猪为肉脂兼用型猪种，体型中等大小，体质结实，结构匀称。毛色由白色和黑色组成，因玉鼻和镶嵌在额中的白毛衬托而表现为典型的"花头猪"。根据体表白毛面积多少主要分为"大白花"和"小白花"。前者除头、耳、臀尾部为黑色外，嘴筒、额中、肩部、四肢腹部、尾尖均为白色，包括"花头白身"和"花头黑臀"。后者不同的是，黑色从臀尾部延伸至腰荐部或胸背部，呈典型的"花头盖雪"状。

绥宁花猪是历史发展的产物，是长期自然选择和人工选择的结果。通过了农业部无公害认证，中国中部（湖南）农业博览会上"最受欢迎农产品奖"。具有肉质好营养价值高（如肉猪背最长肌中蛋白质含量达22.37%），耐粗饲，母性强，瘦肉率高，繁殖力适应性、抗病力强，杂交优势明显等优点。

宁远血鸭

又称血糊鸭，历史悠久，是宁远县颇具方特色的传统美食。早在至少明代以前，宁远就有养鸭制作血鸭的传统。"宁远血鸭"享誉三湘，溯本追源，就是食材的选取和制作方法的独特。宁远血鸭以农家自然放养，饲谷物为主、杂粮为辅，喝山泉水，饲养期达 2 个月以上的麻鸭为原材料。此外，养殖户还充分利用鸭舍边的江河池塘，每天定期驱赶麻鸭出去锻炼、戏水，促进麻鸭的新陈代谢。这样养出的麻鸭肉质好、脂肪少、瘦肉多，蛋白质含量高，作为原材料堪称上品，由此制成的宁远血鸭具色泽红润、焦脆爽口、肉香味美、香辣兼备、百吃不腻等特点。至今仍保留了手工制作传统工艺，是宴请宾朋、馈赠亲友之佳品。

宁远血鸭制作：①由活鸭颈部割断血管放血，用碗盛血并搅动，使之凝结备用。②将宰杀的鸭子治净，鸭头取下，去嘴尖，斩成 3 块（脖颈部 1 块，鸭头一劈两半），斩下鸭掌（去爪尖）、鸭翅，去掉尾臊，其余鸭肉斩成 2 厘米见方的小块；子姜洗净，蒜瓣去皮洗净，芋荷切成长 2 厘米、粗 0.5 厘米的条，红辣椒切末。③炒锅置中火上，猪油烧至七成热时先下鸭头、翅、脚，爆香捞出，再下鸭块煸炒至收干水汽，倒入鸭血炒匀，复下鸭头、翅、掌，加绍酒、精盐炒至五成熟，依次放酱油、肉清汤、子姜、蒜瓣、芋荷、红椒末炒匀，焖几分钟，用湿淀粉勾芡收汁装盘，周围拼上头、翅、脚即成。

溆浦龙潭猪

溆浦龙潭猪养殖历史悠久。据《湖南省家畜家禽品种志和品种图谱》记载："关于拷种来源，没有确切的资料可查，大约在明朝时期，由江西移民迁入这些地方，带入了外来猪种，并与当地的原有黑猪（群众俗称苗猪）配种繁殖。经长期选育而形成了独具特色和优势的地方猪种"。1989年12月出版《湖南省志第八卷农林水利志》、1993年12月出版《溆浦县志》、1995年1月出版《湖南大辞典》、2000年10月出版《中国农业全书湖南卷》、2004年1月出版《中国畜禽遗传资源状况》、2004年10月出版《养猪词典》、2006年1月出版《湖湘文化大辞典（下卷）》均记载溆浦龙潭猪。20世纪五六十年代曾与宁乡花猪齐名，写入湖南地方教科书，是湖南省优良地方猪种之一。

溆浦龙潭猪品质特征

1、"溆浦龙潭猪"外形及特点：其外貌特征是两头黑、中间白，鼻梁中央及尾尖有白毛，嘴中等长，耳软下垂，颈部垂肉发达，背腰撒蹄，尾较细长，有效奶头11-15个，排列均匀。按体型大小可分为中型和小型猪。两者之异是小型猪体躯短，背呈双脊，嘴短较尖，四肢锥小，体质细致，成熟早，生长慢，饲养12个月以上，可达到200多斤以上。产仔多，母性好，容易照料；

2、肉质特征：所产猪肉弹性大，质地坚韧，肌肉和脂肪沉积较好，肉皮厚实，肥肉香而不腻，肉质细嫩，味道鲜美。内脏尤其是肝脏无毒素蓄积，营养价值高，胆固质低，口感醇香，无药物残留。

平江辣条

又称平江素牛筋。据《平江县志》记载："食品工业是平江的传统产业，有悠久的历史，清康熙年间，长寿酱干就列为官廷贡品"。一经传播，风行全国，闻名于世。据《平江县农业志》记载："只有大豆加工的五香酱干才是平江的一项产业，历史悠久，参加过二十世纪初旧金山世博会展出。"民国初期，长寿街有多福、怡多福、生元等酱干店，年产普于15万黄（一简为十片）。县城有长春、水春、恒顺、大义，清义、广格等槽坊，成立了槽坊豆腐同业公会。建国以后公私合营，1956年长寿供销社成立了五香酱干厂，聘请何维丰老人的儿媳为技术员，逐步扩大了酱干的生产量。1968年10月县商业局在城关东街现井巷组建平江豆作厂生产酱干，分别聘请何家后代为技师。1982年平江酱干被省供销食品工业公司评为"地方名特产品"。1983年，平江人对平江酱干进行改良，以芝麻辣椒作辅料制成麻辣辣条。经过多年的发展，平江辣条行业拥有龙头企业10家，平江辣条食品列入《国家标准（糕点分类）》为"挤压糕点类"，成立了平江辣条食品工程技术研究中心，2016荣获"中国平江辣条食品之乡"、"中国食品工业强县"等殊荣。

产品感观：金黄油亮，质地鲜美、芳香扑鼻。

产品口感：韧软有嚼劲、外韧里嫩、干香劲道，入口微麻辣味口中留香。

加工工艺流程：原材料下料→加佐料并搅拌一检验一装袋一真空封口→检验→打包装箱→入库十二道工序。

宁远九嶷山兔

宁远县种植业发达，牧草资源丰富。当地农民，特别是山区农民素有养兔、食用兔肉的习惯。养兔历史优久，1753年清朝的《宁远县志》记载："畜牧之属：牛、豕、鸡、鹜、犬、羊、兔"。1942年的《宁远县志》进一步明确记载："兔有褐、白、黑诸色及黑白相间者。"《宁远县畜牧水产志》记载："宁远有养兔习惯，明清县志均有记载"。养兔自古就是宁远农民的经济来源之一，素有"家养三只兔，愁油盐醋，家养十只兔，不愁衣和裤"的民谚。

宁远九嶷山兔体型中等、抗逆性强、体质健壮、耐粗放饲养、繁殖性能好、肉质细嫩及毛色丰富等特点。宁远县畜牧水产局开展了多项宁远九嶷山兔遗传资源调查和养殖技术推广工作，相继获得永州市科技进步一等奖、湖南省科技进步三等奖、湖南省农技推广一等奖、全国农业科技成果三等奖。由于主产区比较偏远、闭塞，人为影响较小，宁远九嶷山兔是在永州市宁远特定的生态环境和饲养管理条件下经过长期选择而形成的地方优良兔种。

祁阳茶油

茶油是湖南省祁阳县特产，因“祁阳”独特的地域条件而得名。祁阳县历来以盛产优质茶油闻名全国，素有湘南“天然油库”之美称；是湖南省茶油主产区之一，祁阳县是中国油茶之乡和国家油茶产业发展示范基地。。县域内品牌金浩茶油、银光粮油被评为“中国驰名商标”，全县现有油茶林面积42.77万亩。祁阳属于亚热带季风性湿润气候，处东经110° 35′ –112° 14′，北纬26° 02′ –26° 51′，四季分明，光照充足，年平均日照数1623小时，年平均气温18.2℃，无霜期291天，年均降水量1200毫米。年平均相对湿度77%。祁阳县森林覆盖率为46.63%，全年雨量充沛，县内地形以低丘山陵为主，土地以红壤为主，土质疏松湿润、呈弱酸性，全县地表水资源总量和地下水资源丰富，富含人体多种有益矿物质。充沛的光照，温润的气候，弱酸性的土壤，充足水分为油茶的生长提供了条件。

祁阳茶油采用传统的低温压榨工艺，这种工艺，可有效避免茶油中有益成分破坏，最大程度地保留茶油的原生态、纯天然、高营养的品质，且尽可能保留茶油中的生理活性物质。通过传统的低温压榨工艺生产出的祁阳茶油具有澄澈透明、清香醇正、营养丰富、微量元素和保健活性成分丰富等质量特色。

祁阳茶油色泽金黄或浅黄，品质纯净、澄彻透明、清香醇正，富含油酸、亚油酸等有益人体健康的营养成分，以及硒、铁、钙等12种微量元素，其中不饱和脂肪酸含量最高达90.1%以上，历来有“长寿油”之称。

邵阳红

邵阳行政建制历史悠久，史称“宝庆”，“千年宝庆府，一品邵阳红”是邵阳文化瑰宝。境内早在商代即有臣民入居，西汉初置县，历经昭陵、邵陵、邵阳、敏州、邵州、宝庆，最后定名为邵阳，至今已有2500多年。清代，宝庆府城资江绕郭，邵水穿城，环城墙炮台林立，加之山环水复，攻之不易，留下“铁打的宝庆”美名。

邵阳位于湘中偏西南，辖3个市辖区、7个县（其中1个少数民族自治县），代管2个县级市，总人口830万人，有44个少数民族、15个民族乡，贫困县8个，是湖南贫困县最多的市州之一。介于北纬25° 58’ ~ 27° 40', 东经109° 49' ~ 112° 57'之间，总面积20824平方千米。邵阳市人杰地灵，民族风情浓厚，自然景观多样，人文底蕴深重，涌现了唐代诗人胡曾、宋代宏儒周仪、明代开国重臣蓝玉和沐英、魏源、蔡锷、贺绿汀等，是邵阳花鼓戏、宝庆竹刻、滩头年画等优秀民俗文化的发源地，传统的农业大市，农产品资源丰富。尤其是“邵阳茶叶、新宁脐橙、洞口蜜橘、湘窖酒、武冈卤菜、隆回金银花、邵阳油茶、邵东玉竹”等农产品久负盛名，在全国具有很高的知名度，发展具有一定希望和前景，它传承着邵阳人文历史文化。

自然气候：邵阳市地处亚热带，属典型中亚热带湿润季风气候。四季分明，光热充足，雨水充沛，雨热同季，全市年平均气温16.1–17.1℃，市境内全年日照时数为1350–1670小时。

物产：境内盛产果蔬、粮油、茶叶、畜禽、中药材、畜产品、小杂粮、特色农果等上千种产品。

茶陵茶油

茶陵地处湖南东部、湘赣边界，因炎帝神农氏崩葬于“茶山之阴”而得名，是全国唯一以“茶”命名的县。茶陵茶油生产历史悠久，曾有“茶油之乡”之称。茶陵属中亚热带季风湿润气候区，县内年平均气温17.9℃，无霜期294天，年降雨量1300—1500毫米，年总日照1700小时以上。境内气候温和，冬暖夏凉，雨量充沛，三面环山，阳光充足，土壤以红壤，黄壤为主，土层深厚，平均厚度一米左右，土质疏松，这些生态条件形成了茶陵油茶籽独特优异的品质特征。是全国100个油茶发展重点县和湖南省油茶基地示范县，茶陵把油茶列为十大产业项目，全县已有油茶面积32万亩，在腰陂、潞水、虎踞等乡镇建成了高产栽培示范基地，与中南林业科技大学、省林堪院密切合作。

茶陵茶油特定品质：

1、茶果采自本地油茶树品种或选用适宜的油茶树良种进行繁育、栽培的油茶树的果实，外形呈椭圆或圆球形；颗粒均匀、果壳面平整光洁；长约2.5cm；呈棕黑色；仁为淡黄色；仁中含油30%-40%；果壳极其坚硬。

2、经独特的传统工艺加工能力而成，油茶果搁置为一堆，沤果几天待果皮褪去青红色，泛起暗灰色。晒油茶果至自然剥落，茶籽晒至摇晃听到响声。脱壳→粉碎→蒸炒→压榨→过滤→毛茶油；精炼处理：→脱酸－→水洗→脱色→脱臭→脱脂→精滤→产品贮存。

3、茶陵茶油具有橙黄橙黄，晶莹剔透，沁人心脾，无异味。

茶陵脐橙

茶陵栽培脐橙历史悠久。茶陵县地处北纬26度柑橘黄金生产区，属中亚热带季风湿润气候区，县内年平均气温17.9℃，无霜期294天，年降雨量1300—1500毫米，年总日照1700小时以上。境内气候温和，冬暖夏凉，雨量充沛，三面环山，无霜期长，阳光充足，是全国发展脐橙条件最好的县之一。《湖南省柑桔避冻》、《柑桔生态适应性》、《柑桔生产》三个区划报告均称“茶陵是全省发展栽培脐橙条件较优裕县之一”。上世纪30年代从美国脐橙品种纽荷尔中选育栽培了茶陵脐橙，后被列为湖南农业丰收计划、省科委“星火计划”、“双十”工程10大科技项目之一。1997—1999年全省名优水果评比会连续三年获得“金质奖”。茶陵脐橙在2014—2015年中国中部（湖南）国际农博会连续2年获“金奖”荣誉称号。2017年茶陵县高陇镇石冲村被列为全国第七批“一村一品”脐橙示范村镇。2017年茶陵脐橙基地被列为上海天使之脐橙基地。

茶陵脐橙具有独特的品质：果形椭圆，外观橙红；甜酸适度，香气浓郁；果肉柔软、果汁丰富；可食率76%以上，胡萝卜素含量高，可溶性固形物含量12%以上，果实横径大于65mm。茶陵脐橙肉质脆嫩，风味独特，是优良的保健营养绿色食品，而且它的营养丰富，含有人体所必需的各类营养成份，经常食用具有降低胆固醇、分解脂肪、清火养颜、防癌抗癌、延年益寿之功效。

沅江芦菇

又称野菌子。沅江水生蔬菜资源极其丰富，芦菇食用历史悠久，与沅江芦笋齐名，是湖南省沅江市著名特产之一。沅江市地处湖南省东北部、洞庭湖滨，具有3000多年的农耕文化。西南有绵延丘岗，北部是冲积平原，东南多芦荡沼泽，呈现“三分垸田三分洲，三分水面一分丘”的湖乡地貌特征，享有“洞庭明珠、江南宝地、鱼米之乡”等美誉。沅江市气候属亚热带湿润季风气候，具有湖区气候特色。光热充足，降水适中。平均气温16.9C，年平均日照数为1743. 5小时。年平均降水量1322毫米，多集中在4--6月，无霜期276天。土壤系长江支流松滋河、虎渡河、藕池河及湘资沅澧四水携带的泥沙和腐殖物淤积而成，以紫潮泥土、紫潮沙泥士、沙底紫湖潮泥土为主。土层深厚肥沃，透气性良好，保水保肥力性强，有机质含量较高，酸碱度适中，极适合野生芦苇菌的生长，利于芦菇的栽培。沅江地域光、温、水及土壤条件为沅江芦菇的生长加工提供了得天独厚的条件，使得沅江芦菇品质在食用菌中属上乘。

沅江芦菇以本地芦苇为基质原料培育及种植，其特定品质：菌高5~7厘米，菌盖直径2~4厘米，菇柄直径0.8~1.5厘米；菌盖呈半球形或锣形，色呈褐黑色，菌褶舒展呈米黄色；菇柄长且肉厚，坚实有弹性；肉质致密、结实；菇形圆润，表皮光滑有色泽；枞生、散生或单生。沅江芦菇具有鲜香浓郁，口感脆嫩细滑。其营养价值高，蛋白质、脂肪、糖、维生素和矿质元素等含量丰富，氨基酸种类多，磷伞属真菌并且有抗癌、预防细菌感染、增强免疫力的作用。沅江芦菇每百克含蛋白质>27.7毫克、脂肪<0.05克、总糖>0.8克、粗多糖>0.64克、维生素B1>0.525克、维生素B2>1.23克、烟酸>39毫克、泛酸>36.8毫克。

先后荣获“中国中部（湖南）农业博览会金奖、中国湖南特色旅游商品评选（大赛）铜奖、湖南名优特产商品、中国食品餐饮博览会消费者喜爱的十大品牌、中国中部消费者最喜爱的农产品、2016年湖南省十大农业品牌”等，畅销益阳、长沙、广州、深圳等大城市。

莽山红茶

宜章县资源丰富多样，栽茶历史悠久。古称“楚粤之孔道”，与广东省乐昌市、连州市毗邻。介于东经112° 37′ 35″—113° 20′ 29″，北纬24° 53′ 38″—25° 41′ 53″之间。民国版《宜章县志》记载，宜章人工栽茶有1000多年历史，现莽山天台寺周边还有大量逾百年的古茶树。宜章珍稀茶树资源为宜章莽山红茶生态茶园和产品优良化奠定了基础，已纳入湖南红茶重点产区、湘南优质红茶带。主产区位于海拔600–800米莽山茶区，宜章四季分明，夏无酷暑、冬无严寒，热量丰富，降水充沛的山地气候。年平均气温为17.2℃，年有效积温可达到5728.8℃，年降雨量在1710.4毫升至2555毫升，终年云雾缭绕，毫无工业污染的茶区。红茶种植。宜章莽山红茶原料品种优异，茶青鲜嫩幽香，成品呈条索状略卷曲，条索紧重。干茶清香自然、匀整，茶汤汤色红艳明亮、油润鲜活，入口浓醇鲜爽，满口皆香，沁人心脾，入喉顺滑，回甘持久。久泡叶底依旧能完整、柔软、厚实、鲜嫩显芽。

莽山红茶多次在国际农博会、全国农博会等重量级茶叶评比中获金奖。“莽山红茶”连续入选了《2015年度、2017年度全国名特优新农产品目录》，莽山红茶获得2017年茶博会湖南茶叶“千亿产业十大创新产品”，2017年荣获第十二届中茶杯全国名优茶红茶评比“一等奖”，2018年评为湖南省千亿茶产业建设先进单位，2018年荣获全国茶业百强县。产品主要销往郴州、长沙、广东等地，深受广大消费者喜爱。

固安番茄

河北省固安县属于暖温带半干旱半湿润大陆性气候，干寒同期，雨热同季，四季分明，年平均气温11.5℃，平均日照时数在2660小时左右，年平均降水量578毫米，全境为永定河洪积、冲积平原，土壤多为轻壤土和中壤土，少部为粘质土，土地肥沃，腐殖质积累程度相当丰富，固安番茄适应性较强，根系比较发达，吸水力较强，自封顶型，果实高圆形，果实饱满，果面光滑，粉红色，心室多，壁厚，不易裂果，固形物含量高，不易流汁，单果重185–210克，色泽鲜艳，口感沙甜、肉多。截止2014年，固安番茄种植面积近3600多亩，产值达2400多万元，产品销往北京市、石家庄市等多地，2016年参加在石家庄市举办的全省农产品博览会，荣获团体第四名。

浦南西红柿

浦南属江苏省连云港市下辖区，四季分明，雨量适中，年平均气温14℃，年平均日照2530小时，年平均无霜期216天，境内地形以平原为主，约占总面积的80%，全域土壤土层深厚肥沃，酸碱度适中，多种元素含量较高，自然地理条件适宜西红柿生长。浦南西红柿外形扁圆，个头均匀，厚约3–6厘米，直径约5–8厘米；多为粉红色或肉红色，表光美观；皮薄肉厚，沙瓤多籽，肉厚汁多，酸甜可口。既可以生食、煮食，又可加工成番茄酱、汁或整果罐藏。近年来，浦南大力发展“一镇一业、一村一品、一村多品”特色农业，每到2、3月份销售旺季，来自常州、苏州、上海等许多大中城市的商户纷纷前来批发西红柿，旺季时日交易量接近20万斤。

武都崖蜜

武都区是甘肃省陇南市下辖市辖区，位于甘肃省东南部、陇南市中部、白龙江中游。地处秦巴山地结合部，素有“巴蜀咽喉、秦陇锁钥”之称，是甘肃、陕西、四川三省交通要道，气候温和、四季分明，素有“陇上江南”和“植物大观园”之称。武都崖蜜是甘肃省陇南市的特色农副产品之一，养殖历史悠久，已有近35年的生产历史。武都崖蜜呈浅琥珀色、透光性强，颜色均匀一致。会出现拉丝状态，用筷子挑一下蜂蜜，蜂蜜可以挑起来能拉长丝，丝断后能回缩，甚至成珠状。储存温度在6℃–15℃条件下，不久就会结晶，用手捻时绵软易化，无砂粒状感觉。有淡淡的花香。口味醇厚，芳香甜润，入口后回味长。手感黏腻，摇动时流动慢，以一滴蜂蜜放于纸上，蜂蜜成珠形，不易散开。据统计，武都区的中蜂存量三万多箱，年产蜂蜜上千吨。武都崖蜜在市、区两级政府及有关部门共同努力下，再次研发投放市场，实现线上线下销售，取得极高的经济、社会和生态价值，市场发展前景十分广阔。

虞城苹果

虞城位于河南省东部，豫、鲁、皖三省交界处，属暖温带半湿润半干旱大陆性季风气候区，四季分明，雨热同季，是江北苹果优质生长地理区域，年日照时数在2600小时以上，年日照率53%，年平均无霜期216天，昼夜温差大，土层深厚，达180–220厘米，为保水、保肥力强的砂壤土为主，自然地理条件适宜苹果生长。虞城苹果已有30年的种植历史，单果重180–300克，果实多为扁圆形，果皮光滑有光泽，中厚而韧，光滑，蜡质中多。成熟果实果面底色淡黄，着暗红或鲜红色霞或条霞。果点圆形，较明显，中大，较密，阳面果点黄白色，阴面果点黄色。果肉黄白色，肉质致密，细脆、果汁多。产品销往山东省、江苏省、上海市等。

涞源核桃

涞源核桃是河北省保定市的特色农副产品之一。涞源县山场面积大，宜林荒山、荒地多，昼夜温差大，特殊的小盆地气候非常适宜核桃种植，政府多次聘请相关专家进行实地考察，建设相对集中连片、水电路配套设施完善、技术模式先进、经营机制灵活的现代林果产业示范园，现栽种面积达20万亩，总产量可达到4000万公斤，被称为“中国核桃之乡”“河北省优质核桃基地县”。涞源核桃个大皮薄，核桃仁味美香甜，含有丰富的高级脂肪油、蛋白质、多种维生素和矿物质，有润肺补肾、降血压、防止动脉硬化等功效，在国际农展会和国家级、省级农展会上屡屡得奖，被连续评为河北名特优产品，远销国内外。

肃宁番茄

肃宁县是河北省菜篮子基地，出口蔬菜面积及产量均位于河北省前列，蔬菜产值达12.7亿元，而西红柿种植面积达6000公顷，产值4.5亿元，被河北省农业厅认定为“河北省西红柿特产之乡”，肃宁县的气候及独特的地貌环境极适宜西红柿的生长，政府积极引进北京企业来肃宁建设农产品生产基地，并引进当前最先进的种植技术和种植品种在基地推广应用，极大的推动了西红柿产业的发展，肃宁西红柿外形圆滑，色泽鲜美，肉质红色、沙瓤、肉厚汁多，酸甜可口，富含蛋白质、糖分、维生素、钙、磷、铁等矿物质，有生津止渴，健胃消食，降低胆固醇等功效，深受广大群众的喜爱，产品远销北京、山东、河南等地。

伊犁薰衣草

伊犁河谷地处天山山脉腹地，东、北、南三面环山，周围分布博罗科努山、科古琴山、乌孙山、那拉提山，气候温和湿润，属于温带大陆性气候，年日照时数2600–3000小时，日照比率平均为65%，年平均温度3.7–10.3℃，大于0℃的活动积温2377.8–4212℃，年降水量220–650mm，气温在0℃以上的无霜期为133–197天。这里气候湿润，物产富饶，其独特的地理位置和气候条件，被誉为“塞外江南”，是世界薰衣草知名产地之一，与法国普罗旺斯、日本北海道富良野并称为世界3大薰衣草产区。伊犁薰衣草喜干燥，花形如小麦穗状，有着细长的茎干，花上覆盖着星形细毛，末梢上开着小小的紫蓝色花朵，窄长的叶片呈灰绿色，成株时高可达90cm，一年花开两季，通常在六月、九月开花，花香淡而清澈，略带木头香；花香可以净化、安抚心灵，对心脏有镇静效果，可降低高血压、安抚心悸，改善失眠状态的作用闻名已久；同时还具有平衡皮脂分泌、促进细胞再生的能力，深受消费者欢迎。

千阳苹果

千阳县苹果种植历史悠久，从1952年开始种植苹果，1985年被列为渭北苹果基地县之一，到1994年苹果面积已达7.15万亩，产量达到了1.39万吨，实现产值1664万元，苹果产业带动农民人均增收149元。2012年以来，县委、县政府抢抓国内苹果产业转型升级和丝绸之路经济带战略机遇，探索推广以“政策支持引导、新型主体推进、矮砧技术支撑、田间大学培训、标准品牌创新、产业融合发展”的矮砧苹果“千阳模式”，全县苹果面积达到12万亩，千阳先后获得“中国苹果强县”、“中国苹果名县”、“中国苹果苗木之乡”等荣誉称号，千阳苹果果形圆形，单果重220–350克，直径7–9厘米，果形指数0.8–0.9，果色鲜艳，果面光洁、有条条花纹，茬口黄白色；核小，口感脆嫩、微酸、甜度大，远销北京、四川、重庆、上海等地。

永清甜瓜

永清甜瓜是河北省廊坊市的特色产品之一，已有30多年的种植历史。近年来，永清县政府以“京津冀协同发展”为契机，以“多元化投资”为保障，坚持政策引领，高标准规划，强化“贴身服务”，把现代农业园区建设作为推进现代农业发展的重要方式，探索实践“龙头企业+园区+合作社+农户”的模式，走出一条有品牌、有特色、有效益的农业园区发展之路。而永清县环境条件极适合甜瓜生长，种植甜瓜成为农民增收新亮点。永清甜瓜具有甜度高（含糖量15-–20克/100克）的特点。个头中等，平均单个约重0.7–1.0千克；外形周正饱满，球形或长椭圆形，果皮光滑，呈黄绿色；果肉呈奶白色，甜脆多汁；种子灰白色或黄白色，卵形或长圆形，先端尖，基部钝，表面光滑，无边缘，香甜味浓郁，赢得广大消费者的喜爱，产品远销北京、天津、上海等地。

富蕴黑加仑

富蕴黑加仑是富蕴县的农特产品之一，因黑加仑生产气候的原因，我国只有北疆地区满足它的培植条件。富蕴县地处新疆维吾尔自治区东北部、阿勒泰山南麓、准噶尔盆地北缘，县内海拔一般在800米~1200米之间，属大陆性寒温带气候，冬季严寒而漫长，夏季炎热，春秋季短暂，日照充足，年平均日照时数2900小时，平均气温3.0℃，平均无霜期137天，年降水量189.6毫米，年蒸发量1970毫米，年相对湿度61%，无霜期年均140天，富蕴县拥有额尔齐斯河和乌伦古河两大水系，年径流量43.5亿立方米，地表水丰富且无污染，土壤pH值一般在6.5 ~ 6.8之间，这些优越的自然条件，都是黑加仑最佳的生长环境，所产富蕴黑加仑外形浑圆，呈黑色，表面有灰白色果粉，晒成干后也是圆形的，皮薄肉厚，瓤肉无籽，肉嫩水分足，清甜多汁，口感酸甜适口，舌尖齿缝间独有一股葡萄酒的天然芳香气味，是果酒、果酱、果汁、果糖的重要原料。

望谟魔芋

望谟县位于贵州省南部，是我国典型的少数民族布依族聚居县。魔芋作为传统地方品种，在望谟县当地蔬菜品类中一直占有重要的位置，是有名的地方特产。望谟魔芋作为布依族重要的食物已有百年的历史。当地史料记载，从清朝开始，魔芋栽种已在望谟兴起，山区居住的农户房前屋后均有栽种。布依农家常以魔芋为原料制成的各类美食，因其风味独特，也成为了布依族人招待客人的必备佳品。上世纪80年代初期，在改革开放的大好形势下，当地政府着力发展望谟魔芋种植业，致力“种下魔芋花、结出脱贫果”扶贫战线，把发展望谟魔芋产业作为拓宽当地农民脱贫致富渠道。望谟魔芋产业进入快速发展期。

雅韶尖山蟹

尖山蟹是锯缘青蟹中一个具有优良特性的地方品种，隶属于节肢动物门、甲壳纲、十足目、梭子科、青蟹属，主要分布在那龙河口至尖山桥附近咸淡水交汇处。它的原种是雅韶沿海的野生锯缘青蟹，其中一部分野生蟹经那龙河逆流上溯，迁移至尖山段河流繁育，并经过长时间不断的自然选择和物种进化，最终形成尖山蟹。考古发现，雅韶镇的尖山蟹化石，至少已有一百万年的历史。历代渔民已捕捞卫生，逐步形成海水养殖的传统，民国初年雅韶平岚人在河边低洼处将捕捉来的野生蟹养殖育肥，开始了尖山蟹养殖历史。建国后，广东省阳江市阳东县雅韶镇的尖山蟹逐步开始规模养殖。因产于雅韶镇尖山渡口附近，故称“雅韶尖山蟹”。雅韶尖山蟹蟹壳薄脆、肉质特别肥厚，煎制过的蟹肉与其他蟹相比更为甜美，带有鲜浓的蟹香，且吃了不热气，有壮腰健肾之功效。除此之外，对于喜欢原汁原味的村民来说，清蒸的雅韶尖山蟹味道也很鲜美。

北流百香果

广西桂林市的北流百香果在当地广泛种植，1979年，年产2万斤，除供应本地外，已远销省外。因其口感独特，酸甜适口，深受两广地区人们喜爱，餐后饮用百香果已成习俗。隆盛镇是百香果种植大镇，该镇百香果电商业发展很快。2017年隆盛镇百香果种植面积达8000亩，总产量1250万公斤，电商20多家并带动从业150多人，总产值达8000多万元，成为北流百香果种植面最大，总产量最多，百香果电商最发达，百香果产业效益最好的一个镇，为北流夺取“中国百香果之乡”做出了很大贡献。北流百香果成为广西地区有名的特产，被评为“中华名果”。

八步紫茶

“百年积流水，千岁生青苔”望谟历史厚重，布依族文化渊源流长，布依寨里尚留有古桥、石马槽、马蹄迹、铁匠铺等遗迹，岁月给望谟留下的不只有建筑古迹，还有茶香。望谟山高林密、山谷相间，溪水潺湲，据调研县境内现存古茶树达8万多棵，千年树龄古茶树265株，孕育出独特的茶之珍品——八步紫茶，布依族人世代传承。贵州省黔西南布依族苗族自治州望谟县的八步紫茶，因鲜叶为紫色，芽成笋状，茶干色泽紫黑色，茶汤淡紫色蜜香悦鼻，香味浓郁醇正而得名。

东方花梨

早在唐朝，花梨已成为海南朝贡的珍品。明清两朝，花梨更是以行云流水的纹理、圆润剔透的质感，引发了文人士大夫的狂热追逐，并征服了紫禁城的主人。据《光绪崖州志》中记载：自唐朝时期，花梨便受到皇室贵胄的推崇，感恩（今海南省东方市）地区所产花梨更是成为贡品。据林木科学者探究预测，东方市的原始花梨古树至今已有上万年的历史，境内的俄贤岭、马龙与江边乡一带的原始森林是原始花梨古树的主要产地，东方花梨种植历史至少已有1400多年。千年以来，本地老百姓古老神话的原始文化意识，形成了“东方神木”的信仰，定名“东方花梨”。

忻州糯玉米

忻州糯玉米是山西省忻州市的特色产品之一，在当地已有几十年的种植历史，忻州糯玉米因其香甜软糯，当地百姓称之“糯玉米”。自1949年后，随着品种的不断改良，忻州糯玉米产量稳定增长，1979年已突破5000万公斤，总产仅次高粱，居县内第二位。忻州糯玉米常年种植近17万亩，总产在5000万公斤以上，产品远销河北省、河南省等全国各地。

梅州梅片

梅片树是梅州地区古老的树种，距今已有2000多年历史，是樟科（Lauraceae）樟属（Cinnamomum）常绿乔木，梅片树具浓厚的肉桂气味，树形美观，是芳香、药用植物，也是庭园绿化优良树种。在上世纪70年代，梅州树作为绿化植物，在梅州地区已广泛种植。1986年，科研人员在梅片树枝叶中提取出梅花冰片，纯度最高可达99.99%，几乎不含樟脑，因产于梅州，故称梅州梅片。梅州梅片属珍稀药材，现今已被广泛应用于医疗、美容、香料等多个领域。梅州市平远县已建成一个梅片树种植基地，到2019年底，梅片树种植已达30000亩，带动脱贫群众8500人，为社会提供了500多个就业岗位，受益农户2100多家，户增收20000元/年；梅片树种植及加工产业已成为推动当地经济发展的重要抓手。梅州市政府规划未来3年，将在整个梅州推广种植10万亩梅片树。

前杜草莓

前杜草莓为辽阳县特产。在辽宁省辽阳县刘二堡镇前杜村广泛种植。迄今为止，前杜草莓的种植历史已达40余年。主要有甜查理、红颜两个品种，气候、土壤和水质等独特自然条件，前杜村所产草莓颗粒饱满、颜色鲜艳、营养丰富。上世纪80年代初期，前杜草莓引入辽阳良田。经过多年培育、优化，形成了独具地方品质特色的前杜草莓。进入21世纪后，辽宁前杜农业发展有限公司和辽阳亚新种植专业合作社先后成立，通过“双流转”的方式，开发万亩草莓种植基地，前杜草莓产业化发展取得初步成效，销量大增，在全国各地供不应求。截至目前，前杜草莓产业链发展势头迅猛，产品远销国内外。

酉阳高山牛心包菜

东晋文学家陶渊明所著《桃花源记》指出桃花源即酉阳，使得酉阳因其独特的民风民俗、丰富的物产而闻名天下。酉阳独特的高山地形以及土家族、苗族等少数民族文化使得当地的饮食风格独具特色，当地居民对“来自大山的馈赠”格外珍惜，用自己的智慧孕育出极具地域特色的农产品。其中重庆酉阳有一种蔬菜被当地居民亲切的称为叫“高山毛白菜”，这种毛白菜在一千米以上的高山上种植，生长周期需要六十天，因此被称为酉阳高山毛白菜。这种高山毛白菜味道脆甜可口，与产自北方的毛白菜在口感上有明显的不同。特别在有霜雪的冬天，味道会更加清甜，是当地居民最常食用的蔬菜之一。无独有偶，产自酉阳高山上的酉阳高山牛心包菜因其叶片宽大、无毛、具蜡粉，球叶脆嫩、微甜无异味，鲜食爽口，既可炒食，又可用食盐、味精、料酒、辣椒等腌制成卤菜（俗名泡菜），其色泽嫩绿，味美爽口，开胃健脾，成为酉阳物产文化餐桌上一道极其上乘的佳肴。自上世纪80年代开始，酉阳县将来自大山的珍宝展示在世人面前，把合作社、种植基地、农民散户、企业联合起来，用以销代产的经营模式代替传统销售方式，使酉阳高山毛白菜和酉阳高山牛心包菜畅销全国，并因其独特的口感及高于同种类其他产品的营养价值二备受青睐。至今县政府带领村民因地制宜大力发展酉阳高山毛白菜、酉阳高山牛心包菜产地，为酉阳80万人口带来了机遇。

井冈山大米

井冈山大米为吉安市特色大米品种之一，已有上百年的种植历史，其颗粒饱满，质地坚硬，色泽清白透明；饭粒油亮，香味浓郁，水稻中干物质积累多，营养成分高，可速溶解的双链糖含量高，所以吃起来香甜。另外由于支链淀粉含量高，米饭油性大，如果将一碗米饭倒进另一碗里，空碗内挂满油珠，连一颗饭粒都挂不上，其米粒圆长，营养丰富。

井冈山大米含有丰富的淀粉与植物蛋白质，可补充消耗的体力及维持身体正常体温。它富含众多的营养素，具有清除自由基、延缓衰老、改善缺铁性贫血、抗应激反应以及免疫调节等多种生理功能。江西省吉安市的大米种植区域远离城镇、村庄、工业区及交通要道，生产地三面环山，隔离条件良好，生产基地环境无污染，有机含量高，很适合种植大米。

井冈山红米

井冈山红米因米皮呈酱红色而得名，属于长粒形米，在贫瘠的土壤上也能栽培收获。井冈山红米米色粉红，糯性，米粒特长，有香气，营养丰富，蛋白质含量高，饭味香浓，口感好，富含维生素、矿物质和以非水溶性为主的纤维素，营养丰富。其中铁元素含量最为丰富，补血养颜；红米还富含能有效舒缓疲劳，保持活力的磷，维生素B群；花青素含量也极高，帮助保护视力。

井冈山红米在当地生产已有三百多年的历史。苏区革命时期，红米的种植面积已达全市三分之一。“红米饭、南瓜汤”，“朱毛挑粮上井冈”革命歌谣的传颂，使井冈山红米名扬中外。红米营养价值很高，煮粥煮饭均清香扑鼻；当年红军生活艰苦，餐餐吃红糙米饭，由于红军将士革命意志坚定，不断取胜，所以红军中流唱着“井冈山好地方，红米饭南瓜汤，餐餐吃得精打光，天天打胜仗”的歌谣。

改革开放后，随着旅游业的兴起．有关部门把红米作为当地的一项特产来发展，井冈山市已开发研制出的井冈山红米酒、红米饮料、红米八宝粥等食品。

高淳鲈鱼

高淳鲈鱼主产地位于南京市高淳区阳江镇，是太湖水系与水阳江、青弋江水系的分水岭，河网密度较大，固城湖、石臼湖环绕，水网密集，是高淳鲈鱼的优质天然栖息地。当地年平均降雨量1157毫米，雨量集中，年平均气温15.9℃，极端最高气温36.4℃，最低气温-8.2℃，正符合鲈鱼的最佳生长温度。高淳鲈鱼已有20年养殖历史，高淳鲈鱼，体长，侧扁，背部稍隆起，背腹面皆钝圆。高淳鲈鱼体长可达102厘米，一般重1.5-2.5公斤。体背部青灰色，两侧及腹部银白。体侧上部及背鳍有黑色斑点，斑点随年龄的增长而减少。背鳍两个，仅在基部相连，第1背鳍为12根硬刺，第2背鳍为1根硬刺和11-13根软鳍条。臀鳍硬棘3枚；臀鳍软条7至9枚，背鳍、臀鳍鳍条及尾鳍边缘为灰黑色。由于品质好，味鲜，很受人们欢迎。具有非常高的营养价值。2018年，高淳鲈鱼养殖面积5000多亩，每亩产值1.6万元，利润7700元/亩。

东皋乳鸽

东皋乳鸽主产地位于南京市六合区龙袍街道东沟镇，地处丘陵岗地，年平均降雨量1004.7毫米，日照时数为2200小时，四季分明。充足的光照可以提高鸽蛋的新陈代谢，增进乳鸽食欲，促进鸽子体内钙磷代谢。保证了东皋乳鸽肉质鲜美，营养丰富，为人体提供大量的营养物质。东皋乳鸽养殖历史悠久，从上世纪80年代开始，养殖逐渐兴起，现已成为畜牧业中的热门之一。东皋乳鸽足短矮、嘴短、体型大，营养丰富、药用价值高，含有17种以上氨基酸，氨基酸总和高达53.9%，含有10多种微量元素和维生素。是六合区政府重点打造的特色养殖业之一。

古棠黄心浦芹

古棠黄心浦芹古棠黄心浦芹是当地特色产品之一，已有40多年的种植历史，当地地处丘陵地貌，年平均降水量1106毫米，年降雨日116天，无霜期长。立体气候明显，特别适宜古棠黄心浦芹生长。古棠黄心浦芹叶簇直立，株高60-65厘米，开展度16-20厘米，叶片为二回奇数羽状复叶，每叶有小叶2-3对，小叶近圆形，叶片深绿色，叶柄长而粗，浅绿色，叶柄空心，软化后呈黄白色。古棠黄心浦芹香味浓，较耐寒，含多种维生素和人体必需的微量元素。具有清毒、散热、降压、利尿、名目和健脑的功效。目前种植1600多亩，每亩年产龙袍黄心蒲芹3000-4000公斤。远销全国各地，深受消费者青睐。六合区是南京市重要的蔬菜基地，古棠黄心浦芹万是万亩蔬菜中的佼佼者。

棠邑绿茶

棠邑绿茶主产地位于南京市六合区风景秀丽的龙袍白马山。地处丘陵岗地，年均降雨量1081.4毫米，无霜期长，白马山山峦起伏、空气湿润，优良的生长环境使棠邑绿茶锋苗挺秀，色泽绿润，汤色嫩绿明亮，滋味鲜爽，叶底嫩绿匀净。茶中含有茶多酚、咖啡碱、蛋白质、氨基酸、鞣酸、维生素等营养成分。产品在全国各类茶叶评比中屡获殊荣。棠邑绿茶”是南京市六合区龙袍街道的特产，是南京市绿茶生产的重要基地之一。

溧水青梅

溧水青梅主产地位于南京市溧水区，当地地域属亚热带季风气候，四季分明，原始植被完好，自然环境优良，雨量适中，年平均气温为15.5℃。溧水青梅果肉厚、核小，果皮柔韧、不易破损、肉质柔软、酸度高，有机酸可达≥6.9%；其果形椭圆形，果皮浅青绿色，有光泽，成熟果为黄色，向阳面具有红晕，呈淡赤褐色至深红色，果肉淡黄色；单果重25-30克，其晒干率高，口感细腻爽脆，果香醇厚。

20世纪80年代，在南京农业大学和省市科研单位支持下，傅家边率先引种能结果有能供人赏玩的青梅，取得成功。当地人将青梅加工成话梅、脆梅、开心梅等系列梅制品，不仅满足当地市场，还销往海外，深受日本、韩国客人青睐。溧水青梅以其果大皮薄，肉厚核小，酸度适中赢得“青梅之乡”的美誉，目前已经成为全国最大的青梅种植基地，青梅富含多种天然有机酸，营养丰富，被誉为“健康食品之王”，制品有咸梅、陈皮梅、甘草梅、话梅等10多种系列产品，食用后具有净血、解毒、杀菌、生津止渴等多种功能。

石柱绿豆面

石柱绿豆面始创于17世纪的明代天启（1621）年间，至今已将近400年历史；最先在石柱土司衙门所在的司城（即后来的县城）销售，由于价廉物美，深受消费者喜爱，随着口碑传扬、销量增加，逐渐扩散到全县各地。据各乡镇志记载，清末至民国期间，尤其以石柱县城、县北的江南重镇西沱的绿豆面销售最红火，其次为原土司衙门旧地所在的悦来、县东的川鄂大道集镇黄水和沙子、县南到彭水的大道边集镇马武坝、县西到忠县的坡口和沿溪等。

石柱绿豆面是用当地所产的绿豆加工而成的，石柱绿豆面因其绿色环保、味道鲜美、营养价值高的特点，一直受到国内外游客的追捧和喜爱，在旅游旺季的夏季，更是创造单日销量1.32吨、销售额13万元的最高纪录。2019年，石柱绿豆种植面积达到5000亩，有1251户手工作坊制作绿豆面387吨，年销售收入5100多万元，惠及全县33个乡（镇、街道）农户1万多户和100多家餐饮行业。

溧水黑莓

溧水黑莓主产地位于江苏省南京市溧水区白马镇石头寨村，从1986年开始栽种，距今已有30多年历史。该地处山丘地貌，年平均气温15℃以上，全年无霜期237天，年平均日照2146小时，温差大（10–12℃），适宜的温度和光照及温差，有利于溧水黑莓生长。当地现有黑莓种植及加工类龙头企业十多家，种植面积保持在22000亩左右，在全国排名第一。是江苏省最大的黑莓标准化示范园，被誉为“中国黑莓之乡”。先后建立了9000亩的无公害农产品基地，5000亩的农业标准化生产示范区，5900亩的黑莓有机转换，生产开发出8个黑莓系列产品，其基地与示范区的项目申报均已被国家级和省级认定。白马镇依托黑莓产业平台，形成从田间地头到产品加工，再到物流运输、休闲旅游、餐饮消费的产业联动发展模式，使黑莓成为促进当地农民增收致富的富民产业。

溧水蓝莓

溧水蓝莓是南京市溧水区白马镇石头寨村的特产，已有20多年的种植历史。该地处山丘地貌，年平均气温15℃以上，全年无霜期237天，溧水蓝莓其鲜果表皮傅粉，果粒饱满圆润，色泽鲜亮，口感甜美微酸，是地道的“舌尖”上的美味，深受人们青睐。被誉为“21世纪功能性保健浆果”和“水果中的皇后”，并被国际粮农组织列为人类五大健康食品之一。白马镇是江苏省蓝莓的主要种植区，省级无公害标准化示范区，已初步形成了育苗、种植、加工、销售一体化的产业化发展模式。以农民专业合作社为纽带，实行“企业+合作社+基地”的合作模式，成为白马镇的特色名片之一。目前，种植面积近15000亩，其中挂果面积5000亩，年产量达3000吨，种植规模及产量居全省领先。

溧水绿茶

溧水绿茶主产地位于南京市溧水区和凤镇，和凤地区种茶始于70年代初。最初在张家、吴村桥、孔镇、沙塘庵等地试种，成功后逐步推广。至2010年，全镇有茶场9家，茶园680公顷，年产溧水绿茶（干茶）20余万公斤。该地域属亚热带季风气候，年平均气温15.5℃，平均日照2146小时，平均降水1037毫米，春夏秋冬，四季分明，空气质量常年达国家二级标准。溧水绿茶的主要品种有碧螺春、炒青绿茶、烘青绿茶、黄大茶、珠山珍眉、毛峰，以及采用炒青、烘青窨制的珠兰花茶、茉莉花茶等，被誉为茶中上品。生产制作溧水绿茶企业中，严景万茶场、月牙湖生态茶业有限公司、久宏茶场，严格按照NY5244–2044、NY/T5018–2001、NY/T5019–2001无公害茶叶生产技术规程、茶叶加工技术规程生产加工，均获有机食品认证、绿色食品认证、无公害农（水）产品认证，在市、县茶叶质量评比中累计60多次获特等奖、一等奖、金奖、银奖等不同奖项，均为省、市名牌产品。中国农科院茶科所曾组织有关专家、技术人员对“溧水绿茶”

进行品评鉴定，成茶如眉，色泽灰绿、条索纤细、嫩绿隐翠、顶冲耐泡、毫香四溢、汤色黄亮、清香味浓、杀口适中，独具风味。

和凤螃蟹

和凤螃蟹主产地位于南京市溧水区和凤镇，该地年平均气温15.5℃，平均日照2146小时，平均降水1037毫米，春夏秋冬，四季分明，自然环境优良。全镇有10余公里石臼湖岸线，依托石臼湖优良生态条件，沿岸战天圩2814渔场、乌飞塘村、中杨村、骆山村、张家村均开发大面积水面养殖螃蟹。优良的石臼湖水资源生产出的和凤螃蟹个大健壮、青背白肚、金爪黄毛，属优质水产品。2000–2010年，每年养殖面积稳定在663公顷左右，产量年均百余万公斤，销售收入过亿元。螃蟹养殖成为镇特色富民产业。

溧水大米

溧水大米主产地位于南京市溧水区的和凤镇，种植历史悠久，2005–2010年，年均种植1.8万公顷。基地建有省农科院博士工作站和南粳46号原种繁育基地。该地雨量充沛，年降水1200毫米，四季分明，年平均温度15.4℃，高温多湿。水资源十分丰富，湖水清澈，富含钙、钠、镁、钾等微量元素。溧水大米生产区采用轮休耕作制，种植绿肥、施用有机肥，按绿色、有机标准生产。长期实施水稻高质、绿色、高产示范片建设；强化测土配方施肥、耕地地力提升、绿色防控技术；水稻育秧、栽插、水、肥、植保实行统管、统防、统治。溧水大米极具市场竞争力，主要销往上海、苏州、无锡、常州、镇江、温州等大中城市，品牌化建设成效明显。

岐山面皮

岐山面皮是从唐代冷淘面演变而来，原名“御京粉”，顾名思义，跟皇上有关系的，相传清朝康熙年间，岐山人王同江从北京皇宫带回故乡，传徒授艺而来，别名“酿皮”、“麦面皮”等。岐山面皮素以“白、薄、光、软、筋、香，”而闻名。

岐山空心挂面

岐山空心挂面，选用优质小麦特粉，经过揉条，搓条，上棍等十道工序精制而成。其工艺独特，面条细白，耐煮味香，食用方便，是岐山地方名吃之一。2001年元月6日至7日，时任国务院副总理的温家宝同志，冒着严寒来岐山视察工作，其间来到挂面专业村——马江镇（现为雍川镇）小营村，走访了多户挂面专业户，询问了手工空心挂面生产技术及销售情况，并看了现场操作表演，还学着操作了几下，闪现出国家领导人对岐山空心挂面的无比关心。

安康富硒水

安康市位于陕西省东南部，南依巴山北坡，北靠秦岭主脊，长江第一大支流汉江由西向东横贯全境，形成南北两山夹峙，河谷盆地居中“两山夹一川”的地势轮廓。

安康地区是中国最大的富硒带，科学研究证明，巴山地区土壤含硒量高于秦岭，并由西向东逐渐增高。特别是大巴山东段早古生代的某些复杂岩层，含硒量达2.5—6.9ppm，富硒地层厚度达40—50米，长度达400—500千米。紫阳、岚皋、平利、镇坪等县及汉滨、石泉、汉阴等县区部分区域均位于大巴山东段，其地质岩层、土壤及水质检测含硒量明显较高，是一个面积较大的富硒区域，而安康泉水赋存于寒武—奥陶系洞河群组黑色炭质板岩与硅质板岩裂隙中，该岩石硒含量高，岩石中硒含量7.95–176.00mg/lg。降水过程含硒岩层在向下游和深部运移过程中，不断溶解岩石中的硒、锶元素，形成了天然安康硒水。安康硒水无色无味、质地清醇、纯净透亮、口感柔滑圆润，余味清冽。不论枯水期还是丰水期，水量、水质、水温及矿物盐的含量常年稳定，形成符合饮用天然矿泉水的标准，适合长期饮用的特点。

志丹山地苹果

志丹山地苹果是陕西省延安市志丹县的特产。志丹山地苹果表现出了糖份高、硬度大、色泽艳、口感好等特点，品质不亚于洛川、宝塔一带的苹果，志丹山地苹果在周边县区也很有名气，深受群众喜爱。

近年来，志丹县围绕提产增效和提质增效这一核心，通过政策扶持、强化管理、示范引领、科技支撑和强化保障等措施，使得当地山地苹果种植、生产水平明显提升，果品质量稳步提升，目前志丹山地苹果产业逐步成为全县农民脱贫致富的主导产业之一。

志丹山杏仁

志丹山杏仁是志丹县的名优特产。山杏仁为啬微科植物山杏的干燥成熟种仁。含有丰富的蛋白质和人体所需的磷、钙、铁、钾等多种元素，营养价值十分丰富。可制作各种高级食品，并含有丰富的 Bd，有抗癌作用和化淤、清热、散毒、润肺等功能，可供医用。山杏仁还可用来榨油，出油率高达 45%。杏仁油既可食用，又可制作高级润滑油，还是制作化妆品的重要原料。目前志丹山杏仁逐渐成长为志丹县特色产业和市场品牌，同时也是志丹县外贸出口创汇的一项经济来源。

志丹牛肉

志丹县位于延安市西北部，属黄土高原丘陵沟壑区。境内土地广阔，牧草资源丰富，素有“山保安、米粮川、牛羊满山”之称，草原面积 73 万亩，林地面积 63 万亩，林草覆盖率达 68.8%，适宜于发展林牧业。志丹县产出的志丹牛肉手感细嫩柔软，口感鲜嫩、不塞牙，富含蛋白质和肌氨酸，在陕甘宁等地久负盛名，产品远销内蒙、宁夏、甘肃、山西、河北等省区，深受消费者欢迎。

榆林盐

榆林是陕西省唯一的盐产区，榆林盐拥有岩、湖、井、土硝等盐，特别是岩盐资源储量丰富，仅岩盐的潜在价值就达 33.2 万亿。榆林盐分布区域北起神木尔林兔陕西内蒙交界，南至延安，西至靖边，东至佳县，面积约 3.4 万平方公里，远景储量达 6 万亿吨，是一个特大岩盐田。盐层平均厚度 120 米，最大厚度 360 米；基础储量 2.7 亿吨，探明储量 885 4．5 5 亿吨，预测储量 6 万亿吨（占全国岩盐总储量 26%）；榆林盐资源储量大，品位高，是继煤炭、石油、天然气之后的又一大优势资源。

渭南华州黄金蜜桃

华州区，隶属于陕西省渭南市，位于关中东部、渭河下游，北居渭河之南的丰腴平原，南跨秦岭山脉的华山山地，地势南高北低，地貌分区明显，有“六山一水三分田”之称。本区气候属于暖温带大陆性季风型半湿润气候，四季冷暖干湿分明，年均日照时数 1876.9 小时，年均降水量 581.2 毫米，年均气温 13.4 度。本区土地肥沃，宜果宜蔬，是全国果菜标准化建设十强县、全国农业标准化示范县（区）。

本区特产渭南华州黄金蜜桃又名黄金蜜，属于黄桃的一种，分布于华州区沿渭河的七个镇（街道），以果皮、果肉均呈金黄色或橙黄色而得名，具有“色黄，肉细，渣少，汁多，香浓，味甜”的鲜明特点。果实近圆形，平均单果重 206 克，最大单果重 600 克，富含维生素 C 和大量人体所需的纤维素、胡萝卜素、番茄黄素、红素及多种微量元素，堪称保健养生之佳果。

黄金蜜在华州区具有悠久的种植历史，一直以来也是华州果业第一大拳头产品。1959 年，陕西省出口食品厂在华州区建成投产，当时名“国营渭南华州出口食品综合厂”，主营果脯、果干、鲜果加工等，产品销往日本、东南亚、欧美等国家和地区及国内东北、华北、西北等地。1986 年，该厂生产的“永乐牌”糖水黄桃罐头被评为省优产品。

近年来，华州区不断普及四季修剪技术和无公害栽培技术，科学施肥、精细管理，黄金蜜桃产量和品质不断提高，截止目前，渭南华州黄金蜜桃的种植已发展到 3 万余亩，年产量 4.5 万余吨，销往全国各地。

渭南华州大白菜

华州区渭河平原地带地势平坦，土壤肥沃，灌溉方便，为陕西著名的优质大白菜产地。当地菜农有丰富的种菜经验，历来大面积种植白菜，栽培历史已千余年。作为陕西名产，渭南华州大白菜久负盛名。明代《华州初志》记载："白菜，一名菘，夏名热白菜，秋熟最佳，华产叶大丝少，阴腊多行销外境。"

渭南华州大白菜菜球紧实，洁白无杂色，纤维细致无粗丝，嚼而无渣，质柔味鲜，营养丰富，富含蛋白质、糖类、脂肪、维生素A、C及钙、磷、钾、铁等矿物质。目前，华州大白菜种植面积常年稳定在2万亩以上，年产量8万吨以上，除供当地食用外，主要销往山西、河南、北京、宁夏、上海、东北三省等农产品批发市场，成为这些地区秋冬季不可缺少的蔬菜品种之一。

华州花椒

华州区是花椒的最佳适生区之一，当地气候温和，降水适中，光照充足。得天独厚的自然环境造就了华州花椒"色红油重、粒大饱满、麻味醇正、香气浓郁"的优良品质。

华州区花椒种植历史悠久，起初多为一家一户房前屋后零星种植；解放后大力发展植树造林，逐渐出现成片的花椒林；1985年前后，开始规模化种植；发展至今，已形成蔚为壮观的林业产业，花椒种植面积达10万亩，成为华州区脱贫攻坚工作的重要支柱产业。

既要金山银山，也要绿水青山。华州花椒生长快、根系发达，能有效保持水土，充分地利用了本区大面积贫瘠的坡地资源，提高了土地利用率，对于秦岭山区生态环境保护工作具有重要的意义。

陇南苦荞

陇南苦荞产自黄土高原、青藏高原和西秦岭的交汇地带，海拔1100–2700米的高寒二阴山地。据史料记载3000多年前居住在陇南的白马人在每年九月九日将青稞、燕麦、苦荞、小麦、玉米等各种粮食经选粮、淘洗、蒸煮、晾露、制曲、发酵、装缸、窖藏等工序酿制成咂杆酒，凡亲朋好友和远客来，总要煨"顺杆酒"款待。今天的陇南人沿袭先人的风俗，种植苦荞作为酿制咂杆酒的原料。陇南苦荞属纯天然无污染的绿色植物，是一种食用兼药用作物，其有独特的营养成分，如高活性蛋白、高活性膳食纤维、生物类黄酮、淀粉及脂肪酸，而且含量大部分都高于大宗粮食作物小麦、大米，是防治疾病和养生保健的绿色农作物。

肃北雪山羊

肃北人民主要以蒙古族为主，"蒙古"这一名称较早记载于《旧唐书》和《契丹国志》，其意为"永恒之火"。别称:"马背民族"。蒙古族发祥于额尔古纳河流域，主要以游牧为主，四季轮牧，畜牧以牧羊为主，肃北雪山羊是一种经长期培育而形成的具有地方特色的品种。是以甘肃高山细毛羊和本地蒙古羊杂交而得，又因为分布在祁连雪山末端，故得名肃北雪山羊，饲养历史悠久。牧草主要有野苜蓿、野葱、芨芨草和甘草、秦艽、雪莲等200多种，饮用祁连山雪水。肃北雪山羊体毛多为白色、致密细长，头部细毛着生至眼线，被毛为闭合性，密度中等以上，弯曲清晰。体格较大，体重在40–50kg，体质结实，结构匀称，成年公羊有角，母羊无角，眼睛明亮，颈部短粗，四肢强壮有力，大腿肌肉发达；鲜肉为枣红色、肥瘦适中、有光泽。是脍炙人口、久享盛名的美味食品。所产的羊肉香味浓郁、无膻味，肉质鲜嫩多汁、肥而不腻、瘦而不柴，营养成分丰富，是餐桌上不可或缺的美味佳肴。

岷县黄芪峰蜜

岷县中蜂养殖具有近200年的历史，《岷州乡土志》反映岷州清朝同治四年前的事情，虫鱼属中记载"蜂，人饲之，以釀蜜，割取者为白蜜，连蜂熬成者为红蜜。渣榨为黄蜡，其房入药，又有野蜂作蜜崖缸，取之者为黄芪蜜"；成稿于清末的《岷州乡土志》记载："蜂蜜陆运大半往兰、秦等州，小半本境行销，每岁约一百余担。"岷县黄芪蜂蜜初期为透明的液态，色泽为淡黄色至金黄色，不易结晶。结晶后，颜色成乳黄色，颗粒较小，食之绵软爽滑，甘甜适口，口感细密，有清淡的黄芪花香味。岷县黄芪蜂蜜含有大量的易于吸收的果糖，葡萄糖和多种氨基酸，还含有许多维生素、酶、芳香物质、天然色素和钙等矿物质。岷县黄芪蜂蜜是养颜的佳品，治病的良方。

阿克塞骆驼

阿克塞哈萨克族自治县（简称阿克塞县）隶属于

甘肃省酒泉市，地处甘肃、青海、新疆三省（区）交汇处，是甘肃省唯一一个以哈萨克族为主体的少数民族自治县，也是中华人民共和国三个哈萨克族自治县之一。哈萨克族的畜牧业具有悠久的历史，早在2000多年前，哈萨克族先民们就过着逐水草而居的游牧生活，骆驼是游牧民族不可或缺的牵引动力。《山海经·北山经》载“（虢山）其兽多橐驼”，郭璞注“有肉鞍，善行流沙中，日三百里，其负千斤，知水泉所在也”。《逸周书·王会解》载：“伊尹献令，正北空洞，大夏、莎车、匈奴、楼烦、月氏诸国以橐驼、骡马、駃騠为献。阿克塞哈萨克族人民继承了古老的牧驼传统，培育出当地特色的骆驼——阿克塞骆驼。阿克塞骆驼不仅与阿克塞哈萨克族的经济有着密切的联系，更与阿克塞哈萨克族人文密不可分，“骆驼赛跑”、是哈萨克族传统体育竞技，旨在让更多人了解哈萨克族传统文化的魅力。

景泰肉苁蓉

景泰县位于甘肃中部，地处黄土高原和腾格里沙漠的过渡地带，沙地轻度盐渍化。属温带干旱大陆性气候，冬冷夏热，干旱少雨，蒸发量大，日照时数长，昼夜温差大。然而正是这种恶劣的气候条件却是肉苁蓉生长的有利保障。景泰肉苁蓉具有极高的药用价值，素有“沙漠人参”之美誉。历史上均被作为上贡朝廷的珍品据《本草纲目》《别录》曰：肉苁蓉，生河西山谷及代郡雁门，五月五日采，阴干。普曰：生河西山阴地，丛生，二月至八月采。

传说中，肉苁蓉是天神派神马赐给霍去病的神物。相传东汉大将军霍去病率军抗击匈奴，双方大战，霍去病失利，人困马乏，伤亡惨重，被围困于长满梭梭林的沙山。恍惚间一老翁翩然入梦，说是本地山神，念其抗击匈奴，驱逐鞑子，便派出神马，神马一跃到霍去病前面后，仰天长鸣，将精血射向梭梭树根，然后用蹄了趵出了扁圆柱形的植物根块。霍去病梦醒命将士们如数深挖树下发现与梦里一样的植物。遂与部将们吃了根块，顿时神清气爽，神力涌现，冲下沙山，击匈奴与关外，平定外乱。

景泰甘草

景泰县种植甘草的历史可以追溯到二千多年以前，《神农本草经》中将其称为“美草”，列为药之上品。南朝医学家陶弘景将甘草尊为“国老”，并言：“此草最为众药之王，经方少有不用者。”景泰县处于大陆性干旱、半干旱的荒漠地带，特点是干旱少雨，光照强，温差大。甘草长期生长在该气候条件下，使其具有抗寒、耐热、怕涝和喜光照的特性。甘草是我国应用最为广泛的一种药用植物，也成为西部地区重要的固沙和生态恢复植物之一。除此以外，甘草具有种植风险小，生产成本低，田间管理简单，经济效益好等特点。郁郁葱葱的景泰甘草如同沙漠里的一片片绿洲，让生命的嫩芽恰逢飘洒雨露的春天，为景泰县的老百姓铺就了一条小康大道，让景泰戈壁荒漠升起了一轮致富的太阳！

卓尼当归

卓尼县地处青藏高原的边缘地带，甘肃省南部，甘南藏族自治州东南部，境内海拔 2 000 ~ 4 920 m，年均降水量 580 mm 左右，年平均气温 4.6℃，无霜期 119 天，属高原性大陆气候，寒冷湿润，四季不明，山高林多湿度大。卓尼被誉为“洮砚之乡、藏王故里”、“雪域明珠、西部热土”，是令人神往的香巴拉圣地。介于卓尼县独特的地理气候环境，卓尼当归形成了对当地自然条件很强的适应性，也造就了卓尼当归的独特品质，其受到了各地客商的好评与青睐。

在卓尼县关于当归还有一个美丽的传说：相传在很早以前，在迭山脚下洮水岸边，住着一对恩爱夫妻。男的叫荆夫、女的唤秦娘。夫妻二人过着安居乐业的生活。不久，秦娘怀孕生子，得了产后血症，荆夫四处求医，不见好转，心里着急。一天，门口来了一位老和尚，声称在他居住地方有一种药草可治此病。荆夫听说能治好秦娘疾病，哪怕刀山火海也要前去。他安慰秦娘一番，当即随老道前往。经过千里跋涉，终于到了一座茅庵旁，指着一种紫杆绿叶开着葱白伞形花序的植物说：“这就是你要找的那种药，现在正在开花，要得成药，最少要三年时间，今年采籽，明年育苗，到了后年才能栽种成药。还得施肥除草，精心护理，如有疏忽，时间倍增”。

荆夫按老道的指点，披星戴月，辛勤栽务。三年过去，所栽之药有了收获，他心里非常高兴，准备回乡给秦娘治病。临行之时，拜别老道。老道人将所栽之药捆在一起，交给荆夫说：眼下秦娘病重，正盼你归，当归，当归！当归之名即从此来。荆夫拜别师傅，星夜赶路，半月后回到家里，果然秦娘病已沉重，危在旦夕。他当即将所带之药如方配制，给秦娘灌服，病情立见好转，不久便痊愈。夫妻二人感激不尽，就将老道人所赠药籽依法种植，三年之后种成当归，迭山脚下，洮渭之滨，遍地栽种，异香醉人。

卓尼柴胡

卓尼柴胡品质独特，独特的品质源于独特的环境，而卓尼县土地肥沃，光照充足，昼夜温差大，无霜期长，恰恰为发展柴胡产业提供了得天独厚的自然条件，所产的柴胡具有代表性，也是我国优质柴胡出口的经典。

卓尼种植柴胡有300年历史。相传，卓尼有个胡进士，家有长工叫二慢。秋天，二慢得了瘟病，胡进士怕传染家里的人，就让他离开。二慢来到水塘边，在杂草丛里躺着，觉得又渴又饿，浑身无力，便挖了些草根吃。一连吃了7天，周围的草根吃完了，二慢试着站起身，忽然觉得身上有劲了。从此，二慢的病再没犯过。后胡进士的儿子也得了瘟病，许多医生束手无策，胡进士忽然想起二慢，把他找来询问后，急忙命人挖草根洗净煎汤，给儿子一连喝了几天“药”，病就好了。胡进士很高兴，想给那种药草起个名字，那东西原来是当柴烧的，自己又姓胡，就把它叫“柴胡”了。自此，柴胡在卓尼这一带就家喻户晓了，后来卓尼县便拥有了“天然宝库，药材之乡”的美誉，卓尼柴胡产业更是蓬勃发展，为人民的生活打下坚实的基础。卓尼柴胡为多年生草本，基生叶倒披针形或狂椭圆形，茎生叶长圆状披针形；复伞形花序，花瓣鲜黄色，花柱基深黄色；主根多单生，棕红色或红褐色。

四龙苹果

白银区位于黄河上游中段，甘肃省中部，白银市西部，是白银市政治、经济、文化中心，中国重要的有色金属基地和甘肃省重要的能源化工基地，以"铜城"闻名遐迩。区内光照时间长，水土肥沃，盛产苹果、油桃、李子等水果。四龙苹果是甘肃省白银市白银区的特产之一。

卓尼木耳

卓尼县南部为东西走向的迭山山脉，构成县境内的屋脊；迭山以北为洮河水系切割的中岱地形，除海拔3600米以上部分为裸露岩石外，其余为茂密森林和山地草场。四季不明，山高林多湿度大。这里出产的木耳朵大肉厚、乌黑光润、质地柔软、滑而带爽、气味清香。卓尼县采食木耳历史悠久，在卓尼以“木耳”命名的村、镇、沟等地名沿用至今。

卓尼青稞

卓尼县历史悠久，夏、商、周时期，卓尼属雍州之域。属高原性大陆气候，寒冷湿润，四季不明，山高林多湿度大。种植青稞历史悠久。1935年9月16日，红一方面军大部队从迭部县旺藏乡出发后，过白龙江进入然尕沟，来到崔古仓村（红军称谷卡），杨积庆暗中巧妙安排，红军顺利打开了储藏着二十多万公斤青稞的粮仓，这对于行军途中面临饥饿困扰的红军将士来说，无疑是雪中送炭。红军迅速开仓分粮，凡在仓里领粮的部队，都把自己所属部队的番号和所拿粮数，一一清楚地写在粮仓门板上，还留下了少量银元。

民勤小茴香

小茴香是十大陇药之一，甘肃产量占全国总产量的65%左右，甘肃主产地为民勤、酒泉、景泰等地，以民勤种植面积最大，产量超过一半；民勤小茴香产于腾格里沙漠与巴丹吉林沙漠附地，光照时间长，昼夜温差大，颗粒均匀饱满，气味芳香，品质上乘，为同类产品中的"佼佼者"，纯天然绿色产品，绝大部分要供应出口，出口免检。

茶陵茶

茶叶是茶陵最古老的作物之一，历史上曾以产茶而著称。我国最早的药物学专著《神农本草经》记载:“神农尝百草，日遇七十二毒，得茶而解之”。这个“茶”，就是现在所说的茶。而神农尝百草的“茶山”，即茶陵的云阳山。唐代的茶圣陆羽所著的《茶经》中记载了茶的起源:“茶之为饮，发乎神农氏”。明清时期，茶陵茶叶通过茶马古道经广州出口到国外，茶陵景阳山茶、六通庵茶在历史上均享有盛名。正因为如此，茶陵县才有幸以“茶”命名，并成为我国最早开发、利用茶树的地区之一。几千年来茶陵的茶文化绵延不断，至今茶陵还流传着《采茶歌》。

茶陵属中亚热带季风湿润气候，气候温和，雨量充沛，由于西北有武功山阻挡，减弱了北方冷空气南侵的势力，冬寒期短，无霜期约 286 天，年平均气温约 17.9 摄氏度，降雨量约 1500 毫米，日照时间约 1718 小时，气候类型多样，立体气候明显。山地高低起伏，坡度较缓，道路互联互通，像波浪式山地，蓄水保土增产效果十分明显。山地通风透光条件甚好，有利于作物生长和营养物质的积累，以加速土壤熟化，提高土壤肥力，从而提高茶叶中叶绿素、茶多酚和氨基酸、儿茶素等含量，而这些正是茶叶品质和滋味不可缺少的重要物质。区域内山地土壤大多为酸性黄砾土壤，PH 值为 5.1–5.9 之间，无污染，有机质含量较高大部分在 6.3–9.1g/kg 之间尤其是海拔稍高地带表现明显，非常适宜茶树生长。茶陵茶来自本地野生茶，经过长期人工选育而成，具有茶多酚、氨基酸等有益元素含量高的特点，其氨基酸含量达 6.5% 以上，茶多酚含量在 32% 以上。1974 年茶陵被定为湖南省红碎茶生产基地县。1978 年茶陵拥有洣江茶场、长岭茶场、虎踞茶场、马江茶场、高陇茶场、秩堂茶场、下东茶场、舲舫茶场等八个大型茶园，面积 14030 亩，产量达到 1350 吨，是全国 100 个茶叶生产基地县之一。1994 年茶陵茶在全国中茶杯名优茶评比中获第二名，1998 年茶陵茶在湖南省行业评比中一举夺冠，2006 年茶陵荣膺全国名优绿茶金奖桂冠。

茶陵茶树饱受自然条件滋润，故而根深叶茂，梗壮芽肥，茸毛多，持嫩性强，制作后外形挺直匀齐、略扁，形如凤羽，色泽翠绿，身披白毫；冲泡后汤色淡黄鲜亮，芽叶嫩绿鲜活，朵朵可辨，天然栗香，滋味鲜醇甘爽，风格独特。工艺流程分为摊青、整形、杀青、整形、烘焙等一系列工序，有效地制作茶陵红茶与众不同的品质特征，最大限度地保留了茶叶中的有益物质含量。茶陵独特的气候条件、优良的品种和独特的制茶工艺造就了茶陵茶特有的品质。

茶陵红茶

茶叶是茶陵最古老的作物之一，历史上曾以产茶而著称。我国最早的药物学专著《神农本草经》记载:“神农尝百草，日遇七十二毒，得茶而解之”。这个“茶”，就是现在所说的茶。而神农尝百草的“茶山”，即茶陵的云阳山。唐代的茶圣陆羽所著的《茶经》中记载了茶的起源:“茶之为饮，发乎神农氏”。明清时期，茶陵茶叶通过茶马古道经广州出口到国外，茶陵景阳山茶、六通庵茶在历史上均享有盛名。正因为如此，茶陵县才有幸以“茶”命名，并成为我国最早开发、利用茶树的地区之一。几千年来茶陵的茶文化绵延不断，至今茶陵还流传着《采茶歌》。

茶陵属中亚热带季风湿润气候，气候温和，雨量充沛，由于西北有武功山阻挡，减弱了北方冷空气南侵的势力，冬寒期短，无霜期约 286 天，年平均气温约 17.9 摄氏度，降雨量约 1500 毫米，日照时间约 1718 小时，气候类型多样，立体气候明显。山地高低起伏，坡度较缓，道路互联互通，像波浪式山地，蓄水保土增产效果十分明显。山地通风透光条件甚好，有利于作物生长和营养物质的积累，以加速土壤熟化，提高土壤肥力，从而提高茶叶中叶绿素、茶多酚和氨基酸、儿茶素等含量，而这些正是茶叶品质和滋味不可缺少的重要物质。区域内山地土壤大多为酸性黄砾土壤，PH 值为 5.1–5.9 之间，无污染，有机质含量较高大部分在 6.3–9.1g/kg 之间尤其是海拔稍高地带表现明显，非常适宜茶树生长。茶陵茶来自本地野生茶，经过长期人工选育而成，具有茶多酚、氨基酸等有益元素含量高的特点，其氨基酸含量达 6.5% 以上，茶多酚含量在 32% 以上。1974 年茶陵被定为湖南省红碎茶生产基地县。1978 年，茶陵拥有洣江茶场、长岭茶场、虎踞茶场、马江茶场、高陇茶场、秩堂茶场、下东茶场、舲舫茶场等八个大型茶园，面积 14030 亩，产量达到1350吨。茶陵是全国100个茶叶生产基地县之一，1984年茶陵红碎茶二号被农林渔业部评为优质产品，2012年茶陵红茶被定为中博会贵宾礼品专用茶及湖南茶叶十大创新产品。

茶陵红茶色泽乌黑油润，条索紧细显毫、匀齐，茶汤红黄明亮，滋味甘醇甜润，天然花蜜香。它属于全发酵茶，用干茶浸泡出来的茶色也多为红色。红茶是以茶树的新芽叶为原料，经过摇青、萎凋、揉捻、解块、揉捻、发酵、初烘、复烘、挑选、提香等传统制茶工艺制作而成，能有效制作茶陵红茶与众不同的品质特征，最大限度地保留了茶叶中的有益物质含量。茶陵独特的气候条件、优良的品种和独特的制茶工艺造就了茶陵红茶特有的品质。

编后语

《中国食品工业年鉴》的编委们：

摘录习近平主席在国家勋章和国家荣誉称号颁发仪式上讲话的最后一段，倍受鼓舞，与大家共勉。

一切伟大成就都是接续奋斗的结果，一切伟大事业都需要在继往开来中推进。新时代必将是大有可为的时代。全党全国各族人民要像英雄模范那样坚守、像英雄模范那样奋斗，共同谱写新时代人民共和国的壮丽凯歌！

《中国食品工业年鉴》编辑部

纳食

招商快 招商准

中国食品行业招商互联网**首选**平台

部分一线品牌招商成果展示

好想你 中国红枣领导品牌

品牌　名：好想你
产品　名：红枣姐姐
品类　名：条形枣片休闲食品
合作内容：招商
服务效果：
2016年2月正式合作，品牌宣传1个月后，招商使用了2个月，完成3000家意向经销商，最终，企业反馈仅花费6%的预算完成了首期招商目标。纳食的招商打破了传统招商形式，赢得客户好评。

汇源

品牌　名：汇源
产品　名：95度黑
品类　名：气泡果汁
合作内容：品牌宣传+招商
服务效果：
2018年3月18日在纳食启动新产品宣传和招商，5月26日纳食协助举办的产品订货会上成功招募910名经销商，当天收款3700万。

北大荒 BEIDAHUANG 东北豆奶

品牌　名：北大荒
产品　名：东北豆奶
品类　名：小瓶装豆奶
合作内容：品牌宣传+招商
服务效果：
2017年8月11日启动合作，品牌宣传1个月后，启动招商策划。纳食策划第一场订货会，近1000名经销商参会，当天收订货款3200万。

北京同仁堂

品牌　名：北京同仁堂
产品　名：玛咖乌龙茶
品类　名：功能茶饮
合作内容：招商
服务效果：
从2016年3月开始合作，1个月推动完成招商500多家，成交额3亿元（含定金）。

江中

品牌　名：江中安可
产品　名：江中棒棒糖
品类　名：益生菌棒棒糖
合作内容：招商
服务效果：
产品从2018年3个月开始合作，5月启动招商，细分品类通过一年时间签约客户420家。

部分新锐品牌招商成果展示

杨掌柜

品牌　名：杨掌柜
产品　名：杨掌柜虎纹面
品类　名：方便面
合作内容：招商
服务效果：
2020年1月首次合作，启动招商后，1篇文案当天成功引流1600多家意向经销商客户，当天成交打款106家，后续寄样600多家。

水茫茫

品牌　名：水茫茫
产品　名：水芒茫
品类　名：50%芒果汁
合作内容：品牌宣传+招商
服务效果：
这是纳食从无到有的全程招商孵化案例。产品从2017年9月上线，由于是新品牌，在纳食订阅号宣传铺垫2个多月，并通过6篇招商文案完成了400个经销商的招商。上市第1年营业额近1亿元。

象牙山 XYSTYLE WATER 冰泉

品牌　名：象牙山
产品　名：象牙山冰泉
品类　名：天然矿泉水
合作内容：招商
服务效果：
2019年7月首次合作，宣传铺垫3篇文案，启动招商后，1篇文案成功引流1400多家意向经销商客户，当天成交打款110家。

达橙

品牌　名：达橙
产品　名：乐甜奶丁
品类　名：乳味饮料
合作内容：招商
服务效果：
2019年4月正式合作，由于新品牌且是小品牌，宣传周期3个月，之后通过10多篇招商文案引流900多家意向经销商客户。

纳食官方
13213148631
地址：河南省郑州市农业路政七街省汇中心B座22楼

扫码加微信

吴晓萍认证
为中国中小酒企白酒品质提升助力
高端酒体设计 · 生产技术咨询 · 专业岗位培训
吴晓萍
吴志勇
四川吴晓萍质量认证有限公司
Tel 13980800805

寶豐酒廠
酒祖儀狄
传承四千年 匠心筑梦想
宝丰·國色清香
陈坛年份酒
宝丰酒业有限公司
电话:0375-3366888 厂址:河南省平顶山市宝丰县城人民路219号
1915年 万国甲等大奖
1989年 晋升中国名酒
2002年 国家标准样品
2002年 原产地标志保护
2008年 非物质文化遗产
2009年 纯粮固态认证
2010年 中华老字号
2013年 中国驰名商标

永丰牌®

北京二锅头酒业股份有限公司

北京二锅头酒业股份有限公司成立于2002年8月。系始建于1949年10月国营北京大兴酒厂的改制企业，公司现坐落在大兴区瀛海工业园区，地处天子脚下可追溯到金大定三年（1163年）至今已有八百多年的悠久历史，明清两代（1368-1910）皇家禁苑，专为皇城酿造贡酒。公司紧靠104国道，北临京、津、塘高速公路，南与六环接壤，景色宜人，交通十分便利。公司占地面积66730平方米，其中厂房建筑面积25000平方米，职工宿舍5600平方米，绿化面积达6700平方米，水面2600平方米，是环境优美的花园式企业。

中国白酒中青年专家—贡献文

贡献文中国白酒国家评委、　高级工程师、国家级高级品酒师、国家级高级酿酒师、现任北京二锅头酒业股份有限公司董事、总工程师、副总经理、北京酿酒协会技术顾问。中国国际酒文化研究会专家委员、中国酒业协会白酒分会技术委员会委员，中国白酒标准化技术委员会清香型白酒技术委员会委员，国家职业技能竞赛裁判员。1987年以来他凭借自己的刻苦努力，连续四届五次优异成绩被北京酿酒协会聘为北京市白酒评委。第七届、第八届、第九届担任中国白酒国家评委。1994年荣获大兴区人民政府清香白酒特制研制科学技术进步二等奖。同年荣获市政府颁发的科学技术创新进步三等奖。荣获市政府颁发的科学技术创新进步三等奖。

贡献文同志三十多年的酿酒生涯，一直从事于白酒生产技术，质量检验，质量研发和品评勾调工作，先后担任北京二锅头酒业集团品酒员、化验员、技术员、助理工程师、工程师、质量技术检验中心主任、生产技术副科长、科长、生产技术副总裁等职务。

贡献文同志根据公司诚信企业发展战略，产品质量标准，市场消费需求，技术进步趋势，制定建立打造“永丰”产品创新升级版，完善了拓展勾调品评模式，推进勾调一体化管理体系。开展催陈老熟的试验及实际运用，加快酒体设计的流程规范，形成了科学的酒体设计运行流程，为“永丰”二锅头酒的跨越发展夯实了基础，确保了公司中长期可持续发展。作为国家白酒评委，公司技术中坚，产品体系的掌控者，贡献文清楚要想稳定产品质量必须从酒的源头抓起，通过组织勾调滤，评酒化验分析，色谱分析，探索原酒贮存过程中指标及口感特征的变化规律，他刻苦钻研，大胆创新，以自己精湛的尝评技艺确保“永丰”酒坊系列，“永丰”二锅头系列产品质量多年来稳定提高，他参与开发的“永丰”京王子珍藏35%VO1，典藏38%V01，鉴藏42%V01，新产品投放市场后，迅速成为白酒市场高端产品的新宠。

2004年10月“永丰”牌35%V01，38%V01京王子酒经国家食品监督检测中心理化指标检测，国家白酒评委感官鉴评，授予“中国白酒质量优秀产品”称号。

贡献文同志紧紧围绕企业方针目标，按照“新思路、新方法、新发展、新效果”的要求，以ISO9002质量体系为准绳要求运行，从摸底调查，交叉检查入手，加大质量管理力度，强化质量意识进一步完善了公司各类管理制度，制修订企业标准9个，修订备案标准3个，企业的产品质量，原辅材料不断改进提高，质量管理逐步进入程序化，标准化，规范化。特别对酿酒、包装、勾贮等关键程序全面实施整顿，取得了阶段性的成效，其次是树立“质量第一，质量是生命”的指导思想，实行“质量一票否决”立足于高质量、高起点。一切以质量为中心开展生产经营活动，并树立其核心地位，抓质量怎么都不过分，怎么处理都不过头。近年来使公司的实物质量市场抽检合格率达到100%，2013年6月中国质量检验协会授予北京二锅头酒业股份有限公司“全国质量诚信优秀企业”称号。

贡献文同志作为中国白酒国家评委，国家级高级品酒师，长期热衷酿酒事业，苦心钻研，有着多年酿酒，调酒专业经验，并在酿酒技术研究创新能力，应用方面攻克了大量技术难题，他所领导的技术团队均以科学严谨的工作作风，团结务实的工作态度，高效扎实的工作精神，致力于公司技术创新与科技成果研发，2015年9月9日他组织研发的永丰酒坊荣获中国(贵阳)比利时布鲁塞尔国际烈性酒大奖赛“金奖”并取得重大经济效益和社会效益。他现仍在企业和科研一线工作，有着深厚的酿酒理论基础和勾调实践经验，并有较高的企业管理能力，为推动酿酒事业的发展，产品质量的提升做出了积极而卓有成效的贡献。

中国白酒评酒大师—高连华

高连华现任北京二锅头酒业股份有限公司副总工程师，技术质检中心主任。自1987年起连续五届被聘为北京市白酒评委。2000年以来连续四届，第六、第七、第八、第九届担任中国白酒国家评委。国家级高级酿酒师，2011年被授予国家职业技能竞赛（品酒师）职业裁判员，国家职业技能鉴定高级考评员，被中国酒业协会聘为国家级高级品酒师教师。2014年获得国家高级食品安全师，中国白酒标准化技术委员会清香型白酒分技术委员会委员。1999年被北京市总工会评为爱国立功标兵，2002年被北京市总工会评为技术创新标兵，2005年被北京质量协会评选为质量能手。

2015年1月18日在北京全国人大会议中心第二届全国白酒科技大会上荣获“中国白酒评酒大师”荣誉称号。2015年9月9日高连华研制选送的永丰酒坊酒荣获中国(贵阳)比利时布鲁塞尔国际烈性酒大奖赛 “金奖”。

高连华同志通过三十多年对白酒的潜心研究，通过不断创新学习在实际工作中对白酒的生产、品评、储存、勾调过程中积累了丰富的实践经验，攻克了大量技术难题，为我国的白酒工业作出了巨大的贡献。

四川全兴酒业有限公司

SICHUAN QUANXING DISTILLERY CO.,LTD.

四川全兴酒业有限公司，是专注“全兴”系列酒的企业，是专注“全兴”、“全兴大曲”系列及熊猫产品，生产、经营的企业。其历史可追溯到1367年，至今已有650余年，在历经数百余年不断代的传承、发展到现在的“全兴”，在发展中所获奖励、赞誉无数，几乎囊括了白酒行业所有重要奖项。曾于1963年、1984年、1989年三次荣获国家质量金奖和“中国名酒”称号，于1995年和2006年分别被中华人民共和国国内贸易部和商务部授予“中华老字号 ”称号，2000年荣获“中国驰名商标”称号，是老八大“中国名酒”、川酒“六朵金花”之一，也是唯一一个地处省会城市集行业诸荣耀于一身的百年“名酒”企业。

目前企业拥有核心技术人员28人，其中国家级白酒评委2人，四川省白酒省级评委2人，中国白酒工艺大师1人，一级品酒师4人，二级品酒师2人，三级品酒师2人；四川省一级酿酒大师3人，四川省二级酿酒大师5人，为企业科研、创新发展提供了有力支撑；在企业的不懈不努力下，全兴酒业于2013年首创了浓香“和润”型风格的白酒，品质再次跃级，充分满足了现代消费者对浓香型白酒口感的需求，“浓而不艳，雅而不淡”成为消费者对全兴品质的高度赞誉。

全兴酒作为我国浓香型酿酒工艺的杰出代表，是在古蜀国三千年酿酒传统的基础上，以产自四川盆地的优质高粱、上等小麦等为主要原料制作的中高温曲为糖化发酵剂，考究的原料配方，贯通对古代酿酒密籍的研究成果，激活水井街酒坊遗址中古窖窖泥内的古糟菌群，施之现代生物技术与古法酿制相结合的工艺操作，缓火蒸馏，摘头去尾，取其精华；充分利用成都特有的“天时地利”储藏条件，长期陶坛密封宜温贮存，陈酿老熟，使酒体分子完美缔合。

终成“全兴”清雅、和顺、圆润、悠长的独特风格。

品全兴 万事兴

PINQUANXING WANSHIXING

五粮液集团公司简介

四川省宜宾五粮液集团有限公司是以酒业为核心主业，以大机械、大金融、大物流、大包装、大健康多元发展的特大型国有企业集团，现有职工近五万人。公司拥有窖池 3.2 万余口，其中最老的明代古窖池群从 1368 年连续使用至今，已达 651 年，具有珍贵的历史价值、文化价值和社会价值。公司有 4 万吨级的特大型单体酿酒车间，具有年产白酒 20 万吨的生产能力和 60 万吨原酒储存能力。五粮液产业园区占地面积 18 平方公里，既是大型的蒸馏酒生产基地，也是国家 AAAA 级旅游景区。2018 年，集团公司实现销售收入 931 亿元，同比增长 16%；实现利税 323 亿元，同比增长 45%；资产总额 1213 亿元，同比增长 18%。

五粮液作为中国白酒的典型代表，从盛唐时期的重碧酒，到宋代的姚子雪曲、明初的杂粮酒，再到 1909 年正式得名，传承已逾千载。五粮液集团前身是由长发升、利川永、全恒昌、天锡福、张万和、钟三和、听月楼、刘鼎兴等 8 家古传酿酒作坊联合组建而成的宜宾市大曲酒酿造工业联营社；1952 年，成立了川南行署区专卖事业公司宜宾专区专卖事业处国营二十四酒厂；1959 年，企业更名为四川省地方国营宜

宾五粮液酒厂；1964 年，正式更名为四川省宜宾五粮液酒厂；1998 年，改制为四川省宜宾五粮液集团有限公司。

从 1915 年巴拿马万国博览会扬名世界至今，五粮液已先后获得国家名酒、国家质量管理奖、中国最佳诚信企业、百年世博 • 百年金奖等上百项国内国际荣誉。2008 年，五粮液传统酿造技艺被列入国家级非物质文化遗产。2019 年，五粮液品牌位居“2019 中国 500 最具价值品牌”第 19 位；“亚洲品牌 500 强”第 40 名、“2019 全球最有价值的 50 大烈酒品牌”第 2 位。

目前，五粮液集团立足新发展理念，始终不忘“弘扬历史传承，共酿和美生活”的使命，坚守“为消费者创造美好，为员工创造幸福，为投资者创造良好回报”的核心价值理念，紧紧围绕“做强主业、做优多元、做大平台”发展战略，认真落实高质量发展要求，深入推进供给侧结构性改革，奋力推进“二次创业”，打造健康、创新、领先的世界一流企业，尽快迈入世界 500 强。

安乐泉

五粮液独有 600 多年古窖至今一直仍在使用

十里酒城

五粮液集团“利川永”老酒坊

五粮液集团“长发升”老酒坊

瑞控机械(南京)有限公司

HEAT AND CONTROL®

瑞控机械（南京）有限公司（以下简称瑞控公司）是Heat and Control集团下属---Heat and Control澳大利亚公司的子公司。Heat and Control 集团成立于1950年，总部设在美国加州旧金山。全球现拥有10多家工厂，30多个区域办事处，遍布世界每个时区，可24小时全球全时为您服务。

作为食品机械方面的专家，瑞控公司通晓油炸、烘烤、烙印、裹涂、输送、分配、调味等一整套的方案和应用，并且利用实际的生产设备来演示每一种工艺对产品外观和口味的影响。瑞控公司一直秉承“为客户量身定制”的理念，综合客户的具体需求来选择并设计合适的设备。

作为食品机械制造行业的引领者之一，瑞控公司为世界许多国家的休闲食品、肉制品以及预制食品市场提供设备的咨询、设计、制造、安装调试和完整的售后服务。瑞控机械（南京）有限公司将是您理想的合作伙伴，为您的产品提供全方位优质的服务！

油炸机系统

烘烤系统

裹涂系统

比例分配门

调味料系统

烙印机

地址：江苏省南京经济技术开发区恒飞路2号
电话：025-8403 5000　　传真：025-8580 5033
邮箱：info@heatandcontrol.cn
网址：www.heatandcontrol.com；www.heatandcontrol.cn
官方二维码

马铃薯类产品

肉类产品

坚果类产品

玉米片类产品

蔬果类产品

糖果类产品

定制类产品

匠心珍酒，背负使命创一路辉煌

酒，在漫长的历史发展长河中，演变为一个文化符号，贯穿中华几千年，诉说着一个民族的图腾情结，演绎着东方大国的生活方式，也寄托着炎黄子孙的精神理想。中国人好酒，拥有着庞大的酒品消耗市场，进而也催生了中国上万家的酒企。贵州遵义地区独特的先天气候资源及环境造就了这里成为世界名优白酒著名产区，在遵义北郊十字铺，有一群传承着传统大曲酱香酿造工艺的匠心酿酒人，坚守着工匠精神一代一代传承与创新，用珍心珍意酿造着珍藏酱香——珍酒。

1975 年参加易地试验的原茅台技术骨干

坚守匠心，一路辉煌

贵州珍酒起源于 1975 年《贵州茅台酒易地生产试验（中试）》项目，是国家领导人的一项白酒民生工程。以原茅台酒厂厂长郑光先为首的 28 位技术精英，将窖石、窖泥、原料、设备等原封不动地从茅台搬来，试验厂正式投料进行生产，掀开珍酒传奇的第一篇章。历经 10 年终于收获了成功硕果，1985 年 11 月，在当时全国白酒界泰斗周恒刚、季克良等领衔的国家最高级别的业内鉴定会上，专家一致认为试制酒“基本具有茅台酒风格”、“接近市售茅台酒水平”。鉴定委员会认为《贵州茅台酒易地生产试验（中试）》完成了合同的要求。

1985 年，季克良等参加茅台酒易地生产试验鉴定会

1986 年，根据原国务院副总理方毅同志品尝试制酒后盛赞题词“酒中珍品”，“贵州茅台酒易地生产试验厂”正式改名为“贵州珍酒厂”，“珍酒”之名由此诞生，成为党和国家领导人唯一命名的白酒品牌。

茅台易地试验项目车间原址内景

自 1989 年被评为国家质量奖优质奖（银奖）后，珍酒正式跨入中国名酒行列。经过四十多年连续不断的生产积累与沉淀，如今的珍酒，已经拥有大量充足的技术人才，包括中国最年轻的白酒国家评委；形成了非常适合酿造高品质酱香的微生物环境和场地，是少数能够出品高品质酱香的酒企之一，凭借与生俱来“用心酿好每一滴酒”的工匠酿酒精神与高品质的产品，在贵州、甚至中国的白酒江湖中，稳固占据一席主要地位并逐步走红市场，获奖无数，成为国内稀缺酱香知名品牌。

近年来，珍酒珍酒·窖藏 2009、珍酒·珍十五、珍酒·珍五、珍酒·珍八、珍酒·珍藏 1985 五款产品陆续荣获布鲁塞尔国际烈性酒大奖赛金奖。比利时布鲁塞尔国际葡萄酒大奖赛暨烈性酒大奖赛是全球三大酒类赛事之一，被誉为“酒界奥斯卡”、“烈性酒中的奥运会”。除此以外，珍酒在 2014 年获得首届贵州最具公众影响力五张名片（杰出品牌），在 2015 年获得贵州省名牌产品，2016 年，匠心力作的主销拳头产品珍酒·珍十五荣获中国贵州第二届十大名酒金质名酒奖、首届遵义十大名酒奖等具有高权威、高专业性、广受业界认可的奖项。

这些殊荣，再次印证了贵州珍酒作为“贵州茅台酒易地生产试验（中试）”项目的成功，更体现了人民百姓对于珍酒的认可与喜爱。作为起源于伟人美好夙愿的白酒民生工程，人民对于珍酒的喜爱，于珍酒人而言，无疑是最振奋人心的鼓励与嘉奖。

创新开拓，精耕细作

在贵州这个浩瀚的白酒江湖中，酱香白酒品牌不胜枚举，然而能真正能秉承匠心精神，只做价值判断不做利益判断，沉下心来做酱酒科研并取得佳绩的企业却是少之又少。

2013 年 1 月，贵州珍酒正式成立企业技术中心，并在 2015 年被认定为贵州省认定企业技术中心。逐步完善购置增加了技术中心试验、检测设备的投入，认真开展省级课题、集团级科研课题研究，创新研究成果在保证产品质量稳定和提升方面作用明显。其中联合贵州大学开展了《高品位大曲酱香珍酒微生物群落及生产工艺技术体系研究》项目，并于 2014 年荣获 2011-2013 年度中国食品工业协会科学技术二等奖。2015 年再次联合贵州大学酿酒与食品工程学院启动珍酒特征风格的功能酵母研究工作，以酱香型珍酒生产用曲粉和酒醅为研究对象，对酵母数量及种类进行动态分析。通过 2-3 年的精心耕耘，在 2018 年顺利结题。2019 年，该研究项目（《珍酒特征风格的功能酵母研究及发酵特性研究》）荣获 2016-2017 年度中国食品工业协会科学技术二等奖。

多年来，贵州珍酒一直坚持利用科学探寻酱酒行业执行标准，标准是产品品质恒久发展的基础保证，是行业成熟规范化的象征。珍酒近年来参与了酱香型白酒工业用术语、酱香型白酒酿酒用大曲、酱香型白酒酿酒用小麦、以及酱香型白酒酿酒用水等等对酱香形白酒酿造来说至关重要的 15 项行业地方标准的制定。执行标准的制定对于贵州地区酒行业战略性发展崛起，黔酒行业朝标准化、优质化发展有着举足轻重的作用；对于广大消费者来说，更是喜人的福祉，以前不懂得选酒，如今只需对照执行标准号就可以选择出纯正粮食酿造，对身体损害微小的好酒。

除了参与各项酱酒行业执行标准以外，珍酒还加强酱酒新型科技的研究与发明，截至目前贵州珍酒共获得专利 118 项，其中发明专利 5 项，实用新型专利 2 项，外观设计专利 111 项。

申请各项专利和企业申请商标一样，都不是一件容易的事，不是任何发明以及设计，都能成功得到批准和授权，成为一项具有法律效应保护的专利。在高品质产品背书加专利保护下，贵州珍酒迅速提高了企业的市场地位，赢得足够的顾客忠诚度与美誉度， 进一步增强珍酒抵御各类风险的能力。

踏踏实实做人，老老实实酿酒。酒虽然不是生活的必需品，但少了它生活就没有味道。无论岁月如何流逝，人世如何变换，永远不变的是酒入肺腑让我们升腾起的那股炙热。不论是众多的获奖经历，还是各项标准的参与执行，抑或各项专利的成功申请，无一不表露出贵州珍酒正犹如初升的太阳一般，蒸蒸日上。近年来，在贵州珍酒总经理胡波先生的带领下，在全体珍酒人的努力下，贵州珍酒逐渐成长为酒行业一匹不容小视的黑马，销售额实现连续两位数增长。建厂 40 余年以来，“贵州珍酒”不断创新，提升品牌价值，开拓市场，成为国内外知名白酒品牌，谱写着贵州酱香“珍酒”传奇。

贵州珍酒酒业总经理胡波曾经对媒体表示，贵州珍酒在未来更愿意花时间去研究产品，脚踏实地做好产品。贵州珍酒作为稀缺的酱香白酒，需要用贵州珍酒人的工匠精神去打磨，实实在在地打造出符合健康、符合消费者饮食变化的酱香白酒。

古贝春
酒
古贝元
白版
酱香型白酒
净含量:500mL 酒精度:46%vol
古贝春集团有限公司
古贝春
GU BEI CHUN
净含量:500mL 浓香型白酒
古贝春集团有限公司
白·版
中国中度酱香白酒倡领者
『中度酱香白版』
『浓香水晶白版』
中国高价值光瓶酒新标杆
扫一扫二维码
关注古贝春
古贝春集团有限公司 销售热线：400-100-9736

川酒集团
SICHUAN LIQUOR GROUP

GROUP VISION
集团三优愿景

• 致力成为中国优质的基酒生产供应商 •

• 致力成为中国优秀的国优品牌整合商 •

• 致力成为中国优异的酒类产品经销商 •

全国统一招商热线：400-616-7777

河南省宋河酒業股份有限公司

河南省宋河酒业股份有限公司是根植于中原深厚文化沃土成长起来的国内大型白酒酿造企业，地处淮河名酒带的源头，位于老子故里、道家文化发祥地中国鹿邑宋河镇（原枣集镇），是我国著名的传统酒乡，是中国十七大名酒之一，河南唯一浓香型中国名酒。

公元前518年，孔子问礼老子于古宋河之滨，老子以古宋河酿造的美酒招待孔子，孔子饮后，留下“唯酒无量，不及乱”的千古饮酒之道。从汉代至宋代，先后有八位帝王曾亲临鹿邑，设坛以枣集酒拜谒老子。由古至今，宋河酒享有“八皇朝皇封御酒”之美誉。

自 1968 年建厂，历经半个世纪的发展，如今的宋河酒业拥有原酒发酵池 10000 条，生产班组 126 个，拥有河南唯一的中国首席白酒品酒师及国家级白酒评委 11 人，年产原酒 3 万吨，存储能力达 16 万吨以上。

宋河酒业旗下涵盖“国字宋河”、“宋河粮液”和“鹿邑大曲”三大主导品牌。国字宋河为豫酒高端品牌代表，秉承宋河独创的“北斗七艺”酿制工艺，被中国酒业协会认定为“中国（河南）地域文化标志酒”，并于 2018 年被授予“中华文化名酒”荣誉，也是上海世博会河南馆唯一指定白酒，多年来，在诸多省内外重大活动中被遴选为礼遇专用品牌，以中国礼遇，礼遇中国；中国名酒宋河粮液更是以“绵、甜、净、爽”的独特风格享誉全国。鹿邑大曲是河南老字号、河南传统名牌产品，畅销半个世纪，被誉为新时代民酒典范之作。

董
Dong Jiu
董酒懂健康 国窖佰草香
百草入曲
国窖董酒
国窖董酒 百草入曲
PRODUCT OF GUIZHOU
国窖董酒
佰草香
BAICAO XIANG
Guomi Dong Jiu
董香型白酒
贵州董酒股份有限公司
GUIZHOU DONGJIU CO.,LTD.
4006-090909

宜昌法官泉饮品有限公司

Yichang Faguanquan Beverage Co., Ltd.

公司简介

宜昌法官泉饮品有限公司成立于2003年5月，系宜昌桶装水产销量三强企业。法官泉地处名酒之乡龙泉镇西北8.2公里处。泉眼四周青山环抱，绿树成荫。

泉水经国家卫生部、地矿组成的“国家饮用天然矿泉水评审组”专家鉴定的优质水源，富含锶、锌、钙、偏硅酸等多种对人体有益的微量元素。法官泉水清冽甘甜，现被依法纳入保护。

公司二期工程于2008年8月竣工投产，三期扩建工程于2016年8月竣工投产，采用国内最先进制水设备与工艺，欲建成省内一流大型现代化饮用水企业。主要产品为饮用纯净水、水之佳品、水之精品和生命光子水，年生产能力达10万吨，居全市同行业第一位。

产品优势

1、水源优势：三峡地区天然涌泉，经自然水压，在山岩中过滤沉淀、循环，在地表以下千米左右处，喷涌而成天然泉眼。

2、水质优势：富含锶、镁、钙、偏硅酸等多种对人体有益的矿物质和微量元素。水质呈弱碱性。

3、技术优势：运用国际先进的饮用水制造工艺，确保生产出的成品达到真正绿色天然的健康标准。

4、品牌优势：“法官泉”商标于2016年9月28日被国家工商行政管理总局商标局认定为中国驰名商标。

桶装水系列

法官泉　　FURENHE 福人和

水之佳品

生命光子水

福人和水之尚品

福人和纯净水

瓶装水系列

生命光子 冰力BINL

法官泉 福人和

天然法官泉 健康水之源

饮用纯净水 水之佳品 水之精品

◆清冽甘甜 ◆富含多种矿物质 ◆水质呈弱碱性

健康服务热线：0717-6744666

法官泉微信公众号

燕塘®

股票代码

002732

燕塘乳业

中国奶业综合排名20强

广东燕塘乳业股份有限公司始创于1956年

农业农村部直属广东农垦上市企业

中国奶业协会副会长单位

中国乳制品工业协会副理事长单位

IDF（国际乳品联合会）中国国家委员会成员

广东第一家液态乳上市公司、华南唯一一家D20企业

设有华南地区唯一的国家乳制品加工技术研发专业中心和博士后科研工作站

中华老字号
蘭陵王酒
王者归来
蘭陵王
中华老字号
China Time-honored Brand
山东兰陵美酒股份有限公司
地址：山东省兰陵县兰陵镇 电话：0539-5588998

庆祝中华人民共和国成立70周年
愛我中華
瑯琊台酒
中国海洋生态白酒
上合峰会指定用酒
愛我中華
瑯琊台酒
琅琊香型白酒

濱河九粮液

地产高端白酒典范

無忧 | 茅台镇第二传奇

方圆乾坤 智慧無忧

国家级三大行业协会颁发质量奖

· 颁奖机构 ·
中国酒业协会

· 颁奖机构 ·
中国食品工业协会

· 颁奖机构 ·
中国酒类流通协会

贵州无忧酒业集团
400—168—0180

初心

潜心酿造茅台一样好的酒 铸就茅台镇第二传奇品牌

广东石湾酒厂集团有限公司

189年匠心传承，“中国白酒纯净之美”定义粤酒新标杆

石湾酒厂集团总部

自清朝道光十年（1830年）创立“陈太吉酒庄”以来，石湾酒厂集团至今近200年不间断传承仍在原址生产经营，成为中国白酒历史最悠久的酒庄。在过去近十年来，石湾酒厂集团从技术提升、规模发展和品牌引领等多方面实现跨越式发展。从2006年到2018年至今12年间，企业年平均增速一直保持在两位数，从一家区域性酒厂发展成为一个拥有5家酒厂的综合型酿酒企业集团，资产规模增长15.85倍，利润增长11.9倍，销售规模增长10.55倍，2018年全年销售收入和利润增长均超20%以上，名列广东企业500强、广东制造业100强，体现了粤酒产业崛起的基础实力和强劲的生命力。

产业规模跨越发展 弘扬粤酒文化走向全国

随着2018年石湾酒厂集团首个省外基地正式落户湖南临澧，集团形成布局全国5个生产基地的产业规模，从180多年前的一家酒庄至今跨越式发展成为一家综合型酒业集团，吹响了粤酒全国化的号角。

2019年，新中产阶级进一步扩容，构建起新城市群和市场结构，粤酒将迎来更新更优的发展风口，石湾酒厂集团以高质量＋强规模双崛起，领衔粤酒跨入新省酒时代。

一是强化品类价值，树立粤酒新标杆。作为《豉香型白酒》国家标准起草单位和全国豉香型白酒分技术委员会秘书处单位，石湾酒厂集团在传承国家级标准工艺的基础上，以清雅纯净的酒体风格定位剑指全国白酒中高端市场。

二是品质引领升级，占领粤酒市场高地。石湾玉冰烧以价位高结构、产品高品质对接主流消费圈层与阶层；以广东世界级经济湾区战略纵深推进为契机，占领省会高地、经济商业高地、消费圈层高地和消费场景高地。

三是传播场景化布局，扩大粤酒品牌声量。通过搭建起媒体立体化＋大场景传播互动结构，实现行业形象和品牌形象的重构，运用酒业新营销逻辑打造粤酒超级IP，形成多维互动的消费者认知体系及品牌声势。

四是建立粤酒专家智库，系统化运营发展。在建立岭南酒文化研究院的基础上成立“振兴粤酒发展战略委员会”，推进粤酒文化传播和营销功能的有效落地。

同时，秉承振兴粤酒的行业担当，石湾酒厂集团多年来先后建立岭南酒文化研究院、岭南酒文化博物馆、开放陈太吉酒庄，复原酒文化街“朱紫街”，出版《岭南酒文化》专著，成立新石湾美术馆，打造陶醉文化“醉•醉”欢乐街区等，使百年老酒庄活力传承的同时，持续普及岭南酒文化和扩大覆盖范围，显著提升了粤酒的行业高度和社会影响力。多年来，石湾酒厂集团主导举办中外名庄领袖论坛、广东地产酒高峰论坛、世界年夜饭、岭南诗酒文化节等振兴粤酒产业系列活动，使产业发展与文化体验高度融合，让大众充分认可了粤酒高价值的品质和形象定位，取得粤酒振兴突破性的发展。

百年前扬名国际 传承创新迈入粤酒2.0

1895年，陈太吉酒庄第三代传人——翰林学士陈如岳创立推出“石湾玉冰烧”，“缸埕陈藏，肥肉酝浸”的独有技艺使之成为了中国白酒香型（豉香）代表产品，1917年起，石湾玉冰烧开始远销海外，百余年来获得国际消费者的高度认可，成为中国酒业的名酒典型代表和国际化发展先锋力量。

作为《豉香型白酒》国家标准起草单位和全国豉香型白酒分技术委员会秘书处单位，石湾酒厂集团现时以1名中国首席白酒品酒师、4名国家级白酒评委、14名高级品酒师、8名高级酿酒师、3名高级工程师等其他技术人员组成超过100人规模的工艺技术团队。在传承“陈太吉酒庄”百年传统工艺的基础上，从2007年开始推出中高档的清雅型“石湾玉冰烧”产品，系列产品经过恒温山洞酒窖陈藏自然老熟，形成酒色微黄、酒香清雅、入口绵甜醇和、酒体丰满、后味悠长的岭南清雅风格，日益成为中国白酒主流发展方向，同时在包装上还融合了岭南文化元素，综合提升了产品的品质形象和价值形象，成功实现中高档酒市场的突破，并形成粤酒走向全国的产品体系战略。

2019年，石湾酒厂集团首次推出粤酒新标杆产品“石湾玉冰烧•洞藏20”，代表粤酒步入中国白酒行业的中高端阵营。该产品经中国酒业协会常务副秘书长何勇、中国著名白酒专家梁邦昌、张五九、张国强、郭波等多位专家组成的品评专家组品评鉴定，高度评价石湾玉冰烧•洞藏20独具“微黄，清亮透明，米香、花香、蜜香‘众香成韵’”的口感风格，以其清雅协调，绵厚圆润，酒体丰满，回味怡畅，醇甜爽净，余味悠长的岭南清雅白酒典型风格，彰显“中国白酒纯净之美”高端品质，体现了粤酒新创举得到中国白酒专家集体的高度认同，实现粤酒产业从1.0时代迈向2.0品质价值多维度发展时代。

据了解，“石湾玉冰烧•洞藏20”属于国内首创的“清雅型”高端产品，由中国首席白酒品酒师、国家级白酒评委郭波带领石湾酒厂集团四位国家级专家及众多高级技术酿酒师、品酒师团队设计推出，沿袭古法工艺，历经118道工序，成为“中国白酒纯净之美”石湾玉冰烧洞藏酒系列代表产品。未来，石湾酒厂集团还将进一步完善构建企业‘陈太吉酒庄酒珍奢产品＋石湾玉冰烧洞藏中高端产品＋其他大众产品’的产品结构，更好的对接白酒消费结构向中高档升级新趋势。

齐心合力破十亿，创新与品牌共发展

广东远航酒业集团

2020 年 1 月 22 日，广东远航酒业集团一年一度的年会于远航文化广场举办。会上，远航酒业集团董事长关正生回顾了去年的集团发展战略，同时宣布，过去的 2019 年，在全体员工的共同努力下，远航酒业集团圆满地完成了“破 10 亿”的销售目标，为集团发展史画下了浓重的一笔。随后，董事长关正生引领其他 8 位高管，一起完成了“破 10 亿”的金蛋仪式，并由衷感谢酒业集团员工一年来团结一心、积极向上、高效务实的工作精神，各位员工也互相献上了最热烈的掌声。

当前，白酒市场前景广阔，作为白酒四大香型之一的米香型白酒迎来了发展新机遇，也面临来自市场和自身的挑战。白酒消费呈现出向主流品牌、主力产品集中的趋势；同时，人们饮酒方式和口感偏好的改变，又对白酒产品更新迭代提出了新要求。以广东市场为例，受到地理位置、历史传统影响，广东文化包容性大，四方来客尽聚于此，庞大的跨省流动人口带动了不同的饮食文化、消费方式的多元融合，导致国内各大白酒品牌南下，涌入广东酒类市场。要生存，要发展，广东米酒必须走一条符合时代发展需求，结合自身优势的突围之路。

2019 年，广东远航酒业集团在新一轮品牌升级中展现出非凡的气魄与远见，致力于打造中国米制酒第一品牌。集团品牌战略中提出，远航酒业的品牌角色，是纯米制轻负担的中国轻负担米制酒创研者，实施以九江双蒸为核心的多品牌组合。为此，远航酒业集团先后完成了九江双蒸大师小作酒、杯九、本味寒造系列、庚子年定制酒、精米30 酒、乡纯琼浆酒、何君酌酒、崔心酿酒、研粕坊酒粕美肌系列产品等 10 款新产品的开发和 5 款新产品的上市。新产品在品类定位上，坚持走“纯米制、轻负担”路线。“让大米作为九江米酒单一原料，实现酒体更纯净。”集团董事长关正生介绍，这具体包括低温发酵更纯净、釜式精馏更纯净、多重过滤更纯净；同时追求极致纯净轻负担、精制原料轻负担、低醉工艺轻负担、高超勾调技艺轻负担，相对低度化、相对健康化、饮后舒适化。新产品给消费者带来耳目一新的效果，同时，新产品的特性，以及运用新媒体的宣传推广方式，也吸引了更多年青一代的消费者，打破了集团多年来消费者年龄结构老年化的问题。

经历过百年的传承，远航酒业今后也将致力于打造千年老店，并从更长的时间维度去考虑未来的发展和规划。未来，远航酒业将抓住“危”中之“机”，逆势扩张规划新厂区，并推动酒文化等产业的延伸，通过自身的做强做大，带动粤酒的崛起！

三溪大麯

1988

泸州的老牌子

LUZHOU

川酒十朵小金花白酒企业

四川泸州三溪酒厂有限公司位于中国酒城泸州的龙马潭区石洞工业园区，有窖池近300口，其中包括省级文物保护窖池，年产优质白酒1000余吨，有十余条罐装生产线，可年生产瓶装酒500万件。

三溪酒以本地盛产的优质高粱、小麦、玉米、糯米等多种粮食为原料，采用传统固态工艺酿造纯粮发酵白酒，属典型的泸酒浓香系列。

三溪酒厂的“三溪”牌系列酒1988年即荣获中国首届食品博览会金奖，被中国食品工业协会、中国质量管理协会、中国食协白酒专业协会、中国质量检验协会评为“国家优质酒”；以后又多次被评为部、省名优酒。现有白酒国家评委、省级评酒员、白酒品酒师、酿酒高级工程师、食品安全师等多名酿造技术骨干。

三溪酒业坚持“市场导向、首诺践行、财富共创、利益分享”的经营理念，采取灵活多样、务实的合作方式，真诚与全国各地商家携手合作，共谋发展，实现共赢。

销售热线：0830-3173653

四川泸州三溪酒类（集团）销售有限责任公司